VARDA HASSELMANN
FRANK SCHMOLKE

Junge Seelen – alte Seelen

GOLDMANN

Varda Hasselmann
Frank Schmolke

Junge Seelen – alte Seelen

Die große Inkarnationsreise des Menschen

GOLDMANN

FSC www.fsc.org MIX Papier | Fördert gute Waldnutzung FSC® C014496

Penguin Random House Verlagsgruppe FSC® N001967

5. Auflage
Vollständige Taschenbuchausgabe Januar 2020

Neumarkter Straße 28, 81673 München
produktsicherheit@penguinrandomhouse.de
(Vorstehende Angaben sind zugleich
Pflichtinformationen nach GPSR.)

Umschlaggestaltung: UNO Werbeagentur, München
Umschlagmotiv: © FinePic®, München
Lektorat: Christine Stecher
JG · Herstellung: cf
Satz: Uhl+Massopust, Aalen
Druck und Bindung: GGP Media GmbH, Pößneck
Printed in Germany

ISBN 978-3-442-22294-0

Inhalt

Vorwort 9

Zur Einführung 21
Ein neues Projekt der »Quelle« 22
Zur Inkarnationsgeschichte der Menschenseele 26
Das Abenteuer der Menschwerdung 29
Die Entstehung eines Seelenvolks 31
Die Entstehung der seelischen Welten 36
Die Erstbeseelung 40
Die Neubesiedelung der Erde 42
Das Entfaltungspotenzial der Menschenseele 44
Spannung und Entspannung 48
Die Kraft des Vertrauens 51
Das Seelenmuster als Entfaltungsrahmen 53
Die »Quelle« – ein kausaler Lehrer 55

Die Säugling-Seele: Erste Schritte ins Menschsein, Entdeckung des Körpers 57
Säugling 1: Alles ist neu 57
Säugling 2: Andere sind anders 61

Säugling 3: Freund oder Feind 64
Säugling 4: Wandel im Lauf der Zeit 66
Säugling 5: Sprache und Gebärde 69
Säugling 6: Glauben, dass alles lebt 72
Säugling 7: Herrschaft ausüben 77
Fragen und Antworten 79

Die Kind-Seele: Lebensfreude und Welterkundung .. 101
Kind 1: Unnötiges ist nötig 101
Kind 2: Freude am Leben 104
Kind 3: Hass oder Liebe 106
Kind 4: Aus Beobachtung lernen 109
Kind 5: Zugehörigkeit ist wertvoll 112
Kind 6: Die Götter sind wie ich 115
Kind 7: Willenskraft erproben 123
Fragen und Antworten 129

Die Junge Seele: Kraft, Macht und Eroberung
Allgemeines 161
Jung 1: Ich und Körper sind identisch 166
Jung 2: Ich gestalte meine Welt, wie es mir gefällt 175
Jung 3: Freunde werden Feinde, Feinde werden Freunde 183
Jung 4: Verzicht auf Rache erzeugt Gerechtigkeit 191
Jung 5: Ich nehme mein Leben in die Hand 197
Jung 6: Mein Verhalten stiftet Lebenssinn 206
Jung 7: Ich trage Verantwortung 213
Fragen und Antworten 226

Die Reife Seele: Verantwortlichkeit, Problembewusstsein und Introspektion 241
Allgemeines 241
Reif 1: Freiheit in Abhängigkeit erfahren 247
Reif 2: Anderen und sich selbst Unrecht vergeben .. 262
Reif 3: Einem schlechten Herrn treu dienen 273
Reif 4: Aus Liebe auf Wesentliches verzichten 285
Reif 5: Schicksal und Leben anderen anvertrauen . 300
Reif 6: Die Trennung von Schuld und Unschuld aufheben 314
Reif 7: Möglichkeiten und Grenzen des Wollens erkennen 328
Fragen und Antworten 339

Die Alte Seele: Echtheit, Einsamkeit und Abschied .. 364
Alt 1: Aus innerer Überzeugung gegen die geltende Moral handeln 364
Alt 2: Sich selbst aufrichtige Bewunderung zollen und dafür auf die Bewunderung anderer verzichten 378
Alt 3: Präzise Innenschau mit einer aktiven Außenwirkung verbinden 393
Alt 4: Das Wohl der Gemeinschaft mit dem eigenen Wohl verbinden 409
Alt 5: Unbeirrbar einen Weg verfolgen, ohne das Ziel zu kennen 423
Alt 6: Durch Sein wirken und auf Tun verzichten .. 445
Alt 7: Empfangen, ohne zu schenken, und schenken, ohne zu empfangen 463
Fragen und Antworten 479

Abschlussbotschaft der »Quelle« an die Forschungsgruppe im Februar 2015 499

Anhang 507
Die Seelen der Tiere 507
Die Seelenlehre der »Quelle« 527
Die sieben universellen Grundenergien 530
Die Archetypen der Seele 532
Persönlichkeiten und Seelenalter 534

Anmerkungen 540
Danksagung 543

Vorwort

One thing I am sure of: Whether you believe or disbelieve it is a wicked thing to take away men's hope.
(Einer Sache bin ich mir gewiss:
Egal ob du glaubst oder nicht, es ist eine üble Sache,
eines Menschen Hoffnung zu zerstören.)
Winston Churchill

Liebe Leserin, lieber Leser,
wir stellen Ihnen in diesem Buch etwas vor, das die Menschheit wohl seit Anbeginn beschäftigt hat und hier unseres Wissens zum ersten Mal im Detail und klar strukturiert aufgezeigt wird: den Entwicklungsweg der menschlichen Seele. Denn so wie sich Körper, Geist und Psyche eines Menschen dem Gesetz der Entwicklung unterordnen, gilt dies auch für seine Seele, wenn auch in viel größeren Zeitdimensionen. Es handelt sich dabei um einen Zeitraum von ungefähr zehntausend Jahren und etwa einhundert Einzelinkarnationen. Es geht in diesem Buch über die Seele aber nicht um vage Ideen von Wiedergeburt oder Seelenwanderung, sondern um einen klar strukturierten Entwicklungsweg nach den Gesetzen der sieben kosmischen Grundenergien.[1] Wir erwarten dabei nicht, dass man uns oder der »Quelle«[2] einfach glaubt. Viel-

mehr fordern wir dazu auf, das Gesagte an der beobachtbaren Wirklichkeit zu überprüfen, soweit dies menschenmöglich ist.

Das Gesetz der Entwicklung ist ein grundsätzliches Prinzip unseres Daseins und gilt für alles Lebendige. Daher ist ein tieferes Verständnis körperlicher Entwicklung auch eine wesentliche Hilfe für das Verständnis der seelischen Entwicklung. Allerdings geht es hierbei um Analogien, also Ähnlichkeiten. Es gibt aber auch Unterschiede. So stirbt der Körper immer wieder, die Seele aber nicht.

Nach Aussagen unserer »Quelle« gibt es fünf Seelenalter und zwei weitere Beseelungsstufen, die nicht zum normalen Entwicklungszyklus der Menschenseele gehören, sondern seelisch notwendige Ausnahmesituationen des Kollektivs bewältigen und daher selten sind. Die fünf Seelenalter erhielten von der »Quelle« die Bezeichnungen Säugling-Seele, Kind-Seele, Junge Seele (= junger Erwachsener), Reife Seele (= reifer Erwachsener) und Alte Seele (= alter Erwachsener). Die seelischen Bezeichnungen greifen also auf körperliche Entwicklungsphänomene im Sinne einer Analogie zurück, um eine bessere Verständlichkeit zu erreichen. Ein Unterschied besteht jedoch zum Beispiel darin, dass ein gesunder erwachsener Mensch psychisch zwar reifen kann, aber es nicht muss. Die Seele hingegen reift mit jeder einzelnen Stufe ihrer Entwicklung.

Für unsere Sehweise ist die Trennung von seelischer und psychischer Entwicklung zentral. Seelische Entwicklung geschieht von selbst, und zwar dadurch, dass man lebt. Sie kann vom Menschen nur akzeptiert oder abgelehnt werden. Die ältere Seele kann psychische Entwicklung zu tieferer Reife und Liebesfähigkeit hingegen beeinflussen, und zwar vollzieht sie sich ganz einfach durch die Reduzierung der Intensität der jeweiligen Grundangst.[3] Dies ist unter anderem für diejenigen bedeutsam, die glauben, ihre eigene seelische Entwicklung steuern zu können, und sich große Mühe mit dieser Vorstellung machen.

Zum Verständnis des seelischen Hintergrundes ist also die Idee der Entwicklung zentral. Zum Prinzip Entwicklung – die »Quelle« spricht auch gleichbedeutend von Entfaltung – gehört untrennbar ein Zweites, ein Dual, nämlich das Prinzip Erfahrung. Entwicklung geschieht durch konkrete Erfahrung. Erfahrung in diesem Sinne ist nur im Körper möglich; er ist das unverzichtbare und wertvolle Erfahrungsinstrument der Seele.

Sollte ich nach Vorgaben der »Quelle« versuchen zu beschreiben, was Seele ist, würde ich von einem energetischen Individuum reden, das präzise eingebettet ist in größere gleichartige Strukturen und nur ein einziges Interesse hat, nämlich sich zu entwickeln. Dazu dient der Inkarnationsweg. Diesem Entwicklungsbedürfnis wird alles andere untergeordnet. Die eigene Seele mutet aus diesem unabweisbaren Bedürfnis heraus dem Menschen auch unsägliches Leid, Grausamkeiten und Schmerz zu, soweit es entwicklungsnotwendig ist.

Dazu ist notwendig zu verstehen, dass Seele gänzlich amoralisch ist. Das Prinzip Gut und Böse ist ein irdisch notwendiges und wichtiges Prinzip, aber für die Transzendenz nach Aussagen unserer »Quelle« nicht gültig. Eine solche Auffassung von Transzendenz ist verständlicherweise nicht für jeden akzeptabel. Daher wendet sich dieses Buch besonders an seelisch Ältere, die nicht mehr so stark das Bedürfnis haben, auf einer strikten Unterscheidung von Gut und Böse bestehen zu müssen.

Das allmählich tiefere Verstehen dieser Zusammenhänge führt zu einem neuen Weltbild. Wenn alles dem Prinzip der Entwicklung unterliegt, kann es keine persönliche Schuld daran geben, in welchem seelischen Entwicklungszustand sich jemand befindet. In Analogie zum Körper lässt sich nachvollziehen, dass wir auch einem Kind keine Schuld dafür geben, dass es »nur« ein Kind ist, denn wir wissen, dass wir alle Kinder waren und dies nicht unserer persönlichen Entscheidung unterliegt.

Ein Erwachsener mit einer Säugling-Seele zum Beispiel versteht noch so gut wie nichts von den Bedingungen des Menschseins, von moralischen Forderungen und Verantwortlichkeiten. So kann es vorkommen, dass eine äußerlich erwachsene und gesunde Frau drei Neugeborene in die Tiefkühltruhe packt, um sie gut aufzubewahren. Zu schnell wird nun dieses Verhalten nach Maßstäben beurteilt, die der seelischen Entwicklungsstufe dieser Frau nicht angemessen sind, denn sie begreift trotz ihres normalen geistigen Vermögens nicht, was sie tut.

Das bedeutet, dass sich die Bewertungsmaßstäbe für das, was in der Welt geschieht, durch die Vorstellung von verschiedenen Seelenaltern verändern, denn wenn bestimmte ethisch unerwünschte Handlungen auf dem menschlichen Entwicklungsweg nicht vermieden werden können, ergibt sich von selbst ein anderer Bewertungs- und Toleranzmaßstab. Das heißt aber keinesfalls, dass für das menschliche Zusammenleben auf moralische Maßstäbe und ihre Durchsetzung verzichtet werden kann. Die Spannung zwischen menschlichen Bedürfnissen und seelischen Gesetzmäßigkeiten ist denn auch eines der großen Themen, mit denen sich die älter werdende Seele immer wieder beschäftigen wird.

Ein weiteres Beispiel, das ich hier einbringen möchte, betrifft die Religionen und ihre Bewertungen. Dazu muss ich ein wenig weiter ausholen, denn ich möchte so gut wie möglich anschaulich machen, dass diese Aussagen bis zu einem gewissen Grad überprüfbar sind.

Von den sieben kosmischen Energien ist es die sechste, die den Kontakt zwischen der »sichtbaren und der unsichtbaren Welt« – wie es im christlichen ökumenischen Glaubensbekenntnis heißt – herstellt. Diese Energie ist zu umfassend, um als solche vom Menschen wahrgenommen zu werden. Aber ihre Auswirkungen können gesehen und gespürt werden. Im Gegensatz zu Platon, dessen Ideen von menschlichen Vorstellungen ausgehend in die Transzendenz projiziert werden, gehen wir mit Hilfe der Aussagen der »Quelle« vom Gegenteil aus, nämlich von Projektionen transzendenter Energien in die physische Welt. Die kraftvollste menschlich wahrnehmbare Ausprägung der Energie 6 ist die Seelenrolle 6, die wir mit unserem Fachterminus als »Priester« bezeichnen.[4] Wir haben in den letzten fünfundzwanzig Jahren Tausende von Personen in unseren Gruppen auf ihre Seelenrolle hin überprüft. Und bei allen Priester-Seelen ergeben sich zwei zusammengehörige Elemente, also ein Dual, in ihrer Grundstruktur. Das eine ist eine besondere Fähigkeit zu trösten und das zweite das Bedürfnis, eine Wahrheit zu verkünden. Das Trösten des Priesters, der in seiner Liebe ist, ist leicht: Er muss nur zuhören, und eine logisch nicht mehr fassbare Energie, die durch ihn strömt, übernimmt das Trösten. Menschen mit der Seelenrolle Priester erzählen etwa, dass sie mit der Bahn fahren, und ein Fremder kommt, setzt sich neben sie und fängt an, ohne große Einleitung zu »beichten« – um dann irgendwann erlöst und erleichtert von dannen zu gehen. Keine andere Seelenrolle berichtet immer wieder von solchen Erlebnissen. Wie sich diese Energiestruktur der Seelenrolle »Priester« in einem historischen Beispiel ausdrückt, mag man an dem »Seelenpriester« Sigmund Freud erkennen: Der Patient wird auf eine Couch gelegt, Freud setzt sich unsichtbar dahinter und lädt zum Assoziieren ein. Und nun kommt ein zweiter Teil des Duals zum Tragen: Freud, der Priester, verkündet eine von ihm entwickelte Wahrheit bezüglich des Gesagten: anale Fixierung, Ödipus-Komplex etc.

Die Inhalte sind austauschbar, die Struktur aber bleibt; der katholische Beichtstuhl funktioniert ähnlich. Warum sage ich dies? Weil alle Religionen exakt nach dieser Struktur funktionieren. Um Religionen zu verstehen, darf man nicht auf die oberflächlichen Glaubensinhalte und Riten schauen. Man muss die Tiefendimension erfassen, und diese funktioniert genau nach jenem Schema: trösten und eine Wahrheit vermitteln. Das heißt, Religionen sind nur aus der Funktion wirklich verständlich, die sie für den Einzelnen oder das Glaubenskollektiv haben, nämlich zu trösten und ein Wahrheitsangebot zu machen, das die Trostfunktion unterstützt. Dies ist unter anderem deswegen so wichtig, weil das Leben oft unsäglichen Schmerz bereitet, der verarbeitet werden muss, wenn der Entwicklungsweg der Seele weiter erfolgreich beschritten werden soll. Man muss also von der Idee einer absoluten Wahrheit, die ein Mensch im Entwicklungsstadium der Jungen Seele so sehr liebt, Abschied nehmen und zur Idee einer funktional wichtigen Wahrheitsvorstellung kommen, um in unserem Sinne zu verstehen.

Der entscheidende Punkt, der uns zum Thema des Buches zurückführt, ist, dass der Trost für eine Kind-Seele anders aussehen muss als der Trost für eine Alte Seele. Das akzeptable Wahrheitsangebot muss für eine Säugling-Seele anders aussehen als für eine Junge Seele, denn kein Mensch kann die Transzendenz an sich auch nur annähernd verstehen. Dennoch kommen wir aus ihr, und die meisten Menschen suchen eine Art geistiger Verbindung zu ihr, obwohl sie ihnen unverständlich bleibt.

Der Mensch braucht, weil er einen Geist besitzt, der verstehen will, ein geistiges Konstrukt, das diese Funktion erfüllt. Dies ist ungeheuer wichtig für die meisten Menschen, wird aber in unserer Kultur zunehmend weniger verstanden, sogar verächtlich behandelt. Und nun ergeben sich – sehr stark vereinfacht – entsprechend den fünf Seelenaltern fünf Grundvarianten von Glaubenssystemen: Die Säugling-Seele glaubt an Geister, die Kind-Seele an Götter, die Junge Seele in ihrem kriegerischen Drang der Energie 3 benötigt ein einziges königliches Gegenüber, dem man sich anvertraut und diszipliniert unterwirft. Bis hier sind die Überzeugungen kollektiv. All das Gesagte ist natürlich erheblich komplexer und hängt besonders vom durchschnittlichen Seelenalter eines jeweiligen Kollektivs ab.

Die Reife Seele – und dies macht sie reif – fängt an, sich aus dem kollektiven Hintergrund langsam und über viele Leben hinweg zu lösen und individuelle Vorstellungen von Transzendenz zu entwickeln, besonders in Auseinandersetzung mit den kollektiven Glaubensvorstellungen ihrer Kultur. Hier gilt nun der Satz der »Quelle«: *Ab Reif 6 kann ein Mensch die Innenerfahrung, dass Transzendenz real ist, nicht mehr zurückweisen.* Und wir beobachten seit fünfundzwanzig Jahren mit großer Faszination, dass in unseren Seminaren fast immer nur die Seelenalter Reif 6 bis Alt 4 vertreten sind. Dies ist die Seelenaltergruppe, die mit der Botschaft der »Quelle« Trost und ein überzeugendes Wahrheitsangebot verbindet. Das heißt, wir haben keineswegs die Wahrheit an sich gepachtet, sondern vermitteln ein Angebot für diese Altersgruppe, und die von uns beschriebenen allgemeinen Gesetzmäßigkeiten gelten auch für uns selbst. Transzendenz kann vom Menschen nicht wirklich logisch begründet, wohl aber innerlich erfahren werden. Die Offenbarung[5] der »Quelle« hebt die Betrachtung des Seelischen als des uns am nächsten liegenden Teiles der Transzendenz aus ihrer vagen Verschwommenheit auf ein modernes geistiges Niveau, das gleichziehen kann mit den Errungenschaften moderner Naturwissenschaft.

Gelegentlich taucht in unseren Gruppen auch einmal jemand mit dem Seelenalter Alt 5 auf (Ältere kommen nicht). An diesen Menschen fällt uns auf, dass sie gern unser Angebot an Verstehen annehmen und überrascht sind, dass sie so »alt« sein sollen. Sie wirken wie wohlwollende Besucher und gehen dann ihren ganz eigenen einsamen Weg weiter. Denn ab der Stufe Alt 5 kann ein Mensch seine sinnvollen Handlungsimpulse nur noch über seine intensive Beziehung zur Transzendenz und aus dem Augenblick heraus völlig subjektiv empfangen. Er hat dabei keine Wahl. Für einen solchen Seinszustand spielen geistige Vorstellungen von Transzendenz allenfalls eine sehr untergeordnete Rolle, da der erlebte Kontakt zu dieser Dimension so überwältigend stark geworden ist. Zum tieferen Verständnis mag man die entsprechenden Abschnitte des Buches lesen. Meine Überlegungen sind nur als allgemeine Einleitung gedacht und vereinfachen entsprechend stark.

Nun noch einige Worte zu mehr persönlichen Aspekten dieser Arbeit. Warum überhaupt geschieht dies alles? In Teilbereichen des Planeten sind die Zahlen der Alten Seelen und späten Reifen Seelen so stark angewachsen, dass deren seelische Not, eine ihnen angemessene Art von Trost und Wahrheit zu finden, die kausale Welt[6] aktiviert und dass dort Seelenfamilien, die den Inkarnationsweg abgeschlossen haben und nun ihrerseits Lehrer für die noch Inkarnierten geworden sind, die unausweichliche Notwendigkeit verspüren, eine diesen Reifen und Alten Seelen entsprechende neue Wahrheit zur Verfügung zu stellen. Dazu müssen sie menschliche Helfer finden, in diesem Fall Varda und mich. Alle Beteiligten erfahren dadurch eine Entwicklung, auch die Lehrer der kausalen Ebene. Sie müssen diese Botschaft vermitteln, um sich weiterentwickeln zu können, und haben daher auch uns gegenüber einmal ihre Dankbarkeit bekundet, dass wir unser Leben dieser Aufgabe widmen und ihnen so zu weiterem Wachstum verhelfen.

Unsere Arbeit ist eine Berufung im streng seelischen Sinne. Wir haben diese Rolle als Übermittler nie bewusst angestrebt, und hätte man uns vor dreißig Jahren vorausgesagt, was wir jetzt machen, wir hätten es für absurd gehalten. Neulich fragte ein Seminarteilnehmer die »Quelle« nach seiner Berufung. Antwort: *Wenn du eine hättest, würdest du nicht fragen.* Klare Sache. Das hat mich noch einmal darüber nachdenken lassen, was mit Varda und mir eigentlich geschieht. Berufung in diesem Sinne ist wie eine Zwangsjacke. Man kann nicht ausweichen. Man wird zum Teil brutal auf den notwendigen Weg gebracht. Verstanden habe ich das erst hinterher. Vom Verstehen her also kein Problem, wohl aber vom Gefühl. Für Varda als Medium ist es weniger belastend als für mich, Werkzeug zu sein. Ich habe dann die »Quelle« noch einmal gefragt, warum wir denn nicht wenigstens ein schönes Berufungserlebnis bekommen haben, einen brennenden Dornbusch oder Ähnliches. Die trockene Antwort war: *Ihr habt es auch so gemacht.* Sie sagen: *Wir bestehen nur aus Energie und verschwenden daher keine Energie.*

Varda und ich, wir sind übrigens nichts »Besseres« als andere Menschen. Wir bringen nur bestimmte energetische Voraussetzungen mit, nach denen die »Quelle«, wie sie sagen, schon seit zweihundertfünfzig Jahren sucht. Wir sind also zur rechten Zeit am rechten Ort. Einer allein könnte diese belastende Arbeit nicht bewältigen. Sie ist auch – wie die »Quelle« zu Recht meint – selbst unseren besten Freunden nicht erklärbar. Die »Quelle« vergleicht unseren Weg mit einer dauerhaften Wanderung in der dünnen Luft des Hochgebirges. Gut, dass wir Seelenzwillinge und zu zweit sind. Vor allem aber ist es Vardas genial zu nennende Fähigkeit, abstrakte und komplexe Inhalte in eine menschliche Sprachform zu bringen, die die wesentliche Voraussetzung für diese Arbeit darstellt. Die »Quelle« hat einmal Vardas Begabung, in wacher Tieftrance zu arbeiten, mit einem Spitzengeiger verglichen, der ein anspruchsvolles Musikstück in völliger meditativer Entspannung vorträgt. Meine Rolle ist eher die des Unterstützers, Fragenstellers, Strukturierers. Auch wichtige Auseinandersetzungen über die Arbeit gehören zu dieser

Beziehung. Schließlich muss man bei aller jahrzehntelangen Nähe zu diesem Aspekt der Transzendenz ganz besonders darauf achten, mit beiden Beinen fest auf der Erde stehen zu bleiben.

Das vorliegende Buch ist im Verlauf von fünfzehn Jahren unter verschiedenen Bedingungen entstanden. Als wir anfingen, hatten wir zwar schon eine Vorstellung von den Seelenaltern, aber die sieben Stufen jedes Alters (Alt 1, Alt 2, Alt 3 und so weiter) waren uns nur theoretisch bekannt, jedoch nicht wahrnehmbar. Wir fingen also im September 2000 bei unserem eigenen Seelenalter Alt 3 an und luden etwa zwanzig seelisch Gleichaltrige zu einer Erforschung dieses Seelenalters ein. Schon beim ersten Treffen wurde durch die geballte Krieger-Energie 3 deutlich, dass hier zwar sensible Alte Seelen, aber auch entschlossene, handlungsorientierte und gradlinige Personen zusammensaßen. Das war das erste Mal, dass wir begriffen, was die Bedeutung unserer Seelenalterstufe Alt 3 ausmacht. Eine mediale Botschaft dazu war dann ein weiterer Erkenntnishöhepunkt.

Anschließend wurden über mehrere Jahre hinweg die restlichen in unseren Gruppen vertretenen Seelenalterstufen von Reif 6 bis Alt 4 ebenso bearbeitet. Wir riefen jeweils bis zu fünfzig Personen mit derselben seelischen Altersstufe zu einem Wochenende zusammen, tauschten unsere Selbstwahrnehmungen aus und erhielten eine mediale Botschaft. Uns wurde klar, dass das Verspüren einer so feinen und ungewohnten Energie erst durch die geballte Anwesenheit Gleichaltriger möglich wurde. Aber was dann? Wie die restlichen neunundzwanzig Stufen erarbeiten, zu denen wir die entsprechenden Menschen nicht einladen konnten? Hier war eine Forschungsgruppe aus Psychotherapeuten und Ärzten die entscheidende Hilfe. Diese Gruppe von an der Sache und an der Seele zutiefst interessierten Menschen hat uns zehn Jahre lang in regelmäßigen halbjährlichen Sitzungen energetisch mitgetragen. Ohne sie wäre das vorliegende Buch wohl nie entstanden. Dafür von der »Quelle« und von uns den herzlichsten Dank.

Wie sieht nun die Zukunft dieses neuen Wissens aus? Leider hat sich bisher niemand gefunden, der die Matrix eines Menschen und damit auch sein Seelenalter so präzise ermitteln kann wie Varda. Einerseits gibt uns dies etwas, das man heute ein »Alleinstellungsmerkmal« nennt. Andererseits – was wird nach unserem Tod? Solche grundsätzlichen Probleme müssen wir der »Quelle« und der Kausalwelt überlassen. Auf Nachfrage hin hörten wir, dass es etwa fünfhundert Jahre dauern werde, bis diese neue Betrachtungsweise von den seelischen Welten, der Seelenmatrix und den Seelenaltern in weiten Kreisen akzeptiert sein wird. Und alle anderen Formen von Beschreibungen und Ausdrucksformen von Transzendenz werden weiterhin Gültigkeit haben, solange alle fünf Seelenalter auf diesem Planeten vertreten sein werden.

Frank Schmolke München, im Dezember 2015

Zur Einführung

Frank: *Wir begrüßen euch voll großer Freude und Dankbarkeit. Die Teilnehmer an unserer Forschungsgruppe haben bereits ein Buch begleitet, das ihr, unsere kausalen Lehrer*[7], *uns zu den* Sieben Archetypen der Angst *übermittelt habt. Jetzt habt ihr angekündigt, dass wir noch weitere Durchgaben erhalten werden zu den Seelenaltern und der langen Inkarnationsreise des Menschen.*

Auch wir empfinden Dankbarkeit und Freude, eine Vorfreude auf das, was geschehen kann – mit eurer Hilfe, durch eure Offenheit, mit eurer energetischen und geistigen Unterstützung. Wir sprechen von Vorfreude und meinen damit, dass selbst wir weder den Inhalt unserer Botschaft bis ins Letzte festgelegt haben noch gar schon wüssten, wie der Prozess unserer Übermittlung verlaufen wird. Denn wir möchten ihn in Beziehung setzen zu euch und ihn in eine gewisse positive Abhängigkeit stellen von dem, was ihr wollt, was ihr wünscht, was ihr braucht und erwartet.

Ein neues Projekt der »Quelle«

Wir haben das Projekt, die Gesamtheit der fünfunddreißig menschlich-seelischen Entfaltungsstufen zu erforschen, schon vor einer Reihe von Jahren angeregt, als wir euch darum baten, eine Gruppe von Menschen zusammenzuführen, die dasselbe Seelenalter verbindet. So konntet ihr Erfahrungen sammeln mit spezifischen Energiefeldern, mit der Bandbreite der jeweiligen Entfaltungsaufgaben und ihrer Durchführung.[8] Dabei ging es zunächst um Reife und Alte Seelen.

Jetzt seid ihr gut darauf vorbereitet, in die unbekannten Tiefen der frühesten Entfaltungsaufgaben und Entwicklungsstadien der menschlichen Seele hinabzutauchen. Es sind für euch wahrlich abenteuerliche Untiefen, denn ihr habt das, was wir euch ergänzend vermitteln wollen, längst hinter euch gelassen. Die Erlebnisse und Erfahrungen eurer eigenen frühen Inkarnationen wirken jedoch in euch weiter als vergrabene Schätze der unbewussten Entfaltungsgeschichte eurer Menschenseele. Wenn wir von Schätzen sprechen, meinen wir einen hohen neutralen Wert, wohl wissend, dass diese Schätze aus einer Mischung von Inkarnationslust und schwerem Inkarnationsleid bestehen. Wir werden euch daher auch durchaus beunruhigende Informationen vermitteln. Sie werden in euch uralte Resonanzen erzeugen, die ihr aus eurer Bewusstheit längst gelöscht hattet; und wir bitten euch, den Mut aufzubringen, euch einer seelischen Erinnerung zu stellen, die euch jetzt nicht mehr bedrohen kann, deren neue Erkenntnis aber Wesentliches zu eurem bewussten Menschsein beitragen wird. Wenn ihr in eure eigene seelische Vergangenheit bis in die tiefsten Tiefen hinabschaut, werdet ihr Anschluss finden an das, was Millionen Menschen auf eurem Planeten – auch im Moment – leben und erleben und erleiden, ohne dass ihr euch genötigt fühlt, solches Leid von euch abzuwehren, und auch ohne euch damit identifizieren zu müssen. Beides wäre eurem aktuellen seelischen Entwicklungsstand nicht angemessen. Wir wünschen uns also, dass ihr eine gewisse Offenheit mitbringt für das, was in euch schlummert und aus einem Traumschlaf erweckt werden kann, ohne dass diese Trauminhalte euch gefährlich werden können.

Seit Längerem schon sind wir bemüht, euch Botschaften von der großen Inkarnationsreise der Menschenseele zu übermitteln. Sie sind Teil und Krönung unserer umfassenden Seelenlehre. Unsere Form der Energie-Übertragung vollzieht sich sowohl über einen geistigen Inhalt als auch mittels einer spezifischen Art der Kommunikation. Energie ist leichter zu begreifen, wenn sie nicht nur mental verstanden wird, sondern in konzentrierter Form erfahrbar wird. Es handelt sich um eine erweiterte Lehre von der Seele, von ihrer sinngetragenen stufenweisen Entfaltung und den seelischen Erfahrungswelten, in denen das Lernen der Seele stattfindet. Dieser Inhalt ist jedoch nur dann fruchtbar und erfahrbar, wenn er sich auch energetisch im Bewusstsein eines Empfängers, Lesers oder Hörers verankern kann. Ein solchermaßen formaler Kommunikationsaspekt ist uns wichtig, denn wir, eine Wesenheit, die ihr die »Quelle« nennt, bestehen zu einem großen Teil aus Gelehrten-Seelen.[9] Die geordnete Struktur dieser Lehre von den seelischen Energien und ihrer Auswirkung auf die Inkarnationsgeschichte des menschlichen Individuums und seiner Kollektive erfreut die Gelehrten in uns. Unsere noch ein wenig stärkere Weisen-Energie hingegen entzückt sich in besonderer Weise an jedem Kontakt und jeder Kommunikation, die über den Kanal der empfundenen und erlebten Energie zustande kommt. Denn wir sind darauf angewiesen zu erproben, was unsere Übermittlung bewirkt und wie sie auf uns und andere zurückstrahlt.

Wir sind erfüllt von Freude über die Möglichkeit, zu euch zu sprechen. Als wir damit begannen, die Anliegen unseres Seelenstammes in eure Welt zu übertragen, konnten wir noch nicht ahnen, dass diese Lehre von der Sinnhaftigkeit und Seelenhaftigkeit des Menschseins, die wir und auch andere kausale Wesenheiten verbreiten, bei euch auf so fruchtbaren Boden fallen würde. Für uns war es ein Experiment mit offenem Ausgang. Doch dadurch, dass von anderer Seite die Ansätze zu einer Psychologie und Psychotherapie erarbeitet wurden, diese sich immer mehr verfeinerten und sich umfassendere Formen der Menschenbetrachtung entwickeln konnten, wurde es auch für uns viel einfacher, der Seele des Menschen im Unterschied zu seiner Psyche wieder zu einer Geltung zu verhelfen, die sie allzu lange verloren hatte. Wir erreichen damit nicht jeden, aber doch viele – und besonders diejenigen, für die wir uns als zuständig erachten: die Reifen und Alten Seelen in eurem westlich-kulturellen Kontext. Ihr sollt wissen, wir sind vor allem deshalb so erfreut, weil wir jetzt erkennen können, wie tragfähig unser Experiment inzwischen geworden ist.

Zu unseren Zeiten (wir schlossen unsere letzte Inkarnation im 18. Jahrhundert ab) gab es so etwas wie eure Psychologie, Therapie oder Psychiatrie nicht. Deshalb lehrt auch ihr mit euren Kenntnissen und Fragen uns etwas Neues im Austausch mit euch. Wir stellen fest, wie viel tiefer das Verstehen des Menschen und das Verständnis des Menschen für seine Seinsqualitäten geworden sind. Wir sehen auch, dass dies alles erst ein Anfang ist und sich die bereits vorhandenen Methoden in den kommenden Jahrhunderten erweitern und bereichern werden. In vielerlei Hinsicht wird Neues hinzutreten.

Ihr hier Anwesenden, ihr Teilnehmer an unserem gemeinsamen Forschungsprojekt, habt mit eurem Wissensdurst unsere Arbeit unermüdlich und über viele Jahre hinweg unterstützt. Wir sind euch dankbar, dass ihr als Psychotherapeuten, Sozialwissenschaftler und Ärzte mit so viel Neugier und Interesse und auch praktischer Anwendungsbereitschaft mehr und immer mehr von uns wissen wollt. Ihr tragt unsere Anliegen in eine Berufswelt hinaus, die uns nicht direkt zugänglich ist; auch für unsere beiden Hauptmitarbeiter Varda und Frank ist sie nicht leicht zu erreichen. Wir wünschen uns, dass euer Interesse erhalten bleibt und sich erweitert. Und wir hoffen, dass ihr möglichst vielen Menschen mit den Einsichten helfen könnt, die wir euch jetzt und in Zukunft vermitteln werden.

Unser Projekt, euch tiefer in die Thematik der Seelenalter hineinzuführen, ist bestimmt von dem Anliegen, euch die Menschheit und das Menschsein als solches besser verstehen zu lehren. Dabei bedenkt, auch wir können erst durch den Akt der Übermittlung an euch, und während ihr uns hört oder lest, vieles wirklich beg*reifen*, was uns zuvor zwar nicht ganz un*begreiflich*, aber doch gewissermaßen un*fassbar* war. Was wir euch mitzuteilen haben, ist eben nicht in Worte zu fassen, bevor uns jemand hören kann. Wir brauchen eure mentale Resonanz und mediale Empfänglichkeit. Unsere Aufgabe, an der wir wachsen und uns weiter entfalten, besteht darin, das Menschsein, das wir hinter uns gelassen haben, aus einer neuen Perspektive zu betrachten und auf ganz neue Weise zu erfassen.

Wir sind kausale Lehrer, eine Wesenheit, verschmolzen aus den Seelenrollen von Gelehrten und Weisen. Diese beiden Energien in einem Akt der Kommunikation mit lebendigen Menschen zu vereinen und einzusetzen und einerseits Inhalte »nach Art der Weisen« so zu vermitteln, dass sie eingängig, konkret und vorstellbar werden, und sie andererseits »gelehrtenmäßig« so zu strukturieren, dass daraus eine nachvollziehbare, kohärente Lehre entsteht – das ist es, was uns als kausale Lehrer in unserer seelischen Entwicklung weiterbringt. Wenn wir nun keine Schüler hätten, könnten wir, um es humorvoll auszudrücken, einfach nur einpacken. Daher unsere Dankbarkeit, daher unsere Freude! Und wir hüpfen sozusagen zu Tausenden vor Vergnügen angesichts der Gelegenheit, uns jetzt mit einem neuen Thema unserer Seelenlehre an diejenigen zu wenden, die sie brauchen und für die sie eine geistige und seelische Nahrung darstellt.

Wir sind dankbar. Unsere große Freude entspringt der Erkenntnis und Erfahrung, dass unsere Bemühungen beginnen, wahrhaftig reife Früchte zu tragen – und nicht nur Blüten oder Fruchtknoten hervorbringen, die noch der Reife harren. Wir erkennen, dass die ersten Früchte unserer Arbeit ihre Süße erlangt haben und einen Saft verströmen, der wie Nektar auf unser Sein zurückfließt.

Zur Inkarnationsgeschichte der Menschenseele

Es ist uns ein Anliegen, euch mehr über die großen Inkarnationszyklen des Menschen zu berichten. Von der ersten bis zur letzten Inkarnation durchlaufen alle Menschenseelen fünf Entfaltungszyklen. Sie beginnen mit der ersten Zeugung als Säugling-Seelen und entwickeln sich über die Kind-Seelen, die Jungen Seelen, die Reifen Seelen zu Alten Seelen, die ihre Reise durch die irdische Erfahrungswelt abschließen.[10]

Unser Vorhaben, euch von der seelischen Inkarnationsgeschichte des *Homo sapiens sapiens* zu berichten, entwickelte sich, weil unseres Wissens bei vielen eine Notwendigkeit entstanden ist, das Gefüge irdischen Daseins und die Bedingungen von Menschheit und Menschlichkeit durch die Bildung neuer Kategorien umfassender zu begreifen. Moderne Menschen benötigen ein vertieftes Verständnis für die präzisen Abläufe und die Unabdingbarkeit dessen, was auf eurem Planeten vor sich geht. Wir haben erkannt, dass gerade in eurer westlichen Kultur große praktische Bestrebungen existieren und politische wie auch ideologische Bemühungen entfaltet werden, um ganze Völkerschaften, große Massen von Menschen, mit einer idealisierten Vision von einem guten Leben zu beglücken. Eines unserer Anliegen besteht folglich darin, euch aus diesem selbstgefälligen »Beglückungstraum« zu wecken. Was viele von euch sich aus einer guten Intention heraus als notwendig vorstellen, kann und wird nicht passieren. Mit euren wohlgemeinten Hilfsangeboten werdet ihr bei wesentlich jüngeren Seelen immer wieder auf große Widerstände, ja auf Granit stoßen mit dem Wunsch, eure Träume bei ihnen zu verwirklichen. Denn es sind eure Träume und nicht die Anliegen derer, die wach für ihre eigene Wirklichkeit[11] sind.

Es gilt daher in Zukunft zu begreifen: Andere Menschen, vor allem Kind-Seelen und Junge Seelen, brauchen nicht zwingend dasselbe wie ihr, die ihr uns hier hört. Es verlangt allerdings den nötigen Respekt, ihnen das zu geben, was sie tatsächlich brauchen. Ihr solltet erkennen, welche Erfahrungen sie für ihre seelische Entfaltung benötigen, oder ihnen erlauben, es selbst herauszufinden. Dieser Respekt ist ein Akt der Liebe, der weder durch Geldzahlungen noch durch vielerlei wohlgesinnte Projekte geleistet werden kann. Diesen Akt der Liebe geistig zu fördern über ein Verständnis des Seelenalterprinzips ist das über allem liegende Ziel unserer Ausführungen. Wir wollen also bewirken, dass ihr eine veränderte Haltung entwickelt, eine tiefere Achtung vor den Bedürfnissen, den Anliegen, den Nöten und den Zielen wesentlich jüngerer Seelen auf eurem Planeten.

Liebe kann sich auf tausenderlei verschiedene Arten manifestieren und ausdrücken. Wenn aber der Respekt vor dem innersten, dem seelischen Anliegen eines anderen Individuums oder einer Gruppe von Menschen fehlt, wird es sich nicht um Liebe handeln, sondern vorwiegend um einen Entlastungsversuch von kollektiven Schuldgefühlen.

Wir möchten mit unseren Worten keineswegs andeuten (nicht einmal andeuten!), dass es verkehrt sei, Menschen in Not zu helfen, ihnen Medikamente zu geben, Schulen zu gründen, sie auszubilden, ihnen sauberes Wasser zur Verfügung zu stellen. Nichts liegt uns ferner, denn gerade das sind ja die Aufgaben der späten Jungen und der Reifen Seelen: den Säugling- und Kind-Seelen bei ihrer Entfaltung behilflich zu sein. Aber jene müssen ihr Dasein nach und nach aus eigener Kraft bewältigen lernen, nachdem sie einmal erfahren haben, dass es überhaupt möglich ist, etwas zu verändern.

Wir kommen jetzt zu einigen Vorschlägen unsererseits, wie unser umfassendes Projekt, euch eine Vorstellung von sehr jungen Seelen zu geben, in eine praktikable Übermittlungsform umgesetzt werden kann. Wir bitten euch, diese Anregungen nicht als Anweisungen zu verstehen. In groben Zügen wisst ihr bereits, worum es geht. Die Entfaltungsaufgaben der Säugling-Seelen und der Kind-Seelen müssen in Formeln gefasst und sodann mit Inhalten gefüllt werden. Aber zuvor möchten wir euch darauf hinweisen, dass wir es begrüßen, wenn eine lebendige Interaktion zwischen unserem Mitteilungswillen und eurem Wissendurst entsteht. Wir meinen also, wir könnten einerseits eine Art Vorlesung für euch halten, wann immer sich dies vom Thema her anbietet, und andererseits eine Diskussionsrunde, eine Fragestunde, eine Unterrichtsstunde mit euch gestalten, wenn sich aus dem, was wir mitgeteilt haben, oder aus anderen Gründen ein weiterführendes Interesse entwickelt. Diese abwechslungsreiche Vorgehensweise inspiriert uns am meisten, löst unsere Zunge, öffnet unseren Mund und verleiht uns Stimmgewalt. Wir bitten euch deshalb, munter eure Fragen an uns zu stellen und gleichzeitig bereit zu sein, über längere Zeitspannen unseren Ausführungen zu lauschen.

Ein ähnliches Vorgehen habt ihr zuweilen bereits früher im Kontakt mit uns erlebt.[12] Seinerzeit haben wir zuerst ausführliche Botschaften zu den Urängsten der Menschen übermittelt und sind dann auf eure Vorschläge und Fragen eingegangen. Wir gedenken auch jetzt, euch zunächst einmal Grundsätzliches anzubieten, um euch neue Perspektiven zu eröffnen, und beginnen am besten mit der Erörterung der Fragen: Was bedeutet Menschsein? Was ist das Ziel von Menschsein? Was bewirkt Menschsein? Und warum und wozu finden Seelen sich bereit, sich in menschlichen Körpern zu inkarnieren und als Menschen Neues zu lernen?

Das Abenteuer der Menschwerdung

Menschsein ist ein Abenteuer mit offenem Ausgang. Menschwerdung ist ein Experiment ohne Ziel. Das menschliche Dasein – das bedeutet die Beseelung eines animalisch-materiellen Körpers mit einem Seelentypus, der in der Dimension der Kausalität in Zeit und Raum und in einem geschichtlich-linearen Verlauf seine Erfahrungen machen will – ist ein seelisches Projekt, das eine klar umrissene Absicht verfolgt und zugleich auch von einer suchenden Ziellosigkeit erfüllt ist, die diese Absicht auf schöpferische Weise konterkariert. Mit anderen Worten, es handelt sich um ein Paradox, das zwei zunächst einmal absurd und widersprüchlich scheinende Zielsetzungen enthält und zwei Bereiche verknüpfen will, die niemals zuvor miteinander verbunden worden waren: einen Hominidenkörper und einen spezifischen Seelentypus, von dem wir hier sprechen. Die passenden Körper standen auf der Erde bereits zur Verfügung, und das Seelenvolk, das nach einer Verwirklichung strebt, stellt sich zur Verfügung für die Beseelung dieser Körper. Niemand – nicht Gott, nicht das Allganze, nicht die Seelenvölker, nicht die Einzelseele – kann auch nur im Geringsten im Vorhinein erfassen und ermessen, was aus dieser Verbindung entstehen wird. Nur eines ist gewiss: Es entstand im Laufe der Zeit ein »moderner« Mensch. Es entstand eine Menschheit, wie ihr sie kennt.

Ihr wisst, wir sprechen zu euch von der Bewusstheitsebene 4 [siehe auch die Übersicht »Die sieben universellen Grundenergien« im Anhang]. Das bedeutet, dass alles, was wir sagen, relativ neutral, abgewogen, kühl, theoretisch und gleichzeitig mental verdaulich ist. Wir werden zur Einführung nicht nur über die Erstinkarnation sprechen, sondern zunächst über die Vorbereitung dieses Vorgangs und seine Bedingungen.

Erlaubt uns, unsere Ausführungen mit einem anschaulichen kleinen Beispiel zu würzen. Wir möchten den Vorgang vergleichen mit einem Paar, das sich ein Kind wünscht. Dieses Kind wurde noch nicht gezeugt. Das Paar sehnt sich nach einer Synthese aus den Körpern dieses einen Mannes und dieser einen Frau, ergänzt durch die nichtkörperliche Beziehungsform, die beide verbindet. Aber noch sind sie zwei vollkommen getrennte Wesen, jeder mit seinem genetischen Vorrat an Möglichkeiten, und sie wünschen sich im Kind eine Verbindung dieser zwei Aspekte von Dasein. Wird nun der Wunsch so konkret, dass es zur Durchführung kommt und ein Ei befruchtet wird, entsteht ein menschliches Wesen, das – anders als die Eltern glauben und manchmal hoffen – etwas völlig Neues und Unbekanntes darstellt und im weitesten Sinne unberechenbar ist. Niemand weiß, was aus diesem Kind wird, welch ein Mensch sich hier entwickelt, welche inneren Ziele, welches Seelenmuster, welchen Charakter, welche Begabungen dieses neue einmalige Wesen kennzeichnen werden, wie sein Lebensweg sich gestalten wird, in welche politischen und gesellschaftlichen Umstände es sich hineinentwickelt, welche Möglichkeiten es aus sich heraus entfaltet. Die Eltern sind Inkarnationshelfer, sie sind die Erzeuger. Alles andere geht seinen Weg.

In vergleichbarer Art verbindet sich auch ein Seelenvolk

mit den Körpern von Hominiden, den Frühmenschen. Erst nachdem die anfänglichen Experimente der Beseelung abgeschlossen waren, konnten sich auch Menschen mit Menschen paaren und aus sich heraus Nachkommen der Art *Homo sapiens sapiens* zeugen. So wie wir es bei dem Liebespaar, das sich nach einem Kind sehnt, beschrieben haben, wünschen sich die beiden Aspekte von Menschsein – das Körperliche und das Seelische –, dass ein neues Wesen entsteht, ohne kontrollieren zu können, ohne bestimmen zu können, was daraus letztlich erwächst. Das Ganze wird zu einer Neuschöpfung des universellen Geistes.

Nun läuft dieses Beseelungsexperiment nach euren zeitlichen Vorstellungen schon seit sehr langer Zeit. Seither kommt euch das Vorgehen ganz normal und selbstverständlich vor. Aber zu Beginn eurer (und unserer) Geschichte als Seelenvolk *Homo sapiens sapiens* war es durchaus noch nicht so. Das Experiment hätte schon von Anbeginn schieflaufen und abgebrochen werden können. Aber es bewährt sich in zunehmendem Maß. Ihr wisst, Seelen als astrale Gebilde sind Energieträger. Sie besitzen keine Körperlichkeit, keine materiellen Aspekte. Und als Energiekörper haben sie kein Interesse daran, Energie zu verschwenden und zu vergeuden mit Experimenten, die keine Wirkung zeitigen in dem Sinne, wie es ersehnt war.

Die Entstehung eines Seelenvolks

Woher kommen nun die Wünsche an dieses neue Seelenvolk *Mensch*? Es ist für euch schwer vorstellbar, dass da niemand ist, der wünscht. Doch gibt es so etwas wie die Energiequalität eines Wunsches. Auf der Seite der Hominiden gibt es wie überall in der irdischen Natur einen Evolutionswunsch, ein biologisches Entwicklungsbedürfnis. Evolution bleibt niemals stehen und findet kein Ende. Die inhärente Energie, die eine Gattung oder Art zur Differenzierung, zur Entfaltung, zur Weiterentwicklung treibt, ist unbegrenzt. Sie hat jedoch einen regelrechten Sprung vollzogen durch die Ausnahmesituation, dass sich ein bestimmter Primatentyp oder Frühmensch probeweise mit dem Seelenvolk, zu dem wir alle gehören, vereint hat.

Auf der Seite der Seelen ist ebenfalls eine Wunschqualität vorhanden, nämlich sich auf ein Abenteuer einzulassen, das nie zuvor gewagt wurde. Und weil dieses gesamte Seelenvolk von der Energie 2, einer gestaltenden, neugierigen, kreativen, risikobereiten und spielerischen Energie getragen wird, ist es gerade diesem Seelenvolk ein Anliegen, sich mit einer irdisch-biologischen Körperlichkeit zu verbinden, die, wie ihr es zum Beispiel von Schimpansen kennt, ebenfalls neugierig, verspielt, risikobereit und beweglich ist.

Es ging also zunächst einmal darum, für die Entwicklungswünsche eines immateriellen Seelenvolks in einem materiellen Seinsbereich eine Resonanz zu finden. Nur aufgrund von Resonanzen ist eine schöpferische Vereinigung möglich. Es wäre daher – um es von anderer Seite zu beleuchten – für unser Seelenvolk mit der Energie 2, das ihr jetzt als *Homo sapiens sapiens* vertretet, nicht möglich gewesen, sich zum Beispiel mit Enten zu einem neuen Wesen zu verbinden. Oder etwa mit Insekten, die eine sehr begrenzte Lebensspanne haben. Für ein Seelenvolk der Grundenergie 2 wäre es nicht erstrebenswert, einen Inkarnationszyklus in dem Wissen zu beginnen, dass die Dauer eines einzelnen Lebens nur wenige Erdentage umfasst. Die Suche nach Resonanz im Bereich irdischer Lebewesen – und es war zunächst nur eine Suche – konzentrierte sich demnach auf langlebige Tiere, zum Beispiel Elefanten, Schildkröten, hochentwickelte Menschenaffen. Die Ähnlichkeit des Lebensraums von Meeresschildkröten war jedoch zu groß mit dem von Delfinen – einem bereits auf der Erde existierenden Seelenvolk der Grundenergie 1 –, um ein weiteres Experiment dieser Art »sinnvoll« erscheinen zu lassen. Die Gehirnstruktur von Meeresschildkröten entsprach auch nicht den Bedürfnissen der Energie 2. Wir sagen »sinnvoll« und müssen, um diese Zusammenhänge zu beschreiben, ein Vokabular verwenden, das recht mental und absichtsvoll-zielgerichtet erscheint; »Sinn« ist jedoch aus der Perspektive eines sich noch nicht inkarnierten Seelenvolkes nur dann gegeben, wenn eine Entwicklungsperspektive besteht, die den Wachstumsnotwendigkeiten dieses Seelenvolkes entspricht.

Das evolutionäre Potenzial eines Primatengehirns war deutlich beschleunigt gegenüber den Möglichkeiten, die verschiedene Elefantenarten auf eurem Planeten haben. Elefanten sind im Vergleich zu Primaten langsame, wenn auch kluge Tiere. Ein Seelenvolk mit der Energie 2 aber trägt in seiner Basisenergie eine spielerische Hurtigkeit, eine Beweglichkeit und Eile, eine evolutionäre Ungeduld auch. Diese ist nicht mit einer Urangst[13] zu verwechseln, sondern weist eine Dynamik auf wie ein Jugendlicher, der seine Kräfte geradezu versprüht, sich alles Mögliche vornimmt und nicht darauf warten mag, bis er irgendwann vierzig oder fünfzig Jahre alt ist. Das wäre ihm einfach zu langweilig! Und Langweiligkeit ist etwas, das das Seelenvolk *Homo sapiens sapiens* wahrlich nicht auszeichnet. Nichts ist kurzweiliger als dieses Seelenvolk. Im Vergleich zu anderen Seelenvölkern strebt es eine beschleunigte und auf Neugier, Variabilität, höchstmögliche Differenzierung und Individualisierung basierende materielle Entfaltung an.

Auch Vor- und Frühmenschen hatten selbstverständlich eine Seele, doch nicht von derselben Art wie ihr und wir. Und die beseelten fleischfressenden Großsaurier, ein Seelenvolk der kriegerischen Energie 3 mit einem Inkarnationszyklus und Entfaltungsschritten wie bei uns, sind längst ausgestorben. Die Vögel, biologisch-evolutive Abkömmlinge der Flugsaurier, sind keineswegs Nachkommen dieser Großsaurier. Vögel sind Teil von Kollektivseelen [siehe »Die Seelen der Tiere« im Anhang]. Von den Delfinen mit ihrer Heiler-Energie 1 gibt es noch Restbestände, sehr alte Seelen. Seelenvölker kommen und gehen. Sie kommen, wenn es dem Gesetz der Notwendigkeit entspricht; sie gehen, wenn ihr Inkarnationsanliegen erfüllt ist.

Seelenvölker unserer Art, die ebenfalls von der Energie 2 getragen werden, verwirklichen sich selbstverständlich auch in anderen Entfaltungsräumen als der Erde, aber nirgends geht es – aus übergeordneter Perspektive betrachtet – so »lustig« zu wie auf eurem Planeten, so abwechslungsreich, so vielfältig, so intelligent im Sinne der beschleunigten Gehirnleistung, der Entwicklung der Großhirnrinde, unter Beibehaltung der vielen archaischen Möglichkeiten, die der Hirnstamm anbietet. In keinem anderen materiellen Daseinsbereich in eurem Universum gibt es eine solch reichhaltige Verknüpfung unterschiedlicher Potenziale.

Die Wahl der Erde als Lebensraum für unser Seelenvolk war also keineswegs zufällig. Ein lustiges Seelenvolk braucht einen lustigen Planeten! Ein Seelenvolk, das zu seiner Entwicklung das geistige Prinzip des Wandels und der Abwechslung braucht, sucht sich ein hochdifferenziertes Umfeld. Das fand es auf Terra vor – mit schier unendlichen Vegetationsformen und einer unbeschreiblich zahlreichen Population an animalischen Kollektivseelenvölkern. Die Möglichkeit einer extremen Erfahrungsbreite ist auf eurer Erde in einer Weise gegeben, wie sie im gesamten Universum selten ist. Bestimmte Seelenvölker werden von dieser Diversität und Diversifikationsmöglichkeit magnetisch angezogen. Es war also kein Zufall, dass auf der Erde aus Primaten und Hominiden moderne Menschen entstanden, sondern einerseits eine Notwendigkeit und andererseits eine Lust.

Der Planet selbst vertritt aber nicht die Grundenergie 2. Er stellt denen, die sie nutzen können, sämtliche Energien zur Verfügung. Ein Seelenvolk der Energie 1, wie die Meeresdelfine, findet die Ozeane als Lebensraum vor; die Großsaurier (Energie 3) und die Neandertaler (Energie 5) konnten in dem ihnen gemäßen Umfeld leben. Ist die Resonanz gegeben, besteht ein wechselseitiges Potenzial der Synthese. Manchmal ist dies der Fall, dann wieder nicht.

Ihr könnt euch vielleicht nicht vorstellen, dass es in anderen Entfaltungsräumen als der Erde sehr viel ruhiger, behäbiger, aus eurer Perspektive todlangweilig zugeht. Alles ist still, es gibt kaum Abwechslung. Lebensräume bleiben in unendlichen Zeitläuften unveränderlich, stets denselben Bedingungen von Instinkt, Klima, Temperatur und Nahrung unterworfen. Überlegt doch einmal, wie abwechslungsreich selbst der ödeste Alltag eines Menschen am ödesten Ort in der ödesten Zeit auf eurer Erde beschaffen ist! Wie viele verschiedene Verrichtungen muss selbst der einfachste Mann, die einfachste Frau zwischen dem Aufwachen und dem Schlafengehen hinter sich bringen; was müssen beide sich einfallen lassen, um sich zu kleiden, zu ernähren, Werkzeuge herzustellen und ihre Kinder aufzuziehen. Wenn ihr dann das andere Extrem von einem aus eurer Sicht aufregenden, abwechslungsreichen, abenteuerlichen, dramatischen und risikoreichen Leben anschaut, dann erkennt ihr eine schier unendliche Bandbreite irdischer Daseinsaspekte – auch noch durch die Historie eines langen Inkarnationsgeschehens angereichert –, die kein Delfin und keine Großechse und auch kein Elefant in seinen Entfaltungsplan einarbeiten könnte.

Die Entstehung der seelischen Welten

Das Potenzial des Allganzen, die geistige Kraft, die das Universum hervorbringt und lenkt und bis ins Einzelne erfüllt, ist auch durch uns und von uns nicht erfassbar oder gar verbal zu beschreiben. Wir wissen jedoch so viel, dass ein bestimmtes Segment dieses geistigen Universums sich aus dem Allganzen ausgesondert hat, ohne sich davon zu trennen. Dies sind die *Welten der Seele*, die sich von den nichtseelischen Welten durch eine ganz eigene Bedürfnislage und Zielsetzung unterscheiden. Sämtliche Bereiche des geistigen Universums streben nach einer Anreicherung und Erweiterung von Liebe und Erkenntnis. Aber die seelischen Welten suchen diese Liebe und diese Erkenntnis auf eine spezifische Weise anzureichern und zu erweitern. Diese seelischen Welten bestehen aus einer euch schier unendlich scheinenden Zahl von Seelenvölkern, die ihrerseits nach den Prinzipien der »Sieben universellen Grundenergien« geprägt und geordnet sind.

Es gibt viele Seelenvölker, die wie das unsere die Energie 2 als Verwirklichungsprinzip und Leitlinie ihrer Entwicklung in sich tragen. Eines hat sich nun auf den Planeten Erde ausgerichtet, um dort sein Potenzial in einer Weise in Erfahrung umzusetzen, die absolut einzigartig ist. Die übrigen Seelenvölker der Energie 2 suchen im Universum allesamt nach jeweils anderen einzigartigen Möglichkeiten, um sich durch sich selbst zu erfahren; sie suchen nach Entfaltungsräumen, die ihnen und ihren Zielen, ihren Bedürfnissen, Notwendigkeiten und Wünschen entsprechen. Sie können gefunden werden in Seinsbereichen, die vorwiegend materiell geprägt sind, oder in solchen, die nach eurer Begrifflichkeit weitgehend immateriell sind. Doch wir kehren zum Anliegen unseres eigenen Seelenvolkes zurück, um euch zu sagen: Dieses Seelenvolk hat auf der Erde ein groß angelegtes Suchexperiment gestartet. Es hat sich in einigen großen zeitlichen Abschnitten vollzogen. Zunächst bestand es in der anteilnehmenden Beobachtung nicht nur der Primaten, sondern besonders der sich aus ihnen nach und nach entwickelnden Hominiden.

Ihr wisst, ein Seelenvolk existiert außerhalb der Zeit und außerhalb des Raums. Es hat also keine Eile und keine Not damit, auf den richtigen Augenblick zu warten, um eine Beseelungsmöglichkeit wahrzunehmen, die seinen Bedürfnissen entspricht. Diese Möglichkeit war in der Frühzeit menschlicher Entwicklung noch nicht gegeben. Aber unser Seelenvolk betrachtete mit seinem kollektiven seelischen Interesse und der seiner Energie 2 innewohnenden Neugier das Resonanzpotenzial, das sich auf der Erde zu entwickeln versprach. Bei hochentwickelten Frühmenschen schwankte die Gehirnmasse hier und dort, aber sie entwickelten doch Fähigkeiten und Fertigkeiten, die anderen Primaten als ihren Vorfahren noch nicht gegeben waren.

Neandertaler, die Urbevölkerung vor allem Europas, waren beseelte Menschen; sie waren jedoch nicht mit dem Seelentypus 2 unseres Seelenvolkes *Homo sapiens sapiens* beseelt. Sie boten einem Seelenvolk der Grundenergie 5 (Weisen-Energie) eine Resonanz, das nach einer Verwirklichungsmöglichkeit auf der Erde suchte. Die Neandertaler entfalteten sich fast vierhunderttausend Jahre lang und erfüllten ihre seelischen Aufgaben und Funktionen in vollgültiger Weise von Anfang bis Ende. Als biologische Menschen sind sie dem *Homo sapiens sapiens* zwar genetisch verwandt, wenngleich er nicht direkt von ihnen abstammt. Aber sie waren und bleiben ihm seelisch fremd; und als ihr Ende gekommen war, lag dies keineswegs daran, dass der moderne Mensch sie als Feinde ausgerottet hat. Jene wenigen alten Seelen unter den Neandertalern, die noch übrig waren, als der moderne Mensch vor etwa vierzigtausend Jahren in Europa heimisch wurde, haben sich ganz von selbst, freiwillig und auf natürliche Weise, von ihrem Lebensraum Erde verabschiedet.

Als sich die Perspektive der Beseelung von zunehmend agilen und intelligenten Hominiden anbot und sich daher für dieses Seelenvolk ein immer höherer Resonanzreiz entwickelte, als die Verwirklichungshoffnung konkret wurde, begab sich unser Seelenvolk zunächst in eine neuartige Bewusstheitsdimension. Es gründete nämlich seine eigenen Welten der Seele, in denen seine spezifischen Belange gehütet und gewahrt werden konnten. Es sind jene Welten der Seele, die ihr kennt mit ihrer physischen, astralen und kausalen Dimension.

Der astrale Seins- und Bewusstheitsbereich besteht, wie wir einst darlegten, aus drei großen Territorien, die sich allesamt dem Seelenvolk *Homo sapiens sapiens* als Existenzraum zuordneten.[14] Sie besitzen immer noch ihre Gültigkeit und werden sie so lange behalten, bis dereinst alle Seelen unseres Volkes ihre Inkarnationsreise abgeschlossen haben. Die spezifische Welt der Menschenseelen steht in unmittelbarerer Verbindung mit ihrer materiellen Gegenwelt, der Erde. Diese zwei Dimensionen sind voneinander nicht zu trennen. Wir können also behaupten, dass einerseits unsere gemeinsame Heimat in der Welt der Seele und andererseits die Erde – die irdische Welt, die ihr als Menschen kennt – zwei Aspekte ein und derselben Sache bilden, und zwar einzig für unser Seelenvolk. Als kausale Lehrer sind wir zwar weitergewandert, existieren aber noch in derselben Bewusstheitswelt von Menschenseelen. Für andere Seelenvölker, zum Beispiel Tierseelen, oder auch für die früher auf der Erde inkarnierten – die Großsaurier, Meeresdelfine und Neandertaler – ist dies nicht so. Sie kannten und kennen unsere Welt der Seele nicht. Sie besaßen ihre je eigenen, ihren Notwendigkeiten zugeordneten seelischen Dimensionen.

Unser Seelenvolk begab sich nun zunächst auf das astrale Territorium 1, um – in eurer Sprache ausgedrückt – weitere vorbereitende Modalitäten zu klären. Ein solches Experiment, wie dieses Seelenvolk es vorhatte, wird nicht leichtfertig, sozusagen zwischen Tür und Angel, angegangen. Es bedarf einer umfassenden seelischen Planung. Da sie aber noch ohne die Zuhilfenahme der späteren hochentwickelten Hominidenhirne vorgenommen werden musste, unterlag sie anderen Bedingungen, als es euch vorstellbar und erklärbar ist. Ein Seelenvolk, das wie das unsere aus etwa fünfundzwanzig Milliarden Seelen besteht, braucht jedenfalls Organisationsformen und Zielsetzungen, um sich sinnhaft und sinnvoll zu einer Inkarnationsreise entschließen zu können. Damit vergeht nach euren Vorstellungen eine gewaltige Zeitspanne von vielen Hunderttausend Jahren, bis es so weit ist. Aber wenn es dann so weit ist, springen einige Hunderttausend Seelen organisiert in sechs oder acht Seelenstämmen mit jeweils fünfzigtausend Seelen in die genetische, körperliche, materielle Substanz von Hominiden, in ihre Föten, und beseelen sie mit einem neuen Seelentypus.

Dieser Vorgang geschieht jedoch nicht etwa gewaltsam, wie ihr vielleicht befürchtet. Er raubt den Hominiden nicht ihre alte Kollektivseele und besetzt sie mit einer neuen. Es handelt sich nicht um einen Akt der Übernahme, und der neue Seelentypus verdrängt auch den alten nicht unmittelbar, sondern verbindet sich mit ihm, verschmilzt mit ihm. Die gemeinsame erlebte Schöpferkraft bringt ein neues Ganzes, eine evolutive Synthese hervor. Es handelt sich also nicht um eine brutale Fremdbesetzung, sondern um das, was wir bereits schilderten: um einen resonanzgemäßen und sowohl seelisch als auch evolutionär-biologisch erwünschten »Quantensprung«, der einem schöpferischen Zeugungsakt des Allganzen gleicht. Ähnliches geschieht jeden Tag in der Tier- und Pflanzenwelt. Getragen von der Lust beider symbolischer Elternteile erschafft das Allganze ein neues Wesen, das dem einen gleicht und dem anderen ebenfalls. Die physische Ähnlichkeit mit den Hominiden ist unbestreitbar, aber die neuartige Qualität der Seelenenergie ist ebenfalls unverwechselbar und leicht zu erkennen. Vater und Mutter haben sozusagen ihr Schönstes und Wichtigstes in dieses neue Wesen hineingelegt, wobei wir den seelischen Aspekt als den väterlichen und den animalisch-biologischen Aspekt als den mütterlichen betrachten möchten.

Die Erstbeseelung

Einige Hunderttausend Pioniere organisieren sich zunächst in Stämmen, in Sippen, in Seelenfamilien[15], und im Augenblick der tatsächlichen Inkarnation zerfallen diese in einzigartige Individualseelen. Damit beginnt nun für eine erste Ausschüttungswelle von Menschenseelen die erste Inkarnationsreise. Auf dem ersten Territorium ihrer seelischen Welt verbleiben die Milliarden anderen, die zunächst noch keine Möglichkeit oder Gelegenheit finden, auf der Erde einen sinnhaften und strukturierten Entfaltungsweg zu beschreiten. Denn wo noch nicht ausreichend viele Hominiden leben, kann eine Beseelung dieser Art nicht stattfinden. Erst wenn das neue Seelenvolk gemeinsam mit den Körpern von hochentwickelten Frühmenschen eine genügende Anzahl der Art *Homo sapiens sapiens* »gezeugt« hat, können diese sich auch untereinander fortpflanzen. Die Nachkommen sind dann entsprechend als moderne Menschen beseelt. Aber ihr werdet nachvollziehen können, dass es ein Weilchen dauert, bis weitere Stämme – Einheiten von etwa je fünfzigtausend Einzelseelen – gezielt die astrale Dimension ihrer seelischen Welten verlassen und sich mit einer gewissen Überlebenschance auf der Erde inkarnieren können.

Nun gibt es unter den Seelen, die sich zur Inkarnation als *Homo sapiens sapiens* bereitmachen, auch solche, die wir als »energetische Witzbolde« bezeichnen möchten. Sie sind Angehörige unseres lustigen Seelenvolkes, die sozusagen in die irdische Dimension mitgenommen werden, und gerade sie entsprechen in höchstem Maß der Energie des Seelenvolks 2, seiner Kindlichkeit und Verspieltheit, der Neugier, der Unberechenbarkeit, der Agilität und Bereitschaft, nichts ernster zu nehmen als nötig. Aber ihre Energie reift nicht zur Inkarnationsbereitschaft aus, sie ist und bleibt wie die von drei- bis fünfjährigen Kindern. Diese Wesen können die volle Verantwortung des Menschseins mit seinen zahlreichen Leidformen nicht übernehmen. Sie werden sich daher niemals auf eine Inkarnationsreise begeben. Aber wie wir vor langer Zeit berichtet haben, machen sie auf ihre Art Energievisiten auf eurem Planeten.[16] Sie erscheinen euch als Elfen und Zwerge, als Flussgeister oder Erdgeister, als Elementarwesen. Sie spielen mit eurer Fantasie, sie spielen mit euren Ängsten; sie begleiten euch halb sichtbar, wenn es erwünscht wird oder kulturell erlaubt ist. Sie sind immer um euch herum, aber in gewisser Weise gleichen sie geliebten, fröhlichen Haustieren eurer Gattung *Homo sapiens sapiens*.

Ist der Sprung der allerersten Seelen eines Volkes in die materielle Dimension einmal vollzogen, erlangen die jetzt entstandenen seelischen und genetischen Individuen die Fähigkeit, auf das zweite Territorium[17] ihrer seelischen Welt überzuwechseln und eine Art Reisetätigkeit zu entwickeln, die ihnen erlaubt, in beiden Dimensionen der Bewusstheit, die ja komplementär gestaltet sind, gleichermaßen beheimatet zu sein. Sie sind materielle Wesen und zugleich immaterielle Wesen. Sie bleiben dem »Vater« verhaftet und sind der »Mutter« verpflichtet. Ob sie nun dieses zweite Territorium aufsuchen, um sich nach einem irdischen Leben zurückzuziehen, zu erholen und Neues zu planen, oder ob sie des Nachts im Tiefschlaf, im Koma, in Trance, in entspannten Wachzuständen, in Meditation eine kraftvolle Aufladung durch das »Klima« der Heimat erfahren, eine energetische Nahrung aus den Armen des Vaters, um gestärkt, aufgebaut und ermutigt in die leiblichen Arme der Mutter zurückkehren zu können, ist weniger wichtig. Entscheidend ist, die Tatsache zu begreifen, dass Menschen nicht wählen müssen, ob sie hier oder dort sind. Insofern gibt es keine Scheidung der Dimensionen. Sie sind immer hier und dort. Menschen sind irdische und astrale, materielle und immaterielle Wesen zugleich, in jedem Augenblick ihres Daseins. Die Verbindung von sogenannten Verstorbenen zu ihrem Inkarnationsbereich, der Erde, bleibt auf Territorium 2 stets erhalten. Die Verbindung von lebendigen Menschen zu ihrem astralen Heimatterritorium 2 wird niemals unterbrochen. Es handelt sich also um eine künstliche Trennung, wenn ihr radikal unterscheidet zwischen lebendig und tot. Der Unterschied ist graduell, nicht absolut. Dennoch hat diese Unterscheidung eine wichtige Funktion, denn die Seinsweisen in den zwei Dimensionen der Bewusstheit sind in der Tat deutlich verschieden.

Die Neubesiedelung der Erde

Nimmt die Bereitschaft der bereits existierenden Frühmenschen und des Lebensraums Erde zu, mehr und mehr neue Seelen aufzunehmen, weil Generationen von Menschenwesen bereits Inkarnationsarbeit geleistet haben, können weitere Seelenstämme nachrücken. Mit Hilfe lebendiger *Homo-sapiens*-Väter und -Mütter werden neue Menschenwesen gezeugt. Die ursprüngliche Vereinigung von Hominiden und Seelen unserer Art war lediglich ein Anfang, ein Experiment. Anschließend lief das ganze Projekt wie von selbst, vergleichbar einer erfolgreich gezündeten Rakete.

In dem Maß, wie es Inkarnationsmöglichkeiten gibt, kommen immer mehr Seelenstämme unseres Volkes in den Genuss eines Inkarnationszyklus. Sie haben zwar keine Not mit dem Warten, aber sie sind zugleich in geistiger Weise erwartungsvoll und auch ein wenig begierig auf die neue Erfahrung, denn sie sind ja von denen, die schon mit der körperlichen Reise begonnen oder sie nach einer irdischen Zeitspanne von etwa zehntausend Jahren abgeschlossen haben, nicht wirklich getrennt. Informationen fließen innerhalb des Volkes von Seele zu Seele, ununterbrochen, und es erhält die Nachricht von ungewohnten Formen der Liebe und des Erlebens in einem beseelten Leib, von bereichernden neuen Erkenntnissen. Alle Erfahrungen werden gespeichert und nutzbar gemacht. Die Pioniere berichten den Zurückgebliebenen nicht nur des Nachts im Tiefschlaf, sondern auch nach jedem Ableben von allem, was es auf der Erde und im leiblichen Dasein zu erfahren gibt. Es geht um die Vielfalt des Erlebens; wie spannend und aufregend und anstrengend es ist, aber doch lohnend! Und sie erzählen, welche Aspekte von Liebe und Erkenntnis sie in diesen ersten Versuchen, am und im Leben zu sein, erkundet haben. Die Aufgaben der einzelnen Seelenfamilien differenzieren sich. Solch ein Nachrichtenfluss bewirkt bei den noch niemals Verkörperten eine Inkarnationslust und Inkarnationssehnsucht, die sie später sicher durch einen Zyklus von rund zehntausend oft leidvollen Erdenjahren trägt, ohne dass der Impetus nachlässt. Eine Welle neu inkarnierender Seelen nach der anderen ergießt sich seither in unregelmäßigen Abständen über die Erde – je nach Verfügbarkeit, die eure Lebensräume, die Klimazonen und Kulturen bieten, soweit Überlebensmöglichkeiten, Nahrung, Obdach und Entfaltungsbereiche zur Verfügung stehen.

Seelen kommen stets in großen Verbänden, einer Vielzahl von Stämmen, und Seelen gehen in die kausale Bewusstheitswelt in großen Verbänden. Die zwischenzeitliche Vereinzelung und Fragmentierung der Seelenfamilien während der Inkarnationsreise wird abgeschlossen durch eine ekstatisch-freudige Wiedervereinigung, wenn alle, die sich gemeinsam ausgeschüttet hatten, am Ende ihres Entfaltungsweges angelangt sind und nun wie von selbst zu Lehrern des Menschen und der Menschheit werden. Auf dem dritten Territorium unserer astralen Welt sammeln sie sich. Dann verschmelzen sie miteinander und verlagern sich mit einem energetisch-explosiven Vorgang in die kausale Welt, um das weiterzugeben, was sie erfahren und gelernt haben und an Erkenntnis und Liebe sammeln konnten. Von ihrer neuen Dimension aus leisten sie Hebammendienste für spätere Inkarnations- und Ausschüttungswellen, ja Ausschüttungslawinen, die über die Erde strömen. Das ist auch unsere Aufgabe, dort weilen auch wir. Auf der Erde finden die neu inkarnierenden Seelen bereits energetisch bearbeiteten und fruchtbaren, gedüngten Boden vor, um sich im Irdischen zu verankern, in der Materie zu verwirklichen, sich anzureichern mit allem, was dieser Inkarnationsweg zu bieten hat. Und das ist wahrlich viel.

Das Entfaltungspotenzial der Menschenseele

Menschenseelen inkarnieren sich, um während eines Lebens ihr jeweiliges Entfaltungspotenzial auszuschöpfen und neue Erfahrungen hinzuzugewinnen. Eine Seele verknüpft im Moment ihrer Inkarnation und für die gesamte Dauer dieses Lebens einen umfassenden Inkarnationsplan mit den tatsächlichen Entfaltungsgelegenheiten. Wir können deshalb von einer Verbindung zwischen dem seelischen Entfaltungspotenzial auf der einen Seite und einer psychischen Entfaltungsfähigkeit und -möglichkeit und dazu einer persönlichen Entfaltungsgeschichte auf der anderen Seite sprechen. Die Planung wird entworfen und angelegt, bevor der Inkarnationsvorgang stattfindet, also vor der Zeugung. Durch die

Fleischwerdung verbindet sich die seelische Potenzialität mit einer physischen, psychischen und geistigen Verwirklichungsmodalität. Doch auch dem Nichtgeplanten steht ein eigenes Feld zu. Und die individuelle Seele mit ihrem eigenen Plan ist ja verknüpft mit vielen anderen Menschen und deren Entfaltungsplänen, mit denen sie interagiert. Niemand entwickelt sich isoliert.

Die Blaupause der seelischen Absichten und Ziele kann sich also erst in einem Körper, in einer Zeit, in einer Gesellschaft und in einem Raum verwirklichen. Sie bleibt andernfalls irrelevant. Der Entfaltungsplan ist abhängig von dem, was in früheren Inkarnationen bereits an Entfaltungspotenzial ausgeschöpft wurde. Wenn wir nun dieses Potenzial näher beschreiben wollen, so müssen wir euch darauf aufmerksam machen, dass Inkarnation nicht nur beseelte Körperlichkeit bedeutet, sondern auch – untrennbar damit verbunden – die Entwicklung einer individuellen Psyche und eines individuellen Geistes unter den individualgeschichtlichen und kollektivhistorischen Bedingungen ebendieses Inkarnationsgeschehens.

Tritt also der seelische Entfaltungsplan in seine aktualisierte Phase ein, verknüpft er sich unmittelbar nicht nur mit einem menschlichen Körper, sondern auch mit dem Geschehen in Zeit und Raum. Dies hat die Seele nicht nur geplant, sondern es widerfährt ihr auch durch das Leben selbst, denn sie ist nicht allein auf ihrer Erde (und mit den Bedingungen, die dort herrschen), sondern eingebunden in die gesamte Menschheit. Dadurch entsteht eine gegenseitige Wirkungsdynamik, die eine seelische Zielsetzung anreichert mit Inhalten, einem seelischen Lernprogramm und einer Wechselwirkung von Begegnungen mit anderen Seelen in der physischen Welt. Von einem eigentlichen seelischen Potenzial kann man daher nur sprechen, insofern es sich um den inkarnierten Seinszustand dieser Seele handelt. Denn ein Plan ist nur ein Plan; seine Ausführung, Gestaltung und Durchführung unterliegen dem Prinzip der begrenzten Entscheidungsfreiheit[18]. Planung kann daher nicht bis ins letzte Detail aus einer Raum-Zeit-freien Dimension in ein Dasein übergeleitet werden, das Materie, Zeit und Raum und vielen anderen Bedingungen wie Luftdruck und Schwerkraft unterworfen ist.

Wenn wir des Weiteren auf den Begriff Entfaltungspotenzial eingehen, möchten wir euer Augenmerk darauf richten, dass dieses Potenzial trotz aller menschlichen Gestaltungsfreiheit nicht ohne Rahmen und ohne Grenzen zu verstehen ist. Rahmen und Grenzen werden wiederum vom ursprünglichen Seelenplan mitbestimmt und gesetzt. Dieser Plan unterliegt Gesetzmäßigkeiten, die in ihrer Unbedingtheit zu vergleichen sind mit der Tatsache, dass ein inkarniertes Menschenwesen der Schwerkraft oder dem Luftdruck auf der Erde unterliegt, dass es essen, schlafen, sich fortpflanzen muss und sterblich ist. Er wird zum Beispiel zwingend eine Auseinandersetzung mit der jeweiligen Entfaltungsaufgabe mit sich bringen. Das Seelenalter einer sich inkarnierenden Seele spielt hier eine entscheidende Rolle. Ihr werdet nachvollziehen können, dass das Entfaltungspotenzial im Körper einer Kind-Seele energetisch und inhaltlich unterscheidbar ist von dem Potenzial, das eine Reife oder Alte Seele auszuschöpfen vermag, weil sie, verglichen mit einer Kind-Seele, mit einer veränderten Energiehülle und auch mit anderen Zielen ihre Inkarnation plant und bewältigt. Jeder inkarnierte Mensch findet somit einen energetisch begrenzten Rahmen vor, der durch sein Seelenalter, seine Entfaltungsstufe und auch durch die Anzahl der Leben auf dieser Entfaltungsstufe vorgegeben ist. Aber wie er diesen Rahmen füllt und ausschöpft, welche Entscheidungen zum Beispiel für oder wider die Liebe, für oder wider die Angst er trifft, welchen Menschen er nicht nur begegnet, sondern sich ihnen öffnet oder verschließt, welche Herausforderungen er annimmt oder welchen er sich verweigert, das ist Teil des Entscheidungsfreiraums, der einer inkarnierten Seele zu ihrem individuellen Wachstum geschenkt ist.

Hier spielt nun der historische, kulturelle, gesellschaftliche und materielle Rahmen der jeweiligen Inkarnation eine wesentliche Rolle. An ihm entfaltet sich die individuelle Psyche eines Ich ebenso stark wie an der jeweils bewohnten Körperlichkeit. Das Zusammenspiel seelischer Absichten für ein neues Leben mit den Möglichkeiten, diese Absichten mit einem spezifischen Körper in einem spezifischen Raum-Zeit-Gefüge mit den entsprechenden Erlebnissen und Begegnungen durchzuführen, ist als das eigentliche Ausreizen des Entfaltungspotenzials zu verstehen.

Wir sagen euch nichts Neues, wenn wir andeuten, dass eine inkarnierte Menschenseele nur selten ihr Potenzial voll und ganz ausfüllt. Denn dieser Anspruch würde eine nahezu vollkommene Angstfreiheit voraussetzen. Ihr werdet verstehen, dass diese Angstfreiheit selten einmal gegeben ist. Sie wäre auch in den meisten Inkarnationsgeschehen nicht einmal sinnvoll anzustreben, weil ein Mensch nicht nur an seinem Potenzial wächst, sondern auch an seiner Auseinandersetzung mit ihm und an der Erkenntnis und Bewältigung seiner Ängste. Ihr dürft euch allerdings auch auf eine selbsttätige Antriebskraft eurer Seele verlassen, die euch befeuert und bewegt und euch immer wieder an die aktuellen Grenzen eures Entfaltungspotenzials treibt. Diese Grenzen sind von Tag zu Tag, von Jahr zu Jahr verschieden, und wenn ihr euren Beitrag als psychische, physische und geistige Wesen zur Erfüllung des seelischen Plans leistet, dann wird viel erreicht werden.

Spannung und Entspannung

Jetzt werdet ihr gewiss erfahren wollen, wie dieses Beitragleisten zur Entfaltung des seelischen Plans vonstattengehen kann. Unsere Antwort ist scheinbar banal, aber sie enthält alles, was ihr dafür benötigt: Es ist eine individuelle Mischung aus dem spannungsreichen Bestreben, Herausforderungen anzunehmen, und der körperlichen und psychischen Entspannung, die euch erst in die Lage versetzt, Herausforderungen auch zu verarbeiten. Entspannung und Spannung sind demnach die Faktoren, die ihr in eurem Dasein so bewusst wie möglich ins Auge fassen und anstreben solltet.

Wir geben euch ein Beispiel, das ihr leicht nachvollziehen könnt: Eine Frau bringt ein Kind zur Welt. Dies mag ihrer seelischen Planung entsprechen oder auch nicht. In jedem Fall stellen Schwangerschaft und Geburt eines Kindes sowie seine spätere Pflege und Erziehung eine große Herausforderung dar. Zum seelischen Entfaltungspotenzial können nun die aktuelle Ausweitung der Liebesfähigkeit und die Erkenntnisse, die diese Frau sowohl über sich selbst als auch über ihr Kind und die Beziehung zwischen beiden gewinnen kann, einen wesentlichen Aspekt beitragen. Was bedeutet in diesem Fall Spannung und Entspannung? Die Hervorbringung neuen Lebens ist ein erregender, anspannender und herausfordernder Vorgang. Er nimmt die gesamte Psyche einer werdenden Mutter, einer gebärenden und stillenden Frau in Anspruch. Sie wird dabei nicht vermeiden können, mit ihren Ängsten in Berührung zu kommen und sogar mit der Todesangst konfrontiert zu werden, die mit jeder Geburt verbunden ist. Kaum ist das Kind auf der Welt, hat die Mutter Angst um das Leben des Kindes, ob ihr dies bewusst ist oder nicht. Sie tut alles, um es am Leben zu erhalten. Die Spannung, unter der sie steht, ist zu einem großen Teil förderlich und zu einem geringen Teil übermäßig. Wenn aber die junge Mutter sich weder entspannt noch die Situation in dem Vertrauen auf ihre Liebe zum Kind, auf ihre Instinkte, auf ihre Erfahrung, ihr Wissen und ihre Beziehungsfähigkeit betrachtet und bewältigt, werden sie und das Kleine einen gewissen Schaden davontragen. Die Anspannung und die Entspannung in das Geschehen hinein bilden erst jene Mischung, die zum Gelingen des Ganzen führt.

Ein weiteres Beispiel, das ihr alle ohne Weiteres verstehen könnt, ist der Umgang mit Arbeit, Pflicht und Verantwortung. Viele Menschen glauben, dass zum Gelingen ihres Tuns und Wirkens eine unablässige Anspannung vonnöten sei, und sie verlernen dadurch, sich in regelmäßigen Abständen gründlich zu entspannen. Sie berücksichtigen nicht ausreichend ihr Schlafbedürfnis, ihr natürliches Streben nach Freude und die Notwendigkeit festlicher Anlässe. Sie beugen sich dem Joch eines engen Zeitplans und glauben, nur durch höchste Anspannung ihre Herausforderungen bewältigen zu können. Dies führt dazu, dass über kurz oder lang Psyche und Körper sich gegen die Überspannung wehren, indem sie allerlei Beschwerden entwickeln, um das Ich in seiner Gesamtheit zu einer Pause und zu einer langfristigen Erholung zu zwingen. Wenn aber der betreffende Mensch nicht die Selbstliebe und Selbsterkenntnis aufbringt zu begreifen, was er sich durch zu viel Anspannung antut, wird er bald von Neuem in sein Hamsterrad steigen und unaufhörlich darin herumrennen.

Spannung und Entspannung gehören zusammen und halten alle Aspekte eines Ich gesund: den Körper, die Psyche, den Geist.[19] Auch die Seele kann die geplanten und für sie notwendigen Herausforderungen ihres Daseins nur dann sinnhaft bewältigen, wenn die anderen drei Aspekte der Ich-Struktur sie dabei unterstützen. Das Leben bietet der inkarnierten Menschenseele alles Notwendige zu ihrem Wachstum, zu ihrer Entfaltung und zur Ausschöpfung ihres Potenzials an. Aber wenn diese Angebote lediglich mit letzter Kraft und aus höchster Not heraus erlitten werden, statt mit einer gewissen existenziellen Freude angenommen und bearbeitet zu werden, muss vieles, was in diesem einen Leben erlebt und erledigt werden könnte, auf ein späteres Leben verschoben werden – nicht als Strafe, sondern aus einer energetischen Notwendigkeit heraus. Denn geht eine seelische Herausforderung nicht mit einer Steigerung der Liebesfähigkeit einher und wird sie nicht von wesentlichen Erkenntnissen gekrönt, waren Anstrengung und Leid, die in den meisten Fällen damit verbunden sind, nahezu vergeblich. Wir sagen zwar allgemein mit Fug und Recht, dass nichts im Leben vergeblich ist. Aber wenn wir vom Ausschöpfen eines menschlichen Potenzials sprechen, so könnt ihr euch vorstellen, dass es einen energetischen Unterschied im seelischen Gewinn macht, ob jemand sein Potenzial zu zwanzig oder zu neunzig Prozent ausschöpft.

Noch etwas möchten wir zum Thema Spannung und Entspannung hinzufügen. Die menschliche Psyche und die körperliche Kraft eines Ich und auch seine geistige Bereitschaft, das ihm Geschehende zu ordnen und auszuwerten, haben insgesamt eine begrenzte Kapazität. Eine wohltuende, lehrreiche und in jeder Hinsicht gelungene Integration des Erlebten kann nur dann vonstattengehen, wenn diese Kapazität nicht wesentlich überschritten wird und deshalb nicht zu Verdrängungen oder einer unheilvollen Reduzierung der Lebensenergie und damit der existenziellen Daseinsfreude führt. Wir wissen, dass dies häufig der Fall ist und sich nicht ohne Weiteres vermeiden lässt. Dennoch wollen wir euch, die ihr uns hören könnt, mit Nachdruck daran erinnern, dass ihr euch entspannen solltet, wann immer sich die Gelegenheit dazu bietet. Um das Dual zur Entspannung, die Anspannung, braucht ihr euch in der Regel nicht besonders zu bemühen. Aber ihr könnt euch, auch wenn es euch seltsam erscheint, ein wenig auf Vorrat entspannen. Eure Bereitschaft, Anspannungen zu akzeptieren und zu bewältigen, wird dadurch anwachsen, und ihr werdet, wenn es dann wieder einmal so weit gekommen ist, dass die Wogen des Lebens über euch zusammenzuschlagen drohen, auf ein Reservoir von Entspannung zurückgreifen können. Es gleicht einem Schutzraum, in den ihr euch immer wieder zurückziehen könnt, weil ihr wisst, wie man sich bewusst entspannt – selbst in höchst anstrengender Lebenslage, selbst während der größten Trauer, sogar in lebensbedrohlichen Situationen. Entspannung ist auch unter den schwierigsten Umständen möglich, zum Beispiel in einem Straflager. Sie rettet vielfach Leben, weil sogar eine kurzzeitige Möglichkeit, zu sich selbst zu finden, über die Angst hinauszuwachsen und ein Vertrauen in das Geschehen zu entwickeln, das mehr nach innen als nach außen gerichtet ist, einen positiven Effekt erzielt.

Die Kraft des Vertrauens

Vertraut auf eure natürliche Fähigkeit, alles Notwendige und Sinnhafte für eure seelische Entfaltung bewältigen zu können, und vertraut auf die Weisheit eures Körpers, auf die Integrationsfähigkeit eurer Psyche und auf die Möglichkeiten eures Geistes, die Zusammenhänge und Gründe des Geschehens zu begreifen. Dieses Vertrauen wird euch helfen, alles seelische Entfaltungspotenzial, so gut wie es eben geht, auszuschöpfen.

Nahezu alle spirituellen Traditionen und Religionen gründen ihr Bestreben, psychische Entwicklung, seelische Entfaltung und die damit verbundenen Möglichkeiten, Liebesfähigkeit und Erkenntnisbereitschaft zu fördern, auf dem Prinzip der Entspannung. Ob ein Mensch sich entspannt in dem vertrauensvollen Glauben, dass Jesus für seine Sünden gestorben ist, oder ob er darauf vertraut, durch ein rituell reines Leben in Meditation und Selbstkasteiung einen Erleuchtungszustand zu erreichen, ob eine Entspannung (und das bedeutet grundsätzlich Entlastung von Angst) im Gebet erreicht wird oder im Yoga, ob der Sabbat durch Nichtstun geheiligt wird oder ein hoher buddhistischer Feiertag durch gemeinsame Andacht, Musik und Tanz oder Fasten begangen wird – all dies strebt Entspannung an und bewirkt sie. Entspannung fördert Vertrauen. Wenn allerdings solche rituellen Auszeiten unterbunden werden und einzig und allein ein kurzer Nachtschlaf das Entspannungsbedürfnis von Menschen befriedigen soll, kommt es bald zu einer Art spirituellem Vakuum, zu einer inneren Leere, die ein subjektives Empfinden von Sinnlosigkeit nach sich zieht. Selbst in einem atheistischen Kontext kann ein Feiertag oder Sonntag dazu benutzt werden, einen Ausflug zu machen, am Strand zu liegen oder eine Sportveranstaltung zu besuchen. Dies ist im weiteren Sinne immer noch eine Fortsetzung des spirituellen Bedürfnisses nach Entspannung. Ein Mensch, der sich allein oder in Gesellschaft auf diese Weise erfolgreich erholt hat, wird für euch erkennbar eine fröhlichere, gelassenere und lebensmutigere Ausstrahlung an den Tag legen.

Vertrauen entspannt. Es gibt vom Seelischen her betrachtet keine bessere oder schlechtere Form, sich zu entspannen. Das Ergebnis allein ist ausschlaggebend. Ein Mensch kann in höchst angespannter, ehrgeiziger Weise stundenlang in Meditationshaltung verharren, sich krampfhaft um die Erfahrung innerer Leere bemühen und wird doch nicht das erreichen, was ein altes Ehepaar bei seinem Ehrentanz anlässlich seiner goldenen Hochzeit an Entspannung und Erkenntnis erlebt.

Spirituelle Methoden sind in erster Linie Methoden. Jede inkarnierte Seele findet ein ihrem Inkarnationsplan und ihrem Entfaltungspotenzial gemäßes spirituelles Angebot vor, das allerdings der Entscheidungsfreiheit offensteht. Ob sich jemand in einem südamerikanischen Urwalddorf oder in einer chinesischen Großstadt, in eine gläubige christliche Familie oder in einem kommunistischen Land inkarniert, das sämtliche spirituellen Traditionen und Möglichkeiten zu unterdrücken versucht, ist Teil des Inkarnationsplans. Die jeweilige Auseinandersetzung mit dem Vorgefundenen gehört zu dem Entfaltungspotenzial der jeweiligen Lebensspanne. Damit soll nicht angedeutet werden, dass ein Mensch in der ihm von seiner Geburt her zugefallenen spirituellen Tradition verbleiben muss. Die Entscheidungsfreiheit, die wir angedeutet haben, prägt auch diesen Bereich seiner Existenz. Wie ein Mensch also mit den spirituellen Angeboten seiner Zeit und seiner Gesellschaft, seines Lebensraums und mit den geistigen Zugängen zu bestimmten Themen, religiösen Strömungen oder Philosophien umgeht, ist ihm überlassen. Das Befolgen des einen oder anderen trägt nicht an sich zu seiner seelischen oder psychischen Entfaltung bei. Sondern es sind die Art, wie er damit umgeht, das Vertrauen, das er erlangen kann, und die damit verbundene entspannte Gelassenheit, die ihm helfen, sein Dasein zu bewältigen.

Das Seelenmuster als Entfaltungsrahmen

Die Menschenseele wählt für jede einzelne ihrer Inkarnationen ein neues Seelenmuster, zusammengestellt aus neunundvierzig Archetypen der Seele[20], um eine Richtschnur zu spannen und einen Orientierungsrahmen zu schaffen, innerhalb dessen sie sich sinnvoll und zielgerichtet entfalten kann. Dieses Seelenmuster manifestiert sich in einem vorgegebenen Raum-Zeit-Gefüge über den Körper, den Geist und die Psyche. Diese drei Aspekte – Körper, Geist und Psyche – können, wie ihr wisst, auf die eine oder andere Weise beeinflusst werden: durch Formung, Erziehung, Prägung und Korrektur. Der vierte Aspekt, die unvergängliche Seele, kann nicht in gleicher Weise geformt oder beeindruckt werden; sie besitzt eine von ihrem inkarnierten Zustand unabhängige Existenz, die ganz eigenen Zielsetzungen, Vorstellungen und Beweggründen folgt und nur während einer einzelnen Inkarnation bestimmten Bedingungen unterworfen ist, die ihrerseits geprägt und verändert werden können.

Ist die Seele einmal inkarniert, findet sie sich zu einem Zusammenspiel mit Geist, Körper und Psyche bereit. Aber sie ist nun nicht mehr unabhängig, so wie sie dies in körperlosem Zustand war; die drei anderen Faktoren geben ihr Möglichkeiten und Richtungen vor und können auch dazu beitragen, dass im Laufe eines physischen Lebens bestimmte angstvolle Veränderungen, Verschiebungen oder auch Deformationen eintreten. Diese tragen, von einer nichtkörperlichen Warte aus betrachtet, durchaus ihre eigene Sinnhaftigkeit in sich. Doch sind sie für den lebendigen Menschen, der das Zusammenspiel von Körper, Geist, Psyche und Seele leben und erleben muss, oftmals hinderlich, verstörend oder auch krankmachend.

Die Seele als übergeordnete und lenkende Instanz dieses facettenreichen Gefüges lässt sich durch keinerlei Faktoren beeinflussen, solange sie keinen Körper bewohnt. Für das inkarnierte und gelebte Seelenmuster gilt diese Aussage jedoch nicht. In dem Augenblick und in dem Maß, wie die Seele in die Materie und in das Raum-Zeit-Gefüge eintaucht und sich mit diesen verbindet, verknüpft sie sich auch mit den Gesetzen des Menschlichen und den vier Ebenen der Lebendigkeit.[21] Sie unterwirft sich den Gesetzmäßigkeiten von Dualität und Polarität und findet sich bereit, eine Existenz zu führen, die ein soziales Miteinander mit all seinen Vorteilen, aber auch Problemen und Konflikten mit sich bringt. Das individuelle Seelenmuster (die persönliche Matrix aus sieben Archetypen), das wie eine Blaupause das Orientierungsgitter eines Lebens bereitstellt, kann nun sowohl in den Grenzen der vorgegebenen Pole von Liebe und Angst als auch in der Bandbreite seiner unterschiedlichen Manifestationen gefördert, harmonisiert oder korrigiert werden.

Die »Quelle« – ein kausaler Lehrer

Selbstverständlich gehören auch wir zu eurem, diesem unseren Seelenvolk. Wir sprechen zu euch hier und jetzt und benutzen deshalb oft die Anredeform »ihr« oder »euer«, um euch mit einzuschließen in ein großes Ganzes. Aber wir sind inzwischen in einem anderen, dem kausalen Seinszustand. Wir haben die zwei großen Dimensionen unserer gemeinsamen Seelenwelt, die physische und die astrale Bewusstheitswelt, schon hinter uns gelassen. Wir halten uns jetzt als Lehrer in der kausalen Welt auf, bis unser Wachstum hier abgeschlossen ist. Allerdings ist die Bindung an unser Seelenvolk schon ein wenig gelockert, denn wir haben uns auf unserer Bewusstheitsebene schon an den Rändern aufgelöst und befinden uns in einem beginnenden Verschmelzungsprozess mit den anderen Seelenvölkern, die sich bereits früher auf unserer Erde materiell verwirklicht hatten. Unsere Erfahrungen und ihr Erfahrungsschatz werden in ein großes Energiereservoir, nennen wir es einen göttlichen Pool, eingespeist. Dies geschieht über eine so extrem intensive Vernetzung von nicht mehr inhaltlich bestimmbaren Energien, dass wir uns zwar einerseits eurem Seelenvolk, unserem Seelenvolk, zurechnen, aber die Zuordnung ist symbolisch ausgedrückt für uns bereits Vergangenheit, und unsere Energie ist in eine nichtzeitliche Zukunft gerichtet, die allerdings gefördert wird durch unsere Hinwendung zu euch. Ihr könnt uns als Urahnen eures Seelenvolks betrachten, und es gibt auch noch

Ur-Ur- und Ur-Ur-Urahnen, die wiederum Urahnen für uns sind. Und genauso, wie ihr mit euren leiblichen Ahnen geistigen Kontakt aufnehmen könnt, darf es euch ein Anliegen sein und kann es euch gelingen, eine Verbindung mit uns als euren geistig-seelischen Urahnen herzustellen.

Ahnen – biologische wie seelische – sind Behüter der Nachkommen und weise Lehrer zugleich. Vergesst eure leiblichen Vorfahren nicht, weder die aus eurer unmittelbaren Familie noch die Geschwister aus der Seelenfamilie noch jene, die den Planeten vor fünftausend, vor zwanzigtausend, vor fünfzigtausend Jahren oder mehr bevölkert haben. Ehrt Vater, ehrt Mutter, und vergesst nicht, wessen Kinder ihr in Wirklichkeit seid.

Die Säugling-Seele: Erste Schritte ins Menschsein, Entdeckung des Körpers

Säugling 1

Entfaltungsaufgabe: *Alles ist neu*
Motto: *Ich sammle neuen Mut*
Energien 1 + 1

Mit dem Moment ihrer Zeugung und Geburt als Mensch erlebt eine Säugling-Seele, die zum allerersten Mal einen Körper bewohnt, dass alles neu und anders ist. Sie weiß nicht, wie anders – oder gar, warum. Sie begreift nicht, was mit ihr geschehen ist. Aber der Eindruck bleibt und verfestigt sich: Alles ist anders als in der astralen Heimat, aus der sie stammt und die ihr so vertraut war. Wenn wir euch erklären wollen, was Zustand und Erleben einer solchen Erstinkarnation sind, können wir diese rudimentären Erfahrungen leider nur mit vergleichsweise komplexen Ausdrucksformen schildern.

Alles ist neu, alles ist anders, das bedeutet zunächst, anders ist die Seinsweise; anders ist die Bewusstseinswelt; der Energiezustand ist neu. Wo vorher (wenn von einem Vorher als Übergang von Nichtzeit in Zeit überhaupt gesprochen werden kann) ein unauflösliches seelisches Gemeinschaftliches war, besteht jetzt Vereinzelung. Fragmentierung, Trennung, Individualität und eine neu zu erlebende biologisch-genetische Identität sind das, was der Inkarnationsweg erfordert. Aber für die Säugling-Seele ist dieses Neue lediglich eine verwirrende, bedrohliche und verstörende Unbegreiflichkeit, da ihr keinerlei geistige Kategorien zur Verfügung stehen, um das Empfundene und wie einen Albtraum Erlebte mental zu erfassen oder gar zu verstehen.

Da ist plötzlich ein Körper. Das ist neu. Die Säugling-Seele inkarniert sich mit einem vollständig funktionsfähigen menschlichen Leib. Doch sie kennt seine Funktionen noch nicht. Die Organe arbeiten, das Gehirn denkt. Die Haut empfindet, der Mund lacht. Dies alles muss zum ersten Mal erfahren und erkundet werden. Die Säugling-Seele setzt sich somit einem groß angelegten, risikoreichen Experiment aus, das nie Dagewesenes in ein Erfahren von wirklichem Leben und vor allem Lernen hinüberführt. Die Kreation aus einem einmaligen Leib mit einer unverwechselbaren Seele verbindet sich mit einem individuellen Geist und einer nie dagewesenen Psyche zu einer neuen Kreatur.

Das Erste, was eine neugeborene, noch niemals zuvor inkarnierte Menschenseele konkret erfährt, ist der Wechsel, der Wandel – ein beängstigendes Erkennen der Tatsache, dass nichts bleibt, wie es ist. War dieses neue Menschenkind eben noch hungrig, ist es jetzt satt. War ihm soeben noch kalt, ist ihm jetzt warm. War es vor Kurzem noch klein, ist es jetzt schon größer. Es erlebt laut und leise, hell und dunkel und ein unfassbar Überwältigendes, das sich mit den fünf Sinnen und ihren Funktionen verknüpft. Dieses Menschenkind kann jetzt sehen, es kann schmecken, es kann hören, tasten, riechen und sich bewegen. Besonders der Geruchssinn überwältigt das Neugeborene, das vollkommen neue Kind so sehr, dass es versucht, diese Funktion auf ein erträgliches Maß zu reduzieren und auf einen Unterscheidungsprozess von

»bedrohlich« oder »geborgen« zu beschränken. Die Mutter riecht nach Geborgenheit. Ein fremder Mensch riecht nach Bedrohlichkeit.

Die Schwere, die ein Körper nun einmal aufgrund seiner Materialität mit sich bringt, wird zunächst dadurch gemildert, dass das neue Menschenkind in seinem veränderten Seinszustand viele Monate lang getragen wird. Es kann sich, anders als ein junges Fohlen, nicht allein fortbewegen. Doch die Erfahrung des völlig Neuen bezieht sich im Wesentlichen auf das Erstaunen darüber, dass es Bewegung und Fortbewegung überhaupt gibt – ein Geschehen, das einer zuvor noch niemals inkarnierten Seele unbekannt ist. Die vorhandene Körperlichkeit mit ihren evolutionsbedingt instinktiven Gesetzmäßigkeiten ist dabei gewiss eine Hilfe. Dennoch wird es eine Weile dauern, bis die bislang körperlose Seele sich in ihr zurechtfindet.

Nun geht es auf der ersten Entfaltungsstufe einer Säugling-Seele vor allem darum, das Staunen darüber, dass alles neu ist, mit einer nachhaltigen Ur- und Grunderfahrung zu verknüpfen. Nahrung wird jetzt unablässig benötigt, und so erlernt der neue Körper ein für alle Mal, dass er von nun an Nahrung brauchen wird. Das ist anders als zuvor. Ausscheidungen spielen eine wichtige Rolle. Der Spracherwerb erweitert das Kommunikationsspektrum. Weil ein Wechsel zwischen Wachen und Schlafen zur Notwendigkeit wird, lernt der neue Körper, zwischen zwei Zuständen zu unterscheiden, die beide auf ihre Weise angenehm sind. Da mitmenschliche Nähe im körperlichen Sinne täglich und stündlich erfahren wird, begreift der neu beseelte Körper, dass es – anders als zuvor – eine neuartige Nähe gibt. Diese ist nicht wie mit den Seelengeschwistern vor der Fragmentierung einfach immerwährend und verschmolzen vorhanden, sondern dem Wechsel und Wandel unterworfen. Die Mutter nimmt das Kind auf und legt es ab. Sie nährt es an der Brust und bindet dann das Kind auf ihren Rücken. Für ein Wesen, das aus einer Dimension des stets Gleichen in eine Dimension des immerwährenden Wandels überwechselt, bedeutet dies eine grundlegende und wenig angenehme Erfahrung. Doch dass ein Säugling mit einer Säugling-Seele über eine Stimme verfügt, die willkürliche oder bereits von einem Kernwillen gesteuerte Äußerungen vollziehen kann, und dass diese Stimme eine Reaktion bei anderen Wesen hervorruft, ist eine angenehme Erfahrung, die unter der Aufgabe »Alles ist neu« eingeordnet wird. Kraft und Energie sind jetzt abhängig, wo sie zuvor unabhängig und von einem undifferenzierten seelischen Kollektiv getragen waren; dies wird ebenfalls zu einer neuartigen Erfahrung. Abhängige Energie wird im irdisch-menschlichen Zustand durch Nahrung, Wärme, Bewegung, Zuneigung und Kommunikation erzeugt. Sexualität und Lust werden als angenehmes Erleben für immer verankert. Aber auch die Erfahrung von Angst ist vollkommen neu und muss verarbeitet werden.

Und ein Letztes wird ebenfalls als fundamental neuartig erlebt, wenn auch zunächst nur in seinen allerersten Anfängen erkundet: die Herausbildung einer individuellen Psyche, die im Wechselspiel mit anderen Lebewesen entsteht. Diese Erfahrung wirkt besonders verstörend, trennend und daher angsterregend. Die Psyche einer Säugling-Seele ist dazu da, die Angst vor dem Neuen, dem Wandel und dem Andersartigen in ausreichendem Maß zu verarbeiten. Denn nur wenn dieser Wechsel, dieser Wandel, als revolutionäres Prinzip der Existenz bejaht wird, kann die inkarnierte Seele am Leben bleiben. Sonst muss sich ein Mensch mit einer Säugling-Seele alsbald wieder von der irdisch-körperlichen Seinsweise verabschieden und in das Gewohnte der Astralwelt zurücktauchen. Allerdings findet seine Seele das kürzlich Verlassene keineswegs unverändert vor. Denn durch die erfolgte Erstinkarnation wechselt sie von Territorium 1 auf Territorium 2 der astralen Welt. Dort findet sie Seelengeschwister vor, die ebenfalls bereits ein irdisches Leben hinter sich haben, durch das sie ein für alle Mal verändert wurden.

Säugling 2

Entfaltungsaufgabe: *Andere sind anders*
Motto: *Ich suche Stabilität*
Energien 1 + 2

Die neu inkarnierte Säugling-Seele befand sich nun bereits drei- oder viermal im körperlichen Seinszustand und hat darin vieles von dem erfahren, was die Funktionsweisen und Bedürfnisse eines Menschenkörpers betrifft. Auf der zweiten Stufe der Entfaltung öffnet sie ihre Augen mit Hilfe ihrer sich entwickelnden Psyche so weit, dass sie zu ihrem Entzücken entdeckt: »Ich habe etwas, das andere nicht haben. Ich bin, und andere sind auch, aber anders. Andere sind kleiner oder größer, jünger oder älter als ich. Ich kann schreien, und ein anderer hört mich. Ich kann stöhnen, und ein anderer kommt, mich zu halten. Ich kann von meinem Essen nehmen und geben. Ein anderer Mensch kann mich brauchen. Er ist anders. Ich erkenne es daran, dass er etwas anderes wollen kann als ich.«

Das Ich einer Säugling-Seele auf der zweiten Stufe der Entfaltung ist noch ganz in ein äußeres Wir eingebettet und begreift sich nicht als einzigartig. Wohl aber beginnt es zu erkennen, dass es sich bei aller irdischen Einbindung und Geborgenheit auf diese und jene Art von anderen Einzelwesen in seinem Kollektiv unterscheidet und dass andere sich von ihm abgrenzen können.

Auf dieser Entfaltungsstufe wird zum ersten Mal der Unterschied zwischen Ja und Nein begriffen. Auch erfährt die

Säugling-Seele selbst eine Unterscheidung zwischen Lust und Wut. Sie erlebt ebenfalls, dass Lust anderen Widerhall in ihren Mitmenschen erzeugt als Wut. Die ersten starken Emotionen machen sich bemerkbar. Die Säugling-Seele erkennt: Andere sind anders. Sie haben andere Emotionen als ich, wenn sie mir auch noch so unbegreiflich und unberechenbar erscheinen wollen.

Der neu beseelte Mensch wird auf der zweiten Entfaltungsstufe zum ersten Mal Vater oder Mutter, wenn auch nur mit einem geringen Maß an Bewusstheit. Allerdings wird die Mutterrolle anfangs vorgezogen, da dieser Vorgang weniger Trennungspotenzial enthält als der Zeugungsakt eines Vaters. Trennung macht weiterhin Angst und will vermieden werden. Aber mindestens einmal auf dieser Entfaltungsstufe muss auch das väterliche Erleben mit seiner neuartigen Verknüpfung von instinktiver Fürsorglichkeit und dem Erfahren von klein und groß, jung und alt von der Seele eingearbeitet werden.

»Andere sind anders« durchzieht auch die sich herausbildende Wahrnehmung von Menschen, die nicht der leiblichen Familie oder der engsten Sippe zugehörig sind. Die Säugling-Seele erkennt das Fremde im anderen, das sich ausdrücken kann in sprachlichen und stimmlichen Nuancen, in unterschiedlicher Kleidung, in ungewohnten Gesichtern, in unbegreiflichen Ritualen. Sie will jedoch dieses Andere, das sie als bedrohlich empfindet, nicht um sich dulden. Deshalb versucht sie, es zu ignorieren oder auszumerzen. Sie empfindet den Fremden noch nicht als Feind. Fremdheit allein aber genügt bereits, um ihre Kapazitäten, das Andere als anders zu erkennen, bis auf den Grund zu erschöpfen. Von allzu großer Fremdheit ist sie nachhaltig überfordert. Doch genau darin besteht die Herausforderung dieser seelischen Entfaltungsstufe 2. So empfindet eine Säugling-Seele mit weißer Haut einen Menschen mit schwarzer Haut wie ein Wesen aus einer anderen Welt. Ein Mensch mit schwarzer Haut empfindet einen weißen Menschen ebenfalls als so elementar fremd, dass er ihn in einen göttlichen oder dämonischen Bereich verweist, um sich mit einer solch unterschiedlichen Art von Menschsein nicht befassen und auseinandersetzen zu müssen.

Ich und Du beginnen, sich im Bewusstsein langsam zu trennen. Sie schälen sich aus dem Wir heraus, und damit entstehen auch die allerersten Begriffe von Mein und Dein, von Wir und Ihr. Die zunehmende Erkenntnis, andere sind anders, führt dazu, dass sich in der Psyche eine zunächst rudimentäre Ich-Identität entwickeln kann. Sie ist noch wenig ausgeprägt und weit davon entfernt, die Ich-Stärke einer Jungen Seele erreichen zu können, doch werden hier die ersten Samen für ein Empfinden von Individualität und bejahter Getrenntheit von der Seelenfamilie in den Nährboden der Seele gelegt. Während auf der Entfaltungsstufe 1 die neuartige Vereinzelung nur als unbekannt, bedrohlich und verwirrend erfahren wurde, kommen jetzt die allerersten Erfahrungen einer Faszination am anderen, eines Reizes und einer Neugier auf das Fremde zum Tragen. Deshalb ist es ein Charakteristikum der zweiten Stufe, dass die Säugling-Seele Spielgefährten sucht, mit denen zusammen sie nicht nur Angst, sondern auch Lust und Vergnügen in ihr Erleben einfügen kann. Und sie ist in diesem Stadium ihrer Entfaltung in der Lage, die ersten Objekte selbst zu gestalten, zunächst einmal als Spielzeug und Replik zur Spiegelung des Selbstgefühls – und nicht als Werkzeug. Ältere Seelen hingegen formen Materie zu bestimmten Zwecken. Die Säugling-Seele auf der zweiten Entfaltungsstufe will nur ein Gegenüber vor ihren Augen haben, das so ähnlich ist wie sie selbst, eine Art Puppe, eine tierähnliche Form oder Gestalt, die auch Zielobjekt ihrer sich entwickelnden Willensfähigkeit ist. Die Puppe muss tun, was die Säugling-Seele will, und kann geprügelt oder zerschmettert werden, ohne dass sie zum Gegenschlag ausholt. Diese Erfahrung des andersartigen Andersseins ist für die Säugling-Seele auf der zweiten Entfaltungsstufe von großer Bedeutung.

Säugling 3

Entfaltungsaufgabe: *Freund oder Feind*
Motto: *Ich werde unternehmungsfreudig*
Energien 1 + 3

Diese dritte Stufe der Entfaltung ist einer erweiterten Erfahrung von Dualität gewidmet. Zum ersten Mal erfährt die Säugling-Seele, dass nicht alle in ihrer Umgebung, die ihr funktional zugeordnet sind, nur dazu da sind, sie zu nähren, zu beschützen und zu erfreuen, sondern dass es auch Menschen gibt, die sie aktiv bedrohen, ihr nicht wohl oder gar feindlich gesinnt sind oder ihr das Leben nehmen wollen. Zu ihrer großen Beunruhigung, aber auch Verblüffung erkennt die Säugling-Seele sogar, dass sie selbst etwas dazutun kann, um sich einen Mitmenschen zum Freund oder zum Feind zu machen. Ihre Handlungen haben Folgen. Sie entdeckt, dass sie dazu beitragen kann, daran arbeiten kann, beeinflussen kann, wer ihr nahe kommen darf und wer ihr fernbleiben soll. Sie erfährt überdies zum ersten Mal von der Möglichkeit, einen Mitmenschen zu bedrohen, anzugreifen, zu töten und dadurch selbst zum Feind zu werden. Darüber hinaus macht sie erste Erfahrungen mit ihrer Fähigkeit, sich zu wehren, zurückzuschlagen, wenn sie angegriffen wird, und einen Feind zu strafen durch das, was sie selbst am meisten fürchtet: Schmerz und Tod.

Für die Säugling-Seele stellt sich das, was wir soeben als komplexes Geschehen beschrieben haben, jedoch viel einfacher dar. Sie begreift vorerst nur eines: Es gibt Gutes, und es gibt Böses; es gibt Freund, und es gibt Feind. Dass in Bezug auf diese Kategorien in späteren Stadien seelischer Entwicklung nachhaltige Differenzierungen vorgenommen werden können, ist der Säugling-Seele noch unbekannt. Um zu überleben, entwickelt sie eine zunehmende Unterscheidungsfähigkeit zwischen den Möglichkeiten, einerseits Angst zu empfinden und zu bekämpfen und andererseits Geborgenheit und Freundschaft zu genießen, eine Sicherheit, die ihr den Alltag erleichtert und dazu beiträgt, dass sie sich in Friedfertigkeit entwickeln kann. Sie will auf dieser dritten Stufe der Entfaltung nachdrücklich erfahren, dass sie sich mit ihren aktiven Kräften, mit Gefühlen und Körperkraft, gegen einen anderen Menschen wenden kann, bis hin zu dessen Tötung. Sie muss diese Erfahrung machen und wird in dieser Phase auch zum ersten Mal aufgrund eines böswilligen Aktes aus Feindschaft getötet – als Reaktion auf eine Tat, die sie womöglich selbst begangen hat.

Die dritte Stufe der Entfaltung ist also einer besonderen Form der Aktivität gewidmet. Sie zielt darauf ab, die Erfahrung zu machen, dass ein lebendiger Mensch – im Unterschied zu einem Astralwesen – nachdrücklich mit Konsequenzen handeln kann und andere entsprechend ein angenehmes oder unangenehmes Empfinden, eine positive oder negative Auswirkung zu ertragen haben. Die Säugling-Seele begreift auf dieser Entfaltungsstufe die Zusammenhänge zwischen den Taten der anderen und dem eigenen Befinden, der eigenen Aktion und Reaktion bis hin zu Lebensrettung und Todeserfahrung.

Handlungen haben Folgen. Das ist die Lektion, die sich am Ende dieser Entfaltungsstufe als dauerhafte Erfahrung in die Psyche einer inkarnierten Seele einbrennt. Nichts bleibt ohne Auswirkung. Wichtig ist allerdings anzumerken, dass diese ersten Auseinandersetzungen mit dem »Bösen«, mit Feindschaft und Widersachern und die allerersten Tötungen eines bedrohlichen Mitmenschen nicht in den Zusammenhang von Karma und dessen Auflösung eingereiht werden dürfen. Sie stellen zunächst einmal Grunderfahrungen des Menschseins dar. Kämpferische Auseinandersetzung mit der Umwelt gehört untrennbar zur irdischen Daseinsform. Wer lebt, will und soll erfahren, dass Leben enden kann. Wer lebt, wird auf einer späteren Stufe der Entfaltung begreifen, dass Leben enden muss. Die Erfahrung, einen Mitmenschen töten zu können oder selbst getötet zu werden, von Freunden geschützt, von Feinden bekämpft zu werden, ist der Kern der Entfaltungsaufgabe auf dieser dritten Stufe. Auch auf der ersten und zweiten Entfaltungsstufe der Säugling-Seele wurden in ihrem Umfeld Menschen geboren und starben Menschen. Aber sie hat dies weder bei sich selbst noch bei den anderen wirklich zur Kenntnis genommen. In der Astralwelt gibt es ja weder Leben noch Sterben. Die dritte Stufe dient somit auch der vagen Erkenntnis, dass alle Menschen sterblich sind.

Säugling 4

Entfaltungsaufgabe: *Wandel im Lauf der Zeit*
Motto: *Ich ernte die Früchte*
Energien 1 + 4

Die ersten drei Stufen in der Entfaltung einer Säugling-Seele waren der Erfahrung von Ich, Du und Wir gewidmet. Auf der vierten Stufe begegnet die Säugling-Seele zum ersten Mal mit ihrem erwachenden Bewusstsein einem abstrakten Konzept: dem Phänomen der Zeit.

Die Qualität von Zeit wird der Säugling-Seele zunächst nicht wirklich klar. Aber während sie in den ersten drei Stadien ihrer Entfaltung Veränderungen als beängstigend in ihrer Notwendigkeit und eher als ein Leid erlebt hat, wendet sie sich jetzt mit einer gewissen Neutralität und distanzierten Beobachtung denjenigen Phänomenen zu, die in ihrer Umwelt als Auswirkungen des Vergehens von Zeit zu verzeichnen sind. Ein Zicklein wird geboren, und übers Jahr ist es eine Ziege. Eine Pflanze ist zuerst klein, aber wenn man abwartet, wird sie größer. Sie hat am Anfang nur kleine Blätter, wird jedoch später eine blühende oder fruchttragende, voll entwickelte Pflanze sein. Und gerade bei Pflanzen beobachten Säugling-Seelen auch mit dem ihnen eigenen großäugigen Staunen, dass diese rasch welken und wieder vergehen können. Sie schrumpfen, sie faulen, sie sinken zu Boden, und auch dies hat seine Zeit.

Eine Säugling-Seele wäre damit überfordert, astronomische Berechnungen anzustellen. Aber dass die Sonne aufgeht und nach dem Verstreichen einer gewissen Zeit wieder untergeht, der Mond bestimmte sichtbare Phasen durchläuft, es Jahreszeiten gibt, die sich abwechseln, auf die man sich aber verlassen kann, und dass auch das eigene Leben durchbrochen wird von bestimmten Markierungen innerhalb eines Jahres oder im Rhythmus sakraler Feste, wird ihr jetzt deutlicher. Es schenkt ihr Sicherheit. Zum ersten Mal in ihrer menschlichen Entwicklung kann sie sich auf etwas freuen oder an etwas zurückdenken. Vergangenheit und Zukunft werden nunmehr in bescheidenem Umfang in die Welt- und Wirklichkeitsbetrachtung einer Säugling-Seele aufgenommen. Sie lauscht jetzt auch mit zunehmendem Interesse den Erzählungen und Mythen, die über die Ahnen oder den Ursprung der Welt verbreitet werden. Sie kann sich als junger Mensch in beschränktem Umfang vorstellen, wie es sein wird, erwachsen zu sein, sich den Initiationsritualen ihrer Kultur zu unterziehen und eines Tages dies und jenes tun zu dürfen oder zu können, was im Moment noch nicht möglich ist. Das Vergehen von Zeit am eigenen Körper zu registrieren, an der unmittelbaren Umwelt und an den Gestirnen wahrzunehmen wird der inkarnierten Säugling-Seele auf der Entfaltungsstufe 4 jetzt zu einem Faszinosum, das sie zwar nicht versteht, aber immerhin beobachtet.

Die Beziehung zum Raum spielt in diesem Stadium der Entfaltung noch eine marginale Rolle. Raum wird nur unmittelbar als Areal für Hütte und Dorf oder Stadtviertel wahrgenommen. Eine Säugling-Seele spürt weder ein Bedürfnis, sich von dort zu entfernen noch gar auf Reisen zu gehen. Sie braucht die Sicherheit ihrer unmittelbaren und vertrauten Umgebung, ganz wie ein Säugling die festen Konturen seiner Wiege oder seines Bettchens braucht, um seine Grenzen beruhigend wahrnehmen zu können. Zeitwahrnehmung und die Beobachtung von Wandel gehen also der räumlichen Strukturierungsfähigkeit voraus.

Auf Stufe 4 der Entfaltung einer Säugling-Seele wird eine erste Lebensernte eingebracht. Sie besteht darin, dass der neu bewohnte Körper nun die wesentlichen Grundfunktionen dauerhaft eingeübt und verfestigt hat und auch Bekanntschaft mit dem Potenzial der Mitmenschen und einem erweiterten Umfeld der Natur und deren Gesetzmäßigkeiten machen konnte. Es soll betont werden, dass das Vergehen von Zeit einen höchst geheimnisvollen, mystisch-magischen Eindruck in der Säugling-Seele hinterlässt. Dieser Eindruck reicht aus, um eine gewisse Ehrfurcht, einen distanzierten Respekt zu erzeugen vor einem Phänomen, das sie nicht versteht. Die Erfahrungsernte der ersten vier Stufen, die jetzt eingefahren wird, besteht in einer Verankerung im irdischen Dasein, in einer Verwurzelung und neuen Sicherheit im Begreifen: »So ist also ein Mensch. Das ist ein Mensch. Ich bin ein Mensch!« Dies wird sich als tragfähige Grundlage für die nächsten Stufen der Entfaltung innerhalb des Zyklus der Säugling-Seele erweisen.

In den vorangegangenen Leben konzentrierte sich die Gewissheit auf das Empfinden »Ich lebe«, und dies unterscheidet sich noch wenig von den Tieren, die ebenso als am Leben seiend erkannt wurden. Während also gewissermaßen eine Säugetiergemeinschaft bisher im Vordergrund des Erlebens stand, wird auf der vierten Stufe eine Trennlinie gezogen zwischen dem instinktiv-animalischen Anfang, der die ersten Inkarnationen prägt, und einer von der vierten Stufe an immer spezifischer sich herausbildenden menschhaften Art, die Welt zu erfahren. Es beginnt die Ausbildung eines für den modernen Menschen typischen Empfindens und Einschätzens von Zeit mit der Fähigkeit, mental in die Zukunft und in die Vergangenheit ausgreifen zu können.

Säugling 5

Entfaltungsaufgabe: *Sprache und Gebärde*
Motto: *Ich werde unruhig*
Energien 1 + 5

Auf der fünften Stufe der Entfaltung einer Säugling-Seele stehen menschentypische Kommunikationsformen und ihr Einsatz zu bestimmten Zwecken im Vordergrund der Erfahrung.

Auf den ersten vier Entfaltungsstufen hat eine Säugling-Seele rudimentäre Sprech- und Sprachformen gelernt und angewandt. Sprache und Gestik dienten in erster Linie dazu, ihre unmittelbaren Bedürfnisse auszudrücken und zu befriedigen. Worte und Gebärden wurden eingesetzt, um Nahrung zu erhalten, um eine Basiskommunikation zwischen sich selbst und den Mitmenschen einzurichten und auch um mit Freund und Feind sprachlich unterschiedlich umgehen zu können. Vergleichbares galt für den Einsatz von Mimik und Gestik. Der Feind wurde mit einer Grimasse bedroht, der Freund mit einem Grinsen belohnt.

Auf der fünften Stufe der Entfaltung differenziert sich

das Instrumentarium dahingehend, dass Sprache in vielfältigen Funktionen benutzt wird und gezielt eingesetzt werden kann. Jetzt beginnt die Säugling-Seele, an den Anliegen ihrer Mitmenschen teilzuhaben. Nur über Sprache kann man innerhalb der Gruppe Zukünftiges gemeinsam planen. Nur mittels Sprache kann die Wahrheit ausgedrückt oder kann gelogen werden. Nur mit Hilfe von Sprache kann über die Energieausströmung hinaus etwas mitgeteilt werden, das vielschichtige Bedeutung hat. Es ist verständlich, dass die Säugling-Seele es noch nicht vermag, sich in Symbolen oder Bildern auszudrücken oder eine hochkomplexe ironische Mitteilung zu machen. Aber sie versteht, dass sie mit Sprache spielen und etwas erreichen kann. Sie lernt, die Stimme zu modulieren, zu flüstern oder zu schreien, zu knurren oder zu singen. Auch die ersten Erfahrungen, wie man andere mit Worten manipuliert, macht sie auf dieser Stufe. Ähnlich verhält es sich mit der Gestik. Sie weiß jetzt, ein böses Gesicht zu machen, nur um jemanden zu ängstigen oder ihn zu erschrecken. Sie kann mit den Augen lächeln und trotzdem die Zähne fletschen; sie vermag eine bedrohliche Armbewegung mit einem Lachen zu verbinden. Sie erlebt, dass ihre Gestik beim Mitmenschen etwas auslöst. Sie kann so tun, als weinte und heulte sie, um etwas zu bekommen, was ihr sonst versagt würde. Sie lernt, über Sprache und Gebärde Macht auszuüben.

Wir möchten jedoch die neuartigen Kommunikationsfähigkeiten nicht reduziert sehen auf Uneigentliches, auf Lug, Betrug und Manipulation, sondern auch darauf hinweisen, dass Gestik und Mimik die Funktion von Sprache zuweilen übernehmen können. Zum Beispiel wird das Lächeln ab dieser Stufe differenzierter eingesetzt und eine Verbindung zum eigenen emotionalen Empfinden geschaffen. Ein mitleidiges Lächeln unterscheidet sich von nun an von einem schadenfrohen Lächeln, ein erotisches Lächeln von dem zärtlichen

Lächeln, das einem Kind geschenkt wird. Es ist der Säugling-Seele ab dieser Stufe 5 möglich, tröstend einen Arm um einen Mitmenschen zu legen oder mit anderen Gesten eine Verbindung zu ihm herzustellen, um sprachliche Ausdrucksformen in neuer Weise zu ergänzen. Andererseits kann Sprache jetzt benutzt werden, um den Mitmenschen Angebote zu machen, die gemeinschaftsstiftend wirken. Hier geht es besonders um Übereinkünfte und Planungen, die Gefahrensituationen oder (nach dem ersten Einblick in die Abläufe von Zeit) auch die nächste Jagdsaison oder das nächste Erntejahr betreffen. Selbst in modernen Gesellschaften lernen Säugling-Seelen auf der Stufe 5, sich differenzierter über Gestik und Sprache mitzuteilen. Sie erfahren, dass sie zu der Gesellschaft, in der sie leben, zu der Gemeinschaft, in die sie hineingeboren wurden, etwas beitragen können – dass sie mit Worten, Gesten und Taten einen wirkmächtigen Beitrag leisten, damit ihr Wir-Gefühl nicht mehr, wie in den allerersten Leben auf der Erde, beschränkt bleibt auf ein dumpfes Umhülltsein, sondern die Interessen der Mitmenschen in allerersten Ansätzen einbezieht. In diesem Sinne ist auf der fünften Entfaltungsstufe ein anfänglicher Altruismus, ein allererstes Mitfühlen von Leid und Freude des Mitmenschen festzustellen. Darüber hinaus kann von nun an beobachtet werden, dass die Säugling-Seele in Gemeinschaft über etwas Lustiges lacht. Sie entwickelt zum ersten Mal die Möglichkeit, einen kleinen Witz zu machen oder einen Witz komisch zu finden. Lachen in Gemeinschaft ist somit eine Erfahrung, die auf dieser Stufe 5 erstmalig zur sozialen Verbindung innerhalb einer Gruppe, einer Familie oder eines Clans beiträgt.

Die Unruhe, die jede fünfte Stufe prinzipiell und zyklusübergreifend charakterisiert, bezieht sich bei der Säugling-Seele darauf, dass sie ab diesem Stadium der Entfaltung Bedrohliches in Vergangenem und Zukünftigem intuitiv erahnen kann. Sie erlebt atmosphärische Gegebenheiten wie das Wetter, Instanzen wie Geister und Dämonen, Bedrohungen durch Naturkatastrophen. Wer zum ersten Mal ein schweres Gewitter erlebt hat und sich danach vorzustellen vermag, dass es weitere solche Gewitter geben kann, wer eine Hungersnot durchgemacht hat und daraus ableitet, dass es noch einmal eine solche Hungersnot geben könnte, gerät in eine Unruhe, die den ersten vier Stadien der Entfaltung völlig fremd war. Die anfängliche Empfindung von absoluter Sicherheit im Dasein weicht einer erneuten Unsicherheit, die bewältigt werden will. Nun muss man Vorsorge betreiben, um sein Leben zu bewahren. Die seelische Erinnerung an das, was bereits erlebt und durchgemacht wurde, hinterlässt auf der Stufe 5 erste Spuren und trägt dazu bei, dass der Angstpegel steigt und die Unruhe wächst in Bezug auf das, was Menschsein konkret und immer konkreter bedeutet.

Säugling 6

Entfaltungsaufgabe: *Glauben, dass alles lebt*
Motto: *Ich brauche Ruhe und Harmonie*
Energien 1 + 6

Auf der vierten und fünften Stufe ihres ersten Inkarnationszyklus hatte die Säugling-Seele begonnen zu begreifen, dass sie Mensch ist und dass sich das Menschsein von der Seinsweise anderer Lebewesen unterscheidet. Und sie hat bereits mit spezifisch menschlichen Kommunikationsmitteln gelernt, also mit Sprache, Stimme, Gestik oder Mimik, sich zu verständigen und zwischen sich und anderen Menschen eine Beziehung aktiv aufzubauen. Auf der sechsten Stufe der Entfaltung fängt sie nun an, zu begreifen oder zumindest zu vermuten, dass sie – obgleich sie sich als Mensch von anderen Erscheinungsformen der Erde unterscheidet – nicht davon ausgehen kann, dass ausschließlich der Mensch wirklich am Leben sei, alles andere aber nicht in gleicher Weise lebendig oder gar tot. Sie spürt mental vage und emotional deutlich, dass es noch eine andere Dimension gibt, die von einer Säugling-Seele keineswegs verbal beschrieben oder geistig erfasst werden kann. Jedoch empfindet sie, dass ein Baum, ein Stein, ein Fluss, ein Gegenstand, ein wildes Tier über eine mysteriöse Schwingung verfügt, die von ihr nicht mit dem Verstand eingeordnet werden kann. Diese Schwingung wird jedoch deutlich als anders, fremdartig, hilfreich oder bedrohlich wahrgenommen. Es ist eine Schwingung, die jedenfalls mit einem wie auch immer gearteten Leben erfüllt zu sein scheint. Bedrohliche Tiere werden zum Beispiel als Träger einer geheimnisvollen Vitalenergie betrachtet. Wenn die Säugling-Seele entdeckt hat, dass es Formen von Leben gibt, die sich von ihrer eigenen Lebendigkeit unterscheiden, wird sie diese Erkenntnis zunächst auf alles übertragen, was ihr begegnet: Felsbrocken, auffällig geformte Steine, Wasserfälle und Flüsse, alte Bäume oder Haine, sakrale Orte, Totemtiere, das Feuer, Sonne und Mond. Alles ist belebt, kann Freund oder Feind sein, hat dieselben Bedürfnisse wie sie, muss daher zu essen bekommen, gekleidet werden, braucht Trankopfer oder Blut zur Besänftigung.

Es handelt sich dabei um eine erste erahnte oder halbbewusste Begegnung oder, besser gesagt, Wiederbegegnung mit einer Transzendenz, aber nicht als beruhigende Erinnerung an die astrale Heimat, sondern ergreifend, furchterregend und beängstigend. Etwas Übermenschliches, Göttliches oder Dämonisches, Jenseitiges und unbegreiflich Mächtiges geht von dieser Transzendenzvorstellung aus oder wird ihr zugeschrieben. Das einzig Spürbare ist eine Andersartigkeit der Belebung oder Beseelung.

Die Fremdheit oder Vertrautheit, die ein solches Empfinden auslöst, schlägt sich nieder in den ersten Versuchen, ein religiöses System auszubilden und sich im Verhalten danach auszurichten. Die Säugling-Seele weist einem Baum, einem Felsen, einem Fluss eine Form von Existenz und Lebendigkeit zu, zu der sie sich verhalten muss. Sie kann sie – wie auf der dritten Stufe gelernt – als freundlich oder feindselig einstufen. Und sie vermag nun – weil sie auf der fünften Stufe gelernt hat, mit dem »Anderen« auf diese oder jene Weise, also differenziert, umzugehen –, sich dem Numinosen in Furcht oder Verehrung, in Demut oder Anbetung zu nähern. Die Angst vor dem unberechenbar Fremden, nicht Greifbaren und nicht zu Verstehenden überwiegt in den meisten Fällen. Aber auf Stufe 5 wurde gelernt, das Furchterregende aktiv zu besänftigen, etwas zu unternehmen, um es sich gewogen zu machen. Deshalb wird die Säugling-Seele auf der Stufe 6 ihrer Entfaltung jetzt versuchen, zu beschwören, Opfer darzubringen, sich beschwichtigend von dem zu trennen, was ihr am liebsten und am notwendigsten ist, zum Beispiel Nahrung oder einem kostbaren Gegenstand. Zuweilen tötet sie gar den erstgeborenen Sohn oder ein wertvolles Tier, um die stark empfundenen, aber nicht begreifbaren Einflüsse, Emanationen und Kräfte positiv zu beeinflussen, sie von einer angsterregenden, bedrohlichen Einwirkung in eine wohlwollende Rückwirkung auf das eigene Leben umzuwandeln.

Säugling-Seelen auf dieser priesterlichen (Energie 6) Stufe der Entfaltung treten daher in eine Beziehung zum nicht Sichtbaren, wohl aber sehr stark Spürbaren. Die Beziehung ist sehr eng; sie wird prägend für das Verhalten bei Tag und bei Nacht, für sämtliche Umstände des Lebens. Eine neue Hilflosigkeit wird dadurch erlebt, ein Bestimmtwerden von geheimnisvollen Kräften, von denen niemand sicher sein kann, dass sie sich tatsächlich günstig beeinflussen lassen. Das noch im Säugling-Seelenalter befindliche Wesen sieht seine Menschlichkeit als eine unbegreifliche Abhängigkeit von etwas Unbegreiflichem. Die Säugling-Seele empfindet die Welt, die sie umgibt, als eine Macht, die sie für sich günstig stimmen muss; und dennoch muss sie feststellen, dass sich trotz allem Krankheiten ausbreiten, Unglücke passieren, Feinde sie überfallen, dass Schicksalsschläge oder Missernten eintreten, obgleich sie korrekt geopfert, sich demütig dem Fluss, dem Baum genähert hat. Sie glaubt zum ersten Mal, sie selbst könne schuld daran sein, wenn die numinosen Kräfte keine ihrer Opferleistung entsprechende Gegenleistung an Schutz und Wohlergehen bieten, und entwickelt eine Art Sündenbewusstsein und ein magisches Denken, das allerlei Zauberkräfte und Amulette benötigt, die dem Überleben dienen. Die Säugling-Seele verlässt sich auf Schamanen, Hexen und Priester, um dem Dasein in seiner Unberechenbarkeit gewachsen zu sein. Sie selbst bleibt hilflos angesichts des Übermächtigen.

Zurück bleibt eine erste Auseinandersetzung mit der elementaren Unsicherheit der eigenen Existenz. Bislang schien alles wohlgeordnet zu sein. Es gab Schritt für Schritt einen Zuwachs an Fähigkeiten, an Möglichkeiten, an Bewältigung der körperlichen Existenzform. Jetzt aber wird auf Stufe 6 alles wieder infrage gestellt. Zur praktischen Bewältigung der Körperlichkeit tritt zum ersten Mal eine undeutliche Ausdrucksform von Wohlverhalten und Gehorsam dem Numinosen gegenüber hinzu. Es stellt sich die Frage, ob sich jemand entsprechend den Forderungen und Gesetzen der fantasierten transzendenten Kräfte verhalten hat. Es wird erörtert, ob man Schuld auf sich geladen hat oder sich durch erneute Opfergaben entschulden kann. Ist es möglich, durch sittliches Wohlverhalten das Schicksal, die transzendenten Kräfte und auch die jenseitigen Bereiche zu beeinflussen?

Die Vorstellungen, die durch ein Gefühl von Schuldhaftigkeit im Diesseits entstehen, werden nun auf ein wie immer vorgestelltes Jenseits übertragen in der Hoffnung, sich dort reinwaschen zu können. Die Erwartung, nach dem Tod Rechenschaft ablegen zu müssen – bei Weitem noch nicht so differenziert ausgebildet wie bei der Kind-Seele oder der Jungen Seele –, drückt sich darin aus, dass einem Verstorbenen eine große Anzahl von Schutzgegenständen und Hilfsmitteln ins Grab gelegt wird, mit denen er sich gegen böse Geister, gegen Dämonen und unberechenbare Angriffe der Ahnen und anderer Feinde im Jenseits verteidigen kann. Waffen, Nahrung und Reittiere werden ihm beigegeben, oft auch seine nächsten Angehörigen, um ihn gegen das Böse zu verteidigen. So entstehen die ersten Bestattungsriten, die weniger dem Gedenken und der Bewältigung von Trauer als vielmehr der Abwehr und Verteidigung gegen Geister und Schatten dienen. Der Tod wird zum jenseitigen Kampf gegen alles, was im Diesseits unbegreiflich bleibt. Die Verstorbenen werden so nah wie möglich bei den Lebenden gehalten – im Haus, unter dem Hüttenboden, neben dem Tempel –, denn die Einheit des Lebens ist in der Gedankenwelt der Säugling-Seele noch nicht aufgehoben. So wie Pflanzen, Tiere, Steine und Flüsse in ihren Augen Geistwesen sind, so bleibt auch ein Verstorbener und Ahne als Geist machtvoll und einflussreich. Aber er hat eine Art Leben, das sich in mysteriöser Weise von dem des lebendigen Menschen unterscheidet und insofern dem Bereich des Nichtgreifbaren, des Nichtsichtbaren, des Nichtvorstellbaren angehört.

Auf der Stufe 6 ihrer Entfaltung lernt die Seele, dem Unbegreiflichen zu begegnen und diese Begegnung religiös zu gestalten. Erst ab dieser Stufe spielt der Tod als ein Übergang in eine andere Daseinsform eine zunehmend bedeutsame Rolle. Bislang war das Totsein einfach ein Nicht-mehr-vorhanden-Sein. Jetzt wird das Jenseits wichtig und mit den folgenden Inkarnationsstufen immer bedeutsamer. Dem Leben nach dem Tod wird ein Gewicht zugemessen, das zunehmend auch das Diesseits prägt und bestimmt. Die diesbezüglichen Glaubensinhalte werden sich wandeln, aber die Deutung des Jenseitigen als Rückbindungsversuch an die astrale Herkunft wird von Leben zu Leben mehr Raum einnehmen, auch mittels Abwehr und Leugnung. Die Auseinandersetzung mit dem Numinosen als Kampf gegen die Angst bindet einen Großteil der vorhandenen Energie.

Säugling 7

Entfaltungsaufgabe: *Herrschaft ausüben*
Motto: *Ich wende an, was ich gelernt habe*
Energien 1 + 7

Die Säugling-Seele verbindet sich auf dieser Stufe erstmalig mit einer König-Energie 7, die es ihr ermöglicht, Herrschaft und Macht auszuüben, zum Beispiel über die Familie, über den Clan, über ein Pferd oder eine Herde von Tieren, mittels eines schamanischen Rituals, durch den Umgang mit Freunden und Feinden. Entscheidend ist, dass sie entdeckt: »Ich kann herrschen. Ich kann mich beherrschen; ich kann meine Mitmenschen beherrschen; ich kann persönliche und politische Herrschaft ausüben und bestimmen, was getan oder unterlassen werden soll.«

Dieses Machtgefühl kann sich erst entwickeln, wenn die auf der Stufe 6 beschriebene Ohnmacht gegenüber der Transzendenz erlebt wurde. Jetzt schwingt der Mensch sich auf noch ungeübte, unbeholfene Weise zum Herrscher über sein Leben und seine Welt, aber auch über das Jenseits auf. Er will kontrollieren; er will bestimmen. Er will sich nicht mehr nach dem richten, was ihn bestimmt, sondern die Regeln selbst aufstellen. Deshalb wird sich eine Säugling-Seele auf der siebten Stufe ihrer Entfaltung im Laufe ihres Lebens scheinbar wie von selbst in Positionen innerhalb ihrer Gemeinschaft oder Gesellschaft gestellt sehen, in denen sie solche Herrschaft ausüben kann: als Oberhaupt einer großen Familie, als Tochter eines Häuptlings, als kräuterkundige Frau, die mit Pflanzen krank oder gesund machen kann; als jemand, der Tiere züchten oder schlachten kann, der Menschen Nahrung anbieten oder entziehen kann, der Waffen verteilt oder zum Krieg aufruft oder Frieden schließt.

Die Säugling-Seele ist in den Leben auf der siebten Entfaltungsstufe mit einem Einfluss ausgestattet, der es ihr ermöglicht, die Auswirkungen von Entscheidungen in gewissem Maß zu berechnen oder abzuschätzen, und sich auch durch ihr zuvor erlerntes Beobachten von Zeit und Wandel zurückzuhalten, bis der Zeitpunkt gekommen ist, um gewisse Handlungen vorzunehmen oder Entscheidungen in die Tat umzusetzen. Dies ergibt einen Menschen, der häufig weitblickender ist als diejenigen, die sich ihm unterwerfen oder unterstellen.

Die Erfahrung, dass jemand sich zum Herrn über andere Lebewesen – seien es Tiere oder Menschen – machen kann, dass er andere beherrschen, knechten, erniedrigen, bestrafen oder töten kann, einzig aufgrund seiner Stellung und seines seelischen Bedürfnisses, die Prinzipien von Herrschen und Beherrschtwerden zu erlernen, ist notwendige Voraussetzung für einen Reifeprozess, der zum Abschluss des Säugling-Seelenalters und zum Überwechseln in das Stadium der Kind-Seele führen wird. Dieser Abschluss ist dann möglich, wenn die Säugling-Seele auf Stufe 7 ihrer Entfaltung sich bereitfindet, das hierarchische Gefüge, das sie instinktiv in der Tierwelt als gegeben betrachtet hat, in einer Weise zu differenzieren, dass sie willkürliche, gewaltsame Herrschaft unterscheiden kann von gütiger Herrschaft zum Wohl der ihr Anvertrauten. Am Ende des letzten Lebens auf der Stufe 7 der Entfaltung begreift sie, dass sie herrschen kann – durch einen grausamen Akt der Unterdrückung und der Forderung nach bedingungslosem Gehorsam oder zum Wohl der Gemeinschaft –, ohne dabei ihre Machtposition zu gefährden. Diese Entwicklung vollzieht sich jedoch nicht als Akt der inneren Einkehr, als Frucht von Selbstreflexion oder Herzensgüte, nicht aus einem reifen Verantwortungsgefühl heraus, sondern wird lediglich in pragmatischer Weise erkundet als eine Wahlmöglichkeit, die wiederum dem Machterhalt und der Stabilisierung der Herrschaft über Tier und Mensch dient.

Fragen und Antworten

Inkarnieren sich auch zu unserer Zeit Seelen zum allerersten Mal auf der Erde?

Zu euren Lebzeiten ist eine Ruhephase eingetreten, die jenen Säugling-Seelen dienlich ist, die sich vor hundertachtzig bis zweihundertfünfzig Jahren in einer vorerst letzten Ausschüttungswelle zum ersten Mal auf der Erde inkarnierten. Das bedeutet, in eurer Jetztzeit gibt es keine Ausschüttung. Bitte versteht, dass es weder uralten noch ganz neuen Seelen zuträglich ist, wenn sie sich auf eurem Planeten allzu sehr allein und isoliert fühlen. Dass sie es tatsächlich sind, ist eine andere Sache. Weil die meisten aktuell inkarnierten Seelen wesentlich älter sind, ist eine Säugling-Seele genauso einsam und vereinzelt wie eine uralte Seele. Sie muss also mit dem Gefühl eines fundamentalen »Andersseins« ebenso leben lernen wie eine Alte Seele, die nur selten ihresgleichen findet. Im Moment also gibt es keine Neuen, denn diejenigen, die jetzt noch im Zyklus der Säugling-Seelen stehen und bald Kind-Seelen sein werden, sind zu euren Lebzeiten sogar in den einfachsten Gesellschaften einer hohen Komplexität ausgesetzt, die sie erst einmal verarbeiten müssen. Das ist notwendig, um ein solides Fundament zu erschaffen für eine spätere Ausschüttungswelle, die irgendwann nach Bedarf und Notwendigkeit auftreten wird. Aber das wird noch einige Jahrtausende dauern.

Wie sind die zeitlichen Abstände innerhalb einer Seelenfamilie während der Erstinkarnation aller Seelengeschwister?

Eine Ausschüttung vollzieht sich stets in einem ganzen Seelenstamm[22], und oft sind es auch mehrere Seelenstämme, die sich kurz hintereinander in menschliche Embryonen hineingeben. Die zeitlichen Unterschiede während der Erstinkarnation sind im Augenblick der Erstbeseelung nicht von Bedeutung, denn diese ist für alle nahezu simultan. Sie ergeben sich erst später durch Frühgeburten, Fehlgeburten, Spätgeburten, Normalgeburten. Damit beginnt das Erleben von Zeit in der Zeit. Wenn die anschließende Lebensspanne hinzugerechnet wird, tauchen die ersten größeren Unterschiede auf. Das bedeutet, in ein und derselben Seelenfamilie, deren Mitglieder sich zunächst praktisch zeitgleich inkarniert haben, kann es nach Wochen oder Monaten eines Erdenlebens bereits wieder Seelen in der Astralwelt geben, das heißt auf dem zweiten Territorium, während andere Seelengeschwister noch länger in ihren ersten Leben verweilen. In der astralen Heimat werden alle Seelen, alle Existenzen einer Seelenfamilie energetisch zusammengeführt. Dort findet ein Erfahrungsaustausch statt, der nicht mental und konkret ist, sondern feinstofflich. Aber dieser würde sich auch vollziehen, falls – theoretisch gesprochen – alle Seelen einer Seelenfamilie gleichzeitig am Leben wären, denn ein Energieanteil von ihnen ist und bleibt jeweils stets mit der astralen Heimat verwachsen. Der energetische Austausch vollzieht sich also ununterbrochen.

Einen Zeitunterschied in der Erstinkarnation von tausend Geschwistern einer Seelenfamilie gibt es nach menschlichen Maßstäben nicht. Ein ganzer Stamm von etwa fünfzigtausend Seelen inkarniert sich zeitgleich.

Welche besondere Erfahrung sucht und macht eine Säugling-Seele, die sich in einer hochtechnisierten Großstadt inkarniert, wo nur wenige andere Säugling-Seelen leben?

Das Ergebnis ist Verwirrung und Überforderung. Aber auch solche Phänomene gehören grundsätzlich zum menschlichen Erfahrungsspektrum. Eine Säugling-Seele wird ihre Geburt in einer hochkomplexen und technisierten Umgebung allerdings nicht für die Erstinkarnation wählen. Aber für die achte, zehnte oder zwölfte Verkörperung ist eine Auseinandersetzung mit Erfahrungen von Überforderung oder Verwirrung durchaus angemessen. Das Empfinden eines Bedürfnisses kann sich häufig nur durch einen Mangel an Befriedigung entwickeln. Ist also alles viel zu anstrengend, zu schnell und zu kompliziert, entwickelt die Säugling-Seele folgerichtig das ihr gemäße Bedürfnis nach Rückzug, Ruhe, Geborgenheit und Schlichtheit. Nur im Vergleich lernt der Mensch. Dennoch, die Erfahrung, die eine Säugling-Seele in einer Großstadt macht, nämlich von Teilen einer hochkomplexen Gesellschaft akzeptiert zu werden in ihrer seltsam einfachen Struktur, in ihren elementaren Bedürfnissen, in ihrem unausgereiften Kontakt mit den Mitmenschen, ist für alle Beteiligten eine Herausforderung. Nur eine menschliche Gemeinschaft von Reifen und Alten Seelen, die gewissermaßen über ein bereits entwickeltes Liebesniveau verfügt, ist in der Lage und bereit, eine Säugling-Seele im Leben zu empfangen und zu betreuen, um ihr eine Heimat zu geben, die anders ist als eine ihr im Allgemeinen eher gemäße »primitive«, nicht hochkomplexe oder nicht technisierte Gesellschaft. In eine solche werden Säugling-Seelen zwar häufig hineingeboren, aber sie treten oft eilig wieder zurück in die astrale Heimat, weil sie in ihrem Umfeld ausgegrenzt, schlecht behandelt, geschlagen und vernachlässigt werden. Denn einfache Gesellschaften sind häufig Kind-Seelen-Gemeinschaften, die sehr grausam mit Mitgliedern umgehen, die nicht in ihre Strukturen hineinpassen.

Wie verhält sich Seelenalter zu Intelligenz?

Intelligenz ist gänzlich unabhängig vom Seelenalter. Eine mentale Fähigkeit, Abstraktes zu denken und zu verarbeiten, ist im ersten Inkarnationszyklus weder erforderlich noch notwendig. Es gibt viele höchst unterschiedliche Erscheinungsformen von Intelligenz. Im Allgemeinen kann gesagt werden, dass eine Säugling-Seele über etwa die Ausprägungen von Intelligenz verfügt, die sie jeweils zu ihrer Entwicklung und zu ihrem Wachstum braucht. Das mag in euren Augen nicht gerade viel sein. Häufig geht es hier um instinktive Überlebensstrategien, durch die Lernprozesse des Gehirns gesteuert werden. Ihr könnt diese Intelligenzform am besten mit einer Art Bauernschläue vergleichen, die auf den eigenen Vorteil bedacht ist, ohne die letztendlichen Konsequenzen ihres Handelns bis in feinere Verästelungen nachvollziehen oder planen zu können.

Im Bezug zu den Notwendigkeiten, die eine Säugling-Seele für die Bewältigung ihrer Existenz erfüllt sehen muss, ist ein unterschiedliches, aber oft hohes Maß an Intelligenz vorhanden. Habt ihr vergessen, wie viel Begreifen notwendig ist, um die ersten Inkarnationen überhaupt bewältigen zu können, um die Welt an sich heranzulassen, um all das zu lernen, was ein Mensch erkennen muss, um sich als Mensch begreifen zu können? Dazu gehört sehr viel, aber es handelt sich um andere Aspekte von Intelligenz als solche, die ihr mit eurer geschulten Denkfähigkeit verbindet.

Nach welchen Kriterien wählt die Seele im Säugling-Zyklus die Archetypen ihres Seelenmusters? Welche Unterschiede gibt es zwischen Säugling-Seelen und Reifen oder Alten Seelen in Bezug auf ihre Inkarnationsplanung?

Die Archetypen des Seelenmusters bestimmen jede einzelne fragmentierte Existenz, denn sie bieten den Rahmen für das jeweilige Entfaltungspotenzial. Sie werden im Zyklus der Säugling-Seele nicht mit astraler Bewusstheit[23] gewählt und ausgesucht, sondern nach der Notwendigkeit der einzelnen Entwicklungsschritte wie Bausteine eingesetzt. Es gibt anfangs noch nicht genügend Lebenserfahrung, die eine Wahl zu lenken vermöchte. So wie ein Baby sich die Zusammensetzung seiner Flaschennahrung nicht aussucht, sondern die Mutter oder andere Zuständige dafür sorgen, dass es das Richtige bekommt, wird auch einer Säugling-Seele von anderen erfahrenen seelischen Instanzen außerhalb ihrer eigenen Seelenfamilie ein Energiegefüge zugewiesen, das eine nächste Inkarnation sinnvoll mit Lernen erfüllt und zu ihrer Bewältigung beiträgt. Prinzipiell wird aber dafür gesorgt, dass sie bereits am Ende ihres Säugling-Zyklus möglichst viele und möglichst unterschiedliche Variablen des seelisch-irdischen Erfahrungsspektrums über ihr archetypisches Seelenmuster kennengelernt hat. Auch in dieser Hinsicht ist von der Schöpfung prinzipiell Varianzbreite angestrebt. Überforderung durch allzu widersprüchliche oder konfliktreiche Kombinationen von Archetypen im individuellen Seelenmuster wird jedoch gemieden. Dennoch muss vieles schon in einem frühen Stadium der seelischen Entfaltung durchgespielt werden – wenn nicht von der Einzelseele, so doch zumindest im Rahmen der gesamten Seelenfamilie.

Die Inkarnationsplanung wird im Laufe der Existenzgeschichte der Einzelseele und des Reifeprozesses einer Seelenfamilie oder eines ganzen Stammes immer anspruchsvoller. Eine Alte Seele oder auch eine Reife Seele plant ebenfalls nicht mental und keineswegs mit den Fähigkeiten ihres körperlichen Hirns als Mensch, aber doch gezielt: Herausforderungen, Begegnungen, Umstände, Ziele, die sie vor ihrem endgültigen Ableben und dem Wechseln auf die Kausalebene noch unterbringen möchte – zum Wohl des Ganzen. Aber stets bleibt zu bedenken, dass eine Seele all dies nicht allein entscheidet, dass überhaupt Entscheidungsprozesse völlig anders verlaufen als im inkarnierten Zustand. Das ist für euch schwer vorstellbar. Ein Konglomerat von energetischen Bedürfnissen prägt und bestimmt die einzelnen Inkarnationspläne. Die eigene Seelenfamilie bleibt stets das Zentrum der Planung. Von ihr werden die einzelnen Seelen ausgesandt, um bestimmte Lücken und Leerstellen im Energiegefüge auszufüllen, je nach individueller Möglichkeit und Neigung. So kommt eine Verbindung der Bedürfnisse der Einzelseele mit denen ihres übergeordneten Kollektivs zustande. Die Seelenfamilie als ein Ganzes ordnet sich wieder den Bedürfnissen ihrer Sippe und ihres Stammes unter. Nichts wird allein entschieden. Jede Gestaltung einer Seelenmatrix und eines Lebens steht immer im Dienst des Ganzen.

Suchen sich Säugling-Seelen auch Reife und Alte Seelen als Eltern und umgekehrt? Wenn ja, warum?

Es ist nicht unmöglich, aber doch höchst selten, dass Altseelen-Eltern eine Säugling-Seele bei sich empfangen; und noch seltener ist es, dass Eltern mit Säugling-Seele eine Alte Seele in die Welt setzen. Denn ein solches Geschehen hätte für die körperlich-psychische und für die seelische Entwicklung der jeweils Beteiligten wenig Sinn und Zweck. Die Fremdheit zwischen den am Inkarnationsgeschehen Beteiligten wäre nahezu unüberbrückbar. Selbst wenn Altseelen-Eltern sich die größte Mühe geben, ihre Liebesfähigkeit an ihrem »Findling« zu entwickeln und zu erproben, wird doch die Verstörung letztendlich überwiegen, die bei der instinktiven Erkenntnis einsetzt, ein Wesen in den Armen zu halten, das wie von einem anderen Stern stammt. Solche Fremdheit steht der Liebe entgegen. Dieses Phänomen kann von euch nun im Rahmen einer spirituellen Ideologie erklärt, überhöht und idealisiert werden (»Ich habe ein Indigo-Kind«), die Andersartigkeit jedoch wird die leibliche Existenz und die Kommunikation zwischen Eltern und Kind prägen: »Wir verstehen uns einfach nicht!« Sollte eine Säugling-Seele eine Alte Seele auf die Welt bringen – und dies kommt einmal in Milliarden vor –, dann wird sie dieses Kind alsbald vernachlässigen, verstoßen oder weggeben, zuweilen auch töten. Denn sie erträgt es nicht, einen Altseelen-Anspruch an sich zu fühlen, den sie nicht erfüllen kann, weil ihre Liebesfähigkeit und ihr Einfühlungsvermögen nur rudimentär ausgebildet sind. Für eine Alte Seele hat die Geburt in einem Umfeld von Säugling-Seelen keinerlei Vorteile. Sie wird sich schon früh aus einem solchen Leben zurückziehen, falls es – sozusagen aus Versehen – einmal geschieht.

Wie kann man den Unterschied beschreiben zwischen dem astralen Territorium 1, wo die Säugling-Seele vor ihrer allerersten Inkarnation herstammt, und Territorium 2, wo sie später im Traum oder zwischen zwei Leben weilt?

Territorium 2 ist von Seelen bevölkert, die allesamt eine Entfaltungsaufgabe haben, ein Entwicklungsziel verfolgen und den irdischen Urängsten begegnet sind. Insofern wurden sie bereits energetisch angereichert. Die absolute Gestalt- und Formlosigkeit von Territorium 1 ist jetzt zugunsten einer energetischen Gestaltung verändert, die einerseits ein fundamentaler Aspekt eures Seelenvolkes *Homo sapiens sapiens* mit der Energie 2 ist und andererseits schon zu einem gegenseitigen Erkennen jener Einzelseelen führt, die zur eigenen Seelenfamilie gehören. Gestaltete Seelen sind Fragmente eines größeren Ganzen. Sie vermögen sich von nun an immer voneinander zu unterscheiden, bei aller Gleichheit, und Seelen können sich deshalb jetzt wiedererkennen und als anders und doch gleich identifizieren. Das bedeutet auf dem Territorium 2 der astralen Welt, dass die Vereinzelung, die zuvor auf Territorium 1 nicht existierte, im Verlauf des Inkarnationsgeschehens auch Vorteile bringt und Früchte trägt; denn dieses Wiedererkennen von Seelengeschwistern – sei es auch noch so rudimentär – ist ein tröstlicher Faktor von astraler Geborgenheit.

Vereinzelung führt zu der Fähigkeit, ein Gegenüber als anders und doch gleich zu erkennen. Die Andersartigkeit überwiegt im inkarnierten Zustand. Bei der Rückkehr in die nunmehr immer komplexer werdende astrale Heimat auf Territorium 2 wirkt die Vereinzelung phasenweise gemildert, wenn auch nicht aufgehoben, und somit eher die Zusammengehörigkeit verstärkt. Dieses Empfinden fehlt in der Regel in der sehr frühen Körperlichkeit. Die irdische Versprengtheit von Säugling-Seelen, die zwar mit anderen ihrer Art häufig gemeinsam an einem Ort inkarniert sind, aber nicht unbedingt mit Seelengeschwistern aus der gleichen Seelenfamilie, ist schmerzhaft, wenn auch notwendig, um seelische Fragmentierung und die damit verbundene Einsamkeit zu erfahren. Sobald eine Säugling-Seele ihren Körper verlässt und wieder auf Territorium 2 zurückkehrt, feiert sie erneut die unverbrüchliche Gemeinschaft mit ihrer Seelenfamilie. Diese

Gemeinschaft war auf Territorium 1, vor aller Verkörperung und vor Beginn der Inkarnationsreise, nicht gegeben. Es gab dort weder Vereinzelung noch Wiedervereinigung.

Existieren bereits auf Territorium 1 der Astralwelt seelische Sippen, Seelenfamilien und entsprechende Aufgaben?

Nein, es gibt in diesem Zustand keine Aufspaltung in seelische Einheiten. Unterscheidung bedeutet immer auch Trennung, und gerade diese prägt das Territorium 2, nicht aber die Existenzform vor aller Inkarnation. Ein Seelenvolk sammelt sich dort zwar und macht sich bereit für einen Sprung in die Inkarnationswirklichkeit, aber seine Innenorganisation ist noch nicht ausgereift. Diese vollzieht sich in dem Augenblick, wenn die ersten Einheiten, das heißt die ersten Stämme eines Seelenvolkes, auf den Inkarnationsweg entlassen werden. Aus einem solchen Akt heraus strukturieren sich auch die übrigen Einheiten eines Seelenvolkes, selbst wenn sie noch vor aller Zeit in der Potenzialität von Inkarnation oder in einer Art Warteschleife verharren. Sie sind dann im Grunde bereits in einem Vorhof des Territoriums 2 und nicht mehr ganz auf Territorium 1, von wo sie einmal kamen.

Ihr wisst, dass sich nicht alle Seelen des Volkes *Homo sapiens sapiens* auf einmal inkarnieren können, obgleich es euch heute bisweilen so scheinen mag. Wozu sich inkarnieren, wenn Nahrung und Obdach als Voraussetzungen für einen Lernweg nicht gegeben sind? Aber die vielen Milliarden, die noch keine Möglichkeit hatten, sich in Menschengestalt zu verwirklichen, und nicht einmal wissen, ob es ihnen jemals möglich sein wird, sind als Energiegebilde vorhanden. Sie sind noch ohne irdische Erfahrung in einem Vorhof des Territoriums 2 versammelt und werden, sobald es möglich ist, die Gelegenheit wahrnehmen, um den Sprung in die Erstinkarnation zu wagen.

Sollte aber das Seelenvolk sich nicht mit allen etwa fünfundzwanzig Milliarden potenziellen Einzelseelen in menschlicher Form auf der Erde verwirklichen können, so wird es sich irgendwann energetisch einziehen, aber nicht etwa unter dem Unmöglichen leiden, sondern das auswerten, was möglich gewesen ist. Die Seelen eines Seelenvolkes sind untereinander so eng vernetzt, dass Information und Liebeserfahrung automatisch übertragen werden. Die Unmöglichkeit, sich zu inkarnieren, bedeutet für Teile eines Seelenvolks keinen Verlust. Das Phänomen ist vergleichbar einer Frau, die in ihren Eierstöcken bereits vor ihrer Geburt eine große Anzahl Eier angelegt hat, aber letztendlich nur zwei, drei oder vielleicht zehn Kinder oder auch gar keines auf die Welt bringt; die anderen Eier verbleiben ungenutzt in ihrer Potenzialität. So ist es auch für das Allganze kein Verlust, wenn nicht alle Seelen eines Seelenvolkes einen Inkarnationsweg auf der Erde vollziehen können.

Wann, wie und wo entstehen die Seelenfamilienaufgaben?

Eine Seelenfamilienaufgabe entsteht nach energetischen Vorgaben und Vorordnungen im Moment der Ausschüttung ihres Stammes. Dabei muss von einer bereits etablierten Identität eines Seelenstammes ausgegangen werden. Dieser vertritt bei seiner Ausschüttung eine der sieben Grundenergien in einem definierbaren Aspekt. Seine Binnenstruktur mit Unterkategorien dieses einzigartigen Aspekts ergibt sich danach wie von selbst, abhängig von der energetischen Zusammensetzung der einzelnen Seelenfamilien, die wiederum nach Seelenrollen und deren Verteilung[24] strukturiert sind.

Denkt euch innerhalb eines Stammes zwei Seelenfamilien mit derselben Zusammensetzung, zum Beispiel von Kriegern, Heilern und Priestern. Dann wird die eine Seelenfamilie fünfhundertfünfzig Priester haben und die andere vielleicht nur zweihundertzehn. Allein dadurch ergibt sich eine unterschiedliche Aufgabenstellung. Durch das Verhältnis der Seelenrollen zueinander und die dadurch beeinflusste Energie der sieben Wege – denn es ist ein Unterschied, ob es ein Priester ist, der den Weg 3 (Weg der Kraft)[25] beschreitet, oder ein Krieger, Heiler oder Künstler – ergeben sich neue Energiestrukturen, die absolut einmalig sind und mit keiner anderen im gesamten Seelenvolk übereinstimmen können. Es entwickelt sich selbsttätig eine Aufgabe, die zwar durch Worte definierbar ist, aber eigentlich eine Energie-Emanation darstellt, die sich eigenständig ihre Aufgabe sucht, ohne dass diese ihr von irgendeiner Instanz zugewiesen würde. Aufgabe und Energie klicken zusammen. Beides ist außerdem natürlich abhängig von dem Moment der Inkarnation im Ablauf der irdischen Zeit und von dem Ort der Ausschüttung im Rahmen der Menschheitshistorie. Erfahrungen, die von früher inkarnierten Seelen bereits gemacht wurden, die erledigt und abgehakt sind, müssen nicht noch einmal bearbeitet werden. Jede seelisch-menschliche Ausschüttungswelle verfolgt ihre eigenen Interessen und Ziele, die – wie wir schon sagten – der Anreicherung des Ganzen dienen und zu seinem Wohl angestrebt werden.

Wie soll man sich den Energiewechsel von einem Seelenalter-Zyklus zum nächsten vorstellen, also zum Beispiel von der Säugling-Seele zur Kind-Seele?

Denkt euch einen Apfelbaum mit vielen reifen Früchten. Der Herbst kommt, der Winter kommt, alle Früchte fallen zu Boden. Sie werden von anderen Organismen aufgenommen und aufgesogen; sie vergehen als einzelne Früchte; sie nähren die Erde. Die Einzelseele ist wie ein Apfel. Im folgenden Jahr wächst aus dem Organismus des Apfelbaums eine neue Ernte hervor. Es handelt sich also beim Wechsel von einem Zyklus der seelischen Entwicklung in den nächsten um einen nahezu naturidentischen energetischen Stoffwechselprozess. Die Seelenfamilie auf dem astralen Territorium 2 ist wie der Apfelbaum. Die Äpfel sind die einzelnen Seelen mit ihrer Geschichte in der Zeit. Sie bilden sich, lösen sich auf, sie vergehen, und der Baum bringt Neues hervor.

Nun wisst ihr auch, dass ein junger Apfelbaum andere Äpfel reifen lässt als einer, der schon zwanzig oder dreißig Jahre an seinem Ort steht. Man kann auch sagen, dass die Äpfel eines alten Baumes häufig wurmstichiger und schwieriger zu ernten sind als die eines ganz jungen und frischen. Auch werden die Äpfel eines älteren Baumes immer zahlreicher und kleiner; der sehr junge Baum hingegen bringt anfangs nur drei oder fünf Früchte hervor. Sie sind dann prachtvoll anzusehen, aber man wird an ihnen nicht recht satt. Wenn ihr uns gestattet, euch dieses Bild an die Hand zu geben, um den Wechsel von der Säugling-Seele zur Kind-Seele symbolisch zu beschreiben, so liegt ein langer Winter dazwischen. Das bedeutet, die Seelenfamilie kommt für eine Weile zur Ruhe, bevor sie einige ihrer Mitglieder in den Kind-Zyklus hineinsendet. Unterdessen haben in der astralen Welt unter den Seelengeschwistern im Jenseits, auf Territorium 2, bereits ein wichtiger Erfahrungsaustausch und eine tröstliche Energiebetreuung stattgefunden. Bevor dann alle Mitglieder einer Seelenfamilie zu Kind-Seelen werden, muss es ein Weilchen dauern, denn das Neue will ebenfalls betreut sein. So vollzieht sich der Übergang zum Kind-Zyklus eher langsamer als die Erstinkarnation (in der sich alle Geschwister einer Seelenfamilie nahezu simultan verkörpert hatten), manchmal stockend, nach und nach, bis jedes Fragment in der Lage ist, sich den gesteigerten Herausforderungen zu stellen.

Es handelt sich dabei nicht um einen individuellen Vorgang, der nur die Einzelseele betrifft, die vom einen zum nächsten Zyklus wechselt, so als sei dies einzig ein Ergebnis ihrer individuellen Reife oder Entscheidung. Vielmehr handelt es sich in der Regel um einen kollektiven Vorgang, der darauf beruht, dass eine Seelenfamilie als energetische Gesamtheit gerade in den Anfangsstadien ihres Reifeprozesses zunächst einmal geduldig abwartet, bis fast alle Säugling-Seelen mit ihren jeweiligen Erfahrungen in die astrale Heimat zurückgekehrt sind und daraufhin ein Energiewechsel für die gesamte Familie sinnvoll wird. In späteren Stadien, bei Reifen und Alten Seelen, ist dieser Vorgang fließender. Er muss nicht die gesamte Seelenfamilie betreffen, sondern kann zuweilen von Einzelseelen vollzogen werden. Diese müssen auch nicht in gleicher Weise behütet und betreut werden wie in den frühen Stadien der seelischen Entwicklung.

Gibt es einen Unterschied, ob eine Säugling-Seele ihre Inkarnationsreise vor oder nach dem Erscheinen einer Transliminalen Seele[26] *(wie Jesus zum Beispiel) beginnt?*

Unterschiede gibt es, besser gesagt, es gab sie zu Beginn der Menschheitsgeschichte. Bis die ersten Ausschüttungswellen ihr natürliches Inkarnationsziel und somit ihr Ende erreicht hatten und ausliefen, war ein Erscheinen von Transliminalen Seelen nicht möglich. Aber etwa beginnend vor siebzigtausend Jahren eurer Zeitrechnung ereignete es sich immer wieder einmal, dass Transpersonale oder Transliminale Seelen erschienen, um im Rahmen der jeweiligen Notwendigkeit übergeordnete Aufgaben für das menschliche Seelenvolk zu übernehmen. Das Auftreten einer Transliminalen Seele ist also durchaus selten, wenn auch im Laufe der menschlichen Geschichte keineswegs ungewöhnlich. Ihr wisst nichts von diesen frühen Lichtgestalten. Sie kamen und gingen. Sie wurden beauftragt, ihre Aufgaben zu erfüllen, von Instanzen, die im Wesentlichen außermenschlich geprägt sind.

Um auf eure Frage zurückzukommen: Es gibt keinen kategorialen Unterschied zwischen einer Säugling-Seele, die sich vor achtzigtausend oder zwanzigtausend oder zweitausend Jahren inkarniert hat, denn Transliminale Seelen wurden überall und zu allen Zeiten vom Allganzen eingesetzt, sozusagen zur energetischen Oberaufsicht über die Entwicklung eines Seelenvolkes. Alle Seelen stehen stets unter der Obhut vielfältiger Gremien und Instanzen der seelischen und außerseelischen Welten.

Doch kann unsere Aussage in folgender Weise modifiziert werden: Wie eine Transliminale Seele auf eine aktuelle menschliche Gesellschaft oder Gemeinschaft einwirkt, ist unterschiedlich. Und ob eine Säugling-Seele sich in diesem oder jenem kulturellen und religiösem Kontext inkarniert, hat ebenfalls wesentliche Folgen für die einzelne Inkarnation und deren geistige Prägung. Die Liebesbereitschaft Transliminaler Seelen ist allerdings immer dieselbe, und ihre Ausstrahlung auf große Teile der menschlichen Bevölkerung ist stets von derselben Qualität. Ihre Erscheinungsformen mögen sich ändern je nach Eigenschaft und Eigenart der Seelenverbände, die von einer Transliminalen Seele repräsentiert werden. Aber die eigentliche Wirkung ist stets gleich. Dass die Verhältnisse und die Menschen durch das Auftreten der einen oder anderen Transliminalen Seele nicht linear besser werden, ist ein Faktum. Denn es geht hier nicht um besser oder feiner oder edler oder seelisch fortgeschritten, sondern stets nur um das, was gebraucht wird. Das Gesetz der Notwendigkeit verliert niemals seine Gültigkeit. Es wird weiterhin ein Kriterium bleiben für das Auftreten und Wirken Transliminaler

Seelen im Rahmen der seelisch-menschlichen Geschichte. Sie erscheinen dort, wo sie gebraucht werden, und immer dann und nur dann, wenn eine Notwendigkeit dafür besteht.

☞ *Was heißt, die Wirkung der Transliminalen Seelen ist stets gleich?*

Liebe ist Liebe und bleibt Liebe. Ein ganzer Seelenstamm, der kein inkarniertes Mitglied mehr aufweist außer einer solchen ungewöhnlich und außergewöhnlich beseelten Figur, die ihn repräsentiert, hat ein Maximum an Liebesfähigkeit erreicht. Diese Instanz kann nicht mehr und nicht weniger davon ausstrahlen. Das Phänomen einer Transliminalen Seele als solches setzt also ein Optimum an Liebe frei und setzt dieses auch voraus. Daran gibt es nichts zu beeinflussen. Die Strahlkraft ist immer gleich.

☞ *Wachsen im Verlauf des Säugling-Zyklus die Neugier und der Wunsch, mehr über die Existenzform Mensch zu erfahren?*

Die Säugling-Seele erfährt mit jedem Leben mehr vom Menschsein. Den Wunsch danach hat sie jedoch nicht. Sie verfügt noch nicht über die nötige Distanz zu sich und ihrem Sein, eine Distanz, die einen Wunsch überhaupt erst hervorbringen könnte. Wunsch, Sehnsucht und Frustration gehen immer Hand in Hand. Ein Faktum, das täglich gelebt und erlebt wird, kann nicht gewünscht werden. Neugier ist eine mentale Fähigkeit des Bewusstseins, die ebenfalls noch kaum entwickelt ist.

Die Säugling-Seele entfaltet sich unaufhaltsam, ohne bewusst mit ihrer Psyche und ihren geistigen Bedürfnissen darauf Einfluss zu nehmen. Dies wird in späteren Entwicklungsstadien der Seele anders, und falls eine Reife oder Alte Seele in dem einen oder anderen Leben – beileibe nicht in jedem! – den Wunsch entwickelt, mehr über das Menschsein an sich zu erfahren, so sei ihr dies unbenommen. Aber dieses Menschsein und das Wissen darum vollziehen sich stets vollständig unabhängig von der bewussten Betrachtung des eigenen inkarnierten Zustands, und so ist es auch für die Säugling-Seele. Ein Nachdenken, eine Sehnsucht nach Erkenntnis, ein Distanz-Einnehmen, das überhaupt zu einem Wunsch nach mehr Erkenntnis führen könnte, ist ihr noch nicht möglich. Solches vollzieht sich in kleinen Ansätzen gegen Ende des Jungen Zyklus und wird zum prägenden Anliegen erst während des Reifen Zyklus. Die Alte Seele hingegen nimmt nach und nach wieder Abschied von dieser Art des Verstehenwollens und betrachtet – wenn überhaupt – mit Neugier das, was ist, und nicht das, was ihrer begrenzten Vorstellung nach sein könnte.

Kennt die Säugling-Seele Lebensfreude im engeren Sinne, Freude am eigenen Sein, am Leben als solchem?

Eine Säugling-Seele kann sich sehr freuen! Aber diese Freude hat etwas Instinktives und orientiert sich an der Erfüllung ihrer Grundbedürfnisse. So ist sie wie ein junges Hündchen, das nach einem Ball schnappt oder etwas Gutes zu fressen bekommt. Sie »wedelt mit dem Schwanz« vor Vergnügen, wenn sie sich wohlfühlt. Aber diese Freude ist kaum zu vergleichen mit der Freudefähigkeit einer älter gewordenen Seele; und damit meinen wir bereits die Kind-Seele und die Junge Seele. Denn beide können sich *auf* etwas freuen, sie können sich *über* etwas freuen; sie können sich in der Erinnerung freuen und in der Fantasie. Solches ist der Säugling-Seele im Allgemeinen noch nicht gegeben. Ihr Empfinden ist ganz auf die Erfüllung ihrer Basisanliegen ausgerichtet. Wenn sie sich bewegt, freut sich etwas in ihr. Wenn sie satt ist, freut sich etwas in ihr. Auch wenn sie sich wehrt und siegt, freut sich etwas in ihr. Doch das, was eine Alte Seele als Lebensfreude empfindet – ein Entzücken an der Existenz, eine tiefe Ehrfurcht angesichts der Komplexität des Lebens –, kann eine Säugling-Seele nicht empfinden, und es ist auch nicht notwendig, dass sie es tut. Ihre Freude ist eine Freude am Lebendigsein. Eure Freude als Alte Seelen ist eine Freude am Dasein.

Gibt es Unterschiede im Bewusstsein der verschiedenen Seelenalter?

Wir unterscheiden grundsätzlich zwischen einem individuellen inkarnierten Bewusstsein, das meist ein Tagesbewusstsein ist, und einer universellen Bewusstheit, an der die gesamte Schöpfung teilhat. Eine Seelenfamilie durchläuft von ihrer Erstinkarnation und Erstausschüttung (und damit seit der Fragmentierung) bis zu ihrer Wiedervereinigung, die mit dem Wechsel auf die kausale Ebene einhergeht, einen unaufhaltsamen Reifungsprozess. Dieser Reifungsprozess wird durch einen steten Zuwachs an Liebe und Erkenntnis gefördert. So ist es verständlich und nachvollziehbar, dass eine insgesamt noch junge Seelenfamilie einen anderen Bewusstheitspegel besitzt als eine Seelenfamilie, die kurz vor dem Abschluss ihrer gesamten Inkarnationsreise steht. Solchen Zuwachs an Liebe und Erkenntnis als Bewusstsein zu bezeichnen ist allerdings eine ungenaue Beschreibung dessen, was wirklich geschieht.

Ihr stoßt naturgemäß auf Schwierigkeiten, als Menschen die Prozesse eures bewusstseinsfähigen Gehirns zu unterscheiden von einer weiter reichenden Bewusstheit, die ohne Gehirn auskommt. Liebe und Erkenntnis werden durch jede einzelne Inkarnation und jeden Augenblick jeder einzelnen Inkarnation an die Bewusstheit der eigenen Seelenfamilie und deren größere Verbände zurückgespeist. Es ist ein Phänomen, das ohne die Erkenntnisfähigkeit eines menschlichen Gehirns und ohne Gefühle von Liebe auskommt. Der Pegel steigt dennoch unaufhaltsam und erreicht einen maximalen Stand, wenn das letzte Fragment einer Seelenfamilie seine letzte Inkarnation abschließt und das letzte Mitglied ihres Stammes das Irdische endgültig verlässt. Bewusstheit ist nun aufs Höchste angereichert im Rahmen der Möglichkeiten einer bestimmten Seelenfamilie. Weitere Steigerungen werden anschließend erreicht durch den Wechsel auf die kausale Bewusstheitsebene.

Eine Seelenfamilie, die noch vorwiegend aus Säugling-Seelen besteht, hat einen Zustand an Liebe und Erkenntnis, wie er ihren fragmentierten Mitgliedern entspricht. Eine Seelenfamilie, die fast ausschließlich aus Alten Seelen besteht, präsentiert sich entsprechend anders in ihrem Energievolumen. Insofern bejahen wir diese Frage: Die Unterschiede sind groß, aber das Material an Liebe und Erkenntnis ist letzten Endes dasselbe. Liebe bleibt Liebe, Erkenntnis ist Erkenntnis. Das Volumen aber nimmt zu.

Woran erkennt man, ob ein Mensch sich aufgrund seines Seelenalters oder aufgrund seiner psychosozialen Entwicklung (ganz unabhängig vom Seelenalter) sozial abweichend und auffällig verhält, zum Beispiel gewalttätig ist?

Wenn ihr entdecken wollt, ob es sich bei einem Mitmenschen um eine Säugling-Seele handelt, die sozusagen nicht anders kann, als so zu sein, wie sie ist, und darin auch durch nichts zu beeinflussen ist, schaut ihm in die Augen. Wenn sie weit offen sind und ihr darin eine große Unschuld erblickt, obgleich dieser Mensch schlägt, stiehlt oder mordet, dann erkennt ihr eine Handlungsweise, die nicht von Erziehung, Umfeld oder Gesellschaft geprägt ist. Seht ihr jedoch einen verengten Sehschlitz, einen ausweichenden Blick, ein verschlagenes Glitzern, ein Bedürfnis, Gemeines, Schädliches und Selbstsüchtiges zu planen und auszuführen, dann handelt es sich nicht mehr um eine Säugling-Seele, sondern um eine Kind-Seele oder eine frühe Junge Seele. Beide sind ihren seelischen Bedürfnissen gemäß darauf aus, karmische Verpflichtungen einzugehen und zu erfüllen; sie müssen das tun, was sie tun, genau wie die Säugling-Seele. Aber die Motivation ist seelisch und auch psychisch eine andere. Kind-Seelen und Junge Seelen sind Teil einer Gesellschaft, die sie aktiv mitstrukturieren, und somit werden sie auch von ihr beeinflusst. Sie inkarnieren sich in einem Umfeld, in einer Familie, in einem sozialen Zusammenhang, in dem sie ihre spezifischen Bedürfnisse entwickeln und leben können. Und dazu gehört nun einmal die Erfahrung von Leid durch das »Böse« in passiver und in aktiver Gestalt.

Schaut den Menschen also in die Augen. Dann werdet ihr erkennen, wen ihr vor euch habt. Eine Säugling-Seele wird nicht einmal wissen, wovon ihr redet, wenn ihr sie auf Gewalttätiges ansprecht. Sie schaut euch mit fast leeren Kulleraugen an und weiß nicht, was ihr meint oder worüber ihr euch aufregt. Sie ist, wie sie ist. Sie ahnt noch nicht, dass sie auch anders sein könnte – später, wenn ihre Seele gereift ist.

Welche Reifezustände kann denn die wenig entwickelte Psyche der Säugling-Seele erreichen?

Es geht nicht um eine Option. Sie erreicht alles, was zu erreichen ist. Von Reife, wie ihr sie versteht, kann jedoch nicht die Rede sein. In der Analogie zu einem menschlichen Säugling werdet ihr die einfachste Antwort finden. Mit einem Jahr oder achtzehn Monaten ist im Organismus eines Säuglings vieles gereift, aber lange noch nicht ausgereift. Das bedeutet, ein gewisser Reifezustand kann nur im Rahmen des Möglichen erreicht werden, aber er wird unausweichlich erreicht. Ein menschlicher Säugling kann allerdings zurückbleiben in seiner Reifung, Gedeihstörungen entwickeln. Ein seelischer Säugling kann dies nicht. Er wird am Ende der Stufe Säugling 7 alles, was erreichbar ist, erreicht haben. Seine seelische Reife hat dann das notwendige Stadium erreicht, um in den Zyklus der Kind-Seele überzuwechseln.

Die *psychische* Reife eines solchen Menschen bleibt in euren Augen sehr bescheiden. Die Unschuld, von der wir soeben gesprochen haben, ist davon geprägt, dass eine Distanz zu sich selbst nicht hergestellt und damit eine Verantwortung für die eigenen Belange, Taten, Wünsche, Triebe und Bedürfnisse nicht übernommen werden kann. Ihr aber versteht unter psychischer Reife, dass jemand zu sich stehen kann und eine Verantwortung für sich und andere zu tragen vermag. Das ist der Säugling-Seele weder seelisch noch psychisch gegeben. Sie ist nicht in der Lage, sich selbst von außen zu betrachten oder andere als Mitmenschen wahrzunehmen, deren Bedürfnisse sie aus freien Stücken und empathisch berücksichtigen könnte. Sie sieht wohl, dass andere anders sind, begreift auch, dass andere anderes wollen; aber warum das so ist und wozu das dienlich sein soll, bleibt ihr ein Rätsel.

Die moderne Psychologie stellt an einem Menschen besondere Schritte der psychischen Reifung fest oder glaubt, sie festzustellen. Es geht nicht immer um Reife an sich, sondern um Entwicklungszustände der Reifung. Kann man euch so verstehen, dass eine Säugling-Seele nur die

Anfangsstadien einer psychischen Entwicklung durchmacht und irgendwo stecken bleibt, oder ist es ganz anders?

So wie ihr vermutet, handelt es sich hier um anfängliche Begegnungen der Seele mit einer sich erst langsam mit jeder neuen Inkarnation entwickelnden Psyche. Es ist ein erstes Beschnuppern, eine zunehmende Vertrautheit der Seele mit einer ihr neuen Instanz des Menschseins, die jedoch im Austausch steht mit dem Seelischen. So weit wie die seelische Reife voranschreitet, wird die Psyche ihr etwa entsprechen. Mehr ist nicht möglich. Es bleibt also dabei, dass die Psyche einer Säugling-Seele sich nicht weiter entwickeln *kann* als etwa die Psyche eines achtzehnmonatigen Kindes.

Kann man für den folgenden Zyklus der Kind-Seele auch so präzise Aussagen machen?

Die Psyche der Kind-Seele entwickelt sich – aus der Perspektive der Alten Seele – etwa analog zum optimalen Reifezustand eines Menschen von sechzehn Lebensjahren. Bei der Jungen Seele ist dann eine Spannbreite vom sechzehnten bis zum fünfunddreißigsten oder fünfundvierzigsten Lebensjahr anzunehmen. Weil nun die Lebensdauer bei Reifen Seelen je nach Inkarnationsort und gesellschaftlicher oder medizinischer Umgebung sehr unterschiedlich ist, darf die Analogie nicht ohne Weiteres fortgeführt werden. Ein Mensch mit einer Reifen Seele kann daher am Ende einer Einzelinkarnation voll ausgereift sein, zum Beispiel wenn mit fünfundsechzig Jahren seine Inkarnationsziele erreicht sind, oder er kann mit achtzig noch immer um seine Reife ringen oder sie gänzlich uninteressant finden. Es ist nicht mehr so präzise als Analogie zu erfassen wie in den frühen Stadien. Das jeweilige Optimum ist dann erreicht, wenn der Mensch stirbt. Das gilt für die Reife wie für die Alte Seele. Wenn der Mensch mit einer Reifen Seele fünfundneunzig wird, erreicht er erst dann ihr Optimum. Die Alte Seele kann mit fünfunddreißig ihr Optimum erreicht haben oder mit fünfundneunzig.

Die Kind-Seele: Lebensfreude und Welterkundung

Kind 1

Entfaltungsaufgabe: *Unnötiges ist nötig*
Motto: *Ich sammle neuen Mut*
Energien 2 + 1

Die Säugling-Phase der Seele ist jetzt abgeschlossen. Sie endete mit einem Hochgefühl, ausgelöst durch die Fähigkeit, einen Teilbereich der eigenen Existenz, den Körper und seine Funktionen sowie die Einbettung in eine gesellschaftliche Gruppe beherrschen zu können. Auf der ersten Entfaltungsstufe der Kind-Seele möchte die Seele nun lernen zu spielen. Daher ist diese Entfaltungsaufgabe geprägt von einem erstaunten Begreifen, dass Unnötiges nötig ist.

Bis zu diesem Abschnitt der Inkarnationserfahrung beschränkte sich das Lernen der Seele auf essenzielle, notwendige Funktionen, um das Leben, das Dasein, die Welt und ihre Zusammenhänge in Grundzügen zu begreifen, zu beherrschen und ihre Abläufe zu kontrollieren. In der ersten Phase der Kind-Seele tritt nunmehr eine spezifisch menschliche Komponente hinzu, die einerseits dem instinktiven

Spieltrieb von Säugetieren entspringt und andererseits den Grundanliegen des Seelenvolkes der Energie 2 entspricht, denn hier handelt es sich um die Verbindung der leiblichen Existenz mit einem kreativen, spielerischen und für das physische Überleben auf den ersten Blick nicht unbedingt notwendigen lustvollen Gestalten.

Die junge Kind-Seele, die von der siebten Stufe der Säugling-Seele auf die erste Stufe des neuen Zyklus einen Sprung vollzogen hat, schaut nun mit neugierigen und wie frisch gewaschenen Augen in ihre Welt hinaus, und sie sieht unendlich viel Reizvolles: Menschen, Gegenstände, Tiere, Pflanzen, Zusammenhänge, die sie erkunden und ergründen möchte. Sie beginnt, diese Aspekte ihrer Existenz als etwas zu betrachten, das außerhalb ihrer selbst existiert, allerdings als ihr zugeordnet oder zugehörig. Sie nimmt einen Gegenstand in die Hand und macht etwas damit oder etwas daraus. Sie spielt damit und verändert seine Gestalt, um ihr Potenzial als erfinderisches, freudefähiges und variables Wesen begreifen zu lernen.

Menschen sind – wie wir schon ausführten – als Spezies außerordentlich beweglich und neugierig. Die Kind-Seele empfindet ein im Zyklus der Säugling-Seele noch nicht ausgeprägtes Vergnügen an einfallsreichen Tätigkeiten, an neuen Ideen und Objekten, die nicht auf das Bedürfnis zu überleben ausgerichtet sind. Gestaltungswünsche als solche sind es, die ihre geistigen Erfindungskräfte anregen. Die Säugling-Seele hatte ihren Fähigkeiten entsprechend gearbeitet, sich die Welt erarbeitet. Nun aber beginnt eine lange Periode der lustvollen und freudigen Auseinandersetzung mit einem geformten und geschmückten Gegenüber, dem Objekt, sei es nun Person oder Gegenstand. Diese treten als äußere Welt der sich nach und nach zu einem Individuum entwickelnden Kind-Seele entgegen.

Auch Säugling-Seelen und viele Tiere haben bekanntlich einen angeborenen, instinktiven Spieltrieb, und sie geben ihm nach. Die Kind-Seele hingegen geht bei ihrer Lust am Spiel über ihren körperlich bedingten Trieb hinaus. Sie verbindet jetzt das Spielen mit einer Fähigkeit, zu kombinieren, zu erfinden, sich etwas auszudenken, ein Objekt zu gestalten, sich in die Gestalt ihres Spielobjektes hineinzuversetzen, es als ein Gegenüber zu empfinden. Dadurch lernt sie, nicht nur mit ihm umzugehen, sondern ihm eine eigene Individualität zuzugestehen. Das Spiel der Kind-Seele bezieht sich auf alles, was sie umgibt. Wir meinen damit nicht, dass die Kind-Seele nicht arbeitet. Vielmehr wird die Arbeit für sie zum Spiel. Ihr Lebensunterhalt, ihre Pflichten und notwendigen Verrichtungen werden zu einer Herausforderung, die gestaltet werden will und die bis zu einem gewissen Grad als beglückend erlebt wird. Selbst das Leid, das im Laufe des gesamten Inkarnationszyklus und somit auch im Rahmen der Entwicklung einer Kind-Seele unverzichtbar bleibt, wird spielerisch als eine Herausforderung zur Gestaltung aufgefasst.

Die Verbindung von Energie 2 für die Kind-Seele mit Energie 1 für die erste Stufe führt zu einem Amalgam, das dem sich entfaltenden Wesen signalisiert: »Ich kann aus zwei Dingen ein Drittes machen, und es ist mir möglich, diesem Dritten ein Leben einzuhauchen.« Das gilt sogar für die Zeugung von Nachkommen. Diese Stufe ist außerdem dafür geschaffen, in der Kind-Seele zum ersten Mal eine deutliche Bereitschaft zuzugestehen, ihre Nachkommen als eigenständige Wesen, die sie hervorgebracht hat, zu begreifen. Kinder sind Menschen, die für sie ein Gegenüber mit einem interessanten Anderssein darstellen, ohne dass sie begreift, wie dies zustande kommen konnte. Das Spielen mit der menschlich-schöpferischen Fähigkeit, mit Händen und Ideen, mit der Fantasie und dem Geschlechtstrieb, die Lust, etwas Neues hervorzubringen und zu gestalten – all dies steht jetzt im Vordergrund der Entfaltung.

Die Nachkommenschaft ist zahlreich, und die Kind-Seele,

die ja selbst über durchaus naive und in gewisser Weise noch unentwickelte Wesenszüge verfügt, wird mit den eigenen Kindern eine sehr leichte und lockere Verbindung eingehen. Diese vielen Kinder sind wie Spielkameraden für Vater oder Mutter. Sie werden oft in einem sehr frühen Lebensalter gezeugt oder empfangen, sodass eine gemeinsame Basis auch in der Welterfahrung gegeben ist. Im Unterschied zum Spieltrieb von Tieren und der Lebenseroberung der Säugling-Seele will die Kind-Seele sich mit anderen Menschen zusammen vergnügen. Die Eigenart des Objekts ist dabei weniger wichtig. Doch gemeinsam etwas zu erfinden, zu kombinieren, in die Welt zu setzen ist jetzt das Ziel und kreiert den Sinn der Existenz auf dieser ersten Stufe.

Kind 2

Entfaltungsaufgabe: *Freude am Leben*
Motto: *Ich suche Stabilität*
Energien 2 + 2

Wir fahren fort, das Lernprogramm der Kind-Seele zu kontrastieren mit dem der Säugling-Seele, und machen darauf aufmerksam, dass die Säugling-Seele durchaus körperliche Lustgefühle empfindet, den Bedürfnissen nach Befriedigung folgt und auch eine Vorstellung davon entwickelt, was ihr wohltut und was sie meiden möchte. Aber Gefühle wie Freude am Dasein, Freude am Entdecken, Freude an Beziehung, Freude an Schönheit, Freude am selbstgestalteten Produkt kennt die Säugling-Seele noch nicht. Die Kind-Seele lernt, erfährt und erlebt auf der zweiten Stufe ihrer Entfaltung, was Lebensfreude ist. Der Lustgewinn und die Urbedürfnisse waren vorher stark miteinander verknüpft. Jetzt aber löst sich das Empfinden von Freude von den unmittelbaren Notwendigkeiten des Überlebens. Die Welt wird zum Quell emotionaler, ästhetischer und auch bereits intellektueller Befriedigung.

Freude bedeutet außerdem, sich an etwas Schönes zu erinnern und sich auf etwas Schönes freuen zu können. Dieses Empfinden setzt bereits eine gewisse Distanzierungsfähigkeit voraus. Der Kontrast zu Leid, Kummer und Freudlosigkeit wird von nun an immer stärker empfunden. Die Welt mit ihren vielfältigen Erscheinungen ist ein Quell der Freude für die Kind-Seele, doch wenn diese Freude gestört oder zerstört ist, wird sie ein ebenso stark sprudelnder Quell des Leids.

Auf der Stufe 2 der Entfaltung lernt die Kind-Seele, zu lachen und zu weinen, ohne dies an unmittelbar körperliche Lust- oder Schmerzempfindungen zu koppeln. Die Lebensfreude, die Freude am Lebendigsein, überwiegt, und sie wird für den Rest des gesamten Inkarnationsweges von der Einzelseele als Urquell für die Bereitschaft genutzt, sich wieder und wieder in einem Körper seelisch zu verwirklichen, trotz aller Herausforderungen, die damit verbunden sind. Denn wer erst einmal eine tiefe Freude am eigenen leiblichen Dasein und an den Phänomenen des irdischen Lebensraumes empfunden hat, wird sie niemals wieder vergessen können, jedenfalls nicht vollständig. Als Ur-Erinnerung bleibt das Empfinden von Lebenslust trotz allen Lebensleids erhalten.

Auf dieser Entfaltungsstufe wird auch zum ersten Mal die Freude an der Fähigkeit entwickelt, einen Kunstgegenstand – sozusagen eine überflüssige, nicht notwendige Kreation – eigenständig zu entwerfen: einen Gegenstand, der außerhalb des schöpferischen Individuums existiert und ihm selbst sowie den Mitmenschen Freude bei der Betrachtung bereitet. Die Funktionalität des Objekts tritt weit in den Hintergrund. An seine Stelle tritt das Entzücken am Ornament, die Befriedigung an der Schönheit einer Form, an Sinn und Bedeutung, die die Fähigkeit, einen solchen Kunstgegenstand herzustellen, dem Gestalter schenkt. Denn auf dieser Stufe mit der Energie einer doppelten Zwei bringt die Seele wie von selbst einen extremen individuellen Gestaltungswillen mit, der sich erstmals in Ästhetik und einem ausgeprägten Schönheitswunsch ausdrückt und nicht mehr der Bewältigung des Alltags dient, sondern einen davon losgelösten Wert erhält. Der Schöpfer eines Gegenstandes, mit dem man weder essen noch pflügen noch jagen noch schlachten noch begraben kann, wird von seinen Mitmenschen bewundert und geachtet. Seine Einzigartigkeit als Mensch wird ihm zum ersten Mal in seiner Inkarnationsgeschichte von seiner Gemeinschaft gespiegelt: »Du kannst etwas, das wir nicht können. Du bringst etwas hervor, das uns Freude macht.« Diese individualisierte Distanz tut der Kind-Seele auf der zweiten Stufe der Entfaltung außerordentlich wohl, denn sie erkennt sich dadurch als ein Wesen, das unter seinen Mitmenschen eine differenzierte Funktion und ureigene Rolle einnimmt, die nicht von allen geteilt wird. Die Selbstwahrnehmung in der Betrachtung des von ihm eigenständig kunstvoll gestalteten und geschmückten Gegenstandes führt dazu, dass ein Mensch, der solches geschaffen hat, einen Sinn in seinem Dasein erstmals bewusst wahrnimmt.

Kind 3

Entfaltungsaufgabe: *Hass oder Liebe*
Motto: *Ich werde unternehmungsfreudig*
Energien 2 + 3

Die dritte Entfaltungsstufe der Kind-Seele konfrontiert den Menschen mit starken Emotionen und deren Auswirkungen. Die überwältigenden Gefühle von Hass und Liebe lösen sich von dem Instinkthaften, das noch die Säugling-Seele beherrschte; die Kind-Seele glaubt jetzt vielmehr, gute Gründe für die eine oder andere Reaktion auf den Mitmenschen zu kennen. Hass wird zu einer Erfahrung von Zielgerichtetheit und Stärke, von Kanalisierung wichtiger Gefühlsregungen und verknüpft sich mit der Bereitschaft, den damit verbundenen Handlungsimpulsen nachzugeben. Das Gefühl von Liebe richtet sich jetzt ebenfalls auf den Mitmenschen als Objekt. Diesen kann man nun zum ersten Mal begehren, umwerben, umschmeicheln und mit einer Gefühlswallung vereinnahmen, die weniger darauf abzielt, wiedergeliebt zu werden, als ein eigenes Gefühl an den Mann oder die Frau zu bringen. Wir sprechen hier vornehmlich von geschlechtlicher Liebe, weniger von den Regungen, die den eigenen Kindern, Eltern oder übrigen Verwandten entgegengebracht werden. Die Heftigkeit der Gefühle, die auf der Stufe 3 die Kind-Seele überschwemmen, begeistert und ängstigt sie zu gleichen Teilen. Sie fühlt sich – wie es der Krieger-Energie dieser Stufe entspricht – dadurch um ein Wesentliches bereichert: Sie ist durch die Auswirkung heftiger Emotionen lebendiger und kann ihre Impulse oder Intentionen auf ein Ziel richten, sei es die Zerstörung oder das Gewinnen eines anderen Menschen.

Die Kind-Seele ist jetzt in der Lage, Gründe anzugeben, warum ein anderer ihren Hass oder ihre Liebe auf sich zieht. Eine Kränkung oder Verletzung, ein feindseliges Gebaren können jetzt identifiziert und benannt werden, und die Bedürfnisse nach Rache, Feindschaft und Destruktion sind gegenüber den früheren Entfaltungsstufen deutlich gesteigert. Ebenso gibt es nun gute Gründe, einen Mitmenschen zu begehren: Er mag schön sein. Er mag mutig oder in anderer Weise attraktiv sein, etwa als ein guter Versorger oder eine gute Gebärerin. Auch die Lust am Rivalisieren und Buhlen wirkt jetzt stärker ausgeprägt. Mit dieser emotionalen Entwicklung gehen erste Regungen von Selbsthass und Selbstliebe einher. Die Möglichkeit, die eigenen Handlungen aus einer gewissen Distanz zu betrachten, führt zu einer beginnenden

Kritikfähigkeit den eigenen Wesenszügen gegenüber, die sich zum Teil aus der Fähigkeit speist, sich mit einem Mitmenschen, der einem Sympathie oder Antipathie entgegenbringt, kurzzeitig zu identifizieren und sich durch dessen Augen zu sehen. Vernichtender Hass und rasende Liebe dauern auf dieser Entfaltungsstufe oft ein Leben lang. Einmal eingerichtet und auf eine bestimmte Person gerichtet, wird das jeweilige Gefühl kultiviert, gehegt und gepflegt, sodass es der eigenen Persönlichkeit eine Struktur verleiht, die deutlich nach lieb oder böse, nach Anziehung und Abwehr unterscheidet.

Ein Weiteres wird auf dieser Stufe in die Inkarnationserfahrung integriert: Es ist das Anstreben von Zielen, die erst in einer ferneren Zukunft erreichbar sein werden. Die Bedürfnisse, die sich im Säugling-Alter der Seele zunächst ganz auf den Erhalt von Leib und Leben konzentrierten, sind jetzt auf neue und andere Objekte gerichtet, zum Beispiel auf eine reichliche Ernte im nächsten Jahr oder die Sorge um das Wohlergehen heranwachsender Kinder oder auch auf das Ansparen materieller Güter für eine Zukunft, die nicht mehr selbstverständlich sicher erscheint. Strebsamkeit und Ehrgeiz finden hier ihre frühesten Ausdrucksformen, und die Rivalität mit anderen Menschen erhält einen zuvor unbekannten Stellenwert. Die Energie 3 ist ja stets mit einem kämpferischen und kriegerischen Aspekt verknüpft. Die Kind-Seele auf der Stufe 3 vergleicht sich daher zunehmend mit denen, die sie umgeben, und fragt sich: »Wer ist reicher, schöner oder klüger als ich? Wer hat mehr Erfolg in der Gemeinschaft?« Und diese Vergleiche bringen die Kind-Seele dazu, sich anzustrengen, um etwas zu erreichen, solange es in Reichweite erscheint. Die eigenen Kräfte werden gebündelt und gezielt eingesetzt. Einmal Erworbenes und Erreichtes soll entsprechend geschützt und bewahrt werden. Diese Stufe ist nicht dazu geeignet, Altruismus, die Bereitschaft zum Teilen oder zum Zurückstehen, zu fördern. Im Gegenteil, der Geltungstrieb und die Lust an der Eroberung und am Siegen über andere Menschen, über widrige Umstände, sogar über die Natur sind der Kind-Seele jetzt ein hohes Gut.

Hass und Liebe als Leitgefühle erstrecken sich auch auf den Umgang mit Tieren und anderen Objekten der Natur. So kann eine bestimmte Tierart leidenschaftlich geliebt oder mit gleicher Leidenschaft als bedrohlich und zu vernichten empfunden werden. Die machtvollen Emotionen richten sich auch auf Pflanzen, Metalle und Berge sowie auf andere Aspekte der Welt, die entweder erworben oder als dämonisch abgewehrt werden sollen. Die Hass- und Liebesgefühle dienen der Kind-Seele dazu, die Welt auf die eine oder andere Weise in Besitz zu nehmen. Die Erfahrung, dass die Welt zwar objekthaft ist, man diese Objekte aber vereinnahmen und besitzen und sich damit zu eigen machen kann, dominiert auf dieser dritten Entfaltungsstufe. Will man der Kind-Seele in diesem Stadium etwas wegnehmen, entreißen oder streitig machen, zieht man ihren Hass auf sich. Wer sie hingegen beschenkt, ihr Hab und Gut bewahrt oder sich ihr hingibt, wird in gleicher Weise mit einem überwältigenden Gefühl von Zugehörigkeit und vereinnahmender Liebe in Besitz genommen.

Kind 4

Entfaltungsaufgabe: *Aus Beobachtung lernen*
Motto: *Ich ernte die Früchte*
Energien 2 + 4

Auf der vierten Stufe ihrer Entfaltung lernt die Kind-Seele, dass es für die Phänomene ihrer Welt Gründe gibt, die man erforschen und begreifen kann, und dass es möglich ist, aus der Beobachtung von Zusammenhängen etwas abzuleiten, zu schlussfolgern, zu konstruieren. Dies gilt für alle Phänomene des Irdischen, die die Kind-Seele um sich herum sieht. Ihr wichtigstes Anliegen auf dieser Entfaltungsstufe ist zu begreifen, dass man schlussfolgernd und beobachtend lernen kann. Es wird nunmehr möglich, etwas zu berechnen, Zusammenhänge zu begreifen, die zuvor einfach nur gesehen und hingenommen wurden, ohne dass die Kind-Seele in der Lage war, sie auszuwerten und für ihre Zwecke einzusetzen. Das Lernen steht von nun an im Vordergrund, und die neue Fähigkeit, Ursache und Wirkung miteinander in Beziehung zu setzen und daraus eine Einsicht zu gewinnen, ist für die Seele in höchstem Maß förderlich und interessant. Die Beobachtungsfähigkeit nimmt zu, und die Lust, aus zwei Faktoren eine hilfreiche Neukonstruktion zu erschaffen, bewegt die Kind-Seele dazu, stets äußerst lernwillig und wissbegierig zu sein und überall nach Möglichkeiten Ausschau zu halten, sich von Menschen anleiten zu lassen, die bereits vor ihr dieses und jenes begriffen hatten und gewisse Fertigkeiten ausbilden konnten.

Die Kind-Seele auf der vierten Stufe der Entfaltung lernt nicht mehr ausschließlich oder vorwiegend durch instinkthafte Imitation, sondern verfügt jetzt über die Fähigkeit, sich etwas zu überlegen und abzuwägen, ob dieses oder jenes Ergebnis das bessere sei, ob dieser oder jener Lehrer mehr zu bieten habe. Sie ist jetzt sehr darauf aus, handwerkliche Fertigkeiten zu erlernen. Sie ist ein guter Lehrling in vielen Bereichen des Lebens. Sie will auch ein Regelwerk für die Bewältigung ihres Lebens erwerben, zum Beispiel wie man sich richtig ernährt oder wie man Kleinkinder pflegt oder einen Kranken betreut oder die eigene materielle Existenz sichert.

Es ist der Kind-Seele ab jetzt wichtig, genau zu wissen, was sie tun muss, um bestimmte Ergebnisse zu erzielen. Dafür greift sie mit einem gesteigerten Bewusstsein auf die Traditionen ihrer Vorfahren und Mitmenschen zurück. Sie erkennt, dass Verhaltensweisen, die »schon immer« hilfreich und vielversprechend waren, einen hohen Wert besitzen und dass sie diese Möglichkeiten von ihren Älteren oder Ahnen erlernen kann. Sie wird dadurch zum ersten Mal zu einem Bewahrer und Behüter von Erprobtem, von Traditionen und Geschichte, und will sich auch entsprechend in ihre Gemeinschaft und Gesellschaft einbringen. Dass etwas schon immer so war und damit erfolgreich in die Zukunft projiziert werden kann, hat einen großen Beruhigungswert für die Kind-Seele auf dieser Stufe 4 mit einer Gelehrten-Energie 4. Das Neue fügt sie allerdings aus eigenem Antrieb zum Bekannten hinzu, denn sie kann der Versuchung nicht widerstehen, dem, was immer so gemacht wurde, eine Prise von Revolutionärem beizumischen. Täte sie nichts Neues und Eigenes hinzu, wäre ihr das Alte nicht hinreichend wert. Sie erfüllt mit ihrem Beitrag ihren seelischen Auftrag als Angehörige des Seelenvolkes *Homo sapiens sapiens*, das nun einmal unablässig gestalten und auch umgestalten will und muss. Sie empfindet dies nicht als Zerstörung des Herkömmlichen, sondern als Anreicherung. Ihre Beobachtungsgabe ist so gut ausgeprägt, dass sie in der Lage ist zu überprüfen, ob das Traditionelle und Hergebrachte unverändert eingesetzt und angewandt werden sollte oder eine Anpassung nötig hat.

Die Kind-Seele auf der vierten Entfaltungsstufe ist weniger als zuvor daran interessiert, Kunstgegenstände zu erschaffen. Vielmehr will sie ihren Forschungstrieb in einer Weise einsetzen, dass die Beobachtung zu etwas Fortschrittlichem und Praktischem führt. Ihre Gedanken, Ideen und Impulse sind gleichermaßen in die Zukunft und in die Vergangenheit gerichtet. Sie empfindet traditionelle Feierlichkeiten, Festtage und Rituale als äußerst reizvoll, weil dort ihr Gestaltungswille und ihr Bewusstsein vom Wert des Herkömmlichen eine Befriedigung finden.

Im Übrigen findet sich diese Kind-Seele zum ersten Mal häufig allein in der Natur oder bei der Arbeit. Die Gemeinschaftlichkeit mit ihrer Schutzfunktion steht nicht im selben Ausmaß wie zuvor im Vordergrund des beruhigenden Erlebens. Die Erkenntnis und Schlussfolgerung, dass ihre Intuition oder ihr Ideenreichtum reichlicher fließen, wenn sie allein und ungestört etwas beobachtet, ist eine neue und zugleich beängstigende wie beglückende Erfahrung. Es gibt nur einen Wermutstropfen, nämlich dass vieles, was die Kind-Seele erforscht, mit ihrer Gelehrten-Energie schlussfolgert und als Erkenntnis für sich verzeichnet, von ihren Mitmenschen häufig kaum beachtet oder nicht gewollt wird. So zieht sie sich in sich selbst zurück, ein wenig gekränkt und dennoch unverdrossen; denn was sie auf dieser Stufe mit Begeisterung begreift, nämlich dass das Beobachten von Ursache und Wirkung zu einem schöpferischen Neuen führt, wird ihr für den gesamten Inkarnationszyklus niemand mehr nehmen können.

Kind 5

Entfaltungsaufgabe: *Zugehörigkeit ist wertvoll*
Motto: *Ich werde unruhig*
Energien 2 + 5

Auf der fünften Entfaltungsstufe wird sich die Kind-Seele in der einen oder anderen Weise bereits als Individuum erfahren und entfernt sich dadurch von der instinkthaften Bindung an ihre Familie, ihre Herkunft, den Ort, wo sie aufwächst. Sie begreift sich jetzt nicht mehr als untrennbaren Anteil eines größeren Familienzusammenhangs, der jeden anderen Clan als fremd und feindlich betrachtet, sondern empfindet einen Unterschied zwischen sich selbst und denen, die zu ihr gehören. Auf der fünften Stufe ihrer Entfaltung wird nun die Tragfähigkeit von Zugehörigkeit auf die Probe gestellt, die

Bindungskraft von Verwandtschaft, Heimat und Herkunft. Die Kind-Seele hat auf dieser Stufe ein unwiderstehliches Bedürfnis, zu provozieren, sich zu entfernen, aufzubegehren und sich in Gegensatz zu denen zu stellen, die ihre engste Gemeinschaft bilden. Das Ganze dient dazu, die Bindung zu strapazieren, aber nur bis zu einem erträglichen Grad. Denn die Familie, der Clan, die Dorf- oder Stadtgemeinschaft, der Freundeskreis – sie alle werden das Individuum immer wieder in den Schoß ihrer Zusammengehörigkeit zurückholen wollen; das ist es gerade, was die Kind-Seele auf der Stufe 5 ihrer Entfaltung wünscht und braucht. Sie will erfahren, dass es Kräfte in ihrer Gemeinschaft gibt, die sie schätzen und integrieren wollen, obgleich sie selbst ihr Anderssein zunehmend betont. So kommt es jetzt vor, dass eine Kind-Seele ein Verbrechen begeht und dennoch auf Vergebung und Verzeihung durch Familie und Gemeinschaft trifft. Sie kann sich von der Heimat entfernen und nach Jahren zurückkehren, ohne auf Ausgrenzung zu stoßen. Sie verstößt gegen die Regeln und Moralgesetze ihrer Kultur und wird doch weiterhin als gültiges Mitglied der Gemeinschaft betrachtet. Die Rolle als schwarzes Schaf oder Revoluzzer bekommt ihr einerseits gut, wird jedoch andererseits niemals so weit ausgereizt, dass die Bande wirklich zerreißen.

»Du gehörst trotz allem zu uns«, das ist der Satz, den die Kind-Seele auf dieser fünften Stufe immer aufs Neue hören möchte. Die Vorstellung, dass etwas Unverbrüchliches sie mit ihrer Familie, ihrem Clan, ihrer Berufsgruppe, ihrem Freundeskreis verbindet, gibt ihr Stabilität und Halt und lässt sie andererseits mit Lust gewisse Risiken eingehen, um die Tragfähigkeit der Bindung zu erproben. Eheleute gehen fremd in der Gewissheit, dass es zwischen ihnen etwas gibt, das fest und verlässlich ist. Sie würden diese innere Sicherheit nicht erlangen, ließen sie sich nicht mit anderen Partnern ein. Beziehungen, die sich erst als stabil erweisen, wenn sie dem

Risiko ausgesetzt werden, sind für die Kind-Seele von weitreichender Bedeutung. Riskiert sie nichts, wird sie zutiefst unruhig. Provokation wird als ein reizvolles Spiel aufgefasst, aber immer nur bis an die Grenze des Gefährlichen, niemals darüber hinaus. Ein kindliches Vertrauen auf die Gültigkeit der Blutsbande und der gewachsenen Interessenverbände prägt diese Phase – so wie ein Kind darauf vertrauen darf, dass es sich einiges an Widerstand leisten kann, ohne die Zuneigung der Eltern ganz zu verlieren.

Der Reiz des Neuen und Gefährlichen bewegt die Kind-Seele auf dieser Stufe auch dazu, sich andere Gemeinschaften und Gesellschaften anzusehen, durch Reisen, über die Heirat mit einem Menschen aus anderer Kultur oder zuweilen auch unfreiwillig durch widrige Umstände wie Krieg oder Flucht. Die Kind-Seele betrachtet diese Fremdheit jedoch von fern und wird nicht geneigt sein, ihre eigene Gruppenidentität dafür aufzugeben. Sie will sich nicht anpassen, integrieren und assimilieren, sondern nur vorsichtig betrachten, was andere, fremde Menschen für seltsame Gepflogenheiten haben. Die andauernde Fremdheit der anderen bewirkt, dass man am Ende umso lieber in den eigenen angestammten Bereich zurückkehrt. Zu viel Neues und Ungewohntes macht Angst, aber der Reiz der distanzierten Beobachtung ist unwiderstehlich. »Du bist einer von uns« bleibt das Leitmotiv. »Du gehörst jetzt zu denen« kommt einer Verurteilung und einem Ausgestoßenwerden gleich.

Während die Kind-Seele auf den ersten vier Stufen überhaupt erst begriffen hatte, dass es ein Du gibt, wird das Empfinden eines Gegenübers im Verlauf der Entfaltungsstufe 5 auf große Gruppen, Gemeinschaften, Völker oder Nationen ausgeweitet. Diese werden zur Kenntnis genommen als fremd und in Maßen attraktiv. Das Fremde wirkt nicht mehr so bedrohlich und feindselig, wie es die Säugling-Seele empfunden hatte, aber die Distanz bleibt deutlich bestehen. »Wir und die anderen!« – das Erfahren dieser Realität charakterisiert die Stufe 5.

Das Heimatgefühl, das aus dieser Betrachtungsweise der Welt natürlicherweise entspringt, prägt die gesamte Weltsicht und gehört für die Kind-Seele auf Stufe 5 zu den wertvollsten Gütern. Selbst nach Vertreibung, Flucht oder jahrzehntelanger Entfernung bleibt die Heimat stets der Bezugspunkt und Ort der Sehnsucht. Was immer mit Heimat in Verbindung steht – ob es bestimmte Gerüche oder Nahrungsmittel sind, der Klang der Sprache, die Bilder der Landschaft, die Kindheitsfreunde oder die Grabsteine auf dem Friedhof –, all dies gehört als stabilisierender Faktor zum Ich-Empfinden der Kind-Seele auf der Entfaltungsstufe 5, die sich durchaus als Widerständiger, Abtrünniger, Revoluzzer oder Gesetzesbrecher, als Emigrant oder Vertriebener von ihrer Herkunft entfernen kann. Heimat und familiäre Bindung bleiben trostreiche Bezugspunkte einer stabilisierenden Verbundenheit und Zugehörigkeit, die durch nichts anderes ersetzt werden kann.

Kind 6

Entfaltungsaufgabe: *Die Götter sind wie ich*
Motto: *Ich brauche Ruhe und Harmonie*
Energien 2 + 6

Menschen mit einer Verbindung von Kind-Seele und einer priesterlichen Entfaltungsstufe 6 beginnen, das Göttliche nicht mehr ausschließlich als amorphe, unheimliche Kraft im Wetter, im Fluss, im Berg, in der Erde zu sehen – als eine gütige oder bedrohliche Kraft, die zwar auf das unmittelbare Überleben bezogen, aber so wenig zu beeinflussen ist wie die Wechselhaftigkeit des Wetters, das Fließen des Wassers oder die Stabilität eines Felsens. Ein Mensch mit der seelischen

Energie 2 + 6 erfährt jetzt, dass er selbst seine Gottheiten erschaffen kann. Er wird sie zunächst als Kultobjekte gestalten, ihnen eine Existenz zuweisen, einen göttlichen Atem einhauchen und diese Gegenstände dann als ein geheiligtes Götterbildnis wieder auf sich zurückbeziehen. Auf diese Weise stellt die Kind-Seele sich einen belebten personalen Götterhimmel vor. Das ist ein Bereich, in dem die Götter sich so verhalten, wie die Kind-Seele es sich vorzustellen vermag, eben genau wie sie selbst: mit Hass und Liebe, mit Macht und Ohnmacht, mit Beeinflussbarkeit, Rachsucht, mit Dienen und Herrschen, mit Kraft und Bestechlichkeit. Die Herstellung und Anbetung von Statuen von Gottheiten und Dämonen oder Symbolen von sakralen Objekten wie Felsformationen, Steine, Höhlen oder magische Gegenstände, denen eine überirdische Kraft zugewiesen wird, beschäftigt jetzt weitgehend das emotionale und mentale Leben einer Kind-Seele auf dieser priesterlichen Entfaltungsstufe (Energie 6).

Die Kind-Seele fühlt sich zugleich beeinflusst und beherrscht von denen, die sie selbst erschaffen und imaginiert hat. Diesen der Anbetung und Verehrung vorausgegangenen materiellen und geistigen Gestaltungsprozess vergisst und verdrängt sie, sobald das Kultbild vor ihr steht. Es verselbstständigt sich. Sie glaubt an die Projektion und Veräußerlichung ihrer Angst- und Segensfantasien und schreibt den Wesen, die sie selbst gestaltet hat oder die von Menschen desselben Seelenalters gestaltet wurden, eine übermächtige, eine himmlische oder dämonische, eine segensreiche oder zerstörerische Macht zu. Für alle Bereiche des Lebens gibt es jetzt zuständige göttliche Adressaten, denen man zu dienen hat, um ein gelingendes Dasein zu erwirken. Die Kind-Seele ist auf dieser Stufe 6 auch geneigt, alles zu glauben, was man ihr von den Geheimnissen der Götterwelt erzählt. Vor allem aber ist sie auf den Schutz dieser Wesen angewiesen, und sie ist von der Furcht gepeinigt, ihn zu verlieren.

Nun ist es ein Unterschied, ob ein Mensch einem starken Vater zu Willen ist oder einem mächtigen Stammesfürsten gehorcht, einem Kriegsherrn zu Diensten ist oder von einem Fürsten zur Fronarbeit eingesetzt wird. Die Kind-Seele überträgt solche menschlichen Beziehungen auf eine übermenschliche, jenseitige oder diesseitige Dimension, auf ein Transzendentes und Numinoses. So entsteht eine besondere, kaum greifbare Form der Abhängigkeit und Hilflosigkeit, die ihrerseits wiederum zu einer Gegenreaktion führt. Die Kind-Seele auf dieser Entfaltungsstufe der priesterliche Energie 6 entwickelt nämlich den überstarken Wunsch, jenen Mächten, die sie zwar selbst erschaffen hat, denen sie sich aber als Mensch vollkommen ausgeliefert fühlt, etwas entgegenzusetzen. Sie ist unablässig damit beschäftigt, den Idolen und Kultobjekten, den Göttern, Geistern und Dämonen gegenüber Handlungen zu erbringen, um sie rituell zu beeinflussen. Zeremonien und religiöse Feste, Trank- und Speiseopfer, Beschwörungen, Gebete und Akte der Magie sollen eine Besänftigung, eine Entkräftung, einen Gegenzauber darstellen. Kultus dient im Öffentlichen wie im Privaten dazu, alle übermenschlichen Einflüsse, die Macht über Schicksal, Gesundheit und Ernte haben könnten, außer Kraft zu setzen. Anders als später bei der Jungen Seele ist das Verhältnis der Kind-Seele zu ihren Gottheiten verdinglicht, auf Objekte gerichtet und gehorcht ähnlichen Mechanismen wie die Eltern-Kind-Beziehung: »Bist du brav, hab ich dich lieb. Bin ich brav, hast du mich lieb.«

Der Lernschritt in die Vorstellung, dass die Götter, die man sich schuf, nicht anders sein können als man selbst, wird zum prägenden Inhalt aller religiösen und kultischen Handlungen. Götter und Dämonen sind gut oder böse, sie sind rachsüchtig oder verzeihend, sie sorgen für Wohlstand oder Armut und Not; sie sind bereit, sich untereinander zu bekämpfen, sich zu helfen, einander zu töten oder neues Leben hervorzubringen. Die Anderswelt wird so zu einem Abbild des eigenen Erlebens, gepaart mit einer gesteigerten Vorstellung von Abhängigkeit und Käuflichkeit. Das Opfer, das der Besänftigung der magischen und dämonischen Götterwelt dient, steht im Mittelpunkt des gesamten Denkens, Fühlens und Handelns. Nichts ist wichtiger, als jeden Tag einen Ritus zu vollziehen, der garantieren soll, dass die Götter dem Opfernden bis zum Abend gnädig gestimmt sind. Auf diese Form der Begütigung und Besänftigung wird nicht nur reichlich Kraft, sondern auch sehr viel materielles Gut verwendet, ja verschwendet, sodass die Götter oft prächtiger geschmückt und wohlgenährter, ja sogar besser gekleidet sind als diejenigen, die sie anbeten.

Die Vorstellung, ohne eigenen Einfluss ungeschützt den Mächten der Überirdischen, der oft feindseligen und auf jeden Fall unberechenbaren Gottheiten ausgeliefert zu sein, ist für eine Kind-Seele der sechsten Entfaltungsstufe sehr angsterregend. Die Gegenmittel sind jedoch von dieser spielerischen und einfallsreichen Kind-Seele leicht gefunden. Sie wird zu einer Dämonisierung des eigenen Erscheinungsbildes greifen. Furchterregende Körperbemalung soll nicht nur die Feinde erschrecken, sondern wird jetzt auch als Gegenzauber zu der Macht der Götter instrumentalisiert. Das Entwerfen und Aufsetzen von Masken, von furchterregenden Verlängerungen der Körperglieder, das Aufmalen von Gerippen auf die eigene Haut oder auch der Wunsch, über bestimmte Halluzinogene und Drogen ein Machtgefühl zu entwickeln, das dem der imaginierten Götter in nichts nachsteht, all dies ist ein zunehmendes Bedürfnis und führt zu einer ritualisierten menschenähnlich geprägten Gegenwelt, die ihrerseits den Göttern Angst machen soll. Vielfach wird dies von höheren Seelenaltern, von Reifen und Alten Seelen, nicht richtig verstanden. Sie empfinden die Schlachtopfer, die Masken und Drohgebärden, die Kriegstänze und Initiationsriten als selbstbezogen oder sozial bedingt und nicht als Spiegelbild zum Transzendenten, das vor allem seiner Bewältigung dienen soll. Die Kind-Seele braucht für ihre Machtlosigkeit ein Gegengewicht, und sie erschafft es dadurch, dass sie sich selbst als äußerst bedrohlich wirkend stilisiert. Die Fratze der Götterstatue wird gespiegelt in der Maske, dem Federschmuck, den Drohgebärden und der Tätowierung – und auf diese Weise nahezu neutralisiert. Je mehr die Kind-Seele die den Göttern zugeschriebenen Handlungsweisen und Funktionen selbst übernimmt, umso kraftvoller fühlt sie sich und umso mehr bewältigt sie die ständige Angst vor den unberechenbaren Handlungen der Götter.

Selbstverständlich bleibt genügend übrig, das man dem bösen Einfluss der Dämonen, Geister und Gottheiten zuschreiben muss: alles Unerklärliche und Unbegreifliche, Krankheit und vor allem der Tod. Aber auch hier wird die Schuld für den Verlust eines Dorfgenossen oder Angehörigen lieber dem Einfluss eines Nachbarn mit dem bösen Blick zugeschrieben, als ihn den unberechenbaren Gottheiten anzulasten. Denn diese könnten über eine Schuldzuweisung noch zorniger werden, als sie es ohnehin schon sind.

Auf der Stufe 6 ihrer Entfaltung wird die Kind-Seele in ein spirituelles Chaos geworfen, das sie nur unter großer Mühe und Not, unter gewaltigen Opfern und einem enormen Aufwand an Zeremonien und Ritualen wieder ordnen kann. Ruhe und Harmonie, die auf dieser sechsten Stufe stets gesucht werden, können nur durch den Einsatz aller zur Verfügung stehenden Mittel und lediglich vorübergehend gewonnen werden. Das Bedürfnis nach Einklang mit sich selbst und mit der Transzendenz ist mit Abhängigkeitsängsten und mit dem Gefühl verbunden, ausgeliefert zu sein. Nur unmittelbar nach einer Opferzeremonie, wenn Blut geflossen ist oder ein gemeinsames Ritualmahl eingenommen wurde, oder unmittelbar nachdem ein Verzicht zugunsten der Gottheiten geleistet wurde, kehrt für kurze Zeit ein Empfinden kosmischen Ausgleichs und sozialen Friedens ein. Die Kind-Seele fühlt sich dann vorübergehend sicher, bis das nächste unerklärliche Vorkommnis ihr Leben wieder in Unordnung bringt.

Das Transzendente und das Menschliche sind einander spiegelbildlich zugeordnet und stets unmittelbar aufeinander bezogen. Die Gottheit ist ein unbegreifliches Du, ein fremdes Objekt, das dennoch in gleicher Weise zu beurteilen ist wie das eigene Sein und Handeln und das der Mitmenschen im vertrauten Umfeld. Da nun die Kind-Seele die Bewältigung ihrer Angst und der von ihr dämonisierten Umwelt nicht immer aus eigener Kraft vollziehen kann, ist sie auf Vermittler zwischen ihrem Alltag und der Welt des Numinosen angewiesen. Eine solche Vorstellung wäre der Säugling-Seele vollkommen fremd, denn sie hat noch unmittelbaren, wenn auch unreflektiert-naiven Zugang zur belebten oder beseelten Natur. Zauberer, Magier, Priester, Schamanen, Häuptlinge, Heiler und Kräuterkundige, Alchimisten, Sterndeuter, Orakel und Geomanten sind es nunmehr, die zur Überbrückung der großen Entfremdung und zur Bewältigung der Angst notwendig sind.

Dadurch, dass er selbst zeitweilig sakrale Funktionen ausübt, gewinnt der Mensch mit einer Kind-Seele auch zum ersten Mal Autorität und spirituellen Einfluss über seine Mitmenschen, über alle, die fest an seine übernatürlichen Kräfte glauben, nämlich dann, wenn er selbst die Funktionen eines Priesters oder Medizinmanns ausübt und an sich selbst als erfolgreichen Vermittler glaubt. Im letzten Leben auf dieser sechsten Stufe kann die Kind-Seele das, was sie an religiös-spirituellen Zusammenhängen begriffen hat, auch einsetzen und anwenden, um andere zu entlasten und um sich selbst eine erhöhte Verantwortung, aber auch ein verstärktes Machtgebaren zuzuweisen: »Ich kann etwas, das andere nicht können! Ich bin in meiner priesterlichen Funktion oder in schamanischer Trance wie ein Gott, und dann wiederum bin ich ganz Mensch.« Eine Mittlerfunktion dieser Art wird von der späten Kind-Seele auf dieser Stufe mit großer Begeisterung übernommen und führt zu einer »priesterlichen« Verantwortlichkeit, die penibel und akribisch auf die Einhaltung der Vorschriften und Rituale, der Zeremonien und Anbetungsformen achtet, denn die Angst, etwas falsch zu machen, bleibt immer noch groß.

Individualität hat in diesem Zusammenhang lediglich den Stellenwert eines schlichten Ich-Bewusstseins gegenüber einem projizierten, vergöttlichten Du, das fremd und doch zugleich »genau wie ich« ist. Die Vorstellung, dass die Gottheit so ist wie man selbst, kann erst als Frucht einer zuvor bereits stattgefundenen rudimentären Individualisierung entwickelt werden. Die Gemeinschaft mit anderen Kind-Seelen oder den übrigen Menschen der unmittelbaren Umgebung hat hier lediglich eine Schutzfunktion, wann immer man der Gottheit gegenübertritt; denn das könnte allein viel zu gefährlich sein. Aber das, was dem Gott an Schicksalsmacht zugeschrieben wird, wirkt sich fast immer nur auf das Individuum aus. Das Individuum wird krank; das Individuum verliert Kind, Mutter oder Bruder; das Individuum erlebt, dass das Essen nicht ausreicht. Im Wesentlichen wirkt die ihm zugehörige Gemeinschaft in der zeremoniellen Vergesellschaftung als Schutzschild vor der Übermacht der Dämonen und Geister.

☞ *Im Grunde habt ihr jetzt eine Religionsgemeinschaft beschrieben. Ist die Kind-Seele auf der Stufe 6 zuständig für das Erschaffen eines Kultus für Kind-Seelen?*

Erst wenn die Kind-Seele erfahren hat, dass es Freund und Feind gibt, dass man hassen und lieben kann, ist es ihr möglich, solche Eigenschaften und Reaktionen auch der Götterwelt zuzuschreiben. Aber die Bereitschaft, eine zuvor noch unbekannte Gottheit zu entwerfen und sie funktional auszustatten mit einer Fantasie von dämonischen Kräften, Einflüssen und Fähigkeiten, entsteht erst durch Seelen auf der Stufe 6. So werden dann diese Symbolgestalten, Totems, Götzenbilder auch für andere Kind-Seelen und für ganze Gemeinschaften eine Funktion ausüben und ein Bedürfnis nach Anbindung an die Transzendenz stillen. Dadurch entsteht ein gruppenspezifischer Kultus.

Gehören zu dieser Entwicklung auch Menschenopfer? Wie steht es mit dem kulturellen Übergang vom Menschenopfer zum Tieropfer, wie man es an der biblischen Figur von Abraham beobachten kann?

Eine frühe Kind-Seele fühlt sich tief befriedigt, wenn sie ihrer Gottheit einen Feind als Menschenopfer darbringen kann. Ab der Stufe 6 dieses Zyklus verlagert sich jedoch das Bedürfnis, Blut fließen zu sehen und ein Menschenleben als Opfer darzubringen, im Wesentlichen auf das Haustier. Geopfert wird vieles, was der Nahrung dient, unmittelbar zur Befriedigung der Grundbedürfnisse vermisst werden wird, aber auch, was im Anschluss an die eigentliche Opferhandlung gemeinsam verzehrt werden kann. Die gemeinschaftsstiftenden Ritual- und Sättigungsmahle sind nicht mehr wie noch in den ersten Stadien der Kind-Seelen-Entwicklung von Vereinnahmungswünschen und Hass geprägt. Die Kind-Seele auf der dritten Stufe empfand eine tiefe Beruhigung und Befriedigung beim Verspeisen des fremden Stammesangehörigen oder bei der Opferung des Feindes in einer Blutzeremonie. Auf der sechsten Stufe der Kind-Seele stehen das spielerisch-ernste Umgehen mit der Opfergabe, das vereinende Mahl, der festliche Anlass im Zusammenhang mit den Besänftigungshandlungen im Vordergrund des Bedürfnisses, dem Göttlichen zu dienen.

Kind 7

Entfaltungsaufgabe: *Willenskraft erproben*
Motto: *Ich wende an, was ich gelernt habe*
Energien 2 + 7

Eine machtvolle Willensäußerung, die individuelle Willensbekundung, das Gefühl, einen eigenen Willen zu haben, der nicht selten den Bedürfnissen und Wünschen der Mitmenschen entgegensteht, kennzeichnet die neue Entdeckung dieser Entfaltungsstufe. Die Willenskraft zu erkunden, sie einzusetzen, um einen Sieg davonzutragen, mit ihr umgehen zu lernen oder sie einfach nur zu spüren als eine kraftvolle Möglichkeit, die jetzt zum ersten Mal in vollem Ausmaß zur Verfügung steht, das ist das Ziel der drei oder vier Leben auf dieser siebten Entfaltungsstufe der Kind-Seele.

Die wachsende Erfahrung, wie mit einer deutlich spürbaren und auch artikulierbaren Willenskraft umgegangen werden kann, bedingt, dass sämtliche Aspekte dieses Themas einbezogen werden. Das bedeutet auch, sich dem Willen eines anderen zu beugen, ihm zu Willen zu sein, seinen eigenen Willen zwar einzusetzen, aber dennoch nicht zu erreichen, was man gewollt hat. Rückschläge müssen eingesteckt werden, und auch ein Zuviel an Willenskraft, ohne die Einbeziehung der möglichen Konsequenzen, soll jetzt erforscht und ertragen werden. Die Kind-Seele auf der siebten Stufe ihrer Entfaltung spielt mit dieser Entdeckung: »Ich habe einen Willen.« Sie spielt mit allen Facetten und Möglichkeiten, die diese Neuentdeckung mit sich bringt. Sie will zuweilen nur, um zu wollen. Wie bei einem Jugendlichen in der frühen Pubertät besteht das Bedürfnis zunächst einmal darin, etwas anderes zu wollen als die anderen, um zu spüren, wie das ist. Es geht dabei weniger um Inhalte und fest definierte Absichten oder Ziele, sondern vornehmlich um die Erprobung, wie weit man kommen kann, wenn man einfach seinen Willen einsetzt. So geht auch die Kind-Seele vor. Die Möglichkeiten, mittels einer königlichen Kraft (Energie 7), die aus dem Solarplexus gespeist wird und sich mit einer intensiven mentalen Absicht verbindet, die Welt mitzugestalten, werden jetzt zu einem Aktionsfeld. Es bieten sich zahlreiche Erfahrungen, die niemals zuvor im Fokus der Seele gestanden haben.

Die Unerfahrenheit, die eine Kind-Seele auf der siebten Stufe zunächst einmal mit der Entdeckung ihres Willens verbindet, führt nicht selten zum Phänomen der Willkür. Unsicherheiten, die mit der neu zu entdeckenden Kraft in unmittelbarer Verbindung stehen, werden von der Kind-Seele überspielt. Das führt zu Handlungen und deren Konsequenzen, die aus der Distanz wie Willkürakte wirken – wie ein Elternteil, der seinem widerspenstigen Kind entgegensetzt: »Du machst das, weil ich es so will, und basta!« Ohne weitere Begründung ist auch die Erfahrung der eigenen Willkür im Passiven und Aktiven, im Handeln und im Ertragen der Folgen dieses Handelns notwendig, um bald darauf auf den Status und in die Energie der Jungen Seele überzuwechseln. Wille ohne Verantwortlichkeit führt zu Willkür. Die Verantwortlichkeit muss jedoch im Zusammenhang mit der Willenskraft erst einmal erlernt und erprobt werden. Zu wissen, dass beides zusammenwirken kann, steht als Endergebnis am Ende des letzten Lebens auf der siebten Entfaltungsstufe der Kind-Seele.

Es wird nicht schwerfallen, sich eine Kind-Seele auf der Stufe 7 als einen Willkürherrscher vorzustellen, als jemanden, der in kleineren oder größeren Lebenszusammenhängen seine neu entdeckte Potenz einsetzt, um wie ein außerhalb jeglicher Moralvorstellungen und Rechtszusammenhänge stehendes Wesen anderen Menschen seinen Willen aufzuzwingen, ohne dass diese begreifen können, welche Gründe und Gefühle, Absichten, Bedürfnisse oder Kontexte dahinterstehen. Denn

Gründe und logische Zusammenhänge für einen Akt der Willkür gibt es nicht wirklich, da er auf irrationalen Impulsen beruht. Ebenso muss eine Seele auf dieser Stufe die Willkür anderer Menschen ertragen lernen. Man muss sie jetzt erfahren und erleiden als Teil des Lernweges, und oft wird eine ganze Inkarnation der Erfahrung gewidmet, die Willensbekundungen eines Elternteils, eines Vorgesetzten oder eines Gewaltherrschers hinnehmen zu müssen – ohne Gegenwehr, weil diese das eigene Leben verwirken würde.

Die neu zu erforschende Willenskraft wird nun nach und nach so eingesetzt, dass sie die Möglichkeiten einer Kind-Seele unterstützt, sich als machtvolles Mitglied ihrer Gesellschaft zu begreifen. Die Individualisierung ist jetzt so weit fortgeschritten, dass eine Kind-Seele die Chance erhält, etwas zu wollen, das alle anderen nicht wollen, oder etwas zu wollen, das alle anderen auch wollen. Beide Erfahrungen sind jetzt von großer Tragweite, und sie machen sich bemerkbar im Familienleben, auf der gesellschaftlichen Ebene, im religiösen Bereich, im Rahmen von Gesundheit und Überlebenskampf. Auch in den Bereichen, die auf den Willen zu Wohlstand und Macht zielen, werden solche Mechanismen nunmehr tätig und vermögen der königlich (Energie 7) orientierten Kind-Seele ein befriedigendes Selbstgefühl von ihrer neuartigen Stärke zu vermitteln. Dass dies erst ein Anfang ist und diese Stärke sich im Laufe des Jungen Zyklus mit großer Nachhaltigkeit und viel Mühe weiter aufbauen und stabilisieren wird, bevor eine Seele sie dann im Reifen und Alten Zyklus der Seele wieder relativiert und reduziert, kann nur im Nachhinein oder von Menschen mit älteren Seelen erkannt werden. Die späte Kind-Seele will, weil sie will. Sie will, weil sie ihr Selbstgefühl an die Erreichbarkeit von Willenszielen knüpft. Ob diese Ziele vernünftig oder angemessen sind, spielt für sie zunächst einmal keine Rolle.

An der eigenen Willenskraft zu scheitern und ein neues

seelisches Wollen zuzulassen, das wird sich erst am Ende des Reifen Zyklus als wertvolle Erfahrung einstellen. Jetzt geht es vielmehr darum zu testen, ob ein anderer einen stärkeren Willen hat. Es geht um Herrschen und um Siegen, nicht in der Art des Kriegers (Energie 3), sondern mit einer königlich-selbstherrlichen Energie, die unerbittlich und tyrannisch wirken kann, ohne dass die Vorstellung einer Ethik, Moral oder Gesetzesbindung damit verknüpft werden muss. Die Kind-Seele kennt diese übergeordneten geistigen Bindungen an den Mitmenschen noch nicht aus eigener Erfahrung. Ihre Moral kommt von außen und wird ihr aufgezwungen, ohne dass sie einen Sinn darin erkennen kann. Ethik hingegen ist eine selbstständige, auf tiefer Eigen- und Fremdverantwortung beruhende innere Leistung der Reifen und Alten Seele. So kann die Kind-Seele auf Stufe 7 nicht anders, als zunächst einmal alle ihre Kräfte einzusetzen, um zu erreichen, was sie nun einmal will. Ein Scheitern ihrer Pläne ist ihr nicht sehr schmerzhaft. Sie empfindet das Prallen an die Wände des Widerstands oder die Zurückweisung ihres Willens als Teil der Übung und nicht als Niederlage.

Ein wesentliches Merkmal dieser Entfaltungsstufe 7 liegt jedoch in einem speziellen Teilaspekt des Willensthemas, und zwar in der neu geprägten Fähigkeit zu strafen. Strafe wird jetzt als Mittel des Stärkeren zur Beherrschung der Welt eingesetzt. Die Kind-Seele auf der siebten Stufe erleidet nicht selten Strafe. Aber viel häufiger noch lernt sie, unerbittlich und radikal zu strafen, wenn etwas ihrem Willen zuwiderläuft. Die Radikalität ist oft von einem den zugrunde liegenden Taten oder Haltungen unangemessenen Vergeltungsdenken geprägt. So werden kleine Vergehen mit dreißigjähriger Kerkerstrafe belegt; eine persönliche Kränkung, die einer Majestätsbeleidigung gleichzukommen scheint, wird mit Mord oder Tod bestraft und auch mit körperlichen Verstümmelungen. Die Augen werden geblendet oder ausgestochen, die Gliedmaßen werden abgehackt, die Zunge wird herausgerissen, oder das Vergehen eines Gegners, eines Feindes des eigenen Willens, wird mit dem Ausstoßen aus der Gesellschaft, einer Brandmarkung, einem Bannfluch oder der Ausgrenzung aus dem Rechtssystem geahndet. Die Willkür, die darin zum Vorschein kommt, wird jedoch von der Kind-Seele auf dieser Stufe keineswegs als solche empfunden. Die Ausübung des eigenen Willens bis zum letztendlichen Widerstand fühlt die Kind-Seele vielmehr als Lust und hohe Befriedigung. Sie verhält sich wie ein dominantes Kleinkind, das seine Eltern und die ganze Familie tyrannisiert. Handlungsweisen, die sie in den vorherigen Entwicklungsstadien noch nicht kennengelernt oder erfahren hat, verselbstständigen sich dadurch. Vieles, was noch niemals erfahren wurde, wird jetzt möglich.

Eine Kind-Seele mit einer königlich-starken Willenskraft (Energie 7) wird leitende Funktionen übernehmen, aber häufig nachdem sie, im Kleinen wie im Großen, die Macht an sich gerissen hat durch Thronraub, Putsch, Betrug, Rebellion, Mord. Häufig geschieht es im Lebenslauf einer Kind-Seele auf dieser Stufe, dass sie sich sehr plötzlich an die Spitze einer Bewegung katapultiert sieht und nun mit all ihrer Willenskraft versucht, das in dieser Situation enthaltene Potenzial zu nutzen. Sie gleicht darin einem Jugendlichen, der eine Bande anführt und diese Bande durch Strafaktionen nach außen zusammenschweißt und nach innen ein Willkürregiment führt, das strengen selbstgeschaffenen und ebenso willkürlich außer Kraft zu setzenden Regeln unterworfen ist. Initiationsriten werden abgehalten. Das Ausstoßen aus dem Bandenzusammenhalt, der einer identitätsstiftenden Sekte gleicht, wird von allen Beteiligten als Todesurteil verstanden, und häufig folgt auch alsbald die Verstümmelung oder Ermordung des Abtrünnigen, der sich nicht dem Gehorsam heischenden Willen des Anführers beugen wollte. Die beschriebenen Strukturen auf einen größeren seelischen Zusammenhang zu übertragen macht die Dynamik des Erlebens einer Kind-Seele auf der königlichen Stufe 7 anschaulich.

Selbstverständlich ist es auf dieser Stufe wichtig, den letzten Entfaltungsschritt am Ende der langen Reise durch die Erfahrungswelt einer Kind-Seele auch mit liebevollen und positiven Erlebnissen zu schmücken. Und so kann die Kind-Seele schließlich ihre Willenskraft auch zum Guten, zum Wohl des Ganzen und zum eigenen Wohl einsetzen. Sie ist keineswegs auf die Rolle eines Willkürherrschers, Tyrannen oder Anführers mit kriminellen Absichten beschränkt, sondern durchaus in der Lage, eine nun schon im Laufe mehrerer Jahrtausende langsam gewachsene Liebesfähigkeit so einzusetzen, dass sie im Rahmen der Großfamilie, im Rahmen einer Tätigkeit sozialer Prägung oder auch in kleineren gesellschaftspolitischen Zusammenhängen mit ihrer Willenskraft etwas Positives bewirkt, das allen zugutekommt.

Die Abschlussphase dieses zweiten Seelenalter-Zyklus gleicht einer großen Feier zum Ende der kindlichen Abhängigkeiten, der kindhaften Reaktionen, des Bedürfnisses, das Leben als Spiel aufzufassen und die Regeln für dieses Spiel selbst festzulegen. Die Feier der Seele am Ende dieser Kindheitsphase ist wie eine Art Bar-Mizwa oder Erstkommunion, die den rituellen Eintritt in die Welt des jungen Erwachsenen markiert, zugleich aber in einer Prüfung besteht, ob auch alles, was für die Bewältigung dieses Übergangs notwendig ist, fleißig gelernt worden ist. Und so wie der heranwachsende Knabe die entsprechenden Texte aus den heiligen Schriften auswendig kennen muss, ohne sie noch tiefer verstehen zu können, hat auch die Kind-Seele jetzt all das »intus«, was sie braucht, um sich demnächst den Herausforderungen im Zyklus der Jungen Seele zu stellen. Sie verfügt inzwischen über alle notwendigen Kenntnisse und Fertigkeiten. Obgleich sie noch nicht die Möglichkeit besitzt, die Tragweite dieser Fähigkeiten, Kenntnisse und Fertigkeiten zu überblicken, ist sie doch in der Lage, während der ersten Inkarnation als Junge Seele ihr Instrumentarium, ihre Werkzeugkiste mit all den darin enthaltenen Werkzeugen einzusetzen, um mit Schwung in eine neuem Existenzphase einzutreten, ganz wie ein junger Mensch, der nach Ende seiner Schulzeit nun bei einem Meister in die Lehre gehen wird.

Fragen und Antworten

Woran kann man Kind-Seelen heute in Deutschland und Zentraleuropa erkennen? Hat das etwas mit Intelligenz zu tun?

Seelenalter und Intelligenz sind nicht aneinander gekoppelt. Die Art der Intelligenz wird jedoch vom jeweiligen Entfaltungsanliegen geprägt. In Mitteleuropa gibt es genug Kind-Seelen, an denen ihr das, was wir darüber zu berichten haben, anschaulich machen und überprüfen könnt. Ihr findet sie in allen Gesellschaftsschichten; ihr findet sie in vielen Berufen. Ihr seht sie aufgrund der Schulpflicht in allen unteren Schulklassen. Die Intelligenz vieler Kind-Seelen befähigt sie durchaus, eine höhere Schule zu besuchen, falls es ihr Wunsch sein sollte. Meist ist es jedoch nicht so, und dies liegt nicht an einem Mangel an Intelligenz. Die mentalen Begabungen sind bei den Kind-Seelen genauso breit gestreut wie im übrigen Bevölkerungsanteil. Es liegt vielmehr daran, dass Kind-Seelen über wenig Durchhaltevermögen verfügen, keine Neigung verspüren, Verantwortung zu übernehmen, und kaum die Möglichkeit kennen, die Erfüllung ihrer Wünsche auf lange Zeit aufzuschieben. Sie vermögen nicht ohne Weiteres in die Zukunft zu investieren, denn Zukunft bedeutet ihnen wenig. Im Allgemeinen leben sie von heute auf morgen; schon das Übermorgen bereitet ihnen Schwierigkeiten, wenn es Lebensplanung, Geld sparen oder Vorräte anlegen betrifft.

Kind-Seelen brauchen Berufe, die keine wesentliche Eigenverantwortung oder persönliche Strategie erforderlich machen. Ihr findet sie also zum Beispiel in größeren Reinigungsunternehmen, in denen ein Chef die Planung macht und die betreffende Kind-Seele an einen Ort schickt, wo sie genau weiß, was sie tun und lassen darf, wann sie aufhören kann zu arbeiten, was ihre Aufgaben sind. Sofern ihr ein Vorgesetzter oder Arbeitgeber sagt, was ihre Pflichten sind, ist eine Kind-Seele zufrieden. Ob es sich nun um den Ausfahrer eines Pizzaservice handelt oder um einen Bäckereiangestellten, um einen Bauarbeiter oder einen Müllfahrer, einen Hilfsgärtner oder irgendeine Person, die Weisungen entgegennimmt und sie getreulich ausführt – solange keine eigene Initiative oder selbstständige Gestaltung von ihr verlangt wird, fühlt sich eine Kind-Seele in diesen Tätigkeiten oder Berufen ausgesprochen zufrieden, geborgen und wohl. Die Aufgaben dürfen nicht allzu komplex sein, das Berufsbild sollte nicht zu sehr auf Zukunft und Fernziele angelegt sein. Eine Kind-Seele möchte wissen, was ihre Tagesarbeit bewirkt und einbringt.

Die künstlerisch-schöpferische Neigung, über die jede Kind-Seele verfügt, drückt sich weniger im Berufsleben aus als in der Gestaltung der Freizeit – oder in den Bereichen, in denen sie ausdrücklich den Auftrag erhält und wo sie ein wenig Fantasie einbringen kann. Ein Zimmermädchen, das in einem Hotel die Handtücher besonders schön zusammenlegt oder aus ihnen sogar einen Hasen oder einen Schwan zaubert; ein Bäckergeselle, der eine neue Form erfindet, seine Semmeln zu gestalten, oder eine Gebäckform entwickelt, die es bislang noch nicht gab; ein Angestellter, der sein Wohlbefinden erhöht, indem er seine Büroecke ein wenig hübscher gestaltet, als es die anderen tun, ist damit durchaus zufrieden.

Im Allgemeinen aber beschränkt sich die Gestaltungslust auf das Zuhause, auf ein Hobby, auf die Möglichkeit, sich selbst zu gestalten, sich zu kleiden, zu frisieren oder ein Freizeitvergnügen anzustreben.

Wenn ihr einmal eine Menge erwachsener Kind-Seelen auf einmal betrachten wollt, geht in einen Freizeitpark, wo es viele Fahrgeschäfte, lustig verkleidete Figuren, allerlei Späße und Süßigkeiten gibt. Ihr werdet leuchtende Augen sehen, denn Kind-Seelen werden zutiefst beglückt durch spielerisches Vergnügen am Kindlichen, am Unbedarften, am Fröhlichen, am wenig Anspruchsvollen, was die Erzeugung von Komik und Heiterkeit betrifft. Des Weiteren seht ihr eine große Anzahl von Kind-Seelen bei volkstümlichen Musikveranstaltungen – also nicht bei Chanson-Abenden oder beim politischen Kabarett, sondern dort, wo die Witze krachen und die Musik die Zuhörer zu Tränen rührt oder Themen behandelt wie Heimat, erfüllte Liebe, Familie, kleine Kinder, Verlassenwerden. Die Liedtexte spiegeln das Bedürfnis der Kind-Seele wider und verwirklichen ihre Geborgenheitswünsche wenigstens in einer Sehnsuchtsform, da sie im realen Leben oft nicht erfüllt werden.

Ihr fragt uns nun: »Woran können wir eine Kind-Seele erkennen, zum Beispiel in einer Schulklasse?« Kind-Seelen sind besonders verspielt und arglos zutraulich. Sie lachen bei jedem kleinen Anlass. Sie sind zwar gewillt, die gestellten Aufgaben zu bewältigen, aber sie sind nicht ehrgeizig; sind nicht bemüht, durch Fleiß irgendwann später eine gute Note erreichen zu wollen. Sie sind sehr schnell abgelenkt, denn ihr Spieltrieb ist selbst mit zwölf oder vierzehn Jahren noch stark ausgeprägt. Kind-Seelen verlieren die Lust am Unterricht, wenn dieser geistig allzu fordernd wird. Doch nochmals: Das hat nichts mit ihrer Intelligenz zu tun! Bietet man hingegen einer Kind-Seele etwas Abwechslungsreiches, fröhlich Stimmendes oder Spielerisches an, ist sie lernfähig und lernbereit.

Sie kann gut auswendig lernen. Man kann ihr aber keine langen Unterrichtseinheiten zumuten. Die Ausstrahlung einer Kind-Seele in den ersten Schulklassen ist besonders herzig, sie wird stets versuchen, die Menschen durch ihre fröhliche Naivität für sich einzunehmen, denn darin besteht ihr Schutz vor Angriff, Vorwurf und Tadel. Man kann ihr kaum böse sein, denn sie blickt einen eventuellen Kritiker mit verblüfften und arglosen Augen an. Sie versteht den Grund für eine Strafe so selten, dass ein Mensch sich grausam und ungerecht vorkommt, sollte er die Strafe vollziehen. Mit anderen Worten, in der Schule kann eine Kind-Seele sich durch ihre entwaffnende Kindlichkeit, ihr fröhliches und verspieltes Gemüt durch viele Klassen und schwierige Situationen hindurchretten.

Das Merkmal dieser unschuldigen Handlungsweisen und verspielten, fröhlichen Ausdrucksformen erlaubt einer Kind-Seele, sich bis zum Abschluss der Realschule oder der Hauptschule durchaus angepasst und angenehm zu verhalten. Ein solcher Mensch ist von einer Hülle umgeben, die ihm einen Schutz bietet, denn der sogenannte Ernst des Lebens tritt erst mit der Notwendigkeit ein, eine regelmäßige Arbeit pünktlich auszuüben oder Geld zu verdienen. Nun wird immer deutlicher, dass eine Kind-Seele mit einer untergeordneten Tätigkeit zufrieden ist, selbst bei schulischer Eignung für Anspruchsvolleres. Sie sehnt sich nach einer gütigen Elternfigur, die als Vorgesetzter fungiert und Anweisungen gibt, die gehorsam befolgt werden können. Aber wie jedes Kind auch Phasen erlebt, in denen es auf Eltern, die etwas von ihm verlangen, zornig wird und sich wütend von ihnen abwendet, wird auch eine Kind-Seele, wenn sie an die Grenzen ihrer Belastbarkeit stößt, den Arbeitsplatz wechseln und einen neuen suchen, der ihren Strategien mehr entgegenkommt. Es ist also, um euch abschließend einige Erkennungszeichen zu geben, nicht der arglose Blick allein, sondern die ganze kindliche, rundliche, entwaffnende Ausstrahlung, an der ihr eine Kind-Seele erkennen könnt. Eine grundlose Fröhlichkeit und Sorglosigkeit einem Morgen oder einer Zukunft gegenüber sind charakteristisch. Für Politik interessiert sie sich nicht, ist aber von Populisten leicht verführbar. Die mangelnde Fähigkeit, mit Verpflichtungen und vor allem mit Geld umzugehen, ist ein Kennzeichen; Geld rinnt einer Kind-Seele durch die Finger. Sie ist auf unmittelbare Befriedigung ihrer Bedürfnisse angewiesen und kann nicht recht einsehen, wozu es gut sein soll, etwas auf die hohe Kante zu legen für ein Übermorgen, das sie sich nicht recht vorstellen kann.

Welchen energetischen Beitrag leistet eine Kind-Seele im Rahmen einer größeren Gemeinschaft?

Selbstverständlich leisten Kind-Seelen – wie alle Seelen – ihren unverzichtbaren und notwendigen Beitrag für jede Gesellschaft, in die hinein sie sich inkarnieren. Ältere Seelen profitieren auf ihre Weise durch die Bedürfnisse von Kind-Seelen nach beruflicher Verwirklichung in abhängigen Positionen ganz erheblich, indem sie von zeitraubenden, monotonen und anstrengenden Tätigkeiten entlastet werden. Kind-Seelen haben eine wesentliche Funktion in einer menschlichen Gemeinschaft, weil sie jene Arbeiten gern erledigen, zu denen andere sich nicht bereitfinden. Sie stellen auch eine große Herausforderung für Junge Seelen dar, die sich in ihrem ehrgeizigen Streben nach Erfolg automatisch mit ihnen vergleichen. Junge Seelen beziehen ihren inneren Drang nach vorn und wesentliche Entwicklungsimpulse aus der Verachtung von Kind-Seelen; dies ist ein Entfaltungsstadium, aus dem sie sich eilig lösen wollen, und die noch allzu nahen Erinnerungsbeispiele machen ihnen Angst. Eine Junge Seele will das Morgen und ihre Fernziele sehr fest ins Auge fassen. Daher ärgert sie sich in höchstem Maß über Menschen, die das anscheinend nicht für nötig halten. Dass sie es einfach nicht können, will einer Jungen Seele nicht einleuchten. Allein schon in dieser Hinsicht sind Kind-Seelen für Junge Seelen eine Herausforderung und ein starker Entwicklungsmotor.

Ein weiterer wesentlicher Beitrag von Kind-Seelen zum Energiepool einer Gesamtgesellschaft besteht darin, dass sie Schutzräume fordern und somit bei älteren Seelen eine Art Schutzreflex auslösen. Das gestattet ihnen, für Kind-Seelen zu sorgen, ihnen Einrichtungen oder Arbeitsplätze bereitzustellen, in denen sie sich sinnvoll und gut entwickeln können. Wir dürfen noch hinzufügen, dass Kind-Seelen oft sehr froh sind, wenn sie einmal arbeitslos werden und eine Zeit lang als Erwachsene ihr Leben einfach nur spielen dürfen, sofern sie mit dem Minimum versorgt werden. Diese Phasen geben ihnen Gelegenheit, sich existenziell geborgen zu fühlen und die Erfahrung zu machen, dass zumindest in Mitteleuropa ein Sozialstaat die Sorge für ihr Dasein übernimmt und sie noch eine Weile wie Kinder sein dürfen.

Wir möchten noch darauf hinweisen, dass Kind-Seelen in der Bewältigung ihres Alltags sehr gewitzt, schlau und geschickt sein können. Sie bekommen gern viele Kinder und sind ihnen liebevolle Eltern. Sie sind in der Lage, es sich gemütlich und schön zu machen in dem Sinne, wie sie es schön finden. Ihre Wohnräume sind voll von Puppen, Stofftieren und niedlichen kleinen Dingen. Sie entwickeln sehr viel Fantasie, um Nischen innerhalb der Gesellschaft für sich zu nutzen, und sind dabei nicht anspruchsvoll. Die Anzahl von Kind-Seelen in euren Lebensbereichen ist durchaus groß genug, um eine bedeutsame Komponente im Gesamtgefüge der Energien darzustellen.

Auf welche spezifischen Schwierigkeiten stoßen Kind-Seelen bei uns?

Die Schwierigkeiten, auf die Kind-Seelen in Mitteleuropa treffen, werden durch die Normen und Werte eurer Gesellschaften hervorgerufen, die inzwischen vorwiegend aus Jungen und Reifen Seelen bestehen. Bedürfnisse und Ansprüche dieser älteren Seelen nach Macht und Reichtum, nach Einfluss, Erfolg und Wohlergehen, nach Selbstausdruck und Verantwortlichkeit können von Kind-Seelen nicht erfüllt werden. Sie geraten dadurch, dass die Älteren in der Mehrzahl sind, gewissermaßen in ein randständiges Existenzfeld. Sie werden häufig belächelt, verachtet oder ausgegrenzt, in den Medien verhöhnt und angeprangert, als soziale Schmarotzer betrachtet oder als minderwertige Mitglieder der Gemeinschaft, da sie den allgemeinen Leistungserwartungen nicht entsprechen, dem Druck in vielen Berufen nicht standhalten, auf ihre Gesundheit wenig achten und nicht genügend Vorsorge in Bezug auf Krankheit und Alter betreiben. Das macht die älteren Seelen zornig, vorwurfsvoll und nachtragend, weil sie die seelisch Jüngeren mitfinanzieren müssen. Es gibt aber eine Art Fürsorgepflicht der Älteren für die Jüngeren, die ihnen zwar Ärger bereiten mag, sie gleichzeitig aber von ihren oft allzu selbstbezogenen Zielen fortführt und sie zwingt, für Säugling- und Kind-Seelen Verantwortung zu übernehmen, die es selbst noch nicht vermögen.

Wir haben gehört, dass Kind-Seelen sich in großer Zahl in bestimmten Gegenden der Erde inkarnieren. Welche Motivation haben sie, hier in Mitteleuropa als Minderheit geboren zu werden?

Es ist ebendiese Möglichkeit, eine Minderheit zu sein. Wir sprechen von älteren Kind-Seelen, die sich gern in die Geborgenheit eines Sozialstaats hineinbegeben. Diese Versorgung entlastet eine Kind-Seele von den Ängsten, die eine ungesicherte Existenz hervorbringt. Wir können es mit einem Vergleich beschreiben: Eine jüngere Kind-Seele in Ländern, die keinerlei staatlich-soziales Netz aufweisen, wo jeder auf die Unterstützung von Verwandten oder aufs Betteln angewiesen ist, sich selbst nicht angemessen erhalten kann, gleicht dem Zustand eines verlassenen Waisenkindes, eines herumirrenden Straßenkindes. Eine ältere Kind-Seele, die Sozialhilfe, eine Wohnung, Obdach, eine Suppenküche, ärztliche Betreuung oder andere Hilfen erfährt, kann sich nachhaltiger entfalten, weil ein großer Teil der elementaren Existenzangst wegfällt, eine Angst, die in den frühen Stadien zwar zu einer zunehmenden Selbstständigkeit führt, aber in späteren Stadien nicht nur als hilfreich gewertet werden kann. Ein Kind, das weiß, »Meine Eltern versorgen mich«, entwickelt sich zu mehr Freiheit und Liebesfähigkeit als ein Waisenkind, das sich mit letzter Kraft und entsprechender Härte und Brutalität durchs Leben schlagen muss.

Gibt es Seelenalter-typische psychische und körperliche Erkrankungen bei Kind-Seelen? Wie kann ihre Behandlung aussehen im Hinblick auf das, was bei uns sozusagen als »normal« in Bezug auf Krankheit und Gesundheit zu werten ist?

Kind-Seelen sind nicht häufig krank. Sie verfügen – so wie ein gesundes Kind – über Ressourcen, über ein kräftiges Immunsystem und eine innere Stabilität, die ihnen erlauben, selbst unter schwierigen Umständen, bei Mangelernährung oder unhygienischen Wohnverhältnissen, gesund zu bleiben.

Aber selbstverständlich haben auch Menschen mit Kind-Seele Krankheiten. Diese fallen dadurch auf, dass sie besonders deutlich zu sehen sind: heftige Ekzeme oder schwere Sehbehinderungen, Rachitis, Spätfolgen von Kinderkrankheiten. Es sind vor allem Behinderungen, die offensichtlich hilflos machen. Sie bewirken, dass eine Kind-Seele die Hilfe, Unterstützung und Existenzsicherung anderer Menschen braucht und annehmen muss und meist auch erhält. Dazu gehören auch manchmal schwere Hörschädigungen (Taubstummheit) und Geburtsschäden, also Phänomene, die nicht schnell zu kurieren sind und jedem Außenstehenden ein deutliches Signal vermitteln: Hier ist Hilfe nötig! Wenn Kind-Seelen erkranken, handelt es sich häufig um Zustände, die beim Behandelnden oder beim Betrachtenden als erste Reaktion ein gewisses Mitgefühl auslösen, also weniger den Impuls, helfend oder heilend einzugreifen. Kind-Seelen sind auf Mitgefühl angewiesen. Und wenn sie sich anders nicht zu helfen oder zu schützen wissen, werden Pathologien entwickelt, die Anteilnahme erregen, zum Beispiel Verstümmelungen und Lähmungen durch Unfälle oder Hautkrankheiten, die nach außen stark sichtbar sind, zum Beispiel Vitiligo (Weißfleckenkrankheit).

Psychische Krankheiten hingegen manifestieren sich allenfalls in schweren, oft unerklärlichen Phobien vor Tieren, vor Feuer, vor Eingeschlossenwerden. Diese Phobien sind eher medikamentös zu mildern, als psychotherapeutisch zu behandeln, obgleich bei Jungen und Reifen Seelen therapeutische Erfolge bei Phobien durchaus nachhaltig wirken können.

Eine Kind-Seele kann sich selbst kaum spüren und in keiner Weise reflektieren. Eine solche Gestimmtheit versetzt sie nicht in die Lage, überhaupt zu erkennen, dass eine panische Angst vor Hunden, vor Flugzeugen oder vor Feuer nicht angemessen ist. Sie wundert sich zwar, warum andere Menschen in solchen Fällen nicht zu schreien anfangen, aber sie empfindet nicht das Bedürfnis nach Entlastung, Änderung oder Heilung, weil das Krankheitsempfinden nicht ausgeprägt ist. Dieses ist immer auch damit verbunden, dass eine Vorstellung von einem nicht kranken Zustand überhaupt im Bewusstsein entwickelt werden kann. Doch da eine solche Phobie meist von Kindertagen an bestand und als nahezu unverzichtbarer Teil der eigenen Selbstwahrnehmung betrachtet wird, gibt es auch wenig Anlass, Hilfe zu suchen.

Können magische Techniken bei Erkrankungen der Kind-Seele hilfreich sein?

Eine Kind-Seele fühlt sich nicht selten besetzt, besessen oder von bösen Einflüssen, Flüchen und Geistern verfolgt. Dieser elementaren Befürchtung durch einen Abwehrzauber, durch magische Präventionen, durch ein gewisses Ausmaß von Okkultismus zu begegnen ist eine der wenigen Möglichkeiten, die Kind-Seele wenigstens vorübergehend von ihren Ängsten zu befreien. Sie glaubt an die Macht von Amuletten und Zaubersprüchen, an die Möglichkeit, jemanden zu verfluchen oder von einem Fluch zu befreien. Die Vorstellung, dass Dämonen, Tote und Geister in einen Menschen einfahren können, um ihn von innen her zu schädigen und zu beherrschen, ist nicht zu unterschätzen. Ein festes elternartiges Auftreten, das die verängstigte Kind-Seele mit einem Schutzschirm umgibt, kann eine solche existenzielle Bedrohung mildern. Die Kind-Seele liebt Rituale und ist auch gern anwesend, wenn anderen Menschen die bösen Geister ausgetrieben werden. Ob dies nun mit religiösen, magischen oder esoterischen Praktiken geschieht, ist eher unwichtig. Sie will bei allem unmittelbare Erfolge erleben und liebt Sensationen wie Spontanheilungen.

Wenn also eine Gemeinschaft von Priestern, Sektenführern, Magiern oder Zauberern regelmäßig Zusammenkünfte veranstaltet, in denen Reinigungszeremonien kollektiver Art stattfinden, so ist die Kind-Seele schnell dabei und fühlt sich im Anschluss an die Zeremonie erleichtert und von schädlichen Einflüssen befreit. Nur wird sie erleben, dass eine ständige Wiederholung solcher Vorgänge für sie notwendig wird, da es ihrem Weltbild entspricht, immer aufs Neue von rachsüchtigen Ahnen, Geistern und Dämonen heimgesucht zu werden. In euren mitteleuropäischen Gefilden ist das Phänomen nach außen hin in seinem Erscheinungsbild gemildert, man begegnet ihm durch magische Zeichen auf der Brust, Heiligenbildchen im Portemonnaie oder Amuletten am Rückspiegel des Autos. Kind-Seelen unternehmen gern Wallfahrten, auf denen viel gebetet und gesungen wird, oder sie stiften etwas Wertvolles für ihr Seelenheil. Auch bei euch gibt es viele Menschen wie in Afrika oder Brasilien, die sich magisch geschädigt und verfolgt fühlen, die Angst haben, über einen Friedhof zu gehen, die keine Leichen sehen wollen, die andererseits bei jedem Verkehrsunfall gaffend herumstehen, um Blut fließen zu sehen. Kind-Seelen treten auch Geheimbünden und Sekten bei, die eine dauerhafte Sündenbefreiung und kultische Reinigung versprechen, doch nur bei strengster Einhaltung aller Vorschriften. Und es gibt eine Anzahl von Kind-Seelen, die mit großem Vergnügen und Nachdruck Folterspiele bis hin zu satanischen Praktiken durchführen, um ihre tiefsten inneren Bedürfnisse nach Formgebung und Konkretisierung des Bösen zu erfüllen.

Bitte sprecht über den Aspekt von Gewalt und Grausamkeit bei der Kind-Seele.

Von ihrem Selbstverständnis aus betrachtet, kennt die Kind-Seele weder Gewalt noch Grausamkeit. Was sie tut, empfindet sich nicht als böse. Was sie bewirkt, betrachtet sie nicht als gewalttätig. Wenn sie sich wehrt, andere schlägt, straft oder schädigt, empfindet sie das als ihr gutes Recht und spürt eher einen Ausgleich der Energien als ein Vergehen, ein Verbrechen oder eine Sünde. Wenn sie sich aus der Perspektive älterer Seelen grausam verhält, empfindet die Kind-Seele Befriedigung und Entlastung ihrer aufgestauten Bedürfnisse und ihrer Triebe. Eine dauerhafte Schädigung derer, die diese Grausamkeiten erleiden müssen, zieht sie kaum in Betracht. Das liegt daran, dass eine Kind-Seele nur zu einem Minimum an Empathie in der Lage ist. Empathie als Mitgefühl mit dem Leiden eines anderen oder überhaupt die Vorstellung, dass ein Mitmensch Gefühle haben könnte, die sich möglicherweise von denen der betreffenden Kind-Seele unterscheiden, ist diesem Stadium der Entfaltung noch weitestgehend fremd. Es taucht in Anfängen im engsten Familienzusammenhang auf. Doch auch hier ist zu beobachten, dass Eltern ihre Kinder misshandeln – auch zuweilen Kinder ihre Eltern –, ganz ohne Mitgefühl oder ein belastetes Gewissen oder das Bewusstsein von Grausamkeit oder Schädigung zu entwickeln.

Eine Kind-Seele ist, wie wir bereits sagten, nicht in der Lage, sich vorzustellen, dass eine Misshandlung Spätfolgen haben wird, nicht nur unmittelbare blaue Flecken oder Unterernährung oder Tränen und Zittern, sondern dass eine grausame Handlung einen Menschen fürs Leben schädigt. Die Fähigkeit der Kind-Seele, in die Zukunft zu denken und zu fühlen, ist auch in dieser Hinsicht noch nicht ausgebildet. Alles geschieht aus dem Moment für den Moment. Ein Um-sich-Schlagen bei Ärger wird als Triebabfuhr empfunden und führt zu großer Entlastung. Dass ein anderer darunter leiden könnte, wird nicht weiter registriert. Man möchte in diesem Stadium sogar den anderen leiden sehen und schreien hören, aber nicht in erster Linie, um eine Veränderung zu bewirken, sondern um eine unmittelbare Befriedigung zu erleben. Dies gilt für Soldaten, die Kriegsverbrechen begehen, für Krankenpfleger, die alte Menschen vernachlässigen und quälen, für Jugendliche, die Kameraden bedrängen, mobben und zusammenschlagen, auch für Menschen, die sich einen Spaß daraus machen, Tiere zu quälen, weil sie nur das unmittelbar Anschauliche erleben und den Schmerz, den das andere Wesen empfindet, nicht nachfühlen können. Quälerei wird als Spiel betrachtet.

Kind-Seelen sind weder in positiver noch in negativer Weise berechnend. Sie planen nicht und schaffen keine institutionalisierten Grausamkeiten. Sie schießen, weil ihnen das Schießen Spaß macht. Sie lachen vergnügt, wenn sie jemanden zum Schreien, Stöhnen oder Weinen gebracht haben. Die Vorstellung, dass es sich dabei um verrohte oder abgestumpfte Gefühle handelt, geht von der Geisteshaltung älterer Seelen aus, die tatsächlich nur dann so handeln könnten, wenn ihre Gefühle durch erlittene Pein abgestumpft wären und jemand sie so geschädigt hätte, dass sie sich für erlittene Qualen rächen müssten. Aber eine Kind-Seele hat eine vollständig andere Motivation, um ihre Taten zu begehen und zu rechtfertigen. Von Abstumpfung der Gefühle kann in keiner Weise gesprochen werden. Eher werden Gefühle erst dadurch erzeugt, dass der eine dem anderen etwas antut. In dieser Spiegelung wird eine gewisse Resonanz wirksam, die jedoch noch nicht als wahre Empathie bezeichnet werden kann.

Nehmen wir das Beispiel von Kindersoldaten. Diese werden oft unter grausamsten Bedingungen in den Dienst von Rebellenarmeen gezwungen. Die Kind-Seelen sind meist auf der Seite der Kommandeure zu finden, nicht bei den kleinen Soldaten selbst, die in beliebiger Weise aus ihren Dörfern verschleppt und in diese Fron gezwungen werden. Die Kindersoldaten schießen nicht, weil sie Lust daran empfinden, sondern weil sie Angst haben. Sie quälen nicht, weil sie Freude daran haben, sondern weil sie ihre Traumatisierung dadurch kompensieren und ausagieren können. Die Erwachsenen mit Kind-Seele sind diejenigen, die sie dazu zwingen.

Und nach einer gewissen Zeit verselbstständigt sich die grausame Handlungsweise zu einer verrohten Gewohnheit, weil es keine anderen Vorbilder mehr gibt. Aber die Kindersoldaten selbst sind, was das Seelenalter betrifft, genauso gemischt wie in allen übrigen großen Gruppierungen.

Bitte nennt uns bekannte Persönlichkeiten mit Kind-Seele. Gehört Robert Mugabe, der Präsident von Simbabwe, dazu?

Kind-Seelen werden normalerweise nicht international bekannt. Sie haben weder die Möglichkeit, langfristige Perspektiven zu entwickeln noch einen gezielten Plan zu verfolgen. Sollten sie vorübergehend eine Machtposition einnehmen, können sie sich dort im Allgemeinen nicht so lange halten, dass ihr Name in der westlichen Presse auftaucht und euch bekannt wird. Ihre gesamte Struktur ist nicht auf Nachhaltigkeit angelegt, sondern auf den schnellen Wechsel von Verhaltensweisen und Befindlichkeiten. Deshalb ist es kaum möglich, den Namen einer Kind-Seele zu nennen, die eine gewisse Berühmtheit oder einen berüchtigten Ruf erworben hat.

Ihr fragt nach Robert Mugabe aus Simbabwe. Es handelt sich bei ihm nicht um eine Kind-Seele, sondern um eine starrsinnige (Energie 4) Junge Seele, die ihrerseits als eine unhinterfragte Elternfigur für eine große Anzahl von Kind-Seelen in der Bevölkerung Simbabwes fungiert. Ähnlich wie wir bereits sagten, dass die Befehlshaber einer Armee von Kindern die eigentlichen Kind-Seelen sind, ist auch Mugabe, im umgekehrten Fall, die Elternfigur, bei der viele Kind-Seelen, allein durch sein autoritäres Auftreten, einen scheinbaren Schutz finden. Er erzählt ihnen Geschichten und Märchen, durch die sie sich sicher wähnen. Er sagt ihnen: »Bei mir geht es euch gut. Ich bin unsterblich.« Und er sagt es ihnen so lange und so oft, bis sie es ihm glauben. Da die Kind-Seelen in Simbabwe zahlreich vorhanden sind, ist nach der Unabhängigkeit auch die Wirtschaft zusammengebrochen, denn eine Kind-Seele kann keine Farm führen, kann nicht an die nächste Ernte denken. Sie will heute etwas zu essen haben, und wenn es nichts gibt, weiß sie nicht mehr, was sie tun soll.

Kind-Seelen bleiben gesellschaftlich in einer gewissen Anonymität. Sie gehen im gesellschaftlichen Gesamtzusammenhang in gewisser Weise unter, gerade weil sie sich nicht hervortun können. Sie kommen weder in dauerhafte Führungspositionen, die ja eine gewisse Zielsetzung und auch Ausdauer erforderlich machen, noch sind sie unter den großen Verbrechern oder Künstlern zu finden. Sie verbleiben in einer vorläufigen Position, in einer Wartestellung. Erst im Stadium der Jungen Seele werden Zielsetzung und Ehrgeiz, Ausdauer und eine Vorstellung von einer Zukunft so mächtig, dass ein Mensch auch im sozialen oder politischen Kontext auf etwas hinstreben, es erreichen und längere Zeit halten kann.

Wir möchten etwas zur Sexualität der Kind-Seele hören.

Eine Säugling-Seele übt ihre Sexualität ohne emotionale Beteiligung aus; sie registriert nichts weiter als einen kurzfristigen körperlichen Gewinn an Lust. Sie macht sich weder Gedanken über die Gründe noch über die Folgen; sie geht vollkommen triebhaft und ohne Reflexion mit ihren körperlichen Bedürfnissen um. Wir sagten seinerzeit, dass bei der Säugling-Seele die Partnerwahl beliebig ist, denn der Sexual- oder Ehepartner wird nicht als Ergänzung oder als ein Du begriffen, sondern dient nur der Befriedigung des Triebs und des Verlangens. Daher kann man in den ersten Stadien der seelischen Entwicklung beim Menschen eine entsprechende Promiskuität ohne Lüsternheit beobachten.

Die Kind-Seele aber erlebt ihre Sexualität und die ihrer Mitmenschen bereits als einen Reiz und als ein Spiel, als ein Hin und Her der Begehrlichkeiten. Sie ist in der Lage, den anderen, den Partner, dabei ein wenig ins Visier zu nehmen. Er ist nicht mehr beliebig. Sexualität wird mit einer kindlichen Freude am Körperempfinden und an deren Folgen ausgeübt, denn das Zeugen von Kindern ist jetzt Teil des Lustgewinns. Es ist auch eine beginnende Bindungsbereitschaft zu beobachten. Die Nachkommenschaft und die damit verbundene »Brutpflege« werden nunmehr als eine Folge der Tatsache begriffen, dass zwei Menschen sich für eine gewisse Zeitspanne zusammengetan haben.

Da im Zyklus der Säugling-Seele die Ehe oder eheähnliche Verhältnisse keine Rolle spielen oder nur im Rahmen einer gesellschaftlichen Ordnung, zum Beispiel als ein Verheiratetwerden, nicht aber als Neigung und Verpflichtung im Empfinden erscheint, werden die Partner von der Familie oder dem Clan-Chef nahezu beliebig oder aus praktischen Erwägungen zusammengeführt. Für eine Kind-Seele hingegen spielt die aktive Partnerwahl bereits eine Rolle, wenn sie auch aus den beschriebenen Gründen oft nicht länger als eine gewisse Zeitspanne mit einem Partner zusammenbleibt, weil sie ja über nichtkörperliche Ausdauer und die Fähigkeit zur Zukunftsplanung noch nicht hinreichend verfügt. Aber die Kind-Seele ist in der Lage, mit einer Frau oder einem Mann ein gewisses Ausmaß an Lust, an Zugehörigkeit, an Liebe und auch an Hass zu empfinden. Sie ist weiterhin bereit, sich verheiraten oder verkuppeln zu lassen; aber wenn die soziale Struktur oder offizielle Verbindung nicht hält, was sie versprochen hat, dann wechselt eine Kind-Seele schnell und leicht, ohne Bedauern und auch ohne Schuldgefühle ihre Partner, ohne zugleich das einmal geknüpfte gesetzliche oder soziale Band der Ehe zu lösen. Stirbt einer der Partner, dauert die Trauer nicht lange.

Zahlreiche Kinder werden in die Welt gesetzt, weil die Kind-Seele sich noch nicht recht vorstellen kann, dass sie für einen Sprössling auch in fünfzehn oder zwanzig Jahren noch sorgen müsste oder dass Elternliebe auch über die Brutpflegephase hinaus andauern kann. Sie erlebt dies zwar im Laufe der seelischen Entfaltung immer öfter, aber es will ihr nicht recht in den Kopf. So werden die Kinder leicht losgelassen, und auch diese lösen sich entsprechend leicht von ihren Eltern, selbst wenn sie keine Kind-Seele haben. Eltern und Kinder stellen wechselseitig nicht den Anspruch auf dauerhafte emotionale Innigkeit oder Verantwortlichkeit, sondern sie verstehen, auch wenn die Kinder ältere Seelen besitzen, Familie und Abkunft eher als ein schicksalhaftes Hervorgehen mit Bedeutung und Verpflichtung, nicht aber als einen Aufruf zu einer lebenslangen, gegenseitigen liebevollen Versorgung, Auseinandersetzung oder Achtung. Auf der Basis dieser Gegebenheiten werden später von Jungen Seelen Gebote und Gesetze entwickelt, die auch für Kind-Seelen eine verpflichtende gesellschaftlich sanktionierte Idee von Partner- und Elternliebe einführen.

Die Kind-Seele, ganz gleich ob männlich oder weiblich, begehrt Mann oder Weib des Nachbarn als eine Selbstverständlichkeit. Dass ihr von älteren Seelen gesetzliche oder religiöse Schranken vorgesetzt werden, trifft bei der Kind-Seele auf ein gewisses Unverständnis. Sie wird daher ohne Schuldgefühle diese gesellschaftlichen Tabus brechen, es sei denn, dies ist mit schweren Strafen belegt. Angst wird sie dann davon abhalten. Da die Bindung an einen Sexualpartner nicht von starken Emotionen geprägt ist und der andere im Wesentlichen dem Lustgewinn dienlich gemacht wird, steht auch dieser Lustgewinn im Vordergrund des Bemühens. Alles, was dazu beitragen kann, seien es sadistische Praktiken, Pornografie oder missbräuchliche Übergriffe wie Satanismus, wird als ein gutes Recht und als eine Selbstverständlichkeit betrachtet, da auch – wie wir berichteten – die Fähigkeit zur Empathie für ein daraus resultierendes Leid eines anderen noch nicht entwickelt ist. Gesucht wird, was erregt und befriedigt.

Wir möchten noch einmal daran erinnern, dass eine Kind-Seele weniger die emotionale Bindung an Blutsverwandte braucht, sondern eher einen Gefühlshalt und eine Identität durch Abkunft, Herkunft, Heimat und ethnische Verbundenheit. Ehe als Institution besänftigt die Angst vor alltäglicher Verlorenheit und bindet in die Gemeinschaft ein. Wenn wir davon gesprochen haben, dass eine Kind-Seele auf der dritten Stufe glühenden Hass und glühende Liebe kennenlernt, so handelt es sich dabei nicht um die fein differenzierten Gestaltungen dieser Emotionen, wie sie Reife und Alte Seelen kennen, sondern vielmehr um ein erstes Abtasten und Unterscheiden dieser überwältigenden, auch hormonell nicht ohne Folgen bleibenden Gefühlsstürme. Es wird nunmehr sowohl in der Partnerschaft als auch in der Eltern- und Kindbeziehung unterschieden zwischen »Du gehörst zu mir, deshalb liebe ich dich, und daran lerne ich, was Liebe sein kann« oder »Du gehörst nicht zu mir, ich verstoße dich, ich hasse dich, und daran lerne ich, was Hass bedeuten kann«. Es handelt sich um eine Grundsteinlegung, um die Basis eines Fühlens, das zum ersten Mal im Laufe der seelischen Entfaltung tatsächlich über die Triebhaftigkeit einer sexuellen Anziehungskraft oder eines Eltern- und Pflegetriebs hinausgeht. Die späte Kind-Seele kann dann auch ein Kind lieben, das ihr ein wenig fremd erscheint, aufsässig ist oder den Erwartungen nicht im vollen Maß entspricht. Jetzt kann ein Vater geehrt und verehrt werden, obwohl er selten anwesend ist oder streng straft. Die Empfindungen, die eine Kind-Seele nach und nach für ihre unmittelbaren Verwandten, Freunde und Kameraden entwickelt, gehen immer mehr über die körperlich-triebhafte Bindung zwischen Primaten hinaus.

Ihr habt über Kind-Seelen als Minderheit in Mitteleuropa gesprochen. Wir würden gern auch noch von Ländern hören, in denen Kind-Seelen die Mehrheit darstellen. Was macht solche Gesellschaften aus?

Nationen, die mehrheitlich aus Kind-Seelen gebildet sind, zeigen ein relativ großes Ausmaß an Unselbstständigkeit und Hilflosigkeit, verbunden mit einer für ältere Seelen seltsam und manchmal sogar angenehm anmutenden, beneidenswerten Sorglosigkeit, was die Zukunft, die Vorsorge, die Strukturierung in größeren Verbänden betrifft. Wer um seinen Arbeitsplatz bangt, für die Rente spart oder alle möglichen Versicherungen abgeschlossen hat, ist zuweilen fasziniert von Menschen, die einfach in den Tag hineinleben, besonders wenn sie einer fremden Kultur entstammen.

Kind-Seelen sind noch in ihrem Familien- oder Stammeszusammenhalt geborgen. Eine Gemeinschaft besteht daher aus einer großen Anzahl von einzelnen Verbänden, die meist nicht über fünfzig oder hundert Personen hinausgehen. Diese Großfamilien haben nun jeweils recht eigenständige Interessen, die häufig in Konflikt mit denen der anderen geraten. Bei Auseinandersetzungen geht es vor allem um Nahrungserwerb, um Tabuverletzungen, Diebstahl und andere Delikte, um das Überleben oder die Abgrenzung zum nächsten Familienverband. Es besteht ein starkes Unterscheiden zwischen »uns« und »euch«. Das Wir und das Ihr schafft Grenzen, die selten überschritten werden können, und wenn, dann stellen sie häufig ein Vergehen dar. Materielle Bedingungen oder Standesunterschiede spielen eine untergeordnete Rolle.

Eine solche Gesellschaft benötigt, um ein Staatswesen oder eine Nation zu formen – um die widerstrebenden Interessen der vielen einzelnen Kleingruppen zusammenzufügen oder um die vorhandenen Konflikte zum eigenen Vorteil zu nutzen –, eine sehr starke, um nicht zu sagen brutale feste Hand.

Eine gute Regierung wird Kind-Seelen eine Möglichkeit der Identifikation mit einer übergeordneten Gemeinschaft anbieten, die sie jedoch im Grunde genommen noch kaum annehmen oder wahrnehmen können. Ist der Staatschef »einer von uns«, werden gewisse Vorteile erkannt, ist er »einer von denen«, regiert die Angst. Gesetze müssen den Kind-Seelen aufgezwungen werden, ihren übergeordneten Sinn vermögen sie kaum zu erkennen. Nur eine Kontrolle, die auf ältere Seelen in höchstem Maß autoritär, willkürlich und gewaltsam wirkt, kann ein Volk zusammenhalten, das vorwiegend aus Kind-Seelen besteht, und eine wirtschaftliche Basis schaffen oder eine politische Meinungsbildung hervorrufen. Letztere beruht vorwiegend auf Wahlversprechen; sie besteht vor allem auch aus materiellen Geschenken (Geld, Posten, Land) oder aus der Androhung von Not und Tod, sollten die herrschenden Machthaber nicht wiedergewählt werden. In solchen Ländern halten sich Potentaten oft sehr lange, weil sie angemessene und passende Handhabungen für den Machterhalt gefunden haben.

Fast alle Kind-Seelen-Staaten werden von Jungen Seelen regiert, weil erst in diesem dritten Seelenzyklus der aktive Wunsch nach Ruhm und Reichtum besteht. Es gibt aber auch eine Reihe von Nationen, in denen aufgrund eines immer erneuerbaren Bedürfnisses nach einer festen Hand häufig geputscht wird und die Bewohner dauernd Machtwechsel verkraften müssen. Das führt zu einer großen Verunsicherung und resignierten Lethargie, weil man nie weiß, was als Nächstes droht. Die Kind-Seele kennt keinen deutlichen Unterschied zwischen den verschiedenen Regierungen oder einem Diktator und dem nächsten. Für ihren Alltag verändert sich nicht viel. Sie hat einmal mehr und einmal weniger zu essen oder zu rauchen, es herrscht einmal mehr oder einmal weniger Gewalt, und damit ist der Unterschied im Wesentlichen bereits beschrieben. Sie macht die Erfahrung, dass es ihr mehr oder weniger gleich geht und gleich zumute ist, wer auch immer regiert: »Lasst die da oben ruhig machen, wir haben darauf ohnehin keinen Einfluss. Aber wir können Geschenke entgegennehmen, wir können jubeln, können uns auf die eine oder andere Seite schlagen. Wir können glühend den einen lieben, dessen Foto überall hängt, oder denjenigen glühend hassen, der ihn abzusetzen versucht. Wer davon gerade an der Spitze ist, ist dabei gleichgültig.«

Ein Volk, das vorwiegend aus Kind-Seelen besteht, bringt eine große Anzahl höchst geschickter und fantasievoller Handwerker und Kunsthandwerker hervor. Abgesehen von der notwendigen Landwirtschaft ist ein Großteil der Bevölkerung mit der Herstellung traditioneller Kunstformen und handwerklich ausgereifter Gegenstände befasst. Andere Bereiche stehen dabei im Hintergrund. Vieles bleibt undifferenziert; es gibt nur eine begrenzte Anzahl von Berufen, von Kochrezepten und auch von Verhaltensnormen. Verästelung ist zwar bis zu einem gewissen Grad erreichbar, aber darüber hinaus führt sie zu einer kulturellen und geistigen Verwirrung. Es handelt sich dabei fast immer um Kulturen, die sehr viele und unterschiedliche Gegenstände von reizvoller Schönheit erschaffen, obgleich man sich dabei auf überkommene Traditionen berufen wird und oft über Jahrhunderte die gleichen Grundformen benutzt, die nur im Detail ein wenig verändert und neu geschmückt werden. So kann die Kind-Seele eine Götterstatue immer unzweifelhaft als die Darstellung einer bestimmten Gottheit erkennen, und so weiß jeder, wie ein Dachfirst, ein Kleidungsstück oder ein Grabstein auszusehen hat. Das ist notwendig, um die Identität der Objekte zu wahren.

In diesen Ländern und Nationen ist das Geldwesen noch nicht in das abstrakte Stadium eingetreten. Tauschhandel wird dem Gelderwerb und dem Bankkonto bei Weitem vorgezogen, denn Tauschhandel schafft Verbindungen, und eine

Kreditkarte würde eher trennen, als Beziehung herzustellen. Gegenstände wie ein Haus, eine Kuh oder einen Goldreif kann man sehen, bewundern, beneiden. Geld bedeutet vor allem ein Mittel zur Befriedigung unmittelbarer Bedürfnisse. Damit wird eine Schachtel Zigaretten erworben, Alkohol oder Essen. Dem Priester oder Schamanen wird eine gewisse Summe gespendet, oder man erwirbt Opfergaben, die der Besänftigung des Bedrohlichen und der Sicherung des Besitzes dienen. Ein Ansparen im Namen einer Zukunftsvorsorge trifft, wie bereits gesagt, meist auf Unverständnis. Es geht zwar bisweilen darum, eine gewisse Summe als Grundstock zurückzulegen, um ein Haus zu bauen, eine Kuh zu kaufen oder Saatgut, aber die Geldscheine sind wie gewonnen, so zerronnen. Erst ältere Seelen werden dafür sorgen, dass auch in das Gemeinwesen Steuern und Abgaben fließen, die es erlauben, Straßen und Schulen zu bauen und ein Gesundheitswesen zu etablieren. Die Kind-Seele ist dazu von sich aus noch nicht bereit und in der Lage. Es bedarf auch hier eines gewissen Ausmaßes an Führung und Verantwortlichkeit, die über den seelischen und mentalen Radius einer Kind-Seele hinausreichen.

Ist es denn sinnvoll, von außen einzugreifen, um eine Demokratie in solchen Ländern zu etablieren?

Eine demokratische Regierungsform mit kontrollierten Abstimmungsverhältnissen und prinzipieller Gesetzestreue ist der Kind-Seele oder einem vorwiegenden aus Kind-Seelen bestehenden Volk wesensmäßig fremd und daher in ihren Auswirkungen eher schädlich als positiv. Denn die Entscheidungsfähigkeit und Entscheidungsfreiheit, die Abstimmungen und Mehrheitsverhältnisse erforderlich machen, sind nicht gegeben. Es wird sich bei einem künstlich aufgezwungenen demokratisch gewählten parlamentarischen System eher so verhalten, dass die wenigen Jungen, Reifen oder Alten Seelen den übrigen Bevölkerungsgruppen eine diesen seltsam erscheinende und sowohl mental als auch emotional unzugängliche Form der Organisation vor die Nase setzen. Eine Kluft wird sich auftun zwischen den parteiergreifenden Für-und-wider-Gefühlen der Kind-Seelen und dem Abstimmen und Abwägen und den Machtkämpfen älterer Seelen. Ein Eingreifen in diesem Sinne wird eher zu Rückschritten und Konterrevolutionen führen. Die Mehrheit ist letztlich immer in der Lage, die Verhältnisse zu ihren Gunsten zu verändern. Sie wird selbst nach jahrelangen Versuchen, eine westliche Regierungsform durchzusetzen, eine Untergrabung betreiben, die sich in Korruption und anderen kindlichen »Unartigkeiten« äußert, die eine Regierung in der gütigen Elternposition zur Verzweiflung bringen kann oder von einem weniger gerechten Führer ruchlos ausgenutzt wird.

Ihr habt einmal gesagt, Karma entstehe hauptsächlich bei Kind-Seelen und Jungen Seelen. Wie kann Karma entstehen, wenn noch gar kein Verantwortungsbewusstsein existiert?

Wir können unsere Aussage in der Weise modifizieren, dass eine im engsten Sinne karmische Handlungsweise und seelische Konsequenz von Handlungen erst nach der vierten Stufe der Kind-Seele wirksam wird. Dies geschieht nach der Überschreitung der Schwelle, die in Ansätzen zu der Einsicht führt, dass Handlungen Gründe haben und wahrscheinlich auch Folgen. Wenn also die Möglichkeit, Schlussfolgerungen zu ziehen, in rudimentärer Weise das Bewusstsein eines Menschen prägt, kann auch die Basis für ein Empfinden von Schuld und Verantwortung gelegt werden. Absicht und Motivation spielen nunmehr eine Rolle; sie sind aber nicht gleichzusetzen mit Verantwortlichkeit. Das Erleben von Liebe und Hass ist eine weitere Voraussetzung dafür, dass ein Mensch aus Hass einen anderen schädigt oder tötet und dann erleben muss, dass es ihm auf Dauer doch ein wenig auf dem Gemüt liegt, wenn diese Handlung aus einem sogenannten niederen Beweggrund vollzogen wurde, zum Beispiel um dem Getöteten etwas wegzunehmen, um ihn aus wirtschaftlichen oder machtpolitischen Gründen aus dem Weg zu räumen oder um einen Partner an sich zu binden. Märchen und antike Mythen bilden hier einen guten Hintergrund, und auch die Göttersagen, die ja von Kind-Seelen erschaffen wurden, bieten viel Anlass zu beobachten, wie brutal und skrupellos die Handlungsweisen von Kind-Seelen aus einem unreflektierten Eigeninteresse sein können. Die Basis für karmische Verstrickung und eine viel spätere Auflösung solcher Verstrickung wird jetzt schon gelegt.

Könnt ihr etwas zu Lust und Freude bei der Kind-Seele sagen?

Lust ist für die Kind-Seele zunächst eine Körperempfindung, ein Wohlbefinden, eine Befriedigung und Wohlbestimmtheit wie nach einem langen Dauerlauf, nach einem gelungenen Geschlechtsverkehr, im Anschluss an eine sättigende Mahlzeit oder beim Ausruhen im Schatten eines Baums. Das ist ein Lustempfinden, das die Grundlage legt für eine unmittelbare Freude, die sich mit Lust sowohl verbindet, als sich auch von dieser abkoppeln kann. Denn eine Kind-Seele kann bereits Vorfreude empfinden. Sie kann sich im Moment freuen an Dingen und Empfindungen, die der Säugling-Seele noch selbstverständlich waren und die sie daher nicht mental oder emotional wahrnahm. Die Kind-Seele kann sich auch im

Nachhinein freuen, aus der Erinnerung heraus. Das ist das Neue und somit eine Fähigkeit, die sich einerseits in der Loslösung von dem rein körperlichen Lustgewinn manifestiert, der vorübergehend ist und immer erneuert werden muss, und andererseits in einer Freude am eigenen Sein, am eigenen Dasein, am Empfinden der Gegenwart, am Erinnern der Vergangenheit und einer Vorempfindung auf ein befriedigendes oder schönes Ereignis in der nahen Zukunft.

Die Unmittelbarkeit dieser Freude ist nicht ohne Lust, aber sie reicht darüber hinaus. Freude zaubert bei der Kind-Seele ein Leuchten auf das Gesicht, eine unbekümmerte Fröhlichkeit, die nach einem reichlichen Essen bei der Säugling-Seele nur zu einem wohligen Rülpsen führen würde, aber nicht zu einer Vorfreude auf das nächste Essen oder zu einer Erinnerung an die letzte Sättigung. Die Freude einer Kind-Seele ist unbekümmert und zugleich begründet. Sie ist grundlos und doch an Auslöser gebunden. Diese Auslöser sind jedoch schlicht, und das Empfinden einer Köstlichkeit in Bezug auf das eigene Spüren, am Leben zu sein, sich bewegen zu können, jemanden berühren zu können, erquickenden Schlaf zu empfinden oder sich auf ein Fest vorzubereiten, ist eine neue Erfahrung von bleibender Qualität. Sie bildet eine Grundlage für alle späteren Entfaltungsstufen der Seele, die in größerer oder verfeinerter Form solche Empfindungen von Freude erleben werden. Sich des Lebens zu freuen ist ein Kern, der späterhin Fruchtfleisch ansetzt. Sich des Lebens zu freuen, nicht nur des eigenen Lebens, sondern des Lebens schlechthin, mit all seinen Manifestationen, seinen Vorteilen und Nachteilen, ist eine besondere Fähigkeit des *Homo sapiens sapiens*, die keinem anderen Lebewesen gegeben ist. Sie hat ihren Urgrund im Erkenntnisprozess der Kind-Seele.

Die beginnende Trennung zwischen körperlicher Lust und der Betrachtung und Auswertung dieser Lust durch ein Empfinden von Freude wird sich in den darauffolgenden Stadien der seelischen Entfaltung immer mehr ausformen. Zu diesem Empfinden von Freude kommt eine Bereitschaft zu trauern hinzu, die als notwendiges Gegengewicht zu dieser Daseinsfreude fungiert. Erst die Alte Seele kann aufs Neue höchst differenziert erleben, was die Säugling-Seele in rudimentärer Form bewegt: die Integration von Freude und Trauer als Manifestationen des Lebens schlechthin, des Daseins, der Existenz. Freude wird sich, je älter eine Seele wird und je mehr sie auf das Ende ihrer Inkarnationsreise zustrebt, mit Trauer und Abschied verknüpfen. Freude am Dasein und Freude auf das Ende des Daseins werden zu einer Einheit verschmelzen, die der Säugling-Seele noch gegenwärtig war, die sie aber weder verstehen noch ersehnen noch beeinflussen konnte.

Schönheit und Ästhetik sind so typisch für die Energie 2, und diese ist ja für die Kind-Seele energetisch elementar, besonders bei einer Doppelzwei. Wo ist also die Freude an der Schönheit einer Blume, die Freude an einem schön gestalteten Bauwerk?

Die Kind-Seele hat keine ästhetische Freude an einer Blume, sondern erprobt die erste konkrete mentale Wahrnehmung einer Form. Es ist nicht die Freude an der Schönheit, sondern die Wahrnehmung einer vollkommenen oder befriedigenden Form, die mental gespeichert und dann auch durch das Gestalten von Materialien wiedergegeben werden kann. Dass eine ältere Seele das Ergebnis der Gestaltung ästhetisch beglückend und schön findet, wird einer Kind-Seele kaum einleuchten, denn sie agiert und formt aus einem tiefen Bedürfnis heraus, die Welt zu begreifen, und nicht, um etwas Schönes herzustellen. Deshalb sind auch nahezu alle Produkte der Kind-Seele funktional und praktisch zu nutzen oder auf den Kultus bezogen, nicht jedoch Produkte eines ästhetischen Empfindens mit dem Anliegen, einen Selbstausdruck zu gestalten oder um andere zu beeindrucken.

Kann man die psychische Entwicklung eines seelisch älteren Kindes parallel setzen zu der seelischen Entwicklung einer Kind-Seele?

So wie manche bereits mit zwölf Jahren in die Lehre kommen und andere erst mit achtzehn, ist auch das Ende dieser seelischen Kindheitsphase nicht ausdrücklich festzulegen. Bei mancher Kind-Seele ist die Psyche bereits mit acht oder neun Jahren durch mehrere Traumata geprägt. Die unterschiedlichen Lebensbedingungen, Gesellschaften und Familien und die damit einhergehenden psychischen Reifungsprozesse bringen eine Kind-Seele an die Grenze ihrer psychischen Entfaltung, wobei die Stufe 7 gleichgesetzt werden kann mit dem Ende der Kindheit und mit dem Beginn der Pubertät oder sogar der fortgeschrittenen Pubertät. Erst jetzt entwickeln sich in der Psyche eines Menschenkindes ebenfalls die spezifischen Bekundungen eines eigenen Willens, die nicht identisch sind mit dem Nein und der trotzigen Verweigerungshaltung des Kleinkindalters. In der Vorpubertät ist noch eine Art Rückschau und Schläfrigkeit zu verzeichnen, die sozusagen das Sprungbrett in die Jugendzeit darstellt. Im Laufe des letzten Lebens auf der Stufe Kind 7 gibt es dann unterschiedliche Sprünge. Man könnte es analog zur menschlichen Entwicklung so beschreiben, dass manche Jugendliche früher geschlechtsreif werden als andere, dass einige die Pubertät mit ihren Herausforderungen schneller durchlaufen als andere, sodass man auch auf dem Endpunkt von Kind 7 eine zwar unterschiedliche, aber doch definierbare Reifephase beobachten kann. Es gibt sozusagen kindliche Achtzehnjährige und kluge, mutige und willensbegabte Zwölfjährige. Dies hängt auch mit der emotionalen und intellektuellen Entwicklung eines Jugendlichen zusammen, die in ihrem Verlauf, aber nicht mit den seelischen Entfaltungsprozessen gleichgesetzt werden kann.

Stimmt unser Eindruck, dass es in Bali besonders viele Kind-Seelen gibt?

Wir haben Varda und dir, Frank, Bali vor einigen Jahren als Ziel für einen längeren Urlaubsaufenthalt empfohlen. Die zuvor erfolgte Beschäftigung mit der Kind-Seele während eurer Durchsagen konnte durch die Begegnung mit einer euch bislang unvertrauten Form der Religionsausübung konkretisiert und ergänzt, farbig und anschaulich gemacht werden. Wir möchten euch sagen, dass ihr in der Tat einen – wenn auch oberflächlichen – Eindruck von den Strukturen und Verhaltensweisen von Kind-Seelen erhalten habt. Es ist allerdings so, dass sich in Bali ein größerer Teil der einheimischen Bevölkerung bereits in den frühen Stadien der Jungen Seele befindet und eher aus einer großen Traditionsgebundenheit an den alten oder überkommenen Formen der Religionsausübung festhält, da sie die Bedürfnisse der Jungen Seele nach einem festen und kontrollierenden gesellschaftlichen Zusammenhalt in höchstem Maß fördert. Dies geschieht gerade auch für diejenigen, die sich innerlich und geistig immer mehr von den Traditionen entfernen, sie aber trotzdem pflegen, so wie im 17. und 18. Jahrhundert auch ungläubige Menschen in den christlich geprägten Gegenden des Planeten zur Kirche gingen, sich taufen, beerdigen und ihre Ehen segnen ließen, weil es sich einfach so gehörte und ein Ausscheren aus diesem geistigen und sozialen Verbund mit einer mehr oder weniger starken Ächtung verbunden war.

Ähnlich verhält es sich jetzt auch in Bali. Wenn ihr lange genug leben könntet, um die Entwicklung dort zu beobachten, würdet ihr feststellen, dass die Tendenz, eine einzige umfassende Gottheit in den Mittelpunkt der Verehrung zu rücken, zunimmt. Ein Monotheismus wird sich wie von selbst mit der zahlenmäßigen Überlegenheit Junger Seelen entwickeln. Die Manifestation dieser übergeordneten Gottheit in den drei Hauptfiguren des hinduistischen Kosmos gerät immer mehr in den Hintergrund, um innerhalb der kommenden drei- oder vierhundert Jahre ganz zu verschwinden. Die in Indonesien isolierte Stellung der speziellen hindu-buddhistischen Religion Balis mit animistischen einheimischen Zügen steht unter dem Einfluss sowohl der westlichen als auch der muslimischen Kulturkreise. Sie wird sich damit zu einem neuen Amalgam verbinden, kann sich jedoch den monotheistischen Bestrebungen auf Dauer nicht entziehen, denn die Globalisierung wird auch hier ihre Wirkungen zeigen. Die kulturelle Isolation, in der sich Bali bis in die frühen siebziger Jahre befand und die noch durch eine gewisse vom Westen beeinflusste Retro-Aufwertung seiner Kunst und Kultur und Ästhetik weiter gefördert wurde, kann sich auf Dauer auch in religiöser Hinsicht nicht halten. Sie wird immer mehr zu einer volkstümlichen Tradition werden, die sich in der Folge einer zunehmenden Anzahl Junger Seelen zu einem kaschierten Monotheismus wandeln wird.

Dieser Monotheismus wird nicht muslimisch sein. Die innere Struktur des vorhandenen Substrats wird sich so wandeln, dass die oberste, schon jetzt als abstrakt verstandene Gottheit immer mehr an Bedeutung gewinnt und ihre Manifestationen immer beliebiger werden, so wie im Katholizismus die Heiligenfiguren in manchen Ländern noch im Vordergrund der Anbetung stehen, in anderen hingegen schon lange in ihrer Bedeutung zurückgewichen sind. Kind-Seelen und frühe Junge Seelen brauchen in Kultus und Ritus sehr Konkretes; die spätere Junge Seele verabschiedet sich vom sogenannten Götzendienst und wendet sich mehr und mehr einer form- und inhaltslosen Gottesvorstellung zu.

☞ *Es ist also eine ähnliche Bewegung, wie sie Mohammed in Arabien einleitete, indem er diesen traditionellen, eigentlich abstrakten übergeordneten Gott El als Allah plötzlich in den Mittelpunkt stellte?*

In dieser Weise wird sich im Laufe der nächsten Jahrhunderte eine vergleichbare Entwicklung vollziehen. Die balinesische religiöse Ausdrucksform und die damit verbundenen gesellschaftlichen Strukturen werden immer mehr zu Erinnerung und Folklore werden. Die Angleichung an die allgemeine Entfremdung vom Anschaulichen wird zunehmen.

☞ *Das leuchtet ein. Kann man noch sagen, wie hoch der prozentuale Anteil von Kind-Seelen und von Jungen Seelen jetzt (2012) in Bali ist?*

Grob gesprochen sind es etwa siebzig Prozent Kind-Seelen, zwanzig Prozent Junge Seelen und die übrigen zehn Prozent der Bevölkerung verteilen sich auf Reife, Alte und einige Säugling-Seelen.

☞ *In euren Durchsagen zur Kind-Seele fällt mir auf, dass die Brutalitäten, die ja eigentlich doch auch zu dieser Phase der seelischen Entfaltung gehören, kaum Erwähnung finden. Wir haben ein Beispiel in Bali aus den sechziger Jahren, als in einer unglaublich kurzfristigen Aktion etwa hunderttausend Menschen, die als Kommunisten bezeichnet wurden, in einer kollektiven Bewegung von ihren Dorfgenossen umgebracht wurden. Könnt ihr diesen Zusammenhang noch einmal erläutern?*

Die Kommunistenverfolgung in Bali können wir erklären durch zweierlei Motivation. Zum einem ist das Blutopfer an sich auf Bali ein normaler, alltäglich gewohnter und selbstverständlicher Vorgang im Rahmen der ständig ausgeführten Rituale, bei denen Tiere geschlachtet werden, um die Dämonen zu besänftigen. Zum anderen handelt es sich um eine Art Rückfall in die Hochphase der Kind-Seelen-Kultur, die nirgends auf der Erde vor Menschenopfern zurückscheut. Für viele Balinesen verkörperte sich das Böse in den Menschen, denen man zuschrieb, Kommunisten zu sein, unabhängig von deren tatsächlicher Handlungsweise oder geistigen Ausrichtung. Dieses Böse musste befriedet und weitgehend ausgemerzt werden, ohne seine Macht ganz zu verlieren. Ein großes Opfer war erforderlich, um ein Gleichgewicht der Kräfte herzustellen – ein Opfer, das von einem Großteil der heimischen Bevölkerung eingesehen und mitgetragen wurde. Es war ein Menschenopfer von immenser politischer und kollektiv-psychologischer Dimension. Die balinesische Opferkultur beschränkt sich nun einmal bei Weitem nicht auf das Anbieten von Blumen, Reis und Früchten, sondern erfordert auch je nach allgemeiner Bedürfnislage das Fließen von viel Blut. Wenn das Blut einer Ente, eines Schweins oder eines Rinds nicht ausreicht, um die Angst zu bewältigen, müssen eben Menschen bluten.

Heißt das also, der drohende Kommunismus hat in Bali eine so große Angst ausgelöst, dass von der Mehrheit der Bevölkerung die Notwendigkeit eines kollektiven Reinigungsopfers empfunden wurde?

So ist es. Die Menschen spürten, dass ihre noch benötigten, lieb und wichtig gewordenen alten Strukturen bedroht waren. Und da sie noch stark genug walten konnten, um sich zu wehren, musste das Bedrohliche eliminiert werden, um die bösen Geister, die das Ungleichgewicht herbeigeführt hatten, zu befrieden.

Die Junge Seele: Kraft, Macht und Eroberung

Allgemeines

Eine Junge Seele strebt nach äußerem Erfolg. Sie ist ein mutiger Drachentöter. Sie wirkt wie ein Mensch, der sich aufmacht, die Früchte vom Baum des Lebens zu pflücken und sie auch zu essen, um Reichtum und Macht zu erwerben. Wir sprechen ausdrücklich nicht von Wohlstand und Einfluss, denn das sind Begriffe, die eher den Bedürfnissen der Reifen Seele zugeordnet werden sollten. Eine Junge Seele kann sich mit relativem Wohlstand nicht zufriedengeben. Sie ist entschlossen, an die Grenzen des Machbaren zu gehen. Und Macht auszuüben ist für sie reizvoll. Sie will ja handeln und sich bewegen, stets aktiv über ihr Leben bestimmen und ebenso aktiv in das Schicksal anderer eingreifen, wenn sie die Möglichkeit dazu hat. Der gesamte Inkarnationszyklus der Jungen Seele ist von der kriegerischen Energie 3 geprägt und somit von einer handlungsbetonten Kraft, die alles Übrige bestimmt.

Der Zyklus der Jungen Seele ist ein Abschnitt in der seelischen Entfaltung, der notwendigerweise auch die Berührung mit Unrecht, Rechtsmissbrauch, Grausamkeit, Egoismus, Ruchlosigkeit und Fanatismus mit sich bringt. Die allermeisten karmischen Bande werden in dieser Periode der Inkarnationsreise geknüpft. Solche seelischen Verpflichtungen sind notwendig, da sie eine Vorbedingung für die spätere Einsicht in das Wachsen der Liebesfähigkeit darstellen. Säugling-Seelen und Kind-Seelen sind liebevoll oder lieblos, doch wissen sie nicht, was sie tun. Junge Seelen hingegen beginnen zu erkennen, dass Handlungen unausweichlich Konsequenzen haben – im Guten wie im Schlechten.

Da die Junge Seele sich allmächtig vorkommt und tatsächlich Großes erreicht in der Beherrschung der eigenen Welt, kann und will sie sich nicht vorstellen, dass sie tatsächlich eines Tages für ihr Tun geradestehen wird. Weil nun diese letztendliche Konsequenz verleugnet wird, beherrschen die Vorstellungen von Gut und Böse, von Schuld, Strafe, Sünde und Sühne die Gedankenwelt und die Moral der Jungen Seele. Sie sorgt dafür, dass alle Strafe möglichst im Diesseits erfolgt. Sie erlässt strengste Gesetze und huldigt religiösen Prinzipien, die jeden Fehltritt mit schwerer Sühne belegt. Buße soll am eigenen Leib erfahren werden durch die Schmerzen des Körpers, mit Todesangst und Folter, mit dem Abhacken von Gliedmaßen, schwerem Kerker, Todesstrafe und ewigem Höllenfeuer. Die Junge Seele kann sich selbst nicht verzeihen, dass sie in ihrer Menschlichkeit nicht vollkommen ist. Aus dieser Spannung heraus tut sie vieles, um andere Vollkommenheit zu lehren. Fehltritte werden mit drakonischen Strafen belegt. Das macht es der Jungen Seele einfach, zwischen Gut und Böse zu unterscheiden. Und so stürzt sie auch tief hinab, wenn ihr das Glück einmal nicht mehr hold ist.

Junge Seelen mit ihrer kämpferischen, handlungsbetonten Energie 3 sind grundsätzlich zuversichtlich und siegesgewiss. Sie sind fleißig und rührig. Sie haben einen optimistischen Lebenswillen, starke körperliche Antriebskräfte und muten sich Schwieriges zu. Sie lieben die Herausforderung und sind bereit, sich für allgemeine, persönliche und höhere Ziele mit

Leib und Leben einzusetzen, ja sogar zu opfern. Junge Seelen setzen sich für ihre Mitmenschen tatkräftig und hingebungsvoll ein. Junge Seelen halten ihre Völker und Nationen zusammen; sie sind bereit, zu handeln, zu verteidigen und anzugreifen. Sie kennen kaum Grenzen, was ihre Ermüdung und ihre Lust, aktiv zu handeln, anbelangt, und sie tun Dinge, die anderen zu viel oder zu wenig sind. In ihrer Funktion für die menschliche Gesellschaft sind sie vergleichbar mit unverzichtbaren Berufen: Was wäre eine Stadt ohne Maurer und Bäcker, ohne Elektriker und ohne Ärzte?

Junge Seelen tun, was gebraucht wird. Sie tun das Nötige ohne ein übermäßiges Empfinden von Belastung. Sie fragen nicht: »Habe ich dazu Lust oder nicht?« Sie verstehen ihre Aufgaben im gesellschaftlichen Umfeld ungebrochen als selbstverständlichen Auftrag zur Tat, und sie erfüllen ihre Pflichten mit einem gewissen Ausmaß an Frohmut und persönlichem Mut. Ihre Energie erzeugt eine frohgemute, positive Einstellung. Sie glauben an das Machbare.

Der grundsätzliche Optimismus Junger Seelen trägt eine Gemeinschaft in neue Bereiche hinein. Wäre sie von Reifen und Alten Seelen dominiert, würde sie andernfalls durch Zweifel, Problemdiskussionen und Mutlosigkeit erlahmen. Junge Seelen sind wie die Flut, die frisches Wasser an den Strand bringt und mit dem Zurückweichen den angesammelten Müll fortträgt. Sie sind wie ein warmer Frühlingssturm, der die Lähmung des Winters beendet und seine Erstarrung aufbricht und einen Wetterwechsel herbeiführt.

Die körperliche und psychische Energie Junger Seelen ist nahezu unerschöpflich und selten von Selbstzweifeln durchdrungen. Auch kann man Jungen Seelen eine gewisse Skrupellosigkeit im Verfolgen ihrer Ziele nicht absprechen. Skrupel würden sie nämlich daran hindern zu erreichen, was sie erreichen wollen. Diese Ziele dienen jedoch durchaus in der Mehrzahl der Fälle dem Wohl des Ganzen, obgleich der individuelle Wunsch nach mehr Macht, Erfolg und Reichtum dominiert.

Die frische Zuversicht, die Junge Seelen in eine Gesellschaft hineintragen, macht sie einerseits unverzichtbar für alle und andererseits auch beneidenswert, denn sie verfügen über Ressourcen an Vitalität und Unverdrossenheit, die ältere Seelen nur in seltenen Augenblicken ihres Lebens kennen. Tatkraft, Einsatzwille und Opferbereitschaft Junger Seelen sind darauf zurückzuführen, dass die Krieger-Energie, von der sie prinzipiell geprägt werden, kaum Grenzen kennt, was ihren körperlichen und psychischen Einsatz betrifft. Die kriegerische Grundenergie 3 gibt wenig auf die Angst vor dem Tod und lässt ihren Optimismus einen Sieg davontragen. Es ist ein Optimismus, der bis zum letzten Atemzug die Möglichkeit des Überlebens und Überstehens aller Schwierigkeiten in Betracht zieht. Ein gewisses Risiko verleiht dem Leben einer Jungen Seele erst den verlockenden Reiz.

Seit der seelischen Menschwerdung erhebt sich jetzt zum ersten Mal die Frage: »Wer bin ich? Wozu bin ich?« Und: »Bin ich überhaupt?« Deshalb ist die Junge Seele in verstärktem Maß auf Spiegelung und Bestätigung angewiesen, sozusagen als Beweis für ihr Dasein. Sie weiß von sich selbst erst, wenn sie sich mit den Augen anderer Menschen betrachtet. Sie legt sehr viel Wert auf Fortschritt, auf Verbesserung, auf den Aufstieg. Sie richtet ihren Blick immer auf die nächsthöhere Stufe und auf jene, die sich bereits auf ihr befinden. Fortschritt bedeutet hier stets ein Mehr: ein Mehr an Ruhm, Erfolg, Geld, Schönheit, Anerkennung und Bestätigung. Und da sie stets ihre Augen in die Höhe gerichtet hält, leidet sie auch unter Neidgefühlen. Sie vergleicht sich unablässig mit anderen, um sich zu definieren und sowohl in der Imitation als auch in der Abgrenzung ein stärkeres Ich-Gefühl zu entwickeln. Zugleich wünscht sie sich, andere mögen auf sie recht neidisch sein. Da nun die Junge Seele über so starke innere Motoren verfügt, die sie zum Handeln anspornen und ihr die Kraft verleihen, etwas erreichen zu wollen, gelingt ihr auch wirklich Großes und Eindrucksvolles. Im Gestalten gesellschaftlicher Zusammenhänge, in Familie und Verwaltung, in Handel und Politik lenkt sie aktiv ihre eigenen Geschicke und die Geschicke derer, die sich ihr anvertrauen.

Eine Junge Seele unterscheidet penibel zwischen Freund und Feind. Gut und Böse ohne Binnendifferenzierung sind für sie entscheidende Kategorien: »Bist du nicht für mich, bist du gegen mich.« Die Definition der eigenen Identität ist noch weitgehend gebunden an die Normen der Gemeinschaft. Der Halt kommt von außen. Ein anderer, innerer Halt wird nicht gesucht.

Eine Junge Seele definiert sich über den Konflikt zwischen einem erstarkenden Ich, das nach Autonomie strebt, und dem wachsenden Bedürfnis nach Einbettung in ein möglichst umfassendes Wir. Sie braucht eine Gruppe um sich herum, die ihre Werte teilt und möglichst immer ihrer Meinung ist. Im archetypischen Sinne gesprochen braucht ein Krieger loyale Kameraden. Dieses Wir bewirkt nur dann Geborgenheit, wenn es sich so verhält, wie das Ich es für richtig befindet, und wird rasch zum Feind, wenn es andere Regeln aufstellt oder abweichende Vorstellungen entwickelt. Die Junge Seele will stets, dass alle so handeln, denken und fühlen wie sie selbst. Sie wird sich zum ersten Mal zum Maßstab aller Dinge machen und kann davon nicht abrücken. Die Einfühlung in die Andersartigkeit der Mitmenschen ist seit den Zyklen der Säugling- und der Kind-Seele zwar bereits rudimentär entwickelt, aber Regeln und Gesetze der Gesellschaft müssen nach der Vorstellung der Jungen Seele besonders am Anfang ihres großen neuen Zyklus so beschaffen sein, dass ihre eigenen Bedürfnisse nach Ordnung und Sicherheit (trotz allen Autonomiestrebens) abgedeckt werden.

Jung 1

Entfaltungsaufgabe: *Ich und Körper sind identisch*
Motto: *Ich sammle neuen Mut*
Energien 3 + 1

Die Junge Seele entdeckt auf der ersten Stufe ihrer Entfaltung ihr Ich als etwas Definierbares, Abgrenzbares und vor allem Beherrschbares. Sie spürt in zunehmendem Maß, dass das Ich, wie sie es empfindet, Einflüssen unterworfen ist, dass es sich ändern und wandeln kann, dass es sich unterscheidet von dem Ich der Mitmenschen. Durch diese Unterscheidungskraft kann Macht in alle Richtungen ausgeübt werden. Das Ich und der Körper werden als identisch empfunden. Das Ich und seine Beherrschung, das Ich und seine Definition treten in den Vordergrund aller Bemühungen: »Wer bin ich im Unterschied zu denen, die mich umgeben?« Zu dieser Definition gehören stets auch Unterscheidung und Abgrenzung. In den Augen älterer Seelen entsteht der Eindruck eines selbstverständlichen Egoismus, einer ausschließlichen Fokussierung auf die Eigeninteressen der Jungen Seelen.

Die erste Entfaltungsstufe ist gekennzeichnet durch die Empfindung, dass die eigene Körperlichkeit und das Ich-Empfinden eng zusammengehören. Der Körper ist keine feste Größe, sondern kann durch verschiedenste Maßnahmen in positiver oder negativer Art beeinflusst werden. In diesem Sinne beginnt die Junge Seele zu erkunden, was geschieht, wenn sie einen schwachen Körper ertüchtigt, oder wie sie damit lebt, wenn sie mit einem schönen Körper geboren wurde oder mit einem in ihren Augen mangelhaften; wie sie die selbst empfundenen Mängel kompensieren und auch äußerlich ausgleichen kann, wie sie das Beste aus sich zu machen versteht. Erfolg heißt Selbstoptimierung.

Die Körperlichkeit ist für eine Junge Seele auf dieser ersten

Entfaltungsstufe bereits ein handhabbares Instrument. Sie kann lernen, dieses Werkzeug immer erfahrener und nachhaltiger einzusetzen und es so zu benutzen, dass es ihren Grundbedürfnissen nach Erfolg, Reichtum und Macht dienstbar wird. Die Junge Seele wird auf dieser ersten Stufe auch erleben, dass ein menschlicher Körper geschädigt oder beschädigt werden kann, und zwar sowohl der eigene als auch der fremde. Die Lustempfindungen – die der Körper als Instrument des Ich hervorrufen, verweigern, fördern oder abtöten kann – bieten eine faszinierende Art und Weise, das eigene Ich zu beobachten als eine Instanz, die im Werden begriffen und zunehmend beherrschbar ist.

Der Leib einer Jungen Seele auf der ersten Stufe ihrer Entfaltung bietet ihr in der Regel sämtliche Möglichkeiten, ihn als unverzichtbaren Bestandteil ihrer Ich-Identität zu betrachten. Wenn ältere Seelen sagen: »Ich bin nicht mein Körper«, versteht die Junge Seele nicht, was gemeint sein könnte. Ist der Körper gesund und kräftig, glaubt diese Junge Seele, das sei ihr Ich, und dieses Ich würde durch den gesunden, schönen und kräftigen Körper definiert und bestimmt. Sie kann sich daher lange Zeit schwer vorstellen, dass sich Gesundheit, Kraft und Schönheit auch verändern oder verflüchtigen, dass sie ihrer beraubt werden könnte durch allerlei äußere Einflüsse, durch Krankheit, Alter und Tod. Solche Möglichkeiten werden grundsätzlich ignoriert, als gäbe es sie nicht. Ist der Körper einer Jungen Seele auf dieser ersten Entfaltungsstufe nicht »gelungen« in dem Maß, wie sie es von sich fordert, wird sie sich entweder bald aus ihrem Leben verabschieden und eine neue Inkarnation anstreben, oder sie wird alles tun, um Gesundheit, Kraft und eine Schönheit, die ihren Bedingungen gehorcht, durch Ausdauer und Disziplin herbeizuführen. Dazu gehören Tätowierungen, Schönheitsoperationen, Zahnschliff, Perücken, Bein-, Hals- und Ohrverlängerungen und vieles andere. Die Ertüchtigung von

Muskulatur und Abwehrkraft wird als eine neue und großartige Herausforderung verstanden. Entsprechend tritt die Junge Seele all denen mit einer verächtlichen Haltung gegenüber, die schwächlich sind, die sich gehenlassen, die nichts für sich und ihre Gesundheit tun. Doch so wie ein gesunder und kraftvoller Körper das Ziel aller Bemühungen ist, so muss die Seele auf dieser Stufe auch erfahren, wie ein Mensch mit Krankheit, Versehrung, Verstümmelung und Entstellung umgeht. Da das Ich an die Schönheit und Vollkommenheit des Äußeren gebunden ist und sich vor allem darüber selbst begreift, ist jegliche Verletzung, Erkrankung oder Beeinträchtigung des äußeren körperlichen Erscheinungsbildes eine bittere Niederlage und Kränkung, ja ein elendes Versagen angesichts der Bemühungen um körperliche Vollkommenheit.

Die Schuldvorwürfe, die sich ein Mensch mit einer solchen Jungen Seele macht, wenn bei seinem Streben nach körperlicher Vollkommenheit etwas schiefgelaufen ist, wenn ihm also die Aussicht auf eine Erfüllung dieses Wunsches in Zukunft dauerhaft versagt zu sein scheint, sind kaum erträglich. Sie sind auf dieser ersten Entfaltungsstufe als das eigentliche existenzielle Unglück zu betrachten. Verliert also jemand ein Auge oder ein Bein, entwickelt er eine schlimme Hautkrankheit oder ist er nach einem Unfall oder durch Kriegsverletzungen entstellt, wird er sich für alle Zeiten minderwertig und somit ausgegrenzt fühlen aus der menschlichen Gemeinschaft aller Strebsamen und Vollkommenen. Er wird diese Beeinträchtigung seiner Körperlichkeit weder verwinden noch in etwas Konstruktives umwandeln können. Er hadert und kann sich nicht damit abfinden. Auch kann er sich nicht vorstellen, dass irgendjemand einen Krüppel zu lieben vermag. Leidet er an Hautausschlag, Haarausfall, einer Beeinträchtigung des Skeletts, die seinen Körper verformt oder ihn handlungs- oder gar bewegungsunfähig macht, tritt Vergleichbares ein. Die angstvolle innere Ausgrenzung, das

Empfinden, endgültig ausgeschlossen zu sein aus der Gemeinschaft all jener, die lebens- und liebenswert sind, führt zu Wut, Neid, Hass und Rachegefühlen, die sich auf alle richten, die anscheinend erreicht haben, wonach die Junge Seele im Frühstadium ihrer Entfaltung strebt.

Es gibt jedoch noch einen anderen Aspekt, der eine Junge Seele auf der ersten, der Heiler-Stufe dieses kriegerisch geprägten Seelenalters bewegt: Menschen in diesem Stadium ihres Seelenalters bemühen sich sehr um Pflege und Heilung, um Vorsorge und Nachsorge – auch und gerade, wenn es nicht um ihren eigenen Körper geht, sondern um den ihrer Mitmenschen. Aus der Vorstellung heraus, dass mit einiger Mühe jegliche körperliche Beeinträchtigung wiedergutzumachen ist, trifft man hier eine große Anzahl von Menschen, die sich in pflegenden und heilenden Berufen außerordentlich engagieren, die als Reha-Therapeuten, Krankenschwestern, Ärzte und Altenpfleger tätig sind. Aus ihrer eigenen inneren Gewissheit heraus, dass es ein körperliches Vollkommenheitsideal gibt, dem jeder nachzustreben hat, können sie den Kranken und Versehrten, den Alten und Hilflosen, ja selbst den Sterbenden noch Mut machen. Dies geschieht allein aus ihrer festen Überzeugung, dass etwas Krankes wieder gesund gemacht werden kann, weil Gesundheit der einzig wahre und gültige und menschlich akzeptable Zustand ist. Diese Menschen in pflegenden und heilenden Berufen oder in entsprechenden Funktionen innerhalb von Stammesgemeinschaften, in Familien oder anderen menschlichen Verbänden, aber auch in großen fürsorglichen Institutionen gehören zu jenen, die die Hoffnung niemals aufgeben, den Mut nicht verlieren und in der Ballung ihrer Überzeugungen eine Energie der Zuversicht ausstrahlen, die durchaus ansteckend und wohltuend wirkt.

Die Unverdrossenheit, mit der die Junge Seele auf der ersten Entfaltungsstufe selbst offensichtlich Unerreichbares anstrebt, und die Unermüdlichkeit, mit der sie sich um Selbstvervollkommnung bemüht, lassen sie einerseits Ziele erreichen, die anderen unmöglich erscheinen, zum Beispiel ohne Beine im Rollstuhl zum Olympiasieger im Basketball zu werden oder als Blinder großartige Forschungsergebnisse zu erzielen. Andererseits haben diese Unverdrossenheit und Unermüdlichkeit etwas Verzweifeltes und Zwanghaftes, eben weil leibliche Unvollkommenheit, Vergänglichkeit und Versehrbarkeit des Körpers aus dem Selbstbild und dem Ich-Gefühl einer solchen Jungen Seele ausgeblendet werden. Sie werden geleugnet und dürfen keine Rolle spielen. Sie sind derart angstbesetzt, dass entsprechende Kompensationswünsche ins Unermessliche wachsen. Wir sehen auch, dass Menschen mit dieser Struktur es nicht ertragen können, wenn es anderen so schlecht geht, dass ihr Dasein angeblich nicht mehr lebenswert ist, und dass sie nicht selten aus der Sichtweise ihres eigenen Selbstbilds heraus den Körper, den Zustand und auch das Ende dieses fremden Lebens beherrschen wollen. Dann töten sie aus subjektivem Mitgefühl, weil jene Kranken in ihren Augen zu sehr leiden oder ein lebensunwertes Leben führen. Im Grunde aber stören die Kranken das Selbstverständnis der frühen Jungen Seele als eines Wesens, das die Einheit von Ich und Körper bis ins Letzte beherrschen will.

So verfährt die Junge Seele mit ihren Mitmenschen ebenso streng wie mit sich selbst, sie verlangt Beherrschung der Impulse und Achtung der Gesetze und Normen, die sie in die Lage versetzen, ihren eigenen Körper als Ausdruck dieser Verbindlichkeit im Moralischen und Gesellschaftlichen als Ich-Idol zu empfinden. Eine Junge Seele glaubt, wer nach den Regeln Gottes und der Menschen lebt, ist automatisch gesund, glücklich und reich. Wenn eine Junge Seele in diesem Stadium einen anderen Menschen bestrafen oder schädigen möchte, so vollzieht sie diese Strafe in erster Linie mittels einer körperlichen Sühne: Peitschenhiebe, Einkerkerung bei Wasser und Brot, Amputation von Gliedmaßen, Todesstrafe. Je stärker der Körper eines Mitmenschen geschädigt wird, umso deutlicher empfindet die Junge Seele die verhängte Strafe als gelungen, gerecht und gültig. Ein beruhigender Ausgleich für ein Vergehen ist dann geschaffen, wenn der Missetäter oder Verbrecher körperlich versehrt wird und alle Welt dies sehen kann.

So betrachtet die inkarnierte Seele auf dieser Entfaltungsstufe auch alle Menschen, die mit einer Beeinträchtigung ihrer Körperlichkeit auf die Welt kommen, als vorab bereits durch eine höhere Instanz bestraft, zurückgeworfen auf eine frühere Stufe der Entwicklung, als Sühnebeispiel für Karma oder als Zeichen für eine Strafe Gottes, die während eines ganzen Lebens abzudienen sein wird. Eine sehr Junge Seele will mit solchen Menschen nichts zu tun haben, sie wirken allzu verunsichernd. Aber einen Kranken pflegen, solange berechtigte Hoffnung auf Genesung währt oder auch entgegen aller Wahrscheinlichkeit, kommt einem triumphalen Sieg über Leben und Schicksal gleich. Dies zeigt ihr, dass es möglich ist, selbst nach schweren Unfällen, Krebserkrankungen, Lähmungen oder physischen Beeinträchtigungen, die andere für endgültig halten, wieder ganz die Beherrschung über den eigenen Körper zu gewinnen, zu strahlender Gesundheit zurückzukehren und so zu tun, als sei nie etwas gewesen – als sei alles nur ein böser Traum oder eben ein unvorhersehbarer und auch unseliger Unglücksfall, der wie durch ein Wunder ungeschehen gemacht wurde. Aus diesem Grund glaubt eine frühe Junge Seele nur zu gern den Verheißungen von Gesundbetern, Dämonenaustreibern, Scharlatanen und Wunderheilern. Gottheiten, der Heiland oder diverse Schutzengel sollen selbst dann noch helfen, wenn menschliche Heilkunst versagt, und Wunderheilungen bewirken.

Obgleich sie ein starkes Bedürfnis haben, kranken Menschen beizustehen, wird man Junge Seelen der ersten Stufe nicht häufig dort finden, wo chronisch Kranke sich aufhalten. Das Unheilbare gilt ihnen als Fluch und Strafe oder Abkehr vom Göttlichen, zum Beispiel bei Aussätzigen. Man findet sie vorzugsweise dort, wo es berechtigte Aussicht auf Heilung und Hoffnung auf Genesung gibt, zum Beispiel im Operationssaal. An solchen Orten sind Junge Seelen hervorragend eingesetzt; sie machen Mut, spenden Zuversicht, sind diszipliniert, siegesgewiss und präzise und bieten oft selbst ein positives Beispiel für stabile Gesundheit.

Dennoch ist auch die Neigung, den eigenen Körper zu schädigen, oft erstaunlich groß, denn Seelen auf dieser Entfaltungsstufe wollen unbedingt herausfinden, wie weit sie gehen können, ohne ihr subjektives Gefühl von Gesundheit und Wohlbefinden zu verlieren. Sie setzen sich allerlei gefährlichen Abenteuern aus, sie trinken zu viel Alkohol und nehmen Drogen. Sie rauchen und vergiften sich bedenkenlos mit Chemikalien, weil sie ganz sicher sind, dass sie all dies unbeschadet überstehen werden und es keinen Grund gibt, an der Vollkommenheit ihrer Selbst- und Körperbeherrschung zu zweifeln, selbst unter widrigen Umständen. In der Tat kommen viele Junge Seelen aus Sucht- und Abhängigkeitsstrukturen durch den Einsatz ihres kraftvollen Willens und ihrer Ich-Stärke wieder heraus, denn sie wollen oft nur die Grenzen des Machbaren ausloten und ihre Körperbeherrschung erproben. Zerstörerische Tendenzen wieder in den Griff zu bekommen gehört zum Radius ihrer Erfahrung. Zu erkennen, dass sie nicht krank werden, wenn andere schon längst darniederliegen, dass sie Strahlenbelastungen unbeschadet verkraften können, ein hohes Alter erreichen trotz gewaltigen Tabakkonsums oder dass sie hervorragende Kunstwerke erschaffen können, obgleich sie ständig betrunken sind, oder fremde Länder erobern trotz Malaria oder Gelbfieber und die Erkenntnisse ihrer Forschungen siegreich nach Hause tragen können – all dies gibt ihnen die Kraft, anderen ein Vorbild zu werden an Unbeirrbarkeit und Unermüdlichkeit in der Beherrschung von Leib und Leben. Sie stehen immer wieder auf, wenn sie einmal gefallen sind, solange ihr Dasein währt. Deshalb führen sie am Lebensende auch häufig einen schweren Kampf gegen den Tod, weil sie ihn als letztendliche Niederlage in ihrem Kampf um Leben und Vitalität begreifen. Der Tod ist ihnen ein arger Feind, der am Ende über sie triumphiert, während Krankheiten bis zum Schluss immer noch als Widersacher betrachtet werden, die bei rechtem Einsatz der Methoden und Mittel besiegt werden können.

Die Grundvitalität einer Jungen Seele auf dieser Stufe ist für Menschen anderen Seelenalters faszinierend und nahezu unbegreiflich in ihrer Stärke und Unerschütterlichkeit. Vom ersten Atemzug bis zum letzten ist eine Junge Seele auf der ersten Stufe der Entfaltung machtvoll, kraftvoll und vor Lebenswillen strotzend. Was immer auch geschieht, es wird als Herausforderung für die verstärkte Ausbildung von vitalen Impulsen und Lebenskräften verstanden.

Da eine solche Junge Seele ihr Ich mit ihrer Körperlichkeit, mit ihrer Gesundheit, mit ihrer Lebenskraft gleichsetzt, gibt es für sie zwei Möglichkeiten, sich in Gesellschaft anderer Menschen wohlzufühlen. Entweder sucht sie solche, die ihr Unterstützung anbieten bei der Vervollkommnung ihres äußeren Erscheinungsbildes und ihres moralischen Perfektionsdranges, oder sie nähert sich Schwächeren, Kränkeren und weniger Vitalen, an deren Unzulänglichkeit sie sich messen und vergleichen wird und neben denen sie wie in glänzender Rüstung dasteht. »Meine Frau ist leider sehr empfindlich und anfällig, ich dagegen verfüge über eine eiserne Gesundheit, mich wirft gar nichts um« – das ist ein gängiges Muster für eine Junge Seele in diesem Stadium. Oder: »Ich und meine Frau machen gemeinsam Weltumsegelungen, wir besteigen die Achttausender, wir sind ein starkes Team, und so etwas wie Krankheit kennen wir gar nicht.«

Diese zwei Beziehungsmuster sind auch übertragbar auf gemeinsame Vorhaben beruflicher oder geschäftlicher Art oder auf das Gründen einer Familie. Die Nachkommen werden ebenfalls unterschieden nach den Kategorien »vital« oder »nicht vital«, »durchsetzungsfähig« oder »nicht durchsetzungsfähig«, »ehrgeizig« oder »nicht ehrgeizig«, »schön und stark« oder »hässlich und schwächlich«. Die Junge Seele kann nicht verstehen, wie es möglich ist, dass ein Mensch sich nicht die Mühe gibt, aus wenig viel zu machen oder aus einer Schwäche oder einem Nachteil einen Vorteil oder eine Stärke zu generieren. »Mach das Beste aus deinem Typ« ist eine wesentliche Devise für die Junge Seele in diesem Entfaltungsstadium.

In der familiären oder schulischen Gemeinschaft fallen Junge Seelen auf als Menschen, die sich für ihr Leben sehr viel vornehmen. Die Liebe spielt nur insofern eine Rolle, als der Wunsch besteht, durch eine kraftvolle körperliche Identität, die attraktiv wirkt, einen Partner erobern und bei der Stange halten zu können. Wer sein Selbstgefühl an einem makellosen, gut trainierten und gesunden Körper entwickelt oder am Besitz makelloser Schönheit, bewirkt häufig auch Neidgefühle bei weniger Begünstigten, und das gefällt und befriedigt. Denn Neid stärkt wiederum das Empfinden, dass die Junge Seele auf Stufe 1 alles richtig macht, weil sie Methoden und Techniken beherrscht, sich zu vervollkommnen, sich gegen sämtliche Schädigungen zu verwahren und alles zu verkraften.

Sofern die Mitmenschen, ob Freunde, Verwandte oder Partner, bereit sind, die gelungenen Bemühungen zu würdigen und das Erreichte zu bewundern, zeigt eine Junge Seele auch Zuneigung und Dankbarkeit. Wird diese uneingeschränkte Bewunderung aber entzogen, so wird die Junge Seele sich in der Regel abwenden und ihre Spiegelung in einem anderen Menschen oder bei einer anderen Freundesgruppe suchen, die diese uneingeschränkte Wertschätzung bereithalten. Die Junge Seele auf einer ersten Stufe der Entfaltung ist häufig Hahn im Korb, Held in einer Gruppe von ihresgleichen oder Star in den Augen der Gesellschaft. Sie will im Mittelpunkt stehen, braucht die Resonanz einer gelungen Ich-Gestaltung und der erlernten Körperbeherrschung, die eine unumstößliche Sicherheit vermittelt, mitten im Leben zu stehen und diesem Leben den eigenen Stempel nachhaltig aufdrücken zu können.

Jung 2

Entfaltungsaufgabe: *Ich gestalte meine Welt, wie es mir gefällt*
Motto: *Ich suche Stabilität*
Energien 3 + 2

Die Junge Seele auf der zweiten Stufe der Entfaltung ist von einer handlungsorientierten Einstellung zum Leben überzeugt. Sie meint: »Die Welt gehört mir. Ich bin die Welt. Ich gestalte die Welt, wie es mir gefällt.«

Auf dieser zweiten Stufe im kriegerischen Zyklus der Jungen Seele entdeckt der Mensch, dass er nicht nur auf seinen familiären Mikrokosmos, sondern auch auf seine Umwelt, auf alles, was er als seine Welt begreift, gestaltenden und verändernden Einfluss nehmen kann. So wie zuvor der eigene Körper als Aspekt eines sich herausbildenden, immer stärker werdenden Ich erkundet wurde, tritt jetzt die Vorstellung hinzu, dass die Welt vom Ich und das Ich von der Welt nicht zu trennen sind: »Mein Ich und die Welt sind eins.« Beide sind voneinander abhängig und interagieren auf kreative Weise. Die machtvolle Vereinnahmung der Welt, die damit einhergeht, befähigt einen Menschen auf dieser Stufe der Entfaltung dazu, seine Gestaltungskraft auf seine Welt, wie er sie begreift, auszudehnen.

Diese Haltung beruht auf der Energie 2; sie ist ihm als Mitglied seines Seelenvolkes eigen und prägt die Stufe 2 in jedem Seelenzyklus besonders stark. Diese zweite Stufe der Entfaltung ermächtigt den Menschen, tiefgreifend in seinen unmittelbaren oder auch weiteren Lebensbereich einzuwirken, indem er als Entdecker und Erfinder allerlei Methoden und Orte erkundet, um die Welt in seinen Herrschaftsbereich einzugliedern, sie unter seinen Einfluss und in seine Gewalt zu bringen. Ob es sich dabei um Kriegsmaschinen handelt, um Apparate, die in der Lage sind, den unmittelbaren Aktionsradius eines Menschen zu erweitern, zum Beispiel ein Unterseeboot, ein Flugzeug, irgendeine Vorrichtung, die scheinbar Unmögliches möglich macht, oder ob es sich um den Entwurf eines großen Gebäudes handelt, eines Stadions, einer Versammlungshalle, einer städtebaulichen Veränderung, oder ob es sich um eine medizinische Erfindung oder Entdeckung dreht, wie zum Beispiel die Entwicklung eines Impfstoffes oder eines Bohrers, mit dem ein Schädel geöffnet und von Druck entlastet werden kann, einer Maschine zum Herstellen von Zeitungen, zu einer Anreicherung von Uran oder die Entwicklung von Einmachgläsern, die leicht Verderbliches konservieren können – das Entdecken der Erde und die Erfindung von Objekten, die erlauben, sie zu verbessern und zu beherrschen, ist von Anbeginn vielgestaltig.

Wesentlich ist die Vorstellung, dass ein Mensch auf dieser Stufe große Veränderungen, Verbesserungen oder auch bedrohliche Eingriffe in Bezug auf seine Umwelt vornehmen kann. Erfinden und entwickeln, entdecken und verändern, diese spezifischen Eigenschaften der Energie 2, bereiten dem Seelenwesen auf der Stufe Jung 2 tiefe Freude und innere Befriedigung. Jedes Mittel scheint der Jungen Seele recht, um ihre Ziele zu erreichen, etwas Neues in die Welt zu bringen und darüber großen und nachhaltigen Einfluss auszuüben.

Das Bedürfnis, die Welt zu verändern, erstreckt sich auch auf die Veränderung von Landesgrenzen oder nationalen Einflussbereichen, auf die Möglichkeit, einen Krieg zu führen, Feinde zu unterwerfen und das eigene Machtspektrum dadurch auszuweiten, dass man ein anderes Land besetzt oder ganz in Besitz nimmt. Diese Form der Welteroberung stellt für eine Junge Seele auf dieser Stufe 2 eine große Verlockung dar. Wir sprechen hier vornehmlich von Angriffskriegen, weniger von Verteidigungskriegen.

Über eine zahlreiche Nachkommenschaft ein Lebenswerk fortsetzen – weil genügend Erben da sind, die ein großes Unternehmen, eine Firma, ein Reich, eine familiäre Tradition übernehmen – ist für eine Junge Seele auf der zweiten Stufe der Entfaltung, der künstlerischen und gestalterischen Stufe, ebenfalls eine wunderbare Möglichkeit, ihr Ich über die personale Grenze hinaus auszuweiten und auszubreiten, ihm eine Wichtigkeit, eine Bedeutsamkeit und Dimension zu verleihen, die auch über Raum und Zeit hinweg fortwirken können. Große Erfinder, mächtige Feldherrn und einflussreiche Politiker oder Firmengründer bleiben lange im Gedächtnis des Kollektivs präsent. Und das ist es, was ein erstarkendes Ich auf dieser Stufe erreichen möchte: Es will sich selbst ein Denkmal setzen.

Zu wissen, dass eine Kirche, ein Tempel, eine Arena, ein Rathaus von einem bestimmten Baumeister oder Auftraggeber errichtet wurde, der sich möglicherweise mit Namen oder Signatur in diesem Bauwerk verewigt hat, ist beglückend für eine Seele auf dieser Entfaltungsstufe. Sie will mit ihrem schöpferischen Beitrag im Gedächtnis bleiben. Wesentliches dauerhaft bewirkt und verändert zu haben ist das Ziel von Jung 2. Einfallsreichtum, Fantasie, Erfindungsgeist, der Wille zur Veränderung und eine kriegerisch-vitale Basis aller Aktivitäten sind die wesentlichen Komponenten, die diese Entfaltungsstufe bei all ihren Vertretern aufweist.

Bei dem Wunsch nach Verewigung ist noch eines zu beachten: Es geht nicht um wirklich revolutionär Neues, sondern eher um ein Zuliefern, um ein Ergänzen, nicht aber um die große ureigene, individuelle Prägung des Entdeckten und Erfundenen. So wie ein Dom viele einzelne Bauelemente, Schmuckteile, Säulen und Kapitelle oder Skulpturen aufweist, die von begabten Handwerkern geschaffen werden müssen, ist die Junge Seele auf dieser zweiten Stufe ein Mensch, der mit Freude und einem erheblichen Ausmaß an Fantasie dazu beiträgt, dass ein großes Werk entsteht. Aber der oberste Baumeister des Domes, der den gesamten Plan geschaffen hat, ist nicht im Zyklus der Jungen Seele zu finden und auch nicht auf der Entfaltungsstufe 2. Dabei handelt es sich in der Regel um eine Reife Seele auf Stufe 4. Ein guter Musiker, der kleinere Kompositionen im Stile seiner Zeit hervorbringt, ist leicht als Junge Seele auf der zweiten Entfaltungsstufe zu identifizieren, nicht aber ein großer Komponist, der wirklich etwas Neues und Nachhaltiges in die Musikwelt eingeführt hat.

Die Beziehungen einer solchen Jungen Seele sind geprägt durch eine Mehrzahl aufeinanderfolgender Partner; denn nun entsteht eine große Neugier auf den Mitmenschen, und sie will befriedigt werden. Partner können nacheinander zu Ehepartnern werden, vor allem aber handelt es sich um die Inbesitznahme von oft vermögenden Partnern. Die Zeugung einer großen Nachkommenschaft, die wiederum als Ausprägungen des eigenen Ich und als Besitz betrachtet wird, ist häufig zu beobachten. Ebenso gehören ein großer Freundeskreis, aber auch eine Anzahl fest definierter Feindschaften zu dem erweiterten Radius einer Jungen Seele auf der zweiten Stufe. Freunde und Feinde werden in Besitz genommen. Diese Beziehungen sind fest definiert, sie lassen sich gut unterscheiden. Und wenn die Verbindungen, die eine solche Seele auf der Stufe Jung 2 im Laufe ihres Lebens aufbaut, von Vorteil und von Nutzen sind und zur Erweiterung ihres Einflussbereiches beitragen können, zum Beispiel durch günstige Verheiratung der Kinder oder durch Freunde, die wiederum Freunde haben, die wiederum vorteilhafte Verbindungen knüpfen können, empfindet sie ihr Leben als durchweg gelungen. Das Ich und die Welt werden als ident empfunden. Beziehungen zu *haben* ist für eine Jung-2-Seele im wahrsten Wortsinn aufzufassen. Gute Beziehungen zu einflussreichen Leuten helfen ihr, die Welt zu vereinnahmen.

Die Liebe spielt jetzt eine zunehmende Rolle insofern, als sie das Gefühl »Ich bin in der Welt verankert. Ich habe die Welt im Griff, weil ich mich auf die Zuneigung und die Wärme innerhalb von Familie und Freundeskreis verlassen kann« in der alltäglichen Wirklichkeit überprüfbar macht. Liebe ist hier vor allem als bedingungslose Loyalität zu verstehen. Emotionale Verunsicherung wird auf dieser Ebene höchst ungern ertragen. Alles soll fest gefügt und zuverlässig eingerichtet sein.

Die religiösen Bedürfnisse einer Jung-2-Seele können folgendermaßen beschrieben werden: Auf der ersten Entfaltungsstufe sind Heilige und andere vorbildhafte Menschen noch wichtige Leitfiguren und Fürbitter. Sie gelten als verehrungswürdig, weil sie auf das verzichten, was der Jungen Seele so besonders wichtig ist, und weil sie im Verzicht und in der Askese anscheinend Vollkommenheit erlangen konnten. Die Junge Seele auf Stufe 1 pilgert gern zu Orten und Menschen, wo Wundertätiges und Vorbildhaftes geschieht. Sie betrachtet die Volksheiligen, Gurus, Derwische und Einsiedler als wesentliche Vermittler zum Göttlichen hin. Auf der zweiten Stufe des Jungen Zyklus verehrt sie immer noch ein reich bevölkertes Arsenal von Vermittlern. Aber eine oberste Gottheit, unter deren Macht alle anderen Götter stehen und die nicht mehr primär für das Einzelne, sondern für das Ganze zuständig ist, wird vorzugsweise schon in Betracht gezogen, obschon diese oberste Gottheit etwas außerordentlich Abstraktes darstellt. Die Junge Seele auf der zweiten Stufe ihrer Entfaltung kann solche Abstraktion noch nicht recht fassen, auch nicht in ihrer Anbetungspraxis. Aber sie zieht einen allmächtigen obersten Gott oder eine Göttin in Betracht und nutzt die mächtigen heiligen Fürsprecher, die einflussreichen Engel, die machtvollen Wundertäter für die Vermittlung zu diesem Unfassbaren.

Die Junge Seele auf der Stufe 2 begibt sich auf den inneren Weg zu übergeordneten und umfassenden göttlichen Vater- oder Muttergestalten (Brahma, Astarte, Baal, Isis, Gottvater der Allmächtige), die alle eine oberste Machtposition in der göttlichen Hierarchie besetzt halten und damit die Heiligen und übrigen Gottheiten zu ihren Dienern machen. Im Zweifelsfall wendet sich die Seele auf der Stufe 2 sozusagen lieber direkt an die oberste Instanz, an den Chef, der das Notwendige bewirken soll. Wenn aber der eine Chef sich als mächtiger erweist als der andere, wird er ausgewechselt – so wie ein siegreicher Feldherr vom Jupiterkult zum Christentum übertreten kann, wenn es ihm opportun erscheint. In anderen Kulturen kann auch eine Machtübergabe an einen siegreichen Gott erfolgen. Der Beste und Mächtigste gewinnt. Die Junge Seele auf Stufe 2 versteht alles Leben und Trachten und Handeln unter dem Aspekt des Wettbewerbs. Ihr Sieg bedeutet ein Wohlgefallen im Angesicht der Gottheit. Immer gibt es jetzt eine oberste Instanz, die zwar unbegreiflich bleibt, aber doch als allmächtig empfunden wird. Ihr wird ein Ich zugeschrieben, das die Welt regiert und gestaltet, ganz so wie die Junge Seele es sich wünschen würde.

Die Gesundheit eines Menschen auf der Entfaltungsstufe Jung 2 ist im Allgemeinen stabil. Die kreativen, vitalen Kräfte äußern sich in zuverlässiger Regelmäßigkeit, und die Sehnsucht, als Patriarch oder Patriarchin über ein großes Familiengefüge herrschen zu können, nimmt zu. Ein hohes Lebensalter ist also häufig anzutreffen, weil auf diese Weise die Machtausweitung des Ich in die Welt hinein länger und besser ausgekostet werden kann.

Die Zielrichtung, die eine Seele auf dieser Stufe verfolgt, besteht darin, sich die Welt und die Menschen untertan zu machen. Dazu werden alle möglichen Mittel eingesetzt, besonders gern auch die List, der Betrug, die Übertölpelung, der Überraschungseffekt, das Austricksen zum Zweck der Inbesitznahme. Die Machtausübung mittels der Kräfte von Fantasie und Intellekt wird hier vorzugsweise angewendet. Sich etwas zurechtzulegen, sich Möglichkeiten auszudenken, Strategien zu entwerfen und auf diese Weise einen Mitmenschen oder einen Mächtigen zu überrumpeln, auszutricksen, zu hintergehen, zu enterben oder auch hinterrücks durch einen Staatsstreich, einen Überraschungscoup, eine plötzlich angezettelte Revolution zu entmachten oder auch zu entfernen, sogar ums Leben zu bringen, all dies ist ein probates Mittel für Menschen auf dieser Entfaltungsstufe, um ihre ehrgeizigen Ziele zu erreichen. Rivalen werden ausgestochen, auch im wahrsten Wortsinn, um die eigenen kreativen Errungenschaften an den Mann zu bringen, sich im kollektiven Gedächtnis zu verankern, Besitz an sich zu reißen oder hochfliegende Pläne in die Wirklichkeit umzusetzen. Es geht um Vorhaben, die häufig sehr umfassende materielle und finanzielle Mittel erforderlich machen. Gelder werden zum Beispiel durch Raubzüge oder Überfälle, Ausbeutung oder große Betrugsmanöver beigebracht. Die Mittel müssen herangeschafft werden, um etwas in die Wirklichkeit umzusetzen und die Ziele des erstarkenden Ich in der Welt durchzusetzen, ohne Rücksicht auf die Belange der Mitmenschen und ungetrübt von heiklen Emotionen oder moralischen Bedenken.

Die Berühmtheit, nach der im Allgemeinen jede Junge Seele strebt, ist gleichbedeutend mit: »Ich und mein Werk, ich und mein Einfluss auf die Welt sollen gesehen werden und für alle Zeiten gelten.« Die Erfüllung dieser Wünsche äußert sich auf der zweiten Entfaltungsstufe häufig durch ein persönliches Schmuck- und Protzbedürfnis. Die Sehnsucht nach Gestaltung erfasst neben Körper und Kleidung auch den eigenen Wohnbereich, der Besitz und Macht widerspiegeln soll: »Mein Palast, mein reicher Mann, meine schöne Frau, mein Schiff, mein Park.« Die sichtbare eindrucksvolle Vereinnahmung des Materiellen ist Teil eines erweiterten Ich-Gefühls, soweit die Gegenstände auffällig und prunkvoll sind und als »mein«, »von mir«, »geschaffen von mir«, »erworben von mir« und »mich schmückend« verstanden werden. Auf solche Weise ist die Sicherheit, die eine Junge Seele braucht, um sich nachhaltig entfalten zu können, am besten garantiert. Sie will für ihre Errungenschaften bewundert und beachtet werden und erreicht so, dass sie in der kollektiven Wahrnehmung eine zentrale Rolle spielt. Die zweite Entfaltungsstufe im Jungen Zyklus führt sozusagen die Erfolgsstory des sich bildenden Ich allen Menschen deutlich vor Augen.

Wichtig ist dabei auch die Grabkultur. Diese Junge Seele hat das Bedürfnis, monumentale Grabanlagen oder Prunkgräber zu errichten, große Familiengrabstätten, die alle Zeiten überdauern sollen und in früheren Epochen auch reiche Grabbeigaben enthielten. Das entspricht dem Wunsch des noch Lebenden, die Bedeutsamkeit seines Ich möge den Tod in Form von Goldschmuck und wertvollen Grabbeigaben erkennbar überdauern. Bedeutsam sind in diesem Zusammenhang Einbalsamierungen und Totenmasken, die das Äußere des Verstorbenen für die Nachwelt bewahren können. Sich selbst ein Denkmal zu setzen ist das zentrale Bedürfnis eines Menschen auf dieser Seelenstufe.

Jung 3

Entfaltungsaufgabe: *Freunde werden Feinde, Feinde werden Freunde*
Motto: *Ich werde unternehmungsfreudig*
Energien 3 + 3

In diesem Stadium der seelischen Entwicklung verfügt die Junge Seele über eine einzigartige doppelte Krieger-Energie 3, die häufig noch ergänzt wird durch ein kriegerisches Entwicklungsziel (Unterordnen) oder einen kriegerischen Modus (Ausdauer). Diese Doppelung stattet sie mit großer Kraft, mit enormer Vitalität und einer außerordentlichen Zielgerichtetheit aus. Nie zuvor und nie hernach wird eine Seele mit einer solch gewaltigen Bündelung von Kräften ihr Leben betrachten und gestalten. Nie wieder wird sie es mit einer so intensiven Zielsetzung verbinden und mit einer bedingungslosen Bereitschaft, sich einerseits mit der Welt auseinanderzusetzen und sich andererseits für die Durchsetzung ihrer Belange zu opfern. Auf der Stufe Jung 3 besitzt eine Seele die Fähigkeit, ihre Welt tatsächlich zu beherrschen und sie sich untertan zu machen. Sie hat die Freunde, auf die sie angewiesen ist, und auch die Feinde, die notwendig sind, um die Welt in zwei überschaubare Kategorien einzuteilen. Ihr Denken und Fühlen wird von einer nachhaltigen Schwarz-Weiß-Malerei beherrscht. Alles, was die Junge Seele auf der dritten Entfaltungsstufe erstrebt und erlebt, wird sie in gut oder böse, freundlich oder feindlich, schön oder hässlich, richtig oder falsch einteilen. Erst diese Kategorisierung verleiht ihr die Kraft, sich durchzusetzen, sich selbst lustvoll zu spüren in all ihrem Machtstreben, in ihrem Bedürfnis nach Konfrontation und in ihrer bedingungslosen Willensbildung.

Ein Mensch, dessen Seele durch diese Entfaltungsstufe geprägt ist, wird schon als Kind dadurch auffallen, dass ihm niemand in die Quere kommen darf. Kein anderes Kind hat in ein Rivalitätsverhältnis mit ihm zu treten. Es geht darum, ergebene Freunde um sich zu sammeln und im Dienste dieses Bestrebens notwendigerweise gegnerische Individuen oder Gruppen als Erzfeinde zu definieren. Je nach sozialer Herkunft wird sich diese Lust an der Polarisierung in einer Rolle als Chef einer Bande, als Anführer eines Freundeskreises mit meinungsbildender Funktion oder als stilbildendes Idol einer Mädchengruppe wiederfinden – also als jemand, der die Richtung bestimmt. Einer Jungen Seele auf Stufe 3 ordnen sich stets loyalitätsgeladene und dienstbare Persönlichkeiten bei, die deren Zielsetzung bedingungslos unterstützen. Diese Junge Seele weiß, was sie will, doch sie weiß nicht, warum sie es will oder zu welchem Zweck. Innere Motivationen und Hintergründe bleiben ihr weitgehend verborgen. Sie spürt nur, dass sie ihre Vorhaben durchsetzen muss, um sich wohlzufühlen und um sich überhaupt in ihrer geballten kriegerischen Energie erfahren zu können. Diese Energie wirkt auf Außenstehende nicht selten aggressiv in dem Sinne, dass sie ohne Rücksicht auf Verluste auf ihr Ziel zustrebt; sie ist aber nicht notwendigerweise mit Aggressionen im Sinne von Gewalttätigkeit verknüpft.

Hat ein solcher Mensch einmal keine erbitterten Feinde oder Gegner und Menschen, die ihn hassen und bekämpfen, ist für ihn die Welt nicht in Ordnung. Er kann sich erst dann in seiner ganzen Kraft und Macht wahrnehmen, wenn er sich mit einem Gegner misst. Nun ist diese Entfaltungsstufe durch ihre Energiedoppelung besonders wichtig für die Junge Seele und von etwas längerer Dauer als die übrigen, denn jetzt werden in mehreren Leben karmische Verbindungen geknüpft, die in späteren Zyklen wieder gelöst werden. Deshalb erfährt das Verhältnis von Freundschaft und Feindschaft, von gegnerischen Elementen und loyalen Kräften im Laufe von drei, vier oder zuweilen gar fünf leiblichen Existenzen auf dieser Stufe einen konsequenten inneren Wandel. Die seelischen Reifungsprozesse schreiten unaufhaltsam fort. So ist die Auseinandersetzung mit einer elementaren Enttäuschung ein zentrales Ereignis für eine Junge Seele auf der dritten Stufe; nämlich dass ein Mitmensch, der über Jahre zu den treuesten Gefolgsleuten des doppelt kriegerisch geprägten Menschen gehört hat, durch eine überraschende Wende zu einem Todfeind wird. Die Junge Seele ist auf ein solches Geschehen nicht vorbereitet. Sie muss aber damit leben und fühlen lernen. Dadurch ergibt sich zunächst einmal, dass niemand so erbittert hassen, strafen und verfolgen kann wie eine enttäuschte Junge Seele auf der dritten Entfaltungsstufe. Niemand wird wie sie so rachsüchtig agieren und alles dafür tun, dass der Abtrünnige seines Lebens nicht mehr froh wird. Es ist also nicht ratsam, sich eine Seele dieses Reifungsgrades leichtfertig zum Feind zu machen, etwa durch Verrat, Betrug oder Verleumdung, durch Partei- oder Seitenwechsel. Trotzdem müssen sich andere Junge Seelen für die Interaktion innerhalb eines solchen Geschehens bereitfinden und sich selbst daran entfalten, dass sie gehasst und verfolgt werden – und diesem Zweck dient diese Erfahrung zunächst.

Ein nächster Schritt im Reifungsprozess auf dieser dritten Stufe kommt dadurch zustande, dass auch das Umgekehrte eintreten muss: In einem späteren Leben wird jemand, den man zu seinen traditionellen Feinden zählte – zum Beispiel beruhend auf Blutfehden, ethnisch begründeten Abstoßungen oder unterschiedlichen religiösen Werthaltungen, ein Feind also, den man in seiner Rolle gesichert glaubte –, sich als viel freundlicher und freundschaftlicher herausstellen, als man vorher festgelegt hatte. Dieser Mensch wird oft sogar durch eine Entscheidung, die eine Junge Seele innerlich verwirrend empfindet, zu einem ihrer Anhänger oder zum loyalen Genossen. Doch erst am Ende des letzten Lebens auf dieser Stufe kann tatsächlich ein ehemaliger Feind zum treuen, hingebungsvollen persönlichen Freund werden. Solche Freundschaft beruht dann auf wahrhaft menschlicher Nähe und seelischer Verbundenheit. Sie wird zum ersten Mal im gesamten Inkarnationszyklus als gültige, dauerhafte Ausdrucksform von Liebe empfunden.

Selbstverständlich gibt es noch andere Herausforderungen für eine Junge Seele auf dieser dritten Entfaltungsstufe. Sie beruhen zum großen Teil auf der überwältigenden körperlichen Vitalität, die einen solchen Menschen von der Jugend bis ins hohe Alter durchs Leben trägt. Erhebliche Widerstandskraft gegen Gefahren und Krankheiten zeichnet diese Entfaltungsstufe aus. Die damit einhergehende Verächtlichkeit schwächeren und anfälligeren Menschen gegenüber gehört zur Ausstattung einer solchen Jungen Seele. Sie steht in der Blüte ihrer Körperlichkeit. Nie wieder wird sie sich in ihrem beseelten Leib so wohl und heimisch fühlen wie in diesem Stadium. Daher möchte sie weder ihrem Verfall noch ihrer Endlichkeit ins Auge schauen. Sie ist sich gewiss, dass alles sich wandelt außer ihr selbst, dass alle Menschen sterben müssen, doch sie möglicherweise nicht. Diese Illusion wird auch die restlichen Entfaltungsstufen der Jungen Seele in mancherlei Abwandlung beherrschen. Jedenfalls kann sie sich eine Fantasie von ihrem eigenen Ende nicht leisten, denn sie muss sich ihrer körperlichen Stabilität und ihrer kraftvollen Vitalität stets gewiss sein, um zielorientiert agieren zu können. Differenzierte Gefühle spielen eine weitgehend untergeordnete Rolle, sofern es sich nicht um besonders glühenden Hass oder die wohlige Wärme einer Geborgenheit im Familienkreis handelt.

Die körperliche Ausstattung bei männlichen und weiblichen Vertretern dieser Gruppe entspricht in der Regel einer wohlgeformten, muskulösen Erscheinung und wird stets als strotzend vor Gesundheit empfunden. Der Mensch hat einen erheblichen Bewegungsimpuls und eine gesteigerte Lust an rivalisierenden Kämpfen, ob im Krieg an vorderster Front oder in Extremsportarten, in der Eroberung eines passenden, ebenso gesunden Partners oder in der Erziehung der eigenen Kinder zu kräftigen, lebenstüchtigen und mutigen Menschen. Eine in den Augen älterer Seelen unbekümmerte Gefühlsarmut hilft einer Jungen Seele auf der dritten Stufe, Ziele anzupeilen, die anderen nahezu unerreichbar erscheinen. Sie kann sich an die Spitze einer Partei oder Firma kämpfen, auch unter widrigsten Voraussetzungen. Und wenn anfangs keine Rivalität – zum Beispiel im Kollegenkreis oder unter den Kampfgenossen – herrscht, so wird sie irgendwann gezielt herbeigeführt, damit die Junge Seele sich sinnvoll entfalten kann.

Innerhalb der eigenen Familie, die genauso wie bereits auf den ersten beiden Entfaltungsstufen der Jungen Seele als verlängerter Arm der eigenen Existenz verstanden wird, kann es nun ebenfalls zu großen, schmerzhaften Feindschaften und Loyalitätskonflikten kommen. Denn hat eine Junge Seele einen Sohn, eine Tochter, die dem eigenen Ideal nicht entsprechen oder ihm sogar massiv entgegenstehen, zum Beispiel weil sich in ihnen wesentlich ältere, zartere Seelen verkörpern, werden sie verachtet, angefeindet, enterbt und erbittert bekämpft. Innerhalb eines größeren Familienclans werden einerseits Lieblinge auserkoren, andererseits auch solche, die durch Liebesentzug hart bestraft und ausgegrenzt werden müssen. Der erworbene Einfluss, das Vermögen und die Position im Leben sollen an denjenigen Menschen weitergegeben werden, der dem Erblasser am ähnlichsten erscheint. Dies ist oft ein Neffe oder eine weiter entfernte Verwandte. Der passende Nachfolger ist nicht immer unter den eigenen Kindern zu finden. Die Vorstellung, das Erworbene erfolgreich weiterzugeben – ganz gleich ob es ein Reich oder eine Firma oder ein Haus ist –, ist jedoch befrachtet von der heimlichen Illusion, dass eine solche Weitergabe oder Vererbung niemals stattfinden wird, denn eine Junge Seele auf der dritten Stufe kann, wie gesagt, ihr eigenes Ende nicht in Betracht ziehen und vermacht sozusagen nur vorläufig einmal ihren Besitz einer bestimmten Person. Sie tut es, um sich diese gefügig zu machen, sich ihrer Loyalität zu versichern und um klarzustellen, dass jedes Vergehen gegen die versprochene Treue, jede Kritik, jede kleinste Manifestation eigenen Willens durch erbitterten Hass und Enterbung vergolten werden.

Eine Frau oder ein Mann auf dieser Entfaltungsstufe rechnet mit hundertprozentiger Loyalität auch des Ehepartners. Sobald sich der Schatten eines Zweifels an der Treue einschleicht, wird diese Person abgestoßen wie eine verbrauchte Reptilienhaut. In den Ländern der westlichen Welt wird der abtrünnige Partner auch oft durch böse Scheidungskriege oder Intrigen bestraft. Unter Loyalität versteht eine solche Junge Seele eine absolute Hingabefähigkeit an die eigenen Ziele, ein gehorsames Abnicken und unterwürfiges Verhalten, das weitgehend von der Angst vor Bestrafung diktiert wird. Man will den machtvollen, kraftvollen, reichen und mächtigen Partner nicht erzürnen; man möchte ihm lieber zu Willen sein, statt ihn herauszufordern und sich einen gefährlichen Feind zu machen. Wenig genügt, um diese Wende dann doch eintreten zu lassen, denn selbstverständlich hat ein Partner, der Jahre oder Jahrzehnte dem Diktat des Übermächtigen gehorcht hat, durchaus auch eigene Entfaltungsbedürfnisse, die auf Dauer einer solch unterwürfigen Haltung widersprechen können.

Die Spiritualität einer Jungen Seele auf der dritten Stufe ist geprägt von der Vorstellung, dass religiöse oder weltliche Gesetze und Vorschriften bedingungslos eingehalten werden müssen. Dadurch wird ein Treuepakt mit der Gottheit oder dem König des Götterhimmels geschlossen, der auf absolutem Gehorsam beruht. Solch ein Pakt wird als beidseitiges Abkommen verstanden, nicht in erster Linie als abhängiges

Lehensverhältnis. Er beruht auf einer jungseelenhaften Vorstellung von Gleichheit: »Wie du mir, so ich dir. Wenn ich deine Gebote halte, bist du mir verpflichtet.« So denkt und fühlt die Junge Seele auf dieser dritten Stufe und kommt damit sehr weit, denn sie hat in aller Regel ein ausgesprochen reines spirituelles Gewissen.

Religiöse Pflichten werden mit großer Selbstverständlichkeit erfüllt, die Opfer dargebracht, die Gebete gesprochen. Vergehen werden gerächt. Die eigene Familie wird in das System hineingezwungen. Sogar die Untergebenen oder Angestellten sollten tunlichst dieselbe spirituelle oder religiöse Einstellung haben. Kinder dürfen nicht ausscheren, weil sie als Diener der eigenen Pflichterfüllung betrachtet werden, als Vasallen sozusagen, die nicht in Handlungskonflikt mit dem eigenen Bedürfnis nach religiöser Beziehungstreue kommen dürfen. Daher sind Junge Seelen auf dieser Stufe häufig Oberhäupter religiöser Gruppierungen. Sie haben das Heft fest in der Hand, sind verlässliche, wenn auch strenge Leiter von sektenartigen Bewegungen, auch große und eindrucksvolle Prediger, denn sie haben ihrem Empfinden nach einen missionarischen Auftrag und stimmen damit ihre Gottheit in dem Sinne gnädig, dass sie ihr neue Gefolgsleute zutragen, die den Machtbereich der Transzendenz erweitern.

Monotheismus[27] biblischer oder bibeltreuer Prägung eignet sich in besonders erfolgreicher Weise für die Auseinandersetzung der Jungen Seele mit Treue und Verrat gegenüber der Gottesgestalt. Ihre Rachebedürfnisse und die Strafneigung des eigenen inneren Systems werden eins zu eins auf die personal vorgestellte Figur der obersten oder einzigen Gottheit übertragen. Es ist der Jungen Seele auf der dritten Entfaltungsstufe nicht vorstellbar, dass diese anders handeln und wirken könnte als sie selbst. Ein gnadenvoller Gott der Vergebung hat hier keinen Ort.

Diese Junge Seele sorgt im Rahmen der sie umgebenden Gesellschaft für Führungsqualität, für anspruchsvolle Gemeinschaftswerte, für Gerechtigkeit und Ausgleich und gewisse Aspekte von Bedingungslosigkeit innerhalb menschlicher Beziehungen. Sie ist vielen ein Vorbild, was die Zuverlässigkeit und Nachhaltigkeit von Einstellungen betrifft. Ihr Handeln wird von unumstößlichen Prinzipien bestimmt. Sie ist in der Lage, Konflikte aufzudecken und auszutragen in einer häufig mutlosen oder resignierten Umgebung. Dadurch bringt sie eine ausgesprochen positive Ausrichtung in erstarrte und enttäuschte Bevölkerungsgruppen. Die Politik einer solchen Seele ist auf ein hohes Selbstgefühl von Nation oder Partei gerichtet. Der Stolz auf das eigene Land, der in Gesellschaften, die einen relativ großen Anteil an Reifen und Alten Seelen beinhalten, nicht selten abhandengekommen ist, weil zu viel relativiert und verziehen wird, kann durch eine Führungsfigur dieser Art wieder aufgebaut werden. Sie verfügt über eine Durchschlagskraft, die Bedrohungen und Feinde fernhält, sofern sie nicht als notwendiges Objekt der Auseinandersetzung auftreten. Eine Gesellschaft mit einem großen Anteil Junger Seelen, und unter diesen wiederum einem auffällig hohen Prozentsatz der dritten Entfaltungsstufe, wird im Wirtschaftsleben, in der Forschung, im Vorantreiben wichtiger politischer und allgemeiner gesellschaftlicher Ziele eine große und nachhaltige Rolle spielen. Junge Seelen auf der dritten Stufe lassen sich nicht vorschnell entmutigen. Sie haben eine gewaltige Ausdauer im Verfolgen ihrer langfristigen Ziele und lassen nicht zu, dass jemand ihnen ihre Fernziele zerstört.

Jung 4

Entfaltungsaufgabe: *Verzicht auf Rache erzeugt Gerechtigkeit*
Motto: *Ich ernte die Früchte*
Energien 3 + 4

In dieser Phase der Entfaltung verbindet sich die Energie 3 einer Jungen Seele mit der Stufe 4, die von einer ruhigen, bedächtigen Gelehrten-Energie geprägt ist. Der Überschwang, aus dem heraus die Junge Seele auf der dritten Stufe lebte und handelte, wird auf der vierten Entfaltungsstufe gemildert durch einen ersten Impuls, »vernünftig« zu agieren und zu reagieren. Auf der vierten Stufe will die Junge Seele nachdenken, bevor sie etwas Folgenreiches unternimmt. Was sie getan hat, möchte sie überprüfen und überdenken. Das Ziel dieser Bemühung ist es zu lernen, auf Rache zu verzichten, um eine neuartige Form von Gerechtigkeit zu erleben.

Der kriegerische Überschwang der Doppeldrei, der auf der vorangegangenen Stufe alles Sein, Denken, Fühlen und Handeln regierte, wird nunmehr durch die notwendige und logische Anwendung der Gelehrten-Energie relativiert und gemildert. Die Energie 4 ist eine Energie des Lernens und Lehrens. Die Junge Seele zieht nun eine erste Bilanz aus den ersten drei Entfaltungsstufen und lernt aus ihnen, dass sich Rache, Vergeltung, die Einteilung in Freund und Feind, in Gut und Böse nicht so unbesehen wie in früheren Leben aufrechterhalten lassen. Sie lernt zu relativieren aus der Einsicht heraus, dass Racheakte sich nicht immer lohnen, dass Rache oft wiederum Rachereaktionen auslöst, dass die Gewalt kein Ende nimmt und daraus ein andauerndes Kampfgetümmel entsteht, das bei genauem Hinsehen niemandem mehr wirklich Vorteile einbringt.

Eine Junge Seele ist allerdings grundsätzlich auf ihren Vorteil bedacht. Ihr Ich und seine Interessen stehen auch in dieser Phase weiterhin im Mittelpunkt. Sie will ihre Kräfte für Sieg und Erfolg einsetzen. Ihre Bemühungen sollen durch ein reichlich ausgestattetes materielles Leben belohnt werden. Rache jedoch kann gerade diese Ziele häufig nachhaltig behindern. Die Junge Seele auf der vierten Stufe lernt daher nach und nach, auf Racheakte zu verzichten, weil die Folgen dieser heftigen emotionalen Impulse nicht mehr vorteilhaft sind. Sie ist im Übrigen mit einem neuartigen Gerechtigkeitsempfinden ausgestattet, das mit fortschreitender seelischer Reifung an die Stelle des vorher unwiderstehlichen Bedürfnisses nach Rache tritt. Ausgleich, Gerechtigkeit und ein langfristiger Gewinn fühlen sich zukunftsträchtiger und angenehmer an als spontane Vergeltung und befriedigen die Vorstellung, dass eine Seele auf dieser Stufe zu ihrem eigenen Vorteil aus der Vergangenheit etwas lernen kann. Deshalb werden Junge Seelen in zunehmendem Maß und im Laufe mehrerer Leben auf dieser vierten Stufe ausgezeichnete Lehrer, wenn es darum geht, Selbstbeherrschung zu üben, Disziplinleistungen zu erbringen, sich zusammenzunehmen und nicht jedem Impuls nachzugeben. Deshalb findet man sie häufig als Ausbilder beim Militär, als vorbildliche Sporttrainer, als Menschen, die anderen beibringen können, wie sie durch eine Kanalisierung und Beherrschung ihrer oft im Jugendalter besonders explosiven Energien ein großes oder fernes Ziel erreichen können, um daraus letztendlich mehr Befriedigung zu ziehen, als wenn sie auf unmittelbare Bedürfnisbefriedigung aus wären.

Der Verzicht auf Rache bedeutet auch, dass eine Seele auf dieser Entfaltungsstufe beginnt, den Gegner in seiner feindseligen Position zu würdigen und in gewisser Weise zu respektieren. Zum ersten Mal im Laufe der seelischen Entwicklungsgeschichte darf ein Mitmensch in eng begrenzten Maßen so sein, wie er sein will, selbst wenn dieses Sosein und

Anderssein als gegnerisch, feindselig oder rivalisierend erlebt wird. Im Gegenteil, die Achtung des Gegners oder Feindes spornt die Junge Seele jetzt in besonderer Weise an, erfolgreicher oder mächtiger zu werden, ohne den Feind für die Erfüllung dieses Zweckes vernichten zu müssen. Besonnenheit tritt an die Stelle impulsiver Reaktion.

Loyalität und Kameradschaft spielen auch hier – wie während des gesamten Jungen Zyklus – eine bedeutsame Rolle. Aber die Junge Seele auf der vierten Stufe beginnt zu begreifen, dass ein prinzipiell treuer Mensch wechselnde Loyalitätsbeziehungen pflegen kann und dass es durchaus verständlich ist, wenn jemand im Laufe eines jahrzehntelang währenden Lebens zu Einsichten kommt, die ihn dazu bewegen, seine Meinung zu ändern oder die Seite zu wechseln. Das bedeutet, eine Junge Seele auf der vierten Stufe gesteht sich selbst und ihren Mitmenschen Lernprozesse und neue Einsichten zu, selbst wenn diese das gewohnte Gefüge von Treue und Ehre infrage stellen.

Die körperliche Vitalität bleibt weiterhin nahezu unbeeinträchtigt. Sie befähigt Menschen, übergroße Strapazen auf sich zu nehmen, wenn sie aufgrund ihrer Seelenalterstufe als Forscher, Entdecker, Kapitän oder Soldat über die Grenzen der durchschnittlichen Leistungsfähigkeit hinauswachsen. Eine Junge Seele auf der vierten Entfaltungsstufe vermag im Dschungel zu überleben, beschwerliche Reisen zu unternehmen (zum Beispiel als Astronaut), um neues Wissen und großartige Erkenntnisse zu sammeln. Sie kann im Verbund mit ihren Kampfgenossen unbekannte Wüsten durchqueren oder im Namen eines großen Ziels Hunger, Durst und Gefahren trotzen. Die Fähigkeit einer Jungen Seele auf der vierten Stufe, extreme Herausforderungen zu bewältigen, beruht darauf, dass sie in der Lage ist, aus der gesammelten Erfahrung ihre Lehren zu ziehen und Strategien zu entwickeln, wie ein Mensch enorme Anstrengungen oder Fährnisse bewältigen kann, ohne daran zugrunde zu gehen. Die ersten Entfaltungsstufen der Jungen Seele waren hingegen dadurch gekennzeichnet, im Überschwang ihrer Kriegerkräfte die Bereitschaft zu entwickeln, jeden Sieg aus eigenen Mitteln zu bestreiten, ohne auf Traditionen oder Erfahrungen zurückzugreifen. Die frühe Junge Seele empfindet es als Niederlage oder Demütigung, Lehren anderer Menschen annehmen zu müssen und aus ihnen zu lernen. Das ändert sich auf der vierten Entfaltungsstufe: eigene und kollektive Erfahrungen werden zu Hilfe genommen und mutig eingesetzt.

Die partnerschaftlichen Bedürfnisse einer Jungen Seele auf der vierten Stufe mit ihrer Gelehrten-Energie sind auf langfristige monogame Beziehungen gerichtet. Die Vierer-Energie in ihnen braucht ein erhebliches Maß an Stabilität und emotionaler Verlässlichkeit. Sie wird durch Krankheiten und Todesfälle von Kindern und Ehegatten oft auf Jahre zerstört und aus den Angeln gehoben. Die Notwendigkeit, sich auf stabile und lang andauernde Verbindungen verlassen zu können, um der kriegerischen Grundenergie zu ihrem ureigenen, energetisch passenden Ausdruck zu verhelfen, ist durch die elementare Unzuverlässigkeit von Schicksal und Weltgeschehen allerdings stets infrage gestellt. Doch auch das lernt die Seele auf dieser Stufe: sich nicht mehr an sich selbst oder an den Mitmenschen zu rächen für das, was allein ein »feindseliges« Schicksal verschuldet hat.

Die Verbindung zur Transzendenz, zu den oftmals als willkürlich und unbegreiflich empfundenen Mächten des Schicksals, die mit dem unergründlichen Walten Gottes gleichgesetzt werden, führt zu verbitternden innerlichen Kämpfen. Denn die Junge Seele auf der vierten Stufe beginnt wider Willen Abschied zu nehmen von einem Gottesbild, das allwissend und omnipotent ist, von einer Gottheit, die zuvor als verlässliche Schutzmacht empfunden wurde, weil man einen Pakt mit ihr geschlossen hatte. Angesichts der unkontrollierbaren Ungerechtigkeit des Lebens, die eine Junge Seele stärker als ältere Seelen empfindet und die nicht passen will zur Vorstellung von einem personalen Gott, der zuverlässig für alles zuständig ist und für alles zu sorgen hat, wenn man nur seine Vorschriften einhält, könnte eine Junge Seele auf der vierten Stufe schier verzweifeln. Die Ungerechtigkeit des tatsächlichen Erlebens tritt in Widerspruch zu dem, was der Gottheit an Fähigkeiten und Möglichkeiten zugeschrieben wird. Somit wird das Göttliche jetzt zu einem undurchschaubaren Wesen, das aus reiner Willkür die Welt lenkt, dessen Motivation zu segnen oder zu strafen auf immer undurchschaubar bleibt. Die Seele auf der vierten Stufe des Jungen Zyklus begreift ihren Gott auch nicht mehr als eine Instanz, die man mittels Opferhandlungen, Ritualen oder streng eingehaltenen religiösen Gesetzen in Schach halten, befrieden oder befriedigen kann. Was auch immer man tut, man kann einer Bestrafung nicht mit Sicherheit entgehen. Die existenzielle Warum-Frage wird jetzt immer häufiger gestellt, findet aber kaum eine Antwort. Die Frage verhallt sozusagen im »Wind der Transzendenz«. Das Echo schallt zu der Jungen Seele auf der vierten Stufe als ein unverständliches Rauschen zurück. Sie ist jetzt also mehr und mehr allein und im Leben auf sich gestellt. Diese innere Isolation verliert sich in Teilbereichen wieder auf der fünften Entfaltungsstufe.

Die faktisch kontrollierten und meist diszipliniert unterdrückten Rachebedürfnisse werden zunächst noch auf die Omnipotenz des Göttlichen verlagert. Die Junge Seele auf der vierten Stufe geht davon aus, dass alles, worauf sie selbst zur Vergeltung verzichtet, von einer höheren Instanz als Pflichtaufgabe übernommen und erledigt wird, sodass Feind, Gegner, Rivale und gesetzloser Bösewicht dereinst in der Hölle schmoren werden. Die entscheidende Wende vollzieht sich darin, dass die Junge Seele auf der vierten Stufe nicht mehr davon überzeugt ist, diese Bestrafungen selbst vornehmen zu müssen. Viele strenge Richter, Vollzugs- und Verwaltungsbeamte oder sonstige Funktionäre der Legislative sind unter diesen Jungen Seelen auf der vierten Stufe zu finden, denn sie suchen inneren Halt in der offiziellen Gesetzgebung. Sie können sich jederzeit auf juristische Vorschriften der Strafe und Sühne berufen, ohne dass sie sich selbst mit ihren privaten und persönlichen Gefühlen dafür verantwortlich sehen müssen.

Alles in allem walten jetzt Besonnenheit, Bedächtigkeit und vernünftiges Überlegen anstelle der Impulsivität einer noch jüngeren Seele. Die Bereitschaft, aus Fehlern zu lernen und sie auch anderen ersparen zu wollen, führt jedoch zu einer veräußerlichten Moral, die penibel darauf achtet, dass andere sich ebenfalls weder gehenlassen noch ihren spontanen und natürlichen Impulsen nachgeben. Die Zucht und Ordnung, die eine Junge Seele auf der vierten Stufe von sich selbst und ihren Mitmenschen verlangt, wird ihnen nicht immer gerecht, sondern dient der gesellschaftlichen Sicherheit und ihren Bedürfnissen nach Geborgenheit. Auch ihre Sexualmoral ist sehr ausgeprägt und mit zahlreichen Geboten oder Verboten befrachtet. Hier geht es – wie bei dem unterdrückten Rachegefühl – um die Zähmung ungeordneter Triebe, Bedürfnisse und Impulse. Alles, was nicht den selbst entworfenen Regeln entspricht, wird durch gesetzliche oder moralische Vorschriften geordnet und mit Sündenstrafen und Buße belegt. Die Verachtung für jene, die sich anders verhalten, als die Junge Seele auf der vierten Stufe es für richtig, gerecht und ordnungsgemäß hält, ist erheblich. Körperliche Züchtigung bei Vergehen gegen diese Ordnung wird als konstruktiv und notwendig erachtet. Doch die juristische Bestrafung eines moralischen Vergehens mit Kerker oder Schwert ist nicht mehr recht verträglich mit den Vorstellungen dieser Seele von einer göttlichen Gerechtigkeit und einem Ausgleich des irdischen Bösen im Jenseits.

Jung 5

Entfaltungsaufgabe: *Ich nehme mein Leben in die Hand*
Motto: *Ich werde unruhig*
Energien 3 + 5

Die Entfaltungsstufe Jung 5 verbindet eine fortgeschrittene Krieger-Energie 3 mit dem Bedürfnis der Weisen-Energie 5 nach persönlicher Veränderung und sozialer Anerkennung. Sie entwickelt eine zunehmende Autonomie und ein erhebliches Vertrauen in ihre eigenen Kräfte.

Menschen mit diesem Seelenalter werden in einen oft fest definierten und geradezu zementierten gesellschaftlichen Zusammenhang hineingeboren, in eine Kaste, eine Zunft, eine Berufssparte, einen Stand. Spätestens mit der Pubertät empfinden sie einen unwiderstehlichen Drang, sich aus den Regelwerken dieser Herkunftsgemeinschaft in irgendeiner Form zu befreien und ihr Leben selbst in die Hand zu nehmen. Zum ersten Mal im gesamten Inkarnationsablauf fühlen sie sich genötigt, einem Impuls zu folgen, der einer sozialen Ausdehnung der mittlerweile gewonnenen Ich-Stärke dient. Das gefestigte Identitätsgefühl, das während der bereits durchlaufenen Leben im Zyklus der Jungen Seele erschaffen wurde, bekommt nun die Gelegenheit, sich über den Raum des Herkunftsmilieus hinauszustrecken, sich zu weiten und neue Einflussgebiete zu erobern. In aller Regel handelt es sich dabei nicht nur um ein Ausbrechen aus dem alten sozialen Kontext, sondern vor allem um einen gesellschaftlichen Aufstieg. Doch auch das Gegenteil ist zuweilen zu beobachten, nämlich ein mit kriegerischer Willenskraft verknüpftes absolutes Durchsetzungsvermögen, das darauf besteht, auch einen gesellschaftlichen Abstieg zu wagen. Dabei kommt es dem Menschen auf dieser seelischen Entfaltungsstufe nur darauf an, sich nicht mehr um die Belange und Vorschriften seiner Ursprungsgemeinschaft zu kümmern, sondern sie abzulehnen, auszubrechen, einen Wandel einzuleiten – nach oben oder nach unten – und sein Leben selbst in die Hand zu nehmen.

Die Vorstellung, die eine Junge Seele auf der fünften Stufe mit dieser Haltung verbindet, basiert auf den Erfahrungen der ersten vier Stufen. Sie hat die Geborgenheit in einer unhinterfragten Gemeinschaft, Familie, Gesellschaftsordnung oder in einem festgefügten, religiös geprägten Kontext erfahren und spürt nun einen Trieb, der ihrer Krieger-Energie 3 als Junger Seele entspricht, ein existenzielles Risiko einzugehen und auszuprobieren, wie es gelingen kann, in der Fremde – und damit meinen wir alle Arten von etwas Fremdem – ein gelingendes und gelungenes Leben zu führen. Dieses Ausbrechen kann sich in den unterschiedlichsten Varianten gestalten. Der Müllerbursch aus dem Märchen zieht aus, um Abenteuer zu bestehen, und kehrt erfolgreich heim, aber als ein Anderer, Veränderter. Er gehört nicht mehr dorthin, wo sein Elternhaus steht. Oder jemand, der in einem frommen christlichen Haushalt aufwuchs, sich in seiner zweiten Lebenshälfte aber zum Oberhaupt einer westeuropäischen buddhistischen Gemeinschaft entwickelt; einer, der aus ärmlichen Verhältnissen stammt und wie vom Tellerwäscher zum Millionär einen materiellen Aufstieg erlebt, der seinesgleichen sucht; aber auch eine Frau, die aus dem Hochadel stammt und sich irgendwann verarmt und von ihren Standesgenossen geächtet in einem Altenheim wiederfindet, weil sie die Regeln ihrer Familie nicht befolgt, sondern »nach unten« geheiratet hat und deshalb enterbt wurde. Vielerlei Möglichkeiten gibt es hier, den ursprünglichen sozialen Kontext zu verlassen, eine wesentliche Wende im Leben zu erfahren und wie durch ein Wunder sich ganz plötzlich in einer neuen Lebenslage wiederzufinden – also nicht linear wie bei der Jungen Seele 3, die zu Macht und Reichtum durch Ehrgeiz und eigene Anstrengung kommt, sondern fast durch Zufall oder Schicksal. Die Junge Seele auf der Stufe 5 findet sich wie zufällig in einer Gesellschaftsschicht wieder, die ihr zunächst fremd ist, in der sie sich jedoch alsbald heimisch macht. Auch ein großer Lottogewinn kann einen solchen Sprung ermöglichen oder der Absturz der Börse, der einen reichen Menschen zum Sozialhilfeempfänger macht, oder das Schicksal einer Prinzessin, deren Vater vom Thron gestürzt wird und die sich auf der Flucht als Dienerin verkleiden muss und nach diesem sozialen Absturz nicht wieder in ihr altes Leben zurückkehren kann.

Wir könnten euch viele Beispiele nennen, in denen ein Lebenslauf mit einer plötzlichen Unterbrechung eine Wende nimmt, die von außen betrachtet auf einem Zufall zu beruhen scheint, innerlich jedoch der Gesetzmäßigkeit einer Jung-5-Seele folgt, sich von vertrauten Strukturen zu lösen und das Leben selbst in die Hand zu nehmen. Dies ist mit dem Empfinden verbunden, dass sie sich mit der Absolutheit ihrer Zielsetzung, ihrer Willenskraft und Vitalität neue Bereiche schaffen kann, in denen sie sich auf unerwartete Weise entfaltet und den Zwängen der Vorschriften und Regeln entgehen kann, die ihr von ihrer Herkunft ursprünglich gesetzt wurden. Eine Junge Seele auf der Entfaltungsstufe 5 verfügt noch nicht über die starke Fähigkeit zur Empathie, die ihr ermöglichen würde, sowohl ihr eigenes Leben als auch die Existenzbedingungen ihrer Mitmenschen mitfühlend zu betrachten. Deshalb sieht sie ihren Aufstieg oder Fall als etwas Schicksalhaftes, etwas Gegebenes.

Ein solcher Lebenswandel hat etwas Märchenhaftes. Aschenputtel wird Königin, der Prinz wird verhext und ist plötzlich ein Frosch. Angeblich können sie nichts dafür. Eine Junge Seele übersieht damit, dass sie den Wandel in ihrem Leben zwar nicht mit Einfühlungsvermögen, wohl aber mit einer gewaltigen Portion unbewussten Wollens und einem kriegerischen Wunsch nach Veränderung herbeigeführt hat. Von Bedeutungslosigkeit zu dauerhaftem Ruhm, vom Leben in einer Hütte zu einer prachtvollen Existenz im Palast, von einer Familie, in der niemand lesen oder schreiben kann, zum international bekannten Wissenschaftler, nach dem Tod des Ehemanns plötzlich eine Begabung entwickeln und eine bekannte Malerin zu werden – einfach Zufall. Ins Bewusstsein dringt nur: »Ich habe großes Glück gehabt, ich wurde entdeckt, jemand hat mir ein Stipendium vermittelt, mich adoptiert, mich gefördert.« Dass aber diese Entdeckung, diese Beglückung, dieses Beschenktwerden mit der Ausstrahlung der betreffenden Person zusammenhängt, mit ihrer inneren Gewissheit, dass ihr etwas anderes zusteht, als alle glauben, bleibt im Verborgenen. Auch im umgekehrten Fall, bei einem unerwarteten sozialen Abstieg, sind es stets die äußeren Umstände – ein Krieg, ein Putsch, die Wirtschaftslage, eine Krankheit –, die den Wandel verursacht haben. Die Junge Seele auf der fünften Entfaltungsstufe kann sich nicht vorstellen, dass sie selbst irgendetwas zu ihrer Situation beigetragen hat. Auf jeden Fall macht sie stets das Beste daraus, wenn sie aus äußeren Gründen ins Unglück gestürzt wurde.

Von einer gesellschaftlichen Schicht in die andere überzuwechseln ist nun keineswegs leicht, selbst wenn die materiellen Segnungen überreichlich fließen. In den Adel einzuheiraten bedeutet noch lange nicht, von ihm anerkannt zu werden. Ein Neureicher wird sich unter Altreichen niemals wirklich willkommen fühlen oder heimisch machen. Er wird sich vornehmlich mit anderen Neureichen zusammentun, die genau wie er nicht recht wissen, wie man mit dem vielen Geld umgehen soll. Ein Mensch, der ohne Bildungschancen aufwachsen musste und mit Hilfe einer Spezialbegabung eine große Entdeckung macht oder wissenschaftliche Forschungsergebnisse erzielt, wird sich von seiner Herkunftsfamilie weitgehend lösen müssen, um überhaupt in dem neuen Umfeld zurechtzukommen und sich selbst in seiner Identität definieren zu können. Auf dieser Entfaltungsstufe gilt immer nur eines: Anfangs war es so, jetzt ist es plötzlich völlig anders. Und eine Erklärung dafür zu finden fällt schwer. Viele falsche Kausalitäten werden angeführt, um zu beschreiben, was da passiert ist. Der Mensch auf dieser Entfaltungsstufe empfindet das Ganze einfach als ein Glück oder zuweilen auch als Pech. Erst gegen Ende seines Lebens wird er das Gefühl entwickeln – und sogar erst am Ende dieser Entfaltungsstufe Jung 5 –, dass er selbst es war, der mit dem unbedingten Willen zur Veränderung und einem eindrucksvollen Mut zum Risiko sein Leben in die Hand genommen hat, ohne sich um die Regelwerke zu kümmern, die seine Vorfahren, sein Stand oder seine Kaste für ihn aufgestellt hatten.

Die Beziehungen einer solchen Seele sind ganz in den Dienst des Aufstiegs gestellt – oder zuweilen auch des Falls aus großer Höhe. Einen Partner zu finden, der einen gesellschaftlichen oder materiellen Aufstieg ermöglicht, ist für eine Junge Seele auf der fünften Stufe von großer Bedeutung. Der Gärtner, der die Prinzessin heiratet, oder der Fitnesstrainer, der zum Prinzgemahl aufsteigt, sind hier als Beispiele zu verstehen. Eine Ehe, die nach oben zieht, ist im ersten Leben auf dieser Stufe und auch im letzten von hohem Interesse. Aber im zweiten oder dritten Leben will auch die andere Variante, nach unten zu heiraten und damit auf vieles vom Gewohnten zu verzichten, gelebt werden. Die Vorstellung, mit einem reichen Partner von hohem Stand Kinder zu haben – ganz gleich ob es eine Frau oder ein Mann ist, der diesen Aufstieg ermöglicht –, sichert einer Jungen Seele auf der fünften Stufe eine Nachkommenschaft, die sich in der höheren Gesellschaftsschicht fest etablieren kann. Und über diese Nachkommen definiert sich die Junge Seele in ihrem Beziehungsgefüge. Sie wird dann alles dafür tun, dass Kinder und Enkel die bescheidene Herkunft ihres Vorfahren verleugnen und vergessen. Sie wird die Herkunftsfamilie möglichst geheim halten oder die Bande zu ihr kappen.

Der Stolz auf das Erreichte trägt ab dem jungen oder mittleren Erwachsenenalter die gesamte Person. Sie geht mit geschwellter Brust durchs Leben. Sie versucht, das noch fremde Regelwerk zu ergründen, um zu verstehen, wie die Menschen handeln, denken, fühlen und funktionieren, die sie in ihrer neuen Welt umgeben, und welche Bedingungen beachtet werden müssen, um dort aufgenommen oder zumindest nicht ausgegrenzt oder verlacht zu werden.

In jenen Beziehungen, in denen ein gesellschaftlicher Aufstieg oder Abstieg durch die Wahl eines Partners vollzogen wurde, muss sich die betreffende Seele sehr stark mit zwei Themen auseinandersetzen: Vertrauen und Verachtung. Die Herablassung, der diese Junge Seele der Stufe 5 begegnet, wird zum Teil offenkundig sein, zum Teil unterschwellig, sie ist aber in irgendeiner Form stets vorhanden. Denn die eine Person, die aus schlichten Verhältnissen kommt, wird gewisse Denkformen und Verhaltensweisen nie ganz ablegen können. Selbst wenn ihr dies gelingen sollte, wird der jeweilige Partner misstrauisch bleiben und immer wieder nach Anzeichen suchen, die der gelungenen Integration im Wege stehen könnten: »Er ist eben doch keiner von uns ...« Das Vertrauen in den Ehegatten ist jedoch – wie auf allen fünften Entfaltungsstufen – ebenso wichtig. Einem Verlobten, einer Braut, die man gewählt hat, um aufzusteigen oder um einen Abstieg zu bewältigen, muss rückhaltlos vertraut werden, weil solches Vertrauen die Voraussetzung dafür bietet, nicht fallengelassen oder in die ursprünglichen Verhältnisse zurückgestoßen zu werden.

Auch die Körperlichkeit erlebt ein Mensch auf dieser Entfaltungsstufe oft als gewaltigen Wandel. Aus einem kränklichen, unterernährten, tuberkulösen oder leicht behinderten Menschen kann im Erwachsenenalter ein kräftiger, gesundheitlich stabiler Mensch werden, der seiner Physis vertrauen kann und sich nur wie durch einen Nebelschleier an seine Kindheit erinnert, wenn er sich fragen muss: »Wie kam es nur, dass ich immerzu krank war und niemand mir etwas zugetraut hat? Warum dachten alle, der wird's nicht schaffen oder aus dem wird nie etwas, der stirbt vorher?« Solide Körperlichkeit und physische Stabilität ergeben sich sozusagen erst mit dem Wandel und nach dem Wandel der grundlegenden Lebensverhältnisse.

Die meisten Menschen auf dieser Stufe werden gerade deshalb sehr alt, weil sie aus einer Position ursprünglicher Schwäche eine Strategie entwickeln konnten, wie sie sich mit Vorsicht und Umsicht und einer durch die verbesserte soziale Lage guten medizinischen Versorgung schützen können vor allerlei Beschwerden, die in der Herkunftsfamilie aufgrund schlechter hygienischer Umstände oder armutsbedingter Mangelerkrankungen gegeben waren. Ein im Vergleich zu der Herkunftsschicht gesteigertes und verlängertes Lebensalter gilt der Jungen Seele auf der fünften Entfaltungsstufe als Beweis für die Richtigkeit ihres Weges. Dass Gesundheit Willenssache sei, ist eine etwas hilflose, aber doch für die betreffende Seele Gültigkeit schaffende Erklärung für das Geschehen: »Man muss es nur wollen. Wo ein Wille ist, ist auch ein Weg. Man muss auf seinen inneren Arzt vertrauen.« Die kriegerische Disziplin, die eine solche Junge Seele an den Tag legt, um ihren neuen Stand möglichst lange genießen zu können, tut ein Übriges hinzu.

Nun ist aber die Körperlichkeit eines Menschen auf der Stufe Jung 5 auch als Instrument der Seele geeignet, hier und da einen Abstieg zu ermöglichen, zum Beispiel durch eine schwere, irreversible Erkrankung, einen Unfall im frühen Erwachsenenleben, der Lebenspläne zunichtemacht und den Menschen zwingt, mit einer massiven körperlichen Einschränkung zu leben, ganz gleich wie sein materielles Umfeld gestaltet ist. Eine Infektion mit Kinderlähmung oder eine Querschnittlähmung, Hirnhautentzündung, Leukämie oder Organtransplantation kann in diesem Stadium der seelischen Entwicklung extrem lebensverändernde Umstände herbeiführen. Besonders plötzliche, unvorhersehbare Ereignisse helfen einer Seele im zweiten oder dritten Leben auf dieser Stufe, selbst dann noch am Leben zu bleiben, wenn sie ihre ursprüngliche Vitalität nicht beibehalten kann. Auch hier wird sich alsbald erweisen, dass die Willenskraft der Jungen Seele, die trotz einer Querschnittlähmung einen anspruchsvollen Beruf ausübt, trotz ihrer Multiplen Sklerose eine Familie gründet oder mit einer geistigen Behinderung nach der Hirnhautentzündung erst dadurch zu einer Existenz in behüteten und umsorgten Verhältnissen gelangt, bezeichnend ist. Solche Beweise für eine enorme Ich-Stärke wären anders nicht möglich gewesen.

Junge Seelen auf der fünften Entfaltungsstufe pflegen eine Spiritualität und Religiosität, die sich ebenfalls von den Gepflogenheiten der Herkunftsschicht unterscheiden. Sie treten gar einem anderen Glauben bei. Ein Christ wird Moslem, ein Voodoo-Priester wird Christ, und ein »Ungläubiger« wird bekehrt und tritt einer charismatischen Gemeinschaft bei. Ein koreanischer Buddhist wird Katholik, ein Japaner verlässt die angestammte katholische Familie und wendet sich wieder dem Shintoismus zu. Wichtig ist, dass es ganz anders sein wird als zuvor und dass die neue Religiosität und die damit verbundene Aufnahme in eine andere spirituelle Gemeinschaft mit Begeisterung, Diszipliniertheit in Glaubensformen und Ritualen verbunden sind. Alle neuen Normen werden verinnerlicht, die Riten getreulich ausgeübt. Vor allem ist der Wandel mit der Entdeckung einer neuen und für diese Seele endgültigen Wahrheitsform verbunden. Das Phänomen der Bekehrung spielt hier eine wesentliche Rolle. Sie vollzieht sich häufig nicht durch eine missionarische Maßnahme, sondern durch ein inneres Erweckungserlebnis, das ebenso plötzlich geschieht wie ein Lottogewinn. Es ist eine Art spiritueller Paukenschlag, der alle Zukunft in einem sinnhaften Licht erscheinen lässt und überdies Zugang zu einer neuen Gemeinschaft bietet. Es sind die Menschen, die innerhalb dieser Gruppierung (einer Kirche, einer Sekte, einer Glaubensgemeinschaft) jene Wahrheiten und Werte vertreten, nach denen die Junge Seele in ihrem Herkunftsmilieu vergeblich gesucht hat. Die Plötzlichkeit macht das eigentlich Charakteristische aus, das in Analogie zu der überraschenden gesellschaftlichen oder materiellen Umstrukturierung seine Bedeutung findet. Solche Bekehrungsereignisse werden oft als außerordentlich dramatisch erlebt und umgeben den Betreffenden mit einem ungeahnten Leuchten und einer eifernd sich mitteilen wollenden Erkenntnis über die Sinnstruktur von Leben und Jenseits. Das bewegt den Menschen zu einer Abtrennung von Familie und Umfeld, von allen, die in den alten Strukturen verhaftet bleiben und dem neuen Wahrheitsanspruch mit vollkommenem Unverständnis begegnen. Häufig treten Menschen auf der Stufe Jung 5 Gemeinschaften bei, deren Oberhaupt verlangt, man möge mit dem alten Leben hundertprozentig brechen. Zu diesem alten Leben gehören auch Familie und Heimat, möglichst alles, was an die ursprünglichen Lebensumstände bindet. Ein neuer Name wird angenommen, das bisherige Dasein als falsch und sündhaft gebrandmarkt. Die neue Hoffnung auf Heil und Erlösung steht im Mittelpunkt des Denkens und Fühlens in allen Situationen. Auch im Erleben einer Bekehrung steht das Empfinden im Mittelpunkt, dass der Proselyt sein Leben endlich selbst in die Hand genommen hat und damit sein eigenes Heil anstrebt ohne die Unterstützung der biologischen Familie oder des ursprünglichen Milieus: »Ich kann mein Leben grundlegend verändern, wenn ich es will.«

Jung 6

Entfaltungsaufgabe: *Mein Verhalten stiftet Lebenssinn*
Motto: *Ich brauche Ruhe und Harmonie*
Energien 3 + 6

Die seelische Entfaltungsstufe Jung 6 verbindet die Krieger-Energie des Zyklus mit der Priester-Energie. Es handelt sich im Rahmen des gesamten Entfaltungszyklus um eine Phase, in der das Zusammenspiel von Tun und Deuten untersucht wird. Entsprechend dieser energetischen Vorgabe geht es auf der Stufe Jung 6 darum zu erkennen, dass das eigene Handeln den Lebenssinn prägt. Es geht um Wirkung und Bedeutung, um die Kausalität, die sich zwischen einer bestimmten Handlungsweise und der Empfindung einer damit verknüpften Sinnhaftigkeit ergibt.

Zum ersten Mal im gesamten Inkarnationszyklus fragt sich eine Seele, wie sie durch ihre Art und Weise, zu leben und aktiv zu wirken, ihrem Dasein einen Sinn verleihen kann. Sie versucht zu erkennen, wie sie Deutungshoheit über den Sinn ihres Daseins gewinnen kann. Sie erfährt, dass ihr Handeln Konsequenzen hat – nicht nur für ihr materielles Leben, für die Existenz und das Wohlergehen ihrer Mitmenschen, sondern auch für das Empfinden einer Sinnhaftigkeit ihrer irdischen Tage. Daher suchen Seelen auf der sechsten Stufe des Jungen Zyklus nach Lebensformen und Existenzweisen, die ihnen den gewünschten Sinnzusammenhang bieten und ihnen ermöglichen zu sagen oder zu fühlen: »Ja, dafür bin ich auf die Welt gekommen. Dafür lebe ich. Das ist der Sinn meines Daseins. Das ist meine Bestimmung.«

Die kriegerische Junge Seele auf der sechsten Entfaltungsstufe will, dass diese Sinnhaftigkeit als Ergebnis ihres Handelns auch von ihren Mitmenschen erkannt und gewürdigt wird. Dabei ist es weniger wichtig, dass sie tatsächlich ein sogenanntes sinnerfülltes Leben führt, wie es die Alte oder Reife Seele definieren würde. Vielmehr kommt es jetzt darauf an, durch selbstbestimmtes und durchaus ichbezogenes Tun einen Inhaltswert zu erzielen, der einer Person ihre Bedeutsamkeit und ihre Stellung in Leben und Gesellschaft widerspiegelt. Nicht das Verstehen oder das Erfühlen eines existenziellen Sinns steht somit im Vordergrund, sondern die Verknüpfung von persönlicher Bedeutung mit alltäglichem Wirken in der Welt.

Eine Junge Seele auf dieser sechsten Stufe wünscht, wichtig zu sein – für wen oder was auch immer. Sie möchte ein Empfinden von Bedeutsamkeit innerhalb ihres Lebensbereiches entwickeln. Dabei kann es sich um eine Mutter handeln, die besonders viele begabte Kinder zur Welt bringt und diese nach bestem Wissen und Gewissen erzieht, oder um einen Industriemagnaten, der neben dem materiellen Gewinn seinen Lebenssinn darin sieht, Zehntausende von Menschen in Arbeit und Brot zu setzen. Es kann sich um einen Kunstsammler handeln, der als Mäzen eine Stiftung einrichtet oder ein Museum gründet, oder um einen Wissenschaftler, der durch Handeln, Streben und Tun zu wichtigen Entdeckungen und Erkenntnissen kommt, deren segensreiche Auswirkungen der Gemeinschaft unmittelbar zufließen. Für eine Junge Seele auf der priesterlichen Entfaltungsstufe 6 hat dieses Zusammenspiel von Handeln und der dadurch bedingten Wichtigkeit für die Gemeinschaft einen hohen spirituellen Wert. Die erzielten Ergebnisse sind die Voraussetzung für die Definition des eigenen Daseins als eines bedeutenden Beitrags zum Leben schlechthin. Die Verbindung von Handlung und Sinn verleiht dem entsprechenden Menschen eine Sicherheit, die ihm vermittelt: »So bist du gemeint. Das will das Leben (oder Gott) von dir.« Häufig fühlen sich Seelen auf der sechsten Stufe des Jungen Zyklus von einer übergeordneten Instanz beauftragt oder geleitet, dieses und jenes zu tun, gewisse Entscheidungen zu treffen und einen weiten Radius an Bedeutung zu gewinnen, und zwar in dem Maß, wie ihre sinnhafte Existenz auch von den Mitmenschen als sinnhaft und sinnstiftend verstanden wird.

Selbstverständlich müssen auf dieser Entfaltungsstufe auch Bedeutungslosigkeit und Sinnleere erforscht und empfunden werden: die Angst, nicht wichtig zu sein, weder vor Gott noch vor den Menschen, und nicht über bedeutsames Handeln zum Zug kommen zu können, weil die existenziellen Bedingungen es nicht zulassen, dass ein selbstbestimmtes Wirken in der Welt zustande kommt.

Die priesterlichen Aspekte dieser sechsten Entfaltungsstufe treffen zuweilen auch auf eine gewisse kriegerische Selbstherrlichkeit, die dem eigenen Leben eine Bedeutung zuschreibt, die unangemessen, nicht zutreffend oder übertrieben ist. Der Wunsch nach Wichtigkeit schlägt zuweilen um in eine Übergewichtung der eigenen Bedeutsamkeit und bläst sich auf zu eitlem Stolz auf die eigenen Errungenschaften durch Handeln und Tun, die jedoch nicht dem Gemeinwohl in der Weise zufließen, wie es die Entfaltungsaufgabe eigentlich erforderlich macht.

Die Junge Seele auf der sechsten Stufe steht dauernd in einer Auseinandersetzung, in einem Kampf zwischen dem Bedürfnis des durch den bislang durchlaufenen Jungen Zyklus gestärkten, gefestigten Ich, sich unabhängig von allen möglichen Einschränkungen zu entfalten, und einem immer stärker werdenden Wunsch nach Einbindung in ein Wir. Die Anerkennung durch eine Gemeinschaft und Beheimatung innerhalb einer menschlichen Gruppierung, einer Schicht, einer Klasse oder einer Zugehörigkeit in einem bestimmten heimatlichen Kontext schenken der Jungen Seele Kraft. Das Ich und das Wir kämpfen um einen sinnerfüllten Standpunkt im Leben, der beides vereinen kann. Diese Einheit wird jedoch erst auf der siebten Entfaltungsstufe wirklich vollzogen. Beides wird dann zu einem Amalgam verschmelzen.

Die sechste Stufe ist auch geprägt durch einen Konflikt zwischen dem erstarkten Ich einerseits, das sich durchsetzen will und um seine Wichtigkeit in der Welt kämpft, und andererseits einer nicht fassbaren transzendenten Wirklichkeit, einer Gottheit oder einem höchsten Wesen, das sich nicht so eindeutig oder deutbar zu der Bedeutung der Person äußert, wie das Ich es sich wünschen würde, oder das scheinbar jegliche Anstrengung durch Schicksalsschläge zunichtemacht. Daher sucht der Mensch auf der sechsten Stufe des Jungen Zyklus immer aufs Neue nach Zeichen, nach symbolhaften Ereignissen. Er wünscht sich eine eindeutige Bestätigung seines sinnerfüllten Daseins durch die göttlichen Instanzen und ringt um eine Möglichkeit, sagen zu können: »An jenem Tag habe ich erkannt, was meine Aufgabe ist, was ich tun muss. Da empfing ich ein Zeichen für mein Handeln, für meine Entscheidungen. Ich wusste: Gott will so, wie ich will.« Die Bestrebungen, das eigene Handeln in relativ hohem Maß zu einem gottgefälligen Tun umzugestalten, sind auf diese grundlegende Sehnsucht zurückzuführen. Jedoch ist es unerlässlich, dass die Junge Seele auch von ihren Mitmenschen in ihrem gottgefälligen Tun bestätigt und erkannt wird. Alle sollen sehen, dass göttlicher Segen über diesem Leben waltet.

Diese stetige Suche nach Bedeutung und Deutung der eigenen Existenz, nach Sinnhaftigkeit und der Beweiskraft von Sinnstrukturen weitet sich auch auf die Beziehungsformen und Partnerwünsche einer Jungen Seele auf der sechsten Stufe aus. Nie zuvor hatte sie daran gedacht zu glauben, dass ein Partner ihr schicksalhaft zugeführt wurde und dass die Begegnung mit einer Frau oder einem Mann einen Lebenssinn in sich birgt, der von einer höheren Instanz eingeleitet und gelenkt wurde. Jetzt aber drängt sich ein solches Empfinden auf. Dadurch erhält die Partnerschaft eine Bedeutung, die sie zuvor weder im Jungen Zyklus noch bei der Kind- oder Säugling-Seele besaß. Die Schicksalsgläubigkeit einer

Jungen Seele auf der sechsten Stufe findet hier breiten Raum, sich zu entfalten. Beziehungen sind natürlich nicht nur partnerschaftlich aufzufassen, sondern das Gesagte gilt auch im Rahmen von Freundschaften, Eltern-Kind-Bindungen oder Arbeitsverhältnissen.

Der Wunsch, alles möge eine innere oder tiefere Sinnhaftigkeit entfalten, prägt die Weltanschauung dieser Jungen Seele. Deshalb löst sie sich nicht leicht von einmal gegebenen Versprechungen oder Verträgen und ist auch bereit, große Schwierigkeiten durchzustehen, durch Krisen zu gehen, die allein dadurch zustande kommen, dass jede der vielen Beziehungen, die eine Seele in ihrem Leben erfährt, in ihren Augen geheimnisvoll, von Karma bestimmt oder unergründlich sinnstiftend sein muss. Erste Auflösungsbestrebungen von karmischen Bindungen, die während des Kind-Zyklus eingegangen wurden, sind jedoch jetzt fällig und werden getragen von dem zwar unbestimmten, aber doch emotional gesicherten Empfinden einer Bedeutungsstruktur, die sich in einer intensiven Begegnung enthüllt und erfüllt. Die Junge Seele auf der sechsten Stufe ist daher gewillt, auch gegen ihr physiologisches Streben nach Ruhe und Entspannung auf Beziehungen zu beharren, die ihr unglückselig erscheinen, lastend und schwer, weil sie in diesem Durchhalten und Durchstehen einen wesentlichen Sinn zu erkennen glaubt. Sie nimmt also Handlungsweisen auf sich, die weder zuvor noch später in gleich beharrlicher Weise durchgeführt werden.

Eine kriegerisch orientierte Junge Seele auf der priesterlichen Entfaltungsstufe 6 züchtigt ihre Nachkommen, weil in der Bibel steht, dass Gott es so will, oder sperrt die Ehefrau ein, wenn aus dem Koran herauszulesen ist, dass dies die richtige Handlungsweise sei. Sie verlässt Eltern, Kinder oder Partner, wenn sie über eine gedeutete Zeichenhaftigkeit die Botschaft empfängt, es sei von Gott so gewollt. Sie verharrt selbst in demütigenden und unheilvollen verwandtschaftlichen Beziehungen, weil sie es als schicksalhaft empfindet, dort hineingeboren oder hineinverheiratet worden zu sein.

Die Gesundheit kann zum ersten Mal labil werden, wenn auch nicht durch Unfälle oder plötzliche Infektionen, die andere Bevölkerungsgruppen wie eine Seuche überfallen. Vielmehr führt die angestrebte energetische Durchlässigkeit, die ein Nachsinnen über die Sinnhaftigkeit der Existenz provoziert, oft zu einer gewissen Anfälligkeit und Zartheit. Eine Seele auf dieser Stufe, die bereits in der Kindheit nicht über die sonst bei Jungen Seelen übliche Vitalität verfügt, muss sich fragen: »Warum bin ich anders? Welchen Sinn kann das haben? Und was kann ich daraus machen, dass ich anders bin und mir mein Schicksal dieses Anderssein zugewiesen hat?«

Die Auseinandersetzung mit dem Tod, dem eigenen oder dem lieb gewordener Menschen, wird ebenfalls in dieser Entfaltungsstufe erstmals angestrebt, wenn auch in der Ausprägung einer Jungen Seele. Wir verstehen unter Auseinandersetzung eine Frage nach der Sinnhaftigkeit von Tod an sich, die naturgemäß nicht beantwortet werden kann und doch notwendigerweise irgendwie beantwortet werden muss. Allerlei Hilfsmittel werden für die Deutung des Unbegreiflichen in Anspruch genommen. Man sucht Seelsorger, Orakel und Hellseher auf, die das Geschehen erklären sollen und müssen. Die Junge Seele gibt sich dann häufig mit den ihr angebotenen Modellen zufrieden, da sie auf ihrer Sinnsuche ein Bedürfnis nach Befriedung spürt und sich nach einer erneuten unbeschwerten Handlungsfreiheit sehnt, statt in Trauer und Kummer zu versinken.

Die entscheidende Entwicklung läuft jedoch am Ende dieser Entfaltungsstufe darauf hinaus zu erkennen, dass der eigene Lebenssinn durch entsprechendes Handeln oder Unterlassen von Handeln beeinflusst werden kann. Es scheint ein kausaler Zusammenhang zu entstehen zwischen der eigenen Einstellung, der tätigen und rührigen Haltung dem Leben gegenüber und einem Empfinden von persönlicher oder gesellschaftlich anerkannter Bedeutung, die nicht angezweifelt wird. Dies zu begreifen und zu erkennen ist die Voraussetzung für den baldigen Abschluss des Jungen Zyklus und den Übergang in die gesteigerte Reflexionsfähigkeit des Reifen Zyklus. Wenn auch die Zusammenhänge nicht immer begründet werden können und häufig nur hineininterpretiert werden und ein korrekter Kausalzusammenhang zwischen Tun und Sinn selten hergestellt werden kann, so darf er von der Jungen Seele auf der sechsten Stufe doch schlüssig vermutet werden. Dann beruhigt sich eine tiefe Sehnsucht nach Erkenntnis und spirituellen Zusammenhängen, und der Mensch kann weiterhin zu neuen Handlungsinhalten fortschreiten, die auf dieser Erkenntnis aufbauen. Stirbt also ein Kind, kann die Mutter sich zurechtfühlen, dass ihr dies zur Strafe für eine Sünde widerfährt, und sich entsprechend darin einrichten. Für eine Junge Seele wäre dies plausibel. Eine späte Reife Seele würde eher davon ausgehen, dass sie an dem Verlust entweder wachsen oder zugrunde gehen wird.

Die Energie 3 dieses Zyklus ist immer auch mit einem Schuldthema verknüpft. Geht eine Firma zugrunde, kann der Chef auf der Stufe Jung 6 daraus den Sinn ableiten, dass es nicht in Ordnung gewesen sei, einen Rivalen auszustechen oder seine Mitarbeiter zu knechten, und dass er daraus zu lernen habe. Das Lernen aus dem Handeln und die Sinngebung auch im Nachhinein sind hier von besonderer Tragweite. Fällt einem Menschen auf dieser Entfaltungsstufe eine unerwartete Erbschaft zu, wird er dies als letztlich »irgendwie« gerecht und verdient betrachten, obwohl er kaum sagen kann, warum und wieso.

Jung 7

Entfaltungsaufgabe: *Ich trage Verantwortung*
Motto: *Ich wende an, was ich gelernt habe*
Energien 3 + 7

Die Entfaltungsaufgabe einer Jungen Seele auf der Stufe 7 klingt zunächst vertraut. Sie unterscheidet sich jedoch wesentlich von den ethischen Vorstellungen, die Reife und Alte Seelen von Verantwortlichkeit haben – und damit von dem, was die Empfänger unserer Botschaften im Allgemeinen für richtig und anständig halten. Es könnte beschrieben werden als: »Ich übernehme Verantwortung, ich bin verantwortlich, ich fühle mich verantwortlich, ich habe Verantwortung.« Eine Junge Seele auf der Stufe 7 hingegen *trägt* Verantwortung – so wie sie ihren Kopf auf den Schultern trägt. Da ist kein Akt der Bereitschaft oder der bewussten Entscheidung, kein Akt des Willens oder des Wunsches, Verantwortung zu übernehmen, sich ihr zu stellen und oder unter ihrer Last zu beugen. Die Junge Seele mit einer königlichen Energie 7 hat am Ende ihres Inkarnationszyklus in dieser Hinsicht keine Wahlmöglichkeiten. Verantwortung zu tragen ist ein bedingungsloser Aspekt dieser Entfaltungsstufe. Jede dieser Seelen trägt Verantwortung. Jede wächst wie von selbst in verantwortungsreiche Positionen hinein. Sie werden ihr ganz selbstverständlich übertragen, so als stünde kein anderer zur Verfügung.

Der königliche Aspekt (Energie 7) in diesem kriegerisch (Energie 3) geprägten Inkarnationszyklus zeigt als wesentliche Sinnstruktur eine Verantwortlichkeit, die größeren Gruppen von Menschen zugutekommt. Jede Seele auf dieser Entfaltungsstufe trägt große Verantwortung, oft für zahlreiche Menschen. Wir sprachen von Erfolg, wir sprachen von Macht und Ruhm, von Gut und Geld. Dabei ist es wichtig zu beachten, dass jemand, der eine große Firma aufbaut, auch vielen Menschen Arbeitsplätze gibt; dass ein Popstar, der auf Tournee geht, nicht nur für seinen eigenen Ruhm singt und tanzt, sondern auch für einen großen Tross an Mitarbeitern verantwortlich ist. Ein Minister füllt ein hohes Amt mit vielen Beamten und Angestellten aus und hat eine Aufsichtspflicht. Erfüllt er sie nicht, muss er seinen Hut nehmen. »Ich übernehme die Verantwortung!«, heißt es, auch wenn keine persönliche Schuld vorliegt.

Jede Junge Seele der Stufe 7 zeigt somit eine gewaltige Bereitschaft, für den Unterhalt anderer Menschen zu sorgen und auch für deren Gefühle, für deren Lebenssinn und viele andere Aspekte der Existenz. Durch ihre königlich-kriegerische Schirmfunktion übernimmt sie eine übergeordnete Aufgabe und zeigt eine besondere Fähigkeit, in großem Stil für andere da zu sein. Auf diese Weise nimmt sie Abschied von der vorwiegend ichbezogenen Einstellung der frühen Stufen im Jungen Zyklus. Die königliche Energie 7 ist zwar geprägt von hohen Erwartungen an Loyalität und Unterstützung, aber es handelt sich tatsächlich zum ersten Mal im Gesamtverlauf der seelischen Entwicklung auch um eine großmütige, souveräne Bereitschaft, für viele Mitmenschen einzutreten, zu denen man nicht in einem leiblichen Verwandtschaftsverhältnis steht und die einen nicht in den Bann des eigenen natürlichen Bedürfnisses ziehen, Verantwortung zu tragen. Königliche Energie ist fast immer mit Breitenwirkung verbunden, und Verantwortlichkeit in diesem Sinne besitzt eine solche Breitenwirkung. Sie bezieht sich nicht nur auf die Familie und engste Angehörige und Mitarbeiter, sondern von einem Leben zum nächsten auf immer größere Gruppen von Menschen. Die Wirkung, die dieser Mensch im Laufe seines Lebens automatisch erlangt oder erzeugt, spiegelt sich in der Art wider, wie sicher sich andere bei ihm fühlen.

Diese Entfaltungsstufe verknüpft die kriegerische Energie 3 des Jungen Zyklus mit einer königlichen Abschlussenergie 7. Eine solche Kombination von kriegerischen und königlichen Kräften verbindet sich zu einer einzigartig aktionsbetonten Ausstrahlung, die am Abschluss des Jungen Zyklus die betreffenden Menschen zu Fähigkeiten und Leistungen ansporn, die zuvor nicht möglich oder nicht erstrebenswert waren. Energiegeladene königliche Krieger oder kriegerische Könige haben ein zentrales und all ihre Handlungen, Einsichten und Gefühle überstrahlendes Bedürfnis, zu erobern und zu beherrschen. Jetzt wollen sie nicht mehr abwarten und hinarbeiten auf etwas, das ihnen vielleicht in Aussicht steht. Vielmehr werden sie von einer großen Sicherheit getragen, dass alles, was sie sich wünschen, auch geschehen wird; dass alles, was sie anstreben, sich auch zu verwirklichen hat und sie ein absolutes Anrecht auf Erfolg und Durchsetzung wie einen Ausweis oder ein Geburtsrecht mit sich tragen. Es ist, als seien sie mit einem Code ausgestattet, der ihnen alle Türen und auch die Herzen der Mitmenschen öffnet. Es geht ihnen also nicht um ein ehrgeiziges, skrupelloses oder gewaltsames Eindringen in neue Bereiche, sondern um ein Beschreiten von vorgezeichneten und vorbereiteten Pfaden.

Es gibt fast niemanden auf dieser Entfaltungsstufe Jung 7, der es im Leben nicht offensichtlich zu etwas bringt. Selbstverständlich ist dieses Es-zu-etwas-Bringen unterschiedlich, was die Inhalte betrifft, denn es ist gewiss von außen betrachtet nicht dasselbe, ob jemand als Manager eine Firma von Weltrang leitet oder zum »König« einer großen Bettlerschar ausgerufen wird. Aber das Prinzip ist und bleibt dasselbe: Ein Mensch mit der Energie des kriegerischen Seelenalter-Zyklus auf einer königlichen Entfaltungsstufe ist von einem Bestreben nach Macht und Verantwortung getragen, das sich einfach nur erfüllen will. Er ist weder penetrant ehrgeizig noch getrieben; er muss sich nicht anstrengen, um zu erreichen, was für ihn erreichbar ist, für die übrigen jedoch nicht. Er selbst und die Menschen um ihn herum können beobachten, dass ihm alles leicht und mühelos zufällt. Er muss nur die entsprechenden Bewegungen und Schritte tun, um dorthin zu gelangen, wohin seine Seele, aber auch seine Psyche und sein Körper ihn geleiten.

Jung 7 zu sein bedeutet, einen inneren Anspruch auf herausragende Positionen im Leben zu haben. Das gilt für Frauen und Männer gleichermaßen. Diese exponierte Position muss keineswegs mit einer beruflichen Verwirklichung eng in Verbindung stehen. Sie kann genauso durch eine gesellschaftliche Stellung erlangt werden. Eine Frau kann sich innerhalb ihrer Familie oder ihrer Schicht ganz nach oben bringen, Macht erlangen, Vorbild sein, eine Identifikationsgestalt für nicht wenige, sondern oft für viele Tausende anderer Frauen werden. Es kann ein politisches Amt, ein karitatives Anliegen oder eine schöne Stimme sein, die eine Frau in eine leitende, vorbildhafte Position bringt, oder auch ein natürliches Machtstreben, das sich aufgrund der familiären Gegebenheiten und der eigenen Ausstrahlung leicht erfüllt. Erfolg ist sozusagen existenziell garantiert.

Auf dieser Stufe gibt es kaum jemanden, der an dem versagt, was er sich an nahezu mühelos erreichbaren Zielen setzt. Häufig ist es eher so, dass diese Ziele sich ihm direkt vor das Bewusstsein setzen, sodass er oder sie nur zugreifen muss. Die königliche Energie will sich auf dieser Stufe manifestieren und braucht dafür einen Macht- oder Herrschaftsbereich, eine Stellung im Leben also, die der Seele gestattet, mit allen Mitteln für eine große Gruppe von Mitmenschen, sozusagen für ein »Volk«, zur Leitfigur zu werden. Sei es ein Popsänger oder ein Sportler, eine bekannte Künstlerin oder verehrte Prinzessin – es kommt nicht auf die Umstände an, sondern auf den Wunsch der betreffenden Seele, diese Stellung, die ihr sozusagen vom Schicksal zugewiesen wird, ganz auszufüllen und bis ins Letzte auszukosten. Jung 7 zu sein bedeutet allerdings auch, unwillkürlich Neid auf sich zu ziehen, Missgunst in Kauf zu nehmen und sich nicht zu scheren um das, was weniger Privilegierte von einem denken oder beim Anblick einer solch erfüllten und satt zufriedenen Persönlichkeit empfinden.

Schon im Kindesalter und während des Heranwachsens ist eine Seele auf der Stufe Jung 7 in gewisser Weise bei sich und im Leben angekommen. Sie steht im Mittelpunkt, ohne darum zu werben oder sich bemühen zu müssen. Sie wird anerkannt aufgrund einer unangestrengten Führungsqualität. Andere Menschen ordnen sich ihr gern bei oder unter und wollen von ihr in den inneren Kreis oder Schutzraum aufgenommen werden. Es ist auffällig, dass ein Mensch mit einer Jungen Seele der Stufe 7 sich ähnlich verhält und ähnlich wirkt wie ein Mensch mit der Seelenrolle eines Königs. Die Strahlkraft, die diese Junge Seele entwickelt, ist kaum zu überbieten. Und die kriegerisch-verteidigenden Aspekte des Jungen Zyklus garantieren einen sozialen, politischen und auch ökonomischen Schutzwall, wenn man sich als Mitmensch unter den Schirm einer solchen Jungen Seele begibt.

Loyalität spielt auf der Stufe Jung 7 nach wie vor eine große Rolle. Der kriegerische König oder königliche Krieger wird sich nichts weiter dabei denken, Menschen, die er für untreu hält, aus seinem Kreis zu verstoßen und – je nachdem, ob es die gesellschaftliche Struktur erlaubt oder gar erforderlich macht – diesen Ungetreuen auch mit dem Tod zu bestrafen. Der Machtwille dominiert. Dass ein Mensch auf dem Höhepunkt des Jungen Seelenalters danach strebt oder bestrebt ist, seinen Macht- und Herrschaftsbereich auszudehnen und auszuweiten, versteht sich von selbst. Je größer der Schirm ist, den seine Persönlichkeit über andere Menschen spannt, umso erfüllter fühlt sich dieser Mensch in seiner Existenz. Was auf der Stufe Jung 6 bisweilen noch mit Zweifeln behaftet war und einer manchmal auch recht krampfhaften Deutung bedurfte, nämlich des eigenen Lebenssinns, ist jetzt sonnenklar: »Alles, was ich habe und bin, steht mir zu und noch viel mehr.« Dies hat nichts mit Gier zu tun, sondern mit einer lockeren Souveränität und entspannten Selbstverständlichkeit, die sich auch auf die Mitmenschen überträgt.

Erfolg ist auf natürliche Weise mit einem gesteigerten Einkommen verbunden. Das erwirtschaftete Vermögen wird von einem Menschen der Stufe Jung 7 häufig in prunkvolle Festlichkeiten und Veranstaltungen, in große Partys oder Versammlungen investiert, die der Spiegelung der eigenen Person und des erreichten Status dienen. Diese Junge Seele lässt sich gern feiern und ehren und will von ihrem Hofstaat und von aller Welt bewundert werden. Je mehr Menschen das tun, desto mehr ist sie sich ihrer selbst sicher.

Wir sprachen bereits von einem Empfinden des Erfülltseins und der Erfüllung. Erfüllung ist ein Schlüsselwort für die Stufe Jung 7. Erfüllt zu sein bedeutet in diesem Fall, dass ein Gefühl von besser, schöner, höher, reicher, erfolgreicher nicht möglich ist. Es ist vielmehr ein Empfinden der Sättigung. Es führt zu der Bereitschaft, auch andere zu speisen und an den üppigen Aspekten der erfolgreichen Position teilhaben zu lassen. Diese Jungen Seelen sind daher außerordentlich großzügig im Verteilen ihrer Güter und großherzig in dem Bedürfnis, ihren Mitmenschen ein Stück von dem niemals weniger werdenden Lebenskuchen abzugeben, der einer mächtigen süßen Sahnetorte gleicht. Jeder, der in ihren Radius gelangt, möchte mit dabei sein und auch dabei bleiben. Diese Großzügigkeit macht sie sehr beliebt.

Junge Seelen der Stufe 7 sind regelmäßig in der Boulevardpresse abgebildet und dienen als Projektionsfläche für die Wünsche und Sehnsüchte anderer Menschen, seien sie seelisch jünger oder auch älter. Diese möchten ebenfalls den

Status erwerben, den ihr Idol darstellt, und zwar genauso mühelos wie jene Person, die sie bewundern.

Es ist verständlich, dass zu diesem seelischen Stadium auch eine angenehm wirkende Körperlichkeit gehört, denn wer hässlich, schwächlich und ständig krank ist, wird die Strahlkraft von Jung 7 nicht hervorbringen können und das, was dieser Seele schicksalhaft bereitet ist, nicht genießen können. Wir meinen mit angenehm durchaus auch eine gewisse faszinierende Hässlichkeit, die mit einem hohen Bekanntheitsgrad problemlos zu vereinbaren ist. Unwahrscheinlich ist jedoch eine unscheinbare, graue, verzerrte und körperlich geduckte Persönlichkeit; trotz gewisser Urängste ist sie in diesem Seelenalter niemals anzutreffen. Inkarnierte Junge Seelen der Entfaltungsstufe 7 stehen aufrecht und stolz im Leben. Man könnte wohl behaupten, dass ihnen Probleme nahezu unbekannt sind, und wenn einmal ein Problem auftaucht, lässt es sich mit der entsprechenden Summe Geldes oder ein paar Anordnungen schnell und einfach lösen.

Nur ein Bereich ist von dieser Erfolgsgeschichte ausgenommen, und zwar das Beziehungsleben. Diese Junge Seele braucht, um ihre Strahlkraft zu erhalten, stets Männer oder Frauen an ihrer Seite, die einerseits das Strahlen fördern und andererseits in der Lage sind, eine Position im Schlagschatten der königlichen Jungen Seele dauerhaft zu besetzen oder willig einzunehmen. Ein gleichermaßen goldglänzendes Wesen würde das Empfinden von Einmaligkeit jener Jungen Seele empfindlich verletzen, aber eine Person, die wenig zu bieten hat, wäre ihr auch nicht genug, denn Jung 7 braucht den Partner, um sich zu schmücken. Doch wehe, wenn dieser etwas Ähnliches anstrebt wie sie selbst. Zwei große Stars, zwei weltbekannte Sänger, zwei hohe Politiker kommen auf Dauer nicht gut miteinander aus. Es ist also auf dieser Entfaltungsstufe 7 nicht einfach, einen Ehe- oder Beziehungspartner zu finden, der solche widersprüchlichen Funktionen auf Dauer erfüllen kann. Deshalb wird diese Seele nicht selten zahlreiche Ehen oder Beziehungen aneinanderfügen und immer auf der Suche nach jener perfekten Person sein, die einerseits ihren Glanz poliert und andererseits dem königlichen Krieger zugleich die ungeteilte Bewunderung zuteilwerden lässt, statt sie auf sich selbst zu ziehen.

Wir sprachen davon, dass die einzig wahre Problematik von Jung 7 im Beziehungsleben zu finden sei; wer sich längere Zeit im Schatten eines Partners der Stufe Jung 7 aufhält, empfindet eine bittere Kälte, und bei einigermaßen stabiler Persönlichkeit versucht man, sich in eine wärmere Gefühlsregion zu flüchten. So tritt immer wieder etwas ein, das die weitere Öffentlichkeit kaum nachvollziehen kann: Eine strahlende, erfolgreiche Jung-7-Seele wird häufiger verlassen, als dass sie selbst jemanden verlässt. Ganz plötzlich entscheidet sich der weniger berühmte Partner zu einer Trennung, und niemand begreift, wie es dazu kommen konnte. Dieser Mann oder diese Frau hatte es doch gut, was will er oder sie denn noch? Mehr kann man doch im Leben gar nicht haben oder erwarten! Aber der »frierende« Partner zieht bescheidenere Umstände vor und möchte auch einmal selbst etwas gelten, statt immer nur schmückendes Beiwerk zu sein.

Die drei, vier oder zuweilen fünf Leben, die eine Seele im Entfaltungsstadium Jung 7 verbringt, beginnen meist mit einem steilen Aufstieg und einem ebenso steilen Fall; so wie jemand, der sich im Bergsteigen übt, auch damit rechnen muss, einmal in eine tiefe Felsspalte zu stürzen oder von einer Steinlawine erschlagen zu werden, einfach deshalb, weil er im Erklimmen schwindelerregender Höhen ungeübt ist. Menschen im ersten Leben auf dieser Entfaltungsstufe erleben also häufig, dass großer Ruhm plötzlich versiegt; dass eine erfolgreiche Firma unerwartet in Konkurs gehen muss; dass eine Familie, auf die sie ihre ganze Hoffnung gesetzt hatten, an Schicksalsschlägen zugrunde geht. Oder dass sich die

Zeiten durch Revolutionen oder Wirtschaftsflauten unerwartet ändern, sodass das, was diese strahlenden Persönlichkeiten einst zu bieten hatten, nicht mehr aktuell und erwünscht ist. Steiler Aufstieg und tiefer Fall gehören also in das erste Leben einer Jung-7-Seele.

Das zweite Leben ist geprägt von einem Bedürfnis, am einmal Erreichten festzuhalten und dies auch mit mehr Absicherung und Besonnenheit zu verbinden. Man denke an einen anfangs weltweit beachteten berühmten und großartigen Künstler, der nie auf den Gedanken gekommen ist, etwas für sein Alter zurückzulegen. Weil er aber schon in mittleren Jahren mit seiner Kunst plötzlich keinen großen Erfolg mehr hat, könnte er später auf das Almosen seiner Mitmenschen angewiesen sein. Ist seine Seele jedoch Jung 7 im zweiten Leben, wird er früh für schlechte Zeiten gründlich vorgesorgt haben. Im zweiten Leben wird ein solcher Mensch also sein erworbenes und durch Erfolg reichlich fließendes Geld in Sachgütern anlegen, und es ist sehr unwahrscheinlich, dass ihm in gleicher Weise Altersarmut droht wie einer jüngeren oder älteren Seele. Auch Beziehungen, Freundschaften und kollegiale Verhältnisse werden mit mehr Sicherheitsbedürfnis belegt und sollen auf Dauer eine Stütze sein.

Ein drittes Leben kann darin bestehen, dass jemand eine lange Anlaufzeit braucht und erst in mittleren Jahren zu einem zunächst überraschenden und unerwartet erscheinenden Riesenerfolg gelangt, der ihm anschließend erhalten bleibt. Jemand macht also eine Erfindung, die zwanzig Jahre unbeachtet bleibt und dann plötzlich vermarktet wird und zu großen Gewinnen führt; oder ein Mensch wird mit fünfzig Jahren zum Erfolgsautor und erlangt mit seinen Büchern Weltruhm und ein hohes Einkommen. Ähnliches kann man in verschiedenen Sparten des Lebens finden, auch in der Politik. Eine andere Variante wäre, dass jemand in der Mitte seines Lebens unerwartet und durch unvorhersehbare Umstände nachrückt als Familienoberhaupt oder Clan-Chef, als Parteivorsitzender oder Erbe eines großen Vermögens.

Die Abschlusserfahrung auf der Stufe Jung 7 ist jedoch eine krönende Lebensposition von Anfang bis Ende. Sie weist eine Stabilität im Selbstwert und in der Strahlung nach außen auf, ein Nicht-infrage-gestellt-Werden und Sich-selbst-nicht-infrage-Stellen, was die Bedeutsamkeit, die Wirkung, die Leistung und den Lebenssinn betrifft, die ein solcher Mensch innerhalb seiner Gesellschaft, seiner sozialen Schichtung und seiner Zeit erreichen kann. Seelen dieses Stadiums bleiben nicht selten im historischen Gedächtnis ihrer Epoche als bedeutsame Persönlichkeiten erhalten. Sie finden Eingang in Annalen und Lexika, sie sind jemand und bleiben jemand, weil sie nicht nur für sich selbst etwas erreichen konnten, sondern Verantwortung für viele getragen und auch für ihre Zeit und für ihre Epoche bleibende Werte errungen haben. Nicht selten vollbrachten sie Leistungen, die die Gesamtheit ihrer Mitmenschen und Lebenswelt dauerhaft und nachhaltig prägten.

Die spirituellen Bedürfnisse von Jung 7 sind mit dem Satz beschreibbar: »Ich und mein Gott sind eins; wir sind uns einig.« Es gibt im Empfinden dieser königlichen Jungen Seele keinen Widerspruch zwischen dem eigenen Willen und der Bestimmung, die ihr von ihrer göttlichen Instanz zugewiesen wird. Aus diesem Grund entwickeln sich auch kein Konflikt, kein Hadern mit dem Schicksal, kein Vorwurf, kein Sich-nicht-verstanden-Fühlen und keine Angst vor göttlichem Zorn, vor göttlicher Strafe. Die Junge Seele auf der siebten Stufe weiß sich eins mit dem Wollen des Ganzen. Sie erfährt dies an sich selbst tagtäglich, und die Stimmigkeit wird ihr von ihren Mitmenschen unablässig widergespiegelt. Was sie will, wünscht und braucht, geschieht, weil Gott es so will. Deshalb fühlt sie sich auch ganz besonders wohl in Positionen, die eine heiligmäßige Aura um sich verbreiten. Eine

Junge Seele der siebten Stufe ist also oft dort zu finden, wo sie eine Position mit spiritueller Autorität einnehmen kann, zum Beispiel als Gottkönig, Pharao oder als Führer einer großen Religionsgemeinschaft, einer Gruppierung von Mitmenschen, die Autorität, Wort und Wirken dieser Persönlichkeit niemals infrage stellen würden. Ihre unerschütterliche Selbstgewissheit verleiht ihr die Macht, andere Menschen an sich zu binden mit dem Band ihrer eigenen Überzeugung, im Namen Gottes zu wirken und zu handeln. Sie überwacht den Vollzug von Riten, Opferhandlungen und die Einhaltung von Gesetzen, aber nicht mit priesterlich-unbarmherziger Unerbittlichkeit, sondern mit einer königlichen Souveränität, der niemand zu widersprechen wagt.

Die Entfaltungsstufe Jung 7 stellt jedoch im Verlauf des gesamten Inkarnationszyklus auch einen Höhepunkt selbstgewisser Autonomie dar. Bei vielen führt es dazu, dass sie sich fragen: »Wozu brauche ich denn noch einen Gott? Ich kann doch bestens allein für mich sorgen!« Das Resultat ist bisweilen ein Atheismus, der sich mehr oder weniger offen und militant äußert, je nach der Struktur der umgebenden gesellschaftlichen Normen. Religion wird scheinbar überflüssig oder gar als unsinnig, verdummend und schädlich bezeichnet, oder sie wird mit fundamentalistischem Eifer und missionarischem Wahrheitsanspruch verkündet.

Der gesundheitliche Zustand einer Jungen Seele der siebten Stufe ist im besten Sinne unproblematisch. Um zu Erfolg zu kommen, um zu erreichen, was ihr zusteht, und um die zugeflossenen finanziellen Mittel genießen zu können, braucht sie nur eines: das zu pflegen, was ihr an Robustheit mitgegeben wurde. Die Realität sieht jedoch häufig ganz anders aus. Da sich diese Junge Seele ihrer Vitalität und Widerstandskraft so überaus gewiss ist, treibt sie häufig Raubbau an ihren Kräften, zum Beispiel durch exzessiven Alkoholgenuss, der für sie zum Feiern nun einmal dazugehört, oder durch körperliche

Strapazen, die sie sich zumutet, ohne ihre Grenzen erkennen und würdigen zu können. Auch das Umgehen mit dem Alterungsprozess ist häufig schwierig, denn ihre Strahlkraft bleibt nur so lange erhalten, wie sie keine chronischen Schmerzen erleidet oder in sonstiger Weise durch schlimme Alterskrankheiten behindert wird. Diese Beschwerden tauchen aber häufig erst sehr spät auf, sodass diese Seele ihre vorbildliche Erfolgsgeschichte oft noch bis ins hohe Alter weiterführen kann. Dann zieht sie sich plötzlich zurück. Sie mag sich nicht mehr öffentlich zeigen, schämt sich ihres Verfalls und verbirgt sich vor den Augen der anderen, weil sie in ihren eigenen Augen als altersschwacher, gebrechlicher, hilfloser Mensch vor dem Leben nicht mehr bestehen kann. Die einzige Möglichkeit, die ihr dann noch bleibt, ist das Tyrannendasein eines Kranken zu führen, die Hilfspersonen herumzukommandieren und sie zu Erfüllungsgehilfen ihrer eigenen Wünsche nach ewiger Jugend zu machen. Aber die Vergänglichkeit des menschlichen Daseins wird auch eine Jung-7-Seele eines Tages einholen. Dann wird sie nur sehr unwillig und schwer sterben. Die Zähigkeit, mit der sie am Leben festhält, ist nicht nur einer erfolgsgewohnten Psyche zu verdanken, sondern ihrem Lebensgefühl, das besagt: »Ruhm macht unsterblich, und deshalb kann ich auch nicht sterben.«

Die Ahnung, dass danach etwas weitergeht und dass sich ihre Seele weiterentwickeln könnte, ist einer Jungen Seele auf der siebten Stufe noch fremd, da sie an ein Jenseits nicht glauben kann. Vermag sie sich nicht zum ersten Mal (und zum letzten Mal!) im Diesseits vollkommen zu erfüllen? Wenn Menschen auf der Entfaltungsstufe Jung 7 am vorläufigen Ende ihrer Inkarnationsreise angekommen sind, ist es für sie nicht vorstellbar, dass noch etwas Besseres kommen könnte, dass dieses Leben noch nicht der absolute Höhepunkt einer gesamten menschlichen Existenz gewesen sei. Es gibt kein Bedürfnis nach einem Anders oder Mehr und auch keine Vorstellung davon, dass sonstige Lebensentwürfe ebenfalls erstrebenswert sein könnten, dass es überhaupt neuartige Wünsche und Erfüllungen geben könnte, die ein Jenseits oder eine unsterbliche Seele in Betracht ziehen. Die Junge Seele auf der siebten Stufe fühlt sich ein für alle Mal satt und erfüllt und wird jeden, der ihr eine Vorstellung von alternativen Existenzformen anträgt, für recht seltsam halten und ihm eher eine Form von verstecktem Neid im Sinne saurer Trauben zuschreiben, als solch merkwürdige Ideen ernst zu nehmen. Die verwirrende Überraschung der inkarnierten Seele bei einer Wiedergeburt auf der Entfaltungsstufe Reif 1 gleicht daher einem Schock.

Es ist verständlich, dass diese Entfaltungsstufe auf der Aktionsebene, entstanden aus kriegerischer und königlicher Energie, sich vor allem im Tun verwirklicht, im Machen, Streben, Aktivsein und Erreichen. Gerade was der Jungen Seele der Stufe 7 die höchste Erfüllung schenkt, wird der Reifen Seele zu Beginn des neuen Zyklus dubios, ja nahezu unzumutbar erscheinen. Es wird ihr exotisch vorkommen, dass jemand allein durch ständiges Arbeiten und Tun sein Leben bewältigen kann, ohne viel Nachdenken und Nachfühlen. Die Stufe Reif 1 wird eine Verschmelzung von Gelehrten-Energie mit Heiler-Energie abbilden. Ein auf Erfolg und Ruhm programmierter Lebensentwurf wie der einer Jungen Seele der Stufe 7 muss einer Reifen Seele in den ersten Leben höchst kurios erscheinen. Sie wird sich fragen, wie man so unreflektiert sein Dasein bestreiten kann. Aber die Jung-7-Seele versteht eben auch nicht, warum Reife oder Alte Seelen so sind, wie sie sind. Sie sieht nur: »Wenn jeder so leben und handeln würde wie ich, würde auch jeder alles im Leben erreichen können, was er will. Das ist nun einmal meine Erfahrung. Das ist es, was sich für mich bewährt hat.« Probleme sind und bleiben für die Junge Seele zum Abschluss ihres Zyklus uninteressant oder eine simple Herausforderung, die es im Handstreich zu bewältigen gilt.

Fragen und Antworten

Wir möchten wissen, ob in den USA mehr frühe Junge Seelen als bei uns inkarniert sind und in Deutschland mehr solche, die sich bereits dem Reifen Zyklus nähern.

Junge Seelen sind in ihrem Dasein durchaus orientiert an Vorbildern, so wie sich junge Menschen an der Elterngeneration sowohl reiben als auch ihre Vorstellungen nach dem, was die Eltern erreicht haben, ausrichten. Wenn eine Nation eine große Überzahl Junger Seelen beherbergt, sind die Elternfiguren sozusagen naturgemäß dünner gesät. Sie können ihren mäßigenden und problematisierenden Einfluss nicht in derselben Weise ausüben wie zum Beispiel in Deutschland, das um die Jahrtausendwende mit einem bereits erheblichen Anteil an Reifen und Alten Seelen – zumindest in der aktuellen historischen Situation – ausgestattet ist. In Deutschland gibt es im Moment etwas mehr Junge Seelen als Reife und Alte Seelen.

Junge Seelen in Deutschland können im Laufe ihres Inkarnationszyklus entweder in den totalen Widerspruch gehen zu den Werten der (gereiften) Elterngeneration, sie provokativ durchbrechen oder negieren (die 68er-Bewegung war allerdings eine Reife-Seelen-Bewegung) oder nachahmen, was die seelische Elterngeneration ihnen an Werten vorgibt, um ehrgeizig das zu erreichen, was die reiferen Seelen bereits als Werte innerhalb der Gesellschaft etabliert haben. So wie Zwanzigjährige sich ihren Eltern gegenüber häufig abweichend verhalten und trotzdem beginnen, von Hochzeit, Kindern und dem eigenen Haus zu träumen, so verhalten sich ältere Junge Seelen in Bezug auf die Werte der Reifen Seelen. Die Werte der Alten Seelen aber bleiben ihnen weiterhin fremd.

Aber ähnlich wie Vierzehnjährige aufgrund ihres Entwicklungsstands gegen alles den Aufstand proben müssen, was die

Älteren ihnen an Modellen vorführen, so braucht auch die frühe Junge Seele zunächst einmal eine Weile ein Gegenmodell, das einen Abscheu erzeugt gegenüber allem, was angeblich von ihr verlangt wird. Moral und Sittlichkeit sowie ihre Durchbrechung spielen im gesamten Jungen Zyklus eine erhebliche Rolle. Aber die Moralvorstellungen der älteren Seelen können nicht zugleich die Moral der jüngeren sein.

Sich »unmoralisch« zu verhalten ist für Junge Seelen einerseits eine Notwendigkeit, die in Bezug auf die Entwicklung von Karma von Interesse ist; andererseits ist solches Tun eine Herausforderung an die Grenzsetzungen und die Gesetze einer Gesellschaft. Diese werden den von kriegerischem Optimismus getragenen Menschen mit einer Jungen Seele (Energie 3) nicht selten an eine Felswand der Normen schmettern lassen. Rechtsprechung und Verfassung eines Landes werden von späten Jungen und von Reifen Seelen entworfen und durchgesetzt. Diese Regeln nicht zu akzeptieren, sie zu ignorieren oder gegen sie zu rebellieren, das ist die seelische Aufgabe der frühen Jungen Seele. Eine Kind-Seele hingegen begreift oft gar nicht, was von ihr erwartet und verlangt wird. Sie verzeichnet nur, ob sie gelobt oder gestraft wird. Eine frühe Junge Seele hat jedoch ein Bewusstsein von Widerstand und Gegenposition. Sie will sich nicht beugen; sie muss gegen das Etablierte kämpfen. Der kriegerische Wunsch ihrer Seele nach Auseinandersetzung soll befriedigt werden. Deshalb ist in den frühen Stadien des Jungen Zyklus eine erhebliche Ablehnung dessen zu verzeichnen, was ältere Seelen für Recht, Anstand, Problembewusstsein und Ordnung halten.

In den vielen Millionen Junger Seelen, die in Deutschland leben, sind allerdings alle Stufen dieses Seelenzyklus nahezu gleichermaßen vertreten. Sie stellen die Mehrheit der Bevölkerung dar. Für ihre sämtlichen Bedürfnisse ist gesorgt; Widerstand und Widerspruch gegen Gesetze und Normen werden nicht mit dem Tod bestraft. Der allfälligen Rebellion wird aber allzu oft mit einem erheblichen oder sogar übertriebenen Verständnis begegnet, das einer frühen Jungen Seele nicht guttut, weil es den Kampfgeist erlahmen lässt, wenn sich der Gegner eine Hand auf den Rücken bindet. Reife Seelen aber wollen üben, Verständnis zu haben.

Die USA sind darin härter! Wo ist denn der Unterschied?

Prozentual gesehen gibt es in den meisten Staaten der USA eine weit überwiegende Jungseelen-Bevölkerung. Ältere Seelen verziehen sich oft in die Anonymität der Millionenstädte oder nach Florida und Kalifornien. Sie suchen das Weite angesichts einer übergroßen Anzahl von Menschen, die sie selbst nicht verstehen und von denen sie auch weder Verständnis noch Gnade erhoffen können.

Die Sozialkontrolle, von den frühen Jungen Seelen mit Vorliebe betrieben, ist in manchen Gegenden derart ausgeprägt, dass jemand keinen halben Tag im Bett liegen kann, wenn er dazu Lust hat, ohne dass es sich im ganzen Ort herumspricht und die Nachbarn mit Medikamenten oder Kuchen an der Tür stehen. Die Vorteile eines solchen ausgeprägten Gemeinschaftssinns und des gegenseitigen Tragens von nachbarschaftlicher und sozialer Verantwortung werden den älteren Seelen zu Nachteilen, und sie empfinden den starken Gemeinschaftsgeist mehr als Kontrolle und weniger als Hilfe. Für die jüngeren Seelen mit ihrem großen Bedürfnis nach einem Wir ist er jedoch eine wichtige Unterstützung. Die gegenseitige moralische Überwachung und Einschätzung des Lebensstils, die Angleichung an das, was »man« tut oder was »man« lässt, ist ein Gerüst, an dem sich frühe Junge Seelen hochranken können, um dann irgendwann über diese Hilfskonstruktionen hinauszuwachsen und ihre Höhen aus eigener Kraft zu erklimmen. Sie sind anfangs wie Gladiolen, die an einem Stock festgebunden werden müssen, um sich zu voller Pracht und Blüte entfalten zu können. Sie würden sonst bei jedem Windstoß brechen und dem Druck nicht standhalten können, dem sie durch Leben, Schicksal, Herkunft, Arbeit und Pflicht ausgesetzt sind.

Wie gehen Junge Seelen mit Schuldgefühlen um?

Junge Seelen laden unablässig Schuld auf sich, weil sie so sehr bemüht sind, sich nicht schuldig zu machen, oder herausfinden wollen, was passieren wird, wenn sie im Widerspruch zu den Normen und Regeln der Gemeinschaft agieren. Jeder Tag birgt das Potenzial einer Schuld, und wenn die Junge Seele sich mit diesem Phänomen innerpsychisch auseinandersetzen wollte, könnte sie nichts anderes mehr tun. Sie müsste sich ständig mit eigenen Schuldvorwürfen oder solchen, die ihr von der Gesellschaft angetragen würden, beschäftigen. Das Problem wird anders gelöst: Da die Junge Seele von einer so überwältigenden Dynamik getragen wird, kann sie nicht anders, als sich schuldig zu machen und ihre Schuld dann einfach hinter sich zu lassen als etwas, das nun einmal dazugehört und woran man sich nicht länger aufzuhalten hat. Die Lösung heißt verdrängen und vergessen, ignorieren und rechtfertigen. Vergleichbar ist diese Einstellung der eines jungen Soldaten, der im Krieg Aufgaben zu erfüllen hat, die ihm von der militärischen Führung befohlen werden. Er kann und darf sich nun nicht tagelang mit den Gefühlen jedes Gegners, den er mit Speer oder Bombe, mit Schwert, Maschinengewehr oder Panzer getötet hat, befassen. Er darf nicht vor Mitleid zerfließen oder sich selbst solche Skrupel machen, dass er als Nächster auf der Strecke bleibt. Nur mit Hilfe dieser Analogie kann verstanden werden, wie die Junge Seele mit Schuld und Schuldgefühlen umgeht.

Wir sagten, Schuld gehört nun einmal für die Junge Seele dazu, ja sie muss sich in erheblichem Maß schuldig machen, um leben und überleben zu können und ihre ureigenen Entwicklungsziele zu verwirklichen. Nun ist aber ganz gewiss zu unterscheiden zwischen einer alltäglichen und in den Augen der Jungen Seele durchaus auch lässlichen Schuld und jenen groben Verschuldungen, die durch den Gesetzgeber geahndet werden. Die Junge Seele ist nicht selten sogar mit einer gewissen Befriedigung erfüllt, wenn sie etwas Ungesetzliches getan hat und dann dafür bestraft wird. Nur wenn diese Bestrafung tatsächlich vollzogen wird, ist für sie die Welt wieder in Ordnung. Etwas Ungesetzliches zu tun und dabei nicht erwischt zu werden hat zwar in den Anfangszeiten des Jungen Zyklus einen gewissen pubertären Charme, aber auf Dauer will die Junge Seele die Grenzen ihres Strebens und Tuns ausloten. Und das gilt ganz besonders auch für das, was sie selbst als böse, unmoralisch oder schlecht empfindet. Wo der Gesetzgeber nicht tätig wird, tritt in ihrer Vorstellung dann eine göttliche Instanz ein, auf die der Wunsch nach Strafe und Gerechtigkeit übertragen wird.

Der Junge Zyklus ist aus solchen Gründen prädestiniert für das Eingehen karmischer Bindungen, denn die Unbedachtheit eines jungen Kriegers und sein Siegeswille in Bezug auf seine wie auch immer gearteten Ziele lassen nun einmal unvermeidbar den Wunsch entstehen, Hindernisse aus dem Weg zu räumen und Menschen zu eliminieren, sie zu töten oder unschädlich zu machen, um die eigenen Wünsche umzusetzen oder seine Zielgerade zu erreichen.

Wir haben den inflationär gebrauchten Karma-Begriff im Zusammenhang unserer Seelenlehre stark eingegrenzt auf die Definition, dass es sich nur dann um Karma handelt, wenn einem Menschen durch einen anderen sein Inkarnationsplan gestört oder zerstört wird, böswillig und mutwillig.[28] Und wir haben davon gesprochen, dass das Eingehen karmischer

Bindungen eine Vorstufe zu einer ganz besonderen Form der Liebe ist, die durch keine andere ersetzt werden kann. Karma löst also in jedem Fall die Bereitschaft zu einer langen Beziehungsgeschichte aus, die sich über viele Leben und mehrere seelische Zyklen erstrecken kann. Auch eine Junge Seele wird deshalb Karma nicht wahllos und beliebig häufig auf sich laden. Die Skrupellosigkeit, von der wir gesprochen haben, ist keineswegs so grundsätzlich aufzufassen, wie es anfangs scheinen mag. Reue und Entschuldigungen spielen bei der späten Jungen Seele zum ersten Mal im gesamten Inkarnationszyklus eine entscheidende Rolle. Wir haben auch davon gesprochen, dass für eine langfristige karmische Bindung eine spezifische persönliche Motivation bestehen muss, um einem bestimmten Menschen in bestimmter Weise etwas Böses oder Todbringendes anzutun. Wenn also ein Soldat im Krieg aus seinem Panzer mit dem Maschinengewehr wahllos in eine Menge schießt und es dabei zu fünfzig oder hundert Toten kommt, ist dies nicht prinzipiell und unausweichlich als karmisches Geschehen zu bezeichnen. Wenn aber derselbe Soldat den Befehl zum Anlass nimmt, seinen Hass an bestimmten Personen in der Menge auszulassen und sich daran emotional zu befriedigen, dass er sie niedergemäht hat, ist es eine andere Sache. Dennoch wird niemand, weder Kind-Seele noch Junge Seele, sich innerhalb von Minuten an hundert Menschen gleichzeitig karmisch binden können. Eine solche Schuld wäre niemals, auch nicht im Laufe von Jahrtausenden, in eine Beziehungsliebe besonderer Art, wie wir sie beschrieben haben, umwandelbar. Nur dadurch ist Karma abzubauen und aufzulösen, und es ist ein langer Weg.

Wir haben beobachtet, dass bei euch der Karma-Begriff einer gewissen esoterischen Aufblähung unterliegt, und haben dies bereits als einen vorübergehenden Ausweg aus der alten Vorstellung von Erbsünde bezeichnen können. Aber wenn ihr verstehen wollt, wie eine Junge Seele ein karmisches Band knüpft, dann kann die Auflösung dieses Knotens und die nachhaltige Bearbeitung der dadurch entstehenden notwendigen seelischen Konflikte nicht vernachlässigt werden.

Wir halten also fest, dass es nach dem Zyklus der Kind-Seele vor allem der Zyklus der Jungen Seele ist, der dem Aufbau und der Begründung karmischer Beziehungen unausweichlich dient, und dass kein Mensch, der diesen Zyklus durchläuft, sich davon frei halten kann, eine Reihe solcher karmischer Beziehungen einzugehen. Doch um eure Frage direkt zu beantworten: Junge Seelen haben nicht entfernt so viele Schuldgefühle wie Reife und Alte Seelen. Wären sie ständig von Schuld und Angst vor Schuldgefühlen geplagt, könnten sie ihre Inkarnationsaufgaben nicht erfüllen. Wären Junge Seelen immerzu damit beschäftigt, ihre Taten ethisch oder moralisch zu reflektieren, könnten sie nicht handeln.

Spielt auf dieser Stufe der Opferkult noch eine Rolle? Wie gestaltet sich der Übergang von der Opferreligion der Kind-Seele zu den religiösen Riten der Jungen Seele?

Die Junge Seele ist sehr auf materiellen Besitz hin orientiert. Daher wird das Opfer sich in aller Regel als materielle Opferung, besonders aber als Geldopfer manifestieren. Die Opferhandlung wird zu einem politischen, staatlich getragenen Kultus, der eine Gemeinschaft schützen und vereinen soll. Die Junge Seele hat auch bereits den Wunsch, karitativ wirksam zu werden durch die Einrichtung von Institutionen, die ihren Namen tragen und somit Reichtum, Machtstellung und Einfluss dokumentieren. Sie stiftet Tempel, Waisenhäuser, öffentliche Gebäude. Dann werden häufig enge Angehörige in Leitungsfunktion eingesetzt. Das üppige Geldopfer soll für alle sichtbar sein, die Sache aber in der Familie bleiben. Dann ist der Zweck erfüllt.

Wie können Therapeuten eine Junge Seele, die nur eine begrenzte Innenwahrnehmung hat, in ihrem Wachstum begleiten?

Junge Seelen brauchen in einer therapeutischen Beziehung eine autoritätswillige und in mancher Hinsicht liebevollstrenge Elternfigur, die sie auf Richtig und Falsch, auf Gut und Schlecht, auf Heilsam und Krankmachend nachdrücklich hinweist. Sie lernt ja noch zu unterscheiden zwischen dem, was ihr guttut und was nicht. Da Junge Seelen sehr nachhaltig bereit sind, sich für ihre Mitmenschen einzusetzen, sich zu opfern, zu helfen, zu unterstützen und mit ihrem »kriegerischen« Einsatz für andere da zu sein, übertreiben sie es oft damit und müssen eine Hilfestellung bekommen, wie sie Mut und Tatkraft erhalten können, statt sie durch übermäßige Strapazen zu schwächen. Es wird also niemals besonders sinnvoll sein, einer Jungen Seele nahezulegen, sie brauche mehr Zeit für sich oder eine Auszeit und sie solle doch nicht nur an andere denken. Sie scheut ja das Alleinsein und vermeidet es zu grübeln. Meditationen sind nur dann für Junge Seelen sinnvoll, wenn sie viel Disziplin, geistige Zucht und körperliche Anstrengung erfordern. Mit Empfehlungen, »mal hinzuschauen«, wird man sie nicht erreichen, sondern vor allem dadurch, dass man ihr einen erneuten Zuwachs an Einsatzkraft in Aussicht stellt, wenn sie diese und jene Maßnahme ergreift. Dies soll dazu dienen, sich wieder in einen geeigneten, tatkräftigen und zuversichtlichen »jungen« Zustand zu versetzen, wie es für sie angemessen wäre. Verhaltenstherapie ist hier meist gut geeignet. Junge Seelen sprechen in der Regal auch gut auf Medikamente an, falls diese Muskulatur und Antrieb nicht allzu sehr schwächen.

So wie ein guter Lehrherr seinen Lehrling nach und nach in die Techniken, Methoden und Geheimnisse seines Handwerks oder seines Berufes einweist, so muss auch ein Therapeut sich mit seinem Patienten so nachsichtig beschäftigen, dass er ihn nicht überfordert. Er sollte sehr vorsichtig das Maß seiner Vorschläge, seines Rates und seiner Interventionen dosieren, so als müsse der Patient dies alles säuberlich mit seiner Kinderschrift in ein Heft eintragen und bis zum nächsten Mal durcharbeiten und auswendig lernen. Seine eigenen Maßstäbe der Reifen Seele darf er keinesfalls anlegen.

In der Frage war enthalten, dass eine Junge Seele nicht über eine ausreichende Innenwahrnehmung verfügt, um komplexe und komplizierte psychische Zusammenhänge zu begreifen. Sie übt ja noch nicht die gewohnheitsmäßige Introspektion einer Reifen oder Alten Seele. Wir können wohl davon ausgehen, dass eine Junge Seele diese Art der Selbstanalyse, dieses Nachsinnen, Nachdenken und Nachfühlen in Bezug auf sich selbst nicht erlernen wird, solange sie eine Junge Seele bleibt. Aber das bedeutet nicht, dass nicht trotzdem ein gewisses Maß an Einsicht vorhanden ist, und wir möchten an dieser Stelle nachdrücklich daran erinnern, dass der Grad an mentaler Intelligenz gänzlich unabhängig vom Seelenalter ist. Wenn eine Junge Seele von sich aus einen Therapeuten aufsucht, ist sie meist auch willig, etwas zu verstehen und zu lernen. Im Vergleich zu einer Kind-Seele, bei der die Fähigkeit nun einmal nicht vorhanden ist, sich selbst wenigstens vorübergehend einmal von außen zu betrachten, sich in Beziehung zu setzen zu anderen Verhaltensweisen, sich zu erfahren im Vergleich zu anderen Menschen, die anders fühlen und denken, hat die Junge Seele im Rahmen ihrer unausweichlichen Reifung innerhalb ihres Entfaltungszyklus durchaus ein Empfinden von ihrer wachsenden Individualität. Sie ist in der Lage, die Andersartigkeit anderer Individuen einzuschätzen und sie, wenigstens von Zeit zu Zeit, auch als lehrhaftes Vorbild oder abschreckendes Beispiel zu begreifen.

Deshalb ist es für einen Psychotherapeuten wichtig, einer Jungen Seele in der Therapie Vorbilder zu empfehlen oder vor Augen zu halten. Diese können aus dem Fernsehen stammen oder aus populären Romanen, je nachdem, wie der Bildungsgrad der Jungen Seele beschaffen ist. Es können bekannte Sportler oder Menschen des öffentlichen Interesses sein, die eine Art Folie bilden können, an der sich die Junge Seele orientiert. Sie will ja nacheifern, sie ist so lernbereit, wie auch junge Menschen es normalerweise sind. Aber sie muss erkennen können, warum und mit welchem Gewinn sie etwas lernen soll. Man muss ihr daher helfen einzusehen, wozu es gut sein kann, dass sie sich so große Mühe gibt, sich und ihr Verhalten zu ändern.

Kommt eine Junge Seele aus eigenem Antrieb zum Therapeuten? Und mit welchen Anliegen?

Durchaus kommt auch eine Junge Seele aus eigenem Antrieb in eine Therapie, wenn es in ihrer Schicht sozial akzeptabel ist, dass man »so etwas« tut und auf solche Weise Hilfe sucht. Das wird dann der Fall sein, wenn jemand ein Alkoholproblem entwickelt und dadurch seine Arbeit zu verlieren droht oder wenn ein Angehöriger gestorben ist, ein behindertes Kind geboren wird oder sonst ein auffälliger Anlass sich abzeichnet. Auch eine Beziehungsproblematik, die zum Beispiel darin besteht, dass man sich schlagen lässt oder selbst gewalttätig geworden ist gegenüber Partner oder Kindern, ist Grund genug für eine Junge Seele, therapeutischen Beistand zu suchen. Das ist für sie ein Anlass, mit Hilfe ihrer Intelligenzleistung einzusehen, dass dort Beratung angebracht wäre, dass man zumindest versuchen könnte, sich bei solchen Konflikten Hilfe zu suchen. Aber psychische Probleme zu haben gilt einer Jungen Seele als Schwäche, die sie lieber aus eigener Kraft bewältigen möchte. Probleme als solche sind schambesetzt, man zeigt sie niemandem, krempelt vielmehr die Ärmel hoch, lenkt sich ab, vertraut auf die Zeit und die Wirkung von Alkohol oder Geld.

Die Mehrzahl Junger Seelen wird jedoch eher »in Therapie geschickt«. Und eine Junge Seele wird sich dann ähnlich verhalten wie jemand, der wegen eines gesundheitlichen Problems genötigt wird, auf Alkohol und Zigaretten zu verzichten, dabei aber innerlich nicht dahintersteht und es eigentlich nicht will und auch nicht einsieht, warum ein solcher Verzicht notwendig sein könnte. Denn zu leben oder nicht zu leben, das bedeutet einer Jungen Seele viel weniger als einer älteren. Und ob sie sich dabei gesund oder nicht so gesund fühlt, ist ihr ebenfalls nicht besonders wichtig.

Ähnlich verhält es sich mit der Überweisung in eine Therapie. Es sind meist die überforderten Angehörigen oder die behandelnden Hausärzte, die unter einem psychischen Druck stehen und die Situation, so wie sie ist, nicht mehr ertragen können. Aus diesem Grund und um sich selbst ein wenig zu entlasten, wird der Betreffende zu einem Therapeuten geschickt. Eine solche Therapie wird nur in Maßen erfolgreich sein. Sie wird nur greifen, wenn ein alternatives Verhalten in bestimmten Situationen eingeübt wird – mit viel Geduld und davon ausgehend, dass eine vorhandene Prägung oder Strategie durch eine andere überspielt oder ersetzt werden kann. Selbsthilfegruppen sind aufgrund ihres Gemeinschaftsgeistes für Junge Seelen oft hilfreicher als eine Einzeltherapie.

Jugendliche Gewalttäter oder Gewohnheitstäter im Jungen Zyklus werden niemals auf eigenen Wunsch einen privaten Therapeuten aufsuchen. Sie werden, wenn überhaupt, nur von Institutionen dazu verdonnert und haben wenig eigene Motivation. Sie sind höchstens neugierig, was ihnen da noch geboten werden kann, und entwickeln bald das Bedürfnis, dazu in Opposition zu gehen. Widerstand wird eher noch gestärkt, als dass er gemildert würde. Ausnahmen sind selbstverständlich auch hier zu verzeichnen, denn nicht alle Gewalttäter haben eine Junge Seele, aber so ist die Regel.

Wie sehen die Beziehungen zur Transzendenz oder zu den seelischen Dimensionen bei der Jungen Seele aus?

Die Junge Seele zu Beginn ihres neuen Inkarnationszyklus ist besonders gottesfürchtig, dogmatisch streng und schriftgläubig. Sie setzt auf Disziplin und fleißige Befolgung aller göttlichen Gesetze. Das Bestreben der späten Jungen Seele ist darauf gerichtet, von der vermeintlichen Oberherrschaft der Götter hin zu einer Autarkie und Autonomie zu gelangen, die eine Führung durch höhere Mächte nicht mehr nötig hat. Der Weg dorthin ist jedoch lang und von einem zunächst zögernden, dann aber wachsenden Vertrauen auf die eigenen inneren Triebkräfte und Impulse begleitet. Nur wenn eine Seele sich auf etwas anderes verlassen kann als auf das Traditionelle, auf die uneingeschränkte Macht der Götter und die Fürbitte der Heiligen, wird sie den Mut entwickeln, auf einem Weg zur Selbstbestimmung, gepaart mit Demut, weiterzuschreiten. Eine Seele am Ende des Jungen Zyklus kann sich unbewusst als gottähnlich oder gottgleich empfinden, ausgestattet mit derselben Machtfülle und Autorität in der Gestaltung ihres Lebens. Selbstsicherheit und Selbstgewissheit in selbstherrlicher Eindeutigkeit sind das Ergebnis einer neu gestalteten Beziehung zur eigenen Seele und zu den transzendenten Kräften, die jede Seele auf ihrem Weg geleiten.

Da es in dieser Phase des Jungen Zyklus nicht sinnvoll ist, das göttliche Walten als greifbaren Einfluss allzu deutlich wahrzunehmen, ist das Bewusstsein von dieser Möglichkeit nahezu ausgelöscht. Schicksal wird man lieber als selbstverschuldet sehen, als in Betracht zu ziehen, dass dahinter eine unbegreifliche Sinnhaftigkeit, ein transzendentes Wollen stehen könnte. Nur wenn die Junge Seele sich sicher fühlen kann, dass sie selbst für ihr Leben eigene Entscheidungen trifft und niemand ihr etwas vorschreibt, kann sie lernen, sich nach und nach auf ihre Intuition und inneren Weisungen zu verlassen. Denn wenn etwas schiefgeht, glaubt sie sich ja auch dafür voll verantwortlich. Die Restbestände an Ungerechtigkeit und Unbegreiflichkeit, die von der Jungen Seele als Fatum oder als gottgegeben betrachtet werden, können delegiert werden an ein religiöses System, an Priester und Riten, die alles ordnen und kontrollieren.

Innerhalb dieses Zyklus geht es um das Erlangen einer weitgehenden Unabhängigkeit von dem, was an religiösen Vorschriften und Strafen vorgestellt wird. Das bedeutet jedoch nicht, dass die Junge Seele ohne ein übergreifendes Gerüst von Normen und Vorschriften, von religiösen Regelwerken existieren kann. Sie braucht den Halt, auch in einer militanten Opposition gegen alles Religiöse. Da sie aber auf selbstverständliche Weise immer stärker in Konkurrenz geht zu dem, was ihr als religiöse Wahrheit nahegelegt wird, spürt sie keinen manifesten Kontrast mehr zwischen dem, was innen ist und was außen ist, sondern fühlt sich am Ende des Jungen Zyklus ident mit dem, was das Seelenheil oder das Göttliche von ihr angeblich erwartet. Reumütige Bekehrungen auf dem Sterbelager sind nicht selten und von einer Angst vor Haltlosigkeit und Strafe motiviert.

Wir beobachten bei uns in Mitteleuropa, dass inzwischen sehr wenig Interesse am regelmäßigen Besuch der Gottesdienste besteht. Die Kirchen sind fast leer; viele werden geschlossen. Das muss ja irgendwie von den zahlreichen Jungen Seelen mitgetragen werden. Hat das mit den atheistischen Autonomiewünschen der späten Jungen Seele zu tun?

Wir können auf diese Fragen nur antworten, wenn wir ausschließlich die aktuellen Verhältnisse in Deutschland berücksichtigen. Wir sprachen von der Vorbildfunktion einer seelischen und psychischen Elterngeneration für die Jungen Seelen. Wenn die seelischen Eltern, also die Reifen Seelen, den Jungen Seelen nicht weitervermitteln, welchen Wert es haben kann, sich innerhalb eines religiösen Systems geborgen zu fühlen, kann die Junge Seele das nicht erlernen und als bedeutungsvoll und sinnstiftend erkennen. Sie würde aber – wie in anderen Ländern, besonders in islamischen, oder im christlichen Afrika, deutlich zu beobachten ist – die religiösen Verhaltensweisen sehr gern übernehmen und mit tiefer Befriedigung ausfüllen, wenn ihr dazu eine geeignete Anleitung gegeben würde. Sowohl in arabischen Ländern als auch zum Beispiel im thailändischen Buddhismus oder im hinduistischen Glaubenskontext sowie auch in den vielen unterschiedlichen Kirchen der US-Bundesstaaten oder Südamerikas ist es selbstverständlich und gehört es zum Alltag, einmal oder mehrmals wöchentlich einen Gottesdienst und eine religiöse Unterweisung zu besuchen. Das ist für die Junge Seele ein wohltuendes, Geborgenheit stiftendes Gemeinschaftserlebnis. Wenn aber die »Eltern« das nicht vorleben, woher sollten die »Jungen« erfahren, dass ein Gottesdienst angenehm, sinnvoll erhebend und haltgebend sein kann? Die Kirchengemeinschaften könnten mehr überzeugende Inhalte und ethische Verhaltensweisen zur Verfügung stellen, die weniger auf Angst und unbestimmte Jenseitshoffnungen als auf etwas Innerliches und Positives ausgerichtet sind und der Jungen Seele, die sonst viel zu wenig spirituelles Gruppenerleben hat, etwas anbieten, das gerade diese Not erfolgreich lindern könnte.

Reife Seelen sind enttäuscht vom Angebot kirchlicher Institutionen, obgleich sie weiterhin auf der Suche nach spirituellem Halt und geistiger Geborgenheit sind. Die Jungen Seelen lernen verbindende, überzeugende Religiosität in Deutschland kaum noch kennen, obwohl sie ihnen viel wichtigen Trost, Halt und Orientierung geben könnte.

In der arabischen Welt herrscht jetzt, 2011, einiger Aufruhr. Regime und Despoten werden gestürzt, die jungen Menschen spielen dabei eine wichtige Rolle. Könnt ihr etwas dazu sagen?

Insofern jede große Bewegung geistiger oder politischer Art auch einen seelischen Hintergrund hat, kann dies für den aktuellen Aufstand der Jugendlichen in arabischen Ländern ebenso festgestellt werden. Aber gerade die jungen Menschen, die sich gegen allzu strenge Bevormundung durch verrostete und verknöcherte Regime wehren, sind keineswegs vorwiegend Junge Seelen; sie sind auch nicht mehrheitlich als Kind-Seelen auszumachen. In Ländern mit einer Bevölkerung von bis zu fünfzig Prozent Menschen unter zwanzig Jahren ergibt sich automatisch eine große Bandbreite an Seelenaltern. Da sind Millionen von Mitläufern, es gibt Anführer; es gibt ältere Seelen, die das Ganze in eine Form bringen und auch Verantwortung übernehmen. Eine Bevölkerung schafft sich in der Regel überall, nicht nur in Arabien, exakt die Verhältnisse, die sie braucht, um sich auch seelisch günstig weiterentwickeln zu können. Das sind weltweit ganz normale Vorgänge, die nur deshalb so auffällig in den Fokus der Aufmerksamkeit gelangen, weil die Berichterstattung der Medien darüber ausführlich und drastisch ermöglicht wird.

Die Reife Seele: Verantwortlichkeit, Problembewusstsein und Introspektion

Allgemeines

Die Seele legt von ihrer ersten Inkarnation bis zum siebten Stadium der Jungen Seele einen folgerichtigen Weg zurück. Sie beschreitet ihn Schritt für Schritt, und er führt sie weiter und weiter in das irdische Dasein hinein – in die materielle Wirklichkeit, in die Erkenntnis der machtvollen Wirkweise und Beherrschung ihrer leiblichen Existenz. Der Reife Inkarnationszyklus kann erst beginnen, wenn einer Seele die Errungenschaften, die ihr seinerzeit als erstrebenswert galten und für die alle Kraft eingesetzt wurde, nicht mehr so segensreich wie zuvor erscheinen wollen; wenn sie beginnt, die Macht und den Reichtum, das Glück und den Erfolg, die für eine Junge Seele so wesentlich waren, infrage zu stellen und eine gewisse Unlust verspürt, sich weiter darum zu bemühen und das Streben danach als Lebensinhalt zu sehen.

Der Reife Entfaltungszyklus steht unter dem Energiegesetz der 4, einer besonnenen Gelehrten-Schwingung. Daher steht die vierte Stufe der Entfaltung stets unter dem Motto

»Ich ernte die Früchte«. Ernte und Einsicht sind das Merkmal der Energie 4 und somit auch des Reifen Zyklus. Deshalb ist Reife in geistiger, körperlicher, seelischer und psychischer Hinsicht im Verlauf des großen Inkarnationszyklus eine Periode, ein Abschnitt, eine Phase, eine Daseinsepoche, in der die Früchte der gesammelten Erfahrung geerntet und verarbeitet werden. Denkt an einen Apfel, dessen Fruchtknoten sich kurz nach der Blüte bildet und der noch lange nicht bereit ist, genossen zu werden; er ist zunächst holzig, sauer, nicht zu verwerten. Aber wenn der Besitzer des Apfelbaumes lange genug wartet, wird die Zeit der Reife und Ernte kommen. Jetzt erst ist der Apfel süß, wohlschmeckend und knackig frisch. Er besitzt jedoch noch nicht jene Mürbheit, die sein Reifeprozess am Ende seines Apfelseins mit sich bringen wird – bevor er schrumpelt und verfault, um seinen Samen an die Erde zurückzugeben.

Wenn ihr die Spanne von Beginn des Reifen Zyklus bis zu seinem Ende mit Hilfe dieses Bildes versteht, so ist der Apfel bei Reif 1 frisch geerntet und könnte bereits direkt vom Baum verzehrt werden. Er kann aber auch eingelagert werden und nachreifen und so lange vorrätig gehalten werden, bis er ein ganz besonderes Aroma entwickelt, das mit nichts anderem vergleichbar ist. Es ist ein Aroma mit einer Fülle an differenzierten Geschmacksstoffen und für den Gaumen in höchstem Maß befriedigend; und die gelagerte Frucht enthält besonders viele Nährstoffe.

Der Weg der Jungen Seele bis zur Reifung war, dem subjektiven Empfinden entsprechend, ein durch und durch positiv gestimmter. Er war von Hoffnung begleitet und erschien wie eine Entwicklung, die sich in Zukunft immer nur noch besser gestalten kann. Die Hoffnung auf mehr und mehr, auf größer und weiter, auf mächtiger und reicher bestätigt sich ja bis zum letzten Leben auf der Stufe Jung 7 und stellt die dort angekommene Menschenseele unter einen Schirm der

Illusion, dass hiermit bereits das Allerbeste auf Erden errungen sei. Sie meint zu wissen, dass mit der Verknüpfung von kriegerischer Energie mit König-Energie (Energie 3 und 7) und in einer – im Rahmen des gesamten Inkarnationsgeschehens einmaligen – Betonung auf der Aktionsebene das Optimum an Menschsein erreicht worden sei. Diese Illusion ist süß und die mit Beginn des Reifen Zyklus folgende Desillusion anfangs umso bitterer. Auf ein Empfinden von optimaler Lebenspotenz folgen Enttäuschung und Erschütterung, die darauf gründen, dass alles, was im Laufe der ersten drei Inkarnationszyklen nachdrücklich und nachhaltig als lockendes Ziel verfolgt wurde, sich plötzlich einerseits nicht mehr als erstrebenswert und andererseits nicht mehr als erreichbar herausstellt.

Ihr möchtet das Phänomen der Reife allgemein verstehen – auch in Bezug auf den Körper, die Psyche und den Geist –, und wir sagen euch, ein lebendiger Mensch kann erst wirklich reif werden und reif sein, wenn sein Körper eine gewisse Anzahl an Lebensjahren hinter sich gebracht hat. In der Regel sind es etwa vierzig, eher fünfundvierzig Jahre, denn auch im Verlauf des einzelnen irdischen Lebens muss ein Empfinden von reicher Ernte eintreten, das nur durch erhebliche Furcht vor dem Alterungsprozess beeinträchtigt werden könnte. Die Freude an der Erfahrungsernte vergangener Jahrzehnte kann, wenn alles gut läuft, mit den Vierzigerjahren ihren Anfang nehmen. Ein Mensch weiß jetzt, wer er körperlich ist und was er sich zumuten darf. Er vermag seine Möglichkeiten, Kräfte und Potenziale vernünftig einzuschätzen. Er wird vorsichtiger mit sich umgehen als in der Jugend; auch diese Behutsamkeit und Umsicht sind Ergebnisse eines Reifeprozesses. Er spürt die Kostbarkeit seines Leibes und geht damit um wie mit einem wertvollen Gefäß für sein Dasein. Zugleich beginnt der Körper bereits ein wenig schwächer zu werden als in der Jugend. Er macht seinen Bewohner wieder und wieder darauf aufmerksam, dass er Pflege, Ruhe, Achtung und Beachtung braucht. Der Geist reift ebenso wie der Körper. Auch die Psyche kann in mittleren Jahren noch nachreifen, muss es aber nicht. Sie hat seit der Kindheit alle notwendigen Schritte getan, um einen Menschen in die Lage zu versetzen, mit den Gegebenheiten seines aktuellen Daseins umzugehen.

Reife bedeutet unter anderem, Hilfe zu suchen und anzunehmen, wenn man nicht weiterweiß; bitten zu können, wenn man etwas braucht. Eine Reife Seele lässt das selbstherrliche Autonomiestreben der Jungen Seele hinter sich. Das fällt jungen und jüngeren Menschen erheblich schwerer als solchen in mittlerem Alter, und es ist ein Gradmesser für den Reifezustand eines Menschen, ob er seine Vorbehalte, Ängste und Eitelkeiten überwinden kann, indem er zeigt: »Ich brauche. Ich kann bitten, ich kann annehmen. Ich kann mich mit anderen so verbinden, dass auch ich ihnen helfen kann, wie sie es brauchen.« Denn nur wer sich helfen lässt, kann auch wirklich geben aus seiner Fülle heraus, aus der reichlichen Ernte seiner Liebe und seiner Erkenntnis. Das selbstherrliche Autonomiebestreben jüngerer Seelen erfährt einen Dämpfer.

Der Geist reift je nach seinem Potenzial geradezu von selbst. Es bedarf keiner Anstrengung, den Geist eines Individuums mit der ihm gemäßen Nahrung zu versorgen. Jeder Mensch weiß, was er braucht, um sich geistig satt zu machen. Für den einen ist es sehr wenig, für den anderen ist es sehr viel. Der eine braucht Lektüre, der andere braucht Reisen, der dritte braucht sportliche Betätigung, und der vierte braucht Musik, der fünfte eine große Familie. Jeder tut das, was er benötigt, wie von selbst; seine geistigen Bedürfnisse suchen und finden ihre Erfüllung. Dazu bedarf es keiner erheblichen Not oder Anstrengung. Die Bedingungen des energetischen Kosmos führen jedem Menschen selbsttätig das zu, was ihm guttut, und er wird stets etwas Förderliches finden, von dem er kaum weiß, dass er danach gestrebt hat. Dazu gehören auch

Auseinandersetzungen und Probleme jeglicher Art. Denn gerade die Vielschichtigkeit und Schwierigkeit des menschlichen Daseins mit seinen Herausforderungen anzuerkennen und wenn möglich zu bewältigen oder zu akzeptieren ist eine zentrale Bedingung für seelische Reifung. Die Junge Seele hielt noch alles für machbar und lösbar.

Reife bedeutet also, in der Lage zu sein, Erfahrungen auszuwerten. Solche Reife steht wiederum mit der Energie 4 in jeder Hinsicht in Verbindung, auch für den Körper, die Psyche und den Geist. Die Energie 4 durchdringt alles in der Phase der seelischen Reife; und die nach innen genommene Dualität dieser Energie 4 bedingt, dass das Aufnehmen und das Abgeben, das Hineinnehmen und das Weitergeben, das Assimilieren und das Verschenken in einem natürlichen und befriedigenden Rhythmus erfolgen. Ist der Prozess der Reifung auf allen vier Ebenen der Lebendigkeit (Expression, Inspiration, Aktion und Assimilation)[29] abgeschlossen, wird auch dieser natürliche Rhythmus von Geben und Nehmen, von Einsaugen und Ausatmen in eine Altersphase überführt, in der das Nehmen immer notwendiger wird und das Schenken sich auf wenige kostbare Erbstücke an Erkenntnis und Liebe beschränkt. Sie sind weniger an Zahl, aber nicht geringer an Qualität. Doch nicht jeder inkarnierte Mensch kann oder will sich in jedem Leben reifend vervollkommnen. Er kann früh sterben oder unter einer Krankheit leiden, die Geist, Psyche und Körper nicht erlauben, weitere Reife zu erlangen.

Reif zu sein bedeutet, psychisch und seelisch ein gewisses Maß an Selbsterkenntnis, an Selbsteinschätzung, an Kalibrierung der eigenen Kräfte erlangt zu haben. Auch das Wachsen an Problemen ist jetzt nicht nur notwendig, sondern geradezu reizvoll. Seelisch reif zu werden bedeutet ein Abschiednehmen von dem, was in einem bestimmten Leben nicht oder nicht mehr realisierbar ist, und das gilt für alle vier Aspekte des Menschseins: Körper, Psyche, Geist und Seele. Reif sein heißt, bescheidener zu werden, sich genügsamer zu gebärden, den Mitmenschen gelten zu lassen und über ein gesteigertes Verständnis der Gesetzmäßigkeiten, Bedingungen und Mechanismen des menschlichen Daseins, der Funktionsweisen von Gesellschaft und allgemeinen Zusammenhänge zu verfügen sowie das Abschiednehmen von Illusionen, Ideologien und unrealistischen Wünschen. Jugendlicher Idealismus und der Drang, alles zu beeinflussen, zu verändern, und auch die kindliche Hoffnung, dass die Zukunft immer nur Fortschritt, Gutes und Besseres bringen wird, versanden wie ein Hafen, der von Flüssen mit zu viel Sediment gespeist wird. Dieses Sediment ist eine Metapher für die vielfältigen Erfahrungen des Lebens, die allen Überschuss an Erwartungen ablagern. Übrig bleibt die weitgehend realistische, geradezu pragmatische Einschätzung dessen, was ein individuelles Leben im Kontakt mit Umfeld und Gesellschaft bieten und erfüllen kann und was notwendigerweise auf der Strecke bleiben muss. Für viele tritt jetzt die Hoffnung oder gar die innere Gewissheit ein, dass ihre jetzige Lebensspanne nicht die einzige bleiben wird, dass unerfüllte Bedürfnisse und Träume in einer früheren leiblichen Existenz erfüllt wurden oder in einer ferneren Zukunft mit neuem Leib erfüllt werden können. Die Vorstellung einer Seelenwanderung gewinnt an Reiz.

Nicht mehr alles auf einmal zu wollen und mit Krankheit, Leid, Tod und Abschied umgehen zu lernen, das ist ein Zeichen wachsender Reife. Aber auch Wohlstand und Einfluss genießen zu können gehört dazu. Ob es der Abschied von einer faltenlosen Haut oder von flügge gewordenen Kindern ist, der Abschied von nicht erfüllten Vorstellungen über die eigenen beruflichen Erfolge oder von einer immerzu stabilen Gesundheit – es gibt viele Abschiede, die bewältigt werden müssen und an denen eine Reife Seele, ein reifer Mensch, mit allen seinen Facetten lernen kann: »Ich bin in der Lage, mit Vergänglichkeit umzugehen. Ich kann sie in mein Leben integrieren, sie nutzt meinem Wachstum. Ich halte Schmerzen und Leiden aus, weil meine Lebenserfahrung mir sagt: Heute tut es weh, doch morgen tut es schon weniger weh. Leben darf auch wehtun.«

Reif 1

Entfaltungsaufgabe: *Freiheit in Abhängigkeit erfahren*
Motto: *Ich sammle neuen Mut*
Energien 4 + 1

Von einem Gipfel der Aktionslust stürzt die scheinbar selbstgewisse Seele jetzt in ihren Reifen Entfaltungszyklus. Sie beginnt ihn mit einem Maximum an Hilflosigkeit und Unerfahrenheit demgegenüber, was sie in den nun folgenden Leben der wachsenden seelischen Reifung erwartet. Sie ist ungelernt wie ein Kind, das noch nicht im Kindergarten ist. Sie ist hilflos wie ein Dreijähriges, das nicht über die Möglichkeit verfügt, sich selbst durchzubringen, sich zu ernähren, sich zu schützen. Das Lebensgefühl, das sich einer Seele auf der Stufe Reif 1 anbietet, ist von schmerzhafter Verunsicherung und Verwirrung geprägt und wird auch eine gewisse Anzahl von Leben so bleiben, wenngleich die Gewöhnung an den neuen Energiezustand, der von der mittigen, ruhigen und eher neutralen Gelehrten-Energie 4 geprägt ist, nach und nach ein gewisses Maß an Verankerung bereitstellt.

Das erste Leben auf der Stufe Reif 1 – und hier ganz besonders der erste Lebensabschnitt, also die Zeit von der Geburt bis etwa zum dreißigsten oder fünfunddreißigsten Lebensjahr – darf als die schwierigste Phase des gesamten Inkarnationszyklus gelten. Niemals zuvor erlebte eine Seele in solch heftigem Ausmaß ihr Unvermögen der Welt gegenüber. Niemals zuvor begriff eine Seele ihr Dasein als belangloser und kraftloser dem Ganzen gegenüber als jetzt. Diese Empfindung von Hilfsbedürftigkeit und Unwissen, die sich aus der erstmaligen Verknüpfung einer Gelehrten-Energie mit einer Heiler-Energie ergibt, also das Amalgam aus einer fortgeschrittenen seelischen Reifung mit einer säuglingshaften Schutzlosigkeit, ist für alle, die diesen inneren Ort im Verlauf ihrer gesamten seelischen Entfaltungsgeschichte erstmals betreten, von enormen Schwierigkeiten begleitet, die sich auf ihr Selbstbild beziehen.

Sich ahnend zu erinnern, wer und wie man kurz zuvor gewesen ist, aber noch nicht erspüren zu können, wer man jetzt ist – es weder innerlich noch konkret materiell zu erfahren –, bedeutet, sich in der Welt, in der Wirklichkeit und in seinen Beziehungen nicht mehr zurechtzufinden. Die Liebesfähigkeit dieser Seele im ersten Leben auf der Entfaltungsstufe 1 ist noch nicht in dem Maß entwickelt, dass ein Mensch sich verzeihen könnte, auf schwankendem Boden zu stehen, ohne Wegweiser und ohne Schutz. Noch wäre sie gar in der Lage, sich für die Bewältigung solcher Verwirrtheit wertzuschätzen. Eine aufrichtige Bereitschaft, sich diesem Zustand auszusetzen, ist aus dem Grund nicht gegeben, weil er durchmessen werden *muss*, obgleich er so verunsichernd ist. Die Seele hat keine Wahl; sie kann sich diesem Übergangsstadium nicht entziehen.

Was am allermeisten beunruhigt, ist ein erstes Gespür für die eigene Abgründigkeit: die Ahnung von etwas Nichtgreifbarem und Bedrohlichem, eine vage Vorstellung von einem Innenleben, das bislang nicht betrachtet und kaum beachtet wurde. Auf dieser Entfaltungsstufe seiner Seele empfindet der Mensch sich wie jemand, der mit einer schwachen Grubenlampe einen längst verlassenen tiefen Stollen betritt und glaubt, er müsse nur noch ein wenig weitergehen, um

Gold zu finden, jenes Gold, das er im Jungen Zyklus so überreichlich besaß, nicht nur materiell, sondern in seiner gesamten Lebensführung und in seinem Selbstbild. Nun sucht und sucht er und findet nichts als schwarzes, abweisendes Gestein und im besten Fall Kohle und Schotter. Das Bedürfnis, weiter in die Schwärze, in die Tiefe, in das Unbekannte einzutauchen, ist zunächst begrenzt. Erst später, mit einer stärkeren Ausleuchtung durch das wachsende Bewusstsein ihrer selbst, wird für die Seele auch eine neue Fundlage entstehen. Sie wird Gold entdecken.

Vor vielen Jahren haben wir euch für dieses Stadium seelischer Entwicklung das Bild eines Tauchers entworfen[30], der zum allerersten Mal angstvoll und fasziniert zugleich die Unterwasserwelt erblickt, der sich graust vor all den unbekannten Gestalten und Formen, den bedrohlichen Lebewesen, die er dort entdeckt. Gleichzeitig wird er als Mitglied eines Seelenvolkes mit der Energie 2 von seiner existenziellen Neugier getrieben, immer wieder hinabzutauchen, immer tiefer zu tauchen. Sein Durst nach Erkenntnis und Wissen lässt ihm keine Ruhe. Er will bis in die tiefsten Tiefen alles erkunden, weiß aber sehr wohl, dass er dies erst lernen muss. Auch an die entsprechende Ausrüstung sollte er sich erst einmal gewöhnen. Er muss lernen, die Taucherglocken, die komplexen Maschinen, die Unterseeboote zu bedienen, bevor er sich an tiefere Abgründe wagen kann. So geht es einer Seele, die von einer scheinbaren existenziellen Sicherheit in eine große existenzielle Unsicherheit wie in eine innerliche Tiefsee hinabgeworfen wird. Und wenn in den Vorstellungswelten mancher Philosophen ein scheinbar sinnleeres »Geworfensein« in die irdische Existenz eine zentrale Rolle spielt, so ist dies gut zu erklären durch ihre eigene Erfahrung mit ihrem »Jetzt-so-Sein« und mit der fundamentalen Hilflosigkeit, die ihnen verwehrt, sich mit innerer Gewissheit, Selbstsicherheit und gelassener Ich-Stärke der Welt entgegenzustellen, um sie zu begreifen und ihre Probleme zu bewältigen. Die Seele weiß, dass sie in ihrer leiblichen Erscheinungsform auf immer einem Wechselspiel von Abhängigkeit und Freiheit unterliegt. Mensch könnte nicht Mensch sein, müsste er sein Dasein vollkommen allein gestalten. Und Mensch kann nicht Mensch sein, wenn ihm alles und jedes vorbestimmt ist.

Die seelischen Bedürfnisse spielen in jedem einzelnen Inkarnationsgeschehen eine große und wesentliche Rolle. Die Seele hat einen überwiegenden Einfluss auf Planung und Durchführung einer Inkarnation. Aber eine gewisse Freiheit in der Ausgestaltung dieser Durchführung ist dem Menschen als Aussteuer gegeben. Diese Aussteuer dient der Bewältigung des Täglichen, und eine Aussteuer schenkt auch Sicherheit. Wir sprechen nicht von einer reichen Mitgift, sondern von einer Grundausstattung an Freiheit, die *Homo sapiens sapiens* als einem Angehörigen des seelischen Energievolkes 2 notwendig zu eigen sein muss. Denn die Energie 2 muss das Neue erkunden dürfen, muss das Nichtvorgeprägte erfahren können. Ein jeder muss gerade aufgrund dieser Energie 2 ein Empfinden von Freiheit, von freier Entfaltung des freien Willens, von freier Entscheidung über sein Leben bewahren, weil seine Menschlichkeit sonst an einer Enge kranken würde, die dem Grundimpuls des Seelenvolkes 2, sich gestaltend zu verwirklichen, nicht entspricht und nicht zuträglich wäre.

Das Zusammenwirken von Abhängigkeit und Freiheit, von vorgeprägter Gesetzmäßigkeit mit spielerischer Ausschmückung wird niemals zuvor oder hernach so stark in die Wirklichkeit und Erfahrung einer Seele umgesetzt wie auf der Entfaltungsstufe Reif 1. Jetzt und hier wird die Erfahrbarkeit konkret. Sie ist zwar allgemein und gilt für jede als Mensch inkarnierte Seele in jedem Augenblick ihres Daseins. Aber ein Mensch auf der Stufe Reif 1 erfährt diese zwingende Bedingtheit seines irdischen Hierseins gemeinsam mit einer erkämpften Freiheit (und sei sie auch nur noch so vermeintlich) in jedem Augenblick seines Lebens in hohem Maß und vor allem in greifbarer, beschreibbarer Form. Die Seele Reif 1 kann fühlen, kann beschreiben, in welcher Hinsicht sie sich als abhängig empfindet und wo Freiheiten winken. Sie kann das, was sie empfindet, nicht immer in Worte fassen, doch sie entwickelt ein Lebensgefühl, das auf einer ständigen Beziehung zwischen erwünschter Freiheit und notwendiger Abhängigkeit begründet ist.

Die Qualität des gesamten Reifen Zyklus ist geprägt von einem Lernenwollen, das der Gelehrten-Energie entspricht. Zu lernen, wie Freiheit und Abhängigkeit variiert werden können, wie diese Zusammenhänge von Leben zu Leben neu gestaltet werden können, wie viel Freiheit, wie viel Abhängigkeit auch im Laufe eines einzelnen Lebens erlebt und begriffen und verändert werden können – das ist es, was diese erste Stufe im Reifen Zyklus im Besonderen ausmacht.

Die Hilflosigkeit gegenüber dem noch nicht Gelernten, gegenüber dem ganz Neuen und Unvertrauten stellt eine inkarnierte Seele auf dieser Stufe in eine Situation wie ein Kleinkind, das von Vater und Mutter, von der ganzen Familie, von der gesamten Gesellschaft, die es bisher schützte und umgab, plötzlich allein in die Welt hinausgeschickt wird. Es steht in einer fremden Umgebung, ohne zu wissen, wie es sich verhalten soll, was jetzt für das elementare Bedürfnis, sich zu entwickeln, notwendig ist, wo es Liebe, wo es Nahrung, wo es Schutz und Lehrer findet. Es ist, als würde man ein Krabbelkind in den australischen Busch fliegen und es dort allein aussetzen. Nun kann es wohl manches lernen aus instinktiven Bedürfnissen heraus; es wird aber auch Hilfe bei den Buschleuten finden, die es entdecken, versorgen und ihm etwas vollkommen Neues beibringen. Oder umgekehrt: Als kleines Kind aus einem afrikanischen Dorf nach Stockholm geflogen und dort auf die Straße gestellt zu werden ist eine ähnlich massive Herausforderung. So fühlt sich der inkarnierte Mensch mit einer Seele auf der Entfaltungsstufe Reif 1: »Wo bin ich bloß, und wer hilft mir jetzt?«

Im Laufe der drei oder vier Inkarnationen auf dieser Stufe wird die Verunsicherung etwas schwächer und das Empfinden von Abhängigkeit als Schutz ein wenig stärker. Abhängigkeit setzt voraus, dass es etwas gibt, von dem man sich abhängig machen kann, oder Menschen, von denen man abhängig ist, oder Umstände, von denen man abhängig ist und eingeengt wird. Das alles bietet jedoch auch ein gewisses Maß an Sicherheit, sofern man diese Abhängigkeit bejaht, statt sie zu bekämpfen, wie es die Junge Seele gewohnt war.

In dem Maß, wie ein Kleinkind zu zeigen lernt: »Ich brauche, ich kann nicht, bitte hilf mir!«, bekommt es auch Unterstützung von jenen, in deren Abhängigkeit es steht. Im selben Maß muss die existenzielle Hilflosigkeit bei gleichzeitig gereifter Seele von Leben zu Leben stärker bejaht werden, und wenn diese Bejahung von Abhängigkeit und Freiheit in gleichem Maß vollzogen wurde, kann die Seele auf die Stufe Reif 2 überwechseln.

Wir erinnern daran, dass die Junge Seele in ihren letzten Leben auf der Stufe 7 ein triumphales, wenngleich subjektives Empfinden von absoluter Freiheit, Selbstbestimmtheit und Autonomie entwickelte wie nie zuvor. Und wir können sagen, dass sie es in keinem der folgenden Leben mehr derart erfahren wird. Es war und bleibt ein einsamer Höhepunkt an Selbstständigkeit im Leben, im Dasein, im Sosein, im Menschsein. Diese Selbstständigkeit wird nun einerseits durch eine wachsende innere Gewissheit von der Sinnhaftigkeit des eigenen Soseins und Daseins abgelöst; andererseits entwickelt die Seele im Laufe des Reifen Zyklus eine zunehmende Demut gegenüber ihrer Abhängigkeit vom großen Ganzen und von ihren mitmenschlichen Beziehungen. Ihr bleibt nichts anderes übrig, als sich innerhalb dieses Gefüges ihre persönliche Freiheit, ihre Freiräume und Nischen zu kreieren. Diese sind jedoch kaum noch im Außen zu finden oder nur in einem geringen Ausmaß. Die Freiheiten, die sich nun auftun, sind im Innen zu entdecken, zum Beispiel durch einen Wandel der Einstellung oder, wie wir andeuteten, durch Verneinung und Bejahung, durch die Entdeckung einer inneren Wandlungsfähigkeit gegenüber den Gegebenheiten und Umständen.

Die Seele erlebt ihre Anpassungsfähigkeit an das, was nicht zu ändern ist, und sie entdeckt ihre Freiheit gegenüber allem, was sie selbst beeinflussen kann. Sie findet lauter neue Wege, mit dem Leben umzugehen. Diese erste Stufe des Reifen Zyklus ist das Fundament für weitere Erkundungen des eigenen Innenlebens, der Psyche, der persönlichen Motivationen. Erst wenn Abhängigkeit und Freiheit im Einzelnen und im Ganzen, sowohl im fragmentierten Zustand als auch gegenüber dem universellen Zusammenspiel von Abhängigkeit und Freiheit verinnerlicht worden sind, kann es einen Schritt weitergehen. Wenn wir von dieser universellen Koexistenz von Abhängigkeit und Freiheit sprechen, meinen wir unter anderem die biologische Evolution als einen Aspekt von Freiheit, die jedoch abhängig ist von allem Übrigen, was an physikalischen, physiologischen und existenziellen Bedingungen auf dem Planeten vorgegeben ist. So wie die biologische Evolution immer fortschreitet, so wird sich auch die Reife Seele immer öfter und immer hingebungsvoller diesem Zusammenspiel von prinzipieller Abhängigkeit und menschlicher individueller Freiheit lernend öffnen.

Der Sprung von einem durch und durch kriegerisch-aktiv geprägten Seelenzyklus (Junge Seele) hinein in eine ruhige, besonnene, vernünftige und nachsinnende Gelehrten-Energie bedingt, dass dieser Reife Zyklus von einer für die Energie 4 charakteristischen Janusköpfigkeit geprägt ist. Sowohl hier sein als auch dort sein, gleichzeitig innen und außen sein, zugleich mit sich selbst und mit einem Du oder dem Anderen schlechthin beschäftigt sein – das ist die neue Aufgabe. Dieser Doppelaspekt verbindet sich auf der ersten Entfaltungsstufe mit der Heiler-Energie 1 und der ihr entsprechenden Hilfsbedürftigkeit zu einem besonderen Amalgam von Abhängigkeit mit Freiheit.

Eine Reife Seele auf der Stufe 1 erlebt Schicksale, die in vielfältiger Weise und im ersten Leben auf dieser Entfaltungsstufe ganz besonders von einer fundamentalen realen Abhängigkeit geprägt sind: vom Sozialstatus, von der Familie, von der politischen Situation, von sexuellen Trieben und Verboten, von Krieg oder Frieden, von Hungersnot oder Überfluss. Auch von Bildungsangeboten, von der eigenen gesundheitlichen Situation und von all denen, die Macht ausüben im Großen wie im Kleinen, ob im Herrschaftssystem, in einer Ehe oder einer Geschwisterkonstellation, kann ein Mensch abhängig sein.

Im zweiten Leben auf dieser Stufe wird Abhängigkeit noch viel konkreter, indem das Individuum in eine Lebenslage der absoluten Abhängigkeit gerät, zum Beispiel durch schwerste körperliche Behinderung oder langjährige Kerkerhaft oder durch eine Geburt als Sklave in einer Sklavenhaltergesellschaft. Es handelt sich also um eine Abhängigkeit, aus der das Individuum beim besten Willen und bei noch so großer Sehnsucht nach Freiheit nicht herauskann. So bleibt nichts anderes übrig, als die Freiheit in den kleinen, noch nicht sehr stark erforschten Innenbereichen zu suchen und zu finden, zum Beispiel in abweichenden Meinungen, in der stummen Rebellion, in einem Nischendasein, in der Verstellung gegenüber den Mächtigen, aber auch in der Möglichkeit, sich den Herrschenden, den Mächtigen und abhängig Machenden intensiv anzupassen. Man stellt sich in deren Dienst und begreift diese Entscheidung ebenfalls als einen Schritt in die Freiheit, denn dadurch gewinnt man Zugang zu Geheimnissen und kommt in den Genuss von Privilegien, die anders nicht erreichbar wären.

Das dritte Leben ist in den meisten Fällen von einem starken Aufbegehren gegen Abhängigkeit geprägt. Die Unlust, sich anzupassen, ein Widerwille, sich beherrscht zu fühlen oder Vorschriften einhalten zu müssen, melden sich jetzt. Gesetze und Regeln, gesellschaftliche Vorgaben auch religiöser Art wie Riten und Abläufe im Alltag, die von religiösen Normen und Vorschriften geprägt sind, werden als belastend und lebensfeindlich empfunden. Die Rebellion dagegen ist noch nicht offen, aber der Mensch im dritten Leben auf der Stufe Reif 1 versucht durch Heimlichkeiten, durch subversive Gegenbewegung, durch Unterwanderung, Spionage, Verrat oder verschiedene Möglichkeiten, die anerkannten Regeln zu unterlaufen oder außer Kraft zu setzen, um seine inneren Freiheitszonen zu erobern. Man stelle sich einen Mann vor, der eine reiche Frau aus mächtiger Familie geheiratet hat und zunächst selig in dieser neuartigen Abhängigkeit von Geschenken, Status, Anerkennung, Erhöhung und Liebesbeweisen schwebt. Mit der Zeit entwickelt er aber Abwehr, Zorn und Wut darauf, von den Launen seiner Frau, vom Testament des Schwiegervaters oder von ähnlichen Gegebenheiten abhängig zu sein. Dieser Mann wird heimlich Wege suchen, sich nicht nur an seiner Frau für seine Abhängigkeit zu rächen, sondern sich auch hier und da von dem eng gesponnenen Netz seiner Lebenslage zu befreien, zum Beispiel durch eheliche Untreue oder Unterschlagung von anvertrauten Geldern, selbst wenn dieses Freiheitsbegehren gefährlich ist, große Löcher in das soziale Netz reißt und die Angst vor Sanktionen sein ständiger Begleiter wird.

Die Rebellion im dritten Leben ist auffälliger und lebensprägender. Jetzt entwickelt sich eine Dramatik, ein aktiver Kampf gegen die bestehenden Verhältnisse, mögen sie politisch oder familiär sein. Hier steht die Auseinandersetzung mit wie auch immer gearteten Abhängigkeiten im Mittelpunkt des Bemühens. Mag dieser Kampf auch noch so aussichtslos sein, er wird das Leben der inkarnierten Seele bestimmen und ihr ein Gefühl von möglicher Freiheit schenken – allein schon in diesem Aufbegehren, in dieser Manifestation des eigenen Gegenwillens gegen alles, was scheinbar unabänderlich und schicksalhaft für sie bereitet ist.

Freiheit in Abhängigkeit zu erleben, wenn die Reif-1-Seele in einem kranken und behinderten Körper wohnt, ist eine besondere Herausforderung und wird eher einem vierten Leben zuzuordnen sein. Hier ist besonders der Fall zu beobachten, dass die körperliche Abhängigkeit durch eine unheilbare Erbkrankheit bedingt ist.

Es ist also wahrscheinlich, dass noch ein viertes Leben auf dieser Stufe Reif 1 folgt, denn aller Anfang ist schwer und erfordert Zeit. Gerade die Heiler-Energie 1 auf dieser Entfaltungsstufe macht Verzögerung und Langsamkeit erforderlich, die erst zu einer gesicherten Erkenntnis der eigenen Lebenssituation führen können. Im letzten Leben wird sich dann eine Beruhigung in dem Pingpongspiel zwischen Abhängigkeit und Freiheit, zwischen gefühlter und realer Abhängigkeit, zwischen empfundener und wirklicher Freiheit ergeben. Die Beruhigung besteht darin, dass eine gewisse Fertigkeit erworben wurde, die der Seele gestattet, zum Unabänderlichen Ja zu sagen, statt Energie damit zu vergeuden, das Schicksal ändern zu wollen. Gleichzeitig erkennt man mit klarem Blick – wir könnten auch sagen mit der Klarsicht eines Gelehrten –, wo die Türchen und Fensterchen sich öffnen, um einen Blick in die Freiheit zu tun oder gar wagemutig hinauszutreten in die Freiräume, die möglich sind, und sie wirklich zu nutzen, statt sich in den Abhängigkeiten restlos zu verlieren.

Eindeutigkeit, Sicherheit und die Bereitschaft, sich selbst aus einer schmerzhaft empfundenen Abhängigkeit zu befreien und sich auch zu lösen von den Illusionen der Angst, die darin bestehen, dass Freiheit etwas Gefährliches oder auch Unerreichbares sei, können jetzt zu neuer Klarheit führen. Die verwirrte Frage: »Und wie soll das denn gehen, und wie soll das aussehen? Ich kann das nicht, dafür werde ich büßen müssen, es macht mir Angst!« wird nach und nach zu einer deutlichen Aussage: »Ich nehme in Anspruch, was möglich ist, und lasse sein, was unmöglich ist.«

Wir möchten einige konkrete Situationen schildern, in denen sich ein Mensch auf der Stufe Reif 1 wiederfinden kann. Der älteste Sohn eines Diktators wird von Anfang an mit den Charakteristika eines Erben und zukünftigen Gewaltherrschers konfrontiert. Er wächst schon im Kleinkindalter, später besonders in seiner Jugend mit der Vorstellung auf, er müsse – koste es, was es wolle – die Ansprüche seines Vaters und seiner Familie erfüllen; er habe nichts Eigenes, was sich zu verwirklichen lohnen würde. Er entwickelt sich mit der Vorstellung, dass es sein Schicksal, aber auch sein Geburtsrecht sei, das tyrannische Regiment seines Vaters nicht nur fortzuführen, sondern wenn möglich sogar an Härte und Unerbittlichkeit zu übertreffen, um die an ihn gestellten Erwartungen in höchstem Maß zu erfüllen. Eine Abhängigkeit ist so unweigerlich gegeben. Sollte dieser Sohn (falls er Reif 1 ist) nun mit dreißig oder vierzig Jahren in sich entdecken – und es wird lange dauern, bis er dazu in der Lage ist, denn seine Psyche ist ganz auf Nachfolgerschaft geprägt –, dass er noch ganz andere Wünsche an das Leben hat, gerät er in einen idealtypischen Konflikt. Er wird keine echte Freude daran finden, sich seinem Volk mit aller Härte zu präsentieren, seine Untertanen für jeglichen Widerspruch, für jegliches Aufbegehren zu bestrafen. Er wird mit Unbehagen feststellen, dass er keine eigenen Interessen pflegt, auch nicht im Privatleben. Er kann nun großen Widerwillen gegen eine dynastisch gebotene Heirat entwickeln oder sich dabei beobachten, wie er beginnt, seine Kinder zu lieben und ihnen zu wünschen, dass sie ihm später einmal nicht nachfolgen müssen. Damit wird sich in ihm ein heimlicher Freiraum auftun, den er – wenn überhaupt – mit nur sehr wenigen Menschen auf der Welt teilen kann und teilen wird, denn sich zu solchen Freiheitsträumen zu bekennen ist eine Angelegenheit mit oft mörderischen Konsequenzen, und nichts wäre leichter, als ihn bei Unbotmäßigkeit vom nächsten Thronfolger beseitigen zu lassen. Es ist also in jeder Hinsicht geboten, die erwünschte Abhängigkeit weiter zu betonen, die Wünsche nach mehr Freiheit jedoch nicht als solche zu deklarieren. Heimliche Freizonen werden im Privatesten aller privaten Bereiche vergraben.

Ein weiteres Beispiel ist, als Kind einer Prostituierten geboren zu werden und in dem entsprechenden Milieu aufzuwachsen, somit keine verbindlichen Richtlinien für das Verhalten zwischen den Geschlechtern zu empfangen, viele unterschiedliche Formen von Liebe und Sexualität kennenzulernen ohne die Möglichkeit, ganz eigenständige Ideen oder Gefühle dazu zu entwickeln. Sich aus solchen Zwängen und Abhängigkeiten zu befreien erfordert bereits eine gewisse Ich-Stärke und eine Erfahrung mit der eigenen Seele, die möglicherweise in diesem Fall älter ist als die Seelen der meisten Menschen im Rotlichtmilieu.

Die Beziehungen eines Menschen mit einer Reifen Seele auf der ersten Entfaltungsstufe werden sowohl oberflächlich als auch in der Tiefe von diesem Zusammenspiel oder gegnerischen Kampf zwischen Abhängigkeit und Freiheit bestimmt sein. Finanzielle Abhängigkeit, emotionale Abhängigkeit, psychische Abhängigkeit, sexuelle Abhängigkeit – dies alles wird verknotet mit einer Sehnsucht nach Freiheit von solch einengenden Verhältnissen; es ist jedoch nicht von der Einsicht begleitet, dass man sich zum Beispiel den betreffenden Partner in gewissem Maß doch frei und freiwillig gewählt hat. Selbstverständlich gehören hierher auch erzwungene Ehen, gestiftete Verbindungen oder von einem Astrologen zusammengeführte und im Familieninteresse verabredete Eheschließungen.

Die Beziehungen zwischen Eltern und Kindern spielen hier eine besonders interessante Rolle, denn Kinder auf der Entfaltungsstufe Reif 1 werden sich bis ins hohe Lebensalter von ihren Elternfiguren abhängig fühlen. Diese mögen längst verstorben sein; trotzdem dreht sich im Leben des Menschen auf der Stufe Reif 1 alles um die Beeinflussung und um die Abhängigkeit, in der die »bösen« Eltern das »arme, hilflose« Kind gefangen gehalten haben, über den Tod hinaus. Auch die Erfahrung von Abhängigkeit in dem Fall, dass alte Eltern auf das Wohlwollen und die Versorgung durch ihre Kinder angewiesen sind und keine Wahl mehr haben, ob man ihnen freundlich oder abweisend begegnet, ob man sie vernachlässigt oder verhätschelt, ob man sie mit dem Notwendigen versorgt oder nahezu verhungern lässt, ob man ihnen Zuwendung schenkt oder sie straft für alles, was sie den Kindern zuvor angeblich angetan haben, kann jetzt eine Rolle spielen. Das sind Erfahrungen einer Seele auf der Stufe Reif 1, die von hoher Bedeutung für spätere Leben sein werden.

Liebe wird gemeinhin mit Freiheit gekoppelt. Doch für eine Seele auf der Stufe Reif 1 fühlt sich Liebe wie Abhängigkeit an, und Abhängigkeit wird mit Liebe gleichgesetzt. Oft ist ein Mensch von einem anderen bedingungslos abhängig – ob dieser ihn nun gut behandelt, zurückliebt, zärtlich zu ihm ist oder nicht. Er kann sich in seiner eigenen Liebesfähigkeit nicht erfahren, es sei denn in der Abhängigkeit von der Liebe eines anderen. Das ist ein prägendes emotionales Erleben für die Stufe Reif 1. Freiheit und innere Unabhängigkeit werden noch nicht in dem Maß erwünscht wie in späteren Stadien der seelischen Entwicklung. Sich auf Augenhöhe zu begegnen, sich gegenseitig Freiheit zu schenken oder zu lassen oder sie einzufordern, all diese Themen sind noch nicht aktuell.

Abhängigkeit gekoppelt mit Liebe wird als etwas Angenehmes empfunden. Wenn sie auch oft schmerzhaft ist, so scheint sie doch notwendig und von der Liebe untrennbar zu sein. So sind auch viele Beziehungen zu verstehen, in denen der eine Partner den anderen misshandelt, der Misshandelte aber trotzdem nicht das Weite sucht, sich weder rächt noch wehrt. Für ältere Seelen ist das schwer nachzuvollziehen.

Die Gesundheit einer Reifen Seele auf der ersten Entfaltungsstufe ist zwar zart, aber nicht labil. Eine gewisse Empfindsamkeit entsteht, sowohl psychisch als auch körperlich. Sie entwickelt sich aus den ersten Tauchversuchen in das eigene Unbewusste. Hinzu kommt eine Ängstlichkeit, die sich aus der Einsicht ergibt, dass man nicht alles mehr im Griff hat, nicht alles mehr steuern kann, sich hier und dort ausgeliefert fühlt, zum Beispiel dem eigenen Immunsystem oder den Viren oder Bakterien, die überall anzutreffen sind. Diese Wehrlosigkeit wird nicht unbedingt zu schweren Erkrankungen führen, aber ein Mensch auf dieser Stufe fühlt sich vage bedroht, ausgesetzt und ausgeliefert, hat Angst vor Ansteckung, befürchtet, sich mit einer Erkrankung nicht auseinandersetzen zu können. Er ist gepeinigt von der Vorstellung, nie wieder gesund werden zu können, und neigt in gewisser Weise zu einer Hypochondrie, die sich jedoch noch nicht im pathologischen Bereich abspielt. Männer wie Frauen sind ein wenig zartbesaitet. Das hängt mit der beschriebenen existenziellen Verunsicherung zusammen und manifestiert sich in psychosomatischen Beschwerden, in Heuschnupfen oder Kontaktallergien, aber auch in Empfindlichkeiten gegenüber Klima und Zugluft und anderen Gegebenheiten, die oft nicht zu ändern sind. Bricht eine Grippeepidemie, eine Pestseuche oder eine andere globale Erkrankung aus, werden viele Seelen auf der Stufe Reif 1 zu Opfern dieses kollektiven Geschehens, da sie von vornherein überzeugt sind, sich nicht dagegen wehren zu können. Sie betrachten Epidemien als einen Faktor von Abhängigkeit, und wenn die Erkrankung die meisten Menschen in ihrem Umfeld ergreift, so teilt sich dieses kollektive Erleben dem Individuum auf der Stufe Reif 1 unmittelbar als Abhängigkeit vom Schicksal mit. Es passt sich an, indem es ebenfalls erkrankt oder stirbt.

Eine Reife Seele der ersten Stufe wird sich selten weit von ihrer Herkunftsreligion entfernen. Sie wird mit Ernst und frommer Aufmerksamkeit die notwendigen Regeln beachten und die Rituale ausführen, mit denen sie aufgewachsen ist. Die Absicherung dem Transzendenten oder Jenseitigen gegenüber ist eine Notwendigkeit, um die Unsicherheiten des alltäglichen Lebens erträglicher zu machen. Wenn eine Seele vom Jungen Zyklus in den Reifen Zyklus überwechselt, beginnt allerdings eine neuartige Bewegung sich in ihrem Inneren auszubreiten. Das ist ein zunächst ganz vager, später immer drängender werdender Zweifel, ob das, was man so ernsthaft und fleißig praktiziert, auch wirklich zu dem führt, was Priester oder heilige Schriften in Aussicht stellen. Der Zweifel an den tradierten Wahrheiten ist am Anfang noch verhalten, ist peinlich und wirkt verstörend, wird sich aber im Laufe des Reifen Zyklus deutlich verstärken mit den entsprechenden psychischen Gegenmaßnahmen wie Selbstvorwürfen, Sündenbewusstsein, Selbstbestrafung und quälender Angst. Mit spiritueller Verunsicherung zu leben ist nicht einfach, gehört aber zur grundsätzlichen Problematik des Reifen Zyklus. Die Reife Seele erlebt auf der Stufe 1 noch keinen massiven Konflikt auf diesem Gebiet. Sie beobachtet nur hier und dort, wie ihre Zweifel auftauchen, und versucht, sie so schnell wie möglich zu unterdrücken, um in der Geborgenheit ihrer Glaubensgemeinschaft jene Sicherheit zu finden, von der wir bereits sprachen und die ihr hilft, die Unsicherheiten in Freiheit und in Abhängigkeit zu bewältigen.

Reif 2

Entfaltungsaufgabe: *Anderen und sich selbst Unrecht vergeben*
Motto: *Ich suche Stabilität*
Energien 4 + 2

Es ist nicht schwer zu verstehen, dass eine Seele nach der existenziellen Verunsicherung auf der Stufe Reif 1 auf der nun folgenden Entfaltungsstufe nach Stabilität sucht, nach einer Verankerung ihres auf den Wogen der Verwirrung schwankenden Lebensschiffs. Diese Stabilität stellt sich jedoch nicht von selbst ein, sondern als Ergebnis eines langen Suchprozesses, der sich über zwei, drei oder zuweilen auch vier leibliche Existenzen erstreckt. Das Geheimnis, das in der Fähigkeit, zu verzeihen und zu verstehen, zu vergeben und zuzugeben, tief verborgen liegt, und die Auswirkungen dieses Geheimnisses gilt es nach und nach zu entdecken – um am Ende der Stufe Reif 2 den Schlüssel zu einer mitmenschlichen Haltung in der Hand zu halten, die anschließend auf der Stufe Reif 3 eine außergewöhnliche Leistung an Treue und Hingabe erst möglich macht.

Die Verbindung von Gelehrten-Energie 4 und Künstler-Energie 2 ist auch eine Verknüpfung von Erforschen und Beobachten, von Suche und Analyse. Gelehrte und Künstler als Vertreter der Energien 4 und 2 sind beide von der Neugier auf das Neue geprägt. Gelehrte wollen das Alte aber nicht verwerfen, und die Künstler richten den Blick auf die noch unerforschten Gebiete. Diese sind dem Reifen Seelenalter entsprechend mehr und mehr auf das Bewusstsein und die Innerlichkeit gerichtet, immer weniger auf das äußere Geschehen, denn oft versteht ein Mensch auf dieser Stufe sich selbst nicht. Er will zwar alles wissen und begreifen und erkunden, aber wenn er in seine Tiefe geschaut hat, dann graut es ihm vor dem, was er dort entdeckt oder entdecken könnte, und er möchte es wieder ungeschehen machen. Die Gelehrten-Energie jedoch will auch dieses neu Erkundete bewahren und archivieren. Der Konflikt, dem die Seele auf der Stufe Reif 2 ständig ausgesetzt ist, findet in dieser Energieverknüpfung seinen Urgrund.

Von Tag zu Tag, von Stunde zu Stunde wächst jetzt die Bereitschaft, sich selbst und andere in ihrer Fehlbarkeit und Menschlichkeit anzunehmen. Das fördert die Möglichkeiten zu lieben. Gefühle der Liebe waren bislang in erster Linie auf die Mitglieder der eigenen Familie, auf Menschen aus dem eigenen Fleisch und Blut beschränkt, auf wenige Freunde und Partner und Angehörige des Clans. Sie wurde häufig primär als sexuelle Liebe verstanden. Jetzt entfaltet sich eine zunehmende Fähigkeit, die eigene Person und auch den fremden Mitmenschen, sogar wenn er ein Feind ist oder weitgehend unverständlich bleibt, in das erweiterte Spektrum der Liebe mit einzuschließen.

Sich selbst und anderen Unrecht zu vergeben bedeutet zunächst einmal zu akzeptieren, dass niemand als Mensch mit aller Menschlichkeit unablässig ein gottgefälliges, moralisch untadeliges Leben führen kann. So kommt es notwendigerweise zu der Erfahrung, dass man Unrecht tut, Unrecht duldet, Unrecht zulässt oder überhaupt sich mit Unrecht auseinandersetzen muss. Dieses Unrecht wird anfangs als eines verstanden, das andere tun oder einem selbst antun. Erst in späteren Phasen der Erkenntnis wird Unrecht auch aktiv als eine Dimension des eigenen Daseins begriffen, die sich in vielfältigen Facetten manifestieren kann. Wichtig ist, von der Vorstellung Abschied zu nehmen, man könne, wenn man nur wolle, immer nur gut, siegreich, erfolgreich und unangreifbar bleiben. Es geht also einerseits darum anzuerkennen, dass jeder Mensch fehlbar ist, und andererseits, dass diese Fehlbarkeit nicht, wie bei der Jungen Seele, in jedem Fall geahndet und bestraft werden muss. Verstehen und Verzeihen als mögliche Reaktionen auf begangenes Unrecht beschreiben einen weiteren Schritt auf dem Weg, sich mit dem Dasein und mit dem Menschsein anzufreunden.

Sich selbst und anderen Unrecht verzeihen zu wollen ist ein hoher Anspruch. Er verwirklicht sich anfänglich darin, dass jemand nach einigem Hin und Her seines Hasses oder seiner Ablehnung müde wird und daher nicht umhinkann, jene unrechte Tat oder ein böses Wort, jenen Betrug oder Verrat zu verzeihen, um wieder zu innerer Stabilität und innerem Frieden zu gelangen. Sich selbst Unrecht zu verzeihen ist wesentlich schwieriger und erfordert eine Bereitschaft zur Selbsterforschung, die zu Beginn dieser Entfaltungsstufe noch nicht stark ausgebildet ist. Denn Selbsterkenntnis setzt voraus, dass der Anlass zu einer bestimmten schädigenden Maßnahme, zu einer kriminellen Handlung, zu einer unrechtmäßigen Tat – zum Beispiel eine betrügerische Bereicherung oder ein gelungener Versuch, jemanden zu schädigen oder zu verführen – einer Motivation entspringt, die in der Tiefe verstanden und anschließend als Teil des eigenen Selbstbildes integriert werden kann. Es ist ein schwieriges Unterfangen, die Motivation zu erforschen, aus der heraus man selbst etwas Unrechtes getan hat. Der Wunsch, bei sich selbst weder Schuld noch Tadel zu finden, ist aus der Gewohnheit des Jungen Zyklus noch mächtig und kann übermächtig werden, wenn das Seelenmuster darüber hinaus zum Beispiel noch von einer Priester-Seele oder dem Angstmerkmal Märtyrertum mit seiner Furcht vor jenseitiger Strafe und Sühne geprägt ist.

Das Ziel der gesamten Inkarnationsstufe Reif 2 ist die Bejahung der eigenen Menschlichkeit im Guten wie im Bösen. Das Unrecht mag klein oder gewaltig sein. Es kann sich im Bereich der Gedanken oder im Bereich der Taten vollziehen. Es reicht von einem Vorurteil über einen anderen bis hin zum Mord. Die Anerkennung der vielfältigen Facetten eines urmenschlichen Verhaltensspektrums, das Unangenehmes nicht mehr ausklammert, sondern als einen Aspekt der lebbaren und gelebten und erlebten Realität mit in die Weltsicht hineinnimmt, ist ein wesentlicher Schritt für die Reifung der Seele.

Sich selbst zu verzeihen, dass man ein fehlbarer Mensch ist, sich selbst zu vergeben, was nur irgend zu verzeihen ist, ohne damit Schuld abzustreiten oder Unrecht zu leugnen, befreit den Menschen von vielen Einschränkungen, die er sich als jüngere Seele auferlegt hat. Er kann sich nunmehr gestatten, Böses zu denken, ohne es auszuführen. Er kann sich erlauben, boshaft zu handeln, ohne dies mit Höllenangst zu verknüpfen. Er kann auch die starken Gefühle von Hass, Habgier und Abneigung in gewissem Maß relativieren und sie sich zugestehen, ohne sie allzu ernst zu nehmen und dennoch nicht als läppisch abzutun.

Auf der Stufe Reif 2 lernt ein Mensch, sich mit seinen Gefühlen und mit seinen Taten nicht vollkommen zu identifizieren, sondern sich als ein vielschichtiges, facettenreiches Wesen zu betrachten, das mit sich selbst, seinen Wünschen, Begierden, Trieben und Strukturen auch Probleme haben darf. Diese Probleme können aber durch eine dem eigenen Sosein warmherzig dargebrachte verzeihende Haltung gemildert werden. Die beschriebene Vielschichtigkeit (»Ich verstehe mich selber nicht! Wie konnte ich nur so etwas tun?«) wird im Reifen Zyklus noch als verstörend empfunden, während sie später für die Alte Seele geradezu einen Lustgewinn in der Selbstbetrachtung bedeutet. Für eine Reife Seele sind Vielschichtigkeit und Widersprüchlichkeit in höchstem Maß verunsichernd. Doch wenn sie den Facettenreichtum, der das Gute wie das Böse funkelnd widerspiegelt, in sich selbst entdeckt, ist sie in Maßen bereit, ihn auch anderen Menschen zuzugestehen und von ihnen nicht zu verlangen, sie sollten sich stets so verhalten, dass sie nicht störend, verunsichernd, verletzend oder auch schädigend denken und handeln.

Wir möchten anmerken, dass die zweite Stufe der Reifen Seele nicht etwa leichter zu bewältigen ist als die erste Stufe, denn um Unrecht vergeben zu können, muss einem zunächst einmal Unrecht geschehen; es muss getan und auch erlitten werden. Aber das Ganze spielt sich weniger als zuvor auf der Ebene von Unabänderlichkeit und Abhängigkeit ab. Die Hilflosigkeit ist jetzt gemildert, weil der Mensch auf der zweiten Stufe der seelischen Reifung mit seiner ein wenig stärker in diesem neuen Zyklus verankerten Seele in der Lage ist, sein Verzeihen wie einen Balsam auf die Wunden aufzutragen.

Wie man oft sagt, heißt vergeben nicht etwa vergessen. Es ist nicht gleichzusetzen mit dem Ignorieren von Unrecht, es ist nicht identisch mit einem Verdrängungsprozess oder darüber Hinweggehen, obgleich dies dem Verzeihen zuweilen ähnlich erscheint. Wahres Verzeihen und aufrichtiges Vergeben sind Akte innerer Größe und Bescheidenheit, denn auf der zweiten Stufe des Reifen Zyklus begreift ein Mensch, dass Taten und Worte, die er vom Mitmenschen nicht erwartet hätte und die ihm wehtun, auch für ihn selbst eine potenzielle Falle darstellen. Er wünscht sich, falls er in eine vergleichbare Lage kommen sollte, dass man ihm ebenfalls verzeiht und ihn versteht, ohne dass damit die notwendigen Sanktionen ausgeschaltet werden oder auf Strafe verzichtet wird, je nach Art des begangenen Unrechts. Aber die gerechte Ahndung einer Untat ist nicht identisch mit einer inneren Haltung des Verstehens und Vergebens, die sich auch ein Anwalt, ein Richter oder ein Staatsanwalt auf dieser Entfaltungsstufe zu eigen machen kann, ohne die Vorschriften des Gesetzes zu unterlaufen, weil man von Mensch zu Mensch begreift, warum jemand dieses oder jenes getan hat.

Die Reife Seele auf der zweiten Stufe muss sich aber weniger mit schweren Untaten als vielmehr mit einem Unrecht auseinandersetzen, das ihre Psyche oder die ihrer Mitmenschen in einer Weise schädigt, die nicht der Gesetzgebung unterworfen ist – also durch hämische Bemerkungen, durch Vorurteile, Gemeinheiten, Mobbing, Verleumdung, Böswilligkeiten und geistiges Unrecht. Das Tun in seiner krassen, brutalen Verwirklichung ist nur ein Bereich; er betrifft mehr die Junge als die Reife Seele. Diese lernt sich mit ihrem Innenleben anzufreunden und muss dort entdecken, dass es in ihren eigenen Untiefen und in denen ihrer Mitmenschen Bereiche gibt, die keineswegs der Vorstellung von einem sauberen Charakter oder einer hehren, edlen Lebenseinstellung oder einer Persönlichkeit ohne Fehl und Tadel entsprechen. Das verstörte Unbehagen, das viele Menschen empfinden, wenn sie die Biografie eines berühmten Menschen lesen und daraus erfahren, dass sein privates Leben ganz anders ablief, als seine Werke es vermuten lassen, dass in seinem Tagebuch die übelsten Dinge niedergeschrieben sind, kann man mit dem Seelenalter Reif 2 in Verbindung bringen. Ein Mensch auf dieser Entfaltungsstufe ist zunächst geneigt, zu verdammen und zu verurteilen und seinem Entsetzen über das Auseinanderklaffen von Innenleben und Außenwirkung breiten Raum zu geben. Erst anschließend wird er aufgrund seiner gereiften Seele verstehen lernen, dass es sich hier um einen Ausdruck der Vielschichtigkeit jener berühmten Person handelt. Wenn er auch gegen seinen instinktiven Abscheu nicht viel unternehmen kann, so übt und lernt er doch an solchen Beispielen mit einem geistigen Akt das Verzeihen und das Verstehen.

Ein erstes Leben auf dieser Stufe Reif 2 ist zentral auf das Erfahren von Unrecht und den Wunsch nach Gerechtigkeit ausgerichtet, auch in dem Sinne, dass ein Mensch sich danach sehnt, ihm möge eigenes Unrecht vergeben werden, wenn nicht durch den Mitmenschen, so doch von einer höheren

Macht. Es geht um Unrecht, das von der inkarnierten Seele auf dieser Stufe selbst begangen wird, oft aus Unachtsamkeit oder durch materielle Interessenlagen, auch aus sexueller Begehrlichkeit. Oder man muss sich mit Unrecht auseinandersetzen, das einem selbst zugefügt wird. Zunächst einmal soll die inkarnierte Seele in jedem Fall das durch Unrecht bewirkte Leid erfahren und ertragen. Häufig ist Verzeihen und Verstehen erst am Ende eines langen Lebens, auf dem Sterbebett, möglich. Ein Mensch, der sich auf der zweiten Stufe der Reifen Seele inkarniert hat, möchte nicht aus dem Leben scheiden mit einer inneren Last, die auf seinem Gewissen liegt, mit dem schweren Gewicht innerer Aufforderungen, endlich zu vergeben. Überhaupt wird so etwas wie ein Gewissen, das ja einen Einblick in die inneren Motivationen voraussetzt, erst auf dieser Stufe der seelischen Entfaltung regelrecht herausgebildet wie der Bartwuchs bei einem jungen Mann, erst ein Flaum, dann immer kräftiger. Obgleich die Junge Seele sehr scharf zwischen Gut und Böse, zwischen Rechtlichkeit und Unrechtmäßigkeit oder Sünde unterschied, suchte sie doch ihre Kriterien für diese Unterscheidung primär im Außen, in Gesetzen und Vorschriften, nicht in ihrer eigenen inneren Haltung.

Das zweite Leben auf dieser Entfaltungsstufe ist anfangs vor allem dem Versuch gewidmet, durch allerlei Ausflüchte, Tricks, Schachzüge und Raffinessen zu vermeiden, dass begangenes Unrecht bekannt wird, dass die dahinterliegenden Motivationen von anderen durchschaut werden. Viel spielt sich hier zwischen zwei Individuen ab und gelangt daher kaum an das Licht einer größeren Öffentlichkeit. Es geht hier hauptsächlich um Unrecht in Beziehungen, also zwischen Eltern und Kindern, zwischen Freunden und Partnern, die zunächst einmal vertrauenswürdig aufeinander wirkten und dann dem jeweils anderen etwas Schlimmes antun oder von ihm etwas erleiden müssen, das ihm oder ihr schwer Unrecht tut – nicht im juristischen Sinne, sondern im zwischenmenschlichen Bereich.

Das dritte Leben strebt auf den Abschluss dieser Stufe zu, auch wenn dies nicht immer gelingen will. Der Mensch setzt sich in seinen ersten Lebensjahrzehnten ein hohes ethisches Ziel, anderen alles Mögliche zu verzeihen, spart aber sich selbst und die eigenen Gedanken oder Taten vorsichtig aus. Das Verzeihen wird am Mitmenschen, an den Umständen, am Schicksal geübt. Es wird zu einem Bedürfnis nachzuvollziehen, was jemanden zu einer bestimmten Tat oder einer Äußerung getrieben hat. Auf der dritten Stufe gefällt sich der Mensch darin, grundsätzlich eine gütige, verzeihende und verständnisvolle Haltung einzunehmen, sich selbst gegenüber aber Strenge und Unerbittlichkeit walten zu lassen. Oft wird es ihm erst spät im Leben gelingen, sich selbst aus der allgemeinen Verständnisbereitschaft für fehlbare Menschlichkeit nicht auszusondern. Diese dritte Stufe umschließt auch das Akzeptieren von eklatanten Ungerechtigkeiten – nicht nur von faktischem Unrecht –, die auf der Welt stets und überall anzutreffen sind: Unterdrückung und Hunger und politische Machtstrukturen, gegen die man persönlich nichts tun kann, die aber hingenommen werden können mit einem Auge auf die Natur des Menschen, die nun einmal nicht nur dem Guten zustrebt, sondern in der Rolle von Opfer und Täter auch das Böse erfahren muss.

Beziehungen auf dieser Entfaltungsstufe werden oft unbewusst so angelegt, dass es in ihnen viel Unrecht und viel zu vergeben gibt. Ein Mensch, der die für seine Seele wichtigen Erfahrungen braucht, wird zum Beispiel ein Kind haben, das straffällig wird und Taten begeht, die Vater und Mutter nicht gutheißen können; und doch handelt es sich um das eigene Kind, und die Eltern sehen sich veranlasst, die Unrechtstat mit dem Bedürfnis zu vereinbaren, dieses Kind weiter zu lieben. Unrecht, das Partner sich antun können oder Eltern ihren Kindern – durch Verdächtigungen, Verleumdungen, Eifersucht, Enterbung und viele andere Strafmaßnahmen –, verursacht tiefe Risse in engen Beziehungen. Jede Seele ist als Mensch auch Persönlichkeit und hat einen Charakter, der keineswegs immer vorbildlich ist, sondern gerade im Stadium der Reifen Seele Widersprüchlichkeiten spiegeln soll und muss. Widersprüchlichkeit ist hier der Antrieb für Unrecht, für Unterstellungen und Verleumdungen, Eifersuchtsdramen und Erbschaftsstreitereien. Beziehungen sind deshalb auf dieser Stufe 2 meist recht dramatisch und ereignisreich. Wilde Beschuldigungen wechseln ab mit tränenreichen Szenen der Versöhnung. Wenn aber Vergebung einmal nicht möglich zu sein scheint, wird eine neue Beziehung gesucht, die am Ende ebenfalls die seelischen Bedürfnisse nach schillerndem Facettenreichtum zu erfüllen hat, wenngleich es auch schmerzhaft sein wird.

Auf dem gesundheitlichen Sektor neigt ein Mensch, der diese Erfahrungen machen will, zu Selbstbeschuldigungen. Er bezichtigt sich, alles Mögliche falsch zu machen, und weiß oft nicht, wie er aus dieser Falle der Selbstvorwürfe, die einerseits selbstgerecht sind und andererseits so gerechtfertigt erscheinen wollen, herauskommt. Sich verzeihen zu müssen, dass man die beste Nahrung zu sich genommen, die reinste Luft geatmet, auf seinen Schlaf und seine Bedürfnisse nach Aktivität und Sport geachtet hat und dennoch heftig erkrankt, ist schwer. Es wird als grobes Unrecht empfunden – als ein Unrecht, das vom Leben, vom Schicksal, von einer göttlichen Instanz ausgeht, die einem Unbegreifliches antut. Oder hat man vielleicht doch selbst Schuld und weiß nur nicht, wieso?

Die Gesundheit eines Menschen auf dieser Stufe der seelischen Entfaltung ist gekennzeichnet durch eine kraftvolle Natur, die hier und da unerwartete Einbrüche erfährt, entweder durch Unfälle oder durch schwere Erkrankungen.

Der betroffene Mensch meint zwar, das wäre auf jeden Fall zu vermeiden gewesen, aber die Seele muss auf dieser Stufe einen Schicksalsschlag verarbeiten lernen, der das so gut gemeinte und durchgeplante Leben ereilt. Eine zweite Variante besteht darin, den Lebensumständen oder den Mitmenschen die eindeutige Schuld am eigenen schlechten Gesundheitszustand zuzuweisen, zum Beispiel durch Asbest in Schulen oder Turnhallen, durch Strahleneinwirkung wegen Mobilfunk, durch minderwertige oder genmanipulierte Lebensmittel, durch Salmonellen auf Eierschalen. Die Unterstellung, das andere, der andere oder ein anderes sei am eigenen schlechten Befinden schuld, beruhigt und erlöst zunächst. Aber diese verhärtete Haltung wird im Laufe des Lebens weicher und weicher. Auch versucht man auf dieser Entfaltungsstufe, den situativen Umständen zu vergeben, weil sie den Bedürfnissen der Mehrheit entsprechen oder nicht geändert werden können.

Wir haben bereits angedeutet, dass der religiöse Zweifel auf der ersten Stufe der Reifen Seele eine wichtige Rolle zu spielen beginnt. Zweifel an der Güte und Gerechtigkeit der höchsten Gottheiten werden auf der zweiten Stufe so stark, dass sie zu einer angstvollen Entzweiung führen können gegenüber einer unbegreiflichen Instanz, die nicht nur Unrecht zulässt, sondern möglicherweise sogar veranlasst oder gar dem Übeltäter verzeiht, gegenüber einer Macht, die ohne eine Erklärung Schreckliches geschehen lässt. Ein Allmächtiger, an dessen Fähigkeit, alles zu bestimmen und zu leiten, scheinbar erhebliche Zweifel angebracht sind, wird zunehmend abgelehnt. Dadurch wird jemand auf der Stufe Reif 2 in große Nöte gestürzt, denn er ist in der Regel umgeben von Menschen, die von solchen Zweifeln noch nicht geplagt werden. Der Zweifelnde kann seine Angst, etwas könne sich als unzuverlässig und unüberprüfbar herausstellen, das bislang unerschütterlich geglaubt wurde, kaum mitteilen. Die jetzt notwendig anzustrebende Fähigkeit, auch dem Schicksal gegenüber eine verzeihende Haltung einzunehmen, auch der Gottheit eine unbegreifliche Vielschichtigkeit zuzuschreiben, unverständlich und tief beunruhigend, ist besonders hervorstechend im dritten und eventuell vierten Leben, das auf dieser Stufe verbracht wird. Am Ende steht erneut ein Annehmen und Bejahen dessen, was ist. Das schließt das eigene Sosein und das eigene Dasein ebenso ein wie das Sosein und Dasein aller Mitmenschen.

Mit dem Begriff Mitmensch wird jetzt – anders als bei der Jungen Seele, die darunter Familie, Freunde, Clan, Sprachgemeinschaft und Nation versteht – die gesamte menschliche Gemeinschaft bezeichnet. Diejenigen, deren Motivationen man noch irgendwie erforschen und begreifen kann, werden mit hineingenommen in den Wunsch, verstehen und verzeihen zu können, um eine innere Stabilität zu entwickeln, um den schwankenden Boden der ersten Stufe verlassen zu können und in einer neuen Weltsicht Halt zu finden, die das Vielschichtige, Facettenreiche, Unbegreifliche zulassen kann, sowohl im Individuum selbst als auch im Weltgeschehen, das es umschließt. Die Bereitschaft, die Menschheit nicht mehr in Gut und Böse, in Freund und Feind oder (wie in den frühen Seelenaltern) in Angenehm und Bedrohlich einzuteilen, sondern das unendlich breite Spektrum der Möglichkeiten, ein Mensch zu sein, in Betracht zu ziehen, selbst wenn die Vielschichtigkeit verstörend wirkt und Probleme bereitet, ist das Ziel dieser zweiten Entfaltungsstufe.

Reif 3

Entfaltungsaufgabe: *Einem schlechten Herrn treu dienen*
Motto: *Ich werde unternehmungsfreudig*
Energien 4 + 3

Menschen auf der seelischen Entfaltungsstufe Reif 3 stellen sich einer schwierigen, gewaltigen inneren Aufgabe. Sie stehen in einem dauerhaften Konflikt zwischen jener Vernunft und besseren Einsicht, die ihnen durch die Gelehrten-Energie 4 vermittelt wird, und einem unabweisbaren bedingungslosen Wunsch nach Treue, der von der Krieger-Energie 3 herrührt. Es ist eine zwingende Sehnsucht nach Loyalität und Hingabe, die sie dazu veranlasst, einem für sie schlechten Herrn oder einer nahezu unhaltbaren Lebenslage trotz aller rationalen Einwände zu Diensten zu sein. Dieser Konflikt drückt sich in einer permanenten Zerrissenheit aus zwischen dem, was der Verstand ihnen gebietet, und dem, was das Gefühl ihnen vorschreibt. Sie könnten im weitesten Sinne von einer solchen konflikthaften Lebenssituation nicht lassen, selbst wenn sie es wollten.

Nun ist auch hier wie bei allen übrigen Entfaltungsstufen der Seele zu beobachten, dass diese Entfaltung mehrere Entwicklungsschritte benötigt, um zum Ziel zu kommen. Es ist eine bedingungslose Treue, die dem eigenen Empfinden entspricht, und sei es auch noch so unvernünftig. Sie muss zur Deckung gebracht werden mit dem Dienst an einem sogenannten schlechten Herrn, der alles und jedes sein kann, vom eigenen Kind bis zur Nation.

Konflikthaftigkeit also kennzeichnet diese Stufe. In einem ersten Leben wird sie sich so ausdrücken, dass der betreffende Mensch sich in einer Zwangssituation befindet, aus der er nicht ausscheren kann. Er muss auf jeden Fall dienen, ob treu oder nicht. Er kann nur innerlich aufbegehren, sich jedoch aus der ihm schicksalshaft erscheinenden Lebenslage nicht lösen. Dabei kann es sich um eine Sklavin, einen Minister oder eine Angestellte handeln, die allein eine große Familie zu versorgen hat.

In dem darauffolgenden Leben wird ein Mensch auf dieser Entfaltungsstufe alles tun, um seine irrationalen Bedürfnisse nach Treue, Loyalität und Hingabe mit Hilfe seines Verstandes so lange zu rationalisieren, zu rechtfertigen, zu untermauern, bis er selbst an die Unausweichlichkeit seiner Lebenslage glaubt. Er wird jahrzehntelang einen Angehörigen pflegen, der ihn schlecht behandelt und den er nicht gern hat. Er wird bei einem Chef bleiben, obgleich er für seine Dienste nur Undank und Verächtlichkeit erntet. Er stellt sich die Frage: »Es geht doch gar nicht anders, was sollte ich denn sonst machen?«

Erst in einem dritten oder vierten Leben kann er die Oppositionen, die ihn in seinem dauerhaften Konflikt halten, flexibler handhaben und sich selbst als den antreibenden Motor und den wichtigsten Maßstab in der Beurteilung der Situation begreifen. Erst jetzt wird er sich in der Freiheit und Würde, die durch das bedingungslose Ja zu einer für andere unhaltbaren Situation erwirkt wird, zurechtfinden.

Diese grundsätzlichen Entfaltungsschritte werden ergänzt durch ein Suchen nach Lebensabläufen, die es einer körperlichen Existenz gestatten, ein und dasselbe Thema aus verschiedenen Blickwinkeln zu betrachten. Das bedeutet zum Beispiel, ein Kind zu haben, das als Dieb, Drogendealer oder Mörder mit seiner Lebensgeschichte die Eltern ständig in bedrohliche Situationen bringt und beschämt; ein Kind, das einen misshandelt und an dem man leidet und das doch das eigene Kind bleibt. Ein Kind darf ja bereits von der biologischen Warte aus von den Eltern – aber noch viel mehr von einem Menschen auf der Stufe Reif 3 – eine prinzipielle und nahezu absolute Loyalität erwarten. Ein ebenso unausweichliches Schicksal betrifft jene, die Eltern oder Geschwister haben, die als Verbrecher das eigene Leben maßgeblich beeinflussen, und doch können sie sich auf der Stufe Reif 3 aus diesem Verwandtschaftsverhältnis und den Bedingungen dieser Beziehung und seiner Geschichte, die durchaus auch eine Reihe von warmen und positiven Aspekten aufweisen kann, nicht lossagen. Ein gewisses Maß an Loyalität kann zwar geleugnet werden, wird aber trotz allem stets vorhanden sein.

Für die notwendigen Erfahrungen der Stufe Reif 3 wird die Seele den schlechten Herrn einmal selbst für jemanden verkörpern. Auch sie selbst wird sich anfangs in der Rolle desjenigen wiederfinden, dem die Anverwandten oder Angestellten bedingungslose Hingabe schulden und sich aus dieser Beziehung nicht lösen können. Die Seele wird also in die Rolle des schlechten Herrn schlüpfen, um die Erfahrung zu vervollständigen.

Eine weitere Lebenslage kann entstehen, wenn jemand Erbe einer großen Firma, eines Vermögens oder eines geistigen Vermächtnisses ist und diese Aufgabe aus einer gewissen vernünftigen Überzeugung heraus übernimmt, dass dies für ihn der einzig wahre Lebenslauf zu sein hat. Trotzdem wehrt sich ein anderer Teil in ihm gegen die notwendige Unterwerfung unter die großen Zwänge, die dadurch entstehen. Er wird dem Erbe gegen seine Neigung treu dienen, obgleich er unter der Last zusammenzubrechen droht.

Treu zu dienen, das heißt mit voller Bejahung und absoluter Hingabe, kann für die Anfangsschritte, für das erste, zweite oder auch dritte Leben nicht vorausgesetzt und auch nicht wirklich angestrebt werden. Treues Dienen ist ja der Endpunkt dieser Entwicklung. Ein schlechter Herr ist leicht zu finden. Auch kann man selbst sich ohne große Schwierigkeiten zu einem schlechten Herrn aufschwingen und seine Bedürfnisse nach Machtausübung und Unterjochung ausleben. Menschen zu finden, die unter solchen Umständen dennoch treu dienen und schlechtes, unangenehmes oder unangemessenes und undankbares Tun mit Hingabe lohnen, ist nicht so einfach. Es ist Ziel eines langen Weges, der von vielerlei Schmerzen und inneren Kämpfen begleitet wurde.

Es ist also festzuhalten, dass ein Mensch mit einer Seele auf der dritten Stufe des Reifen Zyklus nicht nur stets innerlich zerrissen sein wird, sondern ganz allgemein auch im psychischen Sinne eine konflikthafte und äußerst widersprüchliche Persönlichkeit aufweist. Diese ist aber nicht zu therapieren, weil sie nicht geglättet werden kann und darf. Der Betreffende muss die innere Auseinandersetzung zwischen seiner Vernunft und seinem Bedürfnis nach Unterordnung, Hingabe, Treue und Loyalität erleben. Es nützt deshalb nichts, jemandem, der einem offensichtlich schlechten Herrn treu dient, gut zuzureden, ihm Vorwürfe zu machen oder ihn davon überzeugen zu wollen, dass das, was er tut oder leistet, unangemessen, unvernünftig, krankhaft und der reine Wahnsinn sei. Man darf ihm nicht vorwerfen, er lasse sich schlecht behandeln oder würde nur Undank ernten und er müsse das dringend ändern. Solche Einwände – mögen sie auch von außen betrachtet noch so sinnvoll erscheinen – werden nichts fruchten, wenn die Seele sich danach sehnt, innerhalb dieses Konflikts über die Vielfalt und die Vielschichtigkeit innerer Nöte eine neue Klarheit zu gewinnen. Wenn man beobachten kann, dass jemand einer anderen Person oder einer Institution oder Partei zugetan ist, obgleich ihm von dieser Instanz übel mitgespielt wird, ist dies nicht zwingend eine Folge von Märtyrertum, einer gestörten Persönlichkeit oder einer problematischen Kindheit, sondern in nicht wenigen Fällen eben die Ausdrucksform eines tiefen seelischen Bedürfnisses, nämlich einem schlechten Herrn treu zu dienen.

Dies zu erkennen ist von besonderer Bedeutung bei Ehekonflikten und dafür geeigneten therapeutischen Beratungen. Es ist nicht einfach, eine solche notwendige Erfahrung zu trennen von einer Situation, dass der eine den anderen offensichtlich misshandelt und dieser ihm oft aus Schwäche, aber oft eben auch aus einer tiefen inneren Notwendigkeit immer wieder vergibt und ihm nahe sein will. Das darf nicht als Kadavergehorsam missverstanden werden. Nur wenn deutlich wird, dass der »Dienende« sich äußerst ungern und leidvoll unterwirft und selbst den Wunsch hat, seine Lebenslage zu ändern, kann man sinnvollerweise helfen.

Wir sagten, dass es sich bei der notwendig zu machenden seelischen Erfahrung keineswegs immer um eine Beziehung zwischen zwei Menschen handelt. Der sogenannte schlechte Herr ist überall zu finden und kann auf jegliche familiäre oder institutionelle Struktur übertragen werden. Der schlechte Herr kann ein Vorgesetzter sein, aber auch die Firma selbst oder eine Verwaltungsstruktur, eine Gesetzgebung, eine militärische Ideologie, eine historische Situation. Was auch immer benötigt wird, kann von einem Menschen auf der Stufe Reif 3 zu einem schlechten Herrn funktionalisiert werden. Oder der Betreffende ist selbst eingegliedert in eine solche Struktur und wirkt daraufhin, dass andere sich ihm oder einer Angelegenheit loyal und bedingungslos unterordnen, ohne Fragen zu stellen und ohne sie infrage zu stellen. Denn wer nicht aus eigener Erfahrung weiß, wie ein schlechter Herr fühlt und handelt, kann auch nicht erfahren, wie es ist, einem solchen Menschen oder einer entsprechenden Institution die Treue zu halten.

Diese Entfaltungsstufe mit ihrer Verbindung von Gelehrten-Energie 4 mit Krieger-Energie 3 stellt die denkbar höchsten Herausforderungen an die psychische Belastbarkeit und die psychische Integrität eines Menschen. Energie 4 will verstehen, in diesem Fall gelingt es jedoch nicht. Ein Leben lang in inneren Konflikten zu verharren verlangt große Ausdauer, die durch den kriegerischen Aspekt dieses Seelenalters gewährleistet wird. Und sie erfordert eine hohe Leidensbereitschaft in beiden Rollen des seelischen Verhältnisses, denn auch der schlechte Herr ist sich in gewisser Weise dessen bewusst, was er von seinem sogenannten Diener – dem treuen Diener des Staates, seiner Familie, einer Firma, eines Heeres oder eines Individuums – letztendlich verlangt. Beide Seiten stehen unter einem für Außenstehende nahezu unerklärlichen Zwang, in der gegebenen Situation zu verharren oder diese, wenn überhaupt, nur in belanglosen Einzelheiten zu verändern.

Das heißt nicht, dass solch eine persönliche Beziehung oder ein Dienstverhältnis ein Leben lang aufrechterhalten werden muss. Aber es ist häufig zu beobachten, dass ein Mensch der Entfaltungsstufe Reif 3 sich immer wieder in recht ähnlichen Lebenslagen wiederfindet – mit unterschiedlichen Menschen oder Firmen oder Obrigkeiten. Oder er übernimmt immer aufs Neue scheinbar unbelehrbar den Part des schlechten Herrn, um auch anderen die Gelegenheit zu bieten, ihre seelischen Bedürfnisse der Stufe Reif 3 zu befriedigen. Was Menschen mit anderen Seelenaltern und Entfaltungsstufen oft absurd erscheinen will und völlig unverständlich bleibt, besitzt eine zwingende innere Logik für die Beteiligten. Sie sind jedoch in der Regel nicht in der Lage, ihr Verhalten und ihre Entscheidungen zu rechtfertigen, zu erklären oder zu verteidigen, da die Motivation einzig von der seelischen Dimension ihres Seins zur Verfügung gestellt wird.

Das scheinbar paradoxe Ergebnis einer solchen zwingenden Erfahrung ist eine erhebliche innere Befreiung und seelische Entspannung. Es handelt sich um eine Freiheit, die wie Phönix aus der Asche der Zwänge emporsteigt. Am Ende dieser Entfaltungsstufe führt sie zu einer bedingungslosen Bejahung dessen, was ist. Wenn dann der Übergang zu Reif 4 vollzogen wird, ist der beseelte Mensch in der Lage, aus innerer Freiheit heraus und aus Liebe zu sich selbst oder zu anderen auf wesentliche Dinge zu verzichten, die letztendlich nicht guttun. Erst wer durch Reif 3 gegangen ist und erfahren hat, wie seltsam beglückend es sein kann, einem schlechten Herrn treu zu dienen, kann die große Unabhängigkeit des Denkens, Handelns und Fühlens erlangen, die ihn ermächtigt, bewusste Entscheidungen zu treffen gegen das, was alle anderen für richtig halten.

Die kriegerische Komponente dieser Entfaltungsstufe bringt es mit sich, dass die Treue und das treue Dienen oft bitter erkämpft und hart erworben werden müssen. Wir haben von einer geradezu chronischen Zerrissenheit und Konflikthaftigkeit der Beteiligten gesprochen, und dazu gehört auch die ständige Versuchung zu rebellieren, aufzubegehren, sich zu wehren und denjenigen, dem man aus scheinbar unerfindlichen Gründen getreulich zu dienen hat, zu bestrafen, sogar zu töten. Das Aufbegehren und die innere Rebellion führen ja letztendlich erst zu dem wahren Konflikt; denn wer einfach dienstbar ist, sich unterwirft und alle Anweisungen, Befehle und Vorschrift ausführt, die ihm jemand befiehlt, ohne Fragen zu stellen und ohne über seine Situation nachzudenken, spürt keinen Konflikt. Erst wer sich klarmacht, in welcher Lebenslage er sich befindet und dass eigentlich eine Abwendung, ein Protest oder ein explosives Aufbegehren notwendig, sogar angemessen, löblich und jedermann verständlich wäre, aber in der Regel nur unter großer Gefahr ausgeführt werden kann, und dass trotz allem ein unerklärliches Empfinden von Unrichtigkeit die scheinbare Notwendigkeit der Rebellion begleitet, wird an diesem Konflikt reifen und sich bewähren können. Und nur wer spürt, dass er von jenen, die von ihm abhängig sind, von seinen Angehörigen, Untergebenen, Angestellten, Beamten oder Soldaten etwas verlangt, das nicht selbstverständlich gerechtfertigt ist, kann sich selbst dem inneren Konflikt von äußerer Notwendigkeit und innerer Notwendigkeit stellen.

Wenn ein General von seinem Oberbefehlshaber die Anweisung erhält, mit seinem Heer vorzurücken, und zugleich erkennt, dass dieser Befehl Tod und Verderben über die ihm anbefohlenen Soldaten bringen wird, gerät er in eine solche Situation. Er selbst muss seinem Oberbefehlshaber gehorchen, er hat ihm bedingungslose Treue geschworen und steht auch im weitesten Sinne dahinter, sonst wäre er nicht General. Zugleich aber weiß er, dass seine Soldaten wiederum ihm als General Treue geschworen haben und er sie in eine todbringende Schlacht treibt, nur weil sie ihm hingebungsvoll dienen müssen. Sie können und dürfen nicht aufbegehren, denn ob sie nun in der Schlacht sterben oder als Deserteure erschossen werden, ist letztendlich dasselbe. Eine solche unausweichliche Konfliktsituation kann nun auf viele andere Lebensbereiche übertragen werden und ist keineswegs außergewöhnlich. Sehr viele Menschen befinden sich auf der Entfaltungsstufe Reif 3 gerade in den Ländern, die viele Reife Seelen beherbergen. Diese werden immer wieder in einen fast unerträglichen Konflikt getrieben zwischen ihrem eigenen Gewissen, irrationalen Gefühlen und dem, was sie als Pflichterfüllung empfinden.

Wir möchten noch auf das dritte oder vierte Leben eingehen, das zu einem Kulminationspunkt führt, der Loyalität und Treue in eine Form von Liebe überleitet, die sowohl die Liebe zu dem schlechten Herrn als auch die Liebe zu sich selbst – also eine scheinbar widersprüchliche und unauflösbare Konflikthaftigkeit – auf geradezu mystische Weise miteinander vereint. Diese Synthese stellt ein Amalgam her, das nur durch die Kraft der Liebe zu verschmelzen ist. Nur Liebe in Form von absolut freudiger Hingabe kann diesen Konflikt letztendlich auflösen, und ausschließlich Liebe kann bewirken, dass ein Mensch nicht einzig unter äußeren Zwängen bedingungslos treu und loyal ist, sondern aus innerer Bereitschaft und Freiheit. Nur Liebe kann bei einem schlechten Herrn, der sich als Reife Seele der dritten Stufe in diesem Part verwirklicht, ein tiefes Verständnis für die Not des Abhängigen, des Liebenden, des Treuen hervorrufen. Der Kulminationspunkt leitet über zu der Entfaltungsaufgabe von Reif 4: »Aus Liebe auf Wesentliches verzichten.«

Die drei oder vier Leben auf dieser Entfaltungsstufe sind durch eine fest geknüpfte Bindung zwischen den beteiligten Parteien gekennzeichnet. Ob die eine jetzt durch einen Vorgesetzten, einen Parteichef, durch einen mächtigen Vater oder eine machtvolle Königin repräsentiert wird und die andere durch jemanden, der sich selbst als machtlos, hilflos und untertänig versteht, ist dabei weniger wichtig als die Tatsache, dass beide wie durch einen starken Magneten zusammengehalten werden. Sie können sich aus eigener Kraft nicht voneinander lösen. Die Kraft, dies zu tun, wird erst auf späteren seelischen Entfaltungsstufen vorhanden sein. Hier geht es vielmehr darum, eine unauflösliche Bindung zu beobachten, zu ertragen, zu erleiden und zu bejahen.

Dass Leid und Schuldzuweisungen hier eine große Rolle spielen, darf nicht übersehen oder kleingeredet werden. Solches Leid gehört auch zur kriegerischen Energie 3, die als Schattenseite das Märtyrertum kennt. Außerdem bringt die Struktur des Ganzen es jeweils mit sich, dass jeder schlechte Herr, wenn er denn auf dieser Entfaltungsstufe steht, wiederum einem anderen schlechten Herrn zu dienen hat. Auch braucht jeder, der treu dient, in gewisser Weise psychische Ventile, aus denen er die aufgestauten Gefühle von Hass, Rebellion und Kritik, von Widerwillen und Ablehnung ableiten kann. Es gibt also innerhalb dieser seelischen Erfahrung der Reifen Seele eine gewisse hierarchische Abstufung, die keinen Anfang und kein Ende findet. Selbst der oberste schlechte Herr hat noch eine göttliche Instanz oder einen Höllenfürsten über sich, dem er *nolens volens* zu dienen hat. Und selbst der geringste unter allen Dienern hat vielleicht noch einen Hund oder ein Meerschweinchen, an dem er seine Wut auslassen kann. Ein Kammerjäger hätte es in dieser Hinsicht gut, weil seine Tätigkeit als notwendig und heilsam empfunden wird und er sich nicht schuldig fühlen muss beim Vernichten von Ratten oder Wanzen.

Befindet sich ein Mensch auf der Stufe Reif 3 und muss daher seiner Seele die beschriebene spezifische Reifung zuteilwerden lassen, bedeutet das nicht, dass alle seine mitmenschlichen Beziehungen dieser Gesetzmäßigkeit unterworfen sind. Wie wir an anderer Stelle gesagt haben[31], braucht jeder Krieger auch seinen Heimaturlaub oder ein Lazarett, um sich von Strapazen, Verwundungen und Schmerzen zu erholen. Für Menschen auf dieser Entfaltungsstufe ist es ebenfalls von großer Bedeutung, einen Bereich zu haben, in dem sie von der Notwendigkeit ausruhen können, sich als schlechter Herr oder als treuer Diener bewähren zu müssen. Dieses Bedürfnis kann in unterschiedlichsten Formen gestaltet werden. Grundsätzlich ist es jedoch so, dass etwa die Hälfte aller Beziehungen dem Wunsch nach Gestaltung des Entfaltungsweges Reif 3 dienstbar gemacht wird. Aber ein Mensch, der unter seinem Ehepartner leidet, hat vielleicht Eltern oder Kinder, unter denen er nicht leiden wird oder die sich nicht unterdrücken lassen.

Bei einer Beurteilung von außen sind solche Beziehungen immer daraufhin zu prüfen, ob sie den Bedingungen eines Lehensverhältnisses entsprechen. Ein Lehensverhältnis bindet beide Partner. Es hat Vorteile und Nachteile für beide. Der Lehensherr hat ebenso viele Pflichten wie der Lehensmann und ebenso viele Rechte. Das bedeutet, dass man eine solche Beziehung nicht als Leibeigenschaft betrachten darf. Vielmehr besteht eine seelische Bereitschaft auf beiden Seiten, sie einzugehen, auszuleben oder zu durchleben, wenn sie denn der Entfaltungsstufe Reif 3 zuzuordnen ist.

Dient ein Mensch einem anderen treu und ergeben, ganz gleich wie dieser sich verhält, schenkt ihm das eine Befriedigung, die mit keiner anderen vergleichbar ist. Er erfährt eine innere Gradlinigkeit, einen spezifischen Stolz, eine essenzielle Freude und sogar eine noble Opferhaltung, die nicht zu verwechseln ist mit der Bereitschaft, sich treten zu lassen, zum Sündenbock zu werden oder sich märtyrerhaft zu entselbsten. Eine unvergleichliche seelische Größe wächst durch das Erleben dieser Loyalität und liebevollen Treue heran, die eine Reife Seele tiefer und tiefer in die Menschlichkeit als solche mit der ihr inhärenten Fehlbarkeit hineinführt – wie in eine unergründete Höhle, die sie durchwandert, ohne zu wissen, welche Gefahren, Ungeheuer und Schätze dort warten. Es entwickelt sich eine eindrucksvolle Verbindung von mächtigem Einfluss und verantwortungsvollem Handeln.

Wer sich bereitfindet, den Part des schlechten Herrn zu übernehmen, weist nicht selten psychische Besonderheiten oder pathologische Strukturen auf, die ihm erst ermöglichen, das auszuführen, was ihm von seiner Seele beschieden ist. Während die körperliche Gesundheit ehern zu sein scheint, ist die Psyche oft verhärtet bis hin zur kalten Grausamkeit. Die einer Reifen Seele sonst durchaus eigene Empathiefähigkeit ist in einem solchen Fall begrenzt. Das Verschanzen hinter einem System von Pflichten, Befehlen und Gesetzen führt zur Abtötung von Gewissensbissen und hat den Zweck, den inneren Konflikt nicht so stark ausbrechen zu lassen, dass er die Reife Seele der dritten Entfaltungsstufe handlungsunfähig macht.

Wer den Part des treuen Dieners innehat, leidet hingegen sehr viel häufiger und heftiger unter körperlichen Beschwerden. Die Unlösbarkeit seiner treu dienenden Position führt oft dazu, dass seine Psyche nicht in der Lage ist, eine Somatisierung zu verhindern. Wenn alles zu viel wird, wenn Misshandlung und Unterjochung überhandnehmen, wählt man nicht selten den Weg in schwere Krankheiten, die eine Ausübung der loyal übernommenen Dienstpflichten unmöglich machen. Wenn also der Betroffene es nicht wagt aufzubegehren, sich zu wehren, sich zu schützen, offen Kritik zu äußern oder sich dem treuen Dienen zu entziehen, wird zuweilen sein Körper es für ihn tun. Wer offensichtlich nicht mehr kann, hat sozusagen eine Entschuldigung, die auch vom Herrn akzeptiert wird. Aber der Grundkonflikt wird dadurch nicht gelöst. Denn selbst wenn jemand schwer erkrankt ist und seine treuen Dienste nicht mehr ausüben kann, wird er trotzdem von dem Empfinden gequält bleiben, dass er eigentlich seine Pflicht tun müsste, und er wird dadurch seine körperliche Befindlichkeit noch weiter schädigen.

Auf religiöser und spiritueller Ebene werden sich beide Parteien zu ihrem eigenen Erstaunen auf das Schicksal und einen unbegreiflichen höheren Willen berufen, der sie regiert. Sie fühlen sich von übermächtiger Hand in ein Leben gestellt, das Pflichtzwänge auf sie ausübt. Einerseits wird das erlebte und erlittene Schicksal akzeptiert, weil es nun einmal so bestimmt ist. Andererseits bringt das Leid ein schweres Aufbegehren gegen jene Kräfte hervor, die dies so eingerichtet haben. Demut und Hader prägen somit die Beziehung zu den jeweiligen göttlichen Instanzen. Aber so wie ein treuer Diener einem schlechten Herrn dient, so wird er auch seinen Göttern dienen, die er als ebenso willkürlich und ungerecht empfindet. Er wird sich nicht vorstellen können, dass er gegen sie wirklich rebellieren könnte oder dass sein Aufbegehren eine Chance auf Erfolg zeitigen könnte. Ein solcher Mensch fühlt sich als willenloser Spielball transzendenter Kräfte und versucht, sich darin einzurichten. Er entwickelt eine Glaubenshaltung oder eine Form von Religiosität, in der er eine solche Schicksalshaftigkeit und Vorbestimmtheit unterbringen kann. Das ist gewiss nicht einfach zu bewerkstelligen, aber ein Mensch auf der Stufe Reif 3, der Konflikthaftigkeit an sich und in sich als sein grundsätzliches Lebensgefühl erlebt, wird auch in einem dauerhaften Konflikt mit den Allmächtigen stehen und dieses wiederum als seine Bestimmung erfahren. Er wird bisweilen auch gewisse Vermutungen hegen, dass er für etwas bestraft wird, das er nicht versteht, vielleicht eine böse Tat in einem früheren Leben. Das ist verständlich, denn in die Pläne und Bedürfnisse der eigenen Seele hat kein Mensch wirklichen Einblick.

Reif 4

Entfaltungsaufgabe: *Aus Liebe auf Wesentliches verzichten*
Motto: *Ich ernte die Früchte*
Energien 4 + 4

Mit dem Übergang einer Seele auf die Entfaltungsstufe Reif 4 gewinnt sie ein einzigartiges Potenzial an Gelehrten-Energie (Doppelvier) und somit eine noch nie erlebte und nie wieder erlebbare innere Position von Mittigkeit, Klarheit, Gerechtigkeit, Besonnenheit, Ausgeglichenheit und Neutralität. Wir sprechen von einem Potenzial und damit von einer Seinsmöglichkeit, die sich im lebendigen Menschen nicht immer sogleich verwirklicht. Diese Stufe ist mehr als alle übrigen dem inneren Lernen gewidmet. Die doppelte Vierer-Energie setzt eine inkarnierte Seele in den Stand, ihr Ziel einer lehrreichen Gelassenheit am Ende der dafür benötigten zwei oder drei Leben zu erreichen. Doch zuvor muss – wie sonst auch – um ein Gleichgewicht gerungen werden, denn die Bedürfnisse einer Seele auf der Entfaltungsstufe Reif 4 sind vielfältig. Um einen Ausgleich zwischen dem Innen und dem Außen, dem Eigenen und dem Anderen, dem Notwendigen und dem Überflüssigen zu finden, bedarf es daher reichlicher Erfahrung und Überlegung. Die Notwendigkeit herauszufinden, was wesentlich ist und was nicht, und das Bedürfnis, in einer abgewogenen, neutralen, nicht von Leidenschaften beherrschten Art zu erkunden, was Liebe bedeutet, das ist das Vorhaben, mit dem sich eine solche Reife Seele der vierten Entfaltungsstufe unablässig beschäftigt.

Wenn sich diese Reife Seele stets zwischen zwei Polen oder zwei Endpunkten ihres Potenzials bewegt, ist es nur natürlich, dass sie abwechselnd nachdrücklich die eine Seite betont und dann wieder die andere. Dadurch gerät sie vorübergehend nicht nur in erhebliche Selbstzweifel, was ihre Identität, ihre Wünsche und ihre Absichten betrifft, sondern sie sieht sich auch gezwungen, sich mit ihren Selbstzweifeln auseinanderzusetzen. Um an diesen inneren Kämpfen nicht zugrunde zu gehen, sondern eine innere Mitte anzustreben, die nicht im Entweder-oder verharrt, sondern beide Positionen zu ihrem Recht kommen lässt, gibt es nur einen Ausweg: eine nunmehr zum ersten Mal erreichte, ausgeprägte und subtile Fähigkeit zur mental-emotionalen Introspektion, die der Reifen Seele in besonderem Maß zu eigen ist. Außerdem ist eine Seele auf dieser vierten Entfaltungsstufe in der Lage, Probleme zu erkennen, durchzuarbeiten und zuweilen auch bestehen zu lassen, solange sie sich nicht von selbst lösen.

Die Bereitschaft, sich dem eigenen Leben gegenüber mit einer wachsenden Beobachtungsgabe, erforschenden Neugierde und emotionalen Neutralität zu verhalten, ist Menschen, die sich nicht auf dieser Entfaltungsstufe befinden, weitgehend fremd. Sie bewundern es, sie stehen verwundert davor und wundern sich darüber, dass eine ihnen derart merkwürdig erscheinende Haltung zu einem erfolgreichen Leben beitragen kann. Das Leben einer Seele auf der Entfaltungsstufe Reif 4 bietet einen verhaltenen Blickwinkel auf das eigene Dasein, eine Perspektive, die alles Mögliche an Varianten in Betracht zieht, und eine erhebliche Demut, die willens ist, freiwillig und absichtlich auf etwas zu verzichten, das doch im Allgemeinen und im Speziellen für die betreffende

Person und für die meisten Mitmenschen von großer Wichtigkeit und Wesentlichkeit ist.

Ein Mensch auf der Stufe Reif 4 erntet die Früchte der vorangegangenen seelischen Entfaltungsstufen innerhalb des Reifen Seelenzyklus. Er gewinnt durch seine neutrale Position eine neuartige, eine recht ungewohnte und ungewöhnliche Lebenseinstellung, die ihm gestattet, seine Existenz wie unter einer Lupe zu beobachten und alles auszusortieren, was nicht wesentlich ist, dafür aber dann alles beizubehalten, was der Entwicklung seiner Lebens- und Liebesfähigkeit dient. Doch das ist ein langer Prozess. Im Märchen wirft die böse Stiefmutter Linsen in die Asche, und Aschenputtel soll sie zur Strafe herauslesen und die guten von den schlechten Linsen trennen. Ähnlich mühsam und tränenreich kann der Prozess eines Menschen auf der Stufe Reif 4 vonstattengehen – nur dass ihm kein anderer sein Tun aufgetragen hat, sondern das Bedürfnis nach dem Sieben und Sichten unablässig aus ihm selbst entsteht. Doch es ist auch verständlich, dass anfangs viele gute Linsen im Körbchen für die schlechten landen und auch nicht wenige von den schlechten im Körbchen für die guten. Diese Seelenarbeit immer wieder von Neuem zu beginnen, immer wieder auszulesen, auszusortieren, zu überlegen, zu prüfen, zu erforschen: »Was ist wesentlich? Worauf verzichte ich mit Mühe und Schmerzen und ernte trotzdem den Lohn der Liebe?« – dies ist eine Entfaltungsaufgabe, die jeweils ein ganzes Leben in Anspruch nehmen kann.

Es ist einfach, auf eine Sache zu verzichten, an der einem nicht besonders viel liegt. Auf etwas zu verzichten, weil man dazu von anderen überredet oder gezwungen wird, ist zwar ein wenig schwieriger, aber immerhin noch erträglich, weil man sich selbst mit seiner Entscheidung in diesen Prozess verwickelt sieht. Jedoch aus innerer Freiheit, aus der Freiheit, die durch das Kulminationserlebnis auf der Stufe Reif 3 erworben wurde, auf etwas wirklich Wesentliches zu verzichten – im vollen Bewusstsein sowohl des Verzichts als auch des Wesentlichen –, ohne dass irgendein anderer Mensch seine Bedürfnisse an diesem Verzicht stillt, ist eine enorme Herausforderung. Diese Leistung ist das Ziel der Entfaltungsstufe Reif 4. Um dorthin zu gelangen, muss immer aufs Neue geprüft werden: »Was ist Liebe? Was ist wesentlich? Was ist Liebe zu mir? Was ist Liebe zum anderen? Was ist wesentlich für mich? Was ist wesentlich für andere? Was ist wesentlich für die, die ich liebe? Und worauf verzichte ich anderen zuliebe, obgleich es mir wesentlich ist? Worauf muss ich mir zuliebe verzichten, obgleich es für mich so wichtig ist?« Als Scheidewasser in diesem Prozess muss die Suche nach einem zarten inneren Leuchten eingesetzt werden, das immer dann aufscheint, wenn der Verzicht aus Liebe – zu wem oder was auch immer – und zu einer wahrhaftig wesentlichen Sache gelungen ist.

Bedeutet ein Verzicht hingegen nichts als Schmerzen, Gram und Mühe, ist davon auszugehen, dass er aus Angst vor unangenehmen Folgen oder aus Unterwerfung unter den Willen eines Mächtigeren vollzogen wurde. Auch wer ein Leben lang einer Sache nachtrauert, auf die er verzichten musste, hat nicht aus der potenziell möglichen Liebe verzichtet. Denn ein Verzicht aus Liebe schenkt Befriedigung und inneren Frieden. Ein Verzicht aus Liebe macht ruhig und gelassen. Er vermittelt also genau jene Qualitäten, die einer gedoppelten Vier innewohnen.

In der Abfolge von zwei oder drei Leben auf dieser Stufe präsentieren sich dem Menschen immer neue Herausforderungen. Er sieht sich anfangs vor eine mehr oder weniger bewusste Wahl gestellt und muss auch erleiden, dass er auf etwas zu verzichten hat, das er einfach nicht haben *kann*. Oder er sieht sich mit Wünschen konfrontiert, die schlichtweg nicht in Erfüllung gehen können, weil ihm das Leben solche Chancen nicht zur Verfügung stellt – und dies ist auf der Stufe

Reif 4 in den allerwenigsten Fällen etwas Materielles. Solch ein Verzicht gegen den eigenen Willen steht im Mittelpunkt des ersten Lebens auf dieser Stufe. Wir geben ein Beispiel: Ist jemand mit einer schweren Behinderung geboren, hat zum Beispiel keine Beine oder verliert das Augenlicht in frühem Lebensalter, wird ihm ein großer Verzicht auferlegt, der nur mit Schwierigkeiten ausgeglichen werden kann. Vieles wird ihm einfach nicht zugänglich oder erlebbar sein. Er wird sich (falls seine Seele sich auf der Stufe Reif 4 entfaltet) ständig daran gemahnt sehen, dass er das eine oder andere nun einmal nicht kann und daher auf eine Reihe von Verwirklichungsmöglichkeiten, die anderen Menschen zur Verfügung stehen, verzichten muss. Es ist nun nicht zu erwarten, dass er seine Behinderung in erheblichem Maß zu lieben beginnt, sondern er wird sich selbst zuliebe lernen, sich nicht mehr als nötig zu grämen. Er wird sich mit dem, was er nicht haben und leben kann, auseinandersetzen und zu einer Form der Selbstliebe finden, die ihm gestattet, sich so anzunehmen, wie er ist, obgleich der Verzicht nicht aus Freiheit, sondern aus Notwendigkeit und sogar Not geschieht.

Ebenso würde es einem Menschen gehen, der über eine außerordentliche Intelligenz verfügt, aber in Verhältnisse oder in ein Land hineingeboren wird, die ihm keinerlei Schulbildung zukommen lassen. Er wird seine Fähigkeiten anders einsetzen müssen als über ein Studium oder einen akademischen oder wissenschaftlichen Beruf, zu dem er eigentlich geeignet sein könnte. Aber es ist nun einmal so, dass er einsehen muss: Es ist ihm nicht beschieden, einen solch ersehnten Weg zu gehen. Selbstachtung und Selbstliebe, die aus der Einsicht, dass etwas nicht möglich ist, entwickelt werden können, sind jedoch auch ein hohes und wertvolles Gut.

Ein zweites Leben auf der Stufe Reif 4 präsentiert einem Menschen ein Dilemma: Er weiß oder ahnt, er könnte sich für dieses oder jenes entscheiden. Er befindet sich sozusagen stets an einer Wegkreuzung und könnte sowohl rechts als auch links abbiegen, ist aber von seinen Ängsten derart gepeinigt, dass er wie gelähmt dort steht und weder die eine noch die andere Richtung einschlagen kann. Er will auf keine seiner Möglichkeiten verzichten und versäumt darüber vorübergehend die Liebe zu sich selbst und auch auf das, was er mit einer Entscheidung an Liebesleistung für andere erbringen könnte. Gehen wir von einer Person aus, die spürt, dass sie ein großes musikalisches Talent besitzt, aber dann eines Tages in die Verlegenheit kommen könnte, öffentlich aufzutreten. Sie könnte aus Furcht, sich zu zeigen, es vorziehen, nur im Badezimmer zu trällern und es dabei bewenden zu lassen. Ein solcher Verzicht aus Angst beraubt diese Person scheinbar ihrer Möglichkeiten und des Erlebens und Gestaltens eines nicht nur in ihrer Seele, sondern auch im Lebensplan angelegten Potenzials. Dieser Verzicht aus Angst entwickelt sich zu einem Brandmal, das immer schmerzt. Und doch ist er ein notwendiger weiterer Schritt auf dieser Entfaltungsstufe.

Zuweilen wird ohnmächtiges, unschlüssiges Verharren an der Kreuzung durch einen Mitmenschen unterbrochen, der wie ein Wegweiser wirkt. Er nimmt den hilflos vor der Fülle seiner Möglichkeiten Stehenden sozusagen an der Hand und zerrt ihn auf einen bestimmten Weg, der ihn dann zu einer angemessenen Verwirklichung führen kann. Aber sofern dies nicht auch aus eigenem Impuls oder mit innerer Zustimmung geschieht, wird die betreffende Person letztlich immer an ihrem vermeintlichen Verzicht auf jenen anderen Weg leiden und sich Vorwürfe machen, dass sie nicht gleichzeitig beide Wege beschreiten konnte oder beschritten hat. Die Möglichkeit, diesem Dilemma mit reifer Liebe zu begegnen, könnte sich dadurch ergeben, dass der betreffende Mensch auf der Entfaltungsstufe Reif 4 sich sozusagen umdreht und beiden Wegen den Rücken kehrt. Zunächst schaut er noch auf das zurück, was hinter ihm liegt, und entdeckt dann plötzlich einen Seitenweg, der so verlockend ist, dass er für ihn gern bereit ist, auf alles zu verzichten, was die beiden anderen Wege ihm in Aussicht zu stellen schienen.

An dieser Stelle muss darauf hingewiesen werden, dass die einzigartige Doppelung der Energie 4 auf dieser Entfaltungsstufe ein überaus starkes Bedürfnis nach Festigkeit, Sicherheit, Geborgenheit und Unverrückbarkeit als ihr Recht einfordert. Ein Mensch, der sich vor die Wahl gestellt sieht, sich für einen Weg zu entscheiden und dafür auf einen anderen Weg zu verzichten, findet sich dadurch in einer für ihn subjektiv überwältigenden, verunsichernden Situation wieder, die seiner Psyche eine hohe Bewältigungskapazität abfordert. Allerdings darf nicht davon ausgegangen werden, dass dieses starke Bedürfnis nach Sicherheit, das auf Stufe Reif 4 ein so besonderes Gewicht trägt, die eigentliche Aufgabe – nämlich aus wahrer Liebe auf etwas wirklich Wesentliches zu verzichten – außer Kraft zu setzen vermag. Aber die Liebe zu sich selbst oder die Liebe zu einem anderen oder zu einem Größeren muss eine neue Art von Sicherheit anbieten, sonst verliert sich der Mensch im Dschungel seiner Entscheidungsschwierigkeiten und muss so lange warten, bis diese Sicherheit endlich wieder gegeben scheint. Wenn jemand aus Liebe auf etwas Wesentliches verzichtet, ist es also notwendig und bedeutsam, dass er auf dem Gebiet, für das er sich dann mit aller Kraft einsetzt, eine große Freude, Lust und Befriedigung vorfindet – Bedingungen, die ihm eine neue Stabilität verleihen und ihm deutlich machen, dass alles so richtig ist, wie es sich entwickelt.

Dennoch wird im zweiten Leben auf dieser Stufe der Rückblick auf das, was nicht verwirklicht werden konnte oder aus Angst nicht verwirklicht wurde, immer wie ein Stachel im Fleisch schmerzen und ein Empfinden von Versäumnis zurücklassen. Die Vier mit ihrer Doppelgesichtigkeit und ihrer nach innen genommenen Dualität kann dieses Dilemma niemals aushebeln oder vollständig überwinden. Das eine muss immer im Blick des anderen bleiben, und das Bewusstsein eines Verzichts darf nicht verloren gehen. Sonst ist das Einschlagen eines verzichtenden Weges nicht mehr von angemessener Bedeutung für die seelische Entfaltung.

Ein drittes Leben bringt nunmehr eine prächtige Blüte der Entscheidungsfähigkeit und Bereitschaft zum Verzicht aus einer eindeutigen und positiven Grundhaltung hervor. Diese Blüte ist auf einem steinigen Acker gewachsen und entfaltet dort ihre unerwartete Pracht insofern, als der beseelte Mensch im Verlauf seiner zwei vorangegangenen Leben lernen konnte zu unterscheiden zwischen angstvollem Verzicht und einer positiven Haltung, die ihm ermöglicht, die menschliche Notwendigkeit, sich zu entscheiden, in sein Dasein zu integrieren.

In früheren Entfaltungsstadien lebte ein Mensch in der Illusion, dass er bei sich bietender Gelegenheit aus freiem Willen, aus Berechnung seines Vorteils oder aus anderen dem eigenen Impuls unterworfenen Gründen Entscheidungen treffen könne, die ihm zugutekommen. Für frühere Entfaltungsstadien ist dies auch eine gültige Form der Lebens- und Liebeserfahrung. Doch für eine gereifte Seele in der Mitte ihres Zyklus, die beginnt, die Früchte ihrer Erkenntnis zu ernten, ist auch die Einsicht bedeutsam, dass der vermeintlich freie Wille nicht viel zu tun hat mit der Notwendigkeit, auf Wesentliches zu verzichten, und dass eine innere Instanz ihre Stimme erhebt, um bei der Entscheidung für das eine oder das andere mitzureden.

Die Liebe, von der auf dieser Entfaltungsstufe immer die Rede ist, erweist sich als eine recht leidenschaftslose Angelegenheit. Sie bedarf langer Prozesse des Nach-innen-Horchens, des Überlegens, des Abwägens, der Prüfung von Gefühlen und Vernunftgründen. Es wird kaum angehen, dass jemand auf dieser Stufe allzu heftige und unbedachte Entscheidungen fällt; wenn er dies aber tut, wird offensichtlich, dass er aus Angst handelt, eine Gelegenheit zu verpassen, aus einer eifersüchtigen Wut heraus, aus innerer Getriebenheit und aus Bedrängnis von außen. Sonst würde er sich viel mehr Zeit nehmen, denn die Energie 4 besitzt ein Empfinden von Zeit *und* Zeitlosigkeit. Ihr kommt es nicht darauf an, möglichst rasch zu entscheiden, denn sie ahnt, dass jede große Entscheidung einen lebensprägenden Charakter hat.

Wir erinnern noch einmal daran, dass Verzicht aus Angst und Not nicht nur unangenehme Folgen haben kann, sondern dass die Situation, in der jemand aus Angst und Not Verzicht übt und Entscheidungen fällt, durchaus von seiner Seele gesteuert sein kann, denn er braucht sie, um sich in der Bewältigung seiner Entfaltungsaufgabe zu üben. Steht ein Mensch ohnmächtig und tatenlos an seiner inneren Kreuzung, kann die Seele dafür sorgen, dass er auf einen der beiden Wege hingestoßen wird. Es ist nicht wichtig, ob es der sogenannte richtige oder der sogenannte falsche ist, denn auf beiden Wegen kann etwas Wesentliches gelernt werden.

Die Verharrungstendenz der Doppelvier ist oft so gewaltig, dass Impulse benötigt werden, die der Mensch aus eigener Kraft nicht hervorbringen kann. Alle Erfahrungen, die damit gemacht werden, sind so lehrreich (weil dermaßen folgenreich), dass der betreffende Mensch anschließend eine übereilte oder forcierte Weichenstellung nie wieder in ähnlicher Weise vornehmen wird. Die Gelehrten-Energie in gedoppelter Form ist ein strenger Lebenslehrer! Und am Ende eines Lebens auf dieser Stufe erkennen zu müssen, dass man auf das Falsche verzichtet hat oder aus Gründen der mangelnden Liebe zu sich selbst oder zu einem anderen Menschen Verzicht leistete, kann recht quälend sein. Aber es bleibt einer Seele auf dieser Entfaltungsstufe nicht erspart, sich auch mit dieser bitteren Einsicht auseinanderzusetzen.

Der Kulminationspunkt führt am Ende zu einer gelungenen Integration von Entscheidungsfähigkeit und Liebesfähigkeit, von Weichenstellung und Bejahung des Weges sowie zu einer warmen menschlichen Qualität. Diese gründet darauf, dass man »Leben gelernt« hat und sich in liebevoller Weise damit einfindet (nicht abfindet!), dass jedes Leben und Lieben eben auch mit Verzicht gepaart ist und dass ein bewusster Verzicht eine andere, nämlich wachstumsfördernde liebende Qualität hat – im Vergleich zu einem unbewussten Verzicht, der in fast allen Fällen von einer Motivation getragen ist, die entweder von außen kommt, also um jemandem zu gefallen oder um geliebt zu werden, oder gar aus einer mangelnden Selbstliebe. Doch müssen alle diese Stadien durchlebt werden, um am Ende zu erkennen, dass Selbstliebe nichts Egoistisches ist und dass Verzicht nicht sauer und bitter sein muss. Eine Konzentration von Lernen und Lehren auf dieser Stufe bringt einen großen Gewinn ein, und man erntet die Früchte einer langen Ausbildung in verzichtender Liebe, die aus der Saat vergangener Entfaltungsstufen und sogar aller vergangenen Leben seit Beginn des Säugling-Zyklus eingebracht werden kann.

Die Prinzipien von Lernen und Lehren sind auf der Stufe Reif 4 zu einem unwiederbringlichen Höhepunkt gelangt, und alles, was zuvor gelernt wurde, kann jetzt ab der Stufe Reif 4 auch gelehrt werden. Die Ernte kann verteilt werden. Das bedeutet, die Seele ist sozusagen am Ende von der Stufe Reif 4 zum Institutsleiter eines großen Universitätsfaches namens »Reifes Leben« avanciert und kann nunmehr ihre Erfahrungen mit vollen Händen unter diejenigen streuen, die noch lernen wollen, sich mit dieser Materie vertraut zu machen.

Liebevoller Verzicht und die Bereitschaft, das Wesentliche vom Unwesentlichen zu trennen, sind letzten Endes zu vergleichen mit dem Entdecken einer Diamantenmine. Das Schürfen seiner Diamanten wird dem Menschen, der diese

Entfaltungsstufe abschließt, leicht von der Hand gehen. Es bleibt anderen Menschen vorbehalten, die unansehnlichen Brocken und Klumpen zu schleifen und zum Glänzen zu bringen und ihren Wert zu erkennen.

Da diese Stufe Reif 4 mit einem überaus hohen Bedürfnis nach Geborgenheit verknüpft ist, braucht der hier inkarnierte Mensch verlässliche und dauerhafte Beziehungen, um sich seinen inneren Zweifeln und der ständigen Überlegung hingeben zu können bezüglich dessen, was richtig und was falsch ist, was liebevoll ist oder lieblos, was notwendig ist oder überflüssig, wesentlich oder unwesentlich. Diese Ruhe kann ihm durch einen Partner, der aus anderen Gründen Sicherheit und Geborgenheit sucht, zur Verfügung gestellt werden. Keinesfalls förderlich ist auf dieser Entfaltungsstufe eine turbulente, dramatische oder aufwühlende Beziehung im partnerschaftlichen Bereich. Aber diese Turbulenzen können sich durchaus in den übrigen Verbindungen sehr deutlich zeigen, zum Beispiel in Freundschaften, die geschlossen werden und dann zerbrechen oder abgebrochen werden – eben aus Liebe zu sich selbst –, obgleich eine Freundschaft lange Zeit wesentlich gewesen sein mag. Oder sie kann sich in Beziehungen zu Eltern, Stiefeltern, Geschwistern oder auch eigenen Kindern manifestieren, zu Menschen also, die von großer Bedeutung und Wesentlichkeit für den Betreffenden sind und dennoch der eigenen inneren Entwicklung nicht zuträglich, sodass die Verbindung gekappt werden muss – ein überaus schmerzlicher und doch wichtiger Vorgang.

Der Mensch mit einer doppelten Vier in seiner Entfaltungsenergie sieht sich häufig bösen Vorwürfen ausgesetzt. Man beschuldigt ihn, er sei brutal oder gleichgültig, verhalte sich Menschen gegenüber kaltherzig, die ihm doch angeblich nichts getan haben, die immer nur sein Bestes wollten und nicht verstehen können, warum er sich von ihnen lossagen muss. Er wird es ihnen auch nicht verständlich machen können, weil ein Mitmensch die Nöte und Bedrängnisse einer Seele der Entfaltungsstufe Reif 4 selten nachzuvollziehen vermag. Die doppelte Vier mit ihrer starken Gelehrten-Energie verlangt im Übrigen eine Möglichkeit, sich jederzeit, wenigstens vorübergehend, aus Beziehungen zurückzuziehen, sogenannte Beziehungspausen zu machen. So wie jemand mit der Seelenrolle eines Gelehrten seinen inneren Zettelkasten ordnen und archivieren muss, so braucht auch ein Mensch auf der Stufe Reif 4 viel Zeit und die Möglichkeit, seine Empfindungen, Zweifel und Gefühle zu sortieren, um zu einer Entscheidung zu kommen und emotional zu prüfen, was das Liebevollste wäre oder was lieblos wäre – für wen auch immer. Die Unterscheidung ist nun einmal nicht leicht oder rasch zu treffen. Ein allfälliger Verzicht will gut überlegt sein. Die vielen miteinander in Konflikt stehenden inneren Stimmen müssen befragt werden wie ein umfangreiches Gremium von Experten, wo zunächst einmal jeder seine Position, seine Meinung kundtun sollte. Anschließend bleibt dem Menschen, der diese Stimmen in sich in Ruhe anhören muss, nichts weiter übrig, als trotz all des guten Rates und unter Berücksichtigung sämtlicher Empfehlungen seiner unterschiedlichen inneren Stimmen das zu tun, was er selbst für angemessen hält, sei es nun richtig oder falsch.

Sicherheit und Geborgenheit im Privaten mit Entscheidungsfreiheit zu verknüpfen ist das Bedürfnis des inkarnierten Menschen auf dieser Stufe, aber gerade dieses ist nicht leicht zu befriedigen. Deshalb zieht er es häufig vor, sich nicht in feste Bindungen hineinzubegeben, weil er stets befürchten muss, unter solchen Umständen nicht genügend Rückzugsmöglichkeiten zu haben und innere Entscheidungsfreiheiten nicht ausleben zu können. So kann es durchaus geschehen, dass jemand bei aller Liebe recht plötzlich eine Beziehung aufkündigt, es aber nur unter erheblichen Schmerzen vollzieht und gegen seine Neigung einem geliebten Partner antun muss. Aber wenn etwas Wesentliches fehlt, muss der Schritt vollzogen werden. Der Verzicht geschieht aus Liebe zu sich selbst. Aus diesem Grund bleibt eine langfristige Bindung trotz aller Sehnsucht nach Absicherung oft nicht die gewählte Option. Ein Mensch auf dieser Entfaltungsstufe lebt daher nicht selten allein.

Da auf der Stufe Reif 4 die Vernunft und das Abwägen, die Mittigkeit und die Ausgewogenheit stets eine zentrale Rolle spielen, wird die physische Gesundheit des betreffenden Menschen solide und ohne dramatische Höhen oder Tiefen sein. Jene Neutralität, mit der er den Notwendigkeiten des Lebens wie essen, Geld verdienen, arbeiten, schlafen und vielen anderen Lebensbereichen begegnet, wird ihn in eine für andere Leute etwas langweilig erscheinende Starrheit und Verbindlichkeit, eine unlebendige Ausgeglichenheit hineintragen. Er braucht Regelmäßigkeit im Hinblick auf Mahlzeiten, Schlafenszeiten, im Wechsel von Ruhe und Aktivität. Er ist nicht interessiert an spontanen Veränderungen und mag sich nicht an die spontanen Einfälle anderer Menschen anpassen. Er wird oft ein hohes Lebensalter erreichen, weil das Lehren und Lernen ja gerade im dritten Leben auf dieser Stufe seine Früchte nicht nur reichlich tragen will, sondern diese Früchte möchten auch gekostet und verteilt werden. Und weil für einen Menschen auf dieser Entfaltungsstufe alles verhältnismäßig langsam und bedächtig vonstattengeht, es viel Überlegung und Zeit in Anspruch nimmt, wird auch ein langes Leben benötigt, um das Gelernte voll erblühen zu lassen.

Obgleich es sich um eine geballte Energie 4 handelt, die sich fundamental von einer emotional betonten Energie 1 unterscheidet, gibt sich ein Mensch auf dieser Stufe häufig einem gewissen Stoizismus hin. Hier handelt es sich jedoch nicht um gefühlsorientiertes Gottvertrauen oder Ergebenheit dem Fatum gegenüber, sondern um eine neutral-wissbegierige Haltung mit der Frage, was das Göttliche oder das Schicksal oder das Leben von ihm will. Ohnehin stets auf der Suche nach einer Entscheidungshilfe, wartet er ab und horcht und schaut, wo die Sinnzeichen sein könnten, die ihm eine Entscheidung erleichtern. Er wird deshalb seiner Gottheit so begegnen, dass er von ihr verlangt, sie möge ihm den Weg ebnen und die Entscheidung erleichtern. Darum wird ein Mensch auf dieser Entfaltungsstufe sehr gern und häufig beten, Orakel befragen, nach Zeichen suchen und um Entscheidungshilfe bitten. Die Vorstellung, dass der Wille des Höheren ihm die Zweifel an seinen Entscheidungen abnehmen möge, bleibt von großer Tragweite: »Befiehl du meine Wege, damit ich mich nicht selbst entscheiden muss, und sage du mir, worauf ich verzichten soll. Zeige mir auf, was ich brauche und was ich nicht brauche!«

Das Gebet wird häufig als absichernde Bestätigung genutzt werden, um für einen – vielleicht auch unwesentlichen – Verzicht ein Lob zu ernten; denn bevor ein Mensch auf Wesentliches aus Liebe verzichten kann, muss er lernen, auf wie viel Unwesentliches er aus Angst oder aus falsch verstandener Liebe bereits verzichtet hat. Aus diesem Grund wird die Spiritualität von Menschen auf der Entfaltungsstufe Reif 4 eher auf eine asketische Grundhaltung ausgerichtet sein und darüber hinaus auf ein Unterlaufen der Notwendigkeit, selbst Stellung zu beziehen gegenüber dem »Verzicht« und dem »Wesentlichen«. Wenn er sich also einem spirituellen Lehrer, einem Abt oder einem Gott anvertraut, der ihn mit Regeln und Vorschriften lenkt, wird es ihm leichter fallen, das Verzichten zu üben (sei es auf Wesentliches oder Unwesentliches) und daran zu prüfen, ob ihm das guttut oder nicht, ob es ihn also liebesfähiger macht oder mit Widerwillen erfüllt, auf etwas verzichten zu müssen, weil es ein anderer von ihm verlangt. Und wenn niemand zur Verfügung steht, der solches tut, wird das Bedürfnis nach Orientierung auf eine transzendente Instanz übertragen, der allgemein zugeschrieben wird, dass sie die entsprechenden Verzichtsregeln aufgestellt hat.

Eine Durchsage für eine Seminarteilnehmerin mit dem Seelenalter Reif 4:

Es ist nicht immer ganz leicht für dich zu erkennen, ob du aus Angst oder aus Liebe auf etwas verzichtest. Du weißt auch nicht immer, ob das, worauf du verzichtest, wirklich so wichtig und so wesentlich ist für dich, wie du manchmal meinst. Aber wir können dir einen Rat geben, wie du lernen kannst, das zu unterscheiden:

- Wenn du auf Wesentliches aus Liebe verzichtest, macht es dich nicht traurig.
- Wenn du auf Unwesentliches verzichtest, macht es dich ärgerlich.
- Wenn du aus Angst auf etwas Wesentliches verzichtest, bist du unzufrieden.
- Wenn du aus Angst auf Unwesentliches verzichtest, wirst du wütend.

An diesen Reaktionen kannst du erkennen, wie die Aspekte deiner seelischen Entfaltungsaufgabe positioniert sind; und das kann sich auch jederzeit ändern. Aber ganz allgemein gesprochen, bist du ein wenig geneigt, in Versuchung sozusagen, vorsichtshalber schon einmal auf zu viel zu verzichten, damit du ja nicht an deiner Aufgabe vorbeilebst. Wir meinen, so viel Verzicht ist nicht nötig. Du könntest mehr wollen, du könntest mehr wünschen, du könntest mehr fordern vom Leben und von den Mitmenschen. Nicht von dir! Nein, nicht von dir, sondern von den anderen. Also verzichte nicht vorschnell, weil du denkst, das stehe dir nicht zu oder daraus werde ohnehin nichts. Sei frohgemut, denke an alles, was dir an Wunderbarem zur Verfügung steht, und höre unsere Worte: Du siehst noch nicht alles, was möglich ist, und gefällst dir in einer allzu großen Anspruchslosigkeit, in scheinbar edlem Verzicht. Du gibst dich deshalb mit zu wenig schon zufrieden. Ja, Bescheidenheit – du weißt, was die Leute davon halten! Besser geht's dir »ohne ihr«! Zu viel Bescheidenheit hat noch nie jemandem wirklich gutgetan. Sie schadet eher, als dass sie beglückt.

Reif 5

Entfaltungsaufgabe: *Schicksal und Leben anderen anvertrauen*
Motto: *Ich werde unruhig*
Energien 4 + 5

Die fünfte Entfaltungsstufe des Reifen Seelenzyklus ist gekennzeichnet durch ein Potenzial von Klarsicht und Weisheit. Die Verbindung der Energien 4 und 5 auf dieser Stufe der Entfaltung führt zu einer Gewissheit, dass jeder Mensch, der sich auf dieser Stufe bewegt und lebt, Zugang hat zu der Weisheit der hinter ihm liegenden Jahrtausende an mitmenschlicher Erfahrung und zu der Klarsicht, die ihm aufgrund der Auswertung aller hinter ihm liegenden Prozesse jetzt zur Verfügung steht.

Ein Mensch auf der Stufe Reif 5 hat gelernt zu lernen, lernen, lernen. Und er hat gesehen, gelebt, gesehen und gelebt. Diese beiden Ergebnisse eines langen Erfahrungsweges verbinden sich jetzt in neuer Schönheit zu einer nie dagewesenen Einheit. Weisheit und Klarsicht haben wir als ein Potenzial beschrieben, und wir sagen euch: Es ist jederzeit abrufbar. Es schlummert stets direkt unter der Oberfläche eures mehr oder weniger von Angst gefärbten oder behinderten Selbstbildes. Aber wenn ihr euch dessen gewiss seid, dass dieses Potenzial vorhanden ist, dass es euch zur Verfügung steht und dass ihr ein Anrecht darauf habt, es zum Leben zu erwecken, dann ist es da. Pflegt also die Vorstellung, dass ihr über Klarsicht und Weisheit verfügt, über klare Weisheit und weise Klarsicht.

Auf der Basis dieser energetischen Grundlage an Gewissheit werdet ihr nun eure ganz besondere Entfaltungsaufgabe, nämlich Schicksal und Leben anderen, das heißt den Mitmenschen, anzuvertrauen anders sehen und in gestärkter Weise bewältigen können. Wer ganz sicher ist, dass er über ein Potenzial von Weisheit und Erfahrung verfügt, wird wohl kaum anders können, als das Vertrauen darauf in sich zu entdecken, dass es auf der Welt eine Menge anderer Menschen geben muss, die entweder das Stadium der Weisheit und Klarheit bereits erreicht haben oder gar darüber hinausgegangen sind und über weitere Erkenntnisse verfügen. Wer also auf der Stufe Reif 5 angelangt ist, kann darauf vertrauen, dass es – wenn er sich nur umschaut – eine Riesenmenge von Mitmenschen gibt, die vertrauenswürdig sind, die nichts Schöneres kennen, als Vertrauen zu spenden und sich eines ihnen geschenkten Vertrauens dankbar anzunehmen. Wenn also ein Mensch auf der Stufe Reif 5 das Gefühl hat: »Ich kann meinen Mitmenschen nicht so richtig vertrauen, weil ich ja gar nicht weiß, wer das ist, wo sie sind, was sie wollen oder was sie mir tun wollen oder gar antun wollen«, dann gibt es keinen besseren Weg, als sich daran zu erinnern, dass die Umwelt eines jeden Menschen auf der Stufe Reif 5 dicht gefüllt, ja geradezu gespickt ist mit Menschen, die ihn und sein Vertrauen in die Arme nehmen möchten.

Wir wollen weiter auf die Entfaltungsaufgabe von Reif 5 eingehen, und ihr wisst, die Energie 5 hat stets mit Vertrauen zu tun. Auf dieser Stufe handelt es sich um umsichtiges Vertrauen, reifes Vertrauen, gereiftes Vertrauen. Das sind die Stichwörter, die wir euch geben möchten, um diese Entfaltungsaufgabe besser zu verstehen. Ihr seid über die Jahrtausende seelischer Entwicklung seelisch gereift. Mit zunehmendem Lebensalter reift auch eure Psyche. Was sollte also der Fähigkeit entgegenstehen, reifes und gereiftes Vertrauen in die Welt hinauszustrahlen und davon die Früchte zu ernten? Hier auf dieser Stufe der Entfaltung und auch der Erkenntnis hat ein blindes, ein kindliches, ein naives, ja wir möchten sogar sagen, ein manchmal dümmliches Vertrauen gar keinen Platz mehr. Wenn es sich dennoch einmal zeigt oder manifestiert, ist es ein Ergebnis von Angst, nicht eine Manifestation des Seelenalters. Hier ist also nicht nur reifes Vertrauen gefragt, nein, es ist vorhanden, es ist da. Ihr könnt es benutzen; ihr könnt es einsetzen; ihr könnt darauf bauen, dass ihr dieses Vertrauen besitzt. Zieht euch also nicht auf Erinnerungen aus früheren Seelenaltern zurück, als ein blindes, ein naives, ein eingeschränktes und beschränktes Vertrauen eure einzige Rettung war.

Jetzt seid ihr reif, jetzt verfügt ihr über Erfahrung. Ihr könnt Verantwortung tragen in einer Weise, wie es früher nicht möglich war, weder als ihr Junge Seelen noch als ihr Kind-Seelen noch als ihr Säugling-Seelen wart. Verantwortung mit Vertrauen zu verbinden ist eine lohnende Aufgabe; ebenso Reife mit der Fähigkeit in Einklang zu bringen, den Mitmenschen in fast allen Fällen richtig einschätzen zu können – und darauf zu vertrauen, dass hin und wieder ein Schmerz eintreten kann, etwas schiefgehen darf, eine Enttäuschung mit einkalkuliert werden sollte, denn auch das gehört zur Reife. Zu vertrauen, indem man sich die Augen zuhält und den anderen in seiner Fehlbarkeit gar nicht in Betracht zieht, ist eurer nicht mehr würdig. Wenn wir Vertrauen differenzieren wollen und es auf die vier großen Bereiche dieses Themas anwenden möchten, so legen wir euch

Folgendes ans Herz: Blind auf den Mitmenschen zu vertrauen ist nicht mehr angemessen. Aber ebenso wenig ist es sinnvoll und angemessen, blind auf sich selbst zu vertrauen, naiv auf die Gesellschaft zu vertrauen oder in völlig abgehobener Weise auf die euch leider nicht einsichtigen Zusammenhänge des Göttlichen, des Transzendenten und der Existenz zu vertrauen.

Warum solltet ihr dies aber auch tun? Ihr verfügt doch über Erfahrung mit den Mitmenschen, mit euch selbst, mit der Gesellschaft und auch mit der Transzendenz. Ihr lebt doch schon so lange auf eurer Erde, und ihr wart zuvor und zwischen euren Leben auch immer wieder in einem Bereich, in dem die Transzendenz ihre Energie verströmt. Wenn wir aber davon reden, dass Vertrauen auf die Existenz in eurer Wahrnehmung eine große Rolle spielen sollte, dann meinen wir nicht die jenseitigen Bereiche. Wir meinen nicht das Göttliche in der Anderswelt, sondern das Göttliche hier und jetzt in eurem Leben, in eurem Körper, in eurer Liebe, in eurer Angst und in eurer umfassenden Erfahrung. Das ist Existenz. Existenz ist nicht woanders. Sie ist hier und jetzt, genauso wie euer Ich, genauso wie euer Mitmensch, genauso wie die Gesellschaft, die euch umgibt.

Jetzt möchten wir euch einen guten Rat geben: Macht aus der Vertrauensfrage kein Problem. Die Problematisierung dieses Themas ist es, die eure Probleme erst schafft. Darauf zu vertrauen, dass euer Leben und euer Schicksal, seelisch gesprochen, in guten Händen liegen, ist nichts, woraus ihr einen Leistungsanspruch an euch selbst oder an andere Instanzen eures Lebens ableiten müsstet. Dieses Vertrauen in die Existenz ist bei euch genauso vorhanden, wie es wahr ist, dass sich die Erde dreht. Ihr könnt euch dazu so oder so einstellen, ihr könnt daran glauben oder diesen Glauben verachten, ihr könnt diese Tatsache ignorieren oder tief in euch hineinnehmen, es ändert gar nichts daran, dass sich die Erde dreht, weil nämlich diese Bewegung nicht in euren Verantwortungsbereich fällt. Und genauso sagen wir, die Fähigkeit zu vertrauen liegt jenseits eures Verantwortungsbereiches und auch jenseits eures Einflussbereiches.

Warum ist das so? Weil ihr an den Entfaltungs- und Alterungsprozessen mit eurem zeitgebundenen Ich nichts ändern könnt. Ihr könnt sie nicht vorwärtsdrehen, ihr könnt sie nicht zurückdrehen. Dies liegt außerhalb eurer Einflusssphäre, und deshalb seid ihr in dem Augenblick, in dem ihr auf die Stufe Reif 5 wechselt, mit einem Potenzial an Vertrauen ausgestattet, das ihr unablässig besitzt und das euch niemand nehmen kann – nicht die größte Enttäuschung, nicht die größte Verletzung, nicht das größte Misstrauen, das ihr im Körper erleben könnt. Es ist und bleibt vorhanden und wird sich in allen Facetten eures Alltags und eures Lebens äußern, vom ersten bis zum letzten Atemzug.

Ihr haltet das, was wir euch hier sagen, entweder für unglaubhaft oder für selbstverständlich. Wir sagen euch aber, es ist weder unglaubhaft noch selbstverständlich. Ihr meint, man müsse so sein oder man müsse ganz anders sein. Aber darum geht es nicht. Vergleicht euch doch mit jüngeren Seelen, vergleicht euch auch mit Alten Seelen, die ihre Vertrauensfrage ganz anders beantworten. Eure Aufgabe ist es vor allem, Vertrauen in eure Vertrauensfähigkeit zu entwickeln und aufgrund dieser inneren Bereitschaft, auf die ihr keinen verändernden Einfluss nehmen könnt, euer Leben und euer Schicksal einmal anderen Mitmenschen anzuvertrauen. Wie immer ihr dies tut, sei euch einerseits selbst überlassen. Andererseits könnt ihr wiederum darauf vertrauen, dass eure Seele dafür sorgen wird, dass es geschieht, weil es geschehen muss.

Wartet nun nicht auf den einen großen Tag, an dem ihr spürt, dass ihr euch einem anderen Menschen oder einem Kollektiv mit Leib und Seele und Schicksal anvertraut. Geht lieber davon aus, dass dies in eurem Leben auf der Stufe Reif 5 in spezifischer Weise schon immer wieder passiert ist. Aber weil ihr es für so normal haltet, gebt ihr nicht viel darauf. Überprüft eure Biografie nicht nur im Großen, sondern auch im Kleinen darauf, welche Vertrauensleistungen ihr schon erbracht habt, wie gern und wie oft ihr euch vertrauensvoll in die Hände eurer Mitmenschen begeben habt. Vertrauen auf euch selbst, das habt ihr während des Jungen Zyklus gelernt. Vertrauen in die Gesellschaft werdet ihr in Zukunft immer häufiger erfahren und lernen. Vertrauen auf die Transzendenz ist sowieso immer vorhanden. Ihr könnt es nicht abstellen. Aber das Vertrauen in den Mitmenschen zu entwickeln, zu vertrauen, dass ihr vertrauen dürft, das ist jetzt die Herausforderung auf der Stufe Reif 5. Und ihr müsst dies nicht schon am Anfang vollkommen beherrschen. Es genügt, wenn ihr es an dem Tag, in der Stunde begriffen habt, erlebt habt, wenn diese Stufe zur Erfüllung gelangt ist.

Zur Entfaltungsstufe Reif 5 gehört nicht nur die Verbindung von Klarheit und Weisheit und die Beschäftigung mit der Thematik von Vertrauen in die anderen, in den anderen, den Mitmenschen und die Mitmenschen, sondern auch eine besondere, eine spezifische Erfahrung, die innerhalb dieser Stufe vollzogen wird und eine Erfahrung darstellt, wie sie sich vergleichbar in keiner der anderen Entfaltungsstufen abspielt. Dies ist das Erleben und das Erfahren eines wesentlichen Wandels innerhalb des eigenen Selbstbilds, innerhalb des eigenen Empfindens von Kraft und Dynamik und in der Wirkung, die ein Mensch auf seine Mitmenschen und seine Umwelt hervorbringt.

Wir wollen euch ein Beispiel geben, um diesen fundamentalen Wandel zu beschreiben. Wir stellen uns einen erfolgreichen Manager vor, Vorstand eines großen Unternehmens. Er hat sein Leben lang Karriere gemacht und enorm viel Einfluss auf die Wirtschaft seines Landes genommen. Nun sollte man denken, das wird doch reichen für ein Leben. Aber es passiert in seinem siebzigsten Jahr, als er schon alles abgeschlossen glaubt und dabei ist, die letzten großen Verantwortlichkeiten abzubauen, hier und dort von den Vorständen und Gremien der großen Firmen und der Politik Abschied zu nehmen, dass er bei einem Unfall seine jüngere Frau verliert und über der Trauer anlässlich dieses Verlustes eine Wendung nach innen erfährt, die ihn zum ersten Mal seit fünfzig Jahren weinen lässt. Sie löst Gefühle in ihm aus, von denen er keine Ahnung hatte, dass sie in ihm stecken, die sein Herz weich machen, die seine Psyche von Krusten befreien, die er für normal und selbstverständlich hielt. Und er wendet sich aus dieser Erfahrung heraus Menschen zu, die ähnliche Verluste erlitten haben, die so wie er plötzlich Gefühle entwickeln, die ihnen vorher unheimlich oder nahezu unbekannt waren. Er gründet eine Vereinigung, die sich ganz besonders an alte Witwer wendet, an alte Männer, die den wichtigsten Menschen in ihrem Leben fortgeben mussten.

Wir wollen dieses Beispiel nicht weiter ausführen, aber dies ist ein Sprung in der Entwicklung, ein Sprung, der nicht vorbereitet oder geplant werden konnte. Es ist etwas, das sich ergibt mit einer Folgerichtigkeit im Nachhinein, aber nicht als Zukunftsvision. Wie hätte dieser Manager auf den Gedanken kommen können, dass ihm so etwas noch einmal passiert? Dass er Interessen entwickelt und eine ungeheure Kraft daraus zieht, diese Vereinigung zu gründen und zu »promoten«, eine Bereitschaft, sich für andere Menschen einzusetzen, die sein Schicksal teilen und denen er Trost spenden kann in einer Weise, wie er es während seines gesamten Berufslebens nicht einmal in Betracht gezogen hat?

Mit diesem Beispiel wollen wir deutlich machen, dass niemand auf der Stufe Reif 5 berechnen oder sich auch nur darauf vorbereiten kann, wann, wo und in welcher Weise, mit welchen Inhalten sich dieser Energiesprung vollziehen wird. Aber wir können eines sagen: Der Druck an Unerfülltheit und Unzufriedenheit, der sich jenseits allen Erfolgs im öffentlichen Leben, in der Liebe, im Beruf, in der privaten Existenz aufbaut, ist die Voraussetzung für einen solchen Sprung ins Neue; er ist die Voraussetzung für das, was später als Potenzial in die Wirklichkeit umgesetzt werden kann. Mit anderen Worten, wir wollen euch nicht verhehlen oder diesen Aspekt von Wahrheit vorenthalten, dass es sich bei den meisten jüngeren Menschen auf der Stufe Reif 5 um chronisch unruhige, ja seltsam unzufriedene Menschen handelt und dass dies ein bedeutsamer Aspekt der Energie 5 ist.

Unzufriedenheit in Zufriedenheit umzuwandeln wird jedem von euch immer wieder im Kleinen gelingen, aber eine existenzielle Unzufriedenheit in eine existenzielle Befriedigung zu verwandeln wird nur einmal auf dieser Stufe in einem eurer Leben der Stufe Reif 5 und überhaupt in dieser Weise nur einmal während des gesamten Inkarnationszyklus geschehen. Nur im letzten Leben auf der Stufe Reif 5 geht dieser große Sprung von einer chronischen Unzufriedenheit in eine dauerhafte und für die meisten von euch jetzt unvorstellbare Befriedigung am Leben, am eigenen Sosein und am Dasein vonstatten. Das bedeutet nun keineswegs – und damit wollen wir euch auch wieder etwas Wichtiges sagen –, dass ihr bis zum Moment dieses Sprungs ein unbefriedigendes oder ständig unzufriedenes Dasein führen werdet oder dass nach dem großen Sprung eine dauerhafte Zufriedenheit im Kleinen, Alltäglichen, im Zusammenspiel mit der Gesellschaft oder den Mitmenschen stets vorhanden ist. Versteht uns bitte nicht falsch. Es geht hier um das Aufbauen einer existenziellen Unzufriedenheit und das Abbauen dieser Unzufriedenheit. Das bereitet sich lange vor und ist auch von einer unbestreitbaren Dauer bis zur letzten Inkarnation. Aber Zufriedenheit ist mit Weisheit unmittelbar gepaart, und Zufriedenheit mit dem, was ist, ist ein Zeichen der Reife.

Diese Art von Zufriedenheit könnt ihr jeden Tag, jede Stunde in euch entwickeln und finden. Sie läuft aber parallel zu der existenziellen Unzufriedenheit.

Die Unruhe, die ihr kennt, ist zu einem Teil existenziell und zu einem anderen Teil Ergebnis der Bewegungen eurer Psyche. Euer Angstpotenzial wird euch immer in die eine oder andere Richtung schieben. Unzufriedenheit und Zufriedenheit wechseln sich ab, aber diese Art bleibt an der Oberfläche. Das, was wir als spezifisch für Reif 5 beschrieben haben, ist permanent vorhanden. Die Unzufriedenheit, die Unruhe, die existenzielle Form dieser Energie steigert sich mit zunehmendem Lebensalter und in jedem Leben noch ein wenig mehr, bis der große Sprung in die Zufriedenheit vollzogen ist. Aber nicht ihr müsst ihn vollziehen. Erlaubt, dass er sich in euch vollzieht. Gestattet, dass eure Seele das Arrangement trifft. Es wird für euch organisiert, dass es stattfindet. Ihr könnt es nicht anstreben. Aber ein wenig offen sein für den Moment, wenn es passieren will, das wird euch nicht schaden.

Ehrgeiz wäre hier völlig unangebracht. Aber wenn ihr ehrgeizig seid und sein wollt, dann richtet diesen Ehrgeiz auf euren Alltag. Sucht nach den positiven Aspekten eurer Tage. Sucht nach den kleinen Momenten der Zufriedenheit, und schichtet sie in euren Vorratssack, bis er am Ende eures Lebens randvoll gefüllt ist. Dann habt ihr immer eine Möglichkeit, Momenten der Unzufriedenheit, die das Leben bereithält, mit den Vorräten aus eurem Zufriedenheitssack zu begegnen. Der Mensch mit seiner Psyche ist so angelegt, dass er das Belastende, das Unangenehme, das sogenannte Negative viel stärker empfindet als das Entlastende, das Positive, das Beglückende. Wenn es ihm gut geht, glaubt er, es gehöre sich so. Wenn es ihm schlecht geht, glaubt er, es gehöre sich keineswegs so für ihn. Beides gehört zum Leben. Weise Klarheit und klare Weisheit wissen das. Aber dass man Vorräte schaffen kann an Zufriedenheit, das ist ein Geheimnis, das wir jetzt und hier nur euch verraten! Auf der Stufe Reif 5 wollt ihr von der Weisen-Energie in euch profitieren, und dadurch besteht die Möglichkeit, einen Vorrat von der Fülle und dem Überfluss und dem Luxus an Zufriedenheit anzulegen.

Wir werden jetzt noch über zwei Aspekte sprechen, die nicht nur auf dieser Seelenaltersstufe, sondern für sämtliche Entfaltungsstufen von großer Bedeutung sind. Wir sprechen über Beziehungen und anschließend über die körperliche Gesundheit. Wenn wir aus dem großen Thema der mitmenschlichen Beziehungen den Ausschnitt partnerschaftliche Beziehungen oder familiäre Beziehungen herauslösen und dieses Segment auf die Entfaltungsstufe Reif 5 übertragen, so wird euch unmittelbar einsichtig sein, dass das Vertrauen und das Sichanvertrauen in solchen Beziehungen eine dominante Rolle spielen. Es geht also in Partnerschaften, in Freundschaften und innerhalb der Familie, aber auch unter Kollegen oder sonstigen Menschen, die euch aus irgendeinem Grund nahekommen oder nahestehen, in allererster Linie um das Aufbauen und das wechselseitige Pflegen von Vertrauen. Wenn ihr also gute Beziehungen wünscht, dann überprüft sie mit der Frage: »Wie weit vertraue ich meinem Freund, meinem Partner, meinem Kind, meiner Mutter, meinem Kollegen, meinem Arbeitgeber? Wie weit vertraue ich?«

Wenn ihr diese Frage akribisch und ehrlich beantworten könnt, dann wird sich etwas ändern. So seltsam es klingt – die Überprüfung leitet eine Veränderung ein. Diese kann in zweierlei Richtungen gehen. Sie kann mehr Vertrauen hervorbringen, oder sie kann euch dazu anleiten, Konsequenzen aus einer vertrauensarmen Beziehung zu ziehen. Spürt ihr also: »Ich lebe seit Jahren mit einem Partner zusammen, dem ich eigentlich nicht vertraue«, dann hat das gewiss etwas mit euch selbst zu tun, aber doch aller Wahrscheinlichkeit vor allem mit diesem Partner. Beobachtet ihr, dass ihr eurem eigenen Kind nicht vertraut, dann unternehmt etwas, um das zu ändern. Sprecht mit diesem Kind, öffnet euch diesem Kind. Redet darüber, wie es gekommen ist, dass euer Vertrauensverhältnis gestört ist. Beobachtet ihr, dass ihr mit einem eurer Elternteile kein wirkliches Vertrauensverhältnis habt, weil ihr nicht verzeihen könnt, weil dieses Verhältnis einmal von Elternseite gestört oder sogar zerstört wurde, geht es in Zukunft in welcher Form auch immer darum, dass ihr diesen Schmerz, den ihr darüber empfindet, zum Ausdruck bringt: entweder Vater oder Mutter persönlich gegenüber oder schriftlich in Briefen an diesen Elternteil. Ob dieser Elternteil noch lebt oder nicht, ob er es liest oder nicht, spielt keine Rolle. Ihr müsst der Energie 5 folgen und eine Beziehung wiederherstellen. Ihr müsst ausdrücken, ihr müsst kommunizieren, ihr müsst mitteilen. Und wenn es gar nicht anders geht, werdet ihr Mittel und Wege finden, auch mit Kollegen, mit Freunden, mit Vorgesetzten oder mit Untergebenen eine Brücke des Verstehens über das Thema Vertrauen zu schlagen. Denn ihr wisst, kein Mensch kann ohne Vertrauen leben. Jeder wird in jeder Stunde seines Lebens in irgendeiner Form einem Menschen oder einer Situation sein Vertrauen erweisen.

Ihr habt verschiedene Aspekte von Vertrauen untersucht. Das Vertrauen in sich selbst, das Vertrauen in die Gesellschaft, das Vertrauen in das Leben und in die Existenz und letztlich das Vertrauen in den Mitmenschen tragen euch in jedem Augenblick eurer Existenz. Aber ihr als Reif-5-Seelen seid in besonderer Weise dazu aufgerufen, euch mit dieser Thematik auseinanderzusetzen. Ihr dürft sie eben nicht als selbstverständlich betrachten wie viele andere, die darüber hinweggehen, die sich nicht klarmachen, was eigentlich passiert, und diese Thematik auch nicht zum Zentrum ihres Wachstums machen sollten so wie ihr.

Was eure Gesundheit betrifft, so ist diese auf der Stufe Reif 5 im Vergleich zu den älteren Seelen und auch im Vergleich zu den Kind-Seelen recht stabil. Dies liegt daran, dass es in euch eine tragfähige Basis des Vertrauens gibt, die euch mit oder ohne innere Stimmen sagt: »Wenn ich nun schon einmal auf der Welt bin, so wird es doch nur sinnvoll sein, dieses Leben bei optimaler oder bestmöglicher Gesundheit zu verbringen, um meine Aufgaben hier erfüllen zu können.« Diese Art unbewusster Autosuggestion wird euch unablässig von eurer Seele selbst eingeflüstert. Sie sagt jedem Einzelnen von euch: »Hab doch Vertrauen, dass du so lange in der Weise leben und existieren kannst, wie wir gemeinsam es brauchen.« Und wer weise lebt, wer Selbstvertrauen hat, wer auch auf die Gesellschaft mit ihrer medizinischen Entwicklung vertraut, wer ein gesundes Maß an existenzieller Vertrauensfähigkeit entwickelt, wer ein bisschen auf Gott vertraut und in hinreichendem Maß auf seine Mitmenschen, dass sie ihm nichts Böses wollen, wird gesünder leben als jemand, der dieses Vertrauen nicht besitzt. Wer darauf vertraut, dass er schon weiß, wie er sich ernähren muss, wie viel Schlaf er braucht, welchen Risiken er sich aussetzen darf, was er lieber sein lässt, der verfügt über einen guten Instinkt, der ihn über viele Hürden und Klippen hinwegträgt. Misstrauen hingegen ist oft nicht gesundheitsfördernd.

Ihr dürft also in eurem Seelenalter, in dieser Entfaltungsstufe, darauf vertrauen, dass ihr schon erkennen werdet, wenn eure Physis ein wenig auf Abwege geraten ist und ihr eure Gesundheit nicht pflegt. Vertraut darauf, dass es in euch eine starke Unterströmung gibt, die dafür sorgt, dass es euch körperlich wieder gut geht. Denn wir wissen, jemand, der sich und seine Gesundheit ständig bedroht fühlt, hat es sehr schwer, Vertrauen in sich selbst, in die Mitmenschen, in die Gesellschaft und in Gott zu empfinden. Dieses Vertrauen mag latent da sein, aber der Schmerz, die Angst, die Bedrohung verhindern ein freies Fließen dieser Fähigkeit. Seid also gut zu euch, und vertraut darauf, dass ihr erkennen könnt, was euch guttut.

☞ *Ihr habt sonst immer betont, dass in einer ersten Phase von Reif 5 jemand eher Vertrauen von anderen geschenkt bekommt und dass es einen Übergang zu geben scheint, wo jemand sich am Ende anderen anvertrauen möchte oder muss.*

Diese Dynamik spielt sich in jedem einzelnen Leben auf der Entfaltungsstufe Reif 5 ab. Immer wird sich ein Mensch auf dieser Stufe in der ersten Lebenshälfte – diese kann mehr oder weniger lange dauern – wundern, wie viel Vertrauen sonst eher misstrauische Mitmenschen ihm entgegenbringen. Und aufgrund eines natürlichen Sättigungsprinzips wird die Bereitschaft wachsen, das, was andere Leute können, auch selbst zu praktizieren.

☞ *Ihr habt in einer Durchsage zum Thema Vertrauen diesem einmal die Energie 6 zugewiesen. Wieso ist hier die Energie 5 mit dem Thema verbunden?*

Die Zuordnung des Gesamtthemas Vertrauen, das in jedem Leben, in jeder Existenz, in jeder Inkarnation eine Rolle spielt, gehört grundsätzlich auch der Energie 6 an, weil es sich um eine Fähigkeit des Menschen handelt, sich auf etwas auszurichten, das nicht überprüfbar ist: die Transzendenz. Sie ist eine Qualität der Priester-Energie 6. Vertrauen mit Reife, mit Klarheit, mit Verantwortlichkeit und Weisheit zu verbinden ist die besondere Herausforderung auf Stufe 5. Es handelt sich hierbei um eine Variante, ein Segment aus dem großen Vertrauensthema, das in spezifischer Weise bearbeitet wird und eine besondere Herausforderung darstellt, weil sich die Bearbeitung dieses Themas in erster Linie auf die Mitmenschen richtet. Es handelt sich hier nicht um ein frei flottierendes Vertrauen: »Irgendwie wird's schon gut gehen. Die Existenz meint es wahrscheinlich gut mit mir; wird schon alles seinen Sinn haben.« Das ist eine andere Sache. Die Bearbeitung des Vertrauensthemas auf der Stufe Reif 5 ist sehr viel konkreter und ist nicht abzulösen von den Handlungsweisen, den Einstellungen, den Liebesbeweisen und den Vertrauensbeweisen des Mitmenschen. Im Rahmen der priesterlichen Energie 6 geht es um gläubiges Vertrauen auf die göttliche Ordnung und Barmherzigkeit.

Im Laufe der Gespräche hier in der Reif-5-Gruppe wurde deutlich, wie belastend diese innere existenzielle Spannung ist. Vielleicht habt ihr noch Hinweise, wie man gut damit umgehen kann?

Wenn die Hausfrau am Herd steht und einen Topf mit Milch aufsetzt, ist es nicht gut, dass sie aus der Küche geht, die Wäsche aufhängt, mit ihrer Nachbarin schwätzt oder sich noch schnell, weil es gerade mal wieder notwendig ist, die Fußnägel schneidet. Bis dahin wird die Milch längst übergekocht sein. Was wollen wir damit sagen? Bleibt neben dem Topf stehen. Beobachtet ihn. Schaut zu, wie die Milch anfängt zu dampfen, wie sich die ersten Bläschen bilden, wie der Pegel der Milch ansteigt, und reißt den Topf vom Herd, wenn er droht überzukochen. Dann ist die Milch für euch optimal, und dann wird sie auch wie von selbst denjenigen munden, für die sie erhitzt wurde. Lasst euch nicht ablenken von anderen Tätigkeiten, von Ehrgeiz, von Zielen, die mit dieser Sache nichts zu tun haben. Wenn ihr die Milch eurer

Weisheit, eures Lebens, eurer Reife und Verantwortlichkeit beobachtet, dann schaut, wie ihre Temperatur steigt bis zum Siedepunkt. Vertraut darauf, dass ihr wisst, wann der Siedepunkt erreicht ist.

Und wie reißt man den Topf vom Feuer?

Es ist ein automatischer Akt. Wenn man daneben steht, wird man nicht seelenruhig zuschauen, wie die Milch überkocht. Denn das hat die Folge, dass man Angebranntes mühselig entfernen muss. Das wird kein Mensch wirklich gern tun.

Reif 6

Entfaltungsaufgabe: *Die Trennung von Schuld und Unschuld aufheben*
Motto: *Ich brauche Ruhe und Harmonie.*
Energien 4 + 6

Wer im Laufe seiner Inkarnationsreise die Entfaltungsstufe Reif 6 erreicht hat, verfügt nahezu über ein Optimum und Maximum an menschlicher Reife und Urteilsfähigkeit. Die vieltausendjährige Erfahrung beschenkt jeden, der sich auf dieser Entfaltungsstufe aufhält, mit dem Potenzial, das er sich selbst erworben hat. Die Seele stellt ihm genug Liebesfähigkeit und Einsicht zur Verfügung, genug Möglichkeiten zu verstehen und hinreichend Verstand, genug Bereitschaft, sich Meinung und Urteil zu bilden. Dies vollzieht sich vollkommen unabhängig von den Inhalten. Es handelt sich um eine Energie, die eine derart gereifte Seele großzügig zur Verfügung stellt. Dem inkarnierten Menschen ist es nun überlassen, dieses Potenzial, diese Fähigkeiten und Möglichkeiten zu nutzen oder nicht zu nutzen, so oder so zu nutzen, zu seinem Nutzen und zum Nutzen der Mitmenschen einzusetzen – oder auch nicht.

Die sechste Stufe der Entfaltung stellt eine weitere Bereitschaft zur Verfügung. Zuvor sah der menschliche Entwicklungsweg in Bezug auf das Göttliche vor, dass dieses Göttliche, die transzendente Realität, für ihn entweder Konzept oder religiöse Vorschrift war, zuweilen eine Idee oder ein unbewusst Erlebtes, eine Ideologie oder ein Dogma. Auf der Stufe Reif 6 wird dieses Abstraktum nun immer mehr zur gelebten und erlebten Gewissheit. Das Göttliche wird konkret erfahrbar. Das Göttliche als waltende Kraft wird deutlich spürbar und erkennbar und lässt sich im Anschluss an diese sechste Entfaltungsstufe nicht und niemals mehr vollständig von der Hand weisen. Selbst wenn der Mensch sie nicht ruft, kommt sie zu ihm. Wenn der Mensch sie auch nicht zu brauchen scheint, wird sie ihm trotzdem zuteil. Aber auf der Stufe Reif 6 werden vor allem die ersten greifbaren und fühlbaren Erfahrungen mit einer Berührung durch das Numinose gemacht. Dies ist nicht an jedem Tag und nicht in jedem Jahr der Fall, aber jedes Leben auf der Stufe Reif 6 hält eine Reihe von Erfahrungen, Begebenheiten und Erlebnissen bereit, die zumindest Zweifel an der Nichtexistenz des Göttlichen nachhaltig hervorbringen. Schon ab dem zweiten Leben auf dieser Stufe wird die Erfahrung als solche, die Realität des Erfahrenen, unabweisbar.

Was macht nun das Besondere an der Verbindung von der Gelehrten-Energie 4 und der Priester-Energie 6 auf dieser Energiestufe innerhalb des weiten Erfahrungsweges aus? Es ist die ganz spezielle Verknüpfung und Verschmelzung von Vernünftigem und scheinbar Unvernünftigem, von Nachprüfbarem und Willkürlichem, von Ordnung und Verwirrung, von Nachweis und Unbeweisbarem, von Klarheit einerseits und dem Unbegreiflichen andererseits.

Stellt euch vor, dass eure Seele sich an dieser Stelle ihrer Entwicklungs- und Lernreise ein neues Getränk braut; ein Getränk, das oberflächlich betrachtet so wirkt wie Wein oder Bier, und doch ist ihm eine erkenntnisfördernde, entspannende, bewusstseinserweiternde Substanz beigemengt. Sie beeinflusst den Geschmack des Weines oder Bieres nicht negativ, schenkt diesem Getränk aber eine besondere, unbeschreiblich köstliche Würze, die es zu einem Göttertrunk werden lässt. Diesen also bereitet euch jetzt eure Seele. Er wirkt in euch hinein und sorgt dafür, dass ihr – wenn auch nicht täglich, so doch immer wieder – ein solches euer Bewusstsein erweiterndes, beglückendes und ein wenig berauschendes Getränk gern zu euch nehmt.

Eure Seele bereitet euch aus eigenem Impuls heraus die notwendigen Umstände und Gelegenheiten, ihr müsst sie nicht selbst suchen. Sie werden euch vor die Füße oder in den Schoß gelegt. Wie immer und überall auf dem seelischen Weg regiert auch hier das Prinzip der Notwendigkeit. Das bedeutet, wenn ein Mensch sich aufgrund seiner Struktur, seiner Möglichkeiten und seiner Sehnsüchte wie von selbst auf einen Weg begibt, der ihm die Türen und Fenster zum Transzendenten hin öffnet, wird die Seele weniger Notwendigkeit erkennen, den Göttertrunk zu verabreichen, und ihn nur für besondere Gelegenheiten zur zusätzlichen Bewusstseinserweiterung und Gefühlsschulung einsetzen. Wenn aber die Seele spürt, dass der Mensch, den sie belebt und bewohnt, Schwierigkeiten hat, sich dem Numinosen zu öffnen oder zu nähern, wenn sie beobachtet, dass er immer wieder zurückschreckt, wenn er von dem Großen und Unbegreiflichen berührt wird, dann setzt sie das beschriebene mystische Getränk ein. Es ist also auf der Entfaltungsstufe Reif 6 nicht wirklich möglich, sich der Aufgabe zu verweigern, sich bei vollem und klarem Verstand den höheren, weiseren und unbegreiflichen Mächten zu öffnen. Ihr könnt es noch so sehr versuchen, es wird euch nicht gelingen. Und wenn euch einmal die Berührung durch die Transzendenz widerfahren ist, werdet ihr diese Erfahrung nicht mehr missen wollen. Ihr könnt sie verleugnen, ihr könnt sie zu erklären versuchen, ihr könnt sie mit den Mitteln eures Verstandes wegrationalisieren; dennoch wird ein Rest bleiben, auf dem eure Seele nach und nach aufbauen kann.

Die Aufgabe eurer Entfaltungsstufe lautet: »Die Trennung von Schuld und Unschuld aufheben.« Ihr alle seid mit dieser Thematik bewusst oder unbewusst befasst. Und ihr habt tausend Mittel und Methoden gefunden, damit umzugehen, euch der Frage nach Schuld und Unschuld auszusetzen, zu entziehen, sie an euren Mitmenschen zu erleben und zu bezeugen, sie von euch fernzuhalten oder in euren Alltag hineinzunehmen. Wir möchten euch sagen: Was ihr mit dieser Thematik unternehmt oder unterlasst, macht euch weder schuldig noch unschuldig. An eurer Entfaltungsaufgabe könnt ihr euch niemals versündigen. Kein Mensch wird über drei oder vier Leben der Frage nach persönlicher Schuld oder Unschuld aus dem Weg gehen können. Grämt euch deshalb nicht, wenn ihr einmal nicht zentral oder schmerzhaft mit diesem Thema beschäftigt seid. Es kommt auf euch zu wie von selbst. Die Möglichkeiten, sich als Mensch rein und unbehelligt von Schuld oder Schuldgefühlen zu bewahren, sind gleich null. Also versucht es gar nicht erst. Doch wenn ihr in eurer Liebesfähigkeit so weit gediehen seid, dass ihr euch äußerer, grober und fahrlässiger Schuld oder gar beabsichtigter Grausamkeit nicht mehr schuldig machen wollt, dann forscht in eurem Inneren nach, sucht nach den kleinen Lieblosigkeiten, und vergesst vor allem euch selbst darüber nicht. Welche kleinen oder auch größeren Lieblosigkeiten begeht ihr denn euch selbst gegenüber? Wo sorgt ihr nicht gut für euch? Wo vernachlässigt ihr euch? Wo unterlasst ihr, etwas zu tun oder zu sagen, das euch eigentlich notwendig und richtig erscheint?

Betrachtet somit eure Aufgaben nicht nur als nach außen gerichtet. Ihr könnt euch nicht nur anderen Menschen gegenüber, der Umwelt, der Natur oder dem Geist gegenüber schuldig machen, sondern vor allem auch euch selbst gegenüber. Deshalb ist es von besonderem Belang, dass ihr eure gereifte und klare Aufmerksamkeit auf euer Inneres richtet. Denn nicht von ungefähr ist die Energie 6 auf der Inspirationsebene angesiedelt. Assimilation als Funktion der 4 und Inspiration als Funktion der 6 wollen nun miteinander verschmolzen werden. Und das bedarf des Innehaltens, der Stille und der Orientierung nach einem Innen, das gleichzeitig ein Oben und Über-Euch ist – natürlich, wie ihr ahnt, nur im symbolischen Sinne. Das Göttliche ist nicht wirklich über euch. Es ist in euch, und dort könnt ihr es nicht nur suchen, sondern auch finden.

Wir spüren nun bei Menschen, die dieses Seelenalter erreicht haben und die Entfaltungsaufgabe in Bezug auf Schuld und Unschuld bearbeiten, immer eine gewisse vage Besorgnis, dass sie sich für etwas schuldig machen könnten, ohne Einfluss darauf zu haben, oder für etwas schuldig sind, ohne Genaueres darüber zu wissen. Auf diesen letzten Aspekt möchten wir näher eingehen. Ja, es ist wahr, dass ein Mensch, der gereift ist und sich dem Ende des Reifen Zyklus nähert, eine Vielzahl von Leben hinter sich gebracht hat, in denen er sich – beziehungsweise die Inkarnationsformen seiner Seele – auf verschiedenste Weise grob versündigt und verschuldet hat. Das lässt sich nicht leugnen. Jeder, der diese Entfaltungsstufe erreicht hat, hat seit Anbeginn seines Inkarnationswegs karmische Verstrickungen erlebt und hat sich karmisch mit anderen Seelen verbunden. Aber eure Besorgnis kann und darf nicht daher rühren, dass euch in Zukunft Weiteres dieser Art zustoßen könnte. Ganz im Gegenteil, auf der Stufe Reif 6 sind nur noch wenige karmische Reste vorhanden, die ihrer liebevollen Auflösung harren. Und wenn wir sagen, auch an der Verweigerung der Auflösung einer karmischen Bindung könnt ihr euch nicht wirklich schuldig machen, so liegt das daran, dass diese Bindungen nicht aufgelöst werden können ohne das tiefe Einverständnis der anderen beteiligten Seele. Dasselbe gilt für die Schuld, die von anderen an eurer Seele aufgebaut wurde. Seelen müssen zusammenarbeiten; aber das wird sich wie von selbst ergeben, wenn ihr einem Menschen begegnet, mit dessen Seele ihr auf karmische Weise verstrickt seid.

Folgt euren Bedürfnissen, und wenn dieses Bedürfnis lautet: »Ich kann nicht, ich weiß nicht, ich will nicht«, so verschiebt das Ganze auf ein späteres Leben. Macht euch nicht so viele Sorgen über die Aussichten, weiterhin schuldig zu werden. Aber erforscht eure Motive. Mit neuer Schuld könntet ihr euch allerhöchstens dadurch belasten, dass ihr versäumt hättet, mit euch selbst ehrlich zu sein. Wahrheit und Ehrlichkeit sind Themen, die jede Priester-Energie 6 in besonderem Maß betreffen. Lüge, Verdrehung und Verschleierung sind durchaus Aspekte priesterlicher Energie. Aber eine gereifte, dem Ende der Inkarnationsreise zustrebende Seele will nicht immer und immer wieder manipulieren und verbiegen. Sie sehnt sich nach einer Wahrheit, die vor ihr selbst und ihrer Vorstellung vom Göttlichen Bestand hat. Und weil ein Mensch auf der Stufe Reif 6 über einen geschulten und geläuterten Verstand verfügt, unabhängig vom Grad seiner Intelligenz, wird es ihm auch gelingen, sich über sich selbst und seine Beweggründe klar zu werden. Dies ist gewissermaßen eine Frage der Übung und der Neigung; aber ihr wisst und wir wissen, ihr alle seid dem Göttlichen und der Wahrheit zugeneigt. Nun übt auch ein wenig, um dorthin zu gelangen, wohin es euch drängt und zieht.

Die priesterliche Energie 6, die in jedem von euch waltet und webt, wird sich jetzt auch in einer besonderen Empfindsamkeit gegenüber Schwingungen ausdrücken, in einer besonderen Sehnsucht nach entgrenzten Zuständen, in einer natürlichen Neigung und Fähigkeit zur Durchdringung der üblichen gewohnten Schranken, die eure alltägliche Wirklichkeit von der körperlosen Realität trennen. Die Priester-Energie in euch hat eine hohe Affinität zum Astralen. Die Gelehrten-Energie in euch bewahrt euch vor einer Verflüchtigung eures Wesens in nichtkörperliche Bereiche. Pflegt und achtet also in ganz besonderem Maß eure Körperlichkeit, eure Verankerung im Irdischen, eure realistische Einschätzung der Lebensumstände; und achtet vor allem auf die Beziehungswelt, in der ihr lebt. Erst dann wird sich eure Fähigkeit, mit dem Astralen immer natürlicher und selbstverständlicher umzugehen, so recht lustvoll öffnen. Die Bereitschaft dazu ist stets vorhanden. Das Streben nach Gleichgewicht ist es, das in das Zentrum eurer Aufmerksamkeit rücken sollte. Eine Balance herzustellen zwischen dem Irdischen und dem Himmlischen, zwischen dem Wirklichen und dem Realen, das sei euer Ziel.

Wenn ihr nun darauf vertrauen lernt, dass Schuld und Unschuld in dem Maß, wie ihr euch damit beschäftigt, wie von selbst aufhören, sich zu trennen, und zu einem gefühlten harmonischen Ganzen werden, das ihr nur teilweise mit eurer menschlichen Urteilskraft begreifen könnt, nicht aber im ganzen Ausmaß seines Bedeutungs- und Sinngefüges, dann werdet ihr eine ganz besondere Qualität an Ruhe und Harmonie erlangen. Haltet also die Augen offen, schaut an, was ist, bildet euch eine Meinung, und gebt dann das Ganze weiter. Verhaltet euch sozusagen wie ein Richter am Landgericht, der ein Urteil spricht, dann aber die Sache an ein höheres Gericht weitergibt, bis es vor dem Verfassungsgericht landet und dort nach allerhöchstem Ermessen geprüft wird. Ein Richter auf der unteren Ebene kann nur ein gewisses Ausmaß an Zusammenhängen erkennen; mehr zu leisten ist nicht seine Aufgabe. So solltet auch ihr euch betrachten. Es gibt Instanzen, die mehr sehen, mehr wissen und mehr wollen.

Ihr alle sehnt euch nach Ruhe und Harmonie, nach innerem Frieden und nach einem Lebensgefühl, das mit den süßen Schwingungen des Gleichklangs zwischen euch und der Welt beglückt. Und ihr fragt euch – manchmal ratlos, manchmal verzweifelt –, wie ihr diese Ruhe, diese Harmonie denn erreichen könnt. Wir vermögen euch nicht in jedem einzelnen Fall zu sagen, welche Methode ihr anwenden sollt. Aber die Richtung können wir euch aufzeigen. Gegen Unabänderliches zu kämpfen wird niemals zu Frieden und Harmonie führen. Betrachtet also einmal euer Leben, euren Alltag, eure Umstände unter dem Licht der Abänderlichkeit und der Unabänderlichkeit. Was nicht zu ändern ist, damit schließt Frieden. Was aber zu ändern ist, das verändert. Macht euch daran, etwas zu unternehmen. Ihr seid reife Menschen; ihr verfügt über Vernunft und Verstand. Ein vernünftiger, mit Verstand begabter Mensch wird sich nicht mit etwas zufriedengeben, das er ändern könnte. Die Harmonie, nach der ihr strebt, wird sich immer dann – wenn auch nicht endgültig, sondern oft nur vorübergehend – einstellen, wenn ihr etwas verändert, das ihr beeinflussen könnt. Was aber ist, das sei. Ihr könnt nicht wirklich gegen den Alterungsprozess eures Körpers angehen. Ihr werdet nicht ändern, dass ihr Menschen seid. Ihr werdet eure Energie nicht darauf verschwenden wollen, mit der Vergangenheit zu hadern. Richtet vielmehr eure Wünsche in die Zukunft und auf das, was ihr mit Lust und Kraft bewältigen könnt.

Ruhe und Harmonie, Frieden und innere Stille werden sich auch einstellen, wenn ihr euch dem eigenen Inneren zuwendet, zum Beispiel mittels unterschiedlichster Arten der Einkehr, der Kontemplation, der Meditation und der äußeren Ruhe. Menschen wie ihr brauchen und suchen und benötigen Umstände, die ihnen einen Einblick und eine Einkehr in ihr inneres Selbst ermöglichen. Wer also seinen Alltag so gestaltet oder gestalten lässt, dass er mit Mühe und Not einige

Stunden Schlaf findet und keine Möglichkeit sieht, zu sich zu kommen, darf sich nicht wundern, wenn die Kräfte der astralen Welt, die eigene Seelenfamilie oder andere Instanzen nur unterschwellig und im Unbewussten ihr Werk tun können. Sie tun es auf jeden Fall, aber wie schön wäre es, wenn ihr es erkennen und erleben würdet!

Zum Beziehungsleben von Seelen auf der Entfaltungsstufe Reif 6 können wir Folgendes sagen. Ruhe und Harmonie wünschen sich viele als Ergebnis einer Partnerschaft. Und doch ist eine Partnerschaft – sei sie noch so sehr auf Liebe, Zuneigung und Zärtlichkeit gegründet – nicht in erster Linie dazu da, Ruhe und Harmonie im Sinne einer Oberflächenberuhigung zu erschaffen. Ganz im Gegenteil, eine gute Partnerschaft muss aufmischen, soll aufwühlen, soll reizen und herausfordern, soll immer wieder Neues in den Beteiligten hervorrufen und hervorbringen. Sonst ist sie nicht lebendig, sondern eine Schutzgemeinschaft, die nichts anderem als der Besänftigung der Ängste dient und inneres Wachstum bei allen Beteiligten behindert. Wir möchten aber Beziehung nicht auf Partnerschaft reduziert wissen, sondern wir erkennen, dass gerade auf der Stufe Reif 6 Lebenspartnerschaften eine beigeordnete Rolle spielen, aber die Beziehung zu Eltern und Kindern und vor allem zu Freunden eine ganz besondere Rolle spielt.

Auf der Stufe Reif 6 gibt es zum ersten Mal ein aufrichtiges Bedürfnis, mehr als einen Menschen tief zu lieben, und damit meinen wir eben nicht nur Ehe- und Lebenspartner. Auf dieser Stufe entwickelt sich eine neuartige Liebesfähigkeit, die eine Breite der Erfahrung sucht. In früheren Stadien der seelischen Entwicklung konzentrierte sich die Liebesfähigkeit meist auf einen einzigen Menschen und erlebte daran ihr Wohl und ihr Weh, ihre Freude und ihren Schmerz. Auf der Stufe Reif 6 – gerade durch die Entgrenzungsfähigkeit des priesterlichen Anteils – wird es nun möglich, für verschiedene und unterschiedlichste Menschen starke, intensive und bedeutsame, vor allem aber das innere Wachstum fördernde Liebesimpulse zu entwickeln: zu einer besten Freundin oder zu einem Lieblingskind, zum Vater und zur Mutter, zu einer Patentante oder auch zu einer zweiten Ehefrau oder zu einem dritten Ehemann. Das Missverständnis, das in unserer anfänglichen Formulierung geborgen war, möchten wir ausräumen. Es geht also nicht in erster Linie darum, zuerst den einen Liebespartner zu lieben und dann den nächsten und dann den übernächsten, obwohl wir solches nicht ausschließen wollen. Wir machen aber mit euch die Erfahrung, dass hier wie von selbst eine gewisse Staffelung und Stufung stattfindet und die partnerschaftliche Liebesfähigkeit mit dem Lebensalter zunimmt. Wir meinen vielmehr auf Stufe Reif 6 eine Simultaneität der Liebesgefühle und eine Erweiterung des Spektrums. Dass eine Mutter ihr Kind liebt, nehmt ihr als nahezu selbstverständlich an. Dass sie ihre Liebesfähigkeit an diesem Kind entwickelt und noch mehr erweitert, als sie es in früheren Leben mit ihren Kindern getan hat, ist etwas Neues. Dass sie zwei oder drei Kinder auf je eigene und ganz besondere Weise intensiv lieben kann oder erlebt, dass es ihr nur bei einem gelingen will, ist ebenfalls etwas Neues. Dass sie eine Freundin und einen Liebespartner und ein Elternteil und ein Kind gleichzeitig mit überwältigender Intensität zu lieben versteht, ist etwas ganz Neues. So wird sie auch beginnen, sich selbst auf neue Weise zu lieben, und dies würden wir gern ebenfalls unter der Überschrift Beziehungsfähigkeit einreihen – Beziehung also nicht nur zum anderen, sondern auch zum eigenen Selbst. Und eine Beziehung aufzubauen zur Transzendenz, zum Numinosen, zur Seelenfamilie, zu den inneren Führern und den übrigen Instanzen, die das eigene Leben behüten und lenken, ist ein weiterer Aspekt der vergrößerten allgemeinen Beziehungsfähigkeit.

Wir sprachen nun davon, dass Ruhe und Harmonie nicht im Zentrum einer partnerschaftlichen Beziehung stehen, obgleich der Wunsch danach besonders groß ist und immer größer wird, je älter eine Seele ist. Wenn mit Harmonie aber die Friedfertigkeit zweier Menschen gemeint wäre, die sich niemals kritisieren, sich keine Vorwürfe machen, sich nicht angreifen, sich nicht herausfordern, so ist deutlich, dass das nicht das Ziel von Reif 6 sein kann. Nur wenn beide Partner miteinander so ehrlich sind, wie es ihnen nur irgend gelingen will, so direkt, wie sie es irgend vermögen, werden sich in dieser Gemeinschaft ein tiefer Friede und eine tiefe Harmonie einstellen können.

Zur Gesundheit: Menschen auf der Entfaltungsstufe Reif 6 leiden nicht mehr und nicht weniger unter den Erkrankungsmöglichkeiten des Körpers als Seelen auf anderen Entfaltungsstufen. Jedoch neigen sie dazu, ihre körperlichen Zustände erstens aufmerksamer zu beobachten und zweitens sie symbolisch oder sinnträchtig zu deuten. Die Deutung vollzieht sich häufig unter dem Fragezeichen »Schuldig oder unschuldig? Ist der Körper in Harmonie, oder hat er seine Harmonie verloren?«. Die grundlegende Problematik dieses Seelenalters spiegelt sich also auch in der Frage nach dem Sinn von körperlichen Störungen, von Krankheiten und Behinderungen. Wir sehen, dass einige Menschen mit diesem Seelenalter sich zu sehr quälen, weil sie sinnlose Fragen nach einer Sinnhaftigkeit ihrer Beschwerden stellen. Andere wiederum sind auf dem rechten Weg, wenn sie sich überlegen – ohne allzu viele Schuldgefühle zu entwickeln –, was sie an ihrer Lebensführung, an ihrer Ernährung oder an ihren Beziehungen ändern können, damit bestimmte Beschwerden abnehmen oder gar nicht erst eintreten.

Es gibt auch einen Prozentsatz von Menschen auf dieser Entfaltungsstufe, die Krankheiten als Strafe empfinden, die sie für irgendetwas trifft, das sie ihrer Vorstellung nach in früheren Leben verbrochen haben. Sie glauben, mit ihrem Leiden etwas wieder zurechtrücken oder gutmachen zu können. Der Strafgedanke für eine alte Schuld steht jedoch im Vordergrund. Diese Vorstellung möchten wir so gut als möglich außer Kraft setzen – in dem Bewusstsein, dass es uns leider nicht vollständig gelingen wird, denn eine solche Einstellung gehört für viele zur Grunderfahrung von Schuld und Unschuld. Die Einstellung also ist es, die zu einer neuartigen Erkenntnis führen kann. In Wirklichkeit jedoch ist keine Krankheit jemals eine Sühne für früheres Unrecht.

In diesem Seelenalter sind Menschen nervlich sensibler als in früheren Stadien ihrer seelischen Entwicklung. Sie sind empfindlicher und empfindsamer und müssen deshalb, damit es ihnen wohlergeht, mehr auf die Feinheiten ihrer Bedürfnisse achten. Sie brauchen relativ viel Schlaf im Vergleich zu den Stadien Reif 5 und Reif 7, denn die Verbindung mit den transzendenten Kräften vollzieht sich im Wesentlichen in Zuständen veränderten Bewusstseins während nächtlicher Tiefenentspannung. Ein solcher ist in Schlaf und Traum gegeben. Des Weiteren sind aus demselben Grund Tagträumereien eher zu fördern als zu unterbinden.

Die Ernährung sollte so gewählt werden, dass nicht allzu viel Schwerverdauliches verdaut werden muss, damit die Leichtigkeit und das Streben nach den astralen Gefilden nicht unnötig behindert werden. Andererseits empfehlen wir nicht, auf erdende Nahrungsmittel zu verzichten, und sind auch der Ansicht, dass ein mäßiger Fleischkonsum die spezifische Verbindung der Energie 4 mit der Energie 6 mehr fördert als unterbindet. Menschen mit dem Seelenalter Reif 6 sollten darauf achten, dass sie ausreichend Entspannung finden und ihre Verdauung gut arbeitet. Es geht ihnen am besten, wenn sie sich für viele Verrichtungen und Angelegenheiten ihres Alltags ein wenig mehr Zeit nehmen, als die sie umgebende Gesellschaft meint, fordern zu sollen. Rasten und Trödeln bietet vielen Menschen mit diesem Seelenalter Gelegenheiten, ein aus den Fugen geratenes Ruhebedürfnis zu behandeln oder auch ein Ungleichgewicht der inneren Harmonie zu heilen.

Wir möchten hinzufügen, dass auf dieser Entfaltungsstufe Seelen nicht selten auch einen Körper mit deutlichen physischen oder geistigen Behinderungen wählen, der ihnen von Anbeginn ihrer leiblichen Existenz die Möglichkeit bietet, die Erfordernisse einer leistungsorientierten Gesellschaft nicht erfüllen zu müssen. Zugleich können sie sich auf einer halb bewussten Ebene mit der Thematik von Schuld und Unschuld, von Ruhe und Harmonie in einer Weise auseinandersetzen, die gesunden Menschen nicht vergönnt ist.

Die Entwicklungsschritte innerhalb einer Entfaltungsstufe können für Reif 6 folgendermaßen beschrieben werden: Oft innerhalb eines einzelnen Lebens, aber auch in der Abfolge von zwei bis vier Leben werden unterschiedliche Schwerpunkte gesetzt. Meist beginnt eine Auseinandersetzung mit Schuld und Unschuld mit dem Wunsch nach Ruhe und Harmonie, indem sehr deutlich und nachdrücklich Schuld und Unschuld verteilt werden: Die anderen werden als Störer von Ruhe und Harmonie gebrandmarkt, und es will so scheinen, als habe man selbst eher die Opferrolle, als dass man Verantwortung für seine Umstände übernehmen könnte. Ein darauf aufbauendes Stadium besteht darin, dass ein Nach-innen-Nehmen der Problematik vollzogen wird und nun Schuldgefühle aufkommen, weil man mit sich und der Welt nicht richtig umgegangen ist, da man selbst Schuld hat oder haben könnte, wenn einem dieses oder jenes widerfährt. Ein dritter Schritt ist daran zu erkennen, dass die verschiedenartigen Schuldzuweisungen und -sehnsüchte mit einer Prise Selbstkritik und Humor versehen werden. Die Erkenntnis, dass es unmöglich so sein kann – wie zuvor angenommen –, dass ein einzelner Mensch für die Geschicke des Planeten oder auch nur für den Radius seines gesamten Umfeldes Verantwortung übernehmen kann, wächst von Jahr zu Jahr. Ebenso, dass es höchst unwahrscheinlich ist, grundsätzlich schuldig im Sinne einer Erbsünde zu sein oder grundsätzlich unschuldig im Sinne eines astralen Reinheitszustandes. Der Abschluss wird dann möglich, wenn ein Mensch auf der Entfaltungsstufe Reif 6 bereit ist, sein Menschsein in Bezug auf Schuld und Unschuld vollständig zu akzeptieren und zugleich seine göttliche Natur in einer Weise anzuerkennen, dass er mit einer klugen Demut und einem einsichtigen Vertrauensakt die Beurteilung der größeren Zusammenhänge an transzendente Instanzen abgeben kann. Wenn ein Mensch das Vertrauen darin entwickelt, dass er selbst ein wichtiges, wenn auch nur kleines Rädchen im Gefüge von Schuld und Unschuld darstellt, und Ruhe und Harmonie in ihm walten können, wenn er nicht für alles und jedes eine unangemessene Verurteilung von sich fordert, wenn er aufhört, Richter sein zu wollen, und einer höheren Gerechtigkeit vertraut, ist die Möglichkeit eines Kulminationspunktes gegeben.

Zu guter Letzt wollen wir euch raten: Macht euch ruhig hin und wieder einmal mit voller Absicht schuldig, um zu erleben, dass euch ein Mitmensch verzeihen kann. Macht euch schuldig, um zu erfahren, dass ihr nicht daran zugrunde geht. Macht euch schuldig, um herauszufinden, was wahre Schuld ist und wo es sich nur um ängstliche Schuldgefühle handelt. Macht euch schuldig, um zu entdecken wie viel Positives scheinbare Schuld bewirken kann.[32]

Reif 7

Entfaltungsaufgabe: *Möglichkeiten und Grenzen des Wollens erkennen*
Motto: *Ich wende an, was ich gelernt habe*
Energien 4 + 7

Menschen auf der königlichen (Energie 7) Abschlussstufe des Reifen Entfaltungszyklus haben den größten Teil ihrer Inkarnationen bereits hinter sich und blicken auf eine reiche und reife menschliche Erfahrung zurück. Sie haben die Einsichten gewonnen, die Säugling-Seelen mit ihren ersten Inkarnationsversuchen verbinden. Sie konnten als Kind-Seelen spielerische Versuche machen, das Leben als solches zu begreifen und mit ihm Freundschaft zu schließen. Als Junge Seelen haben sie sich bemüht, das Leben und seine Umstände zu beherrschen und zu ihren Gunsten zu wenden. Mit dem Eintritt in den Reifen Zyklus gewannen sie Einblicke in ihre Innenwelt, in die Komplexität ihres Soseins und ihres Daseins. Mit dem Seelenalter Reif 7 sind sie jetzt am Ende oder fast am Ende dieses Zyklus angekommen und blicken mit Erstaunen und mit Vergnügen, mit Befriedigung und einer gewissen Sattheit auf die vielen vergangenen Existenzen, Begegnungen und Erfahrungen zurück.

Ihr wollt jetzt anwenden, was ihr verstanden, begriffen, gelernt und erfahren habt. Denn nur durch diesen umfassenden, geradezu majestätischen Integrationsprozess werdet ihr in der Lage sein, noch einmal – auf der nächsten Stufe mit dem Zyklus der Alten Seele – wie von vorn zu beginnen. Aber natürlich ist es kein Anbeginn, sondern ein neuer Anlauf unter neuen Vorzeichen. Zuvor wollt ihr jedoch den Reifen Zyklus abschließen und dort ankommen, wo ihr jetzt ankommen könnt. Und ihr wollt von der Fülle des Lebens und Erlebens kosten. Die Befriedigung, die eine glückhaft abgeschlossene seelische Arbeit vermittelt, ist es, die euch ein Empfinden von Überfluss und königlicher Großzügigkeit in der Betrachtung eures Daseins und der Welt erlaubt.

Reif 7 bedeutet, im höchsten Maß Reife erlangen zu können, und zwar sowohl im Psychischen als auch im Seelischen. Die Seele mit ihrem reichlichen Schatz an Erfahrungen aus vielen Vergangenheiten eröffnet euch Zugang zu den psychischen Verarbeitungsmechanismen. Deshalb findet sich kaum ein Mensch in eurem seelischen Entfaltungszustand, der mit seiner Psyche erhebliche Probleme hat, denn in diesem Seelenalter hat auch die Psyche ein starkes Bedürfnis nach Reifung, Ausgeglichenheit und Integration. Sie will ihre Entwicklung mit der Entfaltung der Seele zur Übereinstimmung bringen. Wenn sich nun diese oder jene kleine Konfliktsituation ergibt, so dürft ihr sie als ein Übungsfeld betrachten, das euch herausfordert, das anzuwenden, was ihr gelernt habt – nämlich all eure Liebesfähigkeit einzusetzen und darauf zu vertrauen, dass euch sämtliche Erfahrungen der letzten gut siebzig Inkarnationen zur Verfügung stehen. Ihr braucht nur zurückzugreifen wie auf einen Schatz, der eurem Zugriff jederzeit offensteht – und nicht für immer hinter den Stahltüren des Vergessens oder in den Gruften der Vergangenheit verschlossen bleibt. Euer Bewusstsein ist es, das euch zu sagen vermag: »Ich kann es ja! Ich weiß es ja! Ich bin in der Lage, die Situationen, die dieses aktuelle Leben mir anbietet, zu bewältigen.« Ein solches Bewusstsein ist es, das euch das Leben leicht machen kann.

Eure Entfaltungsaufgabe heißt: »Möglichkeiten und Grenzen des Wollens erkennen«, und ihr fragt euch, ob es sich dabei nicht eigentlich um Möglichkeiten und Grenzen eures Willens handelt. Gewiss könnte diese Entfaltungsaufgabe auch so verstanden werden. Aber das wäre bei Weitem zu kurz gegriffen. Denn ihr dürft niemals aus den Augen verlieren, dass eure Seele bei euch ist, dass sie in euch weilt und ihr nicht getrennt vom übergeordneten seelischen Wollen existieren könnt, auch wenn diese Seele in Zeit und Raum inkarniert ist. Es handelt sich demnach im Grunde um eine künstliche Trennung, die zwei Perspektiven schafft: Die eine nennt ihr den Ich-Willen, die andere das übergeordnete große Wollen. In eurem menschlichen Erleben ist eine seltsame Spaltung zu beobachten, so als könnte tatsächlich das Wollen eurer transzendenten Aspekte mit dem Willen eures inkarnierten Aspektes in Widerstreit treten.

Nun wissen wir, dass der Mensch dies tatsächlich subjektiv immer wieder so erlebt, weil ein solches Erleben von Dualität nun einmal zu seiner Perspektive auf die Welt und auf sein Dasein gehört. Aber wir möchten euch darauf aufmerksam machen, dass der daraus entstehende Konflikt, dieser Widerspruch, diese Kontrastierung illusionär sind. Allerdings wisst ihr, dass wir immer darauf bedacht sind, die Zusammenhänge, die wir euch nahelegen, nicht allein von unserer weit entfernten Warte jenseits des Menschlichen zu betrachten und sie euch nicht nur als die eigentliche, sondern auch angeblich einzig wahre Perspektive anzubieten. Keinesfalls! Unser ganzes Trachten und Streben richtet sich vielmehr darauf zu verstehen, was wir euch sagen sollten, damit ihr euch als Menschen in eurer aktuellen Wirklichkeit besser begreifen und annehmen könnt.

Euer Hirn, eure Intelligenz, erlaubt euch als Angehörige der Art *Homo sapiens sapiens* das andere, das Nichtduale zu denken. Eure Erfahrung sagt euch: »Ja, aber hier und jetzt erkenne ich oft eine Spaltung, einen Widerspruch, eine Verwirrung. Was ist denn mein Wille, und was ist das Wollen meiner Seele?« Wir meinen, euch damit behilflich sein zu können, dass wir euch mehr als noch bislang klarmachen: Euer Wille, die Fähigkeit eines Menschen, Absichten zu entwickeln und Zielsetzungen zu entwerfen, seine Kräfte einzusetzen, um irgendetwas zu erreichen, das noch nicht verwirklicht ist, gehört zu den größten und wichtigsten Gaben des Menschseins schlechthin. Denn eure Existenz in Raum und Zeit impliziert, dass ihr sowohl in Vergangenes als auch in Zukünftiges blicken könnt. Dies ist nicht im Sinne einer prophetischen Vorhersagefähigkeit zu verstehen, jedoch sehr wohl im Sinne einer spezifisch menschlichen Fähigkeit zur Planung, zur Entwicklung einer Vision und einer Möglichkeit, durch Absichtsbildung eure Zukunft mitzugestalten. Der Mensch ist in der Lage, Visionen zu entwickeln von seinen eigenen Zielen, von seinem Wirken, von dem, was er im Laufe eines kürzeren oder längeren Lebens kreieren möchte, und von dem, was er bei seinem Ableben zu hinterlassen wünscht – die Spuren, die Erinnerungen. Er strebt danach, die Möglichkeiten, die ihm zur Verfügung standen, am Ende seines Lebens genutzt zu haben.

Wie ihr wisst, haben wir uns des Öfteren dazu geäußert, dass kein einziges menschliches Leben – mag es dem Individuum selbst oder seiner Umgebung auch noch so sinnentleert erscheinen – sinnlos für die Seele ist, die sich in diesem Menschen, in diesem Körper inkarniert hat. Nichts ist sinnlos. Aber es gibt doch auch aus seelischer Sicht das Bestreben, eine Existenz so sinnträchtig wie nur möglich zu gestalten. Und ein Leben, das lange währt, enthält mehr Möglichkeiten der Sinngestaltung als ein Leben, das bereits kurz nach der Geburt endet. Sinnhaft sind beide, aber sinnerfüllt ist das längere Leben. Weil ihr nun in einem Umfeld lebt, in dem ein längeres oder gar langes Leben ermöglicht wird, bietet es euch entsprechend viele Möglichkeiten, die Grenzen des Willens und des Wollens auszuloten. Da ihr Reife Seelen am Ende des langen Reifen Zyklus seid und euch das Phänomen des »Problems an sich« nicht nur vertraut ist, sondern auch eine gewisse Lust bereitet – und dies ist ein deutlicher Unterschied zu den drei jüngeren Seelenzyklen, die Probleme weder empfinden noch lustvoll betrachten –, weil ihr also gern und intensiv und forschend mit Problemen umgeht, erkennt ihr auch im Zusammenspiel von Wille und Wollen ein Problem. Es mag tatsächlich eines vorhanden sein oder auch nicht, es ist für euch stets interessant und konstruktiv, die Problematik des Spiels zwischen eurem Ich-Willen und dem Wollen der übergeordneten Instanzen zu erforschen und zu gestalten. Sie schwingen mit euch und in euch und nicht außerhalb von euch.

Ihr verfügt in eurem Seelenalter über mehr Möglichkeiten, Visionen in die Realität umzusetzen als jemals zuvor und jemals in späteren Inkarnationsformen. Hier handelt es sich um einen Höhepunkt der Ausweitung. Ihr besitzt eine Bereitschaft, die Fülle der Gaben, die ein Leben bereithält – in Freud und Leid –, anzunehmen, mit offenen Armen zu empfangen und aus jedem einzelnen Aspekt dieser Fülle etwas Konstruktives zu entwickeln, etwas hervorzulocken, etwas nutzbar zu machen.

Möglichkeiten und Grenzen des Wollens zu erkennen impliziert beides: Das Wollen, das wir hier meinen, beinhaltet einerseits die Erfahrung, einen eigenen konstruktiven und zielgerichteten menschlichen Willen zu haben, der Wirklichkeit und Welt beeinflussen kann. Es beinhaltet aber ebenso die Fähigkeit, über einen Zugang zu einem transzendenten Wollen zu verfügen, der stets und ständig auf Empfang geschaltet ist, auch wenn diese »Online-Schaltung« dem kognitiven Bewusstsein nicht unablässig präsent ist. Wir dürfen daher behaupten, dass jeder, der das Seelenalter Reif 7 repräsentiert, unablässig verschaltet ist mit allen Dimensionen seines eigenen individuellen Willens und des überindividuellen Wollens – ob er es weiß oder nicht. Wollen meint sowohl das Bestreben seiner Seele als auch die Absichten der Seelenfamilie und die der größeren seelischen Verbände wie Sippe und Stamm. Es umfasst auch alles übrige nichtseelische Wollen, sofern es sinnvoll und notwendig ist.

Dieses ständig zur transzendenten Realität bereitgeschaltete Rote Telefon steht euch zur Verfügung, um zwei Arten der Kommunikation zu pflegen, nämlich: »Was will ich, und was will ich nicht?« Und: »Was will das große Ganze von mir und mit mir, und was will das Ganze nicht?« Ihr solltet es häufiger einsetzen. Ihr aber betrachtet das Rote Telefon so, wie es in der Politik als Symbol eingeführt wurde, als dürfte man es nur dann nutzen, wenn es größte Gefahr für Leib und Leben des Individuums und für die ganze Welt abzuwenden gilt. Wir hingegen sagen: Das Telefon ist rot, nicht beige oder grau, damit ihr es unter euren vielen Decken und Sofakissen leichter wiederfindet. Wir erinnern euch daran, dass seine Nutzung euch jederzeit zur Verfügung steht. Es handelt sich um eine Standleitung zu eurem Lebensgefühl. Und wenn es laut schrillt, solltet ihr nicht zusammenzucken und denken: »O Gott, was hat das Schicksal wieder für mich bereitgestellt? Was muss ich denn jetzt wieder erleiden? Welche Herausforderung muss ich – o Gott, o Gott! – wieder annehmen?« Im Gegenteil, das Telefon bietet einen universellen Infodienst, der euch kostenfrei zur Verfügung steht. Und wenn ihr nicht anruft, ist es keineswegs zu eurem Vorteil. Wählt! Stellt die Verbindung her! Macht euch klar, dass ihr auf die Klingeltöne eures inneren Telefons öfter hören solltet. Und ihr dürft immer abnehmen und fragen: »Hallo, hallo, wer ist denn da? Was wünschen Sie? Wie kann ich Ihnen behilflich sein?« Das ist besser, als zitternd abzuwarten, bis das Gerät aufhört zu klingeln, und ihr glauben wollt, wieder einmal sei ein Schicksalskelch an euch vorübergegangen. Denn dieses Telefon wird irgendwann von Neuem klingeln. Es wird so lange klingeln, bis es euch erreicht und ihr endlich abhebt und die Stimmen hört, die sich mit Fug und Recht bei euch melden, weil es ja eure eigenen Stimmen sind. Auch die Stimme des göttlichen Wollens ist eure Stimme. Sie kann sich ja nur über die innere Stimme bei euch bemerkbar machen. Nun kann dies verbal geschehen oder über ein Ereignis oder über eine Begegnung. Ihr werdet es schon hören, wenn es wieder klingelt.

Was euren eigenen Willen angeht, so wissen wir, er klingelt sehr häufig! Und immer wieder ignoriert ihr das. Ihr geht aus dem Zimmer, ihr verlasst die Wohnung, ihr lasst jemand anders antworten, ihr lasst euch verleugnen. Immer wieder klingelt euer Wille, und ihr tut so, als hättet ihr es nicht gehört, oder verzieht euch mit schlechtem Gewissen in eine Ecke, wo ihr das Klingeln nicht mehr hören könnt. Läuten tut es aber immer wieder, und ihr wisst es auch, was es bedeutet: »Eigentlich wäre dies mein wahrer Wille.«

Ihr hört es klingeln. Es ist eure Entscheidung, nicht darauf zu achten. Es unterliegt eurer freien Willensentscheidung, ob ihr abheben wollt oder nicht. Beklagt euch aber nicht über einen Mangel an Verbindung. Das könnten wir von unserer Perspektive her nicht wirklich ernst nehmen. Einen Mangel an Verbindung gibt es nicht. Es gibt nur die freie Entscheidung, vor Angst zu zittern, wenn es klingelt, oder euch die Ohren zuzuhalten, wenn es klingelt, oder wegzulaufen, wenn es klingelt, oder zu delegieren, dass ein anderer die Antwort geben möge. Aber auf Dauer – ihr werdet uns recht geben – ist das alles nicht sehr befriedigend. Es entspricht auch keinesfalls eurer natürlichen königlichen Ausstattung mit Würde, die mit der Energie 7 gegeben ist. Es entspricht nicht im Geringsten eurer Möglichkeit, in höchstem Maß Verantwortung zu tragen und Verantwortung zu übernehmen für das, was euch in diesem Leben widerfährt, geschieht und zufällt.

Oft passiert es im ersten Leben auf dieser Entfaltungsstufe Reif 7, dass ein Mensch sich Umstände kreiert, in denen der Wille eines anderen Menschen in besonderem Maß wirksam wird: durch eine tyrannische oder willensstarke Bezugsperson in der Kindheit, durch eine Erziehung, die den Willen des Individuums brechen möchte, durch eine Weltanschauung, die Äußerung und Durchsetzung des eigenen Willens als etwas Ungehöriges oder Unmoralisches brandmarkt. Entsprechend stark empfindet das Individuum, das jetzt Möglichkeiten und Grenzen des Wollens erkennen möchte, diesen ohnmächtigen Zustand; denn der eigene Wille entwickelt sich häufig erst aus einem Widerspruch zu den Willensbekundungen anderer oder aus einem Widerstand heraus. Erst wenn ein Mensch erfährt, dass ein anderer seinen Willen gegen den seinigen durchsetzt, beobachtet er, wie dieses Durchsetzen funktioniert und wie ungut es sich anfühlt, wenn er seinen eigenen Willen nicht als Gegengewicht einsetzen darf. In der Regel dauert diese Erfahrung nicht ein ganzes Leben lang bis zum bitteren Ende, sondern aufgrund des unüberbietbaren Reifezustandes erfährt die Seele Reif 7 spätestens im mittleren Lebensalter, dass sie den Spieß umdrehen muss. Sie macht nun ihrerseits die Erfahrung, dass sie das Gelernte anwendet und ihren Willen durchsetzt, ihre Absichten geltend macht und teilweise andere wieder unter dieser machtvollen Ausstrahlung leiden. All dies verurteilen wir nicht. Es gehört zur Gesamterfahrung, und eine derart gereifte Seele ist in der Lage, sich zu beobachten und zu wissen, was sie tut.

Ein zweites Leben kann einen anderen Akzent setzen. Das eigene Begehren, sich mit Zielsetzungen und Wünschen in der Welt zu etablieren, wird jetzt kombiniert mit einer Erfahrung, dass Grenzen durch äußere Umstände oder gesundheitliche Beschränkungen gesetzt werden. Inkarniert sich eine Seele in diesem Seelenalter in einem außerordentlich armen Land oder in Gebieten, die durch Naturkatastrophen bedroht werden, oder kommt sie mit einer körperlichen Schwäche auf die Welt, so wird sie Grenzen erfahren, die – im Rahmen des Möglichen – ihren besonderen Willen anfachen zu überleben, sich trotz aller Hemmnisse durchzusetzen, Wichtiges zu erreichen. Schicksalhafte Provokation, gegen das scheinbar Unabänderliche anzukämpfen, ist also ein Kennzeichen dieser Bereitschaft, sich nicht zufriedenzugeben. Auf dieser Stufe wird der Mensch sich Ziele setzen, die zu erreichen angeblich nicht möglich ist. Dann folgt eine Phase der Integration und Konsolidierung.

Anzuwenden, was man gelernt hat, birgt sowohl im Rahmen des gesamten Reifen Zyklus als auch auf der Basis aller bislang bewältigten Arbeit auf der Stufe Reif 7 selbst eine wichtige Funktion. Die Umsetzung von Erfahrung kennzeichnet das dritte Leben. Hier geht es darum, einen unablässigen Schwingungskontakt zwischen den beiden Aspekten des Wollens aufzubauen und sich zu vergewissern, dass das Wesentliche gelernt wurde – nämlich wie der Mensch seinen individuellen Beitrag zum Ganzen leistet im Vertrauen darauf, dass die andere Hälfte der existenziellen Arbeit sich wie von selbst erledigt. Verantwortungsbereite Ich-Stärke verbindet sich mit einem tiefen Glauben an die Verantwortlichkeit des großen Ganzen.

Zum Beziehungsleben ist zu sagen: Ein Mensch auf der Entfaltungsstufe Reif 7 braucht grundsätzlich einen Partner, der Lust und Freude an einer kraftvollen und provokativen Beziehung empfindet. Wenn jemand unter dem königlichen Schutzmantel eines Menschen mit der Entfaltungsstufe Reif 7 nur Geborgenheit sucht, wird er sich bald überbeschützt und überbehütet fühlen und dagegen rebellieren. Das Seelenalter Reif 7 stellt eine starke, eine majestätische Energie bereit, die Widerstand braucht. Um sich strahlend entfalten zu können, darf sie nicht gestatten, dass der jeweilige Partner sich kleinmacht, sich duckt, sich verleugnet oder als wertgemindert empfindet. Und da eine solche Partnerschaft nicht leicht zu finden ist, beobachten wir, dass Menschen auf dieser Entfaltungsstufe mehrere Anläufe – auch im Sinne einer Suche – nehmen, um ihre Sehnsucht nach einem ähnlich starken Partner zu erfüllen. Ein Mensch mit dem Entfaltungsziel,

Möglichkeiten und Grenzen des Wollens zu erkennen, kann sich nicht mit einer Partnerschaft zufriedengeben, die weit unter seinen Grenzen und Möglichkeiten liegt. Wenn nun diese Partnerschaft ihn nicht regelmäßig zu neuen Höhenflügen der Reifung ermuntert und anregt, wird sie ihm bald ein wenig fad erscheinen. Die königliche Energie 7 mit ihren vielerlei kraftvollen Aspekten will einen Partner, der sich nicht allzu viel bieten lässt. Nur in der Jugend sucht diese starke Seele einen Menschen, den sie mit ihrem Willen beherrschen kann. Aber schon ab dem mittleren Lebensalter, mit dem Eintreten der Individuation, wirkt dieses selbstherrliche Überfahren des Partners mit dem eigenen Willen unproduktiv und führt eher zu einer gewissen uneingestandenen Herablassung als zu der erwünschten tiefen Befriedigung oder zu einem Wachstumsanreiz.

Zum allgemeinen Gesundheitszustand ist zu sagen: Im Vergleich zu Reif 6 und Alt 1 sind die Menschen auf der Stufe Reif 7 meist mit einem ausgesprochen kraftvollen, gesunden und widerstandsfähigen Körper gesegnet. Wenn sie physische Einschränkungen in ihren Erfahrungsweg einbauen, so sind dies in der Regel Herausforderungen durch eine gewisse Behinderung, durch eine chronische Krankheit oder durch einen spezifischen Mangel, der geradezu dazu herausfordert, dass man ihm willensmäßig begegnet. Die gesundheitliche Einschränkung provoziert dazu, über diese Behinderung hinauszuwachsen und sie für das eigene innere Fortkommen zu nutzen. Ein Mensch auf dieser Entfaltungsstufe wird sich dem Problem seiner Körperlichkeit nicht resigniert unterwerfen, sondern das Beste daraus machen. Er wird sich beweisen wollen, dass es trotzdem geht. So führt die Herausforderung zu einer Befriedigung in der Bewältigung.

Wegen der auf dieser Entfaltungsstufe essenziellen Verbindung von Gelehrten-Energie (4) und König-Energie (7) ziehen körperliche Beschwerden keine jammervolle Haltung oder unablässige Klage nach sich. Vielmehr gehen die Menschen auf diesem Weg der Entfaltung zur Tagesordnung über, krempeln die Ärmel hoch und wenden sich neuen Zielen zu. Sie akzeptieren das Wollen des größeren Ganzen, das ihnen diese Krankheit oder Behinderung zugewiesen hat, und erfahren es als Anreiz, ihren individuellen Willen dagegenzusetzen. Dies ist durchaus kein erbitterter Kampf. Es ist ein Kräftemessen und eine Art Ertüchtigung der seelischen Muskulatur.

Wenn eine Seele zweitausend Jahre lang und länger die dem Reifen Zyklus angemessene Introspektion geübt hat, das heißt, Selbsterkenntnis praktiziert hat, wird es nicht ausbleiben, dass sie irgendwann die Früchte aus dieser existenziellen Arbeit genießen kann. Reif sein bedeutet für eine Seele, die am Ende des Reifen Zyklus angelangt ist, immer wieder die Möglichkeit zu haben, auf eine gelehrtenhafte Besonnenheit zurückzugreifen und auch auf eine königliche Verantwortlichkeit und Würde. Was sonst wollt ihr unter Reife verstehen als die Kombination dieser Möglichkeiten? Besonnenheit führt zu liebevollen Einsichten. Würde führt zu liebevollen Handlungen. Verantwortung ist in der Lage, Verbindungen der Liebe zu schaffen, ohne die Angst überhandnehmen zu lassen. Wir sagen nicht, dass alle Menschen mit der Entfaltungsstufe Reif 7 sich unablässig unendlich reif verhalten. Wir sagen nur, dass sie über die Möglichkeit verfügen, dies zu tun, wenn sie es wünschen. Einzig die Einsicht, dass es ihnen möglich ist, reif zu reagieren, wenn sie es wünschen und wollen, wird es ihnen auch ermöglichen.

Fragen und Antworten

Wie kann man die Bedeutung des Reifen Zyklus im Allgemeinen beschreiben?

Die Grundlage für die Beantwortung eurer Fragen zum Entfaltungszyklus Reifer Seelen ist in der energetischen Struktur dieses Inkarnationsabschnitts zu finden. Nur wenn ihr euch immer aufs Neue bewusst macht, dass es sich um einen Zyklus mit der Energie 4 handelt – das heißt mit einer grundsätzlichen Gelehrten-Energie (neutral, distanziert, lernorientiert, beobachtend) –, wird euch die Bedeutung des Lernens in diesem Zyklus klar werden. Ein Gelehrter erkennt ein Problem oder viele, weil er forscht und in diesem Fall sich selbst erforscht. Deshalb sucht er nach einer Lösung – wohl wissend, dass diese als Zielpunkt seiner Bemühungen noch nicht festliegt; wohl wissend, dass er Zeit brauchen wird, um eventuell eine Lösung zu finden. Weil er sich freut, überhaupt ein Problem entdeckt zu haben, das er vielleicht lösen kann, ist er auch geduldig und interessiert daran, neue Wege zu finden. Ein Mensch mit der Gelehrten-Energie 4, also grundsätzlich jede Reife Seele, ist deshalb darauf aus, Probleme als Lernaufgaben zu haben, und verwirklicht sich im Umgang mit ihnen. Probleme sind somit für ihn nicht in erster Linie Last und Ärgernis, sondern lustvolle Herausforderungen. Er steht ihnen mit einer gewissen Selbstverantwortung gegenüber, denn das Problematische und seine Bearbeitung – wir nennen zunächst die Bearbeitung, dann erst die Suche nach einer Lösung – sind für einen Gelehrten oder einen Menschen mit einer Basisenergie 4 (wie für alle Reifen Seelen), ein tiefsitzender Wunsch. Aber auch die Gelehrten-typische Distanz der Reifen Seele zu sich selbst und zu der Problematik ihres Daseins ist in dieser Vierer-Energie begründet.

Eine Seele, die vom Zyklus der Jungen Seele zur Entfaltungsstufe Reif 1 überwechselt, macht einen riesigen Sprung wie über einen Abgrund. Sie entdeckt ein neues Selbst-Bewusstsein. Sie erwacht in diesem neuen Zyklus als ein Mensch, der nicht auf die Möglichkeit vorbereitet ist, das eigene Leben, also sein Dasein und Sosein, die Handlungen, die Beziehungen, die Wünsche und Ziele dieses Lebens, aus einer neuen innerlichen und zugleich distanzierten Perspektive zu betrachten. Als Junge Seele hatte ein Mensch bislang noch nicht das seelische Potenzial, eine im besten Sinne selbstkritische Betrachtungsweise einzunehmen. Er identifizierte sich bei solchen Versuchen primär mit sich selbst. Und er konnte nicht spüren, wie sehr bei seinem Bemühen, die eigenen Belange möglichst neutral und distanziert zu betrachten, auch Sehnsüchte, Manipulation und Eigeninteresse im Vordergrund standen. Eine Reife Seele hingegen hat nun zum ersten Mal die Möglichkeit, ein Problem als solches zu benennen und es nicht zu fürchten, sondern interessant zu finden. Sie ist nicht primär motiviert, dieses Problem schnell zu lösen, um es loszuwerden, sondern erfährt sich selbst ganz überraschend als jemanden, der in sich eine neuartige lustbetonte Dimension von Erkenntnis- und Empfindungsfähigkeit entdeckt.

Selbstverständlich handelt es sich hier um einen graduellen Prozess, der sich über eine lange Zeitspanne von Erdenjahren erstreckt und erst mit dem letzten Leben auf der Stufe Reif 7 abgeschlossen ist – dann nämlich, wenn die Grenzen des lustvollen Problembewusstseins und seiner Befriedigung erreicht sind. Wenn jemand nunmehr in der Lage ist, sein Leben, sein Wesen und die Mitmenschen mit ihren Beziehungen aus der Perspektive eines zu untersuchenden, zu erforschenden und möglicherweise zu lösenden Problems zu betrachten, wird er auch entdecken, dass er an dem beschriebenen Prozess etwas Wesentliches gelernt hat. Dieses Lernen am Leben, ein Lernen an allem, was das Leben mit sich bringt, die Freude, sich forschend seine Gedanken zu machen und Schlussfolgerungen zu ziehen, gehört in die Sphäre der Gelehrten-Energie und somit prinzipiell zur Reifen Seele.

Es ist eine selbstverständliche Folge der Entwicklung dieser neuen Energie, dass damit auch ein wachsendes Verantwortungsbewusstsein entsteht. Am Beginn des Reifen Inkarnationszyklus fühlt sich ein Mensch zunächst einmal verantwortlich für das Wohlergehen seiner selbst und der Menschen, die ihn zwar umgeben, aber nicht zu seiner Blutsverwandtschaft gehören. Mit dem Fortschreiten des Reifen Zyklus achtet er zunehmend darauf, dass alles richtig und gerecht vonstattengeht, dass Mitmenschen sich bereitfinden, Opfer für eine gute Sache oder ein Ideal zu bringen. Auch ist er jetzt in der Lage, seine privaten Interessen hintanzustellen, so wie es eine Junge Seele in der Regel nicht vermag, außer für die eigenen Kinder oder die nächsten Anverwandten. Eine Reife Seele schiebt die Grenzen ihrer Verantwortlichkeit mit jedem neuen Leben immer weiter hinaus.

Im Seelenalter Reif 4 erreicht diese enorme Bereitschaft, Verantwortung für alles und jedes zu übernehmen, ihren ersten Höhepunkt. Besonders wächst nun auch die gelehrtenhafte Fähigkeit zur Selbstbeobachtung: »Wie weit muss ich Verantwortung für meine Gesundheit, mein Verhalten und meine Gefühle übernehmen? Ich habe Verantwortung für das, was ich in dieser Welt bin. Ich darf nicht mehr verantwortungslos mit mir selbst umgehen«, sagt sich der Mensch auf der Stufe Reif 4. »Es schmerzt mich, wenn ich mich ohnmächtig fühle und nicht in der Lage bin, verantwortlich zu handeln.« Dass eine solche Einstellung bisweilen über das Ziel hinausschießt und bei bestimmten Matrixkonstellationen auch in eine Überverantwortlichkeit mündet, die andere wiederum von ihrer Verantwortung zu entbinden trachtet, ist eine logische Folge dieses Bedürfnisses.

Die Befriedigung, die ein Mensch mit einer Reifen Seele an einer besonders großen Verantwortungslast empfindet, ist zum Teil überzogen und von den jeweiligen Urängsten geprägt. Der Hochmütige (Energie 6) ist überaus stolz auf seine Verantwortungsbereitschaft, und der Ungeduldige (Energie 7) möchte möglichst auch noch für die fernere Zukunft Verantwortung übernehmen. Der Gierige (Energie 5) klagt, man übertrage ihm nie genug an Verantwortung, während ein Märtyrer (Energie 3) bereit ist, sich für seine Verantwortungsbereiche zu opfern oder gar zu sterben. Der Starrsinnige (Energie 4) glaubt, Verantwortung für alles Bestehende zu haben und dafür, dass sich nichts ändert; ein Mensch mit Selbstverleugnung (Energie 1) nimmt das Menschenunmögliche auf sich; und jemand mit Selbstsabotage (Energie 2) bricht zusammen unter der Last der Freudlosigkeit, die jede Überverantwortung in Form saurer Pflichterfüllung mit sich bringt.

Aber mit der Entfaltungsstufe 5 ist eine Reife Seele sogar in der Lage, die eigene Not und Angst bei der Suche nach Verantwortung und Überverantwortung zu erkennen und wieder zurückzurudern, sich nicht mehr aufzubürden, als tragbar ist, und sich auch mit der eigenen Verantwortlichkeit nicht allzu selbstgefällig zu identifizieren. Ab Reif 5 erkennt die Seele, dass sie auch jenseits aller Verantwortlichkeit noch ein wertvoller Mensch ist. Sie will ihre Pflichten keineswegs abstreifen, aber sie ist nicht ident mit dieser Verantwortung.

Verantwortung bedeutet im Reifen Zyklus etwas anderes als für Junge Seelen. Ihr erinnert euch, dass der Junge Zyklus mit der Entfaltungsaufgabe »Ich trage Verantwortung« abgeschlossen wurde. Und wir haben seinerzeit eine Unterscheidung angeboten zwischen Verantwortung tragen und Verantwortung haben. Die Reife Seele ist nunmehr erfüllt von einer Sehnsucht danach, Verantwortung zu *haben*. Verantwortung macht sie glücklich, sie sucht nach ihr und genießt sie. Verantwortung gehört zu ihr, und sie gehört in eine generelle Verantwortlichkeit, die ihren Radius in die Mitmenschlichkeit wesentlich erweitert. Mit zunehmender Seelenreife wird dieser Radius immer noch größer, sodass sich eine Reife Seele am Ende nicht nur für ihren unmittelbaren Lebensbereich verantwortlich fühlt, sondern auch für die Heilung der Erde, das Klima, das Wohlergehen von Menschen in fremden Kontinenten, die Nahrungskette, den Tierschutz und alle vergleichbaren Aspekte. Die Dinge, die wir soeben genannt haben, folgen einer modernen, euch zeitgemäßen Ausdrucksform; doch im Wesentlichen haben Menschen mit Reifen Seelen auch schon vor zweitausend, vor fünftausend oder vor zehntausend Jahren diese allgemeine oder globale Verantwortlichkeit in sich gespürt. Sie wurde nur anders umgesetzt und ausgeübt.

Wie verhalten sich Reife Seelen in Bezug auf Karma?

Ihr fragt nach der Verantwortlichkeit, die mit dem Abbau und der Rückentwicklung karmischer Verwicklungen einhergeht. Die karmischen Bande – das wollen und müssen wir vorausschicken – sind niemals und für keinen einzigen Menschen so überwältigend und zahlreich, dass nicht ein langer Reifer Inkarnationszyklus (mit einigen Restbeständen für den Alten Zyklus) genügen würde, um solches Karma abzubauen. Wir sagen also nicht zu viel und nicht zu wenig, wenn wir behaupten, dass ein Mensch mit einer Reifen Seele durchaus die Möglichkeit hat, in dem zur Verfügung stehenden irdischen Zeitraum für den Reifen Zyklus von mehr oder weniger zweitausend Jahren und entsprechend vielen Lebensspannen zwanzig bis dreißig karmische Verwicklungen zu lösen. Dass ein Kind, das schon mit zwei Jahren stirbt, weniger Karma bewältigen kann, ist ebenso verständlich wie die Tatsache, dass ein Mensch, der sehr alt wird, mehr Möglichkeiten und mehr Zeit hat, sich seiner karmischen Verantwortung zu stellen.

Wir haben an anderer Stelle ausführlich über die Dynamik von Karma und seiner stufenweisen Bearbeitung gesprochen[33] und wollen uns hier nicht wiederholen. Aber so viel sei doch gesagt: Eine jede karmische Beziehung erfordert die Bewältigung unterschiedlicher Phasen. Es gibt kaum engere seelische Verbindungen als die zwischen Karma-Partnern; daher bezeichnet man sie oft als Verstrickungen. Es handelt sich immer um eine Auseinandersetzung von Mensch zu Mensch; und nichts mündet in eine größere Intensität an Liebe und Nähe als ein gelöstes karmisches Band. Sobald das Karma-Band jedoch gelöst ist, können die Verstrickten sich voneinander trennen. Sollten sie sich in einem späteren Leben, vielleicht im Alten Zyklus, noch einmal im Körper treffen, so wird diese Begegnung zur kostbaren Bereicherung, denn sie trägt keine Altlasten. Sie ist nicht mehr so ungeheuer bedeutsam wie früher, sondern einfach nur beglückend, denn sie stellt keine weiteren Wachstumsherausforderungen an die betreffenden Menschen.

Zu Beginn des Reifen Zyklus präsentiert sich nachdrücklich die Problematik von karmischen Wiederbegegnungen; und das kann auch zwei bis drei Mal auf ein und derselben Entfaltungsstufe geschehen. Mehrere Entfaltungsaufgaben stehen mit Schuld, Unschuld und Vergebung im Zusammenhang. Auf die Umwelt wirken Menschen der Entfaltungsstufe Reif 1 oft recht unglückselig. Sie lassen sich immer wieder auf Personen ein, die ihnen anscheinend nicht guttun und von denen sie sich nicht aus eigener Kraft lösen können oder wollen. So jedenfalls sieht es von außen aus. Dass die Seele keineswegs den Wunsch hat, solch schwierigen Beziehungspartnern, Kindern oder Eltern aus dem Weg zu gehen, wird den Mitmenschen und auch den Betroffenen selbst nicht deutlich.

Und so wird es während des gesamten Reifen Zyklus weitergehen. Jedoch wird das schwere Leiden an einer Person, mit der eine Seele karmisch verbunden ist, mit wachsender Reifung immer weniger belastend. Vielmehr wird es deutlicher als eine Herausforderung, die das Leben erst so recht interessant macht, begriffen und bejaht. Damit will auch gesagt sein, dass die wenigsten Reifen Seelen ein märchenhaft fröhliches, friedliches und unbelastetes Dasein führen – und wenn, dann nur einmal zwischendurch, sagen wir: einmal während einer Entfaltungsstufe, die drei oder vier Leben dauert. Im Gegenteil, die leidvolle Freude an einer schwierigen Beziehung und ihrer Bewältigung, an den Auseinandersetzungen bei Begegnungen und Trennungen, an den heftigen Liebesgefühlen und hasserfüllten Scheidungen sind gerade ein typisches Merkmal des Reifen Zyklus.

Doch sind keineswegs alle Beziehungen der Reifen Seelen von karmischen Verpflichtungen geprägt. Eltern trennen sich zuweilen unter Schmerzen von ihren Kindern. Häufiger aber noch wollen Kinder von ihren Eltern nichts mehr wissen oder bekämpfen ihre Geschwister. Freunde entzweien sich nach Jahrzehnten; Ehen zerbrechen an scheinbar unbedeutenden Kleinigkeiten. Damit ist die Voraussetzung gegeben, dass die betreffenden Menschen sich in einem späteren Leben des Reifen Zyklus erneut begegnen und nicht denselben radikalen Ablehnungsprozess wiederholen möchten, sondern mehr Bereitschaft und mehr Ausdauer mitbringen, eine schwierige Beziehung nicht nur als lästige Herausforderung, sondern als beglückende Wachstumschance zu begreifen.

Wir sagten, dass Restbestände an Karma in den Zyklus der Alten Seele hinübergenommen werden. Denn es ist aus »seelenpraktischen« Erwägungen nicht immer möglich, einander während einer leiblichen Existenz zu begegnen, um sich fruchtbar auseinanderzusetzen. Je älter die Seele wird, desto intensiver wird ihr Drang, auch seltsame Manöver zu unternehmen, um einer bestimmten inkarnierten Seele zu begegnen und sich an ihr neu zu erfahren. Doch ab dem Seelenalter Alt 3 gibt es keine karmischen Bande mehr, die aufgelöst oder bewältigt werden müssten, und auch vorher sind sie im Alten Zyklus eher die Ausnahme.

Jetzt sprecht bitte zu Introspektion, Reflexion, Beziehung und Empathie der Reifen Seelen. Uns ist unklar, wie diese Form der Introspektion sich zum Beispiel zur Innenschau von Alten Seelen auf der Stufe 3 verhält oder von ihr zu unterscheiden ist.

Wir möchten einen deutlichen Unterschied machen zwischen der Innenschau einer Alten Seele und der Reflexions- und Introspektionsfähigkeit der Reifen Seele. Wir kommen zurück auf das Bild des Gelehrten und erinnern euch an einen Forscher, der über ein gutes Mikroskop verfügt oder zumindest über ein Vergrößerungsglas oder eine passende Brille. Er will alle Dinge genau untersuchen, sie erforschen und die Zusammenhänge erkennen, in denen sie stehen. Manchmal braucht er ein Elektronenmikroskop und gelegentlich auch ein starkes Fernrohr. Die Introspektion einer Reifen Seele kann man vergleichen mit dem Interesse eines Wissenschaftlers an seinem Forschungsgegenstand, den er immer genauer zu erkennen, zu beschreiben und zu benennen trachtet. Die Seele selbst ist dieses Objekt des Forschungsbestrebens, und so wird sich eine Reife Seele von der ersten bis zur siebten Stufe nach und nach zu einem genauer, klarer und scharfsichtiger werdenden Blick ins eigene Innere vorantasten. Eine Reife Seele will an sich selbst erkennen, wie sie funktioniert, wie ihre Psyche funktioniert. Sie sucht nach der Motivation für ihre Handlungen und Reaktionen, bemüht sich, ihre Empfindungen und Gefühle zu verstehen, will wissen, wie alles mit allem zusammenhängt und wie man die Welt analysieren kann. Die Bewältigung dieses Lernprozesses, der ja etwa zweitausend Erdenjahre in Anspruch nimmt, ist eine wesentliche Voraussetzung für die spätere Innenschau im Zyklus der Alten Seele, besonders auf Entfaltungsstufe Alt 3.

Die anfängliche Inspektionsfreude auf der Stufe Reif 1 ist wie bei einem Zehnjährigen, der ein Mikroskop geschenkt bekommt und nun voller Neugier zwischen zwei Glasplättchen alles Mögliche aus seiner Umgebung untersucht: ein Blatt, eine Blüte, ein Stück Holz, eine Fliege. Es geht also zunächst einmal um recht einfache, um nicht zu sagen grobe innere Abläufe, die in den Fokus des Interesses rücken: »Warum regt mich das so auf? Warum interessiert mich dieses und jenes besonders? Bin ich jetzt verliebt, oder bin ich nicht verliebt? Was brauche ich heute? Worauf freue ich mich morgen? Wie kann ich verantwortlich für mich sorgen? Was muss ich planen?« Die Warum-Frage ist zentral; das analytische Vorgehen ist typisch für Reife Seelen.

Diese vielen Aspekte sind auf neue Weise zu bewerten und unterscheiden sich in ihrer Betrachtung und Durchführung wesentlich von denselben Themen während des Jungen Zyklus. Inspektion und Introspektion im Wortsinn von »ganz genau in sich hineinschauen« werden während des Reifen Zyklus mit der analytischen Präzision eines Gelehrten verbunden und mit einer zunehmenden Fähigkeit, das Geschaute, das Erkannte zu benennen und zu diskutieren, mitzuteilen oder zu gestehen, niederzuschreiben und zu veröffentlichen. Die meisten guten oder erfolgreichen Dichter oder Schriftsteller sind zum Beispiel späte Reife Seelen.

Eine Alte Seele hingegen macht sich nur selten die Mühe, das, was sie in sich selbst entdeckt hat, der Welt als Bekenntnisliteratur mitzuteilen. Selbstanalyse ist nicht mehr ihr Hauptanliegen. Vielmehr ist sie aufgrund ihrer Weisen-Qualität 5 in der Lage, eine Synthese des Geschauten zu bilden und diese in Energie umzuwandeln. Auch so kann sie herrliche Kunstwerke hervorbringen. Gesamtschau und Überblick sind das Wesentliche an der Außenwirkung einer Alten Seele. Eine Reife Seele wiederum liebt die Genauigkeit und will sie auch bei ihren Mitmenschen vertiefen. Sie wird herumbohren, nachfragen, um immer wieder auf den Grund zu kommen, so wie es sich für die Gelehrten-Energie 4 ziemt. Die Gespräche zwischen Reifen Seelen haben daher häufig einen auffällig nachforschenden Charakter; gute Beziehungen zwischen Freunden oder sich nahestehenden Menschen basieren auf einem gegenseitigen Erkennen und Benennen von Aspekten ihrer Bindung.

Von dieser Neigung zur Introspektion möchten wir die Fähigkeit zur Empathie deutlich unterscheiden. Empathie ist naturgemäß stark auf den emotionalen Sektor ausgerichtet. Introspektion hat im Wesentlichen mentalen und erkenntnisorientierten Charakter. Dazu gehört auch die Reflexionsfähigkeit, die entweder im Selbstgespräch, in der vertraulichen Auseinandersetzung mit anderen Menschen oder auch in der Therapie zum Tragen kommt. Es geht hier nicht primär um wissenschaftliche Erkenntnis, die gerade Jungen Seelen sehr viel näher und vertrauter ist und für die sie sich besser eignen als Reife Seelen mit ihrer Bereitschaft, bei allem und jedem ihre inneren Bewegungen, ihre Gefühle und ihre Nöte mit einzurechnen. Wir betonen, dass Empathie als Einfühlungsvermögen nicht dasselbe ist wie das Mitleid, das eine Junge Seele durchaus empfindet. Mitleid bleibt außen vor, glaubt aber, emotional zu verschmelzen, indem es den eigenen Schmerz aktiv lindert durch Beistand, Hilfe, Almosen, Spenden oder tätige Betreuung.

Empathie – wie die Reife Seele sie nach und nach in hohem Maß entwickelt – ist ein innerer Vorgang, der gleichzeitig aus der Außenperspektive und aus der Innenperspektive die

Gegebenheiten, Beziehungen, die Lebensumstände und die Empfindungen anderer Menschen zu betrachten weiß. Empathie heißt Einfühlung. Sie kann mit Mitgefühl (weniger mit Mitleid) verbunden sein oder auch nicht. Die gesteigerte Fähigkeit zur Empathie beruht darauf, dass eine Reife Seele bereits auf einen langen Inkarnationsweg zurückblickt. Sie hat in ihrem seelischen Archiv alle möglichen Leiden, Dramen und Ängste gespeichert. Aus diesem Schatz an Erfahrung kann sie ein Einfühlungsvermögen entwickeln, das auf dem unbewussten Wissen basiert: »Ich weiß, wie dir zumute ist, weil ich Vergleichbares selbst schon erlebt habe.« Diese Vorstellung muss nicht mental aktiviert werden. Es handelt sich, wie wir sagten, um eine Nähe zum anderen und eine gleichzeitige Distanz. Solche Empathie ist zu verstehen wie bei einem Gelehrten, der sich voll und ganz auf sein Forschungsobjekt einlassen kann, es liebt, bereit ist, sich dafür einzusetzen und Opfer zu bringen, zugleich aber immer daran denkt, wie er seine Erkenntnisse anderen mitteilen wird, was er veröffentlichen kann und was er unternehmen muss, um sie in eine Form der Lehre umzusetzen. Die Reife Seele lernt, indem sie sich einfühlt. Sie ist nicht identifiziert mit den Leiden und Freuden ihrer Mitmenschen, doch gleichzeitig spürt sie durch eine Art telepathischer Übertragung, wie dem anderen zumute ist. Dadurch entwickelt sie einen Einblick in ihre eigene Menschlichkeit ebenso wie in die des anderen. Diese innere Haltung bedeutet, das eigene differenzierte und umfangreiche Spektrum an Empfindungen, Gefühlen, Erleben und Handeln zu betrachten und sich darüber verstehende Gedanken zu machen, ohne das Mitgefühl als emotionale Regung zu schmälern.

Das Mitleid einer Jungen Seele in seiner Eindimensionalität war vor allem darauf bedacht, das eigene Leiden am Unglück der Unglücklichen möglichst tatkräftig, schnell und nachhaltig zu beenden. Die Reife Seele hingegen will das Gefühlte nicht sofort wegschalten. Sie hat ein Interesse daran, in ihrer Empathie zu verharren und dem Mitmenschen nahezubleiben, ohne dessen Leid zu übernehmen. Auch aufgrund ihrer vieltausendjährigen Erfahrung, die ihr jetzt immer offensichtlicher zur Verfügung steht und auf die sie jederzeit intuitiv zurückgreifen kann, besitzt sie eine neuartige Möglichkeit, sich in viel jüngere Seelen hineinzufühlen, ohne sich mit ihnen gleichzuschalten.

Wir möchten des Weiteren Empathie absolut nicht gleichsetzen mit Liebesfähigkeit. Liebe ist gewissermaßen eine höhere Oktave von Empathie. Die Empathie einer Reifen Seele ist warm und kalt zugleich. Das rührt von der Doppelgesichtigkeit oder Doppelfunktion der Energie 4 her. Wir haben, wenn wir dies sagen, keineswegs die Absicht, einer Reifen Seele Liebesfähigkeit abzusprechen! Doch im Unterschied zur Liebe der Jungen Seele entwickelt sie jetzt ganz ungewohnte Möglichkeiten, sich liebend einzufühlen. Deshalb zeichnet sich die Beziehungsfähigkeit einer Reifen Seele, die auf Empathie plus Liebe basiert, gegenüber jüngeren seelischen Entwicklungsstadien dadurch aus, dass sie jetzt auch einen Menschen lieben kann, den sie nicht auf Anhieb versteht, der nicht mit ihr einer Meinung ist, der anders strukturiert ist als sie, der ein interessantes Gegenmodell darstellt. Bei allem individuellen Bedürfnis nach Harmonie und Sicherheit ist doch die Reife Seele darauf aus, sich mit Menschen liebend zu befassen, die ganz anders sind als sie. Dies gilt für Partner, Freunde, Kollegen und auch für Eltern, Kinder und Geschwister. Der andere als solcher wird zu einer Herausforderung für die eigene Fähigkeit, sich einzulassen, sich einzufühlen und daraus erneut Liebe zu entwickeln, die nicht mehr wie früher in erster Linie an gleichartigen wirtschaftlichen oder familiären Interessen orientiert ist, sondern zunehmend eine wundersame Begegnung von Mensch zu Mensch ermöglicht und in Liebe den Mitmenschen als ein Wunderwerk der

Schöpfung zu betrachten versteht – gerade in seiner Andersartigkeit. So begreift man Beziehungsfähigkeit und Empathie einer Reifen Seele auch als die Möglichkeit, immer tiefer zu verstehen, dass ein anderer die Notwendigkeit und das Recht hat, sich zu unterscheiden, und trotzdem oder gerade dadurch Liebe hervorruft und liebenswert ist.

Zwar gibt es in eurer Kultur die Möglichkeit, sich nach einer gewissen Zeitspanne der Verliebtheit und der Familiengründung scheiden zu lassen und auseinanderzugehen. Aber eine Reife Seele wird stets das Bedürfnis haben, nach Möglichkeit mit einem früher einmal geliebten Partner weiter in Verbindung zu bleiben, wenn die Verletzungen nicht allzu gravierend sind. Eine Junge Seele hingegen will in der Regel mit einem ehemaligen Partner niemals mehr etwas zu tun haben. Anders verhält es sich mit Eltern und Kindern, von denen man sich nicht in derselben Weise trennen kann wie von einem Partner. Die Herausforderung für eine Mutter des Reifen Seelenzyklus, ein ihr fremdartig scheinendes Kind zu lieben, sich in ihr Kind hineinzufühlen, Empathie zu üben und es zu verstehen, ist gewaltig, wenn das Kind sich anders verhält oder wesensmäßig anders ist, als die Eltern es wünschen oder erwarten. Und umgekehrt ist es eine ebenso gewaltige Herausforderung, die das Wachstum Reifer Seelen beschleunigt, wenn sie von Eltern geboren wurden, die keineswegs ihren idealen Vorstellungen entsprechen. Solche Eltern anzunehmen, wie sie sind, sie zu akzeptieren, zu verstehen und ihnen gegenüber Empathie zu entwickeln ist eine besondere Lernaufgabe in der zweiten Hälfte des Reifen Zyklus. Jungseelen-Eltern sind in dieser Hinsicht für eine Reife Seele nicht nur zu erduldende oder gar zu verachtende biologische Erzeuger, sondern wahrlich Mitmenschen, die ein Anrecht darauf haben, ihre eigene Art zu sein und zu leben gewürdigt zu sehen. Selbst wenn sie dies nicht artikulieren können, so bleibt doch das Bedürfnis von Eltern bestehen, von ihren Kindern geachtet zu werden. Es ist ein Appell an die Reifung der Seele, sich mit diesem Anspruch auseinanderzusetzen, der allgemeingültig ist.

Die zwischenmenschlichen Beziehungen einer Reifen Seele sind natürlicherweise abhängig von ihrer individuellen Angststruktur. So werden Menschen mit Selbstverleugnung (Energie 1) oder Märtyrertum (Energie 3) sich leichter tun, sich in Eltern, Kinder oder Partner einzufühlen, wenn auch aus wenig noblen Gründen. Auch ein Hochmütiger (Energie 6) tut es aus einer Not heraus, sich vor Verletzungen und Angriffen schützen zu müssen. Dies ist aber nicht gleichzusetzen mit der eben beschriebenen Empathie als Vorstufe oder Ergänzung der Liebe. Wenn Einfühlung aus Angst die Gefühlsdominante darstellt, trägt dies in geringerem Maß zum Reifeprozess der Seele bei. Die Erkenntnis solcher Zusammenhänge durch Introspektion wiederum fördert Reifung.

Die von uns beschriebenen Formen der Empathie, die auf einer jahrtausendealten Auseinandersetzung und Erfahrung mit dem Leben basieren, sind die Streben und Bohlen für eine Brücke der Liebe. Aber die Brücke selbst muss von Fall zu Fall durch eine Zusatzleistung an Liebe gebaut werden. Reife Seelen können Empathie für Menschen empfinden, die ihnen persönlich unbekannt sind: für Kinder, Kranke und Alte, mit denen sie in keiner persönlichen Beziehung stehen, oder für Arme in fremden Ländern. Die Liebesfähigkeit, von der wir sprechen, basiert auf Empathie und geht zugleich weit über sie hinaus. Es handelt sich also nicht um ein Entweder-oder. Vielmehr baut die Liebesfähigkeit einer Reifen Seele auf ihrer Bereitschaft auf, das Liebesobjekt zu verstehen, sich einzufühlen und darüber hinaus das Nichtverstehbare in die Verbindung mit hineinzunehmen. Damit setzt sie die Brückenpfeiler für eine neue Art, mitzufühlen und zu lieben.

Die Innenschau einer Seele auf der Entfaltungsstufe Alt 3 unterscheidet sich von allen anderen Formen der Introspektion, der Selbstreflexion, der Empathie und der Selbstbetrachtung. Sie ist ein nahezu passiver Akt und nicht die aktive erkenntnisorientierte, analytische Untersuchung von inneren Bewegungen und Motivationen. Zwar ist es wichtig, dass am Ende dieses passiven Schauens auch eine irgendwie geartete Schlussfolgerung gezogen wird. Aber es handelt sich bei der Innenschau einer Alten Seele mehr um ein Zulassen und Gestatten als um ein Klären oder gar Beherrschen von inneren Regungen. Dieses Zulassen ist gewissermaßen ebenfalls eine Forschungsarbeit, denn die Feinbewegungen des eigenen Innenlebens, der seelischen Regungen und der Psyche sind oft hinter vielfachen Schichten der Vernebelung verborgen. Andererseits haben sie so wie die Darmflora ein ausgesprochenes Eigenleben, das sich nur bei erheblichen Störungen deutlicher manifestiert.

Es geht also für die Alte Seele eher darum wahrzunehmen, was sich in ihr bewegt hat, als zu untersuchen, was sich gerade tut. Im Nachhinein zu erkennen: »Aha, das hatte diesen und jenen Sinn« oder »Diese Reaktion von mir war nicht vorauszuberechnen« oder »Ich hatte Regungen, von denen ich nichts ahnte, die sich aber in meinen Urgründen ständig manifestierten und mich lenkten und leiteten« – das stellt eine ganz andere Schicht der Erkenntnisfähigkeit dar. Sie wird vorwiegend durch Muße, Abschalten, Nichtstun gefördert und nicht wie bei der Reifen Seele durch ein aktives, bemühtes analytisches Hinschauen, möglichst auch mit Hilfe anderer Menschen oder Therapeuten.

Wir können an dieser Stelle nicht ausführlich auf die Gründe für eine Form der Innenschau von Alt 3 eingehen, die ja durch die entsprechende Entfaltungsaufgabe vorgezeichnet ist. Wir kommen später darauf zu sprechen, wollen jedoch andeuten, dass diese spezielle Art von Innenschau bei einer Alten Seele auf einem komplexen Zusammenspiel von Seelenrolle und Seelenweg gründet. Deshalb wird sie zu einer inneren Manifestation des eigentlichen Wesens, das sich nach und nach dem eigenen Bewusstsein enthüllt. Die Kombination der verschiedenen Seelenrollen mit den unterschiedlichen Seelenwegen wird dabei von besonderer Bedeutung sein. Doch dies muss bei anderer Gelegenheit erörtert werden, denn es verhält sich damit von Seele zu Seele unterschiedlich.

Was sucht und was braucht die Reife Seele in der Psychotherapie?

Reife Seelen sind in ihrem gesellschaftlich-familiären Umfeld, das weitgehend aus jüngeren Seelen zusammengesetzt ist, oft einsam. Sie suchen in einer Psychotherapie – wie immer sie methodisch gestaltet sein mag – zunächst einmal die Möglichkeit, sich zu öffnen, sich mitzuteilen. Sie hoffen auf Verständnis und Selbstverstehen. Der Konflikt, das Problem, das diesen Menschen in die Therapie bringt, ist nur ein Auslöser. Die Reife zeigt sich – wie wir schon andeuteten – darin, dass jemand spürt: »Ich brauche Hilfe« und bereit ist zu zeigen: »Ich bin hilflos. Ich weiß nicht weiter.« Um Hilfe zu bitten und Hilfe annehmen zu können ist ein Zeichen von Reife. Die Bereitschaft, sich zu öffnen, die oft in drei oder vier oder fünf Lebensjahrzehnten nicht entwickelt werden konnte, weil das Umfeld verständnislos war oder geglückte Kommunikation nicht geübt wurde, kann jetzt nachgeholt werden.

Wenn wir davon ausgehen, dass der Reife Zyklus insgesamt einem Reifungsprozess dient – vom frisch geernteten Apfel bis hin zum mürben, facettenreichen Aroma der abgelagerten Frucht –, so kann eine Therapie wesentlich dazu beitragen, diesen Reifungsprozess zu begleiten und zuweilen auch zu beschleunigen. Es ist bekannt, dass man einen Apfel nicht einfach in die Sonne legen kann. Er muss kühl und dunkel gelagert werden, um ein Optimum an Reife zu entwickeln. Eine gut begleitende Psychotherapie ist so ein kühler, geschützter, oft ein wenig dunkler Raum, der ein Angebot unterbreitet, in Ruhe die eigene Reifung zu beobachten. Denn es ist nicht zu vernachlässigen, dass der Reife Zyklus insgesamt (auch in der körperlichen und geistigen Dimension) eine Phase der Beobachtung ist, der Selbstbeobachtung, der Beobachtung von Zusammenhängen und der Entdeckung von ungeahnten Lösungsmöglichkeiten.

Der Mensch beobachtet sich selbst und die Art und Weise, wie die Mitmenschen funktionieren. Therapie kann ihn also wegführen von einem »jugendlichen« Egozentrismus. Reif sein bedeutet, die Mitmenschen einzubeziehen in das Geflecht des allgemeinen Menschseins. Der Mensch ist nun einmal kein isoliertes Individuum, sondern ein gesellschaftliches Wesen. Der junge Mensch beziehungsweise eine Junge Seele, obgleich viel stärker verstrickt in das Wir, empfindet sich als einzigartig und großartig und ringt um die Beachtung seiner Individualisierung, auch wenn er sich kleidet wie alle anderen und dieselbe Musik hört wie die Altersgenossen. Erst in der Phase der Reife spürt ein Mensch, wie sehr er auf andere und ein gutes Verhältnis zu ihnen angewiesen ist, um sein eigentümliches Aroma zu entwickeln. Hier kann ein erfahrener Therapeut begleitend und klärend einwirken. Wesentlich ist, dass Menschen mit einer Reifen Seele, die eigentlich *per se* zum gelehrtenhaften Rückzug, zur Vereinsamung und Schrulligkeit neigen, ein geneigtes Ohr finden, um sich zu erklären, um sich zu öffnen, um überhaupt wieder in Kontakt zu treten mit jemandem, der kundig und sehr geduldig zuhören und gegebenenfalls korrigierend intervenieren kann. Neue Gedanken wie ein Schmiermittel in das Verrostete einzuspeisen, Richtungswechsel und Wegweiser anzuzeigen für jemanden, der aufgrund seiner Viererbetonung zur Erstarrung neigt, sich verwirrt um sich selbst dreht, nicht herausfindet aus dem Schlamm seiner Ängste, das ist Aufgabe einer Therapie für Reife Seelen. Gesprächstherapien und auch Psychoanalyse sind hier durchaus geeignet. Verhaltenstherapie richtet sich – bis auf spezifische Ausnahmen – eher an Junge Seelen. Hier aber kann eine liebevoll-distanzierte Begleitung Wunder wirken und neue Wege eröffnen.

Weil wir sagten, dass der Reifeprozess in Körper, Geist und Psyche erst mit etwa fünfundvierzig Jahren beginnt, so ist es auch notwendig zu erkennen, dass ein Mensch, der womöglich noch weitere vierzig Lebensjahre oder mehr vor sich hat, eine Hilfestellung braucht, um diese fruchttragend und sinnstiftend zu erfahren. Solche Einsichten können nur über ein gewisses Maß an Selbsterkenntnis erlangt werden, denn ein Mensch, der wie eine Junge Seele auf dem Erkenntnisstand eines etwa Vierzigjährigen stehenbleibt (woran übrigens nichts verkehrt ist!), kann die Köstlichkeit des reifen Aromas nicht schätzen und nicht genießen. Wer nicht gewohnt ist, Wein zu trinken, kann einen alten Bordeaux kaum von einem jungen Lambrusco unterscheiden und wird ihm nichts abgewinnen; Hauptsache, das Getränk beschwipst ihn, und der frische moussierende Wein schmeckt ihm oft viel besser als der starke schwere. So wird auch eine jüngere Seele keine hohen Ansprüche an Reifung und Selbsterkenntnis stellen, weil ihr die Kriterien fehlen, die nötig sind, um das ausgereifte Aroma und die komplex aufgebaute Blume ihres Daseins zu identifizieren, beschreiben zu können und zu genießen.

Welche Funktion haben Reife Seelen in ihrem gesellschaftlichen Umfeld?[34]

Wir möchten diese Frage so beantworten, dass wir zunächst einmal auf die Kernkompetenz der Reifen Seelen aufmerksam machen: Selbsterkenntnis. Funktion, Aufgabe, Pflicht oder Verantwortung sind vorhanden, aber das ist nicht das Wesentliche. Reife Seelen *sind*, Junge Seelen *sind*, und Alte Seelen und Kind-Seelen *sind*. Sie sind einfach da, sie befruchten sich gegenseitig, und Junge Seelen haben gegenüber Reifen und Alten ebenso Funktionen, Aufgaben, Pflichten und Verantwortungen wie umgekehrt.

Wir wählen das Beispiel einer Familie mit Neugeborenen, Teenagern, Eltern, Großeltern und Urgroßeltern. Jede dieser Altersgruppen trägt das Ihre zum Gefüge des Ganzen bei. Reife Seelen haben dort nicht wesentlich andere Aufgaben als die übrigen Familienangehörigen. Sie sind einfach da, und durch die Energie ihres Daseins, durch ihre gereifte Gelehrten-Energie wirken sie wie gütige Großeltern auf die anderen; so wie die Alte Seele durch ihre Weisen-Energie oder die Junge Seele durch ihre Krieger-Energie auf die übrigen Einfluss nimmt, ohne etwas zu wollen, ohne etwas zu erstreben, ohne etwas zu tun oder zu beabsichtigen. Ihr Dasein innerhalb eines Kollektivs allein genügt, und innerhalb eines größeren gesellschaftlichen Kontextes regulieren sich wie von selbst Anliegen und Aufgaben, wenn jede Seele ihre eigenen Belange pflegt. Ein Beispiel: Wenn Reife und Alte Seelen sich in einer bestimmten politisch oder sozial organisierten Gemeinschaft ausnahmsweise nicht energetisch zum Tragen bringen können, dann entfernen sie sich faktisch, indem sie auswandern; oder sie ziehen sich zurück und streben nach einer Nische, einem gesellschaftlichen Mikrokosmos, einer Kleingruppe von Gleichgesinnten, in der sie sich entfalten können.

Wir wissen, dass ihr gehofft habt zu hören, Reife Seelen haben folgende drei oder vier Pflichten oder Funktionen oder Aufgaben gegenüber den anderen Angehörigen des Seelenvolkes. Wir wollen euch nur eines in dieser Hinsicht sagen, nämlich die Aufgabe einer Reifen Seele gleicht der eines fünfundfünfzigjährigen Vaters seinem zwanzigjährigen Sohn gegenüber: nicht eingreifen, ihn seine Erfahrungen machen lassen, nur Rat geben, wenn er gefragt wird, ihm möglichst Lebenszufriedenheit und tragende Sinnstrukturen über sein eigenes Vorbild vermitteln, sein Leid mit dem Sohn teilen, sich in seinen veränderlichen Bedürfnissen nicht verbergen und keinesfalls so tun, als sei er selbst noch zwanzig. Dies sind die wesentlichen »Aufgaben«, die nicht allzu schwerfallen dürften, wenn sie als solche erkannt werden. Nicht mehr und auch nicht weniger. Dieser Vater kann, wenn es wirklich nötig ist, seinem Sohn noch materiell-finanziell unter die Arme greifen. Besser wäre es, wenn er sein Kind in eine Selbstständigkeit entlassen würde, die dessen Kräfte stärkt. Manchmal ist das nicht möglich. Erst dann greift eine liebevolle Verantwortlichkeit aus reiner Notwendigkeit.

Die Bedürfnisse, die eine Reife Seele hat, sind ein anderes Thema. Sie möchte, wie wir bereits ausgeführt haben, Verantwortung übernehmen. Sie will Probleme erkennen und bearbeiten, vorausschauend in die Zukunft wirken. Verantwortung trägt sie aber nicht (wie viele glauben) für die Jüngeren, sondern sich selbst gegenüber. Wenn eine Reife Seele ihre eigenen Bedürfnisse befriedigt, wenn sie sich ihres Lebens freut, wenn sie ihre eigenen Nöte erkennt und entsprechend handelt, um sie zu lindern und mildern, erfüllt sie automatisch ihre Funktionen innerhalb der Gesellschaft der Mitmenschen und der Gemeinschaft der Seelen. Reife Seelen tragen das Ihre zum Ganzen bei – nicht, weil sie es müssen oder sollten, sondern weil sie nicht anders können. Sie erkennen, was ihnen an Schwierigkeiten, Konflikten und ungelösten Problemen ins Auge fällt. Ihr natürlicher Impuls, diese Dinge in das Zentrum ihrer Aufmerksamkeit aufzunehmen und zu bearbeiten, wird dadurch aktiviert. Was immer dies sei, ist historisch bedingt, und die Gelehrten-Energie von Reifen Seelen wird automatisch auf die jeweils anstehenden Probleme gelenkt. In einer Kriegssituation wird eine Reife

Seele sich anders verhalten als eine Alte oder eine sehr Junge Seele, in einer Friedenssituation wird es entsprechend sein. In einer Hungersnot ist die Reife Seele eher bereit, auf Überfluss zu verzichten, aber nicht weil sie es als ihre moralische Pflicht empfindet, sondern weil sie so strukturiert ist, dass sie Freude daran hat, es zu tun. In einer Wirtschaftskrise wird sie sinnvolle, vernünftige Vorschläge manchen und das ihr Mögliche tun, um die Situation zu verbessern. Gegen notwendige globale Lernprozesse, an denen jüngere Seelen wachsen müssen, kann sie allerdings nichts ausrichten.

Da es sich im Erleben dieses Seelenzyklus, wie wir nicht oft genug betonen können, um eine Gelehrten-Energie handelt, sind Reife Seelen unwillkürlich und ohne besondere Anstrengung immer auch Lehrer für jüngere Seelengenerationen – durch ihr Beispiel, durch ihr Vorbild. Sie sollten sich selbst davon abhalten, fanatisch zu missionieren und penetrant zu belehren. Was ihnen energetisch zur Verfügung steht, ist einzig ihre Vorbildhaftigkeit. Wir möchten allerdings der Vorstellung vorbeugen, Reife Seelen verfügten grundsätzlich über einen eingebauten Edelmut und ein Gutmenschentum, die den jüngeren Seelenzyklen fehlt. Diese Idee ist irrig und kommt nur deshalb auf, weil Reife Seelen sich in der Erntephase befinden und somit nicht nur großzügig verteilen und spenden, sondern endlich auch einmal die Zinsen einheimsen möchten von all dem, was sie in früheren Entfaltungsstufen investiert haben. Die Vorstellung »Wir sind die Guten, die anderen sind die Unverantwortlichen« entsteht aus der Überverantwortlichkeit, die Reife Seelen zuweilen an den Tag legen, wenn sie es aus Angst, den eigenen Ansprüchen nicht gerecht zu werden, viel zu gut meinen.

Gewiss heißt reif sein auch: vernünftig und rational sein, sorgsam mit den Ressourcen des eigenen Lebens, der Gesellschaft und des Planeten umzugehen. Doch sind Menschen, die dies weder können noch wollen, deshalb nicht schlechter.

Es genügt, wenn in jeder Gesellschaft eine gewisse Anzahl Reifer Seelen vorhanden ist, die dieses Prinzip vertreten und somit ein Beispiel bereitstellen dafür, dass es möglich ist, für die Allgemeinheit verantwortlich zu handeln. Aber ein kleines Kind in einen Süßwarenladen zu schicken und dann zu befehlen: »Nur ein einziges Bonbon in der Woche!«, ist unangemessen – gut gemeint, aber grausam und daher unreif. Eine Reife Seele weiß, dass zu viel Zucker ihr nicht guttut, aber sie weiß es aus Erfahrung. Diese kann sie bei jüngeren Seelen nicht künstlich hervorrufen. Jüngere Seelen brauchen ihre eigene Zeit, um zum selben Ergebnis zu kommen; erst wenn sie in den Reifen Zyklus eingetreten sind, ergibt sich die Einsicht von allein.

Viele ältere Seelen und ältere Menschen sind besorgt angesichts der Auswirkungen des Internets auf die Jugend. Was könnt ihr uns dazu sagen?

Die Besorgnis angesichts der rasanten Ausbreitung und Nutzung digitaler Medien ist in gewissem Maß berechtigt; dennoch ist sie unangebracht. Sie ähnelt der üblichen und historisch immer wiederkehrenden Besorgnis der Älteren angesichts von Entwicklungen, die sie in ihrer Jugend nicht kannten. Sei es die Industrialisierung, das Aufkommen der Eisenbahn oder der Autos, der Flugzeuge, des medizinischen Fortschritts, der Gentechnologie – immer wird das Ungewohnte von denen, die nicht damit aufgewachsen sind, als höchst problematisch und gefährlich betrachtet, bis sie sich daran gewöhnt haben und sehen, dass eine heranwachsende Generation selbstverständlich lernt, mit diesen Dingen vernünftig umzugehen, und nichts Schlimmes passiert. Es passiert zwar nichts Schlimmes, aber durchaus etwas anderes, und jedes andere ist immer in gewissem Maß beunruhigend.

In diesem Sinne sind die meisten Menschen über vierzig sogar ein wenig starrsinnig.

Die Entwicklung, die mit dem Internet eingesetzt hat, ist nicht aufzuhalten, und niemand wird sie zurückdrehen oder eindämmen wollen oder können. Ganz im Gegenteil, was zurzeit technologisch und digital zur Verfügung steht, ist erst der Anfang, und jeder von euch, der jetzt in seinen mittleren Jahren steht, wird in zwei oder drei Jahrzehnten sein blaues Wunder erleben und mit Erstaunen, Verwirrung und dem Entsetzen eines alten Menschen all das beobachten, was er in sein eigenes Leben nicht mehr integrieren kann, weil seine Gehirnzellen sich von Anfang an nicht so vernetzt haben wie bei jüngeren Generationen. Ein Rückstand solcher Art ist physiologisch nicht mehr aufzuarbeiten. Was einmal im jugendlichen Hirn eingerichtet wurde, bleibt eine Fertigkeit für den Rest des Lebens. Strukturen verändern sich; einiges fällt weg, und viele Verschaltungen kommen neu hinzu. Eure Gesellschaft rüstet sich für die Bewältigung des 21. Jahrhunderts. Die hierfür notwendigen Vorbereitungen werden jetzt getroffen.

So wie medizinische Forschungen oder die Erkenntnisse der Physik nicht einfach aufzuhalten sind, sondern notwendig zum Fortbestand der Menschheit eingesetzt werden, auch beileibe nicht hauptsächlich zur Zerstörung des Planeten beitragen werden (wie viele von euch befürchten), so ist auch der neue Umgang mit den digitalen Medien erst ein Anfang, die Vorbereitung, sozusagen eine Grundschulung für weitere Entwicklungen. Die Bedrohlichkeit in den Augen der Älteren ergibt sich daraus, dass die Nutzung digitaler Medien enorm weit verbreitet und überall sichtbar ist. Sie haben die Computerwelt täglich vor Augen. Was jedoch an physikalischer und medizinischer Forschung betrieben wird, geschieht verborgen in Laboratorien und ist nur wenigen ersichtlich.

Wir fordern euch auf, macht euch keine Sorgen um eine

Zukunft, die ihr ohnehin nicht mehr erleben werdet und auf die ihr keinerlei Einfluss habt. Gesetze, die ihr heute verabschiedet, können morgen gekippt werden. Die veränderten Verhältnisse auf der Erde machen einen neuen Umgang mit ihren Ressourcen erforderlich. Und sosehr es einst bedauert wurde, dass die große Anzahl Kutschpferde aus euren Städten und Dörfern verschwunden ist, so kann man sich im Gegenzug doch auch darüber freuen, dass Autos leichter und besser zu bedienen sind und weniger leiden als ein Pferd, das einen schweren Karren ziehen muss. Auch die Straßen stinken weniger. Es ist nun einmal so, dass im Laufe der Geschichte stets das eine das andere ablöst, weil der Mensch als Teilhaber seines Seelenvolks mit der Künstler-Energie 2 so überaus erfinderisch ist. Deshalb werden innerhalb der nächsten zwanzig Jahre die Vorteile einer digitalen Vernetzung und ihrer Nutzung immer deutlicher hervortreten und die gewiss vorhandenen Nachteile in den Hintergrund geraten.

Jene Jugendlichen, die jetzt bei jeder Gelegenheit in scheinbar kommunikationsloser Kommunikation, völlig isoliert, wie es scheint, gedankenverloren vor sich hin tippen, werden erwachsen. Mit vierzig oder fünfzig werden sie sich diesen Medien gegenüber vollkommen anders verhalten als während der Pubertät. Man wird sie pragmatischer und funktionaler einsetzen – nicht, um sich bei Gleichaltrigen wichtigzumachen. Kommende Generationen werden dereinst von den bereits gesammelten Erfahrungen profitieren. Alles reguliert sich von selbst. Darauf könnt ihr vertrauen. Die seelischen Kräfte einer menschlichen Gemeinschaft sorgen für eine Homöostase, die jedoch im Vorhinein und von außen nicht leicht zu erkennen ist und auch nicht künstlich herbeigeführt werden kann. Ein solches Vorgehen würde der Begasung unreifer Bananen gleichkommen; diese sind nicht vergleichbar mit einer natürlich gereiften Frucht. Macht euch weniger Sorgen; sie bewirken nichts! Die meisten von euch werden noch erleben, dass sich die Lage beruhigt und die zurzeit zu beobachtende Isolation junger Menschen vor ihren Apparaten in einen natürlichen Widerwillen mündet, der zu gegebener Zeit selbstständig umgeleitet wird zu einem angemessenen Nutzen der technologischen Gegebenheiten.

Die Alte Seele: Echtheit, Einsamkeit und Abschied

Alt 1

Entfaltungsaufgabe: *Aus innerer Überzeugung gegen die geltende Moral handeln*
Motto: *Ich sammle neuen Mut*
Energien 5 + 1

Heute ist eine große Gruppe von Alt-1-Seelen versammelt. Wir bitten euch, zu uns über diese Entfaltungsstufe und ihre Entfaltungsaufgabe zu sprechen.

Es wird uns eine Freude sein, auf eure Fragen zu antworten und euren Wissensdurst zu stillen. Wir stellen mit Befriedigung fest, dass unsere Lehre von der menschlichen Seele, die zunächst einmal als Abstraktum in den Geist eurer Gesellschaft und eurer Zeit hineingegeben wurde, geistige Wurzeln schlägt in der Erfahrung und in der Bereitschaft, die empfangenen Informationen zu erleben, zu erfühlen und zu untersuchen. Euer Wunsch, mehr über dieses fünfte Anfangsstadium in der großen seelischen Inkarnationsreise zu erfahren, bereitet uns Vergnügen.

Begreift diesen Neuanfang, diesen Sprung in den Zyklus der Alten Seele wie den Aufbruch zu einer letzten großen und erfahrungsreichen Unternehmung. Eine solche Abenteuerfahrt will gut geplant und vorbereitet werden. Es ist die Reise in die vollkommene Menschwerdung im Sinne einer inneren und äußeren Unabhängigkeit von dem, was für die Kollektivseelen der Tiere[35] allentscheidend ist. Ihr habt vernommen, dass wir immer wieder darauf hinweisen: Menschen besitzen als Säugetiere eine animalische Körperlichkeit, die – beseelt durch einen bestimmten Seelentyp – zu neuen geistigen Verbindungen in der Lage ist. Dieser Seelentyp des Seelenvolkes 2 (*Homo sapiens sapiens*) will die in den fünfunddreißig Entfaltungsstufen seines Inkarnationsweges angelegten Erfahrungen machen. Sein Ziel ist es zu erkunden: Was ist ein Mensch?

Das Ende dieser langen Reise im fünften Zyklus, dem der Alten Seele, führt zu einer kompletten Loslösung von allen Gesetzmäßigkeiten der animalischen Kollektivseele, außer der biologischen Körperlichkeit. Die Tierseele verwirklicht sich in einem Streben nach größtmöglichem Einklang und Gleichklang mit allen anderen Einzelwesen, die ihre Kollektivseele ausmachen. Dazu im Gegensatz ist die Individualseele der Energie 2, die den Menschen prägt und charakterisiert, auf größtmögliche Individualität und Individuation angelegt. Ist diese erreicht, hat die Inkarnationsreise ihr Ziel ebenfalls erreicht.

Der Beginn ist eine schrittweise Abtrennung vom gesellschaftlichen Umfeld, zu einer mentalen und emotionalen Unabhängigkeit von Herkunft und Umgebung. Dies betrifft nicht nur viele soziale Gegebenheiten, sondern besonders kollektive Meinungen, Überzeugungen, Regeln und Anschauungen – eben das, was ihr Moral nennt. Ihr alle in diesem Raum seid jetzt auf dieser Stufe der Erkenntnis und der Entfaltung angekommen, und sie wird euch erlauben, weiter und weiter in das Land der Unabhängigkeit zu schreiten. Habt ihr diesen ersten Schritt erst einmal bewältigt, wird vieles, was danach kommt, leichter und einfacher werden. Ihr werdet euch weniger im Widerspruch zu den menschlichen, historischen und gesellschaftlichen Normen empfinden, die euch umgeben, als es jetzt noch der Fall ist. Ihr werdet euch auch im Laufe der drei oder vier Inkarnationen auf der Stufe Alt 1 an einen neuen Energiekörper gewöhnt haben, den einer Alten Seele. Und es wird bald immer einfacher, mit ihm zu leben.

Wir erwarten eure Fragen.

Wie geht man eigentlich mit der ständigen Spannung und dem Konflikt zwischen der gesellschaftlichen Moral und den eigenen Vorstellungen gut um?

Hier handelt es sich nicht in erster Linie um »gut umgehen« oder um »schlecht umgehen«, sondern darum, die Spannung zu ertragen, die durch das Sein einer Alten Seele im mitmenschlichen Umfeld erzeugt wird. Das Wesentliche der Entfaltungsstufe Alt 1 besteht darin, sich den Mitmenschen mit seinem Sosein zuzumuten. Deshalb heißt das Motto dieser Stufe »Ich sammle neuen Mut«. Sich anderen Menschen authentisch zuzumuten, mit einer abweichenden Meinung, mit Ablehnung und Widerspruch, ist ein Akt des Mutes, gerade wenn es allgemeingültige Moralvorstellungen betrifft. Er erfordert anfangs viel Behutsamkeit. Es geht nicht darum, Porzellan zu zerschlagen oder vorhandene Strukturen so infrage zu stellen, dass es zerstörerische Auswirkungen hat, sondern darum, im Einzelfall zu spüren, zu überlegen, zu fragen: »Was kann ich tun, um mein Andersdenken und Andersfühlen fruchtbar zu machen und meinen inneren Überzeugungen zu entsprechen?«

Dies ist nur als eine Alternative, als eine Möglichkeit gedacht, nicht im Sinne eines egoistischen Verhaltens, eines solipsistischen Vorgehens, das nur auf sich selbst Bezug nimmt, das Ich absolut in den Vordergrund stellt – nein, darum kann es auf der ersten Stufe der Erkenntnis im Alten Zyklus noch nicht gehen. Diese Entfaltungsaufgabe will sich nicht prinzipiell gegen die Gesellschaft stellen, sich nicht gegen Eltern, Freunde, Partner, Kinder oder Kollegen profilieren. Vielmehr geht es darum, eine neue Form der Harmonie durch mutige Echtheit in das mitmenschliche Gefüge hineinzutragen. Die Alte Seele erkennt, dass Unechtes zu Disharmonien führt, die vielen jüngeren Seelen nicht unangenehm auffallen. Die altgewordene Seele jedoch spürt die Dissonanzen wie ein Mensch mit einem überaus feinen Gehör, der seinerseits nicht erwarten kann, dass ein jeder über dieses feine oder gar absolute Gehör verfügt. Aber es ist die Aufgabe, die Verpflichtung, der Auftrag für sensibel gewordene Alte Seelen, die leisen Dissonanzen in Bezug auf die Echtheit von Gedanken, Gefühlen und Handlungen vernehmen können, darauf hinzuweisen und ein Beispiel zu geben, dass es auch anders sein oder gehen kann. Auf der Stufe Alt 1 lernt eine Seele, echt zu reden und zu handeln, statt sich anzupassen. Das muss nicht laut oder gar aggressiv sein.

Behutsamkeit ist das Merkmal dieser »frühkindlichen« Stufe. Geht mit eurer Umwelt um, wie ihr mit einem kleinen oder neugeborenen Kind umgehen würdet. Wenn es krank ist, muss es ins Krankenhaus, das ist richtig. Aber vielfach genügt doch eine zartfühlende Behandlung, eine Beruhigung, ein Fencheltee, ein Aufnehmen oder ein Bäuerchen, um die Dinge wieder in eine Harmonie zu bringen. Scheut euch also nicht vor Operationen, wenn sie wirklich notwendig sind, aber operiert nicht bei jeder kleinen Verdauungsstörung.

Wie kann man denn mit der Angst fertigwerden, von der Welt, seinen Freunden, der Familie für sein Anderssein und besonders sein Andershandeln verstoßen zu werden?

Zunächst einmal ist es wesentlich, diese Befürchtung als eine Angst zu erkennen und nicht als unmittelbar drohende Gefahr. Ablehnung wird umso wahrscheinlicher, je mehr ein Mensch sich bemüht, so zu tun, als sei er genau wie alle anderen. Aber die Mitmenschen sind nicht dumm und nicht so unsensibel, dass sie nicht spüren würden, nicht ahnen würden, nicht riechen würden, dass jemand sich verstellt. Die Maske also ist es, die Konflikte hervorruft, nicht die Authentizität. Wir empfehlen, offener mit dem Anderssein umzugehen, statt es zunächst schamvoll zu verbergen, bis sich ein Berg von Unwillen angehäuft hat, der wie ein Vulkan explodiert. Solche Verhaltensweisen sind es, die zu massiver Ablehnung führen.

Andererseits gehört es zu der Erfahrung der gereiften und alt gewordenen Seele, dass im Laufe des Lebens verschiedene Menschen in verschiedenen Stadien der Entwicklung zu Freunden oder Feinden werden, sich entfernen oder einem nahestehen. Auch dies sollte berücksichtigt werden. Daran ist nichts falsch. Es entspricht dem Gesetz der Anziehung von Energien. Und wenn sich wirklich alte Freunde lösen, weil sie andere Wege zu gehen haben, oder mit Unverständnis reagieren, so zeigt dies nur, dass sich etwas geändert hat. Wir empfehlen, dies nicht als schmerzhaft oder unzulässig zu bewerten. Wir verstehen eure Angst, aber sie ist nur in wenigen Fällen gerechtfertigt und sollte euch nicht dazu verführen, eine Maske auf die andere zu legen, nur um den Status quo eurer Beziehungen aufrechtzuerhalten. Ihr solltet euch nicht verbiegen, nur um nicht zu provozieren oder von anderen kritisiert zu werden.

Bringt es die Entfaltungsstufe Alt 1 mit sich, dass man karmischen Verstrickungen begegnet oder sie auflöst?

Dies ist keineswegs der Fall. Wer das Entfaltungsstadium der Alten Seele erreicht, hat im Wesentlichen seine karmischen Bindungen bereits aufgelöst und die schwierigsten seelischen Beziehungen positiv und fruchttragend bearbeitet. Wenig bleibt übrig. Die Erinnerung an vergangene Leben wird freilich stärker. Es handelt sich aber um Bilder, so wie ein Mensch Filme aus seiner Kinderzeit betrachtet oder von seiner Hochzeit oder vom ersten Kind. Diese Filme sind in der Regel nicht mehr angsterregend. Es sind keine Horrorfilme; es sind keine Ereignisse, die neue Angst bereiten. Die karmischen Verknüpfungen stellen keine Bedrohung mehr dar. Vielmehr blicken alt gewordene Seelen auf eine lange Zeit der mühevollen Auflösungsarbeit zurück. Diese wird in aller Regel und bis auf wenige Ausnahmen im Reifen Zyklus geleistet.

Ist das Seelenalter Alt 1 wirklich so schwierig, wie viele es empfinden, oder sind nicht alle Entfaltungsstufen gleich schwierig im Hinblick darauf, dass das Leben in der Physis für jede Seele eine Herausforderung darstellt?

Ihr nehmt uns die Antwort bereits aus dem Mund. Jedes Seelenalter enthält ureigene Herausforderungen. Aber so wie das Schicksal der anderen einem Individuum oft erträglicher vorkommt als das eigene, wenn es schwer ist, so erscheint auch denjenigen, die jetzt hier versammelt sind, ihre eigene Entfaltungsaufgabe als besondere Herausforderung und als besonders schwierig. Ja, sie erfordert Mut! Eine Konfrontation mit dem Mitmenschen ist immer anstrengend. Aber wenn sie notwendig ist, ist sie auch lohnend. Sie war der Reifen Seele auf andere Weise aufgetragen und nicht so massiv fordernd. Wir können euch jedoch versichern, dass Alt 1 in dieser Hinsicht erst einen Anfang darstellt, und aller Anfang ist schwer. Aber Anfänge sind immer noch leichter zu bewältigen als das Ende.

Was könnt ihr zu den Beziehungen und zur Sexualität auf der Entfaltungsstufe Alt 1 sagen?

Energiekontakt wird im Zyklus der Alten Seele zunehmend wichtiger als hormonell bedingte Erregung. Wenn aber beides ineinanderfließt, kann Sexualität im Alten Zyklus und gerade auch auf der Stufe Alt 1 zu einem besonderen und neuen Entzücken führen, zu einer intimen Beglückung, die selbst Reife Seelen in dieser Weise nicht erleben. Die Sensibilität der Energie 1, die sich auch in der Körperlichkeit manifestiert als Empfänglichkeit, Empfindsamkeit für Stimmungen, Schwingungen, Berührungen, Blicke, Zärtlichkeiten, die sozusagen telepathisch ausgetauscht werden, ist so groß, dass eine Bereitschaft vorhanden ist, nicht jedes Mal möglichst schnell den Akt zu beenden, wie es Kind-Seelen und Junge Seelen vorziehen. Es geht hier auch nicht mehr vorzugsweise um das Zeugen einer möglichst zahlreichen Nachkommenschaft wie in früheren Entfaltungszyklen. Das Zentrum der Alt-Seelen-Sexualität ist die Begegnung zweier Menschen in ihrer ganzen Nacktheit, auch in ihrer psychischen Nacktheit, auch in ihrer seelischen Entblößung. Lust macht, sich zu zeigen; Angst macht, sich zu verbergen – oder auch umgekehrt. Die Erfahrung wird frisch. Sie erneuert sich mit jeder neuen Begegnung, und die Lust verlagert sich auf ein integriertes Gesamterlebnis, das Körper, Geist, Seele und Psyche einbezieht, während in den vorausgehenden Seelenzyklen der Körper und seine Leidenschaft eine wesentlich größere Rolle spielen und die Befriedigung vornehmlich auf anderen Ebenen stattfindet.

In der Entfaltungsaufgabe ist die Rede davon, aus innerer Überzeugung zu handeln. Wie kommt man mit der eigenen authentischen Überzeugung in Kontakt?

Wenn ihr wissen wollt, ob es sich tatsächlich um eine eigene und echte Überzeugung handelt, die auf euren innersten Wahrheiten aufgebaut ist, dann achtet auf die emotionalen und energetischen Folgen, die sich in euch bemerkbar machen, wenn ihr mit dieser Überzeugung in Kontakt kommt. Falls es sich um ein verbrämtes oder verkleidetes Angstphänomen handelt, ist die Wirkung von einer großen Pseudoerleichterung getragen, wenn ihr eurer Überzeugung Ausdruck verleiht. Mit Pseudoerleichterung meinen wir eine Mischung von Wut, Angstabfuhr und schlechtem Gewissen. Ein Mensch entscheidet sich aus einer unbewusst angstgeprägten Überzeugung zum Beispiel, seinen Bruder bei der Polizei anzuzeigen, weil er diese Tat vor sich selbst rechtfertigt. Ihre Wirkung auf die eigene Psyche ist zunächst als Erleichterung und Entlastung spürbar, aber anschließend ergibt sich eine große Schwere, die nur mit äußerster Verdrängungsdisziplin verscheucht werden kann. Vielleicht kommt es zu der Erkenntnis, dass da ein Eifersuchtskonflikt aus der Kindheit ausgetragen wurde. Beruht jedoch eine Entscheidung auf innerster Überzeugung und subjektiver Wahrheit und ist nicht von Angst diktiert, erlebt ein Mensch anschließend Leichtigkeit und Helligkeit und Mühelosigkeit und Ermutigung, die ihresgleichen suchen. Es entsteht ein Empfinden, mit dieser Überzeugung gegen alle Kritik stehen zu können; eine Aura von Licht umgibt diese Manifestation von Authentizität. Diese Erleichterung ist eine andere als bei der Angstabfuhr. Sie fühlt sich schwebend und getragen an; es ist wie ein Abgeben der Mühe an höhere Instanzen, an das Leben selbst, an den Wind. Es gilt hinterher nichts zu verdrängen, nichts zu verbergen, nichts zu verleugnen. Allerdings sind die Folgen einer solchen überzeugten Entscheidung nicht immer angstfrei zu ertragen. Die Auseinandersetzung mit der Wahrheit, und wenn es auch eine sehr persönliche und subjektive Wahrheit ist, hat stets Folgen, die zu Reibungen mit jenen führen, die eine andere Wahrheit fühlen, sie vertreten oder sie für sich beanspruchen. Die Bereitschaft, zur eigenen Überzeugung, zur eigenen Wahrheit, zur Flexibilität der eigenen Anschauungen zu stehen, ruft in manchen Gruppen oder Einzelpersonen Empörung hervor, denn sie wollen sich gern auf etwas Stabiles dauerhaft verlassen können. Die Aufgabe der Menschen auf der Stufe Alt 1 ist es jedoch, diese Erwartung zu enttäuschen, denn sie ist nicht gesund. Sie entspricht nicht der Lebendigkeit des Lebens.

Wie strukturieren sich die einzelnen Leben innerhalb der Stufe Alt 1?

Wir möchten auch hier auf den Vergleich mit einem neugeborenen Kind hinweisen. Zunächst wird es sich mit neuartigen Geräuschen und Gerüchen, mit Gefühlen und Lichtverhältnissen auseinandersetzen müssen. Es macht bereits Töne, es lallt, es kräht, es weint. Im Laufe des ersten Lebensjahres werden diese Äußerungen mit jedem Tag differenzierter, bis es am Ende des ersten Lebensjahres bereits anfängt, Worte wie »Mama« oder »Papa« zu sprechen und sich nonverbal recht gut verständlich machen kann. Nach zwölf bis sechzehn Monaten fängt es bereits an zu laufen, und das Sitzen nach drei oder vier Monaten ist ebenfalls ein wesentlicher Schritt in der Entwicklung.

Wenn ihr diese Analogie in eure Wahrnehmung der Entfaltungsstufe Alt 1 hineinnehmt, dann stellt an euch nicht den Anspruch, als Neugeborene schon philosophische Traktate verfassen zu können. Das ist nicht nötig. Lernt erst einmal, eure innere Stimme zu beherrschen, über energetisches Krähen und Lallen Gefühle auszudrücken. Vergebt euch, wenn ihr in Bezug auf die gängige Moral noch nicht sehr lange sitzen oder stehen könnt. Am Ende dieses Inkarnationsabschnitts wird es sicher so weit sein, und ihr werdet nicht mehr darüber nachdenken müssen. Vertraut also darauf, dass sich seelische Entwicklung ohne Störung und Anstrengung wie von selbst vollziehen wird und dass euch das Leben die notwendigen Ereignisse und Verhältnisse präsentiert. Ihr habt es nicht nötig – und wir betonen dies –, aktiv nach Ereignissen und Erlebnissen zu suchen. Dazu ist doch das Leben da, dazu ist doch Schicksal da, damit es euch Wachstum ermöglicht, wenn ihr es braucht. Aber es lässt euch auch in Frieden, wenn ihr Frieden braucht.

Ich glaube, unsere Erwartung war, eine genaue Struktur vorgestellt zu bekommen.

Die Teilnehmer wissen selbst genug über den inhaltlichen Ablauf. Doch Bilder zu Hilfe zu nehmen ist wichtig. Anfangs wird eine Seele auf der Stufe Alt 1 noch in einer gewissen Verwirrung weilen und angesichts der vielen möglichen Meinungen nach einem inneren Standpunkt suchen, nach Überzeugungen, die sich mit zunehmendem Lebensalter noch häufig ändern können. Im folgenden Leben wird sie sich vielleicht eine Menge Gedanken machen über das, was sie für richtig oder falsch hält, ohne sie zu äußern. Im dritten Leben kann sie dann öffentlich gegen die geltenden Moralvorstellungen auftreten, auch dagegen anschreiben, wettern und predigen. Man wird die von einer Partei, einer religiösen Gruppierung, einer ökologischen Bewegung vertretenen Ansichten zunächst für ein von innen heraus entwickeltes eigenes Ethos halten, später aber seine Einstellung revidieren.

Welche speziellen Akte der Selbstliebe kann es für Alt 1 geben?

Wenn eine Seele auf dieser Stufe der Entfaltung und Erkenntnis sich etwas Gutes tun möchte, dann wird es sich bewähren, die eigene neue Empfindlichkeit, die der Heiler-Energie 1 zu verdanken ist, zu respektieren, zu achten und zu pflegen. Respekt bedeutet, das als gegeben hinzunehmen, was ist. Achtung bedeutet, diesem neuen Sosein mit Staunen und mit Zuneigung zu begegnen. Und Pflege bedeutet, das, was da ist, zu stärken, zu unterstützen, es nicht zu ignorieren, es vielmehr zu fördern. Es gilt also, die neu gewonnene energetische Empfindsamkeit und Empfänglichkeit so wie die unbeschreibliche sinnliche Empfänglichkeit eines Neugeborenen zu betrachten. Man wird es, wenn man es liebt, nicht mit übermäßig lauten Geräuschen erschrecken, man wird es nicht eisigen oder überhöhten Temperaturen aussetzen, man wird es nicht in verräucherte oder schlecht gelüftete Räume mitnehmen, man wird ihm genügend Zeit zum Schlafen lassen, man wird es möglichst gut und ausreichend und sauber ernähren. Diese Hinweise gelten ebenfalls für die Seele auf der Entfaltungsstufe Alt 1. Seid gut zu euch! Das bedeutet, pflegt eure Empfindsamkeit, und wenn es von uns heißt, respektiert und achtet sie, dann habt ihr selbst die Aufgabe, dafür zu sorgen, dass sie von anderen respektiert und geachtet wird. Dies erfordert eine Bereitschaft, sich so zu zeigen, wie man ist. Schwach, wenn man schwach ist; traurig, wenn man traurig ist; gierig, wenn man gierig ist; zornig, wenn man zornig ist. Das kann – das wissen wir – nicht immer einfach sein. Aber es lohnt sich.

Akte der Selbstliebe für eine Seele auf der Stufe Alt 1 bestehen auch darin, sich körperliche Wohltaten angedeihen zu lassen. Dies kann in eurem Kontext bedeuten, sich in eine schöne, ruhige Umgebung zurückzuziehen, sich massieren zu lassen, sich streicheln zu lassen, sich bekochen zu lassen. Denkt immer an die Analogie zum ersten Lebensjahr. Hat das Baby nicht das Recht, von der Mutter Nahrung zu beanspruchen? Hat es denn die Verpflichtung, sich selbst zu bekochen? Das kann nicht sein. Ihr seid Menschen und daher vielschichtige Wesen. Aber es wird euch immer deutlicher als ein Akt der Selbstliebe erscheinen, wenn ihr die Hilfe, die Unterstützung, die Bemutterung, die Pflege und die Zuneigung eurer Mitmenschen häufiger in Anspruch nehmt – in Anspruch nehmt, nicht rau fordert! Für euch genügt es schon, möglichst oft auszustrahlen: »Ich hätte so gern ... Ach, wie schön wäre es ...« Und wenn kein Mensch in der Nähe ist, der euch etwas Gutes tun könnte, könnt ihr dies auch selbst tun. Gegen die geltende Moral handeln! Selbstliebe wird im religiösen Kontext oft als Egoismus oder als Widerspruch zur Nächstenliebe missverstanden. Aber die eigentliche Selbstliebe besteht darin, sie zuzulassen und die zarte, sensible Heiler-Energie, von der ihr selbst erfüllt seid, bei anderen zu aktivieren und auch euch selbst zuzuführen.

Ein zentraler Begriff der Entfaltungsaufgabe ist »geltende Moral«. Wir bitten euch, über den Begriff Moral zu sprechen.

Für euch als inkarnierte Seelen auf der Stufe Alt 1 scheint es uns notwendig zu sein, dass ihr Moral als etwas absolut Relatives betrachten lernt. Das bedeutet auch, die Normen, die sich von einer Gruppe zur anderen, von einer Epoche zur anderen ständig wandeln, nicht allzu ernst zu nehmen. Schon von einem europäischen Land zum anderen gelten unterschiedliche Moralvorstellungen. Wolltet ihr das alles ernst nehmen, könntet ihr nicht mehr verreisen. Denkt an Afrika; denkt an die Tugendlehre der Römer. Denkt an eure eigene

Jugend – wie anders waren damals die moralischen Forderungen! Nehmt also das, was euch die Menschen in anderen Gesellschaftsschichten, anderen Ländern oder Epochen an Werten entgegenhalten, und das, was ihr an persönlichen Einstellungen in euch selbst mit der Zeit entwickelt, als Ausdrucksformen, die sich entsprechen oder widersprechen. Identifiziert euch nicht mehr naiv mit dieser oder jener moralischen Anschauung oder Verpflichtung. Auseinandersetzung bedeutet für euch nur selten bittere Auseinandersetzung. Es geht auch darum, eine neue Fröhlichkeit, eine Leichtigkeit, eine Unverbindlichkeit in das Thema Moral hineinzubringen.

Wir können euch nicht sagen, was Moral ist. Moral ist alles. Moral ist gar nichts. Moral ist wie das Wetter. Beides ändert sich von Minute zu Minute. Wir können euch aber wohl sagen: Moral ist ein Spiel des menschlichen Geistes. Es steht für ein Ausprobieren von Möglichkeiten und Grenzen der gesellschaftlichen Gestaltung. Moral entspricht auf übergreifender Ebene den Bedürfnissen derjenigen Seelen, die als größte gleichaltrige Seelengemeinschaft in einem Land oder in einer Epoche die gesellschaftliche Ordnung gestalten. Moral ist dem Wechsel, Wandel und gewissen Moden unterworfen wie alles andere, was ihr als Menschen erlebt. Deshalb noch einmal unser Rat an euch Alt-1-Seelen: Nehmt das Ganze nicht so ernst. Aber respektiert es als eine der wesentlichen geistigen Erscheinungen, die euch und alle Menschen um euch herum prägen. Ihr seid nun aufgerufen, eine immer stärker individualisierte Ethik in euch aufzubauen. Dies mag euch anfangs Schwierigkeiten bereiten. Doch es wird immer leichter werden. Betrachtet diesen Schritt in eurer Entfaltung also nicht als schwierige Last, als große und fast unüberwindbare Aufgabe. Macht es euch nicht so schwer. Es geschieht wie von selbst mit ein bisschen Aufrichtigkeit und Mut.

Was bedeutet »handeln« in dieser Entfaltungsaufgabe?

Handeln bedeutet, ohne Wenn und Aber gewonnene Erkenntnisse umzusetzen und sie an anderen Menschen zu manifestieren, sie als Äußerung in die eigene Umwelt einzubringen und die Folgen eines solchen Handelns zu tragen, auch wenn sie nicht angenehm sind. Aber in den meisten Fällen – und das möchten wir euch immer wieder in Aussicht stellen – werden die Folgen letztlich angenehm sein, wenn auch nicht gleich am nächsten Tag. Doch nach einiger Zeit könnt ihr – wenn ihr eurer eigenen Echtheit entsprechend handelt – erleben, erproben und bewiesen bekommen, dass dies für euch selbst und für die anderen gut und richtig war.

Bei manchen Menschen entwickelt sich diese Entfaltungsaufgabe zu einer Dauerrebellion. Sie sind ständig gegen alles. Wie kann man das überwinden?

An dem Tag, wenn die betreffende Person über ihre Neigung zur Dauerrebellion zu lachen beginnt, ist sie bereits überwunden. Solange sie als innere Erfahrung notwendig ist, wird sie andauern.

Alt 2

Entfaltungsaufgabe: *Sich selbst aufrichtige Bewunderung zollen und dafür auf die Bewunderung anderer verzichten*
Motto: *Ich suche Stabilität*
Energien 5 + 2

Heute haben wir eine große Versammlung von Seelen auf der Entfaltungsstufe Alt 2. Wir sind gespannt, was ihr uns zu dieser Phase der seelischen Entwicklung sagen werdet.

Das Prinzip des Göttlichen, das in euch und durch euch lebt, die Schöpferkraft des Göttlichen, die für euch und mit euch die Manifestationen des Lebendigen gestaltet, betrachtet und bewundert alles von seiner eigenen Energie Erschaffene und somit auch jeden Einzelnen von euch in jedem einzelnen seiner Lebensaugenblicke. Das Wunder der Schöpfung spiegelt sich selbst in seinen Geschöpfen wider und weiß um die Möglichkeit, diese Verwunderung und Bewunderung seiner selbst zu verstärken und sich selbst als angereicherte Energie wieder zuzuführen. Auch eure eigene Seelenfamilie bewundert euch für alles, was ihr für sie und mit ihr lebt, für jedes Erleben und für jede Bereicherung ihres Seins, die ihr als ihre Mitglieder herbeiführt. Und so könnt auch ihr lernen, was Bewunderung ist. Wenn ihr euch in Herz und Verstand mit der Gewissheit vertraut macht, dass es in eurer Seele wahrhaftig ein zu Bewunderndes gibt, das so voller Wunder ist und so viel Ehrfurcht und Anbetung gebietet, dass ihr euch dem nicht entziehen werdet, wenn ihr es einmal in eurem Bewusstsein zugelassen habt, dann habt ihr die Entfaltungsstufe Alt 2 abgeschlossen.

Wir haben bei der Formulierung der Entfaltungsaufgabe

mit Bedacht den Ausdruck Bewunderung gewählt, denn wir wollen das, was euch antreibt und was euch zusteht, nicht verwässern oder verwechselt wissen mit Anerkennung, die immer eine Leistung voraussetzt, nicht mit Selbstlob, das impliziert, dass es auch Nicht-Lobenswertes in eurem Selbst gibt, nicht mit Ich-Stärke, die so oft von Angst geprägt ist, und vielen anderen verwandten und ähnlichen Begriffen. Bewunderung dagegen ist ein Phänomen, das sich unabhängig vom Gegenstand und unabhängig vom Empfangenden ergießen kann und somit eine der Liebe vergleichbare Qualität aufweist.

Bewunderung ist ein Aspekt von Liebe. Sie ist ein Aspekt von mitmenschlicher Liebe und von Selbstliebe. Bewunderung zählt nicht, rechnet nicht ab, rechnet nicht auf. Bewunderung ist vorhanden oder nicht vorhanden, und damit möchten wir euch gleich zu Anfang darauf aufmerksam machen, dass man sie nicht erzwingen kann. Niemand kann sich dazu zwingen, Bewunderung zu empfinden, sei es passiv oder aktiv, wenn sie im geeigneten Moment nicht vorhanden ist. Es verhält sich so wie mit der Liebe: Liebe kann nicht erzwungen werden, auch nicht durch mentale oder sonstige Exerzitien. Wenn wir von Bewunderung sprechen, so meinen wir zugleich, dass es sich dabei um ein Energiegeschenk handelt, das in jedem von euch seinen Platz hat und in jedem von euch unmittelbar zur Resonanz gebracht werden kann – genau wie die Liebe.

Was nun eure besondere Stufe der seelischen Entfaltung Alt 2 betrifft, so sehen wir, dass ihr das Thema der Bewunderung mit seinen vielfältigen Facetten meist als etwas Objekt- oder Personengebundenes, besonders aber als etwas Leistungsbezogenes betrachtet. Es fällt euch nicht schwer, jemanden für seine Talente oder seine Arbeit zu bewundern. Aber es fällt euch schwer, euch von der Vorstellung zu befreien, dass Bewunderung immer Leistung voraussetzt. Ihr sucht in euch und anderen nach etwas Bewundernswertem, und wir verstehen dies sehr gut, denn als Menschen seid ihr nun einmal Wesen der Tat, Wesen des Willens und Wesen der Absicht. Aber ihr als Alte Seelen definiert euch so sehr über die Tat und ihre Unterlassung, als sei dies das einzig Wesentliche. Wir sind zwar mit euch der Ansicht, dass es sich dabei um etwas sehr Wichtiges handelt, aber wir bestehen darauf, dass gerade im Hinblick auf die Thematik der Bewunderung noch viele andere Aspekte eures Daseins und eures Seins eine große Rolle spielen.

Der zentrale Aspekt eurer Entfaltungsstufe Alt 2 besteht darin, dass jetzt zum ersten Mal in eurer Inkarnationsgeschichte die Möglichkeit besteht und entsteht, Energie aus eigener Kraft zu erzeugen. Ihr wart bis dahin im Wesentlichen Empfänger und Genießer von Energie. Jetzt aber, indem ihr bewundert und Bewunderung zulasst, kommt ein kommunikativer und kreativer Prozess in Gang, eine Verknüpfung der Energien 5 und 2. Auf diese Weise entsteht eine ganz neue Qualität.

Sich selbst für sein gesamtes Sein zu bewundern, und den Mitmenschen ebenso, kann nun keine stündliche oder alltägliche Übung und Beschäftigung sein. Niemand erwartet von euch, dass ihr in jeder Minute eures Tages und der Nacht voller Bewunderung für euch selbst oder für den Mitmenschen oder für das Leben an sich sein solltet. Aber die Fähigkeit und die Möglichkeit dazu hättet ihr.

Da es sich bei der Stufe Alt 2 um die expressive Verbindung von einer Weisen-Energie 5 und einer Künstler-Energie 2 handelt, hat sie selbstverständlich zwei Gesichter. Nicht nur der Mangel an Bewunderung, sondern auch ihr Nichtempfinden, die Verweigerung oder der Hunger nach ihr spielen eine große Rolle. Wenn die Entfaltungsaufgabe das Wort »aufrichtig« enthält, so ist damit eine Haltung gemeint, die von Stunde zu Stunde, von Fall zu Fall, von Situation zu

Situation mit Achtsamkeit beobachtet, ob Bewunderung aufrichtig und ehrlich vorhanden ist, ob sie weder gemacht noch geheuchelt noch automatisiert ist. Auch dies gilt im aktiven wie im passiven Sinne.

Wer sich mit Bewunderung als Lebensthematik auseinandersetzt, wird alle Seiten davon erfahren und durchleben. Die Vielseitigkeit ergibt sich nicht nur aus dem Prinzip, dem alle Entfaltungsaufgaben unterliegen (der Gesetzmäßigkeit der Vielfalt und der umfassenden Erfahrung), sondern auch, weil es sich auf der Stufe Alt 2 mit ihrer Integration von kommunikativer Energie um eine kreative Auseinandersetzung mit dem inneren und äußeren Du handelt. Und mit Auseinandersetzung meinen wir nicht nur Konflikt oder Streit, sondern besonders auch Kontakt und Berührung.

Wir weisen euch darauf hin, dass in jedem Fall – ganz gleich wie ihr euch verhaltet oder nicht verhaltet – Energie erzeugt wird. Wer Bewunderung für einen Mitmenschen spürt, die wie eine warme Woge in ihm aufsteigt, und sie dann zurückhält, sie verschweigt, sie leugnet oder verweigert, trägt dennoch dazu bei, dass Spannung entsteht und damit Energie. Ihr dürft euch klarmachen, dass ihr alle in diesem Seelenalter sehr viel durchsichtiger und dadurch leichter durchschaubar geworden seid, als ihr es ahnt. Ihr könnt also zurückhalten und verschweigen, so viel ihr wollt, den Mitmenschen wird es nicht verborgen bleiben. Sie werden allerdings die Verweigerung in den Vordergrund ihrer Gefühlsresonanz und Wahrnehmung stellen.

Wenn ihr euch selbst Bewunderung verweigert und meint, ihr hättet sie nicht verdient, weil ihr glaubt, sie hätte etwas mit Verdienst zu tun, erzeugt dies ebenfalls Energie. Energie also entsteht in jedem Fall, aber es ergeben sich unterschiedliche Spannungsfelder, die von euch selbst und den anderen als mehr oder weniger aufbauend und beglückend empfunden werden.

Aufrichtigkeit bedeutet für euch auf der Entfaltungsstufe Alt 2: Authentizität von Fall zu Fall. Die richtige Dosierung macht die Wirkung des Wundermittels Bewunderung aus. Wer stets und ständig lauthals und wie auf Knopfdruck seiner Bewunderung Ausdruck verleiht – sei es für sich selbst oder für andere –, wird eine bestimmte Energie erzeugen und dadurch oft eine Wirkung mit starken Nebenwirkungen erzielen. Wer hingegen zu wenig gibt, sollte sich nicht wundern, wenn das Allheilmittel der Bewunderung nicht so wirkt, wie er es intendiert hatte. Aufrichtigkeit bedeutet außerdem, dazu zu stehen, dass im Moment keinerlei Bewunderung empfunden wird, sondern eher Irritation, Abwehr bis hin zu Verachtung bis hin zu Gleichgültigkeit oder Ärger. Wer nicht erlaubt, dass Wahrnehmungen und Emotionen sich nach beiden Seiten hin erstrecken können, dass das Pendel nach beiden Seiten ausschlagen darf, wird die Energie, die durch Bewunderung erzeugt wird, nicht wirklich generieren oder genießen können.

Jetzt wollen wir von einer Besonderheit dieser Entfaltungsstufe sprechen, die darauf beruht, dass die Regungen des Bewusstseins, die Überprüfung der eigenen Motivationen und Intentionen, die Schau der emotionalen und instinktiven Regungen in den Vordergrund rücken. Denn ohne ein bewusstes Erleben wird Bewunderung in allen ihren Aspekten nie die Schönheit und Reife erlangen, die ihr möglich sein könnte. Beobachtet euch also selbst in euren Bedürfnissen und Regungen, beobachtet die kleinen oder großen Fallgruben eurer Ängste. Doch wenn ihr einmal hineingefallen seid, macht euch klar, dass in jeder dieser Fallgruben eine kleine Leiter bereitsteht, die euch ermöglicht, wieder nach oben in das Tageslicht eures Bewusstseins zu steigen und zu überlegen, wie es dazu gekommen war, dass ihr hineingefallen seid.

Bewundert euch also auch für das, was euch im Augenblick nicht möglich ist, und erfahrt, dass diese Bewunderung nicht gleichzusetzen ist mit Selbstachtung, Selbstrespekt oder Selbstbewusstsein – Eigenschaften, die immer auf den Voraussetzungen basieren von errungen, erschaffen oder erarbeitet, oder eben auch nicht. Die besondere neue Form der Bewunderung, die ihr euch jetzt wie eine Arznei zur Selbstheilung zuführen könnt, hat eine Wirkung, die nicht berechenbar ist. Sie beruht nicht auf einer selbstzufriedenen Spiegelung eurer Errungenschaften, sondern allein auf einer tiefen Verwunderung und Bewunderung eures jetzt Soseins und Daseins – mit allem, was ihr seid, mit allem, was ihr tut, und mit allem, was ihr habt, und mit allem, was eure Seele schon erleben durfte.

Weil es sich um einen Ausdruck der Expressionsebenen 5 und 2 handelt, die in hohem Maß mit expressiver Energie aufgeladen sind, solltet ihr euch überdies bewusst machen, dass es wirklich darauf ankommt, alles, was an Gedanken, Gefühlen, Impulsen in euch ist, auch auszudrücken. Wir beobachten nun, dass viele, die sich auf eurer Entfaltungsstufe befinden, gerade damit ihre Schwierigkeiten und Hemmungen haben. Sie wagen es nicht, sich zu zeigen und auszudrücken, ganz gleich wozu und womit. Sie fürchten, bewundert zu werden, und sehnen sich zugleich danach. Sie versuchen, sich unsichtbar zu machen, und verhalten sich wie ein kleines Kind, das sich die Mütze über die Augen zieht und alle Welt fragt: »Wo bin ich? Wo bin ich?« So zieht es Aufmerksamkeit auf sich.

Macht euch keine Illusionen, ihr werdet gesehen. Doch ihr bildet euch ein, dass ihr euch verbergen und somit der allfälligen Bewunderung durch die Kräfte eures Lebens und eurer Welt entgehen könntet. Dennoch wollt ihr wie das kleine Kind nichts lieber, als gefunden und gesehen zu werden. Ihr wollt dafür belohnt werden, dass ihr euch verbergt – mit Küssen und Umarmungen. Ihr wollt geherzt werden und geliebt werden. Dürfen wir euch daran erinnern, dass ihr seelisch gesprochen keine kleinen Kinder mehr seid! Stellt euch nun einen Großvater oder eine Urgroßmutter vor, die ihre Hände vors Gesicht schlagen und die Genossen im Altersheim allen Ernstes fragen: »Wo bin ich? Wo bin ich? Wer bin ich? Wer bin ich?« Die Komik dieser Vorstellung wird euch überwältigen. Deshalb fordern wir euch auf – und glauben, euch mit unseren Worten überzeugt zu haben –, dass die Zeiten vorbei sind, in denen euer unbefangenes Spiel unter euren seelischen Altersgenossen noch auf begeisterte Resonanz treffen wird. Allenfalls werden sie euch für verrückt erklären. Doch dürft ihr dieses Spiel manchmal mit seelisch viel jüngeren Seelen spielen, mit euren seelischen Enkeln und Urenkeln. Daran wäre nichts auszusetzen. Im Gegenteil, es wird ein wenig von eurem Wesen, von eurer eigenen Alt-Seelen-Schwingung, von der euch so lieb gewordenen Selbstbewunderung in die Welt tragen, wenn ihr euch mit den kindhaften Bereichen der Nicht-Selbsterkenntnis und jener Selbstvergessenheit, die unter Jungen Seelen und Kind-Seelen verbreitet sind, spielerisch auseinandersetzt. Die Verbindung von Künstler-Energie 2 und Weisen-Energie 5 macht euch kommunikativ und expressiv. Sie schenkt euch spielerische und ernsthafte Fähigkeiten, euch auszudrücken, um eure Mitmenschen zu erreichen, und zwar alle Mitmenschen, nicht nur die, die euch im Seelenalter nahestehen.

Kommen wir nun zum dritten großen Bereich dieser Entfaltungsaufgabe. Wir meinen den weitverbreiteten Verzicht auf die Bewunderung durch andere Menschen – unfreiwillig oder unbewusst. Ein solcher Verzicht setzt letztlich voraus, dass ihr Bewunderung zuvor in vollen Zügen und uneingeschränkt genossen habt; denn niemand kann auf etwas verzichten, das er nicht besitzt oder von dem er nichts weiß. Aus freien Stücken verzichten, aus Überfluss – darin liegt der Schlüssel. Ihr aber habt Angst, dass ihr vorzeitig und zur Unzeit auf Bewunderung verzichten solltet. Ihr meint, dass gerade dies von euch durch diese Entfaltungsaufgabe verlangt wird. Ganz im Gegenteil, rufen wir. Genießt Bewunderung in vollen Zügen, bis ihr satt seid. Schenkt aus vollem Herzen Bewunderung, bis alle um euch herum satt sind. Erst dann werdet ihr ganz wie von selbst satt werden und bereit sein zu verzichten, statt vorschnell zu einer falschen Befriedigung zu gelangen, die scheinbar einem aufrichtigen Verzicht gleichkommt. Denn nur wer über und über satt ist, muss nicht gezwungen werden, auf die nächste Mahlzeit zu verzichten. Er wird von selbst den Eindruck gewinnen, dass er im Moment nichts mehr braucht.

Wir erinnern euch daran, dass die Weisen-Energie auch eine Angstseite hat, nämlich die Gier und das Übermäßige, das Unmäßige, und dass die Künstler-Energie gerade das oft tut, was am meisten schadet, aus einem Hang zur Selbstsabotage, indem man sich das Vergnügen, die Freude am Gewonnenen in irgendeiner Weise verdirbt. Ähnlich kann es auch mit der Bewunderung geschehen, wenn ihr euch zu viel davon auf einmal zugeführt habt, sodass euch eine Art Brechreiz überkommt. Oder wenn ihr das, was ihr soeben im Übermaß genossen habt, trotzdem nicht als ausreichend befindet, sondern gierig noch weitere Massen an Bewunderung in euch hineinstopft, sodass es dann einem Akt der Selbstsabotage gleicht, wenn euch davon schlecht wird. Ihr alle wisst, dass zu viel von irgendetwas, auch vom Allerbesten, stets zu einer Überfütterung und am Ende zu einem großen Widerwillen führt.

Verzicht auf die Bewunderung eurer Mitmenschen meint also keineswegs, dass ihr euch in einem anstrengenden Bewusstseinsakt einreden sollt: »Bewundert werden ist allzu peinlich. Das brauche ich nun hoffentlich nicht mehr. Das muss ich jetzt wirklich nicht haben. Das versage ich mir.« Oder: »Bewunderung wird mir ja ohnehin nicht zuteil, also will ich sie auch gar nicht haben.« Solche Haltungen sind von einer erheblichen Bitterkeit erfüllt, die keineswegs die Kulmination einer mehrere Leben andauernden Beschäftigung mit dem Thema der Bewunderung sein kann. Das wird euch unmittelbar einleuchten. So viel Fülle, so viel Wärme, so viel Liebe, so viel Energie, wie aufrichtige Bewunderung erzeugt, kann niemals zu Verbitterung führen, kann nicht zum Ergebnis haben, dass am Ende dieser Phase ein Zustand einsetzt, der einem Mangel gleichkommt oder einer Selbstbeschränkung, die nur zu kleingeistigen Haltungen führt, zu Selbstkasteiung oder einem ängstlichen Verzicht auf das, was man am meisten braucht. Vielmehr führt diese Entfaltungsaufgabe nach und nach ohne Anstrengung in einen Zustand der Harmonie, der Ausgeglichenheit, der Ausgewogenheit und damit der Stabilität. Lasst euch bloß von niemandem, der nicht versteht, worum es geht, Egomanie vorwerfen. Selbstbewunderung und Selbstliebe sind die höchsten spirituellen Errungenschaften.

Wenn Tag und Stunde gekommen sind, die euch gestatten, euch authentisch, uneingeschränkt und aufrichtig, aber nicht gierig zu freuen an allem, was Bewunderung ist – für euch und für andere –, und ihr ebenso aufrichtig, uneingeschränkt und authentisch ruhig bleiben könnt, wenn Bewunderung einmal nicht eintritt, wenn sie ausbleibt, wenn sie sich verschiebt oder nicht in dem Maß dort ankommt, wohin euch die Entfaltungsaufgabe unaufhaltsam führt, dann seid ihr am Ende dieser Stufe angekommen. Dann freut ihr euch herzlich, wenn Bewunderung da ist; ihr freut euch an euch selbst, und ihr seid ein wenig traurig, wenn sie einmal ausbleibt, ohne dass das eine oder andere Gefühl euch aus eurer Gelassenheit und inneren Stabilität herausreißen könnte.

Sich am Ende einer langen Erfahrung mit dieser Thematik selbst aufrichtig zu bewundern und dafür auf die Bewunderung anderer zu verzichten bedeutet, einen inneren Frieden zu finden, der jedoch ein natürliches Resultat darstellt und keine esoterische Forderung. Friede ist ein Ergebnis und nicht der Prozess an sich. Wir machen euch darauf aufmerksam, dass ihr im Rahmen eurer aktuellen Entfaltungsstufe Alt 2 viele einzelne Stadien durchlaufen werdet. Und es gibt auch in der Mitte dieses Prozesses einen Zustand, in dem ihr empfinden könntet, dass ihr eine erstaunliche Gelassenheit im Sinne des Kulminationspunktes bereits erlangt habt. Dies ist das Stadium, wo Bewunderung keine Rolle zu spielen scheint, und zwar weil ihr sie weder recht empfangen noch recht spenden könnt. Wenn ihr die Möglichkeiten der Auseinandersetzung mit dem Thema Bewunderung in sieben energetische Abschnitte unterteilt, so ist dies der Abschnitt 4, eine Karenzzeit. Sie bietet euch eine Auszeit, einen Moment des Innehaltens, des Stillstandes, um dann Kräfte zu sammeln für einen neuen Anlauf.

Wie zeigt sich dieser Prozess zum Thema Bewunderung im Verlauf mehrerer Leben?

Es gibt sieben Phasen, die sich auf drei oder vier Leben verteilen. Die gesamte Entfaltungsaufgabe beginnt ihre innere Bewusstseinsarbeit in der Regel damit, dass ein Mensch andere Leute übermäßig und übertrieben bewundert, sich selbst klein- und die anderen groß macht. Nicht alle anderen, aber doch viele: den Vater, die Lehrerin, einen Star oder eine historische Figur der Vergangenheit.

Anschließend kommt eine Phase des ständigen Vergleichs: »Wer ist besser? Wer ist schlechter? Wer versagt? Wer gewinnt?« Sie ist in der Regel verhältnismäßig kurz. Aber die Tendenz, sich selbst zu vergleichen und zu überprüfen, ständig zu fragen: »Verdient der andere meine Bewunderung? Verdiene ich die Bewunderung des anderen?«, kann nicht übersprungen werden.

Sodann folgt eine eher offensive Phase. »Ich bin bereit«, sagt sich die inkarnierte Seele in diesem Stadium der Stufe Alt 2, »andere und mich selbst zu bewundern, sofern eine nachweisbare Leistung vorliegt. Sonst werde ich Bewunderung strikt verweigern, mir selbst und anderen.« Darauf folgt die schon beschriebene Phase 4 des Innehaltens zwischen den Möglichkeiten der Zukunft und den gerade beschriebenen Phasen der Vergangenheit.

Eine neue Epoche setzt nun ein, die von der kommunikativen Energie 5 getragen ist. Sie ist durch Großzügigkeit und Fülle gekennzeichnet, durch Zufriedenheit mit dem, was gegeben, und dem, was genommen wird. Das Schenken und Empfangen von Bewunderung wird hier zur zentralen Beschäftigung, und viele Menschen in diesem Stadium wählen auch Lebensformen oder Berufe, die solches erlauben.

Die sechste Phase vermittelt anschließend ein Gefühl für die eigene transzendente Qualität, für ein Sein, das ganz unabhängig von Leistung und Applaus seine Qualitäten offenbar werden lässt und in dem die unverwechselbare Identität der seelischen Kraft, die ein jeder von euch in sich trägt, manifest wird. In dieser Phase spüren Menschen tiefe Dankbarkeit und bewundern sich selbst auch für alles, was nicht nach außen sichtbar wird, was sie nicht zeigen können oder wollen, was ihnen nach und nach selbstverständlich geworden ist, ohne dass es aus dem Fokus ihres Bewusstseins entschwindet.

Die siebte Phase wird dann zur Erfüllung. Jetzt ist alles gleich-wertig: bewundern, bewundert werden, nicht bewundern, nicht bewundert werden, sich selbst bewundern, sich selbst Bewunderung versagen. Alles erhält den gleichen Wert, alles schwingt und kreist in einer natürlichen Pulsation um den Menschen, der auf sein Kulminationserlebnis[36] zustrebt. Dieses wird nun für jeden anders sein, denn aus dem jahrtausendealten Stamm der seelischen Entfaltung erblüht eine einzigartige Pflanze, die es nicht zweimal auf der Welt gibt. Ist das nicht bewundernswert? Jede Blüte ist neu und anders. Wir können daher nicht sagen, was und wie ein Kulminationspunkt für jeden Einzelnen von euch sein kann. Eine jede Seele blüht auf ihre Weise.

Wie steht es um die Beziehungen auf dieser Entfaltungsstufe Alt 2?

Wir haben bereits darüber gesprochen, dass alle, deren Seele sich auf der Entfaltungsstufe 2 des Alten Zyklus befindet, eine bestimmte und identifizierbare Energie besitzen, die trotz aller Bemühungen des angsterfüllten Ich, diese Ausstrahlung zu verbergen, ständig mitteilt: »Bewundere mich, bewundere mich, ich bin bewunderungswürdig!« Wenn nun aber diese Ausstrahlung in einen Konflikt gerät mit der Erziehung, dem Selbstbild und den Erwartungen der Gesellschaft oder auch mit der Urangst, wird das Problem der Doppelbotschaft auch in die Partnerschaft sowie in die Beziehungen zwischen Verwandten und Freunden hineingetragen. Der Hunger einer Seele nach Bewunderung ist auf dieser zweiten Stufe des Alten Zyklus groß. Und wie ihr wisst, ist nicht jeder bereit und in der Lage, diesen Hunger zu stillen. Oft geschieht es nun, dass der Hungrige sich magisch angezogen fühlt von anderen Hungrigen, statt dorthin zu streben, wo seelische Bewunderungsnahrung im Überfluss vorhanden wäre. Denn es ist zu beobachten, dass sich Gleich und Gleich anzieht, wenn es um die Versorgung der Angst geht. Ein jeder erwartet vom anderen, ständig widergespiegelt und bestätigt zu werden, und kann doch nicht unaufhörlich aus einem reichen und tiefen Brunnen schöpfen, um dieses erfrischende Labsal zu spenden.

Wenn wir nicht wüssten, dass zu einer gelingenden und

beglückenden Partnerschaft sehr viel, wirklich sehr, sehr viel mehr gehört als ein harmonisches Zusammenfügen von gleichen oder sich ergänzenden Entfaltungsaufgaben, könnten wir euch ein Rezept geben, eine Arznei, mit der ihr viel Kummervolles heilen könntet. Aber so ist es nun einmal nicht. Partnerschaften haben tausenderlei Funktionen, die mit der seelischen Entfaltungsaufgabe nicht immer zur Deckung kommen. Diese können sie stärken oder fast außer Kraft setzen. Dennoch möchten wir euch einige Hinweise geben, worauf ihr achten könnt, wenn sich aus den tausenderlei anderen Gründen eure Partnerschaftswünsche erfüllen oder nicht erfüllen.

Ihr möchtet als Seelen auf der Stufe Alt 2 – das halten wir fest – für euer Sosein aufrichtig bewundert werden. Das bedeutet natürlich nicht, dass man an euch nichts auszusetzen habe, dass man euch nicht kritisieren oder berichtigen oder schelten dürfe. Partnerschaften sind dazu da, um sich gegenseitig Wachstumsimpulse zu geben, gleichgültig, wie schmerzhaft diese sein können. Aber wir meinen, dass ihr in dem Maß genau das empfangen und erhalten könnt, was ihr braucht, wenn ihr euren Gefährten eben das gebt, was ihr selbst braucht, nämlich aufrichtige Bewunderung für ihr Sosein, für ihr Dasein, für ihr Vorhandensein in eurem Leben. Begreift doch, dass jeder Mensch ohne Ausnahme für seine Existenz gewürdigt, geliebt, bewundert und geachtet werden möchte. Wir beobachten allerdings, dass viele Millionen, ja Milliarden Menschen sich angewöhnt haben, diese natürliche und nahrhafte Wertschätzung gerade ihren Kindern, ihren Eltern, ihren Partnern zu verweigern. Sie wollen sie anders haben, als sie sind. Sie wollen sie hin und her biegen und so lange verbiegen, bis sie eine Form angenommen haben, die in die Angststruktur ihres eigenen Ich passen könnte. Es hat sich allerdings erwiesen, dass das Ergebnis nur selten befriedigend ist – trotz aller Bemühungen. So fordern wir euch auf, wenn ihr in euren Beziehungen und Partnerschaften glücklicher sein wollt: Hört auf, den anderen zu verbiegen oder so hinzutrimmen, dass er in das Schema hineinpasst, das euch am wenigsten Angst macht. Vielmehr wird der andere sich in euch gern und willig hineinschmiegen, wenn er sich gewürdigt, geachtet und bewundert fühlt. Verweigert also dem Mitmenschen, dem Verwandten und dem Partner diese Form der existenziellen Bewunderung nicht. Es gibt an jedem Menschen etwas zu bewundern.

Ihr müsst gewiss nicht in jeder Minute die Mechanik der Bewunderung anwenden; das würde zum gegenteiligen Effekt führen. Aber sobald ihr spürt, dass es da etwas gibt, sei es die Nasenspitze oder ein Wort oder eine Tat oder eine Einsicht, so seid ihr in eurem Seelenalter dazu aufgerufen, euch dazu zu äußern und dies ausdrücklich – ausdrücklich! – zu bewundern. Dann werdet ihr erkennen, dass das Wundermittel der Bewunderung auch bei anderen zu wirken beginnt. Es wird als Liebe, als tiefe Achtung empfangen. Es ist ein Grundgesetz von Beziehung, dass Bewunderung, wie wir sie hier verstehen, wieder auf euch zurückstrahlt. Darauf könnt ihr euch verlassen. Wenn ihr in authentischer Weise und aufrichtig und uneingeschränkt dem Ausdruck verleiht, was jetzt und hier an Bewunderung vorhanden ist, dann werdet ihr selbst ebenfalls von diesem Überfluss satt werden.

Gibt es eine innere Analogie zur Entfaltungsaufgabe von Reif 2: »Anderen und sich selbst Unrecht vergeben«?

Innerhalb des Reifen Zyklus lernt eine Seele auf der Entfaltungsstufe 2, anderen Menschen und auch sich selbst Unrecht zu vergeben. Das bedeutet, auf Vergeltung, auf Rache, auf Strafe zu verzichten und die elementare menschliche Fehlbarkeit und Unvollkommenheit zu verzeihen. In diesem Verzicht liegt die Entsprechung zu der Entfaltungsaufgabe auf der Stufe Alt 2: Sich selbst aufrichtige Bewunderung zollen und auf die Bewunderung anderer verzichten.

Ihr könnt begreifen, dass es für einen Menschen, dessen biologische Natur auf Angriff und Selbstverteidigung ausgerichtet ist, nicht leicht sein kann, darauf zu verzichten, sich erbittert zu wehren, sich zu rächen für Angriffe, für Unrecht Vergeltung zu üben und für das, was ihm angetan wurde, Rache zu fordern. Daher ist die Junge Seele in hohem Maß mit Auseinandersetzungen befasst, die sich auf das Thema Schuld beziehen. Junge Seelen machen sich schuldig, sprechen schuldig, werden bereit sein, Schuld mit Gegenschuld aufzuwiegen. Die Reife Seele hingegen sieht ein, dass niemand schuldlos in der Welt sein kann. Es ist eine hohe Einsicht und Leistung, sich selbst die Tatsache, dass Unschuld nicht möglich ist und Schuld notwendig ist, zu vergeben. So lernt die Reife Seele, mit diesem Zwiespalt zu leben. Sie möchte unschuldig bleiben und sieht doch die Unmöglichkeit dieses Vorhabens ein. Dies nun nicht mit Bitterkeit und Selbstkasteiung zu beantworten, sondern mit Vergebung zu belohnen, rückt sie der göttlichen Liebe wieder ein Stückchen näher. Sich selbst Schuld zu vergeben und anderen ebenfalls zu verzeihen ist Voraussetzung für die folgenden Stufen der Reife und der Erkenntnis. Und für diesen Schritt der seelischen Reifung kann sich die Seele auf der Stufe Alt 2 zu Recht bewundern.

Alt 3

Entfaltungsaufgabe: *Präzise Innenschau mit einer aktiven Außenwirkung verbinden*
Motto: *Ich werde unternehmungsfreudig*
Energien 5 + 3

Wir sind hier versammelt als eine Gruppe von Alten Seelen auf der dritten Entfaltungsstufe und bitten euch, zu uns zu sprechen.[37]

Wir sind dankbar. Wir spüren große Freude und möchten sie mit euch teilen. Diese Freude entspringt der Erkenntnis und der am heutigen Tag zustande kommenden Erfahrung, dass unsere Bemühungen beginnen, wahrhaftig reife Früchte zu tragen und nicht nur Blüten oder Früchte hervorbringen, die noch der Reife harren. Wir empfinden Freude zu erkennen, dass an diesem Tag, an dem ihr euch zusammengefunden habt, die ersten Früchte ihre Süße erlangt haben und einen Saft verströmen, der wie Nektar auf unser Sein zurückfließt. Wir bemühen uns seit Längerem, euch eine Lehre von der menschlichen Seele zu vermitteln. Dabei handelt es sich um eine Energielehre, die einerseits eine mentale sprachliche Form und andererseits einen sinnlich erfahrbaren Inhalt besitzt. Energie ist leichter zu begreifen, wenn sie nicht nur mental verstanden, sondern in geballtem und konzentriertem Erleben erfahrbar wird. Dies ist heute bei euch, mit euch und durch euch der Fall.

Wir möchten euch auch mitteilen, dass es für euch als Wesen auf einer Entfaltungs- und Erkenntnisstufe Alt 3, die eine Weisen-Energie 5 mit einer Krieger-Energie 3 verknüpft, besonders leicht und geradezu hautnah erfahrbar ist, was Kommunikation über menschliche Körperlichkeit und das Empfinden von Energie bedeutet. Daher ist es uns nicht gleichgültig, ob eine Gruppe von seelisch Gleichaltrigen auf dieser oder einer anderen Stufe für eine erste Erfahrung zusammentrifft. Wir lernen ja auch mit euch und an euch. Wir sind darauf angewiesen zu erproben, was unsere Übermittlung bewirkt und wie sie auf uns und andere zurückstrahlt.

Eure kriegerhafte Vitalität verankert euch als Alte Seelen auf besondere Art und Weise im Leben. Eure Bereitschaft, euch mit dem Leben, den Mitmenschen und eurer inneren Wahrheit auseinanderzusetzen, erzeugt wie ein Dynamo Energie aus euch selbst und kann viele Lichter erstrahlen lassen. Auseinandersetzung erschafft neue Gemeinschaftlichkeit. Die Krieger-Energie ist auch eine Energie des Zusammenseins, der Gemeinsamkeit, des Wir. Wenn sie mit einer kommunikativen und kontaktstiftenden Weisen-Energie verbunden wird, kommt sozusagen ein Optimum an Möglichkeit für eine gelingende Außenwirkung zustande. Und diese Außenwirkung beginnt mit dem allerersten Schritt in den tiefen Kontakt mit auch nur einem einzigen Mitmenschen. Wirkung ist Wirkung. Sie ist nicht abhängig von der Menge der Empfänger. Die Anzahl ist weniger wichtig als ihre Bereitschaft anzunehmen, was von euch gegeben wird.

Was ist denn mit Außenwirkung gemeint?

Wir fordern euch auf, eure Einstellung zu dem stetigen Wechsel von präziser Innenschau und aktiver Außenwirkung in eurem Seelenalter zu überprüfen. Aktive Außenwirkung ist beileibe nicht nur der Kontakt zu anderen Personen, in der Öffentlichkeit, zum Beispiel über Seminare, Vorträge, Bücher und andere Kommunikationsvorgänge, sondern auch jede Arbeit, die Menschen in ihren Büros oder im Haushalt verrichten. Jeder Schauspieler, jeder Fußballer, jede Familie hat eine

Außenwirkung. Wenn dann aber die Innenschau zum Zuge kommen will (weil sie das muss, besonders für euch in eurem Seelenalter) und euch daran zu hindern scheint, aktiv tätig zu sein, wenn ihr also müde seid und nicht zum Arbeiten aufgelegt, dann solltet ihr diese inneren Vorgänge, diese zur Passivität aufrufenden Impulse als solche aufmerksam beachten und nicht als lästig oder gar verstörend empfinden. Nur wenn ihr Alt-3-Seelen dem, was ihr als Trägheit oder gar Faulheit empfindet, wirklich nachgebt; wenn ihr also einmal herumhängt oder trödelt, obgleich die Stimmen der Angst in euch laut rufen: »Das geht aber nicht, das ist zu wenig oder nicht gut oder ungesund oder langweilig!«, dann denkt an unsere Worte, dass Innenschau nicht etwa nur bewusste Kontemplation, absichtlich gründliches Nachdenken über sich selbst oder Meditation bedeutet. Ihr seid gut beraten, wenn ihr vor allem den unbewussten Prozessen Raum schenkt, den Regenerations- und Reparaturvorgängen der Psyche, den Aufarbeitungsmechanismen. Ihr müsst den Abbildern des seelischen Wollens Zeit lassen, sich klarer zu konturieren.

Wir betonen stets, dass kein einziger Augenblick eines Lebens vergeudet ist. Warum sollten also Tage, an denen angeblich nichts Konstruktives passiert und produziert wird, vergeudet sein? Im Gegenteil, es gehört zur präzisen Introspektion, diese Stimmungen und formlosen Bedürfnisse als solche anzuerkennen und sie so lange gewähren zu lassen, wie sie währen.

Die »Quelle« sagte mir neulich, ich hätte einen Mangel an präziser Innenschau. Was ist konkret damit gemeint? Ist meine langjährige Meditationspraxis denn keine Innenschau? Ich habe mich in den letzten Tagen bemüht, nichts zu machen, da ich mich sonst immer unter starken Aktionsdruck setze. Das war aufregend auf seine Weise. In

Meditation suche ich einen Raum auf ohne Grenzen, voller Liebe, Freude und Energie. Das schenkt mir ein Gefühl von Freiheit, sehr viel Energie auf nonverbale Weise. Ist diese Meditation sinnvoll, oder wirkt sie sich auf die Innenschau vielleicht negativ aus?

Deine Meditationsform macht dich glücklich, weil sie deine Priester-Seele mit dem erfüllt, was sie sucht: das Nichts, das Nichtgestaltete, das Aufgelöste. Und wir würden dir niemals raten, diese elementaren Bedürfnisse zu beschneiden oder diese Stunden aufzugeben, die du mit der Transzendenz tanzend verbringst. Aber Innenschau ist etwas anderes. Innenschau ist in deinem Seelenalter durchaus mit deinen hochentwickelten Geisteskräften zu verknüpfen. Sie ist nicht leer und raumlos, sondern von einer konkreten Fülle beherrscht; und wir meinen, dass nicht die Meditation und Entgrenzung bei dir zu kurz kommen, sondern etwas sozusagen viel Kleineres, aber für deinen jetzigen Seelenzustand Wichtiges: nämlich dass du das, was du in dir und für dich erkennst, alsbald wieder nach außen tragen kannst, mitteilen kannst als Frucht deiner Erfahrung. Was du vor einigen Tagen mit dem Nichtstun erlebt hast, ist das beste Beispiel dafür. Du hast nicht einmal meditiert, und doch kamen zu dir Inspirationen, Antworten auf Fragen, Lösungen, gerade weil du gar nichts getan hast.

Nun gibt es unterschiedliche Arten von Nichtstun. Manche Leute schlafen, manche baden, manche gehen spazieren oder verfallen in Tagträume. Aber all das ist noch keine Form der Innenschau, die zu einer Seele deiner Entfaltungsstufe Alt 3 passt wie ein Handschuh. Wir möchten dir eine andere Meditationstechnik empfehlen, die dir sehr tiefe Möglichkeiten eröffnen wird und das, was du bereits an aktiver Außenwirkung hast, durch eine präzise und machtvolle Innenschau ergänzen wird.

Nimm uns nicht übel, wenn wir andeuten: Du begegnest dir als Wesen zu selten. Du hast viele Ideen über dich, deine hohe Intelligenz übermannt dich manchmal mit ihren Impulsen. Aber du hast Schwierigkeiten, in dich selbst hineinzuschauen, und das ist gemeint mit Innenschau. Diese Innenschau ist nicht zu verwechseln mit einem Über-sich-Nachdenken, sondern läuft oft ganz unterschwellig oder im Halbbewusstsein ab. Deshalb schlagen wir dir Folgendes vor: Die Meditationen, die du bisher geübt hast, mache sie einfach weiter. Und einmal in der Woche – das aber regelmäßig – versuche eine sogenannte Spiegelmeditation. Sie läuft folgendermaßen ab (und am Anfang kannst du dir Musik dazunehmen, weil sie deine Furcht, dir selbst im tiefsten Wesen zu begegnen, in Schach halten kann. Aber später wird es ohne Musik gehen): Du nimmst dir einen Spiegel, etwa so groß wie ein DIN-A4-Blatt oder auch größer, möglichst mit einem Ständer, oder du lehnst ihn gegen eine Wand oder einen Gegenstand. Rechts und links stellst du eine brennende Kerze auf. Das erfordert, dass du diese Meditation abends vor dem Schlafengehen machst, wenn es schon dunkel ist. Und nun schau dir in deine eigenen Augen, abwechselnd einmal in das linke, dann in das rechte. Versuche auch, in deine beiden Augen zu sehen. Du wirst erleben, dass du dabei sehr viel über dich denkst, vor allem Negatives, Kritisches und Seltsames. Das ist aber erst der Anfang. Wenn du irgendwann gar nichts mehr über dich denkst, sondern nur dich und dich und dich und dein Wesen und deine Seele schaust – das geschieht nach ungefähr zwölf bis fünfzehn Minuten –, dann fange an, tief zu atmen, und lasse nicht locker. Erwarte nichts Konkretes. Vielleicht erkennst du, vielleicht fühlst du, vielleicht erinnerst du, vielleicht weinst du, oder du lachst. Atme, atme, schau in dein linkes Auge, schau in dein rechtes Auge. Versuche, möglichst wenig zu blinzeln, und spätestens eine halbe Stunde nach Beginn der Meditation höre auf. Schüttle dich, und erlange dein Alltagsbewusstsein zurück. Wenn es dir anfangs zu lange dauert, dann auch schon etwas früher. Ungestört zu bleiben ist eine Voraussetzung für diese Übung.

Wenn du dir also selbst begegnen und in dein Wesen schauen willst, Innenschau betreiben möchtest, dann ist dies eine Technik, die du sehr gut anwenden kannst. Sie wurde von tibetischen Mönchen entwickelt, die häufig in großer Abgeschiedenheit lebten und sich in anderen Menschen nur sehr schwer spiegeln konnten. Dann wird der Schleier vor deinen Augen kurzzeitig verschwinden, und du wirst dich sehen in aller Schönheit, in aller Klarheit, in der wundersamen unangestrengten Wirkung, die du, wenn du nur wolltest, auf die Menschen haben könntest. Du wirst in deinem Leben viel mehr innere Zufriedenheit finden, wenn du die Außenwirkung, die du jetzt bereits erzeugst, mit einer solchen Form der Innenschau verbindest. Was dabei an Selbst-Erkenntnis herauskommt, ist vollkommen offen. Aber wir können dir wohl in Aussicht stellen: Du wirst dich sehr wundern.

Eines unserer Anliegen heute betrifft die Frage nach der Ökonomie unserer Kräfte. Wie kann sich eine körperlich schwächer werdende, nach innen gewandte Alte Seele gleichzeitig mit einem kriegerischen Selbst-Ausdruck nach außen verbinden?

Wir können euch diese Frage nach dem ökonomischen Einsatz eurer Kräfte nur beantworten, indem wir euch einen Vergleich plausibel machen, der euch in eine Erfahrung führt, die zumindest theoretisch allen vertraut ist: Stellt euch einen Leistungssportler vor, der gewohnt ist, stets das Maximum aus sich herauszuholen und auf eine kriegerische, das heißt zielgerichtete, aber auch rivalisierende Art mit anderen in Konkurrenz um die höchstmögliche Leistung zu treten. Stellt euch diesen Leistungssportler in einem Alter von zweiundzwanzig Jahren und in einem Alter von zweiundsiebzig Jahren vor. Sein Körper mag in hohem Alter noch gestählt sein, er mag über viele Ressourcen verfügen, über eine relative Gelenkigkeit, doch er wird in jedem Fall akzeptieren müssen, dass seine Kräfte, die er als Zweiundzwanzigjähriger besaß, nicht mehr identisch sind mit denen, über die er jetzt im Alter verfügt. Und er muss darauf Rücksicht nehmen.

Deshalb fordern wir euch alle auf, Rücksicht zu nehmen auf euer hohes Seelenalter. Ihr könnt und dürft von euch nicht mehr dasselbe verlangen, was ihr als Junge Seelen geleistet habt. Nehmt Rücksicht. Dann könnt ihr eure immer noch starken Kräfte ökonomisch einsetzen. Aus eurer Erfahrung, aus Erinnerung, aus dem feinen Einsatz dessen, was euch jetzt zur Verfügung steht, könnt ihr die gleiche Wirkung erreichen wie damals, als ihr euch bemühtet, das Siegertreppchen zu erklimmen. Nur die Ziele sind anders und die Wege neu. Seine Kräfte weise einzusetzen bedeutet, ständig intuitiv zu spüren, was das Beste ist; es ist eine unablässige Innenschau in Bezug auf die Frage: »Was kann ich heute leisten? Worauf habe ich Lust? Was sollte ich mir versagen?«

Ein alter Mensch kann auch nicht davon ausgehen, täglich in der gleichen Verfassung und mit den gleichen Kräften aufzuwachen. Jeder Morgen verlangt seine eigene Einstellung für den Tag. Geht deshalb bitte auch nicht davon aus, dass ihr – gerade im Arbeitsleben – eine Norm erfüllen könnt, die von Jungen Seelen aufgebaut wurde. Jahrein, jahraus den gleichen Kraftpegel anzubieten ist nicht möglich. Die Innenschau betrifft also besonders auch die körperliche Empfindsamkeit und Befindlichkeit: »Was möchte ich mir zumuten? Was kann ich mir zumuten? Was darf ich mir zumuten?« Und es gibt einen ganz einfachen, leichten und angenehm zu handhabenden Gradmesser. Fragt euch immer wieder, und dies ist für eine Alte Seele legitim: »Worauf habe ich Lust?«

Lust ist ein Grundaspekt der Krieger-Energie 3. Lust hat zu tun mit Sieg. Vitalität und Lust hängen generell sehr eng zusammen. Alles, was euch Lust bereitet, kreiert Kraft wie ein Dynamo. Es ist nicht so, dass ihr nur dann wertvolle Mitglieder eurer menschlichen oder sozialen Gemeinschaft seid, wenn ihr aus Pflicht, aus Angst nicht anerkannt zu werden, aus Selbstverleugnung, aus Märtyrertum, aus Opferbereitschaft heraus handelt, statt aus der Lust. Im Allgemeinen ist Lust für eine Alte Seele der Motor. Fragt euch immer: »Worauf habe ich in diesem Leben wirklich Lust? Welche Fantasie bereitet mir Lust? Und wie finde ich Wege, diese Fantasien von meinem Leben in eine gelebte Realität umzuwandeln? Wie gehe ich weise mit meinen Bedürfnissen, meinen Körperkräften und meinen Sehnsüchten um? Vertraue ich darauf, dass meine Sehnsucht Kraft spendet?« Durch solche Fragen werdet ihr die Weisen-Energie und die Krieger-Energie, das seelische Alter und ein kluges, einflussreiches Bewirken oder Überzeugen glücklich miteinander verbinden.

Wir haben den Eindruck, dass innere Aufrichtigkeit vor sich selbst für unsere Außenwirkung ein Schlüssel ist. Könnt ihr zum Wesen der Aufrichtigkeit in unserem Sinne sprechen?

Aufrichtigkeit ist nicht statisch. Sie ist dynamisch und unterliegt den Eindrücken eines jeden Tages, einer jeden Stunde. Und Aufrichtigkeit hängt ab von der Möglichkeit, der Bereitschaft und der Fähigkeit, zu sich selbst ehrlich zu sein. Erst dann kann Aufrichtigkeit auch formuliert werden oder in irgendeiner Art nach außen dringen. Wir haben oft genug betont, dass es für den Lernweg einer Seele nicht unabdingbar ist, ein geschultes und klar arbeitendes kognitives Bewusstsein oder eine hohe Intelligenz zu besitzen. Doch für die Entfaltungsstufe Alt 3 ist ein solches Bewusstsein für das eigene Selbst geradezu notwendig. Es muss nicht gebildet sein im Sinne einer akademischen Schulung oder einer philosophischen Bereitschaft, über das Leben nachzudenken. Aber eine Klarheit in der Selbstbetrachtung und ein Bewusstsein von den eigenen Motiven, zu handeln oder nicht zu handeln, sind notwendig, um Innenschau betreiben zu können.

Das soll nicht heißen und soll nicht bedeuten, dass Aufrichtigkeit und Direktheit in der Äußerung in jedem Augenblick der einzige Wert sind. Vielmehr ist es auch von großem Vorteil, wenn ein Mensch an sich selbst erkennt: »Ich habe mir etwas vorgemacht. Ich war nicht aufrichtig. Ich habe nicht gesagt, was ich hätte sagen sollen. Ich habe nicht getan, was notwendig war.« Aufrichtigkeit ist also abhängig von Unaufrichtigkeit. Aufrichtigkeit bedeutet, immer aufs Neue zu erforschen: »Wer bin ich wirklich? Was will ich wirklich? Was kann ich wirklich? Was bedeutet Aufrichtigkeit in meinem Leben? Wie wirkt sie auf mich, wie wirkt sie auf andere?«

Aufrichtigkeit ist dynamisch, und in dieser Dynamik wird es interessant, einmal absichtlich unaufrichtig zu sein und sich und anderen in die Tasche zu lügen – aber nur wenn man sich dabei aufmerksam beobachtet. Aufrichtigkeit ist eine Tugend des archetypischen Kriegers. Direktheit ist ebenfalls eine kriegerische Tugend. Sie ist nicht jedem Menschen in gleichem Maß gegeben, denn sie ist abhängig von seiner Angststruktur, von seinen Urängsten.[38] Deshalb bitten wir euch alle um Barmherzigkeit denjenigen gegenüber, denen es nicht in gleichem Maß wie euch vergönnt ist, nach innen zu schauen und sich selbst und anderen gegenüber aufrichtig zu sein.

Aufrichtig bedeutet auch aufrecht und direkt. Aufrecht zu sein, aufrecht zu stehen bringt mit sich, dass man Aufmerksamkeit wie ein Magnet auf sich zieht. Ein Mensch, der aufrecht und aufrichtig zu sich steht, muss nicht viel mehr als sein Sosein pflegen, denn er wird unmittelbar die Achtung und die Beachtung anderer Menschen finden. Aufrichtigkeit ist eine großartige Eigenschaft. Auf einer kriegerischen Entfaltungsstufe bedeutet sie auch immer einen gewissen Kampf gegen die eigene Angst. Ehrlich zu sein ist außerdem verbunden mit der Bereitschaft, Gefahren ins Auge zu blicken. Kriegerische Energie zeichnet sich dadurch aus, dass sie direkt auf den Mitmenschen wirkt, statt Umwege zu wählen.

Aufrichtigkeit ist im energetischen Sinne eine kriegerische Eigenschaft und kann daher nicht erwarten, immer nur auf Freude und Freundlichkeit zu treffen, sondern muss Gegnerschaft in Betracht ziehen. Innere Wahrheit ist flexibel und zeitgebunden, persönlichkeitsbezogen und individuell. So ehrlich sie auch sein mag, sie hat immer – weil es sich um Erkenntnis in der Konfrontation mit sich selbst handelt – eine konfrontative Eigenschaft, und wenn sie mit einer kriegerischen Energie verbunden wird, kann Wahrheit nicht nur klärend, sondern manchmal auch verletzend wirken. Aber wie die Krieger-Energie der zynischen Mentalität (Energie 3) deutlich macht, ist diese Verletzung eine zur Heilung notwendige Operation; sie ist ein keineswegs überflüssiger Eingriff in ein krankes System der Verlogenheit. Für den anderen, den Kranken, ist dies zunächst einmal nicht angenehm. Niemand freut sich über eine Operation. Aber die anschließende Gesundung ist umso angenehmer, und deshalb muss ein Krieger auch Ausdauer (Energie 3) beweisen. Er muss warten können, bis die Gesundung eintritt, und manchmal dauert es ein Weilchen.

Der Krieger möchte vor allem überzeugen. Das ist seine große Stärke. Wie kann es aber angehen, dass man als Alt 3 eine ganz subjektive Wahrheit verkündet, die doch für die anderen Menschen in dieser Form nicht gelten kann? Ist man da nicht dauernd in Gefahr, andere zu vergewaltigen, und wie kann das zusammengehen: das Überzeugen und meine Subjektivität in Bezug auf andere?

Überzeugen bedeutet nicht bekehren. Formen der Missionierung führen nicht zu wahrhaftiger Überzeugung. Überzeugen kann nur derjenige, der überzeugend ist. Es handelt sich also hier für eine Alte Seele immer um die Frage, ob sie von sich selbst und der Echtheit ihres Wesens überzeugt ist. Dieses Empfinden basiert auf subjektiven Empfindungen, Einsichten und Wahrheiten. Die Überzeugungskraft bewirkt, dass die Mitmenschen sich zu Respekt genötigt sehen, dass sie erkennen: Da steht jemand und kann nicht anders und will auch nicht anders. Die stolze Haltung eines Kriegers, der bereit ist, sein Leben einzusetzen für das, was er für richtig hält, steckt hinter diesem Anspruch. In dem Moment jedoch, wenn der Krieger das Anliegen des Gegners zu seinem eigenen macht, verliert er seine Kraft. In dieser archetypischen Erkenntnis können sich alle Menschen auf der Stufe Alt 3 wiederfinden. Es darf nicht darum gehen, sich aus Angst vor Zurückweisung das Anliegen des anderen zu eigen zu machen und damit das eigene Anliegen zu schwächen und zu verleugnen, sondern vielmehr darum, anderen Menschen ein Vorbild zu sein im Vertreten der eigenen, oft ganz subjektiven Wahrheit.

Jeder Mensch, gleich welches Seelenalter er erreicht hat, vertritt eine eigene Wahrheit. Doch Menschen in eurer Kultur und auch in vielen anderen Kulturen werden von der Gesellschaft dazu angehalten, diese private Wahrheit zu verschleiern, zu verleugnen oder zu verachten. Wenn es nun in jeder Gesellschaft einige oder mehrere Menschen auf der Stufe Alt 3 gibt, die diese Form der Verleugnung nicht mitmachen, die ein eigenes Strahlen entwickeln angesichts der Bereitschaft, etwas zu riskieren, was nicht allen genehm ist, und gegen die eine oder andere Norm verstoßen, so helfen sie damit der gesamten Gemeinschaft. Wir möchten die Notwendigkeit, Wahrheit zu verschleiern und zu leugnen, um die Gemeinschaft in irgendeiner Form zu prägen, nicht kritisieren. Wir sagen nicht, dies ist falsch und muss anders werden. Aber jede Gesellschaft braucht verschiedenartige ethische Angebote, die genormte und in erstarrten Verhaltensweisen gefangene soziale Umgangsformen und Verhaltensweisen infrage stellen und aufbrechen. Den Menschen auf der Stufe Alt 3 fällt dies wirklich leichter als anderen – zumindest leichter als allen, die jünger sind –, und dafür werden sie gebraucht, und dazu gibt es sie.

Wir empfinden sehr stark, dass ein Horchen auf unsere inneren Stimmen besonders wichtig ist. Ihr habt einmal sieben innere Stimmen identifiziert und erläutert.[39] *Vielleicht könnt ihr uns heute Hinweise geben, wie wir besser mit ihnen in Kontakt treten. Wir möchten sie hilfreich einsetzen, sie auch ausdrücken und mitteilen können.*

Für einen Menschen auf der Erkenntnisstufe Alt 3 sind alle inneren Stimmen gleich bedeutend und gleich viel wert. Die Innenschau besteht gerade darin, alle zu hören, alle wahrzunehmen und dann herauszufinden: »Was ist hier und jetzt meine innere Wahrheit?« Diese Wahrheit kann ebenso von der Angst geprägt sein wie von irgendeiner anderen Instanz. Es ist gültig, es ist wertvoll zu erkennen: »Ja, ich handle jetzt aus meiner Angst. Ja, ich habe Angst. Ja, ich beuge mich dem Diktat der Angst.« Es kommt nicht darauf an, immer edel über die Schwellen der Angst hinwegzuhüpfen oder sie zu ignorieren. Dadurch stößt sich jeder die Knie wund und holt sich Beulen am Kopf. Wichtig ist nur zu erkennen: »Was ist jetzt? Und wenn meine Angst authentisch ist, dann ist sie der Leitfaktor und die innere Stimme, die ich in diesem Moment zu beachten habe.«

Es ist also nicht entscheidend, immer der reinen und angstfreien Stimme zu folgen, sondern im Gegenteil alles, was ist, zu beobachten. Das wäre authentisch. Es ist anscheinend nicht so wichtig, einem hohen inneren Ideal zu folgen und die übrigen Kräfte, die sich in der eigenen Psyche und im seelischen Kontext manifestieren wollen, zu ignorieren, um diesem Ideal zu entsprechen. Vielmehr verführt das Streben nach einem Ideal, das darauf pocht, immer nur die Stimme der Seele zu vernehmen oder den Rat der Seelenfamilie befolgen zu wollen, zu einer spirituellen Unaufrichtigkeit, zu einer mangelnden Authentizität sich selbst gegenüber.

So ist es. Ebenso wertvoll, wie auf die Weisungen der Seelenfamilie zu horchen, ist es, sich vor die Welt zu stellen und zu sagen: »Ich schlottere vor Angst. Ich traue mich nicht. Ich bin krank vor Besorgnis. Ich kann nicht mehr; ich breche zusammen unter meiner Belastung.« Dies ist genauso gut wie der Versuch, diese Angst zu überwinden. Nichts geht vor. Entscheidend ist der Augenblick. Wichtig ist die Wahrheit, die sich im Moment enthüllt.

Wir alle möchten wissen, warum wir uns heute hier versammelt haben. Gibt es da einen Hintergrund, der uns noch nicht bekannt ist?

Warum fliegt die Biene zum Nektar? Weil es sie dorthin zieht. Weil sie damit ihrer inneren Bestimmung entspricht. Sie braucht sich nicht zu rechtfertigen; sie braucht keine Gründe, keine Ziele und keinen Zweck. Die Biene fliegt zum Nektar, weil sie weiß, damit tut sie sich Gutes. Und dieses Gute stammt aus einer Freude am eigenen Sein, am Sosein. Die Biene kommt nicht auf die Idee, anders sein zu wollen. Sie meint nicht, dass sie ein Nilpferd sein sollte. Die Biene hat kein Problem mit sich. Sie ist eine Biene und fragt sich nicht, ob es besser wäre, ein Schmetterling oder ein Hund zu sein. Sie hat keine Idealvorstellungen, die sie von ihrem Sosein abhalten.

Wir sind die nektarreichen Blüten. Ihr aber seid Menschen. Ihr seid mit einem Geist ausgestattet, der euch Wahlmöglichkeiten offenlässt. Das heißt, ihr könnt zwar nicht beschließen, ein Elefant zu werden oder es der Biene gleichzutun. Wohl aber könnt ihr entscheiden, welche Einstellung ihr zu eurem Sosein und Dasein einnehmen wollt. Das macht einen wesentlichen und wertvollen Teil der menschlichen Erfahrung aus, und ganz sicher können wir euch sagen, dass die Biene keine Möglichkeit hat, sich ihre Wirklichkeit selbst zu erschaffen. Sie ist ihre Wirklichkeit; sie hat keine Wahl. Aber ein Mensch ist mit einem Großhirn ausgestattet, das ihm erlaubt, Entscheidungen zu treffen und die Möglichkeit zu entwickeln, über sich nachzudenken. Dies ist ein besonderes Seelenschicksal eures Seelenvolkes mit der Künstler-Energie 2 und ist für das Ganze, das große Allganze von erheblichem Wert. Darum quält euch nicht nur damit, dass ihr euch ständig für etwas entscheiden müsst, sondern empfindet auch Freude an dieser Fähigkeit.

Ihr kommt also hier zusammen, um eure Freude an eurem

Sein ein wenig zu erhöhen. Und wir helfen euch dabei, indem wir euch sagen: Ein Mensch, der keinerlei Freude an seinem Sein empfindet, ist von seiner Göttlichkeit auf eine traurige Weise abgespalten und braucht Hilfe. Da nun so viele unter euch sind, die selbst als Therapeuten helfen wollen und helfen können, ist es gerade für euch so wichtig, dass ihr die Freude an eurem eigenen Sein unbekümmert genießen könnt. Denn erst dann könnt ihr sie vermitteln, und damit tut ihr viel Gutes. Ihr führt Menschen zurück zu ihrer Göttlichkeit. Damit sagen wir nicht zu viel.

Wir möchten euch bitten, wenn euch das sinnvoll erscheint, dass ihr uns noch einmal jede Seelenrolle in Bezug auf Alt 3 erläutert. In welcher Weise sollte jede einzelne der sieben Seelenrollen spezifisch auf bestimmte Dinge achten oder sie in besonderer Weise gestalten?

Dieses Anliegen scheint uns im Moment weniger wichtig zu sein. Doch die Frage nach der Freude ist noch nicht zur Genüge beantwortet. Wir kommen zurück auf das archetypische Bild der kriegerischen Energie 3, die euch hier und heute zusammenführt. Die Weisen-Energie 5 des Alten Zyklus liegt ja wie eine Hülle um alle Alten Seelen herum, doch das Kriegerische ist nur euch auf der Entfaltungsstufe 3 eigen. Nun stellt euch einen Krieger vor, der so verhungert, zerschlagen und unbefriedigt ist, dass er sich kaum auf den Beinen halten kann – vom Nachschub abgeschnitten, die Kleider in Fetzen, die Schuhe von den Füßen gefallen und die Munition fast verbraucht. Wie kann ein solcher Krieger gut kämpfen? Wie kann ein solcher Krieger für Ziele einstehen, um die es sich wirklich lohnt? Wie kann er die Ausdauer und die Kraft entwickeln, sich noch einmal in den Kampf für das zu stürzen, was ihm richtig erscheint, wenn er kaum noch stehen kann und seine Gedanken nur mit der nächsten Wassersuppe beschäftigt sind?

Freude also bedeutet, sich wohlzufühlen. Freude bedeutet, sich nicht vom Nachschub abzuschneiden, und dies heißt, ihr alle benötigt ausreichend Schlaf und lange, tiefe Traumphasen, gute Nahrung, aufbauendes Zusammensein mit Freunden, freudespendende Arbeit, lusterzeugende Kontakte. Wenn dieser Energienachschub garantiert ist, kann der Krieger sich auch einmal in Ruhe vor sein Zelt setzen und sich die Zeit nehmen, seine Kleider zu flicken und sein Gewehr zu ölen.

Denkt daran, dass die Freude eines Kriegers – archetypisch betrachtet – darin besteht, etwas Kostbares zu schützen: sein Volk, seine Freiheit, Wohlstand und Sicherheit. Es geht nicht prinzipiell oder nur selten um Angriff. Es geht meist um Bewahren und Verteidigen – und für euch alle, die ihr Alt 3 seid, zunächst einmal um das Schützen, Bewahren und Verteidigen der eigenen Energie, denn das ist nach so vielen Inkarnationen das Wertvollste, über das eine Alte Seele verfügt. Die Jungseelen-Kräfte haben sich verflüchtigt; die Reifseelen-Kräfte sind ein wenig ermüdet. Aber die Energie der Alten Seele besitzt ein Leuchten, das dem des Mondes gleicht. Die Sonne ist am Horizont untergegangen, doch der Mond verströmt sein weiches und auf seltsame Weise beruhigendes Licht. Es öffnet manche Herzen und lädt zum Träumen ein, und diese Möglichkeit sollte geschützt werden. Dazu sind Alte Seelen da, und das verbreitet einen Schimmer von Seligkeit um sie alle. Dieses besondere Leuchten wird von vielen gesucht, aber nicht von denen, die Freude mit Spaß und mit »Fun« verwechseln. Das sind ganz verschiedene Energien. Die Freude, die wir meinen, ist existenzielle Freude, eine Freude am Sein, erfüllt von Dankbarkeit. Dieses Sein kann sich ständig ändern; es ist nicht angewiesen auf unablässig neue Reize und vermag sich in jeder Lebenslage zu manifestieren, sogar auf dem Sterbebett.

Alt 4

Entfaltungsaufgabe: *Das Wohl der Gemeinschaft mit dem eigenen Wohl verbinden*
Motto: *Ich ernte die Früchte*
Energien 5 + 4

An diesem Wochenende sind fast sechzig Menschen zusammengekommen, deren Seelenalter von euch als Alt 4 identifiziert wurde. Im Rahmen dieser Gruppe bitte ich euch heute, uns eine allgemeine Botschaft zum Seelenalter Alt 4 zu übermitteln.

Weise Klarheit und klare Weisheit kennzeichnen die Grundenergie dieses Seelenalters. Ihr alle besitzt ein Potenzial der Weisheit und der Klarheit, eine Verbindung von Wärme und erfrischender Kühle, von Nähe und wohltuender Distanz. Ihr seid weise, weil ihr nicht anders könnt, als weise zu sein nach einer vieltausendjährigen Geschichte der Begegnungen und Beziehungen, der Liebe und des Leids. Ihr verfügt über Klarheit, weil ihr nicht anders könnt, als klar zu sein nach einer vieltausendjährigen Geschichte der Erfahrungen und der Einsicht in menschliche Zusammenhänge, in Grundgesetze des Menschseins und der Menschlichkeit.

Woran ihr jedoch zuweilen leidet – und oft mehr leidet als notwendig –, ist ein Empfinden der Diskrepanz zwischen eurem Anspruch an euch selbst aufgrund dieser inneren Gewissheit und dem, was ihr im Alltag eurer Körperlichkeit davon beobachten oder aktiv verwirklichen könnt. Das Potenzial ist vorhanden, und wir sagen dies mit aller Deutlichkeit, weil wir bei jedem Einzelnen von euch vorhandene Zweifel über dieses Potenzial ausräumen möchten. Die Anwendung und Durchführung dessen, was euch zu Recht aufgrund eures

Daseins und eures Soseins zur Verfügung steht, ist jedoch schwankend und fluktuierend, den Pulsationen eures Wesens unterworfen und den Gegebenheiten eures Körpers untertan. Damit wollen wir nichts anderes besagen, als dass ein Prinzip, eine energetische Vorgabe, durch die Lebendigkeit eines lebendigen Körpers in eine unausweichliche Schwankungsbreite überführt wird, die weder in eurer prinzipiellen Verantwortung liegt noch eurem prinzipiellen Einfluss unterworfen ist. Ihr könnt also das reine Prinzip nur ohne Körper verwirklichen – zwischen den Leben auf eurer Stufe Alt 4 in der astralen Welt, nicht aber im Körper. Daher solltet ihr, solange ihr lebendig seid und euren kostbaren Körper bewohnt, von dieser aktuellen Verbindung zwischen Seele und Körper auch nicht immerwährende Weisheit und Klarheit verlangen.

Euer Geist stellt viele Forderungen, eure Psyche ebenso. Manchmal stimmen diese miteinander überein, dann wiederum treten sie in einen Konflikt miteinander. Der Körper folgt seiner eigenen Gesetzmäßigkeit, und die Seele weiß besser als alle anderen Instanzen eures Seins, was sie braucht und wohin sie will. Sie führt euch mit sanfter Hand, aber sie führt euch. Dies solltet ihr euch auch dann ins Gedächtnis rufen, wenn ihr euch verloren und unsicher fühlt, wenn ihr den Überblick verliert, wenn ihr verwirrt seid. Dann erinnert euch immer daran, es ist der Geist, der verwirrt ist, es ist die Psyche, die verwirrt ist. Eure Seele führt euch, sie trägt euch, sie hält euch bei der Hand, und manchmal gibt sie euch auch einen kleinen Schubs in die richtige Richtung.

Ihr seid weise, weil ihr zu begreifen beginnt, dass euer Wesen aus vielen Schichten zusammengefügt ist und dass ihr nicht eine einzelne dieser Schichten – Körper, Seele, Psyche und Geist – isolieren könnt; nicht allein deshalb, weil dann anderes vernachlässigt würde, sondern weil es gar nicht möglich ist. Der Geist, die Psyche können vieles versuchen, der Körper kann auf seinen materiellen Bedürfnissen bestehen.

Das allein wird nichts nützen, wenn ihr in eurem Seelenalter vollends beginnt, euer Gesamtgefüge als lebendiges Wesen in einem Energiezusammenhang zu begreifen. Alle vier Aspekte eures Seins sind unmittelbar miteinander verknüpft, und jeder einzelne dieser Aspekte fordert sein Recht ein. Dies geschieht auf eurer Stufe mehr denn je zuvor. Alle vier Aspekte wollen genährt werden. Deshalb solltet ihr euch bewusst um alle vier Aspekte kümmern und sorgen, sie pflegen und sie versorgen.

Die Aufgabe eures Seelenalters – das eigene Wohl mit dem Wohl der Gemeinschaft zu verbinden – ist letzten Endes vor allem eine Aufgabe, die eure Erkenntnisfähigkeit herausfordert, nicht so sehr eine Forderung an eure Leistung. Hier geht es, entsprechend der Energie der Stufe 4 (Gelehrten-Energie), vornehmlich um eine Aufgabe der Selbstbeobachtung, der Selbsterforschung und der Ausführung von Energieexperimenten. Ihr alle tut dies unablässig, aber ihr macht euch nicht immer klar, was ihr da tut. Ihr erforscht, was es bedeutet, sich in die Gemeinschaft hineinfließen zu lassen, die Bande anzuerkennen, die euch mit allem, was nicht Ich ist, untrennbar verbinden: mit der Familie, den kosmischen Kräften bis hin zum Allganzen. Das alles bildet eure Gemeinschaft, und so wie diese Gemeinschaft über die unterschiedlichsten Kanäle in euch hineinfließt und in euch kreist, ganz unabhängig davon, wie einsam und isoliert ihr euch manchmal fühlen mögt, genauso fließt eure Energie in einem unablässigen Kreislauf in die Gemeinschaft hinein. Dies gilt selbstverständlich für alle Menschen, aber erst das Bewusstsein eurer speziellen Seelenalterstufe Alt 4 erlaubt, dass es nicht nur irgendwie, irgendwann geschieht, ohne eigenes Zutun, ohne die Möglichkeit, etwas zu verändern oder zu beeinflussen. Vielmehr ist es nun eure Aufgabe, mit der Energie 4, angereichert durch die Energie 5, also mit der Kraft der Gelehrten und der Klugheit der Weisen, diese Verknüpfungen zu bespielen wie ein kostbares Instrument. Und wir wollen euch auch sagen, dass auf diesem Instrument nicht immer nur liebliche Ohrwürmer gespielt werden oder gespielt werden sollten. Hier darf es auch Dissonanzen geben, die ebenso lehrreich sind und ebenfalls zur Vervollkommnung eurer Weisheit und Klarheit beitragen wie die schönen, harmonischen Melodien.

Macht euch immer wieder von Neuem bewusst, dass ihr euch in einer energetischen Grundsituation befindet, die ein Sowohl-als-auch zum Zentrum hat. Sowohl das eine als auch das andere, heute dies und morgen jenes, die Kräfte, die nach außen gehen, die Kräfte, die nach innen führen – all dies steht euch zur Verfügung, und ihr solltet es nutzen. Das Lichte und das Schattenhafte, beides darf euch vertraut sein, und ihr könnt es mit Liebe betrachten. Im Laufe des Reifen Zyklus habt ihr gelernt, viele scheinbar unvereinbare Aspekte des Daseins zu integrieren und in euch zu vereinen. Der Alte Zyklus hat euch bislang gelehrt, immer deutlicher eure Einzigartigkeit herauszuarbeiten, euch immer mehr abzusetzen und zu unterscheiden von dem, was die Allgemeinheit oder die Masse für gut und richtig hält. Nun seid ihr in der Mitte des Alten Zyklus angelangt, und es gilt den Schritt zu tun, aus dem Sichabsetzen und Ablehnen wieder in eine Mitte zu finden, eine neue Mitte, die das Wohl der anderen in einer nahezu absoluten Form gelten lässt und das eigene Wohl dagegensetzt, indem es sich mit ihm vereint. Zwei Seiten einer Medaille, nicht zwei Medaillen sollen es werden, und du drehst einmal die eine Seite und dann die andere in deiner Hand herum, um sie zu betrachten, aber deine beiden Hände umschließen diese Medaille.

Das eigene Wohl ist nun keine Privatangelegenheit mehr. Das Wohl der Gemeinschaft geht nicht nur die anderen an. Die Energie fließt einerseits hin und her, und andererseits ist sie eine ganze und einzige, sie ist identisch. Nun wird der eine oder andere sich fragen: »Wie kann ich denn verhindern, dass es der Allgemeinheit, der Gemeinschaft nicht gut geht, nur weil ich mich gerade nicht gut fühle oder weil ich etwas getan oder gesagt habe, das nicht meinem eigenen Wohl dient? Bin ich nicht dafür verantwortlich, dass es mir immerzu gut geht, damit die anderen nicht leiden?«

Wir begreifen diese Besorgnis, aber wir möchten euch auch beruhigen. Wir wollen euch allen sagen, dass ihr den Begriff des Wohls und besonders den des eigenen Wohls nicht allzu eng sehen dürft. Tut es nicht bisweilen oft euch selbst gut, eine Zeit lang krank zu sein, um zu neuen Erkenntnissen zu kommen? Tut es nicht der Familie oder denen, die euch pflegen, gut, sich einmal auf andere Weise um euch kümmern zu müssen? Ist es nicht ein Wohl für alle, wenn einmal etwas geschieht, auf das man nicht gefasst war, mit dem man gemeinsam fertigwerden muss? Begreift also euer eigenes Wohl nicht als eine Serie von warmen Frühlingstagen voller Sonnenschein und Blütenduft, sondern versteht vielmehr eure Lebendigkeit und eure Echtheit in jedem einzelnen Augenblick als das Ziel eures Wohls. Lebendig sein kann man auch in einer schwierigen körperlichen Lage; echt sein kann man gerade dann oft leichter, wenn es einem nicht besonders gut geht. Versteht dies als eine Herausforderung an die Liebe und die Erkenntnisfähigkeit der Allgemeinheit. Verzeiht es euch, und nutzt die Zeiten, in denen ihr euch nicht wohlfühlt, weil dies nicht selten eurem Wohl dient und dem der Allgemeinheit zugleich.

Ihr dürft euch auch aufgrund der Energiestufe 4 als Lehrer und Schüler zugleich begreifen. Ihr seid Lehrer für die Gemeinschaft, und ihr lernt vom Allganzen. Was ihr lernt, könnt ihr an jüngere Seelen, auch an gleichaltrige und manchmal sogar an ältere Seelen weitergeben. Ihr seid die Forscher, ihr seid die Gelehrten. Ihr seid Gelehrte, die ihre Gelehrsamkeit und ihre Forschung mit Weisheit würzen. Und Weisheit bedeutet Verstehen, Verzeihen, Begreifen und Vergeben. Weisheit bedeutet, fünf gerade sein zu lassen; Weisheit bedeutet, nicht auf seinem Recht und seinem Willen zu bestehen, wenn die Situation sich verändert hat. Weisheit bedeutet, dem anderen Recht zu geben, ohne sich zu verleugnen, eben weil der andere es vielleicht im Augenblick braucht. Weisheit bedeutet, zu lieben ohne Grund und ohne Ziel, denn das dient mit Sicherheit eurem eigenen Wohl. Ihr werdet euch viel wohler fühlen, wenn ihr einfach liebt, euch selbst, die anderen, die Welt, die Natur, die Tiere, das Wetter. Was immer euch präsentiert wird vom Leben, ihr habt die Wahl, es zu lieben oder abzulehnen. Wir sagen nicht, dass das Ablehnen etwas Schlechtes sei, wenn es authentisch aus der Tiefe eures Wesens kommt, denn auch ihr könnt ändern; Forscher können beeinflussen, Forscher können Neues entdecken. Aber ihr könnt auch dieses lieben: euer Ablehnen, euer Unwohlsein, euer Nichtwollen, eure Kritik. All dies könnt ihr als eure Ausstattung annehmen, als das, was euch als Segen und Gnade vom Leben, von der Existenz, vom Allganzen geschenkt wurde.

Sagt uns bitte etwas zu den durch das Seelenalter bedingten typischen Eigenschaften, die man von außen nicht leicht sehen oder einschätzen kann.

Eure große Empfindsamkeit und Durchlässigkeit ist altersbedingt. Es wäre logisch nicht einzusehen und energetisch unverständlich, eine Alte Seele zu haben, die in gewisser Weise schon die Gebrechlichkeit, aber auch die Feinheit des Alters aufweist, und damit die Forderung an einen überaus stabilen, undurchlässigen und quasi grobstofflichen Körper zu verbinden. Wenn ihr nun aber diese außerordentliche Zartheit, Durchlässigkeit, Anfälligkeit besitzt und auch die damit verbundenen Möglichkeiten, euch für das Feine, das Göttliche, das Delikate und das Seelische empfänglich oder durchlässig zu machen, so heißt dies noch nicht, dass eure Psyche nicht bisweilen Angst haben könnte vor den Auswirkungen einer solchen Öffnung nach allen Seiten und nach oben, sodass euer Körper aufgrund dieser Angst dagegen rebelliert. Ihr wisst aus eurer Erfahrung, dass Menschen Angst vor der Liebe haben können. Ebenso können Alte Seelen Angst vor den nichtkörperlichen oder außerkörperlichen Phänomenen haben, vor der Berührung mit der Transzendenz und mit den Instanzen des Allganzen.

An der Liebe an sich ist nichts auszusetzen. Jeder wünscht sie sich, jeder sehnt sich danach, und dennoch haben viele Menschen Angst vor ihr, denn sie macht verletzlich. Ebenso könnt ihr begreifen, dass einige von euch sich bewusst oder unbewusst den Energien der außerkörperlichen Welten verweigern oder verschließen. Mediale Empfänglichkeit, wie sie auf dieser Stufe der Entfaltung möglich ist, macht ebenfalls verletzlich. Wir möchten euch jedoch darauf aufmerksam machen, dass die Psyche eines jeden von euch ihre eigene Bedürfnislage und ihre eigene Gesetzmäßigkeit vertritt. Und dass diese Psyche oft gerade bei Menschen, die besonders durchlässig und empfindsam sind, einen gesunden Riegel gegen eine Überflutung vorschiebt, gegen ein Überschwemmt- oder Überwältigtwerden durch das, was so leicht durchdringen könnte, hätte man nicht den Riegel. Nun gibt es gewiss Möglichkeiten, den Zufluss des sogenannten Höheren, des Außerkörperlichen, der medialen Empfindung, der spirituellen Erlebnisse zu regulieren. Das ist etwas, das ihr lernen könnt. Dreht doch den Hahn der Empfänglichkeit nur ein wenig auf, lasst ihn tröpfeln; er wird nicht gleich das ganze Haus überfluten. Und ihr könnt ihn jederzeit wieder zudrehen. Vergesst nicht, dass alles, was erforscht wird, vorsichtig und nachhaltig erforscht werden sollte. Warum wollt ihr gleich das Ganze haben? Seid doch bedächtig und weise auch in diesem Vorgehen. Und ihr wisst auch, wenn es einmal eine Überschwemmung gegeben hat, dann wird das Haus so schnell nicht wieder trocken. Es wird eine Zeit lang unbewohnbar sein. Genau davor bewahrt euch eure Psyche durch ihre Vorsicht oder Verweigerung. Wenn ihr jedoch diese Ventile richtig reguliert, wird euch eure Transparenz von Vorteil sein. Wenn ihr dies hingegen nicht tut und zu viel des Guten wollt, werdet ihr oft weniger angenehme Konsequenzen davontragen.

In diesem Seelenalter Alt 4 (aber nicht nur) scheinen depressive Zustände häufig vorzukommen. Was ist ihre Funktion auf dieser Entfaltungsstufe, und wie geht man gut mit ihnen um?

Auf der Entfaltungsstufe Alt 4 ist eine Depression in den meisten Fällen die Ausdrucksform einer Trauer über bisher Unverwirklichtes. Dieses Nichtgelebte und Unverwirklichte bezieht sich fast ausschließlich auf die Beziehung zu der seelischen Gemeinschaft, zur Seelenfamilie, in die jeder Mensch unauflöslich eingebunden ist, die er aber oft nur wie durch ein blindes Fenster erkennt, weil ihm der Mut fehlt, dieses Fenster zu öffnen oder manchmal auch mit geballter Faust einzuschlagen, um eine klarere Sicht auf die Verbindungen und Verbindlichkeiten der eigenen seelischen Existenz zu erlangen.

Wenn ein Ventil zum Allganzen und seinen Instanzen allzu lange sehr fest zugedreht bleibt, bildet es Rost; um es wieder zu öffnen, muss ein erheblicher Kraftakt vorgenommen werden, manchmal sogar mit einer Zange. Dieses Bild soll euch helfen zu verstehen, dass Depression ein solcher Rost sein kann, eine Ablagerung, ein Hemmnis. Sie ist keine Vorsichtsmaßnahme der Psyche, wie wir sie vor Kurzem beschrieben haben, sondern die Folge der Vernachlässigung einer Hinwendung zur Transzendenz. Dies gilt nicht für jüngere Seelen, wohl aber für die meisten, die sich im Zyklus der Alten Seele befinden.

Es handelt sich um einen paradoxen Zustand, denn häufig ist es so, dass der Rost umso stärker ist, je mehr die Sehnsucht nach Durchlässigkeit und Kontakt zum Allganzen sich in euch ausbreitet. Eure menschliche Weisheit sagt euch, dass ihr euch zwar brennend und sehnlichst etwas wünschen könnt, die Umsetzung dieses Wunsches in die Wirklichkeit aber oft monatelang, jahrelang, jahrzehntelang aufschiebt, aus welchen Gründen auch immer. So kann es auch geschehen, dass ihr euch das selige Schwelgen in der Verbindung zum Allganzen unendlich sehnlich wünscht, euch aber nicht traut, es zu verwirklichen aus einer Befürchtung heraus, darin zu ertrinken. Nun ist dies nur eine Befürchtung und sonst gar nichts. Aber eine solche Scheu kann sich in der Psyche verfestigen und verbacken wie alter Rost. Wir wissen aber, und ihr wisst es auch, es gibt Rostlösemittel und Rostschutzmittel, und ihr solltet jeweils das für euch geeignete Mittel einsetzen. Dieses Mittel ist im großen Baumarkt der menschlichen Gemeinschaft zu finden. Ihr werdet es nicht in eurem eigenen Keller entdecken. Geht also nach außen, fragt danach, bittet um Hilfe und erforscht bei anderen, wie sie es fertiggebracht haben, den Rost aufzulösen, sodass ihre Ventile wieder glänzen und leichtgängig sind.

Depressionen sind häufig in eurem Seelenalter, das ist richtig. Aber ihr könnt sie überwinden, wenn ihr eure Beziehungsfähigkeit zum Allganzen wieder herstellt. Der Weg geht über die Beziehungen zu Menschen, die euch seelisch nahestehen und zu denen von euch aus ein natürlicher Fluss der Sympathie, der Zuneigung und Liebe strömen kann.

Sind Antidepressiva geeignete Rostentferner oder nicht?

Antidepressiva stellen die Zange dar, die eingesetzt werden sollte, um die Schrauben zu lockern, bevor das Rostschutzmittel aufgetragen wird.

Das Motto dieser Entfaltungsstufe lautet: »Ich ernte die Früchte.« Die Gruppe möchte gern besser verstehen, wie sich das mit den Früchten verhält. Sie scheinen da zu sein, aber nicht leicht wahrzunehmen, und manchmal sind sie auch noch schwer zu essen. Können wir da bitte mehr Klarheit bekommen?

Was die Früchte eurer Existenz betrifft, dürfen wir die energetische Situation, in der ihr euch befindet, mit einem Schlaraffenland gleichsetzen. Ihr verfügt über so vieles und macht es euch selten bewusst. Ihr sucht die Früchte dort, wo sie nicht liegen, und gebt euch mit Wachsfrüchten oder bemalten Holzobstsorten zufrieden, die ihr dekorativ in einer Schale anordnet, statt euch all die Nährstoffe, Mineralien und Vitamine zuzuführen, die euch ein einziger Besuch in einem guten Gemüseladen oder schönen Garten schon schenken könnte.

Die Früchte, von denen wir sprechen, bestehen aus Erinnerung, Durchlässigkeit, Liebesfähigkeit, Verständnis, Einfühlungsvermögen, Forschungsdrang und der Bereitschaft, die Welt mit den Augen der Erfahrung zu betrachten. Die Früchte sind in der Vergangenheit herangereift – in der Vergangenheit nicht nur dieses Lebens, sondern in der Gesamtheit aller eurer Leben, die hinter euch liegen. Einige Früchte sind exotisch, andere sehr vertraut, und wir sprechen nicht nur von Obst, sondern auch von Gemüse. Ihr solltet also die Grundnahrungsmittel unter diesen Früchten des Feldes und der Obstgärten nicht vernachlässigen und nicht verachten. Kartoffeln und Möhren sind genauso wertvoll wie Kiwis, Sauerkirschen oder Erdbeeren. Sie stehen euch das ganze Jahr über zur Verfügung und nicht nur in bestimmten Monaten.

Wenn ihr die Symbolik der Gesamtheit aller essbaren Gemüse und Obstsorten betrachtet, so wisst ihr auch, dass ihr von den Grundnahrungsmitteln wie Kartoffeln oder Reis oder Getreide sehr viel mehr zu euch nehmen könnt als von den raffinierten, ausgefallenen Obstsorten, die auch im Allgemeinen recht viel teurer sind. Nun wollen wir euch sagen, alle diese Früchte, gewöhnlich und ungewöhnlich, wachsen in eurem eigenen großen Energiegarten. Ihr habt in euch einen Weltgarten zur Verfügung, und wenn ihr von Feld zu Feld, von Beet zu Beet, von Baum zu Baum, von Strauch zu Strauch schreitet, werdet ihr jeden Tag etwas finden, das gerade reif ist, das gerade jetzt geerntet werden will, das gerade heute verarbeitet werden sollte. Wie viel gibt es in eurer Vergangenheit und in eurer Gegenwart, was Frucht eurer Erfahrung, eurer Liebe und eurer Erkenntnis ist! Aber geht nicht davon aus, dass ihr es alles auf einmal zur Verfügung haben solltet. Ihr könnt auch nicht alles auf einmal verzehren. Das Gartenjahr dauert 365 Tage und ist einem immer wiederkehrenden Kreislauf unterworfen. Euer Tag ist lang. Ihr könnt euch zu jeder Stunde etwas Neues gönnen, etwas Neues genießen aus diesem Garten. Aber vergesst vor allem eines nicht: Dies ist ein Zaubergarten! Seine Früchte versiegen nie, seine Nährquellen sind unerschöpflich, und ihr könnt die ganze Welt damit erfreuen.

Der Gesundheitszustand scheint bei Menschen der Entfaltungsstufe Alt 4 ein besonderes Problem zu sein. Bitte sprecht dazu.

Für alle älteren Seelen gilt, dass sie die oft ungewöhnlichen und seltsamen Bedürfnisse ihres Körpers zunehmend achten und beachten müssen. Diese unterscheiden sich immer häufiger und immer deutlicher von denen, die für die große Menge der Menschen gelten. Weil Alte Seelen ausgeprägte Individuen sind, brauchen sie bestimmte Nahrungsmittel, eine bestimmte Menge an Schlaf und Ruhe, Schutz und frischer Luft, Berührung und Distanz.

Die Bedürfnisse Alter Seelen unterscheiden sich nicht nur erheblich von denen jüngerer Seelen, sondern sie sind auch noch von Mensch zu Mensch verschieden. Man kann dem, was sie brauchen, nicht mit Patentrezepten begegnen. Und wenn diese Bedürfnisse nicht befriedigt werden, weil sie zum Beispiel durch Ideologie und Moral verhindert werden, wenn dann die damit verbundenen Nöte überhandnehmen und dem System nicht zugeführt wird, wonach es hungert, wird der Körper krank. Das ist ein Aspekt, den Alte Seelen stets berücksichtigen müssen. Sie brauchen mehr Ruhe, sie brauchen Feineres, Sanfteres, Stilleres auf allen Gebieten ihrer Existenz. Dann erst können sie ihre volle Kraft entfalten und einsetzen.

Darüber hinaus gibt es für die Seele auf der Stufe Alt 4 ein weiteres spezifisches Anliegen. Wir sprachen bereits davon, dass die Seele auf dieser Stufe wieder zum Lehrer wird. Und was die Gesundheit, die Pflege und Achtung der Körperlichkeit betrifft, wird die Seele auf der Stufe Alt 4 wie ein Lehrer für all jene, die nicht begreifen können, dass es einem Menschen gut gehen kann, obgleich er krank ist, dass er fröhlich sein und lieben kann, obwohl es ihm körperlich schlecht geht.

Wir erinnern euch daran, dass es seine Richtigkeit hat, wenn jüngere Seelen in einem Zustand der Krankheit missgelaunt, aggressiv und bösartig werden. Dies gehört zur Erfahrung ihrer Seelenalterstufe. Mit Alt 4 jedoch wird wiederum etwas scheinbar Unvereinbares vereint. Die körperlichen Kräfte sind oft reduziert, es gibt Schwächezustände und Schmerzen, es gibt Verzweiflung und abgrundtiefe Angst, aber zugleich oder in kurzem Wechsel damit gibt es Zustände der Freude, der Ekstase, der Seligkeit – ein paradoxer Zustand, den jüngere Seelen nicht verstehen können, den sie jedoch mit Faszination beobachten. Wenn es keine andere Funktion und Aufgabe von körperlichen Erkrankungen auf eurer Entfaltungsstufe gäbe, so wäre dies schon genug. Doch auch euch selbst überkommt ein solches Empfinden wie eine große Überraschung, etwas, das auch ihr, die ihr kürzlich aus jüngeren Seelenstufen herangewachsen seid, nicht für möglich gehalten hättet. Ihr wollt und müsst nun diese Erfahrung machen, wenn auch nicht in jedem Leben, so doch mindestens einmal auf dieser Entfaltungsstufe: Es geht euch gut und schlecht zugleich. Es ist jetzt möglich, über eure Schwäche und das Unwohlsein eures Körpers zum Wohl des eigenen Seins und zum Wohl der Allgemeinheit beizutragen. Es ist möglich, ein göttliches Entzücken am eigenen Dasein zu empfinden, wenn und obwohl sich der Leib in einem Zustand befindet, der allgemein nicht für erstrebenswert gehalten wird. Es ist sogar möglich und erwünscht, einmal auf dieser Stufe den Körper so zu schwächen, dass er sich den Einflüssen und der Ausfüllung durch das Allganze nicht mehr entziehen kann, dass er nicht mehr in der Lage ist, Widerstand dagegen aufzubauen. Oft geschieht dies erst am Ende eines langen Lebens in hohem körperlichem Alter mit achtzig oder neunzig Jahren – und manchmal sogar im Fall einer Demenz oder eines komatösen Zustandes. Aber einige von euch haben den seelischen Mut, es bei vollem Bewusstsein zu erleben und zu vollziehen. Wir möchten nicht behaupten, dass diese Erfahrung physisch angenehm oder psychisch einfach zu verkraften sei. Versteht uns nicht falsch, wenn wir sagen, dass sie trotzdem von Sinn erfüllt und von der Seele erwünscht ist.

❧ *Könnt ihr bitte noch etwas über Partnerschaft auf der Stufe Alt 4 sagen? Ich habe das Gefühl, dass dies ein ganz starker Wunsch der Anwesenden ist.*

Auf der Stufe Alt 4, auf der ihr euch befindet, gibt es grundsätzlich zwei scheinbar gegensätzliche Partnerschaftserfahrungen. Es gibt die Möglichkeit und Notwendigkeit, mit einem oder mit mehreren Partnern überwältigende Liebeserfahrungen zu machen. Sie entfalten eine Intensität und Qualität, die euch aus früheren Leben noch nicht vertraut waren. Außerdem gibt es die Fähigkeit, mit sich selbst eine Partnerschaft und Liebesbeziehung aufzubauen, die von einem anderen Liebes- und Geschlechtspartner unabhängig ist. Beide Varianten können sich auch vereinen, dann jedoch in einer jeweils abgeschwächten Form. Ihr entwickelt also allesamt die Möglichkeit, eine intensive Liebesbeziehung zu einem anderen Menschen zu haben und zugleich eine intensive Liebesbeziehung zu euch selbst, obgleich dies die schwierigste Variante ist. Die Abfolge ist im Laufe von drei Leben auf dieser Stufe oft so gestaffelt, dass eine leidenschaftliche Liebes- und Partnerschaftsbeziehung am Anfang steht, dann die ebenso intensive Erfahrung der eher einsamen, aber befriedigenden Liebe zu sich selbst gemacht wird und am Ende die Vereinigung beider Aspekte in gemilderter, weniger überwältigender Form erlebt werden kann. Alle drei Erfahrungen sind notwendig, um auf die nächste Entfaltungsstufe fortzuschreiten.

Wir meinen jedoch, euch sagen zu müssen, dass die Liebesbeziehung zu einem Partner nicht auf eine einzige lebenslange Verbindung beschränkt sein wird. Eine gewisse Vielfalt ist Voraussetzung für das seelische Weiterkommen. Wir sind auch geneigt, euch zu erläutern, dass diese Liebe eine veränderte Qualität im Verhältnis zu dem aufweist, was ihr euch aus purer Gewohnheit unter einer engen und ausschließlichen Bindung vorstellt. Eure Beziehungsformen sind jedoch im Einzelnen so unterschiedlich, dass wir hier nicht darauf eingehen können. So viel jedoch sei gesagt: In einer solchen Liebe kommt es nicht darauf an, zu verschmelzen und im anderen aufzugehen oder ihn in sich aufgehen zu lassen, sondern ihn wahrhaft zu sehen – aus einer gewissen inneren und manchmal äußeren Distanz heraus. Liebe heißt jetzt, den Partner ganz zu erkennen, bis in die tiefsten Tiefen seines Wesens einzudringen, ohne ihm zu nahe zu treten.

Alt 5

Entfaltungsaufgabe: *Unbeirrbar einen Weg verfolgen, ohne das Ziel zu kennen*
Motto: *Ich werde unruhig*
Energien 5 + 5

Wir möchten euch zunächst auf die einzigartige Energiestruktur dieser Entfaltungsstufe hinweisen. Denn es handelt sich um eine Verknüpfung zweier Fünfer-Energien, um das Phänomen einer Doppelfünf, das es zuvor noch nicht gab und das auch nachher nie wieder zustande kommt. Die Doppelfünf bietet eine geballte Weisen-Energie, eine großzügige, üppige, sich ausbreitende Wirkung und vor allem auch eine Kraft, die sich dem Kontakt mit dem eigenen Inneren und zugleich dem Wir der Gemeinschaft, der Verknüpfung von Ich und Welt und der Überbrückung von Gegensätzen verschrieben hat.

Die vorhergegangene Stufe Alt 4 verband eine Gelehrten-Energie mit einer Weisen-Energie. Sie stellte gleichsam einen Übergang und eine Energieschwelle im Zyklus der Alten Seele dar. Jetzt ist die Mitte überschritten, und eine deutlich maskuline, durch das Yang geprägte Energie kommt zum Tragen. Die Bedürfnisse der Seele gehen jetzt, weil das Innere bereits gesichert ist, verstärkt nach außen in die Welt hinein. Während die Stufe Alt 4 ein Innehalten, eine Phase der Besinnung, der Integration und der Selbstvergewisserung war, wird die Stufe Alt 5 sich jetzt – auf der gewonnenen Gewissheit basierend – ganz in die Welt und in die Mitmenschen verströmen können.

Kein Mensch kennt das Ziel seiner Inkarnation. Doch bei allen, die nicht das Seelenalter Alt 5 haben, kennt die Seele das Ziel. Jetzt aber findet sich die gealterte, überaus weise gewordene Seele für eine begrenzte Anzahl von Leben bereit, einmal nicht bereits in der Astralwelt vorauszubestimmen, zu welchen Erkenntnissen und Ergebnissen eine bestimmte irdische Existenz letztendlich führen soll. Alles ist offen. So bleibt mehr Raum für Inspiration, für Fügung und Führung, die weit über das Wollen der eigenen Seele hinausreichen. Die Seele öffnet sich für Ereignisse und Kontakte, die nicht geplant werden können und dürfen, weil sie mit einer von keiner Instanz vorhersehbaren Entwicklung und Vernetzung des menschlichen und des seelischen Kollektivs zusammenhängen. Kollektivschicksale überlagern stets das individuelle Schicksal des Menschen.

Es ist eine Urerfahrung des Menschen, dass niemand, der lebt, mit Gewissheit und absoluter Sicherheit weiß, was die nächste Stunde, der nächste Tag, was das Leben mit ihm vorhat, was ihm seine Existenz bereitet. Mit dieser faktischen Unsicherheit, mit dieser emotionalen Verunsicherung angesichts dessen, was der Mensch als Schicksal empfindet, muss jeder leben. Es bleibt ihm nichts anderes übrig. Im Laufe seiner Inkarnationsreise und auch in jedem einzelnen Leben entwickelt er Bewältigungsstrategien, die der Umgang mit einer so elementaren Bedrohlichkeit mit sich bringt. Doch kann jeder lebendige Mensch, ob er es weiß oder nicht, ob er es glaubt oder nicht, ob er es sich vorstellen kann oder nicht, grundsätzlich darauf vertrauen, dass seine Seele eine mehr oder weniger exakte Vorstellung von dem hat, was eine einzelne Inkarnation an Ernte einbringen soll.

Die Wachstumsziele, die jede Seele sich setzt, sind zum einen umschrieben durch ihr individuelles Seelenmuster (die archetypische Matrix) und die damit verbundenen Inkarnationsaufgaben, zum anderen durch Bedürfnisse, die durch das bereits zuvor Gelebte und Erlebte entwickelt wurden, und drittens durch energetische Notwendigkeiten, die seitens der Seelenfamilie mit ihren eigenen Zielen und Aufgaben vorgegeben werden. Das alles befolgt jeder Mensch in jedem Augenblick. Das alles erfolgt ohne bewusstes Zutun. Der lebendige Mensch glaubt sich im Vollbesitz seiner Absichten und Kräfte, in Kontrolle über seinen Willen. Und doch gehorcht er im Allgemeinen und Wesentlichen dem, was seine Seele und die damit verbundenen Kräfte ihm bereitet haben. Die irdische, die menschliche Unsicherheit über Zukunft und Schicksal wird auf der seelischen Ebene also kompensiert durch eine sinnhafte Vorgestaltung, die mit Gehorsam oder Widerwillen, mit Demut oder Aufbegehren von jedem Menschen letztendlich befolgt wird. Es handelt sich also um zwei Modelle des Existenziellen, die sich ergänzen wie zwei unterschiedliche Hälften eines Ganzen.

Auf der Stufe Alt 5 tritt im Verlauf der seelischen Entwicklung nun etwas vollkommen Neues und Unvorbereitetes ein. Dieses Unvorbereitete und Unvorstellbare wirft eine Einzelseele, die im Laufe ihres langen Inkarnationsweges gelernt hat, sich vertrauensvoll auf innere Sicherheit und äußere Unsicherheit einzustellen, in Dimensionen von Verunsicherung und inspirierter Sicherheit, die ihr vollkommen unvertraut sind. Wir sagten, nicht nur elementare Verunsicherung, sondern auch neue Sicherheit, denn die Seele ist in diesem Stadium bereits so weit entfaltet und an die Bedingungen ihres Inkarnationsweges gewöhnt, dass sie unter verschiedenen menschlichen Gegebenheiten lernen konnte, sich anzuvertrauen, sich fallenzulassen, sich der Existenz hinzugeben, ohne zu wissen, wohin diese sie führen wird. Ein gewisses Maß an Vertrauen auf Führung und Fügung ist also bereits ausgebildet. »Gott oder meine Seele werden schon um den Sinn des Lebens wissen« – das stellte bislang die Basis des Lebensgefühls dar. Das schuf innere Gewissheit, eine Sicherheit, über die sehr junge Seelen noch nicht verfügen können. Auf der Basis einer solchermaßen gewachsenen Vertrauensvorgabe kann sich später, in hohem Seelenalter, auf der seelischen Seite der Existenz eine Unbekannte entwickeln, die zum ersten und einzigen Mal der weltlich-existenziellen Unsicherheit eine ebenso absolute seelische Planlosigkeit gegenüberstellt.

Wo immer alles durch höhere Mächte abgesichert schien, ist nun nichts mehr verlässlich. Ein Mensch inkarniert sich auf der Stufe Alt 5 in eine Existenz hinein, in der er auf alles gefasst zu sein hat. Er muss und wird eine nie gekannte Vertrauensleistung in die Richtigkeit aller Ereignisse erbringen. Und er entwickelt Bereitschaft, Neugier, Drang und Trieb, aktiv zu erforschen, was denn das Leben für ihn bereithält – trotz der wachsenden Vermutung, dass das Leben selbst sozusagen keine Ahnung hat, was es ihm bescheren will.

Wer das Ziel seiner Lebensreise weder ahnt noch kennt, weil die Wege dorthin von seiner Seele erst gebahnt werden müssen, wird genötigt sein, jeden angepeilten Kurs kurzfristig zu ändern. Es gibt keine andere Möglichkeit der Lebenseinstellung, als am Morgen einen Plan für den Tag zu machen, auf plötzliche Veränderungen gefasst zu sein und darüber hinaus entweder vertrauensvoll oder resigniert alles offenzulassen. Doch wenn die Freude am Jetzt und am Heute die Überhand gewinnt und das Morgen, das Unbekannte und Unplanbare als eine spannende und nicht nur angstbesetzte Abenteuerfahrt begriffen werden, dann kann der Mensch auf der Stufe Alt 5 eine existenzielle innere Unruhe kanalisieren und die darin gebundene Energie kreativ freisetzen.

Für die Seele eines Menschen auf der Entfaltungsstufe Alt 5 gibt es keine größere Vertrauensleistung in die Sinnhaftigkeit der Existenz, als nicht einmal gedanklich festzulegen, wohin der Weg zu führen hat. Durch eine neuartige Vertrauensleistung wird einem Menschen die seelische Gewissheit genommen, auf die er sich seit Beginn seiner Inkarnationsreise bedingungslos verlassen konnte. Jetzt aber vertraut sich die Seele den Nebeltröpfchen des Nichtwissens an und öffnet sich dadurch dem Licht der Sterne, das bisweilen durch die Nebelschwaden dringt. Der innere Blick ist nicht mehr auf die Füße gerichtet, die den Weg bislang immer gegangen sind, indem sie einen Schritt vor den anderen setzten, sondern sie schaut auf die Regionen, die ihr als den Himmel bezeichnet. Nur wenn der inkarnierte Mensch den Blick weiterhin angstvoll gesenkt hält und darauf bestehen möchte, jeden einzelnen Schritt aus Furcht vor dem Sturz in den Abgrund zu kontrollieren, wird die Orientierung schwierig. Bleibt aber der Blick vertrauensvoll nach oben und in die Ferne gerichtet, ist alles einfach.

Der Polarstern der Seelenfamilie winkt und blinkt und kann auch den dichtesten Nebel durchdringen, weil seine Strahlen nicht nur den kognitiven Anteil des Bewusstseins erreichen, sondern auch die Intuition, die Inspiration, die mystische Entgrenzung und alle spirituellen Erkenntnismöglichkeiten, die einem Menschen auf dieser Entfaltungsstufe geschenkt werden, wenn er bereit ist, sie anzuerkennen und zu nutzen.

Menschen mit einer Seele auf der vorangehenden Stufe Alt 4 leben oft sehr zurückgezogen; sie brauchen Ruhe und Stille und eine unaufgeregte Lebensführung. Auf der Stufe Alt 5 wird dies nun ganz anders. Die Lebensgeschichte ist im Kontrast zu vorher turbulent, gekennzeichnet von starken Höhen und Tiefen, Engpässen und Weiten. Die Energie, die ein Mensch mit einer Alt-5-Seele ausstrahlt, hat etwas Einladendes und besitzt gleichzeitig einen Aufforderungscharakter. Sie ist auch im Vergleich zu den vorangehenden leiblichen Existenzen fröhlicher, zuversichtlicher, kommunikativer und wirkt wie befreit. Die verbindenden Eigenschaften der doppelten Weisen-Kraft (Energie 5) kommen jetzt zum Tragen. Nicht mehr der Rückzug ins Private, ins Innerliche, ins Geheime ist das Bedürfnis des Menschen in diesem weiter fortgeschrittenen Seelenalter. Vielmehr entfaltet sich ein frischer Schwung, eine neuartige Dynamik in seinem Wesen. Es ist ihm sowohl bewusst als auch unbewusst ein Bedürfnis, mit seinem Dasein eine Wirkung zu erzielen, die weit über das persönliche Umfeld oder die private Selbstgestaltung hinausgeht.

Ein Mensch auf der Stufe Alt 5 ist keine Privatperson mehr. Er teilt seine Ausstrahlung, seine Kräfte und seine Energie mit der Welt, und die Welt nimmt sie von ihm gern, ohne ihm mehr als Verwunderung und Bewunderung zurückgeben zu können. Der Austausch ist nicht gleichmäßig und ausgeglichen, sondern vollzieht sich aus der überbordenden Fülle dessen, was eine Seele auf dieser Stufe Alt 5 zu geben hat. Die Fülle gleicht der eines schwerreichen Menschen, der Stiftungen ins Leben ruft, freigebig spendet, die Armen speist, Schulen und Hospitäler gründet, ohne von den Bedürftigen eine Gegenleistung zu erwarten. Die Üppigkeit seiner Energie will und muss verteilt werden.

Für ihn selbst bleibt stets genug übrig; denn wir sprachen davon, dass auf den ersten Stufen des Alten Zyklus eine Art

Energiesicherungsverfahren stattgefunden hat, das mit Alt 4 abgeschlossen wurde. Jetzt kann die Seele des Menschen auf einem starken Polster ruhen und auf dem aufbauen, was sie sich in den ersten vier Entfaltungsabschnitten erkämpft und erobert hat. Auf der Stufe Alt 5 manifestiert sich daher eine nie gekannte Freiheit. Diese erstreckt sich über die verschiedensten Aspekte des Daseins. Ihr wisst, dass die Entfaltungsaufgabe dieser Stufe lautet: »Unbeirrbar einen Weg verfolgen, ohne das Ziel zu kennen.« Wir werden zunächst über die Formulierung »unbeirrbar einen Weg gehen« sprechen.

Fundamentale Unsicherheit ist die existenzielle Reaktion auf ein Empfinden von Leere. Dem irrigen Eindruck fehlender seelischer Führung, der bei jüngeren Seelen sehr häufig anzutreffen ist, wird im individuellen Leben einer Alt-5-Seele eine neuartige Unbeirrbarkeit in der Verfolgung ihrer nicht definierten Ziele entgegengesetzt. Diese Unbeirrbarkeit hat wenig oder nichts mit Willenskraft oder Starrsinn zu tun, sondern mit einer Fähigkeit, sich nicht aus einem Konzept bringen zu lassen, das mental unverständlich oder nicht einmal wirklich vorhanden ist. Unbeirrbarkeit stellt eine Bereitschaft dar, einem inneren Vorhaben, das weder definierbar noch beschreibbar ist, zu folgen wie ein Kapitän, der ohne Instrumente auf dem nächtlichen Ozean unterwegs ist und sich nur nach dem Stand der Sterne richten kann, um sein Schiff zu lenken. Diese Unbeirrbarkeit ist auch nicht mit Anstrengung oder Beharrlichkeit zu verwechseln, sondern enthält ein gewisses Maß von dem, was andere Menschen als Sturheit bezeichnen würden. Sie ist definierbar als ein Widerstand, als eine Gradlinigkeit im So-sein-Wollen und Das-tun-Wollen und Nur-auf-diese-Weise-leben-Wollen. Es ist eine Gradlinigkeit, von der niemand die betreffende Person abbringen kann, höchstens einmal vorübergehend oder scheinbar. Doch selbst Zugeständnisse und Umwege sind nur kurze Pausen oder Unterbrechungen, Abweichungen auf dem Weg dieser Unbeirrbarkeit, die auf ein unbestimmtes Ziel hinsteuert, das weder Form noch Inhalt besitzt. Wir finden nur schwer die richtigen Worte, um etwas zu beschreiben, das sowohl gezielt als auch ziellos ist. Es ist willenlos und dennoch unbeirrbar.

Wer immer einer Seele auf der Stufe Alt 5 begegnet, weiß, dass sie jedes Mal, wenn irgendetwas oder irgendjemand von ihr Kursänderungen verlangt, die ihrem inneren Leitstern nicht entsprechen, einen massiven Widerstand aufbaut. Oft wird diese Reaktion als Widerspenstigkeit oder Ablehnung missinterpretiert. Es handelt sich aber um eine den übrigen Menschen wenig vertraute Eigenschaft, die nur als durch nichts zu rechtfertigende Gradlinigkeit bezeichnet werden kann. Die erratisch-ziellose Wanderung von Ereignis zu Ereignis, von Planlosigkeit zu Planlosigkeit wird also durch die schlafwandlerische Unbeirrbarkeit scheinbar aufgehoben, aber im Grunde nur kompensiert und ergänzt. Denn die hartnäckige Bereitschaft, sich in keiner Weise vom angeblich vorgeprägten Lauf der Dinge bezwingen zu lassen, ist für eine Seele auf dieser Entfaltungsstufe die einzige Möglichkeit, ihrem inneren Ruf zu folgen, der einmal von hier und einmal von dort, von oben und von unten, von hinten und von der Seite her ertönt. Die extreme Konzentration, die ein solcher Mensch auf seine inneren Weisungen richten muss, kann nur entstehen, wenn er sich nicht nach den Wünschen, Bedürfnissen und Nöten seiner Mitmenschen richtet, sofern sie seinem eigenen inneren Bedürfnis widersprechen.

Nun erlebt auch ein Mensch auf der Stufe Alt 5 phasenweise durchaus, dass er über eine private, persönliche und lebensgeschichtliche Planungssicherheit zu verfügen scheint. Er kann sich dieses und jenes vornehmen, es gelingt ihm auch. Er hat selten Probleme mit seinen Mitmenschen. Er ist meist verträglich und beliebt, doch er darf kaum auf echtes Verständnis hoffen. Aufgrund seiner Ausstrahlung als außergewöhnliche Figur im Spiel des großen Ganzen nimmt er eine gewisse Sonderstellung ein und steht nicht selten im Rampenlicht. Sein Leben beugt sich der Kraft immer neuer, überraschender Wendungen. Gleichzeitig wird ihm zunehmend klar, dass er nicht nur tagtäglich auf schwankendem Boden schreitet, sondern dass er sich auf das, was ihm zuvor immer Sicherheit verhieß und immer verlässlich erschien, nämlich die höhere Führung oder die göttliche Fügung, und sogar auf seine inneren Stimmen nicht mehr verlassen kann. Denn die Doppelfünf mit ihrer Betonung auf Kommunikation bewirkt eine Lebensweise, die mehr als je zuvor auf die Schicksale der Mitmenschen reagiert und von ihnen mitbestimmt wird.

An diesem Punkt ihrer Entfaltung hatte eine Alte Seele zuvor schon begriffen, dass der Sinn ihres Daseins nicht allein von ihren bewussten Wünschen und Absichten gestaltet wird. Sie spürte bereits, dass sie sogar ein scheinbar sinnloses Leben führen kann und dennoch darin eine Sinnstruktur vorgegeben ist, die sogar die Sinnlosigkeitserfahrung und Sinnlosigkeitsgefühle einschließt und zu einem sinnerfüllten Ganzen verschmilzt. Aber auf dieser neuen Entfaltungsstufe Alt 5 fällt die beschriebene Sinnvorgabe fort. Eine Verselbstständigung findet statt, die sich weder auf der Grundlage der eigenen Absicht und Willensbildung bewegt noch auf einer geheimnisvollen Sinnhaftigkeit, die in der Astralwelt durch den archetypischen Seelenplan vorgegeben wurde.

Natürlich verfügt auch ein Mensch auf dieser Entfaltungsstufe über ein Seelenmuster, eine Seelenmatrix, die ihm bestimmte Lernthemen zur Aufgabe macht. Das ist sozusagen der einzige sichere Rahmen, in dem er sich bewegen kann. Alles andere aber vermittelt ihm ein Lebensgefühl, als triebe er in einem ruderlosen Boot auf hoher See dahin. Wohin ihn die Strömungen, die Gezeiten, die Wetterlagen, die Stürme und die Flauten seines Daseins tragen werden, ist unberechenbar, ungewiss, geradezu willkürlich. Das bereitet nicht nur Freude und Befriedigung, sondern bringt auch ein gerüttelt Maß an Verängstigung mit sich, die nur dadurch bewältigt werden kann, dass dieser Mensch schon früher mit gewissen Zuständen der Unberechenbarkeit Erfahrungen gemacht hat.

Wer diese Entfaltungsstufe Alt 5 erreicht, spürt, dass er zur Gestaltung seiner eigenen Lebensgeschichte nur scheinbar etwas beitragen kann. Vielmehr wirft es ihn jetzt hierhin und dorthin, und er kann nur sein Einverständnis geben oder es aufbegehrend verweigern. Er mag zu dem, was ihm willkürlich bereitet ist, Ja sagen oder Nein sagen, er kann sich hingeben oder Widerstand leisten – das Einzige an persönlicher oder individueller Freiheit, was ihm bleibt, ist seine Einstellung zu dem, was ihm widerfährt. Ansonsten besteht Freiheit für ihn in einer ganz anderen Form und Dimension. Sie zeigt sich darin, dass sein Lebensbötchen ihn an Gestade treiben kann, von denen er nicht einmal wusste, dass es sie gibt. Er wird also einmal hier landen und einmal dort und nirgends lange verweilen können, aber immerhin viel Interessantes kennenlernen. Denn seine Erfahrung als Alt-5-Seele wird ihm mit zunehmendem Lebensalter zeigen, dass er im Außen keine Beständigkeit vorfindet. Unbeirrbarkeit gibt es nur tief in ihm selbst. Sobald er eine neue Insel, ein fremdes Ufer erreicht hat und versucht, sich dort heimisch zu machen, wird diese Insel überflutet, oder das Land wird von einem Vulkanausbruch erschüttert. Ihm bleibt nichts anderes übrig, als weiterzureisen, neuen Unsicherheiten entgegen. Aber wie nun der Mensch als Seelenwesen einmal beschaffen ist, gewöhnt er sich sogar daran und findet nach und nach Gefallen an solch schiffbrüchigen Abenteuerreisen über die Ozeane seines Daseins.

Im ersten Leben auf dieser Stufe Alt 5 ist das Aufbegehren oft noch stark. Der Mensch versucht mit der Willenskraft früherer Existenzen, die er glaubt, erneut mobilisieren zu können, noch gegen das ihm zugemutete Ungewisse anzukämpfen. Er will sich nicht beugen, will die Dinge selbst in die Hand nehmen, auch wenn ihm sein Leben unter den Händen zerrinnt. Aber bereits im zweiten und dann im dritten Leben auf dieser Stufe wird der fruchtlose Versuch, dem unberechenbaren Dasein einen eigenen Willen aufzuzwingen, nach und nach aufgegeben, denn die persönliche Absicht trägt immer nur eine kurze Strecke weit. Dann ändert sich alles wie auf einer Drehbühne, auf der immer neue Szenarien präsentiert werden. Der Mensch mit einer Alt-5-Seele muss sich *nolens volens* damit abfinden. Wir sagten aber auch, dass er zunehmend Gefallen an der Unberechenbarkeit seines Lebensweges findet und im Nichtgeplanten und nicht Planbaren eine überraschende Sinnstruktur entdeckt.

Die doppelte Energie 5 schafft eine Existenz, die im Wesentlichen maskulin nach außen gerichtet ist. Der betreffende Mensch wird im Laufe der Zeit eins mit seiner Wirkung und Ausstrahlung auf die Mitmenschen. Die Alt-5-Seele ergießt sich in die Gesellschaft und auf die Gemeinschaft. Wir weisen an dieser Stelle noch einmal zurück auf das Seelenalter Alt 3, das mit seiner kriegerischen Energie vieles im Außen bewegt und bewirkt: Mit deutlich erkennbarer, bewusster Zielsetzung und Willensanstrengung werden Dinge erreicht, die planbar sind, und Zielvorgaben erreicht, die in weiter Ferne harren. Eine Außenwirkung, wie sie auf der Entfaltungsstufe Alt 3 erreicht wird, ist aber noch mit einem gewissen Maß an Anstrengung und Ausdauer verbunden. Im Gegensatz dazu ist die Seele auf der Stufe Alt 5 vor keinerlei willensmäßiger Beharrlichkeit und Fernzielsetzung erfüllt. Sie nimmt sich allenfalls vor, was sie sich für den nächsten Tag, die nächste Woche, das nächste Jahr wünscht – mit einem tiefen Empfinden der Unzuverlässigkeit ihrer menschlichen Mitspieler. Auch ist ja das Schicksal außerordentlich wankelmütig, denn es wird nicht nur von Naturgewalten und Katastrophen, sondern auch von menschlichen Kollektiven und somit von all jenen mitgestaltet, deren Seele nicht auf der Stufe Alt 5 ist.

Über die menschliche Gemeinschaft hinaus gibt es noch viele andere Faktoren, die ein Alt-5-Leben radikal verändern und in neue Richtungen lenken können, zum Beispiel schwere Erkrankungen oder Unfälle, Kriege, Seuchen, Börsencrashs, Vulkanausbrüche. Diese Vorkommnisse und ihre Folgen sind vom Individuum absolut nicht vorauszusehen oder können weder gewollt noch angestrebt werden. Es gehört nicht zur Natur des Menschen, das Unangenehme zu suchen.

Doch die seelische Planlosigkeit eines Lebens auf dieser Entfaltungsstufe hat nicht nur leidvolle Seiten. Vielmehr kann genauso etwas unerwartet Beglückendes, Schönes, Bereicherndes und Erweiterndes in das Leben eines Menschen auf der Entfaltungsstufe Alt 5 eintreten, eine schicksalshafte Überraschung, die in der Regel dazu beiträgt, dass die energiespezifischen Bedürfnisse der Doppelfünf nach einem Geben und Schenken aus vollen Händen erst ermöglicht werden. Was immer das auch sein mag – die materiellen Aspekte solchen Schenkens sind nur ein kleiner Teil dieses Phänomens für einen Menschen, der das Seelenalter Alt 5 erreicht hat. Er will und muss sich schenken, sich geben, ohne sich zu verausgaben, und sich mitteilen mit allem, was er hat: mit seiner Ausstrahlung, mit Worten, ohne Worte, mit seinem Werk und seinem Wirken. Alles in ihm drängt auf Mitteilung und Verteilung und Teilen überhaupt. Seine Energie mit der Doppelfünf strebt nach Ausweitung, nach Verbreitung und Verbreiterung. Deshalb wird jemand mit diesem Seelenalter nicht nur über einen scheinbar bruchstückhaften und inkonsequenten Lebenslauf verfügen, sondern gerade über seine Bewältigung des Unberechenbaren für viele als Vorbild, Leitbild und zur Orientierung dienen.

Die Doppelfünf ruft bei den Mitmenschen Verwunderung

hervor, die mit einem tiefen Unverständnis gekoppelt ist. So wie fastende Heilige verehrt werden, weil andere sich stets mit ihrem Hunger herumplagen und ihre Tage darauf verwenden, etwas zum Essen aufzutreiben, oder wie Menschen, die auf sexuelle Betätigung verzichten, als Ausnahmegestalten betrachtet werden, wo doch alle Übrigen in der Befriedigung ihrer Triebe die höchste Genugtuung finden, so ist auch ein Individuum, das sich klaglos den Unberechenbarkeiten seines Lebensweges hingibt, ein Objekt der Verehrung seiner Mitmenschen. Sie beruht darauf, dass andere nicht begreifen, wieso einer nicht hadert und aufbegehrt, sondern gerade in der Wechselhaftigkeit seiner Schicksalsgestaltung Trost und Befriedigung findet. Ja, wir möchten so weit gehen zu sagen, dass ein Mensch auf dieser seelischen Entfaltungsstufe sich sogar häufig über sich selbst und seine geradezu stoische Haltung gegenüber den Unbilden seines Schicksals wundert und nicht begreift, wie er die Dinge einfach hinnehmen kann, nur weil sie kommen, wie sie wollen.

Während jemand auf der Stufe Alt 4 ein starkes Bedürfnis nach Alleinsein und Rückzug empfindet, verhält es sich auf der Stufe Alt 5 ganz anders. Dieser neue Seelenabschnitt sucht Kontakt und Verbindung, sucht Einflussmöglichkeiten auf die Gemeinschaft, jedoch ohne Zielsetzung und ohne Anstrengung. Die Anstrengungslosigkeit dieses Seelenzustandes, der so viel an Auf und Ab zu bewältigen hat, ist erstaunlich und verdient Beachtung. In vieler Hinsicht gleicht ein Mensch auf dieser Entfaltungsstufe einem Seefahrer des 15. Jahrhunderts, der von der Regierung seines Landes beauftragt wird, einen Weg nach Indien oder ans Ende der Welt zu finden, und der nicht weiß, wo er landen wird, was er entdecken oder wen er dort vorfinden wird und ob er je in die Heimat zurückkehren kann. Es handelt sich bei der Stufe Alt 5 in jedem Leben um eine existenzielle Erkundungsfahrt ins Ungewisse, ins Unbekannte. Aber in der Regel wird der

Mensch auf dieser Entfaltungsstufe mit einer reichen Belohnung an existenziellen Schätzen gesegnet, die für die kommenden Leben fruchtbar gemacht werden und große Rendite einfahren.

Frühere Seelenstufen, angefangen bei der Kind-Seele, empfinden das Wirken höherer Mächte – in welcher Gestalt auch immer – meist als feindliches Schicksal. Auch Junge Seelen hadern mit den Göttern oder dem Fatum, wollen es mit Opfern und Gelübden günstig beeinflussen und einen Handel mit ihm abschließen. In der Regel wird dieses Schicksal als beschwerlich und unheilbringend verstanden, aber es gibt auch Schicksalswendungen, die froh und glücklich machen und ein Leben bereichern. Alles dies jedoch wird als etwas Geschicktes, etwas Gesandtes, von einer geheimnisvollen Macht Verteiltes begriffen, sei es nun Fortuna oder ein Wettergott, deren Absichten naturgemäß unergründlich sind. Der Mensch selbst ist seinem Geschick hilflos ausgeliefert. Auf der Stufe Alt 5 wird diese Art von Schicksalsbegriff aus den Angeln gehoben. Hier wird nichts mehr geschickt, nichts mehr bewusst oder unbewusst hergerichtet oder angerichtet oder anbefohlen. Keine Instanz scheint vorhanden zu sein, der man die Unberechenbarkeit des ziellosen Lebensweges zuschreiben kann. Der Mensch auf der Stufe Alt 5 fühlt sich dennoch keineswegs gebeutelt, nicht herumgestoßen, nicht von oben bestimmt, was immer dieses Oben auch sein mag. Er hat keinen Schicksalsbegriff, sondern folgt wie ein sensibles Tier einer Duftspur, die weder seine eigene Seele für ihn gelegt hat noch eine Gottheit. Sie ist einzig und allein den spezifischen Notwendigkeiten seiner seelischen Gemeinschaft, seiner Seelenfamilie, zuzuschreiben.

Eine Seele, die das Stadium Alt 5 erreicht hat, gehört stets einer gealterten und gereiften Seelenfamilie an. Sie wird also wenige Seelengeschwister haben, die jünger als Reif 5 sind, und bereits viele, die nahe am Abschluss der Inkarnationsreise angelangt sind oder diese bereits vollendet haben. Eine solche alte Seelenfamilie hat fast alles an Erfahrbarem bereits in ihrem Entfaltungsschatz gespeichert. Aber es gibt noch Lakunen; da sind noch Leerstellen im Energiegefüge, die hier und dort auftreten und entsprechend der Aufgabe der Seelenfamilie mit gelebtem Leben gefüllt werden müssen. Diese übergeordnete Notwendigkeit wird nun auf jene Mitglieder der Familie abgestrahlt, die das Seelenalter Alt 5 erreicht haben und wie Sternschnuppen bei ihrer Seelenfamilie die eine oder andere Teilaufgabe abholen, sie bearbeiten, nach einer gewissen Zeit damit fertig sind, zurückkehren und sich dann neuen Aufgaben stellen, die ihnen wieder von dem Ganzen ihrer Seelenfamilie und ihren gealterten Seelengeschwistern zugewiesen werden.

Die Seelenfamilie ist für einen Menschen auf der Stufe Alt 5 sowohl etwas sehr Diesseitiges als auch etwas Jenseitiges. Wir haben früher gesagt, dass ein Mensch auf der Stufe Alt 4 quasi mit einem Bein im Diesseits und mit dem anderen Bein im Jenseits steht und eine entsprechende innere Zerrissenheit spürt, die er durch eine besonders ruhige und besinnliche Lebensweise zu bewältigen sucht. Er ist halb hier, halb dort. Ein Mensch auf der Stufe Alt 5 hingegen ist ganz im Jenseits und auch ganz im Diesseits. Diese Seele ist zudem auf eine bislang ungewohnte Art auf die Weisung ihrer inneren Jenseitsaspekte, das heißt ihrer Seelengeschwister, angewiesen und mit ihnen verbunden. Sie will und muss diese Weisungen ganz im Diesseits ausführen und alle existenziellen Aufgaben bearbeiten, die ihr gestellt werden. Sie findet ihre Freude daran, die beschriebenen Lakunen nach und nach zu füllen, ihren Beitrag zum Gelingen des Ganzen zu leisten. Dadurch erhält sie Motivation und Belohnung zugleich. So setzt sie sich häufig auch den schwierigsten Lebenssituationen aus, die jüngeren Seelen nur Angst und Schrecken einjagen würden.

Wir möchten betonen, dass die Weisungen der eigenen Seelenfamilie grundsätzlich anders empfunden werden als das Hin-und-her-Geworfensein durch eine unergründliche Schicksalsmacht. Die Alt-5-Seele stellt sich dienend zur Verfügung. Sie macht sich bereit, diese Aufgaben zu empfangen und die darin enthaltenen Weisungen auszuführen. Sie wird dadurch zu einem liebevoll-gehorsamen Diener des größeren Ganzen, dem sie angehört. Hier erkennt man ein Einheitsbestreben. Die Alt-5-Seele will eine Brücke schlagen. Sie will ganz für die Welt bereitstehen und ebenso ganz den jenseitigen Bedürfnissen der Seelenfamilie, also einer überindividuellen Notwendigkeit, zur Verfügung stehen. Ohnehin ist die doppelte Fünf ihren beiden Kollektiven (Menschheit und Seelenfamilie) fest verschrieben. Und so wie ein Mensch zwei Arme hat, die er gleichzeitig nach verschiedenen Objekten ausstrecken kann, greift die Alt-5-Seele einmal in das Kollektiv ihrer Seelenfamilie (oder zuweilen auch ihrer Seelensippe und ihres Seelenstammes), gleichzeitig auch in die Fülle der Welt und des Lebens hinein, die durch ihre Mitmenschen in größeren und kleineren Kollektiven bestimmt wird. Je nachdem, wie weit die Alt-5-Seele auf ihrem Entfaltungsweg fortgeschritten ist, werden diese menschlichen Kollektive umfassender und allgemeiner. Ein Mensch mit einer gedoppelten, geradezu potenzierten Weisen-Energie will ja eine große Lebensbühne betreten, soll eine enorme Breitenwirkung erzielen mit seiner Fülle an Erfahrungsweisheit, die durch einen Jahrtausende währenden Inkarnationsweg angesammelt wurde und nun verteilt werden will. Die Kommunikation der Seele mit den Stimmen der unsichtbaren Welt und die Kommunikation der Person mit all den Menschen, die ihre reale Stimme hören oder ihre Energie genießen oder ihre Aura bewundern, ist gleichermaßen stark. Kommuniziert wird nach allen Seiten, aber ganz besonders auch mit dem eigenen Inneren. Denn ohne das Lauschen auf die Botschaften, auf die Stimmen, auf die Impulse, die Intuitionen und die Inspirationen, die aus den nichtmateriellen Welten auf eine Alt-5-Seele einströmen, kann die Wirkmacht hinein in ihr menschliches Kollektiv, sei es kleiner oder umfassend, nicht erreicht werden.

Die Persönlichkeit einer Seele auf der Stufe Alt 5 wirkt auf jüngere Seelen in der Regel eindrucksvoll, eigenartig und eigenwillig, aber nicht wirklich skurril. Vielmehr sind es die Alt-4-Seelen, die von ihrer Umgebung oft als seltsam und recht merkwürdig empfunden werden. Eine Alt-5-Seele hingegen ist eine Figur, die von einem inneren Strahlen erfüllt ist, einer Leuchtkraft, die sie nicht gern verbirgt. Aber die Mitmenschen rätseln, ohne zu einem Ergebnis zu kommen, woher diese Leuchtkraft wohl stammen könnte. Die doppelte Weisen-Energie stellt dieser Seele Lebensweisheit, Menschenkenntnis, Akzeptanz und Kommunikationsfähigkeit zur Verfügung, die geradezu auf natürliche Weise eine Schülerschaft, eine Anhängerschaft oder eine Gruppe von Verehrern und Bewunderern anzieht. So geschieht es nur selten, dass sie einen solchen Menschen übersehen und nicht würdigen. Oft wird er sogar verehrt oder angebetet, je nachdem, welchen Inhalten oder Aussagen er sich verschrieben hat oder was seine Seelenfamilie von ihm verlangt.

Was könnt ihr uns zum Beziehungsleben von Menschen der Stufe Alt 5 sagen?

Das enge private Zusammenleben mit einer Alt-5-Seele gestaltet sich schwieriger als ihre Beziehung zu einer bewundernden Schülerschaft oder zu Anhängern, die aus einer gewissen verständnislosen Distanz ihre Sehnsüchte und Erwartungen auf die Alt-5-Seele richten. Ein Partner, ein Vater, ein Kind, die mit der strahlenden Existenz, der Unbeirrbarkeit und der

Jenseitsorientierung einer solchen Seele auf der Stufe Alt 5 konfrontiert werden und aus eigenem naturgemäßem Unverständnis mit ihr in Konflikt geraten, auch mit Ablehnung oder Auslösung von Ängsten zu kämpfen haben, werden sehr viel häufiger ein Empfinden entwickeln, dass der »Super-Weise« als Partner, als Kind, als Elternteil dem seelisch und menschlich weniger Erfahrenen mit Herablassung oder Verachtung begegnet. Aber in Wirklichkeit wird gerade auf dieser Stufe mit zunehmendem Lebensalter eine umarmende Liebesfähigkeit und Bejahung des Andersartigen entwickelt. Sie ist vielen jüngeren Seelen suspekt und wirkt auf sie unheimlich, weil diese sich nicht vorstellen können, dass eine so große Fülle an Geben nicht von einem Verlangen nach Nehmen ergänzt wird. Sie halten sich deshalb nach Möglichkeit von einer Alt-5-Seele fern, wählen eine für sie zuträgliche Distanz. Dies wiederum bewirkt, dass der betreffende Mensch sich äußerst allein und einsam vorkommt, besonders in Kindheit und Jugend. Er spürt selbst seine Unterschiedlichkeit, seine Andersartigkeit und Besonderheit. Je nach Seelenmuster und Angststruktur wird dies in der einen oder anderen Weise ausgedrückt durch Hochmut (Energie 6), durch Märtyrertum (Energie 3) oder durch Selbstverleugnung (Energie 1).

Es gibt viele Möglichkeiten, dieses Gefühl »Ich bin anders und besonders« zu bewältigen, und es ist am Anfang des Lebens nicht leicht, dazu zu stehen. Vielfach ziehen sich Alt-5-Seelen für längere Zeit in eine Art Klausur zurück, um abzuwarten, bis sie ihre Persönlichkeit so weit verfestigt und gestärkt haben, dass sie der Welt mit ihrem Sosein gegenübertreten können. Sie verbergen sich, sie kapseln sich ab, sie wollen mit den Bezugspersonen in Kindheit und Jugend oft nur wenig zu tun haben, sind aber grundsätzlich auf Nähe und Kommunikation angewiesen. Vor allem brauchen sie auch, nicht nur in der Jugend, ein gewisses Maß an materieller Sicherheit oder Versorgung. Sie müssen begleitet werden, denn sie sind in einem Seelenalter, das sie zu seelischen Greisen macht. Ihre ständig mit dem konkreten Leben parallel laufende Beziehung zu der nicht sichtbaren Dimension lässt sie in andere Regionen abschweifen zu Zeiten, wenn sie eigentlich von den Mitmenschen gebraucht würden. Daher achten sie bei der Inkarnation für ihr erstes Leben auf dieser Stufe darauf, dass sie in ihrer Familie recht behütet aufwachsen und – wenn sie auf wenig echtes Verständnis stoßen – doch mitgenommen werden als jemand, der zwar nicht ganz durchschnittlich, aber recht gut zu haben ist.

Die Alt-5-Seele braucht Liebespartner und sucht in der Begegnung eine tiefe Beziehung. Sie will oft auch noch Kinder in die Welt setzen, weil sie so viel zu geben hat. Sie braucht sozusagen menschliche Objekte, die ihre Wärme und ihre Weisheit empfangen können. Ihre Partnerschaft ist von zwei Seiten zu betrachten. Der Partner muss in der Lage sein zu lieben, ohne zu verstehen. Der Alt-5-Mensch muss seinerseits in der Lage sein, ohne schlechtes Gewissen Konkretes wie Geld anzunehmen und dafür etwas anderes, nämlich seine Energie, zu geben. Er braucht Nähe, er braucht Versorgung, er braucht Gespräche, er braucht Normalität, um sich in der Welt zu orientieren. Dabei hilft ihm oft ein seelisch jüngerer Partner, der im Laufe des Lebens auch mehrfach gewechselt werden kann – in dem Maß, wie die Alt-5-Seele nach und nach zu sich und ihrem Sosein findet. Das kann recht lange dauern; oft geschieht es erst in der zweiten Lebenshälfte. Vorher herrscht eine große Suchbewegung, die ebenfalls ihre Berechtigung hat.

Der Wunsch, Kinder zu zeugen oder zu gebären, ist ebenfalls zu begreifen als das Bedürfnis, der Welt etwas zu schenken. Es geschieht nur selten, dass jemand mit dem Seelenalter Alt 5 sehr junge oder frühe Reife Seelen auf die Welt bringt. Vielmehr sind es häufig bereits frühe Alte Seelen, die ihrerseits den Schutz eines großmütigen, großzügigen, verständnis- und vertrauensvollen Elternteils benötigen, um sich selbst gut zu entwickeln. Eine Alt-5-Seele hingegen erlebt häufig, dass sie gegen Ende ihrer Entfaltungsstufe, also im dritten Leben, mit ihrer biologischen Herkunftsfamilie wenig oder gar nichts zu schaffen hat. Sie verwaist, wird fortgegeben, verkauft, von Fremden adoptiert oder wächst in einem Heim auf. Gerade diese schmerzvolle Bindungslosigkeit an die Herkunftsfamilie setzt notwendige Kräfte frei, die der starken und ungewöhnlichen Individualisierung eines Menschen auf der Stufe Alt 5 dienen. Auf diese Weise wird der Betreffende nicht durch die eigenen Eltern in vorgeprägte Bahnen gepresst, sondern kann sich in einer biologisch fremden Umgebung immer darauf berufen, dass er ja vielfältigen und unterschiedlichen Einflüssen ausgesetzt war und gerade deshalb so seltsam anders geworden ist.

Wir sagten, dass eine Seele auf dieser Entfaltungsstufe mit ihrer Doppelfünf ein großes Mitteilungsbedürfnis hat. Dieses äußert sich häufig im Verfassen von Schriften, Romanzyklen und Traktaten oder Dichtwerken. Dafür bedarf es eines Naturells, das gern »im Gehäus'« sitzt und sich wie ein Stubenhocker gebärdet, der viel mit sich allein ist, trotzdem umgeben von einer gewissen menschlichen Wärme und materiellen Geborgenheit. Ein gutes Werk erzeugt Anerkennung und Applaus; auch diese Resonanz auf sein Wesen braucht die Alt-5-Seele.

Wie steht es um die Gesundheit von Seelen mit so viel Weisen-Energie?

Die Gesundheit ist auf dieser Stufe Alt 5 empfindlich und zäh zugleich. Sie wird stabil gehalten, sofern nicht die Seelenfamilie noch eine Erfahrung mit dieser oder jener Erkrankung benötigt, um sich zu komplettieren. Jemand, der sehr auf seine inneren Stimmen und Bedürfnisse achtet, spürt auch, wann er etwas essen sollte oder wann er wie lange an die frische Luft möchte oder sich schonen oder schlafen muss. Die natürliche Weisheit der Doppelfünf kommt auch hier zum Tragen. Aber eine solche Seele kann sich, wenn ihr Seelenmuster nicht starke Krieger-Elemente (Energie 3) aufweist, trotz allem nicht viel zumuten. Das Leben an sich mutet ihr ja schon einiges zu. Es ist oft erstaunlich zu beobachten, dass selbst lange Gefängnisaufenthalte oder schwere Lebensumstände in Lagern oder auf der Flucht einer Alt-5-Seele weniger ausmachen als einer Alt-4-Seele, die in ihrer Gesamtstruktur zerbrechlicher ist, denn die zwei Weisen-Energien stützen sich gegenseitig. Sie wirken wie Strebepfeiler einer gotischen Kathedrale und sorgen dafür, dass das Ich, also das Hauptbauwerk dieser Seele, nicht zusammenbricht. Innere Ressourcen und stete tröstliche Verbindungen mit jenseitigen Kräften wie der eigenen Seelenfamilie spenden so viel Energie, dass die Zartheit der Alten Seele dadurch ein wenig ausgeglichen werden kann.

Ausgeglichenheit ist ganz allgemein eines der wesentlichen Merkmale einer Alt-5-Seele. Sie nimmt sich, was sie braucht, und sie gibt mehr, als sie genommen hat, ohne zu darben. In schweren Lebenslagen ist sie ohne Umstände für die Nöte ihrer Mitmenschen da. Sie tröstet aber nicht wie ein Priester, sondern sie schenkt ihre Energie freigebig und richtet damit jene auf, die mutlos und müde sind und nicht mehr weiterwissen.

Die unverbrüchliche Gemeinschaft mit der eigenen Seelenfamilie und das ständige Horchen auf Weisungen aus dem scheinbaren Nichts, der gefühlten Leere oder der leeren Fülle bewirkt, dass die Alt-5-Seele ihren eigenen spirituellen Bedürfnissen gegenüber eine unorthodoxe Haltung einnimmt. Sie fühlt sich einer bestimmten Orientierung oder religiösen Richtung keineswegs absolut verpflichtet. Sie glaubt und glaubt nicht, sie betet oder betet nicht, sie schafft sich ihre eigenen Vorstellungen vom »Höheren«. Diese Vorstellungen wechselt sie je nach Bedarf und je nach Einsicht oder Erfahrung. Auf andere wirkt dies ein wenig unzuverlässig ebenso wie der sprunghafte Lebensweg, der sich nicht nach den Bedürfnissen der Mitmenschen richten kann, wenn diese dem eigenen Empfinden zuwiderlaufen. Deshalb gründet eine Alt-5-Seele, wenn sie nahe an ihren Kulminationspunkt kommt, zuweilen eine neue spirituelle Richtung, bietet Erkenntnisse oder Weisheitslehren an, die für viele ehrfurchtgebietend sein können. Sie kann sich nicht mehr am Vorhandenen orientieren, sondern muss ihre ganz eigene Umsetzung dessen finden, was sie im Kontakt mit dem Übergeordneten erfährt.

Obgleich das seelische Wollen wegfällt, das Schicksal unberechenbar ist und auch die Notwendigkeiten der Seelenfamilie nicht immer das Zentrale sind, entsteht eine gewisse Sinnhaftigkeit. Für eine Seele in diesem Seelenalter fühlt es sich so an, dass der eigene Wille mit dem, was sie an wollender Weisung empfängt, völlig konform geht. Sie nennt es ihren eigenen Willen, und es ist doch nicht ihrer. Sie nennt es Weisung, und es ist doch etwas, das sie selbst wünscht. In dieser Hinsicht fließen alle Bedürfnisse, Nöte und Notwendigkeiten ineinander, so wie Nebenflüsse einen Hauptstrom bilden, der dann über kurz oder lang ins Meer mündet und im großen Ganzen aufgeht. Eine Steuerung durch die Seelenfamilie ist letzten Endes nicht einmal vorhanden, sondern es besteht – wie wir sagten – nur die Notwendigkeit, einige Lücken im Aufgabenspektrum der Seelenfamilie zu füllen. Das ist eine Energie, die nicht als Fernsteuerung begriffen werden kann, denn eine Steuerung geht immer auf ein fest definiertes Ziel zu. Die Motivation, etwas zu tun oder zu lassen, etwas zu bewirken oder sich zurückzuziehen, den inneren Botschaften zu entsprechen oder sich zu verweigern, ist vergleichbar mit einer Vereinigung von Molekülen zu neuen Stoffen. Kommt dieses mit jenem zusammen, bildet sich etwas Überraschendes; kommt etwas anderes zusammen, bildet sich etwas anderes. Es ist sowohl zwingend als auch offen im Ergebnis. Die inkarnierte Seele auf der Stufe Alt 5 hat nur noch das Bedürfnis, sich in wechselnder Abfolge dieser oder jener Notwendigkeit wie ein Molekül zuzuordnen. Sie ist weder gesandt noch gesteuert, sondern wird in Sein und Tun angesogen von energetischen Leerstellen, die sie im Rahmen ihrer Seelenfamilie vorübergehend zu füllen hat.

Alt 6

Entfaltungsaufgabe: *Durch Sein wirken und auf Tun verzichten*
Motto: *Ich brauche Ruhe und Harmonie*
Energien 5 + 6

Wer dieses Seelenalter erreicht, ist eine sehr, sehr alte Menschenseele. Selbst als Neugeborenes ist er schon uralt. So alt, dass man dieses Seelenalter mit einem Lebensalter von fünfundachtzig bis fünfundneunzig Jahren vergleichen könnte. Nun ist es nicht leicht, zugleich seelisch alt und körperlich jung zu sein. Bis zu den Entfaltungsstufen Alt 4 oder Alt 5 kann man diese Diskrepanz in irgendeiner Weise kaschieren, kann sie verbergen; man kann sie umhüllen. Aber im Seelenalter Alt 6 wird dieser Versuch zu anstrengend, und so erweist sich, dass selbst Kinder nicht mehr so tun können, als seien sie nicht schon etwa zehntausend Jahre im Inkarnationsprozess, als wüssten sie nicht schon fast alles, was es für einen Menschen zu wissen gibt, als kennten sie nicht schon alles, was es zu erkennen gibt, als hätten sie nicht fast alles an Liebe und Leid erfahren, was die Erde und das Leben für eine inkarnierte Seele bereithalten. Weil es so anstrengend ist, sich zu verbergen und zu verhüllen, geben diese Menschen es nach einiger Zeit vollends auf und beginnen somit, ihre eigentliche Inkarnations- und Entfaltungsaufgabe zu erfüllen. Denn nur wer sich zeigt, kann durch Sein wirken und auf Tun verzichten. In diesem Sinne ist Tun bereits in der Entscheidung enthalten, sich nicht mehr verbergen zu wollen. Denn auch das wäre ein Tun.

Durch Sein zu wirken und auf Tun zu verzichten ist die Aufgabe, die ein Mensch mit diesem Seelenalter erfüllen will und erfüllen wird. Durch Sein zu wirken fordert eine Leistung des Mutes, der Echtheit, der inneren Wahrheit, die jüngere Seelen nicht bereit sind zu erbringen und auch nicht erbringen können. Erst hier und jetzt wird dies in umfassendem Sinne möglich. Es bedeutet nun nicht, dass ein Mensch auf dieser Entfaltungsstufe sich nicht mehr rühren darf, keine Handlungen mehr vollbringen sollte, wie ein »Ölgötze« auf dem Sofa sitzen muss, um sich zu zwingen, auf Tun zu verzichten. Wir meinen mit Tun nicht Handeln, sondern etwas Erzwungenes, etwas Uneigentliches, etwas Starres oder Willensbetontes, eine Zielabsicht, die das Leben in eine andere Richtung zwingen möchte, als es fließen will. Dies ist Tun für eine Seele auf der Entfaltungsstufe Alt 6. Wir könnten diese Aufgabe auch so formulieren: Durch Sein zu wirken und alles Sein zulassen lernen; denn das bedeutet, auf eigenes Zutun zu verzichten.

Was werden will, soll werden. Was ist, soll sein dürfen. Ein Mensch auf dieser sechsten Entfaltungsstufe des Alten Zyklus will die Existenz nicht mehr mühselig verändern oder beeinflussen. Er will nicht mehr nach seinem begrenzten Gutdünken sein Leben führen, sondern überlässt sich – denn es handelt sich hier um eine priesterliche Stufe der Entfaltung (Energie 6) – dem göttlichen Walten und dem Gutdünken der eigenen Seele. Die Verbindung von Priester-Energie 6 mit der Weisen-Energie 5 des Alten Zyklus führt zu einer weisen Barmherzigkeit sich selbst gegenüber und zu einer barmherzigen Weisheit gegenüber den Mitmenschen. Alt-6-Seelen lernen und lehren priesterliche Vergebung für die Unzulänglichkeit des Menschlichen und weise Akzeptanz der jeweiligen Vollkommenheit allen Seins.

Menschen, die ihre seelische Entfaltung bis zu diesem Stadium vorangebracht haben, spüren, dass es – anders als sie in früheren Jahrtausenden meinten und dachten – am Sein im Jetzt und Hier nichts zu verbessern gibt. Sie sind erstmals in der Lage zu akzeptieren, dass alles ist, was ist. Es ist weder gut noch schlecht. Auch ihr eigenes Sein, selbst alles, was sie zuvor als Gut oder Böse klassifiziert hatten, gehört dazu. Alt-6-Seelen bejahen, dass Liebe ist, dass Nicht-Liebe ist, dass Spannung ist, dass Entspannung ist, dass Gesundheit ist und Krankheit ebenso. Das Ziel dieser Entfaltungsstufe ist eine Haltung der Existenz gegenüber, die nur mit milder Neugier beobachtet, wohin das Ganze will, das Ganze und das Allganze – denn beide beginnen sich jetzt unmittelbar zu verbinden. Die Schwingung der Priester-Energie und die Schwingung der Weisen-Energie verschmelzen zu einer wunderbaren Einheit, die nicht umhinkann, die Wahrhaftigkeit des Göttlichen in seiner absichtslosen Absicht auch in jeder Zelle des eigenen Körpers, in jedem Bedürfnis zu handeln, in jedem Ereignis zu erkennen.

Wenn ein Mensch, der seine Seele auf dieser Entfaltungsstufe ahnt, am Morgen aufsteht und all die kleinen Dinge tut, die notwendig sind – waschen, Zähne putzen, anziehen, frühstücken, atmen, Stuhlgang haben, was auch immer –, wird er dies, ohne es im Einzelnen wahrzunehmen, als einen Einzelaspekt seines Seins empfinden und die Notwendigkeit der kleinen Dinge als Spiegelung der Notwendigkeit im großen Ganzen empfinden. Ein solcher Zustand ist schwer zu beschreiben, er ist nicht als mangelnde Achtsamkeit zu verstehen. Es ist nicht nötig, ihn bewusst wahrzunehmen; er wirkt eher schlafwandlerisch sicher. Aber zuweilen kann ein bewusstes Innehalten hilfreich sein. Auf der Entfaltungsstufe Alt 6 ist es aber nicht nötig, sich krampfhaft dazu zu erziehen, jeden Augenblick mit Bewusstheit zu erleben. Bewusstheit vom eigenen Sein ist erst auf der Stufe Alt 7 wieder ein Anliegen.

Auf der Stufe Alt 6 könnten wir den Seinszustand folgendermaßen beschreiben: Entgrenzung ist ein Dauerzustand. Menschen auf dieser Entfaltungsstufe, mit dieser Aufgabe, sind in einer permanenten telepathischen Halbtrance, ohne absichtlich auf Empfang oder Sendung geschaltet zu sein. Sie stehen über ihre priesterliche Energie in einer dauerhaften Verschaltung mit den jenseitigen Dimensionen. Nur die Weisen-Energie 5 des Alten Zyklus hält sie so recht auf der Erde, aber vergleichbar einem leichten Boot, das ohne Anker und Ruder auf dem Meer schwimmt. Es will ja treiben auf den Wellen des Lebens, wohin auch immer die Strömung es lenkt. Das Schwanken und Schaukeln ähnelt dem Bad in einem existenziellen Fruchtwasser.

Nun ist es jedoch unabdingbar, dass auch ein solches Bötchen auf den Wellen des Lebens von Zeit zu Zeit einen Hafen findet. Denn wer lange in diesem Boot sitzt und sich von den Wellen des Allganzen schaukeln und treiben lässt, hat doch auch einen irdischen Hunger, braucht Proviant, möchte wieder einmal festen Boden unter den Füßen spüren, benötigt einen Mitmenschen, der am Ufer steht und den Ankömmling mit offenen Armen empfängt. Deshalb sollte jeder, der diese Entfaltungsstufe Alt 6 erreicht hat, dafür sorgen, dass er von Zeit zu Zeit Signale aussendet: »Bitte lotst mich ans Ufer. Ich brauche wieder einmal einen Kontakt mit dem Irdischen, mit dem Menschlichen, mit dem Materiellen, mit dem Konkreten.«

Diese Entfaltungsstufe verknüpft eine hochentwickelte Weisen-Energie (5) mit einer hochentwickelten Priester-

Energie (6). Erst wenn eine Seele sich nach Abschluss der Stufe Alt 5 (doppelte Fünfer-Energie) ihres Seins wirklich gewiss ist, kann sie auf dieser Seinsgewissheit aufbauen und auf überflüssiges Tun verzichten. Dies geschieht so, dass sie zwar durchaus nicht untätig ist. Sie kann ihren Alltag bewältigen und ist auch in der Lage, einen Beruf auszuüben. Aber sie erfüllt diese Tätigkeiten mit einer ruhigen, priesterlichen stillen Energie, weil hektische Aktivität, eine wilde Geschäftigkeit, eine getriebene Art, das Leben zu gestalten, von dem, was für eine Seele auf der Entfaltungsstufe Alt 6 wesentlich ist, ablenken würde. Wichtig ist somit, dass eine weise gewordene Seele mit einer priesterlichen Ausrichtung sich für eine Phase von drei Leben ganz der Energie des Nichtsichtbaren, des Transzendenten, des Jenseitigen hingibt in einem tiefen Vertrauen auf dessen Existenz. Dies kann auf vielerlei Art vonstattengehen.

Es ist bezeichnend für jene, die diese Stufe ihrer seelischen Entwicklung erreicht haben, dass sie mit ihrer puren und schlichten Präsenz andere glücklich machen. Sie treten in ein Zimmer, und die Augen der Anwesenden beginnen zu leuchten. Sie verrichten ihre Tätigkeiten und machen ihre Kollegen glücklich schon dadurch, dass sie zum Arbeitsteam gehören. Diese Art von Beglückung ist von allen deutlich spürbar, wird aber selten bewusst erkannt und benannt. Man findet die Menschen mit dem Seelenalter Alt 6 angenehm, sympathisch, freundlich; man fühlt sich besonders wohl in ihrer Gegenwart. Aber dass jemand durch sein bloßes Dasein beglückend wirkt, kann nicht leicht in Worte gefasst oder mental begriffen werden. Von dieser Person scheint etwas Mysteriöses, fast Mystisches auszugehen.

Ein zweites Kriterium, um eine inkarnierte Alt-6-Seele zu identifizieren, ist die Aura von Stille, die sich bei aller Gesprächigkeit oder Kontaktfreudigkeit um sie herum ausbreitet. Je nach Seelenrolle wird sich diese Stille unterschiedlich manifestieren. Eine Künstler-Seele wird sie anders vermitteln als eine König-Seele. Ein uralter Weiser wird viel reden und trotzdem Stille übertragen, ein Priester wird oft weitgehend tröstend verstummen und dafür lächeln. Eine Beruhigung in der Tiefe, die durch die Ausstrahlung von existenzieller Stille und einer Geborgenheit in dieser Stille auf die Mitmenschen wirkt, verbunden mit einem unerklärlichen Empfinden von Beglückung und Dankbarkeit, sind also die Merkmale einer Seele auf dieser Stufe Alt 6 ihrer Entfaltung.

Die Sehnsucht, zu sein und zugleich nicht zu sein, ist jetzt so überwältigend, dass es trotzdem zu innerer Unruhe kommen kann, wenn nicht beide Bereiche und Bedürfnisse gleichermaßen in irgendeiner Form befriedigt werden. Es ist also nicht erstrebenswert, sich möglichst häufig und lange mit dem Geist kontemplativ in nahezu entkörperten Gefilden aufzuhalten und darüber das Sein in der Welt und das Sein mit den Menschen zu vernachlässigen. Wer sich in eine Einsiedelei zurückzieht, nur noch meditiert, betet und schweigt, wird dem Ziel und dem Kulminationspunkt dieser Entfaltungsstufe noch nicht gerecht. Die Weisen-Energie 5, die Kontakt und Kommunikation sucht und braucht, käme so zu kurz. Aber eine solche eremitenhafte Lebensform mag durchaus als Experiment für eine Zwischenstufe auf dem Weg zur endgültigen Bewältigung dieser Entfaltungsstufe dienen.

Eine allzu willensmächtige Hinwendung zum irdischen und menschlichen Sein wird dieser alten Seele auf Dauer ebenfalls nicht guttun, denn dann steht ihr nicht genügend Zeit zur Verfügung, die sie braucht, um in der Stille zu sein und sich und die mysteriösen Kräfte des Nichtseins zu ergründen. Eine starke tätige Einsatzbereitschaft in der Welt, und sei sie auch zu noch so gutem Zweck und Ziel, wird sich nicht von der Begrenztheit eines Vierundzwanzigstundentages lösen lassen. Und wenn jemand auf dieser seelischen Entfaltungsstufe sich allzu stark dem Irdischen und dem

Mitmenschlichen zuwendet, werden ihm Kraft, Muße und Energie fehlen, sich um das zu kümmern, was seine eigentliche Entfaltungsstufe ausmacht, nämlich die priesterliche Energie 6.

Von diesen sehr alten Seelen gibt es nicht wenige, aber sie treten kaum öffentlich in Erscheinung. Sie werden selten erkannt, denn es verhält sich mit ihnen folgendermaßen: Wenn ein Tourist mit einer Reisegruppe zwei Wochen nach China fährt, ein paarmal im Restaurant isst, einige Tempel besucht und auf dem Gelben Fluss eine Kreuzfahrt macht, dann hat er noch lange nichts von China verstanden. Er spricht weder eine der Sprachen noch teilt er die geistigen Strukturen dieses Landes, seien sie maoistisch oder konfuzianisch. In dieser Weise wird auch das Eigentliche und Wesenhafte einer Alt-6-Seele nur von jenen Menschen entdeckt, die ein Empfinden für das Besondere haben und in der Lage sind, sich innerlich ganz auf diese 5-plus-6-Energie einzulassen. Solche Alten Seelen sind deutlich »anders«, beliebte Kollegen, einfühlsame Ärzte, aufmerksame Erzieherinnen, wunderbare Köchinnen oder was auch immer. Man empfindet sie als etwas Besonderes, kann es aber nicht definieren. Sie werden nicht als Lebenslehrer erkannt, weil ihnen meist die sogenannte spirituelle Note fehlt, die von einem solchen Guru erwartet wird.

Nach Bewältigung der Entfaltungsstufe Alt 5 wird nunmehr ein letztes Mal ganz bewusst, gezielt und absichtlich auch die Tiefenmotivation der eigenen Psyche erforscht. Das bedeutet, dass ein Mensch auf der Stufe Alt 6 keineswegs immer ein sogenannter guter Mensch ist. Er will vielmehr erfahren, was es bedeutet, Mensch zu sein mit allen dazugehörigen Aspekten. Dazu gehören auch das Abgründige, das Böse, das Diabolische, denn das auffällige Charisma, das eine solche Erscheinung umgibt, verleitet bei einer geeigneten Seelenmatrix zur Machtausübung über Personen, die naiv und verführbar sind und sich aufgrund der starken Energiestrahlung genötigt fühlen, einen solchen Ausnahmemenschen zu verehren, ihm zu gehorchen. Diese Leute sind einem Menschen willfährig, der ungewöhnliche Dinge weiß und Dinge kann und Dinge tut, die ihnen selbst unmöglich sind und die sie deshalb an ihm nur wie an einem Wunderheiler oder Magier bewundern können.

Alte Seelen auf der Stufe 6, besonders in ihrem ersten Leben auf dieser Stufe, wirken in mancherlei Hinsicht auf ihre Mitmenschen befremdlich. Ein Nebel des Geheimnisses umhüllt sie. Bereits als Kinder sind sie oft abweisend, isoliert und dabei altklug. Sie haben einen unergründlichen Blick. Oft zeigen sie eine existenzielle Weisheit, von der sich alle fragen, woher sie nur kommen mag. Und viel häufiger als andere Kinder oder junge Menschen möchten sie allein mit sich sein, ohne dass man sie für besonders schüchtern halten müsste. Sie ziehen sich von der Welt zurück. Dieses Bedürfnis nach Distanzierung vom Irdischen, die im jungen Lebensalter als eine noch nicht gelingen wollende Hinwendung zu einer anderen Welt zu verstehen ist, lässt sie hochmütig erscheinen, so als wollten sie mit dem gemeinen Volk nichts zu tun haben. Diese Grundhaltung, die zunächst aus der Not entsteht, eine vollkommen neuartige Energieverbindung zu bewältigen, mildert sich im Laufe mehrerer Inkarnationen auf dieser Stufe. Sie mündet in eine strahlende Verknüpfung von Lebensklugheit und spiritueller Vorbildhaftigkeit, wenn diese Bezeichnung denn angemessen erscheint. Denn Vorbild können sie nur für jene sein, die ihnen im Seelenalter nahestehen, nämlich für andere Alte Seelen. Die übrigen werden ihnen zwar mit Verwunderung und Verehrung, aber zugleich auch mit letztendlicher Verständnislosigkeit begegnen.

In voll erblühtem Zustand, im dritten Leben auf dieser Stufe seelischer Entfaltung, wirken solche Menschen manchmal wie bilderbuchhafte Inkarnationen des weisen Lebenslehrers. Sie sprechen nur wenig, dann aber mit großem Gewicht. Sie schweigen viel und sagen mit ihrem Schweigen doch mehr als mit ihren Worten. Sie erkennen das Göttliche in jedem Menschen. Ihr hohes Seelenalter mit seiner jahrtausendealten Lebenserfahrung ermöglicht ihnen, jeden so zu nehmen, wie er ist, sei er in den Augen jüngerer Seelen auch noch so verachtenswert, sei er auch nach den Normen der Gesellschaft noch so moralisch angreifbar. Die Alt-6-Seele sieht ihn anders, denn sie blickt in die Tiefe und in das Sein des Mitmenschen und kann darauf verzichten, ihn anders haben zu wollen, als er ist. In dieser Hinsicht fühlen sich alle, die einer Alt-6-Seele begegnen oder eine Weile in ihrer Nähe verbringen, vollkommen angenommen. Die Bewusstheit von der eigenen Abgründigkeit lässt auch die Abgründe jener Suchenden zu, die diese Alte Seele, sei sie Mann oder Frau, verehren. Sie fühlen sich vollkommen akzeptiert, und diese Akzeptanz neutralisiert in gewisser Hinsicht ihre Bestrebungen, gut oder böse zu sein, weil diese Kategorien in der Gegenwart einer Alt-6-Seele keine Rolle mehr spielen.

Wir sprachen davon, dass Menschen sich glücklich und beglückt fühlen in der Nähe einer solch inkarnierten Person, und dies liegt gerade daran, dass sie sich nicht beurteilt oder verurteilt wissen. Nun ist es beileibe nicht so, dass die Entfaltungsstufe Alt 6 jeden dazu veranlasst, ein beachteter oder weltweit geachteter Weisheitslehrer zu sein oder sich mit großer Breitenwirkung in die Welt hineinzuverströmen. Vielmehr leben Seelen dieser Art meist im Verborgenen: eine Hausfrau im Hochland von Tibet oder ein Fischer an der Südküste von Kreta. Sie haben eine hoch geachtete Stellung in ihrem mitmenschlichen Umfeld, doch niemand würde auf den Gedanken kommen, sie dazu zu ermuntern, Darshan abzuhalten oder ihre innere Weisheit über Bücher und Vorträge zu verbreiten.

Außerdem verhält es sich so, dass Menschen auf der Entfaltungsstufe Alt 6 einer Vulkaninsel vergleichbar sind. In den frühen Phasen ihrer seelischen Entwicklung handelten sie oft explosiv und spien Feuer. Die Vulkaninsel ist dadurch erst entstanden; inzwischen besteht sie aus vielerlei festem Gestein. Der Vulkan jedoch ist keineswegs erloschen, sondern kann von Zeit zu Zeit ausbrechen, wenn es die Umwelt am wenigsten erwartet. Das wird euch überraschen, weil es nicht euren Altseelen-Klischees entspricht. Wir sprachen davon, dass ein Mensch in diesem Entwicklungsstadium seiner Seele über eine höchst differenzierte Innenwahrnehmung und Selbstschau verfügt. Er erkennt sich bis in die tiefsten Tiefen, und wenn ihm danach zumute ist oder es ihm richtig, weise und notwendig erscheint, wird er explodieren und Feuer speien und einen Ascheregen verbreiten, der die Mitmenschen erschreckt und erstaunt. Solche Ausbrüche sind Aspekte seiner Authentizität. Die Stille, die ein so wesentliches Merkmal der Alt-6-Seele ist, und die spezielle Suche, die sich in dieser Stille vollzieht – die Suche nach dem Nichtsein, die Suche nach den unbegreiflichen Zusammenhängen, den mystischen Wahrheiten –, hindert diesen Menschen nicht, seiner Energie von Zeit zu Zeit eruptiv Luft zu machen. Denn wenn er oder sie das eigene Sein nicht manifest macht, und sei es durch vollkommen unerwartete Aktionen oder Reaktionen, wird das eigentliche Ziel, durch Sein zu wirken und auf Tun zu verzichten, nicht erreicht werden können. Es handelt sich bei solchen Explosionen nur scheinbar um ein Tun; es ist vielmehr eine Seinsart, die sich in diesen Ausbrüchen zeigt.

Jüngere Seelen, die das beobachten, wenden sich sogleich enttäuscht ab und rufen: »Das hätten wir nie für möglich gehalten! Wir haben geglaubt, dass es sich um einen Meister nahe seiner Vollkommenheit handelt. Dass er so etwas sagt oder so etwas tut, finden wir erschreckend und verurteilen es.« Viele haben sich schon gefragt, warum große Geister und verehrungswürdige Gurus eines Tages »moralisch entlarvt« werden – als Menschen, die eben auch Menschen sind. Sie tun

Dinge, die sie nach Meinung jüngerer Seelen nicht tun dürften, wie zum Beispiel ein Sexualleben haben oder Geldgeschäfte tätigen oder Menschen in den Tod führen. Das können jene, denen dieses Seelenalter fern und fremd ist, nicht begreifen, weil sie nicht nachvollziehen können, dass auch eine Alt-6-Seele noch völlig in ihrer menschlichen, irdischen Dualität verweilt und die letzten Gelegenheiten wahrnimmt, sich in dieser Dualität zu erfahren. Das kann auf manche bedrohlich wirken.

Im Nachhinein betrachtet ist die Ausstrahlung einer gereiften und erfüllten Alt-6-Seele, wie es bei Nelson Mandela der Fall ist und auch bei Amma und Padre Pio, als langfristiger historischer Nachklang zu erkennen. Die Wirkung der ersten Inkarnationen auf dieser Entfaltungsstufe spielt sich meist im Privaten ab, im Verborgenen, im kleinen Kreis. Aber die erblühten Entfaltungszustände sind unübersehbar. Wenn jemand, der dazugehört, sich verbergen möchte, wird er unweigerlich von anderen gesucht und aufgesucht; er muss sich nicht selbst zu den Menschen begeben. Eine Abgrenzung von der lauten Welt ist kein Hindernis für eine oft weltweite energetische Resonanz. Das gilt für Alt-6-Seelen in ihrem letzten Leben auf dieser Stufe. Ihre Wirkung erstreckt sich häufig auf bestimmte Religionen und Kulturkreise, weil sie sich mit verändertem Bewusstsein ihrer eigenen angestammten Religion wieder zuwenden und dort Veränderungen, Reformen oder Revolutionen einleiten. Sie gründen neue Glaubensgemeinschaften oder halten Predigten, die etwas ganz Neues zum Alten hinzufügen.

Das Potenzial einer Seele auf dieser Stufe der seelischen Entfaltung erfüllt sich in einer innigen Verbindung von Güte, die aus der Energie 5 abgeleitet wird, und Barmherzigkeit, die von der Energie 6 stammt. Barmherzige Güte oder gütige Barmherzigkeit ist es, die eine solche Seele anstrebt. Dass sie von so vielen als Vorbild gesehen und von so manchen gar als heiligmäßig verehrt wird, resultiert aus dieser starken Verbindung von Güte und Barmherzigkeit, die von den meisten Menschen, die über dieses Potenzial ja nicht verfügen, als geradezu unirdisch oder göttlich empfunden wird. Gerade deshalb ist es für eine Seele der Stufe Alt 6 wichtig, nicht der Selbstgefälligkeit und Selbstzufriedenheit in Verbindung mit einem gewissen Übereifer und Fanatismus zu erliegen. Beides ist ebenfalls aus der Energie 5 und der Energie 6 abzuleiten. Es muss deutlich gesagt und ebenso klar verstanden werden, dass auch eine derart gealterte Seele ein Seelenmuster mit Urängsten und eine Psyche hat, die bei aller Fähigkeit zur Selbsterforschung und Tiefenanalyse der eigenen Motivationen nicht gefeit ist gegen Versuchungen und Ängste, die sie dazu verleiten, Dinge zu tun, die den höchsten Schwingungen ihres Wesens nicht entsprechen. Aber gerade diese Nöte und Ereignisse sind für eine Alt-6-Seele lehrreich, damit sie sich mit ihrer entgrenzten und auf das Überirdisch-Jenseitige gerichteten Grundenergie nicht über die Menschen, das Menschliche und die Menschheit erhebt.

Wer von vielen verehrt oder sogar angebetet wird, erleidet nicht selten einen Realitätsverlust. Sich mit den bewundernden Augen anderer zu betrachten beeinträchtigt die Fähigkeit zur realistischen Selbstwahrnehmung. Dennoch wird sich eine solche Alte Seele im Laufe mehrerer Inkarnationen immer mehr zu einer deutlichen Manifestation von Güte und Barmherzigkeit entwickeln. Allerdings hat auch diese Verknüpfung Aspekte, die jüngeren Seelen keineswegs immer als gütig und barmherzig einleuchten wollen. Sie können die Kriterien, Äußerungen und Entscheidungen eines weisen und sich dem Göttlichen nahe fühlenden Menschen nicht verstehen und nicht teilen. Deshalb werden sie vieles für unverständlich, unerhört und sogar skandalös halten, weil sie auf naive Weise anderes erwarten. Ihre Sehnsüchte oder Projektionen kann die Alt-6-Seele aber nicht erfüllen, und sie will es auch nicht.

Wir sprachen einst von einer zunehmenden Wunderlichkeit und Skurrilität Alter Seelen der höheren Entfaltungsstufen und auch von einer transluziden Energie, die sie ausströmen und von der sie wie von einem Lichtschein umgeben sind. Die Einschätzung solcher Menschen durch jüngere Seelen ist die von Persönlichkeiten, die oft seltsam, unverständlich und merkwürdig rücksichtslos wirken, weil sie keinen Pfifferling mehr auf das geben, was andere von ihnen denken, und resolut ihren Weg gehen, ohne nach rechts oder links zu sehen. Die Perspektive der noch Unerfahrenen auf solche uralten Seelen darf jedoch keinesfalls zum Maßstab werden für das, was eine Alt-6-Seele braucht oder tun sollte, um sich folgerichtig und ihrer Energie entsprechend zu entfalten.

Skurrilität ist zwar ein deutliches Merkmal dieser Menschen, aber es handelt sich um eine besondere Art von seltsamem Sein und Verhalten, nämlich eines, das ständig nach oben, hinüber in Jenseits oder zum Göttlichen hin schaut und einzig und allein versucht, dem inneren Anspruch gerecht zu werden, den sie als Forderung ihrer Seele und ihrer inneren Stimme empfinden. Darunter verstehen wir vor allem die Stimme der eigenen inneren Wahrheit.[40] Sehr alte Seelen folgen in fast jedem Fall ihrem subjektiven Wahrheitsempfinden. Das macht sie so skurril und unberechenbar. Sie gehorchen Weisungen seelischer Instanzen, die nicht so unendlich weit entfernt sind wie das Göttliche, das Transzendente, das Universelle, sondern noch individuelle Züge aufweisen. Diese Stimmen manifestieren sich im Laufe der Jahre und des zunehmenden Lebensalters immer deutlicher. Sie leiten und lenken die Lebensweise, die Ausdrucksweise und das Wirken einer Alt-6-Seele, ganz gleich in welche Richtung sie von ihren inneren Weisungen geführt wird. Wir kommen zurück auf die als Beispiel genannte tibetische Hausfrau oder den kretischen Fischer. Auch sie beide hören und spüren diese inneren Stimmen. Sie leben nach ihrer persönlichen Wahrheit und gehorchen Impulsen, die sie aufgrund mangelnder geistiger Schulung selbst kaum verstehen. Aber das spielt keine Rolle. Sie tun, was zu tun ist, sagen, was zu sagen ist, und handeln, wie es nötig ist.

Was könnt ihr zu Gesundheit und Beziehungsleben von Seelen auf der Entfaltungsstufe Alt 6 sagen?

Im Allgemeinen haben Alt-6-Seelen eine zarte, eher labile Gesundheit. Sie sind oft kränklich und durch ihre hohe Empfindsamkeit veranlasst, ständig genau auf sich zu achten und allen Störfaktoren und Störfeldern aus dem Weg zu gehen. Sie müssen sich unentwegt mit ihrer Sensibilität und Sensitivität auseinandersetzen und werden deshalb auch selten sehr alt. Meist ist das Bedürfnis, ein bestimmtes Leben zu verlassen, kongruent mit der Erreichbarkeit des Möglichen in diesem Leben, also das Sein und das Tun nach und nach voneinander zu trennen oder auseinanderzuhalten. Wenn dieses Anliegen erfüllt ist, zieht sich eine Alt-6-Seele meist zwischen dem fünfzigsten und dem sechzigsten Lebensjahr, selten später, aus eurer Welt zurück.

Die transluzide Qualität ihrer Erscheinung ist körperlich wahrnehmbar. Sie zeigt sich wie ein leuchtender Nebel um diese seelisch gealterte Person herum. Ihre körperlichen, weltzugewandten Konturen lösen sich nahezu auf, denn eine Seele auf der Entfaltungsstufe Alt 6 ist immerzu im Kontakt mit dem Nichts, auch wenn sie selbst es nicht weiß oder bemerkt. Sie steht in Verbindung mit transzendenten Entitäten, wie immer sie diese auch jeweils im Rahmen ihres Kulturkreises benennen mag. Sie wirkt daher auf andere wie ein Fernrohr in die Ewigkeit. Wer sie anschaut, wer sie anfühlt, spürt, dass die Daseinsqualität einer Alt-6-Seele ihn wie mit einem Sog in andere Dimensionen hineinzieht, und den meisten macht das Angst. Sie halten sich deshalb in gebührender und ungefährlicher Entfernung, sehen lieber ein Foto oder einen Film an, die eine solche Alte Seele zeigt, als ihr selbst körperlich nahe zu kommen.

Eine Alte Seele dieser Entfaltungsstufe weiß dies auch und meidet Distanzlosigkeit seitens ihrer Schüler, Bewunderer oder Verehrer. Sie lässt nur sehr wenige Menschen in ihre persönliche Nähe, und diese sind meist so geartet, dass sie nicht nur den kostbaren Perlmuttglanz der Alt-6-Seele freudig ertragen, sondern die Beglückung, die von ihr ausgeht, offenen Herzens an sich heranlassen. Im Seelenalter sind sie ihr auch meist so nahe, dass ein Mensch mit einer Alt-6-Seele sich vor ihnen weder verleugnen noch eine Maske tragen muss, sondern ihre Menschlichkeit positiv wie negativ mit allem, was dazugehört, erleben kann. Enge, innige Beziehungen sind deshalb nur mit sehr wenigen Mitmenschen möglich und oft mit niemandem. Die Sehnsucht, eine Familie zu haben und sich im Leiblichen geborgen oder versorgt zu fühlen, ist trotzdem vorhanden. Deshalb werden manche sich wundern, dass eine so alte Seele oft mit einer deutlich jüngeren Seele verheiratet ist, die ihr oder ihm Kinder schenkt und für all das Normale, das Geld, den Haushalt, die Kontakte und viele andere Dinge des täglichen Lebens sorgt, damit die Alt-6-Seele die notwendige magnetische Haftung mit der Welt und mit dem normalen Alltag nicht verliert.

Eine Alt-6-Seele verlangt von ihren Verwandten nicht, verstanden zu werden. Das gehört zu ihrer Fähigkeit, barmherzig zu sein und gütig zu akzeptieren, was ist. Ihre Sehnsucht nach dem Aufgehen in dem großen Ganzen ist jedoch auf dieser Stufe der Entfaltung stärker als je zuvor und auch größer als anschließend auf der Stufe Alt 7. Die priesterliche Not und Notwendigkeit, sich ins Nichtkörperliche aufzulösen, sich mit den Welten des Nichtsichtbaren, des Transzendenten zu verbinden und sich dort geborgen zu fühlen – so gut ein lebendiger Mensch es eben vermag –, schafft am Ende eine Vertrautheit, die dann alle Sehnsüchte nach Geborgenheit in der Welt ersetzt.

Niemand fühlt sich so tief eins mit dem, was ist und was doch noch nicht ist, wie eine Seele auf der Stufe Alt 6. Sehnsucht nach dem Tod oder dem Nichtsein ist kaum noch vorhanden; Gewissheit hat das ewige Sehnen endlich ersetzt. Wir möchten den Zustand vergleichen mit jemandem, der in einem bestimmten Land und mit einer Sprache aufgewachsen ist und dann, noch jung, in ein anders Land zieht und sich vorwiegend in einer anderen Sprache verständigt. Er wird die Laute seiner Muttersprache nie ganz vergessen und wird sich beseligt fühlen, wenn er auf Menschen trifft, die diese mit ihm teilen. So geht es auch einer Seele Alt 6, wenn sie in die seelische Heimat zurückkehrt, sei es in Gedanken, mit Gefühlen oder einfach durch ein nahezu gewohnheitsmäßiges Heraustreten aus dem Körper mit seinen feinstofflichen Leibern. Das bedeutet allerdings nicht, dass sie nicht auch die Fremdsprache ihrer Alltagsumgebung sprechen kann und sich darin ein wenig zu Hause fühlt. Das bleibt aber stets nur ein Ersatz für das Eigentliche, das ein archaisches und urtümliches Wohlbefinden auslöst: die Kommunikation mit der Transzendenz.

Wir möchten noch mehr über die Beziehungen einer Alt-6-Seele erfahren.

Enge Freundschaften spielen eine außerordentlich wichtige Rolle im Leben einer uralten Seele. Nur ist es so, dass ihre Freunde kommen und gehen, sie begegnen ihr und sterben. Dennoch ist ein Freund, eine Freundin, viel wichtiger als ein Familienangehöriger, als das eigene Kind oder ein Sexualpartner. Sexualität wird durchaus gelebt, aber in einer gewissermaßen unverbindlichen Weise. Sie ist weitgehend losgelöst von intimer Beziehung. Freundschaft ersetzt die intimen körperlichen Bindungen und schenkt eine Innigkeit, die mit einem Sexualpartner kaum möglich ist, denn dieser müsste ja, um befriedigend zu wirken, im körperlichen Kontakt eine erhebliche Spannung und Fremdheit erzeugen. Freundschaft hingegen beruht auf einem Gleichklang der Seelen und ist weitgehend frei von körperlichen Bedürfnissen, es sei denn nach Berührungen, nach Blickkontakt, nach stillem geistigem Austausch und einem tiefen Energieverschmelzen, das viel mehr bietet als eine kurzfristige sexuelle Befriedigung, sei sie auch noch so erwünscht und notwendig.

Das alles sagen wir aus dem Bedürfnis heraus, euch immer wieder ins Bewusstsein zu rufen, dass es sich auch bei diesen von einem Mysterium oder einer mystischen Aura umgebenen Menschen um voll inkarnierte Seelen mit voll ausgebildeten menschlichen Bedürfnissen handelt, die keineswegs ignoriert werden sollten. Jüngere Alte Seelen haben häufig den Drang nach disziplinierter Askese, nach Verzicht auf Nahrung, Nähe und Sexualität. Für eine Alt-6-Seele gilt dies keineswegs. Sie ist sich – wenn auch nicht mental, so doch instinktiv – darüber im Klaren, dass sie nur noch wenige Gelegenheiten haben wird, das Menschlich-Weltliche zu leben und zu genießen. Die Bereitschaft, diesen Bedürfnissen nach Immanenz nachzugehen und sie zu erfüllen, widerspricht keineswegs der Hinwendung zum Göttlichen und zur eigenen Göttlichkeit, die auf dieser Stufe der Entfaltung als Erfüllung aller Menschlichkeit endlich und endgültig begriffen wird.

Was bedeutet das Motto aller sechsten Stufen, »Ich brauche Ruhe und Harmonie«, im Zusammenhang mit der Alten Seele?

Die Suche nach Ruhe und Harmonie wird auf der Stufe 6 der Alten Seele abgeschlossen. Ruhe und Harmonie sind jetzt einfach vorhanden. Ruhe wird aus dem Inneren kreiert und gespendet, und Harmonie ergibt sich natürlicherweise daraus, dass ein Mensch lebt, wie seine Seele es will und wünscht, und das eigene wesenhafte Sein nicht anderen Menschen zuliebe verleugnet. Die Suche und das Streben nach Ruhe und Harmonie begleiten die priesterliche Energie 6 von der Säugling-Seele bis zur Alten Seele unentwegt. Aber irgendwann ist der Tag erreicht, an dem Sehnsucht und Suche ihr Ende finden und sich erfüllen. Wir können also mit Fug und Recht behaupten, dass niemand so ruhig, friedvoll und harmonisch mit sich selbst und seiner Umwelt lebt wie eine Seele auf der Stufe Alt 6. Eine Alt-7-Seele hingegen gerät ein letztes Mal in neue turbulente Herausforderungen und wird die zuvor erreichte Ruhe und Harmonie als Erinnerungsbasis nutzen, um die letzten Ziele zu erreichen.

Vorerst aber wird die Alt-6-Seele mit ihrer Verknüpfung von Weisen- und Priester-Energie immer Wege finden, um sich in ihre leuchtende Mitte zu begeben, die nicht nur eigene Gelassenheit hervorbringt, sondern auch anderen Menschen Gelassenheit vermittelt. Ruhe und Harmonie in sich selbst zu finden ist ein Ziel, das viele anstreben – auch Junge Seelen. Doch einen Menschen zu erleben, der solches wirklich ausstrahlt, ohne dafür Konflikten aus dem Weg zu gehen, gilt wie ein fernes Versprechen, dass es tatsächlich möglich ist, einen solchen Zustand zu erreichen.

Alt 7

Entfaltungsaufgabe: *Empfangen, ohne zu schenken, und schenken, ohne zu empfangen*
Motto: *Ich wende an, was ich gelernt habe*
Energien 5 + 7

Die Verschmelzung einer weisen Alten Seele mit einer königlichen Abschlussenergie bedeutet für den Inkarnierten, der einen langen, mehr als zehntausend Jahre währenden Zyklus menschlichen Werdens und Vergehens hinter sich gebracht hat und nun seine letzten Leben auf der Erde gestaltet, eine ungeahnte und durchaus auch unvorbereitete Herausforderung. Gerade noch konnte die verkörperte Seele sich auf der Entfaltungsstufe Alt 6 in die Stille zurückziehen, konnte sich in der schicksalhaften oder selbstgewählten Isolation, in der Einsamkeit und im Alleinsein priesterlicher Weisen-Seelen entspannen. Doch nun gerät sie plötzlich mit den Herausforderungen der aktionsbetonten König-Energie 7 wieder in eine existenzielle Daseinsphase, die ihr das Höchste abverlangt, was eine inkarnierte Seele überhaupt erleben kann. Das Leben erwartet von ihr eine ungewöhnliche Leistung in jeder Hinsicht, da sie allgemein von den anderen Menschen als sehr weit entwickelt betrachtet wird. Eine solche Alte Seele muss also nicht nur mit sich selbst und ihrem neuen, extrem fordernden Energiezustand leben lernen, sondern auch noch mit den verständnislos-verehrenden Projektionen ihrer Mitmenschen, unter denen sie leben muss und leben will.

Die Wirkung einer Alt-7-Seele auf ihre Umwelt, auf die Gesellschaft, in der sie lebt, ist zwar aktiv, aber nicht aktionsbetont. Sie ist weise, aber nicht belehrend. Sie tut nicht, sondern sie strahlt. Sie predigt nicht, sondern sie lehrt durch ihr Dasein. Sie ahnt, auch ohne es kognitiv zu wissen, dass ihr eine Endphase – ein Abschluss, ein Abschied – bevorsteht. Deshalb wird sie sich gerade im ersten Leben auf dieser neuen Entfaltungsstufe Alt 7 trotz all der inneren Verwirrung, die diese mit sich bringt, noch recht stark – und stärker sogar als in den Leben zuvor – an ihr Lebendigsein klammern. Sie fürchtet um ihre Gesundheit, fürchtet darum, ihre inneren Aufgaben nicht bewältigen zu können, und befürchtet auch, dass sie ihre leibliche Existenz vorzeitig oder zur Unzeit verlassen muss. Eine Seele in ihren letzten Leben ist also keineswegs ohne Furcht, und sie muss sich wie alle übrigen Menschen mit ihren Urängsten auseinandersetzen, wenn auch auf einem anderen inneren Niveau als die meisten Mitmenschen.

Es soll daran erinnert werden, dass die Siebener-Energie stets auch einen Anteil Ungeduld enthält – und Ungeduld bedeutet, etwas bald zum Abschluss bringen wollen, nicht gern abwarten mögen, aber auch verzögern, bis der richtige Augenblick gekommen ist. Im ersten Leben auf der Stufe Alt 7 ist der Tag des Abschieds noch nicht gekommen, obgleich dieser vorausgefühlt und auch in gewisser Weise ersehnt wird, so wie bei einem alten Mann, der seine hinfällige Ehefrau lange hingebungsvoll gepflegt hat und sie von Herzen liebt, doch zugleich auch ihr Ende herbeisehnt, um wieder aufatmen zu können. Er muss sich mit dem Abschied von ihr, dem Alleinsein und der möglichen Vereinsamung auseinandersetzen und letztendlich anfreunden, wenn er weiterleben will, solange es seiner Seele dienlich ist.

Die Entfaltungsaufgabe »Empfangen, ohne zu schenken, und schenken, ohne zu empfangen« beschreibt ein mystisches Paradox und ist dennoch eine neue Art zu sein. Ein Mensch unter Menschen ist im Allgemeinen nicht gewohnt zu empfangen, ohne etwas zurückzugeben. Er ist kaum in der Lage, etwas zu schenken, ohne dass sich der Beschenkte erkenntlich zeigen möchte. Zuvor wäre eine solch paradoxe Art des energetischen Daseins nicht möglich, nicht machbar, nicht zu erleben gewesen. Die Alt-7-Seele aber schenkt und empfängt unentwegt. Jetzt beginnt eine Phase, in der nichts mehr gewollt wird – und dies, obwohl die König-Energie 7 prinzipiell eine große Willenskraft in sich birgt. Aber dieser Wille, dieses Wünschen und Sehnen, ist auf eine neue Bewusstseinsdimension gerichtet, nämlich auf das Wollen des Allganzen und Göttlichen und auch darauf, selbst nichts mehr zu wollen. Fast wie ein Stoiker[41] nimmt eine Alte Seele auf der siebten Stufe das Leben so hin, wie es sich ihr bietet. Sie hat Ähnliches schon auf der Stufe Alt 5 erfahren, und die Öffnung ins Jenseits und in die nichtkörperlichen Bereiche auf der Ebene Alt 6 haben sie ebenfalls auf diese Neuerung in ihrem Energiesystem und in ihrer Weltwahrnehmung vorbereitet.

Das Schenken, von dem die Rede war, ist in keiner Weise materiell zu verstehen. Auch das Empfangen hat nichts zu tun mit der Welt der Dinge. Wenn die Alte Seele auf der siebten Entfaltungsstufe versorgt wird, Nahrung erhält oder mit Geld ausgestattet wird, so geht es nicht um den materiellen Aspekt oder den Nährwert der Objekte, sondern um die Energie, mit der diese Geschenke überreicht werden, nämlich als Gabe ohne Gegenleistung. Und wenn eine solch Alte Seele sich verschenkt oder den Mitmenschen etwas gibt, etwas vererbt, etwas überreicht, dann geht es ebenfalls nicht um das, was andere daran als wertvoll empfinden mögen, sondern um die Energie, die in diesen Gegenständen oder Hinterlassenschaften geborgen ist.

In Indien kennt man die Tradition, dass hochverehrte Meister einzelne Haare ihres Bartes, die ausgefallen sind, in einem kostbaren Kästchen verwahren und dann an ihre Schüler verschenken. Dabei geht es weder um den Wert des Kästchens noch um das Haar als solches, das als Andenken an den Meister verstanden wird, sondern vor allem um die Vorstellung, dass das Barthaar, das ja über Jahre am Haupte des Weisen gewachsen war, von seiner Energie erfüllt ist. In diesem Sinne kann eine Alt-7-Seele im ersten Leben auch Gegenstände von sich verschenken, zum Beispiel Fotografien, Stimmaufnahmen oder persönliche Gegenstände wie Ringe oder Kleidungsstücke, weil sie mit ihrer Energie aufgeladen sind und diese Energie den Empfängern zugutekommt.

Das gilt aber nicht mehr für das zweite und das dritte Leben, denn späterhin füllt sich das Schenken und das Empfangen mit einem reinen Licht, mit einem Leuchten durch ein Mit-Sein und Da-Sein, mit einer Beglückung, die völlig ohne das Wollen, das Wissen oder das Zutun der betreffenden Alten Seele zustande kommen kann. Denn wüsste sie noch, was sie ständig gibt und schenkt, würde sie sich in einer Art Eitelkeit verfangen oder in spirituellem Hochmut: »Ich schenke etwas, das sonst niemand zu geben hat.« Das wird sie jedoch nicht tun. Eine solche Haltung ist jüngeren Seelen, die natürlich ebenfalls herausragende Vorbilder und Lehrer sein können, vorbehalten.

Im Gegenteil, eine Alte Seele in ihrer irdischen Abschlussphase Alt 7 ist selten genug ein sogenannter spiritueller Lehrer, ein Weisheitslehrer, ein bekannter Meister. Sie kann zwar durchaus auf diese Weise wirken, aber es ist die Ausnahme. Vielmehr überwiegt eine existenzielle Müdigkeit. Zugleich flackert das Feuer einer unendlichen Lebensfreude. Eine erfüllte Erschöpfung, alles beherrschend, prägt diese Alte Seele in ihren allerletzten Leben. Sie möchte nichts mehr tun und nichts mehr leisten müssen. Sie mag nicht mehr, sie kann nicht mehr, sie soll auch nicht mehr. Denn all das Verströmen von Taten, seien sie auch noch so nobel, und all das Verbreiten von Worten, seien sie auch noch so weise, sind eine Anstrengung, die nur noch unter bestimmten Umständen, zum Beispiel im Rahmen der Seelenfamilienaufgabe, bewältigt werden kann. Und doch sind die Geschenke einer Alt-7-Seele an die Menschheit überwältigend.

Es darf wohl gesagt werden, dass eine so alt gewordene

Seele oft schon als Kind den Eindruck eines edlen Greises oder einer wunderschönen Greisin vermittelt. Der königliche Energieanteil 7 sorgt dafür, dass Würde in Haltung, Blick und Gesichtsausdruck geradezu in jedem Moment aus Fleisch und Blut hervorsprüht. Die Weisen-Energie 5, die den gesamten letzten Inkarnationszyklus kennzeichnet, gelangt nunmehr auf ihren Höhepunkt an Kommunikationsfähigkeit, Mitmenschlichkeit, Souveränität, Furchtlosigkeit, Güte und Großherzigkeit. Diese Eigenschaften zeigen sich in den meisten Fällen darin, dass ein solcher Mensch seine Mitmenschen ohne Wenn und Aber akzeptiert. Er urteilt nicht. Er stellt keine Forderungen mehr an sie, beglückt sie mit einer warmen Bereitschaft zur Akzeptanz, ohne zu erwarten, dass von seiner Liebe etwas auf ihn zurückstrahlt. Darin ist kein Wollen, kein Fordern, dahinter steckt keine Not, dringend beachtet zu werden, obgleich selbstverständlich auch in diesen letzten Leben die Alte Seele noch eine Angststruktur hat, die sie ja braucht, um ihre abschließenden Vorhaben im Irdischen zu vollenden. Kein Erdenleben ohne Urangst; keine Angst außerhalb des Erdenlebens.

Alle Ängste sind auf der Entfaltungsstufe Alt 7 in gewisser Weise über mehr als zehntausend Jahre hindurch erprobt, erfahren und durchlebt worden. Sie werden nicht mehr als lebensbedrohlich wahrgenommen, sondern eher mit der humorvollen, selbstreflektierenden Einschätzung der Energie 5 betrachtet. Ganz gleich, welche Merkmale der Angst während der letzten irdischen Existenzen im Vordergrund stehen, sie werden nach und nach immer mehr und im letzten Leben sogar in einer für andere Menschen erstaunlicher Weise innerlich belächelt und einfach akzeptiert als Bedingung des Menschseins. Angst stellt ja die interessanteste Erfahrung allen Menschseins dar. Sie steht für eine zentrale Auseinandersetzung mit den Gegebenheiten des Irdischen, die zum Bedauern der Alten Seele 7 in Zukunft nicht mehr zur Verfügung stehen wird, denn wenn alle nötigen Leben bewältigt wurden und die Seele endgültig auf die Astralebene der Bewusstheit überwechselt, hat Angst ihre Funktion als Wachstumsmotor verloren. Die Seelenrolle und der Seelenweg als Teil des ewigen Daseinsaspekts bleiben zwar auch nach Abschluss der finalen Lebensspanne erhalten, aber alle anderen Aspekte einer Seelenmatrix fliegen mit dem allerletzten Atemzug davon. Die Einzelseele mit ihrer charakterisierenden Seelenrolle verschmilzt mit ihrer Seelenfamilie, und diese verweilt noch so lange in der astralen Welt, bis alle anderen Seelenfragmente ihres Seelenstammes ebenfalls ihr letztes Leben abgeschlossen haben.

Es würde schwerfallen, diese uralten Seelen als solche wahrzunehmen, sie zu entdecken in der Masse der Menschen, wenn nicht jüngere Alte Seelen bereits ein Empfinden, ein Wahrnehmungsorgan für das spezielle Fluidum entwickeln, das von diesen Seelengreisen ausgesandt wird. Denn da sie sich weder damit brüsten noch es zu Markte tragen, verharrt vieles von ihrer Ausstrahlung im Bereich des Merkwürdigen, Rätselhaften, manchmal sogar Verstörenden. Die Individualität einer Alt-7-Seele auf dem Höhepunkt der autonomen Wesensentwicklung zeigt sich nicht selten in einer beunruhigenden Skurrilität, die bei jüngeren Seelen auf Ablehnung stößt und von ihnen nicht gewürdigt werden kann. Aber das hat gewissermaßen seine Ordnung, denn diese Alten Seelen schenken das, was sie zu schenken haben, nur denen, die es auch zu empfangen vermögen. Und sie können auch nur das als Geschenk in Empfang nehmen, als Gabe ohne Gegengabe, was ihnen natürlich und ohne Gegenforderungen, ohne Ansprüche an Dank und Gegenleistung, ganz ohne Erwartungen gespendet wird.

Selten einmal treten Alt-7-Seelen in das Licht der Öffentlichkeit. Das hat viele verschiedene Gründe. Sie scheuen aufgrund ihrer überstarken Empfindsamkeit und Durchlässigkeit die Berührung mit allem Groben und Gewaltsamen, mit allem, was sie zwar akzeptieren, aber nur mit Mühe verarbeiten können. Es ist sinnvoll, daran zu erinnern, dass in Analogie zu einem Menschenleben diese Seelen in ihren späten Neunzigern oder oft auch über hundert Jahre alt sind. Seelengreise müssen sich schonen und müssen geschont werden. Man kann ihnen nicht mehr alles zumuten, nicht einmal in ihrer körperlichen Jugend. Zu ihrem Selbstschutz werden sie sich auch hüten vor allem, was ihnen an Zumutungen entgegengetragen wird. Sie werden sich dem Unangemessenen verweigern. Sie haben meist nicht mehr die Kraft, Eltern zu werden, Kinder aufzuziehen, einem anstrengenden Beruf nachzugehen, sich mühevoll ihren Lebensunterhalt zu verdienen. Sie ziehen es vor, sich auch in materieller Hinsicht beschenken zu lassen – ganz gleich ob von der Familie, einer Klostergemeinschaft, einer Rentenkasse oder einer Stiftung –, damit sie strahlen können, ohne ihre Energie für Dinge zu vergeuden, die nicht mehr ihre Angelegenheit sind. Jungen Seelen gelten sie manchmal als Schmarotzer.

Eine weitere Möglichkeit, den Forderungen des sogenannten normalen Alltags zu entfliehen, wäre eine chronische Krankheit, die von vornherein klarstellt: »Ich kann nichts leisten, ich muss gepflegt und behütet werden. Doch obschon ich nichts leisten kann, habe ich durchaus etwas zu geben und etwas zu schenken.« So sind jene uralten Seelen, die oft behindert oder schwerkrank auf die Welt kommen, die bereits im Kindesalter an Leukämie oder Aids leiden oder andere schwierige Befindlichkeiten aufweisen, gerade diejenigen, die ihren Verwandten, ihren Pflegern, ihrer gesamten Umgebung eine Liebeserziehung angedeihen lassen, die nur aufgrund ihrer Alten Seele ohne ein gezieltes Wollen und ein absichtliches Tun ermöglicht wird. Es ist ein Schenken und Beschenktwerden von Liebe.

Es darf gesagt werden, dass diese Alt-7-Seelen über eine

Art magnetischer Anziehungskraft verfügen. Obgleich sie skurril wirken und oft schwerkrank sind, mag man doch gern in ihrer Nähe verweilen. Andere Alte Seelen fühlen sich in ihrer Gegenwart wohler, als der Verstand es verstehen kann, und die Bereitschaft, eine Alt-7-Seele liebevoll zu hegen, zu pflegen und zu versorgen, ist im Allgemeinen größer als bei einer jüngeren Seele, die an den gleichen Beschwerden leidet.

Es gibt für eine Seele auf der Stufe Alt 7 eine weitere Möglichkeit, sich mit ihrer Strahlkraft in die menschliche Gemeinschaft einzubringen – und das muss sie grundsätzlich tun, denn sonst wäre ihre königliche Weisen-Energie vergeudet. Sie besteht darin, dass sie sich in Kind-Seelen-Gesellschaften inkarniert und somit dafür sorgt, unausweichlich als etwas ganz Außergewöhnliches und überaus Besonderes gesehen und verehrt zu werden, als hätte sie Zauberkräfte. Diese Inkarnation unter Kind-Seelen oder in einem urtümlichen Eingeborenenstamm oder einer existenziell verständnislosen Jungseelen-Familie kommt der Alt-7-Seele auch insofern zugute, als sie dort unentwegt mit vollen Händen schenken kann und nicht im Traum erwartet, verstanden oder in gleicher Weise beschenkt zu werden. Kind-Seelen sind treuherzig in der Lage, eine solche Alte Seele in eine Sonderposition zu bringen. Sie sind gern bereit, sie als einen gottähnlichen Menschen zu betrachten oder gar als einen Gott in Menschengestalt. Dadurch ist die Versorgung mit Nahrung und den notwendigsten materiellen Gütern in der Regel selbst bei Missbildung oder Krankheit des Alt-7-Körpers gewährleistet.

Eine weitere Möglichkeit für eine Seele auf Stufe 7 ist es, ein relativ kurzes Erdenleben zu wählen. Das bedeutet aber, dass oft nicht nur drei, sondern sogar vier Leben auf dieser Stufe verbracht werden müssen, denn dieses »Empfangen, ohne zu schenken, und schenken, ohne zu empfangen« will auch in der Lebenspraxis gelernt sein. Die Aufgabe dieser Entfaltungsstufe darf nicht nur in der Theorie betrachtet werden, und die mit dem Abschluss des Inkarnationszyklus verknüpfte hohe allgemeine Bewusstheit kann ohne ein ausgereiftes Gehirn nicht zu einem erlebbaren Selbst-Bewusstsein und zu Selbst-Erkenntnis führen. Die erreichbaren Lebensjahre dieser Alten Seele sind durchaus unterschiedlich. Je nach Möglichkeit oder Notwendigkeit kann sie bereits als Kind das Zeitliche segnen oder auch sehr alt werden. Wenn die Gegebenheiten so günstig sind, dass sie sich lange schützen kann, vermag sie auch lange zu schenken, ohne zu empfangen, und zu empfangen, ohne zu schenken. Doch die Sehnsucht nach dem endgültigen Ableben ist ebenso groß wie die Lust, noch ein letztes Mal das irdische Menschenleben in vollen Zügen auszukosten.

Je nach Angststruktur kann auch das Schenken oder das Empfangen zu einer Problematik führen, zum Beispiel bei dem Angstmerkmal Gier oder Selbstverleugnung. Im Allgemeinen kann festgestellt werden, dass Alt-7-Seelen sich während ihrer letzten drei oder vier irdischen Existenzen noch mit einem Seelenmuster ausstatten, das besonders schwierig und komplex ist, in sich scheinbar widersprüchlich und somit konfliktreich. Entsprechende Herausforderungen werden dadurch an die jeweilige Psyche gestellt. Kombinationen von Archetypen, die bislang noch nicht erprobt worden waren – und derer gibt es unendlich viele –, werden nun sozusagen im letzten Moment noch inkarniert und wollen auch gelebt werden. Der Abschied von der körperlichen Existenz ist auf solche Weise meist mit einer Art Endspurt verbunden. So wie ein Marathonläufer auf den letzten wenigen Hundert Metern noch einmal seine größten Kräfte mobilisiert, um als Erster durch die Zielgerade zu rennen, wird auch eine uralte Seele noch innere Herausforderungen bewältigen wollen, indem sie ihr letztes Feuer hell auflodern lässt. Aber es ist in der Regel ein inneres Feuer und kein Leuchtturm, der weit und breit Land und Meer erhellt.

Im Mittelpunkt der Aufmerksamkeit zu stehen ist für eine Alt-7-Seele in aller Regel unangenehm; und wenn es denn vorkommt, dass alle Welt auf sie schaut, wird diese Aufmerksamkeit mit einer erheblichen Portion existenzieller Ironie gelebt. Was Pflicht und Verantwortung einer Seele auf der Zielgeraden ihres Inkarnationsgeschehens erfordern, muss vollzogen werden. Eine Seele auf der Entfaltungsstufe 7 kann sich nicht völlig verstecken, weder im schwächlichsten körperlichen Zustand noch bei voller Gesundheit, nicht in Armut oder Reichtum, nicht in Schönheit, Klugheit, Hässlichkeit oder Dummheit. Ein Verbergen des Seelenzustands ist nicht möglich, weil das innere Licht durch alle Ritzen scheint und auch die erwähnte magnetische Anziehungskraft hervorbringt.

Es ist nun nicht nötig, dass die jüngeren Mitmenschen eine Erklärung für dieses Leuchten haben oder eine Theorie dazu entwickeln, warum diese magnetische Anziehungskraft vorhanden ist, warum sie einer Person mit einer seltsamen uralten Seele gern zur Seite stehen oder ihr dienen, sie pflegen oder sie verehren. Die entsprechende Interaktion der Energien ist jenseits kognitiver Bereiche angesiedelt und entbehrt jeglicher analytischen Erklärbarkeit. Es ist, wie es ist. Das bedeutet für die uralte Seele: Sie ist, wie sie ist, und die Mitmenschen haben keine Wahl, als sich mit ihr in irgendeiner Form zu befassen, auseinanderzusetzen und sie wahrzunehmen. Dies bedeutet keineswegs, dass sie immer geliebt wird. Sie macht den jüngeren Seelen auch Angst. Sie erregt Furcht durch ihre Andersartigkeit. Sie verunsichert durch ihre Lebenseinstellung. Sie zieht Aggressionen auf sich, weil sie sich weigert, sich einzumischen, sich zu ärgern, sich zu artikulieren, zu urteilen oder sich in anderer Weise am Tagesgeschehen zu beteiligen.

Eine Greisenseele, wie wir sie gern nennen, ist natürlich in ihrer körperlichen Daseinsweise auch zunächst einmal

Kind, dann jung und dann erwachsen. Das bedeutet, dass sie sich im Laufe ihres Lebens stets auch mit den Gegebenheiten ihrer Gesellschaft und den Vorschriften ihres Heimatlandes auseinandersetzen muss. Konflikte dienen einer Alt-7-Seele dazu, ihre ureigene Individualität und Authentizität zu prüfen und zu entwickeln. In ihr eigentliches, voll ausgereiftes Alt-7-Sein gelangt sie erst, wenn es ihr möglich ist, ein höheres Lebensalter zu erreichen. Die Auseinandersetzung mit einer unverständigen Umwelt und oft groben, empfindungsarmen Mitmenschen berührt ihre energetischen Ressourcen von liebevoller Güte als Ausdruck der Fünfer-Energie und von Herrschen und Führen als Ausdruck der Siebener-Energie. Kommen nun diese zwei zusammen, wie es auf der Entfaltungsstufe Alt 7 und im gesamten Inkarnationszyklus nur hier der Fall ist, wollen und müssen sie sich manifestieren und ausdrücken.

Nun möchten wir einem weitverbreiteten positiven Vorurteil entgegentreten. Es äußert sich in der Vorstellung, eine Alte Seele am Ende ihres Inkarnationsweges habe immerzu liebevoll, gütig und beherrscht zu sein, nur weil sie so »weit« gekommen ist. Gerade dabei handelt es sich um ein naives Missverständnis. Eine Seele auf der Stufe 7 hat indes keinerlei Interesse mehr daran und auch nicht die Kraft, den moralischen Ansprüchen und geradezu kindlichen Erwartungen an ihr Wesen und ihren Charakter zu entsprechen. Sie wird sich genau so ausdrücken, wie ihr aus dem Moment heraus zumute ist. Sie wird sich beherrschen, wenn sie Lust hat, sich zu beherrschen. Sie wird die Beherrschung verlieren, wenn sie dazu aufgelegt ist. Von dieser Alten Seele ausdauernde Perfektion zu erwarten oder sie als Projektionsfläche für astrale Vollkommenheitssehnsüchte zu benutzen ist unrealistisch und entspricht nicht der endlich erreichten absoluten Authentizität des betreffenden Menschen. Diese ist das Ergebnis vieler gelebter Leben mit der Bewältigung der dazugehörigen Entfaltungsaufgaben, die ja allesamt auf eine zunehmende Unabhängigkeit vom Kollektiv hinstreben. Eine Alt-7-Seele wird solche überzogenen Erwartungen eher abwehren, ablehnen oder ihnen gar bewusst entgegentreten. Sie hat keine Neigung, fremden Idealen entsprechen zu wollen.

Wer ist, wie er ist, ist in jedem Moment der, der er ist. Er trägt keine Masken mehr. Das bedeutet, eine uralte Seele ist durchaus in der Lage, jemanden zu töten oder Gewalt anzuwenden, wenn es für das Ganze wichtig und notwendig ist. Dies kann mit einer für jüngere Seelen unverständlichen Art von Güte und Liebe geschehen. Die König-Energie macht eine Alt-7-Seele souverän verantwortlich für ein Großes. Die Anteile an Fünfer-Energie vermögen zu akzeptieren, dass das Schlechte und Üble nun einmal in der Welt ist und nicht geleugnet werden kann. Eine Alt-7-Seele will nichts mehr verändern, will keinen Einfluss nehmen auf die Welt – es sei denn, dies entspricht übergeordneten seelischen Aufträgen. Sollte also auf dieser Entfaltungsstufe die Möglichkeit bestehen, dass eine Alt-7-Seele sich in einer Machtposition wiederfindet oder im privaten Bereich eine Stellung einnimmt, die ihr im familiären Umfeld oder im Freundeskreis gestattet, ihre Spontaneität und ihre Authentizität – auch gegen die moralischen Vorstellungen ihrer Mitmenschen – auszuleben, so wird sie es tun. Wir sagten schon, einer uralten Seele ist nicht mehr daran gelegen, sich beliebt zu machen. Sie ist, wie sie ist; und wenn sie es ist, so ist sie es auch dann, wenn andere es nicht gutheißen. Sie hat in diesem hohen Seelenalter die allerletzten Gelegenheiten, das auszuagieren, was in ihr entstehen will. Die Interaktion mit der Welt, der Wirklichkeit und den Mitmenschen wird bald – wie sie ahnt und spürt – ein natürliches Ende finden. Sie muss daher die letzten Gelegenheiten nutzen, um zu erfahren, wie ihre Wirkweise als voll entfaltetes Seelenwesen in der Resonanz ihrer Mitmenschen widerhallt.

Nun möchten wir zurückkehren zu der Tatsache, dass es zwar viele Alt-7-Seelen in allen Gesellschaften eurer Erde gibt, dass aber die wenigsten von ihnen bekannt oder gar berühmt werden. Die allermeisten bewegen sich in einer wirkmächtigen Schattenzone. Sie treten aus ihr nur dann hervor, wenn es zum Wohl des Ganzen notwendig ist. Ansonsten hüten sie sich davor und schützen sich und bewahren sich vor Energieverlust. Sie haben zwar sehr viel Ausstrahlung, aber ihre Energie ist fragil und hochverletzlich und dabei paradoxerweise trotz allem stabil und fast unverletzbar. In ihrem privaten Umfeld können nur solche Menschen sie dulden oder ertragen, die – ohne das innigste Verständnis für sie aufbringen zu können – dennoch Zuneigung und Liebe verströmen, die auch diese Alte Seele noch braucht, nach der sie sogar hungert und dürstet. Dies ist gerade deshalb so, weil eine Alt-7-Seele sich meist in seelisch viel jüngeren Familien inkarniert hat – bei einem Vater, einer Mutter oder zwischen Geschwistern, die keinerlei Wahrnehmung von ihrer Besonderheit haben und nicht in der Lage sind, sie so zu lieben, wie sie ist, sondern sie eher ertragen oder kühl respektieren, aber nicht mit Warmherzigkeit überschütten können. Doch Seelen auf der Stufe Alt 4, Alt 5 oder Alt 6 haben durchaus die Möglichkeit, sich einer uralten Seele in hingebungsvoller Zartheit zu widmen, bei ihr zu sein, ihr in ihrem irdischen Alltag Gesellschaft zu leisten, ohne die Grenzen des Energiefeldes zu verletzen oder es an Achtung mangeln zu lassen. Die Fünfer-Energie, die zu diesem Seelenalter gehört, braucht Kontakt und Austausch. Sie braucht das Gefühl, gesehen und gehört und erspürt zu werden. Sie benötigt ein Grüppchen von zugewandten Menschen, das ihr zuhört und möglicherweise ihre Weisheit aufzeichnen und verbreiten kann. So geschieht es nicht selten, dass wie bei Sokrates Schüler die Aussagen der Alt-7-Seele notieren und der Nachwelt überliefern. Nicht die Greisenseele selbst macht sich die Mühe, jedes eigene

Wort oder jede eigene Kreation aktiv unter die Menschen zu bringen.

Ganz gleich ob Mann oder Frau, auch eine Alte Seele auf der Stufe 7 hat sexuelle Bedürfnisse und erlebt im Orgasmus ganz besonders ekstatische Zustände, deren Intensität sie mit dem Partner kaum zu teilen vermag; dennoch bedarf das körperliche Erleben einer Gemeinschaft. Die Erfüllung sexueller Bedürfnisse unterscheidet sich in der Regel gewaltig von dem, was die jeweilige Gesellschaft für moralisch oder rechtens hält. So wird der Alt-7-Seele oft Promiskuität, Homosexualität oder eheliche Untreue vorgeworfen. Es ist etwas, das sie selbst in keiner Weise so empfindet oder verstehen kann, denn sie verfügt über einen so reichen Überschuss an Liebe, dass sie ihn mehreren realen Mitmenschen in ihrem nahen Umfeld zuteilwerden lassen möchte, ganz gleich welchen Geschlechts. Diese andere und seltene Art großer Liebe, die Liebe an sich und die bedingungslose Liebe, die das Wesen eines frischen Frühlingswindes hat, kommt vielen zugute, jedoch nicht in der Weise, dass die Greisenseele nach ihr hungert und sie als Gegengabe von anderen fordert. Solche Liebe ergießt sich; sie behaucht einen großen Radius von Menschen, oft auch über den allerletzten Tod hinaus. Wenn die religiösen Vorschriften oder die gesellschaftlichen Gepflogenheiten es notwendig machen, wird eine uralte Seele durchaus noch eine Ehe schließen wollen. Denn auch die inkarnierte Alt-7-Seele möchte Mitmenschen berühren, körperliche Nähe spüren. Diese Möglichkeit wird sie nicht mehr lange nutzen können. Jetzt ist ein Schenken und ein Empfangen ohne Not und Anstrengung, ohne Angst oder heftiges Begehren möglich, und deshalb stößt diese Seele oft an die Grenzen der Empörung derer, die noch ganz in den Vorstellungen der moralischen Rechtschaffenheit und der sexuellen Vorschriftsmäßigkeit befangen sind.

Weil eine Greisenseele körperlich oft nicht sehr stark ist,

muss sie sich sehr sorgfältig um ihre Leiblichkeit kümmern. Sie meidet, was ihr nicht guttut, und leidet auch häufig unter chronischen Krankheiten oder schweren Allergien, Abstoßungsreaktionen oder Immunschwäche. Sie weiß oder ahnt häufig, dass sie nicht lange leben wird, und zündet deshalb ihre Fackel an beiden Enden an, verbraucht sich schneller, so wie ein Haufen Holzspäne rascher zu Asche wird als ein Haufen dicker Eichenscheite. Ein großes Königsschloss braucht zwar länger zum Verbrennen als ein Fachwerkhäuschen, aber der Verlust für eine Gesellschaft ist größer und schmerzlicher. Zugleich wird eine Alte Seele der Stufe 7 sich sagen: »Nun, so ist es. Dieses Schloss war mein Schloss, und mein Lebensschloss ist jetzt niedergebrannt. Es ist nicht mein erstes, es wird vielleicht nicht mein letztes sein.« Wir sprechen hier nicht vom allerletzten Leben auf dieser allerletzten Entfaltungsstufe.

Wenn wir nun auf die religiöse Haltung, die persönliche Philosophie oder die Glaubensformen einer Alt-7-Seele zu sprechen kommen, möchten wir zum Ausdruck bringen, dass auch diese nicht mit den gängigen Maßstäben beurteilt oder beschrieben werden können. Das Amalgam an Weltzutrauen und Gleich-Gültigkeit, an stiller Gewissheit angesichts des großen Göttlichen und an einer freundlichen Beliebigkeit den Tausenden von verschiedenen religiösen Glaubensrichtungen gegenüber macht die sogenannte Spiritualität der uralten Seele aus. Spiritueller als eine Alt-7-Seele kann niemand sein! Das ist eine Tatsache, auch wenn sie selbst es nicht so empfindet und die Ausdrucksformen ihrer Weltanschauung nicht den Vorstellungen jüngerer Seelen entsprechen.

Alt-7-Seelen verhalten sich scheinbar widersprüchlich. Sie meditieren nicht, befinden sich aber ständig in einer meditativen Stimmung. Alles löst sich in einem Lichtbogen auf, wenn eine gütige Gleichgültigkeit und das unbegrenzte, nahezu unendliche Vertrauen in das, was ist und sein wird, sich miteinander vereinen. Wenn jemand sie nach ihrer Glaubenshaltung befragt, wird eine solche Alte Seele antworten: »Ich weiß es nicht. Bei mir ist es einmal so und dann wieder anders. Meine Gewissheit muss ich in Zweifel ziehen, meinen Zweifeln muss ich mit Gewissheit begegnen, solange ich lebe.« Falls eine Alte Seele kurz vor ihrem endgültigen Übergang in eine andere Dimension der Existenz versucht, diese Dichotomie in Worte zu fassen, erkennt sie, dass ihre Aussage wiederum auf tönernen Füßen steht. Doch auf diesem labilen Fundament ruht ein riesiger goldener Kelch, ein immens großer Krater, in den der süße Wein des Göttlichen und der Transzendenz gegossen wurde. Dieses Gefäß ist so groß, dass andere Menschen auf Feuerwehrleitern steigen müssten, um auch nur über den Rand zu schauen. Doch selbst dann wäre ihr Arm nicht lang genug, um mit ihrem Becher an diese Süße zu gelangen und daran trunken zu werden.

Eine Greisenseele weiß auch, dass Nektar und Ambrosia nicht für jeden bekömmlich sind. So wird sie sich ohne große Gewissensbisse oder innere Konflikte verschiedenen Kulten zuwenden. Denn ob sie jetzt hier oder dort ihren Nektar trinkt, ist ihr im Grunde gleichgültig, weil sie das Allganze in allem weiß und erkennt. Wie ein Kolibri kann sie aus vielen Blüten naschen und schaut mit Verständnis und zugleich einem existenziellen Unverständnis auf diejenigen hinunter – nicht herab! –, die sich noch abmühen, die Größe des Göttlichen zu erfassen. Sie weiß im Übrigen sehr wohl, dass auch sie selbst dieses Allganze noch nicht in seiner Ganzheit begriffen hat. Sie kostet nur, sie erschnuppert seinen Duft; doch bevor sie nicht ihren letzten Atemzug ausgehaucht hat, wird sie sich daran nicht berauschen können. Zugleich muss sie die höchste innere Erkenntnis, derer ein Mensch fähig ist, für sich behalten, denn es wird ihr selten genug gegeben sein, einem Menschen ihres eigenen Seelenalters zu begegnen und diese ahnungsvolle Wonne göttlicher Trunkenheit zusammen mit einem anderen inkarnierten Wesen zu genießen.

Fragen und Antworten

Die langjährige gemeinsame Forschungsarbeit an dem Buch über die Seelenalter und die Entfaltung der Menschenseele kommt jetzt zum Abschluss. Wir sind heute noch einmal alle zusammengekommen und haben mehrere Fragen an euch. – Wie können Alte Seelen angesichts ihres erhöhten Mitgefühls und ihrer Durchlässigkeit mit dem Leid der Welt umgehen? Und worin besteht die Funktion des Leidens für den Menschen und seine Seele?

Die ersten drei Seelenzyklen sind dazu geschaffen, das große Leid und den unendlichen Schmerz, die das Menschsein mit sich bringt und die für die seelische Menschwerdung im Laufe der Inkarnationen unverzichtbar sind, nur wenig oder gar nicht wahrzunehmen. Körperliche Schmerzen sind und bleiben selbstverständlich Schmerzen. Sie werden von Säugling-Seelen, Kind-Seelen und Jungen Seelen sowohl zugefügt als auch ertragen. Leid, das innerhalb der Familie durch Krankheit, Naturkatastrophen und Todesfälle entsteht, wird tapfer und stoisch erduldet und aufgefangen durch die Gemeinschaft und das soziale Umfeld. Sehr junge Seelen gehen nach einer Zeit der Trauer zu ihren Tagesgeschäften über und werden nicht mehr leiden, als es für sie erträglich ist. Psychischer Kummer wird abgewehrt und durch erhöhte Aktivität bewältigt.

Reife und Alte Seelen hingegen öffnen sich auf unterschiedliche Weise dem Leid der Welt. Wir sagen auf unterschiedliche Weise, denn Reife Seelen, die mit jeder Inkarnation einen neuen und ungewohnten Zugang zu sich selbst, ihren Wahrnehmungen, ihren Empfindungen und ihren Reaktionen finden, antworten auf diese Empfindungen mit einer großen und in jeder Hinsicht beachtlichen Bereitschaft, das Leid, das sie bei anderen beobachten, aber auch bei sich selbst, nach Kräften zu lindern, zu mildern und zu heilen. Sie setzen sich tätig ein und unternehmen vielerlei, um die Macht der Gefühle, die durch Leid und Schmerz in ihnen ausgelöst werden, zu bewältigen.

Eure Frage zielt jedoch ganz besonders auf die Möglichkeiten ab, die eine Alte Seele hat, um sich einerseits vor einem allzu großen Schmerz und Mitleiden zu bewahren und zu schützen und andererseits mit der menschlichen Gemeinschaft in einem Energiekontakt zu bleiben, durch den sie nicht abgetrennt sind von dem unendlichen Leiden, das das Menschsein als solches notwendigerweise mit sich bringt. Wir können nur wiederholen, was wir bereits früher gesagt haben: Krankheit und Tod, Leiden und Schmerz gehören zum menschlichen Dasein. Dies gilt für jedes einzelne Leben und jedes Dasein auf jeder Stufe der Entfaltung. Nur die Erscheinungsformen und Ausprägungen und das subjektive Empfinden von Leid sind sehr unterschiedlich. Die Alte Seele ist gesegnet und belastet zugleich mit einer sich unaufhaltsam steigernden Sensibilität und einer Fähigkeit, zu fühlen und mitzufühlen, empathisch auf ihre Mitmenschen einzugehen und sogar anstelle von Mitmenschen zu leiden, die ihr Leid subjektiv weniger stark empfinden als jemand, der dieses von Weitem oder von außen betrachtet.

Es ist nun nicht pauschal möglich zu sagen, wie eine Alte Seele lernen kann, mit dem Leid der Welt umzugehen. Vieles versteht sie zunehmend als notwendig und unabdingbar für die Entwicklung von Psyche und Seele. Und sie hat im Laufe ihrer eigenen Inkarnationsgeschichte erfahren, wie erkenntnisfördernd und liebesfördernd sich aktuelles Leid und überstandenes Leid auf Psyche und Seele, auf das Wachstum dieser beiden Instanzen ihres Ich, auswirken. Während Reife Seelen vorwiegend den Impuls haben, Leid zu mindern und zu mildern, versteht die Alte Seele die zwingende existenzielle Notwendigkeit, Leid in das gesamtmenschliche Erleben aufzunehmen. Es bleibt ihr oft nichts anderes übrig, als zu beherzigen, was der Buddhismus lehrt, nämlich dieses große allgemeine Leid aller Wesen und des Menschseins in sich aufzunehmen, es einzuatmen und es wieder auszuatmen, es durch sich hindurchfließen zu lassen, ohne sich zu identifizieren, ohne etwas ändern zu können und zu wollen, ohne den Wunsch einzugreifen, um andere vor dem für sie zwar schrecklichen, aber für das Wachstum der Seele doch oft notwendigen Leid zu bewahren.

Nun ist es nicht von der Hand zu weisen, dass auch Alte Seelen ihr eigenes Quantum an Leid zu tragen haben, sei es durch ihre übergroße Empfindsamkeit und Durchlässigkeit, durch allerlei Krankheiten und psychische Belastungen, durch ein ständiges Mitschwingen mit dem überwältigenden Leid der Welt und an der Welt, das sie entweder an sich heranlassen können oder von sich weisen müssen, weil ihre Kraft nicht ausreicht, um es zu ertragen. Es gibt also keine Möglichkeit für uns, euch einen allgemeinen Rat zu erteilen, wie Alte Seelen dieses Leiden von Welt und Mitmenschen und Natur verkraften können. Es hängt sehr davon ab, wie viel persönliches Leid der Einzelne schon durchgestanden hat oder noch durchstehen muss, wie viel psychisches Leid er bewältigen konnte und wie viele körperliche Schmerzen er bereits durchlitten hat. Alles, was die Alte Seele selbst kennt, kann sie in bestem Sinne mitfühlen und nachfühlen und auch in gewisser Weise stellvertretend erleiden, soweit ihre psychische Kapazität ausreicht. Und sie wird gewiss helfen, wenn es ihr ein Bedürfnis ist.

Aber wir möchten euch einen anderen Rat geben, nämlich euch nicht in erster Linie dem Leid der großen weiten Welt und dem Leiden an sich zuzuwenden, sondern dem, was in eurer unmittelbaren Umgebung geschieht. Steht den Traurigen, den Kranken, den Unglücklichen, den Verlorenen,

Verzweifelten und Bedrückten bei, jenen also, denen ihr mit eurer Empathie und eurem Mitgefühl und eurer immensen seelischen Erfahrung zur Seite stehen könnt. Tut dies ohne den dringenden Wunsch, Leid zu beenden, sondern eher wie warmherzige Begleiter – wie jemand, der einen Rollstuhl schiebt, ohne selbst gelähmt zu sein, und dem Hilfsbedürftigen doch einen wichtigen und notwendigen Liebesdienst erweist. Seid Seelsorger für die Leidenden. Und eine andere Sache ist für euch als Alte Seelen von großer Bedeutung, nämlich euch dem eigenen Leid in Liebe und Aufmerksamkeit zuzuwenden, es weder zu verleugnen noch zu verdrängen noch zu überspielen noch euch »spirituell« darüber zu erheben. Wir meinen damit, dass auch das Leid an der Welt, an den Mitmenschen, an den Umständen, an euren Unfähigkeiten für euch etwas Wichtiges ist, das ihr betrachten könnt, das euch in eurer jeweiligen psychischen Entwicklung weiterbringen wird.

Wir müssen noch einmal auf Grundsätzliches zu sprechen kommen. Es gibt kein einziges Leben ohne Leid, und es gibt keinen einzigen Menschen, sei er jung oder alt, der Leid nicht kennt – in Form von körperlichen oder psychischen Schmerzen, in Form von Trauer, Angst oder Verlorenheit. Wenn ihr dies als Alte Seelen so akzeptiert, wie wir es sagen, dann seid ihr nicht ausgeschlossen, seid keine Zuschauer des Leids. Wir möchten jedoch zum Ausdruck bringen, dass euer eigenes Leiden in der Regel ein anderes ist als das von Jungen Seelen oder sehr jungen Seelen und dass ihr es stärker empfindet als jene, selbst wenn es euch oft relativ, banal oder auch geringfügiger erscheint. Ihr leidet mehr unter dem Leid als Kind-Seelen oder Junge Seelen und solltet dieser unangenehmen Wahrheit mutig ins Gesicht schauen. Wenn ihr euch klarmacht, dass dieses Leid zu spüren und Leid zu sehen und Leid anzunehmen ebenfalls ein unverzichtbarer Aspekt des Menschseins, eine Form von allumfassender Liebe und Erkenntnis ist, wird es euch nicht so schwerfallen zu ertragen, was andere Menschen sich und ihren Mitbrüdern und Mitschwestern antun. Ihr könnt dann eure Reaktionen auf alles, was ihr seht und spürt und erfahrt, für euch selbst und eure Entfaltung nutzen, um euch mit erhöhter Achtsamkeit und geschärftem Bewusstsein die Bedingungen des menschlichen Daseins vor Augen zu führen. Ihr könnt euch eingeschlossen fühlen in das Ganze, statt euch durch ängstliche Schutzmaßnahmen davor zu hüten, in Dinge verwickelt zu werden, die ihr nicht ändern könnt. Nehmt Anteil – das ist es, was wir euch sagen möchten. Nehmt Anteil, indem ihr teilhabt an diesem Leid, ohne selbst zum Leid zu werden. Und grenzt euch ab, aber grenzt euch nicht aus. Übernehmt nicht das Leid derer, die es für sich selbst brauchen, sondern betrachtet es als etwas, das ihr einst selbst durchgemacht habt, woran ihr euch zuweilen sogar erinnern könnt und das zu eurem Erfahrungsschatz gehört, ohne den ihr die nicht wäret, die ihr seid, und in eurer seelischen Entwicklung nicht dort angelangt wäret, wo ihr jetzt seid.

Wir richten jetzt noch einige Worte an euch Ärzte und Therapeuten, die ihr hier anwesend seid. Ihr habt unsere Seelenforschung unterstützt, und wir danken euch. Ihr alle seid Menschen, die sich von Anfang an bereitgefunden haben, auf verschiedene Weise und mit unterschiedlichen Methoden das Leid der Welt an sich heranzulassen, sich ihm auszusetzen. Ihr geht tagtäglich mit Menschen um, die unglücklich sind, die geschädigt sind, die Leid und Krankheit und Kummer offen an euch herantragen. Ihr seid also bereits Menschen, die sich nicht verweigern, sondern Geist und Psyche eng in Berührung bringen mit dem, was Menschsein bedeutet. Ihr stützt, ihr helft, ihr nehmt Teil und Anteil, ohne daran zugrunde zu gehen, ohne euer eigenes Leben zu zerstören durch eine Identifikation mit dem Leid, das von Hilfesuchenden und Leidtragenden in euer Leben gebracht wird. Damit wollen wir andeuten, dass ihr, die hier anwesend seid, schon sehr gut wisst und verstanden habt, wie ältere Seelen mit dem Leid der Welt umgehen können. Und ihr habt reichlich Erfahrung damit gesammelt, wie wichtig es ist, sich nach getaner Arbeit von diesem Leid zu lösen und euch anderen Dingen zuzuwenden – um euch wieder aufzubauen, zu stärken und zu beruhigen. Deshalb ein letzter Rat: Sorgt gut für euch selbst, sorgt in eurem Innern für größtmögliche Stabilität und Selbstzuwendung, um menschliches Leid ertragen zu können. Und wenn ihr dies in Berührung mit dem Leid der Welt übt und praktiziert, dann wird euch auch eigenes Leid, zum Beispiel im Rahmen der Familie oder in eurer unmittelbaren Umgebung oder am eigenen Leib, weniger stark erschüttern. Ihr werdet besser darauf antworten können, ihr werdet leichter damit zurechtkommen und es zu eurem Nutzen und zu eurem Wachstum einsetzen können. Jede Berührung mit dem Leid der anderen, auf die ihr mit Zuwendung, Hilfe und Wärme antwortet, stärkt euer eigenes Immunsystem. Wenn euch dann ein eigenes Leid zuteilwird, ein kleines oder schweres, habt ihr dadurch eine Ressource, auf die ihr zurückgreifen könnt. So sollten Alte Seelen mit dem Leid der Menschheit umgehen, mit dem Leid an der Welt und mit dem eigenen.

Es gibt nach eurer Aussage andere Seelenvölker mit Seelen unserer Art, die einen langen Inkarnationsweg mit Entfaltungsstufen beschreiten.[42] *Ist Leid auch bei ihnen eine Selbstverständlichkeit?*

Ein solches Leid, wie ihr es kennt, ist keineswegs selbstverständlich. Es gibt auch andere Formen des Schmerzes, die ihr nicht kennt, die dem Menschen vollkommen unbekannt sind. Seelische Individuen anderer Seelenvölker haben eine andere Psyche als ihr. Das Leid des Menschen und der Menschheit als Seelenvolk ist deshalb ein besonderes, weil es sich auf eine extreme Vereinzelung und Fragmentierung der Seelenfamilie und vor allem auf die Energie 2 als Grundkennzeichen dieses Seelenvolks *Homo sapiens sapiens* bezieht, die den Kontrast zwischen Entspannung und Spannung, zwischen Schmerz und Schmerzlosigkeit, zwischen Leid und Glück braucht, um sich zu erkennen. Diese Form der Leiderfahrung brauchen andere Seelenvölker nicht. Aber solange oder sofern sie einen physischen Körper beleben und sich in der Materie verwirklichen, werden sie ebenfalls leibliche Schmerzen erleiden, in welcher Form auch immer.

Wenn ihr eure Aufmerksamkeit auf das Tierreich richtet, so werdet ihr erfahren, dass auch Tiere mit ganz anderen Nervensystemen und anderer Körperlichkeit als die des Menschen körperliche Schmerzen erleiden und auf andere Weise damit umgehen. So kann man auch die Vorstellung entwickeln, dass Wesen, die nicht die Erde bevölkern, und andere Seelenvölker, die sich in Materie verwirklichen, unterschiedliche Formen von Leid und Schmerz kennen und lernen müssen, damit zu existieren und daran zu wachsen.

Wir haben nur eine Seele für einen Körper. Unsere totale Fragmentierung im inkarnierten Zustand ist charakteristisch für unser Seelenvolk. Kann man also sagen, je stärker die Vereinzelung, desto stärker das Leid, weil es bei allen Individualseelen zum Erkenntnisprozess gehört?

Im Vergleich zu anderen Seelenvölkern ist die Vereinzelung des menschlichen Individuums unvergleichlich. Und Delfine etwa, die über eine analoge Seelenstruktur verfügen und ebenso ihre Lernstufen nach und nach hinter sich bringen, haben dadurch, dass sie als Seelenvolk der Energie 1 eine andere Variante von Vereinzelung erleben, die nicht mit der 2 als Grundenergie verknüpft ist, eine weniger harte und erschütternde Erfahrung mit Leid in psychischer und körperlicher Erscheinungsform. Für Delfine ist das Heilen und das Vereinen ein zentrales Bedürfnis. Für den Menschen hingegen ist die Unterscheidung zwischen Ich und Du und damit das Erleben von Zweiheit ein existenzielles Entwicklungsanliegen. Der Mensch sehnt sich zwar stets nach Einheit, aber sie ist ihm im inkarnierten Zustand verwehrt, besteht nur als Ahnung, ist nicht als Wirklichkeit erfahrbar. Inkarnierte Menschen erleben Kontrast und Dualität als essenziell. Dazu gehören auch Wohlsein und Unwohlsein, Schmerz und Glück im weitesten Sinne.

Noch eine Bemerkung: Das menschliche Gehirn ist so strukturiert, dass bestimmte Bereiche erst dann, und nur dann, aktiviert werden, wenn Leid und Schmerz sich in der Psyche und im Nervensystem manifestieren. Große Teile des menschlichen Gehirns und damit des Menschen Urerfahrung mit sich selbst würden ungenutzt bleiben und brachliegen, gäbe es das Leid nicht, so wie es für *Homo sapiens sapiens* spezifisch und unverwechselbar erfahrbar ist. Um sein gesamtes Potenzial auszuschöpfen und auszuloten, sind die Erfahrung, das Erleben, das Spüren und Bejahen von Leid unverzichtbar.

Eine weitere Frage bezieht sich auf die Seelenalter-Zyklen. Haben die Seelenalter ebenfalls Plus- und Minuspole, das heißt Liebes- und Angstpole, wie alle anderen Elemente der Seelenmatrix?

Die fünf Zyklen des Seelenalters, die Menschen im Laufe ihrer langen Inkarnationsreise durchschreiten, weisen als solche keine Polarität auf. Es liegt daran, dass das jeweilige Seelenalter einerseits ein Teil der aktualisierten Seelenmatrix im lebendigen Menschen ist und andererseits unterschiedliche Seelenmuster übergreifend begleitet. Zum Beispiel kann ein Mensch das Seelenalter Reif 1 haben. In dem ersten Leben hat er eine bestimmte Matrix, mit demselben Seelenalter Reif 1 im nächsten Leben aber eine ganz andere Matrix, im dritten entsprechend und im vierten ebenso. Damit wollen wir sagen, dass es in jeder Inkarnation bestimmte Fixpunkte gibt, zum Beispiel die Seelenrolle, den Seelenweg und die Seelenfamilie mit ihrer Zusammensetzung und Aufgabenstellung. Sie bilden die ewige seelische Kernidentität einer Menschenseele. Aber auch das Seelenalter hat eine übergreifende Funktion – eine zwar nicht ewige, aber doch in anderer Weise als die übrigen Matrixelemente dauerhafte Stellung innerhalb des Entfaltungszyklus.

Weil nun das Seelenalter in der Astralwelt zwischen den Leben sozusagen verharrt und innehält, dann erneut aktiviert wird, bis die entsprechende Entfaltungsaufgabe bewältigt wurde, und zwei, drei oder vier Inkarnationen lang gültig sein kann, befindet es sich mit seiner Entfaltungsstufe auch zwischen den Inkarnationen sozusagen in einem Stand-by-Modus. Die Seele kehrt zurück in die Astralwelt. Sie lässt ihre Matrix zurück, denn sie hat ausgedient. Das Persönlichkeitskleid wird abgelegt und archiviert. Die Essenz oder seelische Kernidentität, das heißt die Seelenrolle und der Seelenweg, bleibt erhalten und bildet den Ausgangspunkt für weitere Planung und erneutes Wachstum. Das Seelenalter und seine Entfaltungsstufe sind, wie wir sagten, auf Stand-by geschaltet und unterliegen somit im astralen Bereich weder der Dualität noch der Polarität.

Gewiss kann jedes Seelenalter, wenn es sich im inkarnierten Zustand manifestiert, auch unter dualen Aspekten betrachtet werden. Es hat ganz natürlicherweise angstvolle und liebevolle Aspekte. Davon unabhängig sind diese polähnlichen Eigenschaften nicht zu vergleichen mit der Spannung, die sich bei den übrigen Matrixvariablen zwischen dem Pluspol und dem Minuspol entfaltet und den Menschen zwischen Liebe und Angst lebendig und im aktivierten Wachstumsprozess hält.

Das Seelenalter als solches ist von der Energie 7 geprägt. Die König-Energie 7 hat eine dominierende und insofern auch übergeordnete Qualität. Sie bestimmt den ganzen Rest. Ein Heiler ist ein Heiler ist ein Heiler. Er ist mehr oder weniger erfahren und gereift in Liebe und Erkenntnis. Aber ob es sich um einen Heiler mit Kind-Seele handelt oder um einen mit Reifer Seele, ist von so entscheidender Bedeutung, dass die Kraft der Seelenalter-Energie, die den Inkarnationsweg prägt, niemals unterschätzt werden darf. Eine Alte Seele ist und bleibt eine Alte Seele selbst als Mörder, als Schurke, als Verbrecher oder Betrüger. Eine Alte Seele kann durchaus, wenn es zu ihrem Inkarnationsplan passt, vorwiegend aus den Minuspolen ihrer Matrix leben. Sie wird dennoch immer ihre Altseelen-Qualität ins Leben und in die Energie ihres Seelenmusters hineintragen. Es ist nicht anders möglich. Deshalb verfügen die Seelenalter und auch die Stufen der Entfaltung nicht in derselben Weise über Plus- und Minuspole wie die übrigen Elemente der individuellen Matrix.

Ihr habt immer wieder Authentizität als ein zentrales Phänomen der Alten Seele beschrieben. Wären Echtheit und Unechtheit so etwas wie eine Quasipolarität? Ihr habt ja angedeutet, dass Alte Seelen nicht selten auch weniger liebevolle Aspekte haben. Ist es Ausdruck ihrer Echtheit, wenn sie diese zeigen oder ausleben?

Die alternde Seele hat ein Potenzial für Authentizität, sie hat die Fähigkeit zur Authentizität, sie hat einen Wunsch nach Authentizität. Doch Potenzial, Fähigkeit und Wunsch entsprechen keineswegs immer ihrer Wirklichkeit und oft nur sehr wenig. Sie spürt jedoch schmerzlich den Konflikt zwischen ihren Möglichkeiten und dem, was sie tatsächlich in der Interaktion mit der Welt und sich selbst darstellt, verwendet oder einsetzt. Wir sind also der Ansicht, dass die Nichtpolarität des Seelenalters mit dem Streben Alter Seelen nach Authentizität nur sehr lose verknüpft ist. Lieblosigkeit und Liebe, mehr Angst oder weniger Angst sind vom Potenzial jedes Seelenalter-Zyklus unabhängig. Ob jemand sich authentisch zeigt oder sich und seine Bedürfnisse, seine Gefühle und seine Nöte verleugnet, ist vollkommen unabhängig vom Seelenalter. Für die Alte Seele wird Echtheit jedoch zum entscheidenden Wachstumsfaktor.

Haben frühkindliche Traumata eine besondere Funktion für die Alte Seele?

Zunächst einmal können wir feststellen, dass Säugling-Seelen, Kind-Seelen und Junge Seelen Traumata jeglicher Art viel besser und rascher verarbeiten können als Reife und Alte Seelen. Ihnen fehlt die Möglichkeit der quälenden Introspektion. Im Bedarfsfall können sie ihre Traumata somatisieren. Aber sie leiden bewusst und subjektiv kaum unter ihnen. Sie sind in der Lage, ihr Leben gemäß ihrer Planung durchzustehen, mag es noch so traumatisierend sein. Sie wollen vergessen, und oft gelingt es ihnen auch. Die unbekümmerte Fröhlichkeit des Kind-Zyklus oder die Tapferkeit des Jungen Zyklus sind ihnen dabei behilflich.

Bei Reifen Seelen und dann ganz speziell bei Alten Seelen verhält es sich hingegen so, dass durch die zunehmende Selbsterfahrung und Selbsterkenntnis auch das Bewusstsein vom eigenen Leid in erheblichem Maß zunimmt. Dies kann man graduell verstehen: Eine Seele auf der Stufe Reif 1 kann noch schneller eine schwere Traumatisierung und eine frühkindliche Belastung verarbeiten als eine Seele auf der Stufe Alt 1. Eine Seele auf der Stufe Alt 7 wird sie in keiner Weise mehr bewältigen können, sondern ständig und unablässig bewusst mit ihr leben müssen, weil sie untrennbar zu ihrem Sosein und Dasein gehört.

Wir verstehen eure Frage als eine besorgte Vermutung, dass Alte Seelen mehr als jüngere und besonders in ihrer Kindheit leiden und traumatischen Ereignissen ausgesetzt sind. So ist es nicht. Sie empfinden sie nur stärker und sind aufgrund ihrer Fähigkeit zur Selbstwahrnehmung befähigt, sie zu erleiden – auch im Sinne der Erinnerung und der Manifestation. Während Junge Seelen darüber hinweggehen können und ja auch die Möglichkeit haben, sich mehr oder weniger massiv zu revanchieren, zu rächen, ihrerseits schweres Leid anzutun, ist dies einer Reifen und Alten Seele nur in sehr eingeschränktem Maß möglich. Sie kann sich also kaum entlasten, kaum Gegengewichte erschaffen zu dem, was ihr an Leid angetan wurde. Ihr bleibt also nichts anderes übrig, als zu sagen: »Ja, so ist es. Ja, so war es. Ich werde damit leben, es gehört zu mir, es ist ein Teil von mir, und es wird mir helfen, mich selbst zu kennen und Mitgefühl mit anderen zu entfalten.«

Wir sprechen von Mitgefühl, und deshalb wird eine Alte Seele, die sich an ihr eigenes Leid erinnert und mit Selbstliebe annimmt, auch in stärkerem Maß für andere Menschen Liebe entwickeln und empfinden können, die in früher Kindheit geschädigt und verstört worden sind.

Eine Alte Seele (spätestens ab der Stufe Alt 4) hat keinerlei Zweifel mehr an der Sinnhaftigkeit all dessen, was ihr widerfahren ist. Sie mag noch so sehr darunter leiden oder gelitten haben – dass es sie als Ganzes ausmacht, Schlimmes erlebt zu haben, ist ihr selbstverständlich, und sie kann es anders annehmen als eine noch Reife Seele, die dagegen kämpft, ihr Leid leugnen oder bewältigen will, es loswerden oder überwinden möchte, es zu transzendieren strebt durch allerlei Maßnahmen. Eine sehr Alte Seele hat in der Regel kein Bedürfnis mehr nach Überwinden oder Vergessen. Ihr natürliches Bestreben ist, alles Geschehene zu integrieren. Sich selbst als Einheit zu erfahren, zu der dieses Leid eben auch gehört, das ist ihr Anliegen. Sie wäre nicht sie selbst, wenn sie es nicht erfahren und durchlitten hätte. Das weiß sie.

Zweifellos stärkt sich jede Seele an ihren psychischen Erfahrungen. Seele und Psyche sind zwar separate Aspekte des Menschseins, aber sie sind nicht voneinander unabhängig. Alles, was die Psyche erfährt, durchleidet, begreift, an sich bewältigt, kommt der Seele zugute. Die Seele kann im Unterschied zur Psyche nicht traumatisiert werden. Leben heißt nun einmal nicht, nur zufrieden und glücklich bis ins hohe Alter seine Erdentage hinter sich zu bringen. Sondern leben bedeutet, Tage von Glück und Tage von Leid zu erfahren, Jahre von Glück und Jahre von Leid zu erkunden, sich selbst in Beziehung zu setzen zu dem, was leben als Ganzheit ist. Am Ende profitiert die Seele von dem, was Körper und Psyche und auch Geist an Welt- und Leiderfahrung gesammelt haben. Hier kann keine Trennung vollzogen werden in der Auswirkung des einen auf das andere. Die Trennung ist zwar zunächst theoretisch und hypothetisch und systematisch zu beschreiben, aber im lebendigen Menschen wird alles zu einem Ganzen, zu einer verschmolzenen Einheit. Und die Seele, die nach dem Ableben des Körpers dieses Ganze in die Astralwelt und in ihre Seelenfamilie hineinträgt, fährt eine reiche Ernte ein, die ohne die übrigen drei Aspekte ihres Daseins nicht zu erreichen wäre. Alles, was von Körper, Psyche und Geist gesät wird, trägt reiche Frucht auf den Feldern der Seele.

Welche therapeutische Unterstützung kann Alten Seelen helfen, speziell wenn sie körperlich noch jung sind?

Alte Seelen kommen wie alle anderen als Neugeborene auf die Welt, und selbst wenn sie sich in einer zugewandten und liebevollen Umgebung inkarnieren und in intakten, warmherzigen Familien aufwachsen, werden sie sich trotzdem in der Regel wenig verstanden und in ihrem Wesenskern kaum gesehen fühlen. Das ist durch den Seelenaltersunterschied zu ihren Verwandten verständlich und erklärbar.

Nun kann man zunächst ihren Angehörigen einen Rat geben, soweit sie dafür empfänglich sind: Wenn euch euer Kind seltsam und unverständlich und innerlich fremd vorkommt, dann nehmt dies zunächst einmal als ein Geschenk an und nicht als eine Kränkung. Eltern haben allzu oft den Wunsch, die Kinder mögen so sein wie sie selbst. Denn auch Eltern sind oft einsam und wünschen sich einen Zuwachs an Bedürfnisbefriedigung durch ihre Kinder und eine Spiegelung ihrer selbst in diesen Kindern. Wenn ein Kind nun von Natur aus fundamental anders, das heißt fremd ist (seelisch sehr viel jünger oder sehr viel älter), wird es in den Eltern und besonders in der Mutter oft eine Abstoßreaktion erzeugen: »Wir verstehen uns überhaupt nicht!« Es bedeutet eine große psychische Belastung, etwas seelisch Fremdes aus dem eigenen Körper, dem eigenen Erbgut hervorgehen zu sehen.

Diese Ablehnung führt zu einem Bedarf nach therapeutischer Begleitung in späteren Jahren. Eine sehr Alte Seele in einem sehr jungen Körper wird sich zum Beispiel während der Pubertät von der Familie noch viel stärker zurückziehen, als dies im Normalfall schon üblich ist, sich in ihre eigene Welt einspinnen, sich retten in eine gewisse Überheblichkeit, ja sogar in eine Eitelkeit, weil nicht verstanden zu werden und wie von einem anderen Stern zu kommen etwas ganz Besonderes zu sein scheint.

Therapeuten können hier in zweierlei Weise hilfreich zur Seite stehen. Zum ersten ist es nicht nötig, dass der Helfende seelisch gleichaltrig oder älter ist als der möglicherweise hilfesuchende junge Mensch. Vielmehr kann ein einfühlsamer und zugewandter Therapeut, gerade wenn er seelisch jünger ist, die Alte Seele in einem noch jungen Körper auf den Boden des Praktischen und des Irdischen zurückholen und ihr eine pragmatische Lebenshilfe anbieten, um den Alltag innerhalb einer schwierigen Familienkonstellation oder mit einem sogenannten schwierigen Charakter besser durchzustehen. Also ist das Angebot einer völlig »spiritualitätsfreien«, praktischen Lebenshilfe das Wichtigste und Beste, was eine körperlich sehr junge Alte Seele vor dem zwanzigsten Lebensjahr braucht: Erdungshilfe, Organisation des Alltags, Verständnis für die armen, dummen, unsensiblen Geschöpfe, von denen sie sich umgeben fühlt, und praktische Orientierung in Schule und Beruf.

Später kann dann anders begleitet werden, denn wenn die Persönlichkeit erst einmal ein wenig gefestigt ist, beginnt die Sinnfrage eine wesentliche Rolle zu spielen. Der junge Mensch wird sich fragen: »Warum nur bin ich so, wie ich bin? Warum fühle ich mich unverstanden?« Da kann man unter Anwendung verschiedener Modelle Unterstützung anbieten. Gewiss ist das Seelenaltermodell als Theorie, selbst wenn man das genaue Seelenalter eines jungen Menschen nicht feststellen kann, eine große Hilfe. Denn man darf nie vergessen, dass eine Alte Seele tief innen weiß, dass sie eine Alte Seele ist. Es genügt ein kleiner Hinweis, und sie jubiliert, weil sie sich gesehen und erkannt fühlt. Es ist eben nicht nur ein Wort, es ist nicht nur ein Begriff, sondern es handelt sich um eine tiefe Wahrheit, die in einem Menschen, der sich zu Recht auf diese Weise angesprochen fühlt, zu einer freudigen und bewegenden Resonanz führt.

Wir sind aber keinesfalls der Ansicht, dass man einem jungen Menschen mit einer Alten Seele ständig esoterische oder spirituelle Modelle anbieten sollte in der Weise, dass man ihm Angebote macht, wie er am besten zu denken und zu fühlen habe. Das ist eine Form der Bevormundung, die den jungen Menschen mit einer Alten Seele in seiner Suchbewegung behindert. Er muss sich selbst auf den Weg machen. Die Nöte und Erlebnisse seiner Reise können ihm nicht erspart werden. Seine eigenen Impulse sind es, die ihn hier- und dorthin tragen werden. Wir meinen, dass es eher darum geht, Möglichkeiten aufzuzeigen, Beispiele und Vorbilder, als solche jungen Menschen in eine vorgefertigte Ideologie, eine Glaubensrichtung oder eine Philosophie hineinzupressen, von der man gutmeinend glaubt, dass sie richtig und angemessen sei. Wir raten, eine Alte Seele in einem jugendlichen Körper dazu zu ermuntern, sich frei zu entfalten, und nur das Angebot zu unterbreiten, eventuell aufkommende Fragen nach bestem Gewissen zu beantworten. Denn das ist es, worunter viele leiden: Sie trauen sich nicht, jene Fragen zu stellen, die sie tief beschäftigen und bewegen, weil sie fürchten, keine Antwort zu erhalten oder für seltsam gehalten zu werden. Ihnen Bücher zu empfehlen ist eine gute Möglichkeit, außerdem ihnen die eigene Bereitschaft zu zeigen, mit ihnen zu diskutieren, weil dies das Lebensalter der Diskussion und Auseinandersetzung und der bohrenden Fragen ist. Das sind Hilfestellungen, die nicht im eigentlichen Sinne therapeutisch, aber sehr menschlich-liebevoll und außerordentlich hilfreich sind.

Uralte Seelen scheinen besonders viele psychische Probleme zu haben. Wie kommt das? Wir bitten um eine Hilfe zum Verständnis für den Zusammenhang zwischen Psyche und uralter Seele.

Wir möchten das mit einem Bild erklären: Eine Junge Seele hat psychisch betrachtet eine recht dicke Haut, die zusätzlich noch mit Hornhaut und einem schützenden Fell versehen ist. Eine Reife Seele trägt nach und nach die Hornhaut ab. Bei einer Alten Seele wird die Haut immer dünner, ähnlich wie bei einem alten Menschen. Je dünner die Haut ist, umso mehr scheinen die Blutgefäße durch.

Alle Menschen haben Probleme. In den frühen Zyklen sind sie stärker überdeckt durch Persönlichkeitsmasken und Angstbewältigungsstrategien. Je älter eine Seele wird, umso weniger psychisch tarnende Haut hat sie über dem, was sie bewegt; und umso mehr ist sie auch genötigt, ihre bloßgelegten Venen, Adern und die übrigen Gefäße ihrer psychischen Schutzhaut zu zeigen. Was sie umtreibt, ihre psychischen Probleme, sieht man ihr schon von Weitem an.

Die frühere Charakterpanzerung ist kaum noch vorhanden. Die Probleme an sich – wenngleich sie nicht wirklich quantifizierbar sind, denn sie sind nicht nur objektiv vorhanden, sondern vor allem subjektiv empfunden – kann man bei uralten Seelen nicht als schwerwiegender bezeichnen als bei allen anderen Menschen. Aber eine Alte Seele hat einen unwiderstehlichen Drang nach Authentizität, selbst wenn dem psychisch so manches entgegensteht und diese verhindern möchte. Der Antrieb, sich zu zeigen, ist dennoch vorhanden und offenbart sich, indem eine uralte Seele ihre Probleme nicht mehr unter einer dicken Schicht von gesellschaftlichem Wohlverhalten zu verbergen vermag. Um unser Bild zu ergänzen: Die Haut einer uralten Seele ist durchscheinend.

Ist Kommunikation zwischen Menschen, die sich auf verschiedenen Seelenalterstufen befinden, möglich und erforderlich?

Ihr fragt nach der Kommunikation zwischen Angehörigen unterschiedlicher seelischer Entfaltungsstufen und wollt wissen, ob es denn notwendig oder überhaupt möglich sei, dass eine Junge Seele mit einer älteren, eine Alte Seele mit einer Kind-Seele nicht nur redet (das heißt, Inhalte und Sachverhalte in Worte fasst), sondern auch wahrhaft kommuniziert (das heißt, einen inneren Kontakt herstellt) während einer Handlung, eines verbalen Austausches oder einer Berührung.

Wir möchten, um diese Fragen zu beantworten, wieder einmal auf die Analogie zu den menschlichen Alterungsprozessen und den damit verbundenen Erfahrungen zurückgreifen. Wir übersetzen also diese Frage und fragen zurück: Ist es sinnvoll, ist es notwendig, dass ein Großvater mit seinem Enkel kommuniziert? Ist es möglich, dass ein Säugling mit seiner Mutter kommuniziert? Ja, es ist möglich, es ist nötig; aber die Kommunikationsformen werden sehr unterschiedlich sein. Und sie werden nicht immer von beiden Partnern in gleicher Weise bewusst erlebt und energetisch getragen.

Spricht ein Großvater zu seinem kleinen Enkelsohn, wird er ihm etwas sagen, etwas geben, etwas vermitteln können, das der Enkelsohn dem Großvater nicht in gleicher Weise geben und vermitteln kann. Aber auch der Enkel hat etwas zu schenken, und dies sollte der Großvater nicht vergessen. Es ist also wichtig zu verstehen, dass jedes Seelenalter und alle Angehörigen aller seelischen Entwicklungsstufen etwas Wichtiges in das große Ganze hineinzugeben haben. Ist es nicht eine Illusion zu denken, ein Säugling habe seiner Mutter nichts zu geben? Ist nicht das uneingeschränkte Vertrauen, die bedingungslose Nähe, die das Baby körperlich, über seine Augen, über seine kleinen Finger und seine Haut und seine Schreie der Mutter schenkt, etwas Wertvolles? Kann man das Wertvolle nur im Windelwechseln, im nötigsten Versorgen oder in der medizinischen Begleitung erkennen? Das wäre absurd, und ihr wisst es.

Ebenso verhält es sich mit den Kommunikationsmöglichkeiten unter Kind-Seelen mit Alten Seelen oder Jungen mit

Reifen Seelen. Jeder Mensch, gleich welchen Seelenalters, hat das Seine hineinzufügen. Doch was gegeben wird, ist jeweils so unterschiedlich, dass der Mitmensch den Wert des Geschenks nicht unbedingt kognitiv erkennen kann; fühlen, spüren, erahnen wird er ihn in jedem Fall. Alle können voneinander lernen.

Nun wünscht ihr euch als ältere Seelen jedoch eine ganz spezifische Form von Austausch, von Bereicherung, von nährendem Kontakt und Intimität. Wenn ihr dieses selbstverständlich von viel jüngeren Seelen erwartet, werdet ihr enttäuscht sein. Ein Enkel kann seinem Großvater nicht dasselbe geben wie seine mit ihm alt gewordene, vertraute und geliebte Ehefrau. Es ist ein Unterschied, ob zwei Alte Seelen sich wortlos miteinander verständigen und auf diese spezielle Art und Weise miteinander kommunizieren wie ein Ehepaar, das bereits goldene oder diamantene Hochzeit miteinander gefeiert hat und in Liebe verbunden ist. Oder ob dieser selbe alte Mann, wie wir sagten, mit seinem Enkel, den er vielleicht nicht sehr häufig sieht, ein Gespräch beginnt in aller großväterlichen Liebe, aber auch mit allen unterschiedlichen Gegebenheiten, die nun einmal vorhanden sind.

Der Ältere, die ältere Seele, hat immer die Aufgabe, Rücksicht zu nehmen auf das, was der jüngere Mensch, die jüngere Seele, noch nicht weiß, noch nicht kann, noch nicht erlebt hat. Das ist die Forderung der Liebe. Der jüngere Mensch darf Ansprüche stellen, darf auch enttäuscht sein, wenn diese nicht erfüllt werden. Das ist sein Recht; es ist sogar eine Pflicht, die sich auf sein Wachstum positiv auswirkt. Solange ein jüngerer Mensch glaubt, dass Ältere auf alles eine Antwort haben, dass sie alle Probleme gelöst haben, dass sie einen Zenit erreicht haben, wird er sich ständig frustriert und enttäuscht fühlen. Und er wird erst reif werden, wenn er diese Erwartungsprojektion aufgibt. So verhält es sich auch im seelischen Bereich.

Verständigung in Liebe ist also – und damit beantworten wir eure Frage – stets möglich, ist stets nötig. Sie kann sich in verschiedenster Weise vollziehen. Aber eine Kommunikation über feinste Empfindungen, über Intuition, über den Austausch von Wissen, Erkenntnis und Problembewusstsein wird euch mit Kind-Seelen und Jungen Seelen nicht leichtfallen. Also überlegt und entscheidet ganz genau, was ihr mit wem besprechen wollt.

Abschlussbotschaft der »Quelle« an die Forschungsgruppe im Februar 2015

Frank: *Als wir im Jahr 2000 mit den Texten für dieses Buch über die Seelenalter und den gesamten Inkarnationszyklus begannen, riefen wir eine Gruppe mit dem Seelenalter Alt 3, also unserem eigenen Seelenalter, zusammen. Damals sagtet ihr uns einleitend, wie sehr ihr euch darüber freut, dass eure Arbeit nun Früchte trägt. Es wäre schön, wenn ihr auch zum Abschluss dieser langjährigen Arbeit mit den Teilnehmern unserer Forschungsgruppe einige Worte zu uns sprechen würdet.*

Es ist wahr, dass wir seinerzeit einen freudigen Jubel empfunden haben! Diese erste Zusammenkunft hat euch gezeigt, dass ein massives und dichtes Energiefeld seine eigenartige spürbare Wirkung erzeugt und die Realität des Seelenalters bezeugt. Es war nie unser Anliegen, euch nur Theorien über die Menschenseele zu übermitteln. Wir durften euch damals sagen, wie entscheidend und wichtig die genaue mentale Erforschung und das präzise Erfühlen der Seelenalter-Zyklen und ihrer Entfaltungsstufen für uns und für euch sein könnten. Seinerzeit war von einem Buch, das irgendwann entstehen könnte, noch gar nicht die Rede. Aber so arbeiten wir nun einmal. Wir setzen einen Köder und warten geduldig, bis der Fisch anbeißt. In eurem Fall haben wir über Jahre hinweg ein großes Netz mit vielen Haken und vielen süßen Ködern ausgelegt. Jetzt ziehen wir vorläufig das Netz ein und erfreuen uns an der bunten Vielfalt köstlicher Fische, die in unserem Boot liegen. Wir wollen dieses Bild nun nicht so weit strapazieren, dass wir als Nächstes einem jeden Fisch auf den Kopf schlagen, um ihn zu verspeisen. Nein, wir sind ja Energiewesen, und wir brauchen keine Eiweißnahrung!

Heute möchten wir unsere tiefe Dankbarkeit darüber zum Ausdruck bringen, dass ihr für uns und für euch eine reiche Ernte eingebracht habt. Viel Kraft und Mühe hat das vorausgesetzt! Dieses Netz voller Fische wird in Zukunft, ähnlich wie Jesus den Fischzug im See Genezareth verstanden hat, in eurer Welt eine Wirkung zeigen, die ihr zu Anfang mitgestaltet habt. Diese Fische werden viele nähren. Es werden sogar wie durch ein Wunder aus hundert Fischen Tausende, Zehntausende und vielleicht Millionen werden. Ihr alle, die ihr mitgeholfen habt, das Netz zu knüpfen und auszuwerfen, seid die Fischer gewesen. Und ihr werdet die wundersame Vermehrung eures Fischfangs vielleicht noch erleben.

Für uns kausale Lehrer ist es eine überwältigende Erfahrung zu beobachten, zu begreifen, auch zu spüren, wie unsere Lehre von der Menschenseele sich mit eurer Hilfe vervollkommnet und ausbreitet. Nur in Kooperation mit lebendigen Menschen können wir uns in unserem kausalen Existenzraum verwirklichen. Und ihr wisst, diese Verwirklichung ist nicht materiell und nicht mit Taten zu beschreiben. Es handelt sich vielmehr um eine geistige Realisierung, die unserem notwendigen Wachstum entscheidend und unterstützend zugeordnet ist.

Wir sind froh, dass wir euch alle als Mitarbeiter in unserer Kooperative gewinnen konnten. Denn nur was praktisch erprobt wird und in eurer irdischen Wirklichkeit Gestalt annimmt, kann uns in unserer nichtmateriellen Existenzform jene Energie spenden, die wir zu unserem weiteren Wachstum, zu unserer Erfahrung und Entfaltung in Liebe und Erkenntnis benötigen. Wir sind uns inzwischen sicher – aber wir waren es vor über zwölf Jahren noch nicht –, dass das Lehrgebäude von der menschlichen Seele, das uns zunächst nur als Blaupause und als geistiges Konstrukt vorlag, jetzt errichtet und auf ein festes Fundament gestellt wurde. Durch Bücher, Vorträge, Seminare und Gespräche von Mensch zu Mensch, durch die Rede von der geistigen Realität und der irdischen Wirklichkeit der menschlichen Seele verbreitet sich die nötige Kenntnis. Damit wollen wir übrigens auch sagen, dass weder das Hochhaus, das wir und andere kausale Lehrer gemeinsam errichten wollen, noch die große Stadt, die wir begründen möchten, bislang erbaut worden sind. Wir sprechen daher bislang von Fundamenten. Diese müssen solide sein, damit die Häuser später nicht einfach in sich zusammenstürzen.

Erst wenn das Buch über die Seelenalter erscheint und die erste Resonanz findet, kann man davon ausgehen – und wir gehen davon aus –, dass tatsächlich auf dem Fundament die Mauern des Erdgeschosses für einen Wolkenkratzer errichtet sind. Und darauf wird sich Stein um Stein legen. Das Ganze wird eine sichtbare und am Ende selbstverständliche Gestalt annehmen. Ihr könnt leider zu euren Lebzeiten nicht mehr beobachten, wie selbstverständlich und normal Gespräche über die Seele auch bei jüngeren und bei sogenannten nichtspirituellen Menschen dereinst sein werden. Früher war es einmal so, dass jeder Gläubige das Wort Seele in den Mund nahm, ohne nachzudenken und ohne zu wissen, wovon die Rede war. In Zukunft wird sich erweisen, dass sehr viel mehr Menschen wissen, wovon sie reden, dank unserer Arbeit und dank eurer Unterstützung.

Wir können euch für die nächsten Jahre und Jahrzehnte nur um eines bitten: Seid nicht scheu! Sät euren Samen! Und ähnlich wie Jesus sagte, wird der eine Samen auf Fels fallen, der andere in den Dornenbusch, der dritte auf guten Boden. Darum seid nicht traurig, wenn das, was ihr sagen und mitteilen wollt, nicht immer auf Begeisterung oder Verständnis stößt. Es genügt, wenn einige Samen in gutem Boden keimen und das weiterentwickeln, was ihr gesät habt. Es wird sich wiederum versamen und verbreiten.

Viel Energie und viel Arbeit stecken nicht nur in diesem neuen Buch, sondern auch in dem vorangegangenen über die Archetypen der Angst, das ihr zu großen Teilen mitgestaltet und mitbegleitet habt. Wir wissen – ebenso wie Frank und Varda –, dass diese Bücher mit unseren Durchgaben niemals entstanden wären ohne eure liebevolle Zuwendung und treue Anwesenheit über oft länger als zwanzig Jahre hinweg. Deshalb sind wir euch allen gleichermaßen dankbar. Die Kooperation, von der wir sprachen, wird von uns allen getragen. Jeder hat darin investiert, und jeder soll auch die geistigen Zinsen dafür einheimsen. Wir werden es mit Sicherheit tun. Euch sei es überlassen, ob ihr diese Zinsen auf der Bank anlegt oder euch etwas Schönes und Gutes davon gönnt. Wir wünschen uns das Letztere, aber wir stellen es euch frei. Es wird und es kann euer Leben sehr bereichern, wenn ihr mit dem Wissen über die Seele, das ihr jetzt besitzt, eine aktive Verbreitung anstrebt.

Ihr ahnt bereits, dass sich in den letzten zehn Jahren eurer Beschäftigung mit dieser Seelenthematik sehr viel im Bewusstsein der Mitmenschen verändert hat. Wenn ihr also unbekümmerter und nicht so zurückhaltend mit diesen Kenntnissen über Seele und Seelenalter an die Öffentlichkeit tretet, so klein sie auch sein mag, wird es auch für euer eigenes Glück und eure Zufriedenheit gut sein.

Seid also nicht schüchtern. Ihr lebt in einer Kultur, in

einem Land, wo man zwar nicht alles sagen darf, aber das Reden von der Seele ist jetzt und in Zukunft nicht mehr so tabuisiert, wie es vor zwanzig Jahren noch war. Das solltet ihr euch bewusst machen und locker auf der Lippe führen, was euch bewegt, ohne die Schwere der Hemmung und der Befürchtung, nicht auf Gegenliebe oder Verständnis zu stoßen. Ihr redet doch auch sonst über allerlei Dinge, die nicht jeden interessieren! So sei es auch mit unserer Lehre von der menschlichen Seele. Denkt immer daran: Alles braucht Zeit, und alles braucht Energie. In der Welt der Menschen und auf der Erde kann ohne Zeit und Energie nichts zur Blüte kommen. Ihr aber könnt geduldig dazu beitragen, dass Menschen zu ihrer Seele zurückfinden – und sei es nur als Idee. Sie müssen sie nicht einmal wirklich spüren können. Andererseits empfinden sehr viele Menschen die Wirklichkeit ihrer Seele und haben doch keinen geistigen Hintergrund, keine Theorie dazu. Dieses Feld könnt ihr ohne großen Aufwand auflockern wie einen Humus, bevor ihr euer Samenkörnchen hineinlegt. Ob es nun keimt oder nicht, darum müsst ihr euch nicht weiter kümmern.

Frank: *Ihr habt vor Jahren davon gesprochen, dies sei das letzte »Pflichtbuch«, und wenn noch etwas an uns durchgegeben werden sollte, sei das eine Kür. Ich frage mich häufig, was ihr eigentlich noch von uns erwarten könntet. Da ihr als kausale Lehrer ja für euch selbst eine Aufgabe erfüllen müsst, möchte ich gern erfahren: Was fehlt denn noch, sodass eure Weiterentwicklung in der kausalen Bewusstseinswelt abgeschlossen werden kann – wenn dies das richtige Wort ist? Geht eure Arbeit noch über Jahrhunderte weiter, oder ist eure Aufgabe, eine Seelenlehre zu übermitteln, jetzt erst einmal abgeschlossen?*

Unsere Entwicklung und Entfaltung als kollektive Seelenwesen in der kausalen Bewusstseinswelt ist noch lange nicht abgeschlossen. Aber wir wenden uns nach und nach anderen übergeordneten, wenn auch verwandten Themen zu.

Wir verfügen zwar über eine aus eurer Sicht unerschöpfliche Fülle an Informationen und Möglichkeiten der kausalen Erklärung, aber von uns aus betrachtet haben wir vor allem ein Anliegen und eine Aufgabe. So lange ihr lebt, werdet ihr von uns alles erfahren können, was für unsere spezifische Zusammenarbeit und das Projekt unserer Seelenlehre von entscheidender Bedeutung ist. Wenn Varda und Frank persönliche Fragen haben, sind wir stets bereit, ihnen mit Rat und Tat zur Seite zu stehen. Aber wir sollten daran erinnern, dass es uns im Rahmen unserer Weiterentwicklung und unseres eigenen Wachstums um einige deutlich abgegrenzte geistige Bereiche geht, die wir aus gutem Grund an euch Menschen weitergeben – mit Form und Inhalten, die euch zugänglich und verständlich sind. Ebenso wenig wie ihr können wir an mehreren großen Projekten gleichzeitig arbeiten, weil dies eine Energievergeudung wäre. Wir selbst würden uns dabei vergeuden, denn kausale Lehrer sind Energiewesen. Wir geben, was gebraucht wird. In diesem Zusammenhang schätzen wir Franks geistige Suchbewegungen und verlassen uns darauf, dass er gemeinsam mit Varda bestimmte Interessen entwickelt. Dabei möchten wir sie keineswegs davon abbringen, dass sie sich als unsere Mitarbeiter ihre eigenen fruchtbaren Gedanken machen. Im Gegenteil, das begrüßen wir. Doch unsere Zusammenarbeit darf nicht in jeder Hinsicht eure geistige Welt prägen. Ihr habt ganz eigene Bereiche, und sie haben ein Recht darauf, gepflegt zu werden.

Varda und Frank empfangen uns auf unterschiedlichen Kanälen. Varda als Priester-Seele 6 auf dem Weg des Heilers 1 (Weg der Berührung) empfängt grundsätzlich auf dem eher emotionalen Inspirationskanal. Frank als Künstler-Seele 2 auf dem Weg des Künstlers 2 (Weg des Wissens) empfängt seine Informationen auf einem expressiv-mentalen und intuitiven Kanal. Wir könnten auch von unterschiedlichen Apparaten oder Instrumenten sprechen. Der »6/1-Apparat« gleicht einer Windharfe oder einem Glockenspiel, das von einem Lufthauch bewegt wird. Solch ätherische Musik muss anschließend in zu entschlüsselnde Signale umgesetzt werden. Der »2/2-Apparat« gleicht einem hochempfindlichen Radargerät, das Bilder und Signale empfängt, die stets aufmerksam beobachtet und ausgewertet werden müssen. Selbstverständlich kann auch ein eher emotional-inspirierter Mensch Intuition haben und ein eher mental-intuitiver Mensch inspiriert werden.

Auf diese Weise haben wir unsere Seelenlehre in eure Welt gebracht: inspirierend und intuitiv lehrend, berührend und klärend. Was wir zu sagen und zu lehren hatten, ist jetzt weitgehend vollbracht. Aber dies bedeutet nicht, dass unsere gesamte Arbeit getan wäre, wenn euch in Zukunft keine grundlegenden neuen Texte zu den Themen der Seelenlehre mehr erreichten. Doch ab jetzt geht es darum, die Theorie immer mehr in die Praxis überzuleiten, sie am lebendigen Menschen zu erproben und zu einer Reifung zu bringen. Das erfordert, wie wir sagten, Zeit und Energie. Ihr vollzieht die Anwendung unserer Lehren gemeinsam mit vielen anderen Menschen über eure Erkenntnis, über die Verbreitung der individuellen Seelenmatrix, über die therapeutische Arbeit mit den Hilfesuchenden. Varda und Frank verbreiten die Kenntnisse von der Seele über ihre Seminare, über Gespräche, über Vorträge und Filmmaterial – mit allem, was ihnen jetzt zur Verfügung steht. Sie schöpfen aus einem reichen Fundus. Mehr theoretisches Wissen *en gros* und *en détail* ist jetzt nicht nötig. Verbreitung und Versamung, das sind die nächsten Schritte. Nach eurer Zeitrechnung wird es gut fünfhundert Jahre dauern, bis unser Projekt abgeschlossen ist.

Werdet ihr dann gelegentlich eingreifen und euer Anliegen steuern, so wie Jesus das anscheinend gemacht hat zur Förderung des Christentums?

Das wissen wir noch nicht. Vertiefung und Erweiterung sind immer möglich. Aber dafür müssen viele Faktoren berücksichtigt werden. Ob es nötig ist, an bestimmten Stellen noch Zusätze anzubringen, die ja voraussichtlich im Privaten bleiben müssen oder nur einem kleinen Kreis zur Verfügung stehen, bleibt offen. Eine weitere Detaillierung ist nicht dazu geeignet, in Buchform veröffentlicht zu werden. Bücher, so wie wir sie bisher gefördert haben, müssen eine innere Geschlossenheit aufweisen. Dass einzelne Fragen, die dem tieferen Verständnis dienen, noch gestellt werden können und wir sie auch gern beantworten, ist ganz in unserem Sinne. Wenn wir aber von Kür sprechen, so bedeutet dies etwas ganz anderes als nur die eine oder andere Information, die wir zusätzlich geben. Wir meinen vielmehr, dass die Intensivierung der Erfahrung von Einzelmenschen durch bestimmte Veranstaltungen verstärkt werden könnte, ohne dass zu allem Botschaften von uns und private Durchgaben von Seelenmustern vorliegen. Zum Beispiel sind die Veranstaltungen zu den Urängsten bereits ein sehr gutes Instrument. Auch andere Verbreitungsformen, die die Vorstellung von einem eigenen Seelenmuster vorantreiben, können in Zukunft angeboten werden.

Das gilt auch für euch übrige Anwesende. Solltet ihr das Bedürfnis haben, in einer strukturierten Form irgendeine Thematik aus den bereits vorhandenen Büchern aufzugreifen und zu diskutieren, wie es ja manche von euch auch bereits tun, so bitten wir euch: Folgt diesem Impuls. Ihr werdet euch, gerade weil ihr durch unsere Präsenz so stark geprägt und gestärkt worden seid, mühelos an unsere Energie angeschlossen fühlen und auf mancherlei Einsichten stoßen, die wir zuvor in den Büchern noch gar nicht niedergelegt hatten.

Anhang

Die Seelen der Tiere

Frank: *Immer wieder werden wir gefragt, was wir über die Seelen der Tiere wissen. Doch wir können dazu nichts sagen. Aber vielleicht könnt ihr uns darüber Auskunft geben.*

Euer materielles Universum ist überreich an Erscheinungsformen und überreich an beseelten, lebendigen Wesen. Ihr könnt euch nicht vorstellen – und wir wollen es euch deshalb auch nicht einmal ansatzweise erklären –, wie viele in euren Augen seltsame, unbegreifliche und unermesslich vielfältige Erscheinungsformen die Existenz und damit die Schöpfung hervorzubringen vermag.

Ihr habt bereits begonnen zu verstehen, dass es eine universelle Schöpferkraft gibt, die ohne personalen Schöpfer wirkt. Es handelt sich um eine kreative Potenz, die sich aus sich heraus entfaltet und voll endloser Lust Neues hervorbringt, aus dem einzigen Anliegen heraus, Neues hervorzubringen. Ihr könnt dies beobachten an den evolutiven Prozessen eures eigenen kleinen Planeten. Mit Hilfe eurer Wissenschaftler nähert ihr euch immer mehr der fundamentalen Einsicht, dass das Göttliche aus sich selbst heraus gebiert, sich aber mit dem einmal Geborenen nicht zufriedengibt. Es will sich immer weiter verändern und differenzieren, aus dem ihm innewohnenden Drang heraus, sich in dieser Vielfalt zu erfahren.

Innerhalb der unendlichen Vielfalt gibt es nun Erscheinungsformen von Schöpfung und Leben, die euch nahe sind, weil sie euren Planeten bevölkern, und die ihr daher zu begreifen sucht. Heute beschäftigt euch vornehmlich die Frage, wie es sich denn mit der Beseelung von Tieren im Verhältnis zur Beseeltheit der Menschen verhalten mag. Wir können euch jedoch keine pauschale, für alle Tiere geltende Antwort geben, denn unter den Tieren gibt es eine riesige Anzahl von Seelenvölkern, die wenig miteinander gemein haben. So wie sich das Volk der Menschenseelen vom Seelenvolk der Viren unterscheidet, so unterscheiden sich auch Tier-Seelenvölker voneinander, und einige sind nicht einmal eindeutig als Tiere oder Pflanzen bestimmbar. Die Pflanzen sind auf ihre Weise ebenfalls beseelt, und auch da gibt es große Unterschiede zwischen einzelnen Seelenvölkern, die ihr als Pflanzen bezeichnet. Pilze wiederum sind ein Seelenvolk für sich, und so sind auch einige der höheren Pflanzen deutlich voneinander abgrenzbar, doch können wir euch darüber nicht *in extenso* Auskunft geben, denn wir kennen uns selbst letzten Endes nur als Menschenseelen und kennen uns deshalb auch nur unter Menschenseelen wirklich aus.

In den vergangenen Jahren haben wir versucht, euch nahezubringen, was das Besondere, nicht Bessere, wohl jedoch Außergewöhnliche am menschlichen Inkarnationsweg ist. Wir haben erklärt, dass es neben dem Menschen nur wenige andere Seelenvölker gibt, die auf der Erde einen in gleicher Weise gestalteten Inkarnationsweg mit fünf Seelenalter-Zyklen, fünfunddreißig Entfaltungsstufen und den damit verbundenen besonderen Herausforderungen an seelischen Aufgaben beschreiten.

Nun wollen wir euch im Kontrast dazu sagen, dass dieser

spezielle Inkarnationsweg mit Seelenalter-Zyklen nicht der einzige ist, und schon gar nicht der einzig sinnvolle. Dies bedeutet, dass es ganze Seelenvölker von Lebewesen gibt, die sich als Tiere inkarnieren, aber mit einer völlig anderen Inkarnationsstruktur als der des Menschen. Tiere (außer Delfinen und fleischfressenden Großsauriern) existieren nicht mit dem Anliegen, einen komplexen Erfahrungsweg über eine hohe Anzahl von Inkarnationen, über Seelenalter und Entfaltungsstufen zu gehen. Der Inkarnationswunsch beschränkt sich vielmehr auf eine einzige körperliche Existenz, die allerdings über die hohe Anzahl energetisch zusammenwirkender Tier-Individuen, die zu einem solchen Seelenvolk gehören, eine ebenso große Bandbreite an Erfahrungen zeitigt wie der komplexe Inkarnationsweg einer individuellen Menschenseele.

Ihr solltet auch in euer Bewusstsein aufnehmen, dass es Tiere historisch-evolutionär gesehen schon sehr viel länger gibt als den Menschen, so wie ihr ihn als Seelenvolk des *Homo sapiens sapiens* vertretet. Ein Tier-Seelenvolk, das mehrere Millionen Jahre in der irdischen Zeit Gelegenheit hatte, sich zu entfalten und Erfahrungen mit seinem Dasein auf einem bestimmten Planeten wie eurer Erde zu sammeln, hat sozusagen einen gelassenen Inkarnationshintergrund, der euch Menschen unbekannt ist.

Ein weiterer Unterschied zwischen euch Menschen sowie den wenigen euch unmittelbar vergleichbaren Seelenvölkern auf eurem Planeten – Delfine (Energie 1), Großsaurier (Energie 3) und Neandertaler (Energie 5) – einerseits und den Tier-Seelenvölkern andererseits ist die Tatsache, dass Letztere ihre irdischen Erfahrungen nicht in kleinen, zahlenmäßig eng begrenzten Seelenfamilien, -sippen und -stämmen machen wie ihr und auch nicht innerhalb von Seelenfamilien, die in die Sequenzen der sieben Wege[43] unterteilt sind. Ihre Kollektiverfahrung setzt andere Strukturen voraus.

Tierseelen – wie ihr ohne Mühe beobachten könnt, und dies ist besonders bei den höheren Tieren der Fall – sind eher auf eine Breite der Erfahrung angewiesen als auf zeitliche Differenzierung. Solche Seelen werden nicht »wiedergeboren« wie ihr, da sie Repräsentanten einer Kollektivseele sind. Sie haben keine Individualseelen. Doch auch sie erkunden, wie alle Seelenvölker es tun, bestimmte Formen der Erkenntnis und der Liebe. Diese sind euch als Menschen in der Regel nicht als solche erkennbar.

Es erfreut euch zwar, wenn ein Hund euch treu anschaut und voller Zuneigung mit dem Schwanz wedelt; ihr könnt auch einige eurer eigenen Erfahrungen auf ihn projizieren oder sogar mit Fug und Recht in ihm wiederfinden. Aber die Liebesformen einer Spinne oder die Erkenntnisbereitschaft einer Schlange sind euch unvertraut. Es wird auch nicht sinnvoll sein zu versuchen, sie in der Tiefe zu ergründen, denn jedes Seelenvolk besitzt seine eigene innere Dynamik und ist in gewisser Weise auch gegen andere Seelenvölker abgeschlossen. Seelenvölker sind wie von einer fast undurchdringlichen energetischen Membran umgeben, die es ihnen ermöglicht, innerhalb ihres eigenen Gefüges die notwendigen und angestrebten Erfahrungen zu machen.

Für alle Seelenvölker auf eurem Planeten und in allen anderen materiellen Welten, die beseelte Kreaturen beherbergen, gilt jedoch eines: Sie existieren einerseits, um einfach zu existieren, und andererseits, um die Ergebnisse ihrer Existenzen dem Allganzen zu überreichen. Ihr tut es, und die Bakterien tun es. Die beseelten Gaswirbel, von denen wir früher einmal gesprochen haben, tun es genauso wie beseelte Metalle oder Spurenelemente, die sich innerhalb eines existenziellen Kontextes im Rahmen der Schöpfung und der Zeit verändern, sich gegenseitig beeinflussen und ihre molekularen Strukturen dem Allganzen darbieten.

Heißt das, jede Form von Materie ist beseelt?

Ja, denn jede Form materiellen Daseins ist ein Aspekt der Schöpfung und damit von seelischen Kräften erfüllt. Sie sind jedoch voneinander derart verschieden, dass es euch nicht möglich sein wird, die Eigenart ihrer Beseeltheit zu erkennen.

Wir haben euch mitgeteilt, dass es außerseelische Welten gibt und seelische Welten. Von Letzteren können wir viel sagen, von jenen anderen können wir euch nichts berichten. Es gäbe noch so viel zu erzählen! Das aber ist nicht unsere Aufgabe, und daher können wir diese Pflicht auch nicht übernehmen. Wir dürfen aber mit Sicherheit behaupten, dass alles Materielle zum Seelischen gehört. Tierseelen, die nicht wiederholt inkarnieren, haben allerdings keinen Anteil an den drei Welten der Seele, von denen wir bisher zu euch als Menschenseelen gesprochen haben.

Ihr habt von eurer Pflicht gesprochen und davon, dass ihr entweder nicht mehr sagen könnt oder sagen wollt. Das hat mich ziemlich schockiert. Ich möchte verstehen, was ihr mit Pflichten und Grenzen meint, damit wir besser miteinander auskommen.

Wir bedauern, dass es zu einer Kommunikationsstörung gekommen ist, und übernehmen gern unseren Anteil daran; denn wir haben erkannt, dass wir eine Thematik angesprochen haben, die euch erst in Ansätzen vertraut ist. Darüber kam es zu einem Missverständnis. Es tut uns leid, dass wir dich dadurch in deinem Selbstverständnis als Fragender in Schwierigkeiten gebracht haben.

Wir sagten: »Das gehört nicht zu unseren Pflichten«, und es ist uns wichtig, dass du verstehst, was damit gemeint ist. Das Problem besteht darin, dass wir ganz bestimmte, fest umrissene Aufgaben zu bewältigen haben, um uns in unserer Entwicklung in der kausalen Welt voranzubewegen. Wir dürfen die Aufgaben anderer kausaler Lehrer nicht berühren oder übernehmen. Deshalb sprachen wir davon, dass wir bestimmte Aufgaben oder Pflichten nicht haben und nicht erfüllen können.

Unsere Pflicht ist es allerdings, euch so viel wie möglich über das Seelenvolk der Menschen und über die menschliche Seele zu enthüllen und zu lehren. Dazu gehört nun jedoch nicht, auch noch eine größere Menge an Informationen über andere Seelenvölker zu übermitteln. Aber selbstverständlich gibt es an den Rändern des uns als »Pflicht der Liebe und Erkenntnis« zugewiesenen Bereiches bestimmte Überschneidungen und Überlappungen mit den Aufgabengebieten anderer kausaler Lehrer, besonders derer, die mit uns näher verwandt sind. Ein solches Randgebiet ist »Die Seele als solche«. In diesem Sinne haben wir euch klargemacht, dass Beseeltheit etwas Grundsätzliches ist, ein essenzielles Phänomen der materiellen Erscheinungswelt. Aber die Beseeltheit eines Metalls unterscheidet sich so wesentlich von einer menschlichen Beseelung, dass über Verbindendes kaum etwas gesagt werden kann.

Nun geht es um die Seele der Tiere, und wir wollen euch gern so viel, wie für euch wichtig ist und von uns als notwendig erachtet wird, davon berichten. Jedoch ist es für uns keineswegs selbstverständlich und einfach, dies zu tun. Es kostet uns große Mühe, uns in diese entfernten Randgebiete unserer Aufgabe und auf Berührungsebenen mit anderen Pflichtbereichen zu begeben. Deshalb können wir euch zwar gewisse Zusatzinformationen darreichen, die euch helfen, eure eigene Seele besser zu verstehen, aber wir dürfen nicht in ein ganz anderes Gebiet eindringen.

Wäre es möglich, dass ihr uns an eine kausale Seelenfamilie vermittelt, die dafür zuständig ist?

Das ist eine Frage der Konvergenz und der Resonanz. Wir können dich an einen solchen kausalen Lehrer nicht vermitteln, sondern dir nur den Hinweis geben: Rufe danach, wobei nicht sicher ist, dass diese Konvergenz zustande kommt. Du bist im Wesentlichen auf unsere Frequenz geprägt, daher wird es dir nicht leichtfallen, eine völlig andere Frequenz zu empfangen und das Empfangene zu verbalisieren. Außerdem sagen wir dir: Die du suchst sind kausale Lehrer, die vornehmlich auf die Produktion und den Empfang von Gefühlen und Empfindungen des Vertrauens spezialisiert sind; diese aber in Worte zu fassen ist nahezu unmöglich. Sie teilen sich nicht verbal mit. Eine mystische Erfahrung wäre die vollkommene Berührungsform mit solchen Lehrern. Du aber möchtest vor allem Wissen in Erfahrung bringen und nicht entrückt werden. Insofern ist es nicht möglich, dich wie zu einem bestimmten Facharzt dorthin zu überweisen.

Kausale Lehrer wie wir – also Seelenfamilien in der kausalen Bewusstseinswelt, die ihren komplexen Inkarnationsweg der Vereinzelung hinter sich gebracht und hinter sich gelassen haben – entwickeln sich weiter auf ihrem Weg hin zum Verschmelzen mit dem Allganzen. In dieser Entfaltungsarbeit können sie als einstige Menschenseelen im Wesentlichen nur auf ihre Erfahrungen als Menschenseelen zurückgreifen und darauf aufbauen. Ganz gleich welche Seelenfamilienaufgabe sie während ihres Inkarnationszyklus zum Wachstum bewegt hat, waren sie doch allesamt Menschen und sind deshalb in der Lage, über das Menschsein als solches zu berichten und Auskunft über ihre Seelen zu geben. Wir als kausale Lehrer sind fokussiert und spezialisiert auf einen Unterricht über die menschliche Seele. Dies verbindet uns mit einigen wenigen anderen Seelenfamilien aus unserer Verwandtschaft.

Es unterscheidet uns jedoch auch weitgehend von kausalen Lehrern, die anderes unterrichten. Wenn wir euch jetzt aus unserem Wissen über die Menschenseele und aufgrund unserer Erfahrung als Menschenseelen marginale Auskunft geben über die andersartig gestalteten Seelen der Tiere und damit über prinzipiell vom Menschen zu unterscheidende Lebewesen, so bitten wir euch um Verständnis dafür, dass diese Informationen einen gewissen Umfang nicht überschreiten und die gebotene Tiefe und Vollständigkeit nicht ausloten können.

Seelische Kollektive des Tierreichs bilden sich nicht nur in der Energiewelt, die alles Seelische umfasst, sondern in einem unmittelbaren Wechselspiel mit den Erfordernissen der materiellen Evolution. Wir deuteten an, dass die drei Welten der Seele, von denen wir euch viel berichtet haben und die euch zentral betreffen, nur einen Teilbereich des Gesamtseelischen darstellen. Sie beziehen sich ausschließlich auf die Menschenseele und ihre eine jeweilige Inkarnation vorbereitenden oder abschließenden Aspekte. Es gibt außerdem noch nahezu grenzenlose seelische Dimensionen, die eine Beseeltheit aller anderen materiellen Phänomene umfassen oder beeinflussen, eben auch der Tierseelen. Des Weiteren gibt es, wie erwähnt, seelische Welten und außerseelische Welten. Von Letzteren können wir euch nichts sagen, wir verfügen nicht über die nötigen Erfahrungen. Diese beziehen sich ausschließlich auf die Menschenseele und ihre vorbereitenden Aspekte. Wir können an dieser Stelle nicht auf die Beseeltheit des materiellen Kosmos im Allgemeinen eingehen, sondern beschränken uns nun mit unseren Erläuterungen auf die Beseeltheit der Tiere, so wie sie euch erkennbar und begreifbar sein kann. Zu diesem Zweck greifen wir Beispiele heraus, die euch deutlich machen sollen, auf welche Art und Weise sich die Kollektivseelen der Tiere von euren Individualseelen als Menschen unterscheiden.

Wir würden sehr gern besser verstehen, was ihr damit meint.

Es soll euch genügen zu wissen, dass es nur wenige Völker im Universum gibt, die sich als Individualseelen mit einem individuellen Erkenntnisweg und einer vereinzelten, einmaligen Seelengeschichte verwirklichen. Fast alle anderen sind als sogenannte Kollektivseelen zu begreifen. Diese Kollektive können von einigen Millionen bis hin zu vielen Milliarden Anteilen, das heißt als einzeln erkennbare Körper, reichen. Die höheren Tiere bringen zwar Einzelwesen hervor, körperliche und psychische Individuen. Diese sind aber keineswegs als seelische Individuen zu verstehen. Sie haben eine individuelle Psyche, jedoch keine individuelle Seele.

Anknüpfend an die tatsächlichen Gegebenheiten des evolutiven Prozesses auf eurem Planeten Erde erinnern wir daran, dass seit Anbeginn der Entwicklung von Leben immer aufs Neue Arten entstehen und vergehen. Dieser Prozess ist bedingt durch die Tatsache, dass es sich bei den entstehenden und später vergehenden Arten um Kollektive von Seelen handelt, die ihren ureigenen Beitrag zur Erkenntnislust des Allganzen leisten und ihn zu einem bestimmten Zeitpunkt abgeschlossen haben; deshalb haben sie keinen Anlass mehr, weiterexistieren zu müssen. Was hingegen durch Entwicklung und Mutation weiterexistiert, hat seine Bedürfnisse und Aufgaben in diesem Sinne noch nicht erfüllt und abgeschlossen. Deshalb gibt es Tiere, die seit Urzeiten nahezu unverändert bis auf euren heutigen Tag bestehen, und andere, die längst von der Erde verschwunden sind oder sich auf eine so nachhaltige Weise verändert haben, dass sie aus ihren Ursprüngen heraus kaum noch erkennbar sind.

Grundsätzlich darf behauptet werden, dass ein Tierseelenkollektiv etwa jeweils einer biologischen Art entspricht. Diese Tierseelenkollektive sind zwar anders konstruiert und strukturiert als Menschenseelen, aber sie entbehren nicht eines geordneten Aufbaus und einer Binnendifferenzierung, die auch ähnlich wie bei Menschenseelen vom Beginn an einer historischen Evolution unterliegen. Insofern kann ein solch großes Kollektiv durchaus auf Uranfängliches und evolutiv Überholtes verzichten, da innerhalb des Kollektivs alle Informationen bewahrt und dergestalt an spätere und nachfolgende Arten übermittelt werden, dass entwicklungsgeschichtlich darauf aufgebaut werden kann.

Um euch dies nur an einem kleinen Beispiel zu illustrieren, kann ein Chihuahua-Hündchen in seinem genetischen ebenso wie in seinem kollektivseelenhaften Wesen an die Erfahrung des Urhundes anknüpfen und geht trotz aller äußerlichen Veränderung seines Hundseins nicht verloren. Ein so großes und umfassendes Kollektiv wie das der Wolfsartigen ist naturgemäß unterteilt und differenziert, genauso wie die Menschen sich im Laufe ihrer Evolution seit ihrem ersten Auftreten durch die Neubeseelung der Primaten über den ganzen Planeten hinweg in verschiedene Erscheinungsformen wie Körperbau und Hautfarbe differenziert haben. Dennoch sind und bleiben sie unzweifelhaft Menschen, und sie alle unterliegen als seelische Individuen denselben seelischen Bedingungen.

Entsprechend sind Kollektivseelen im Tierreich aufs Höchste differenziert, da Differenzierung und Vielfalt der Erscheinungsformen eine der Grundmanifestationen von Evolution auf eurem Planeten darstellen und von den seelischen Bedingungen mitgetragen werden. Die Herauslösung des von einem bestimmten Seelentyp beseelten Primaten der Art *Homo sapiens sapiens* aus der Gesamtgruppe der Säugetiere leugnet nicht den biologischen Evolutionsprozess, der den Menschen mit ebendiesen anderen Primaten dauerhaft historisch und genetisch verbindet. Aufgrund dieser unauflösbaren biologischen Verwandtschaft fühlt sich der Mensch den anderen Säugetieren auf spezifische Art und Weise verbunden und kann deshalb diese Gruppe von seelischen Kollektiven besonders aufmerksam betrachten und Beziehungen zu ihnen eingehen. Dies ist mit weitläufiger verwandten Tiergattungen und -arten nicht in gleicher Weise möglich. Es ist daher nicht verwunderlich, dass Menschen zu einer Katze eine andere Beziehung aufbauen können als zu einem Gürteltier.

Menschenseelen organisieren sich in Seelenfamilien, Seelensippen und Seelenstämmen. Diesen übergeordnet ist das Seelenvolk, das sämtliche Menschenseelen umfasst. Eine entsprechende strukturelle Hierarchie besteht auch bei Tierseelen. Wir bezeichnen diese Stufen als Kollektivseele, Seelengemeinschaft und Seelennation. Ihnen übergeordnet ist ebenfalls das Seelenvolk. Die seelischen Ordnungen der Tiere dieses Planeten spiegeln sich in den systematischen Strukturen wider, die von der Wissenschaft der Biologie erforscht wurden, auch wenn diese Klassifizierungen nicht immer völlig mit dem, was wir euch sagen, zur Deckung kommen. So entspricht jede *Kollektivseele* als Teil der seelischen Welten etwa einer *Art* in der biologischen Systematik. Die *Seelengemeinschaft* entspricht dem biologischen Begriff der *Familie* und die *Seelennation* im seelischen Bereich dem der *Klasse* innerhalb der biologischen Ordnung. Das *Seelenvolk* ist biologisch gesprochen die Entsprechung zum *Stamm*. Hier zum besseren Verständnis eine tabellarische Aufstellung:

Seelischer Begriff der Tierwelt	*Biologische Systematik*	*Beispiel*
Kollektivseele	Art	Katze (Wildkatze, Hauskatze u. a.)
Seelengemeinschaft	Familie	katzenartige Raubtiere
Seelennation	Klasse	Säugetiere
Seelenvolk	Stamm	Wirbeltiere

Alle Wirbeltiere bilden zum Beispiel ein Seelenvolk. Die Nation ist in der Systematik dem Volk untergeordnet. Im Volk der Wirbeltiere finden sich zum Beispiel die Nationen der Vögel und die der Säugetiere. Die Nation gliedert sich in Seelengemeinschaften und diese wieder in Kollektivseelen. Kollektivseelen bringen jedoch anders als beim Menschen keine seelischen Individuen hervor. Jeder einzelne Tierkörper ist und bleibt Fragment einer Kollektivseele. Auch jeder Mensch ist Fragment seiner Seelenfamilie. Er behält dennoch eine eigenständige seelische Individualität bei. Er geht nicht komplett in seinem Seelenvolk auf, sondern leistet jeweils einen einzigartigen Beitrag zum Allganzen.

Seelenfamilien, die Menschenwesen beseelen, haben gemeinsame Aufgaben. Die Kollektivseele von Tieren wird nicht durch eine gemeinsame Aufgabe im Sinne eines über viele Inkarnationen hinweg angelegten Lernexperiments zusammengehalten. Wohl aber gibt es bei den Tieren Funktionen, die an die Stelle von Lernaufgaben treten. Tierseelen wollen das Leben als solches in inkarnierter, materieller Form erkunden. Die Erforschung einer Existenzmöglichkeit, wie sie die Menschenseele betreibt (»Was ist ein Mensch?«), setzt hingegen eine reflektierende Form von Bewusstsein und eine Hirnfunktion voraus, über die Tiere nicht verfügen.

Nachdem wir nun, um Grundsätzliches zu klären, weit ausgeholt haben, möchten wir auf die Fragen eingehen, die euch besonders beschäftigen: »Hat mein Hund eine Seele?« Oder: »Warum steht mir mein Pferd so nahe?« Oder: »Bin ich meiner Katze schon in einem früheren Leben begegnet?« Wir wissen, dass euch solche Gedanken beschäftigen; daher möchten wir auf der Grundlage des bereits Gesagten darauf eingehen.

Ja, dein Hund hat eine Seele. Er ist Teil einer Kollektivseele. Er ist zwar ein körperliches und psychisches Individuum, aber kein seelisches. Es ist wichtig, dass ihr diesen

Unterschied begreift. Ein Hund erlebt keinen seelischen Lernweg und keine seelische Wiedergeburt. Seine Seele unterscheidet sich von der deinen in Form und Funktion. Deshalb kann deine Seele der Seele deines Hundes begegnen, sich mit ihr verbinden, eine Brücke bauen zwischen zwei grundsätzlich verschiedenen seelischen Erscheinungsformen. Aber in aller Regel wirst du nicht von Seele zu Seele mit deinem Hund in Verbindung treten, sondern über zwei andere Brücken gehen. Die eine bezeichnen wir als die psychische Brücke; denn dein Hund hat eine Psyche ebenso wie du. Die zweite bezeichnen wir als die Brücke der Liebe: Du kannst deinen Hund lieben, und dein Hund kann dich lieben. Selbstverständlich liebt ein Mensch ein wenig anders als ein Hund. Doch Liebe ist vorhanden; sie kann wachsen, sie kann gepflegt werden, sie kann wärmen und trösten.

Die psychische Brücke wird dir bei einer ersten Begegnung sehr schnell signalisieren: »Dieser Hund ist mir sympathisch, jener ist mir weniger sympathisch.« Deine Psyche braucht eine bestimmte Art von Partner bei einem Haustier. Die Psyche des Hundes wird sich ebenfalls gemäß seiner Zuchtform und seiner physischen Beschaffenheit mehr oder weniger gut der Psyche seines Herrchens oder Frauchens anpassen.

Die Brücke der Liebe ist weniger rational nachvollziehbar. Wie es sich nun einmal grundsätzlich mit der Liebe verhält, folgt sie anderen Zielen und Bedingungen, als es im Voraus zu berechnen oder zu erwarten ist. Das bedeutet, selbst wenn ein Hund einer bestimmten Rasse psychisch recht gut auf die Psyche seines Besitzers abgestimmt ist, heißt dies noch nicht zwingend, dass zwischen Hund und Besitzer eine besonders enge Form der Bindung oder gar der Liebe entsteht. Doch wisst ihr, dass gerade dies zu eurer Freude immer wieder geschieht. Und so wollen wir euch erklären, dass besonders solche Tierkollektive, die sich dem Menschen als Haustiere hingebungsvoll anvertraut haben – und dazu gehören auch

Ziege oder Kuh, Schwein oder Schaf –, in der Lage sind, aufgrund ihrer vieltausendjährigen Gemeinschaft mit dem Menschen eine gewisse Form der Zuneigung und Liebesfähigkeit zu entwickeln, die sie für ihre eigenen Artgenossen nicht aufbringen können.

Die Beziehung zwischen einem Haustier und einem Menschen, mit dem es in enger Gemeinschaft lebt, ist also gestaltungsfähig und kann bestimmten Dispositionen dieser Beziehungsfähigkeit einen konkreten Ausdruck verleihen. Haustiere, die oft körperlich berührt werden, mit denen ein Mensch spricht, die er emotional nahe an sich heranzieht oder heranlässt und von denen er Trost und Nähe erwartet, bekommen Trost und Nähe auch auf eine Weise gespendet, wie sie es von Artgenossen nicht gewohnt sind und nicht erwarten können.

Nun glauben manche von euch, ein solch hingabefähiges, zutrauliches Tier verhielte sich ganz wie ein Mensch oder gar wie ein besserer Mensch. Diese Vorstellung betrachten wir als psychische Notmaßnahme eines vereinsamten, trostbedürftigen und verletzten Menschen. Wie zärtlich auch immer ein Tier euch begrüßen und berühren mag, es ist zu der spezifischen Form der zwischenmenschlichen Liebe, die auf dem besonderen Inkarnationsweg der Menschenseele begründet ist, nicht fähig. Ihr solltet es deshalb auch nicht von ihm erwarten. Ein Tier wird euch sozusagen zwar »niemals enttäuschen«, aber es wird euch auch niemals zu einem besonderen Wachstum psychischer oder seelischer Art herausfordern können. Es wird zwar eure persönliche Liebesfähigkeit erweitern – vom Mitmenschen auf die übrigen Kreaturen der Schöpfung –, aber es kann seine eigenen Grenzen nicht überschreiten. Es kann einen liebenden Menschen nicht ersetzen.

Die zweite exemplarische Frage lautete: »Warum steht mir mein Pferd so nahe?« Das Pferd, an dem du hängst, ist anders als dein Hund bereit, dir in vielfacher Hinsicht zu dienen. Das wesentliche Gefühl, das dich an dein Pferd bindet und dein Pferd an dich, kann man als Dankbarkeit bezeichnen. Du bist deinem Pferd dankbar, dass es bereit ist, dich zu tragen, dir zu gehorchen, Futter von dir anzunehmen, dich nicht zu verletzen oder abzuwerfen. Dein Pferd ist dir dankbar dafür, dass es von dir Futter erhält, von dir berührt wird, deine Stimme hört. Du als Mensch erlaubst ihm, eine Reihe von Möglichkeiten der Verwirklichung zu erleben, die weit über sein Dasein als Wildpferd hinausreichen. Ein Wildpferd kann keinen Wagen oder Pflug ziehen, keinen Reiter tragen und keine Flucht ermöglichen, keine Furchtlosigkeit in bedrohlicher Situation zeigen. All dies lernt ein Zuchtpferd aber im Zusammenleben mit einem ihm gewogenen, es verständnisvoll behandelnden Menschen. Aus Dankbarkeit – und es ist dies eine andere Dankbarkeit, als sie ein Mensch bezeugen kann – ist ein Pferd sogar bereit, für eine Zirkusnummer allerlei Mätzchen zu erlernen, denn es erfährt dadurch eine Bandbreite seines Potenzials, das sonst nicht geweckt würde. Warum also steht dir dein Pferd so nahe? Du kannst ihm etwas zeigen, und es kann dir etwas bezeugen. Ihr könnt, auch über den Körperkontakt, eine enge Beziehung zueinander aufbauen.

Die dritte exemplarische Frage lautete: »Bin ich meiner Katze in einem früheren Leben schon einmal begegnet? Wir lieben uns so sehr. Sie schaut mich immer so tiefgründig an!« Diese Frage ist leicht und eindeutig mit einem Nein zu beantworten. Während deine eigene Seele gewiss schon viele Male eine unterschiedliche Verkörperung angenommen hat, ist dies deiner Katze verwehrt, eben weil sie ein Tier ist und einem seelischen Kollektiv angehört, das nicht auf eine Reinkarnation ausgerichtet ist. Du hast viele Male gelebt. Deine Seele blickt auf eine reiche seelische und historische Vergangenheit zurück. Du hast geliebt und verletzt. Du hast ein Karma aufgebaut und wirst es abbauen. Deine Katze hat kein Karma. Sie ist nicht seelisch mit dir verknüpft über eine Geschichte gemeinsamen Leids oder gemeinsamen Erlebens von Liebe, von Schädigung und von Wiedergutmachung. Deine Katze ist selbstverständlich ein psychisches und körperliches Individuum. Sie tritt in eine besondere Beziehung zu dir, wie sie jedes geliebte und gut behandelte Haustier anstreben wird. Auch die Dankbarkeit, die wir anlässlich des letzten Beispiels beschrieben haben, spielt hier eine gewisse Rolle.

Deine Katze gehört einem Typ von Kollektivseele an, der sich – wie du beobachtet hast – einerseits durch große Unabhängigkeit und andererseits durch ein großes Zärtlichkeitsbedürfnis auszeichnet. Ähnliches strebt der Mensch an: unabhängig zu bleiben bei aller Abhängigkeit und sein Zärtlichkeitsbedürfnis zu befriedigen bei allem Bestreben, als Individuum geachtet zu werden. Dem Körper deiner Katze bist du als Menschenseele und Menschenkörper noch nie zuvor begegnet, wohl aber bist du als Mensch in vielen Inkarnationen der Kollektivseele »Katze« begegnet, von der deine jetzige Hausgenossin eine Abgesandte darstellt. Hast du also in früheren Leben schon Katzen gehabt und geliebt, wirst du immer wieder Anteil am Geschick dieser Kollektivseele nehmen, die über die Zehntausende von Jahren eine schier unüberschaubare Anzahl an Individuen hervorgebracht hat. Deine Katze ist nur ein Fragment dieser umfassenden Kollektivseele. Aber auch du bist als Mensch Fragment eines Kollektivs, nämlich deiner Seelenfamilie. Allerdings umfasst deine Seelenfamilie nicht mehr als etwa tausend Seelengeschwister, während das seelische Kollektiv deiner Katze Abermilliarden körperliche Individuen umfasst.

☞ *Menschen schlachten und essen eine Reihe von Tieren. Wie ist unsere Beziehung zu ihnen?*

Hominiden haben von Anbeginn ihrer biologischen Geschichte, lange noch bevor sich die Art *Homo sapiens sapiens* entwickelt hat, ihre Ernährung auch durch den Verzehr von Tierkörpern bestritten. Tierisches Eiweiß hat ihre evolutionäre Entwicklung vom Primaten zum Menschen gefördert. Im Laufe von Jahrmillionen, in denen sich ihr besonderer Körper mit seinen spezifischen Bedürfnissen herausgebildet hat, waren sie Fleisch- und Allesfresser, aber sie wurden deshalb genauso wenig von Schuldgefühlen und Tabus geplagt wie ein Löwe, der sich vom Fleisch einer Gazelle ernährt. Im Laufe der Entwicklung des Menschen und seiner Gemeinschaft mit Haus- und Zuchttieren entfalteten sich neue Beziehungsformen, die je nach kultureller Prägung und Intimität der Bindung die Schlachtung und den Verzehr von Tieren durch Menschen gestaltet, ermöglicht, gefördert, verwehrt oder tabuisiert haben.

Wir verweisen an dieser Stelle noch einmal auf das Bedürfnis vieler tierischer Kollektivseelen, dem Menschen auf mancherlei Weise dienstbar zu sein. In dem Maß, wie sich ein Tier zum Verzehr und als menschliche Nahrung eignet, nähert es sich dem Menschen auf spezifische Weise. Dies gilt für Geflügel und Fische, Muscheln und Schalentiere genauso wie für Schweine, Schafe, Ziegen und Rinder. Tiere als Kollektivseelen haben ein inhärentes Bedürfnis, sich dem Allganzen auch durch ihre Körperlichkeit nutzbar zu machen. Und es ist ihnen kein moralischer Unterschied, ob sie von einem anderen Tier gefressen oder von einem Menschen geschlachtet und verzehrt werden.

Selbstverständlich steht es euch als Menschen mit einem reflektierenden Bewusstsein frei zu entscheiden, ob ihr euch an tierischer Nahrung stärken möchtet oder nicht. Ihr solltet jedoch keine Ideologie daraus machen, sondern wenn möglich eurem Bedürfnis folgen, das aus verschiedenerlei Einsichten, Reaktionen oder gesundheitlichen Erwägungen gespeist sein mag. Grundsätzlich gibt es allerdings keine *seelische* Tabuschranke, die den Verzehr von Tieren – gleich welchem seelischen Kollektiv sie angehören – erschweren oder verbieten würde.

Der Mensch verfügt jedoch über größere Entscheidungsfreiheit als jedes Tier. Dies ist ebenso ein Teil seiner besonderen Hirnstruktur wie ein Aspekt seiner Aufgabenstellung innerhalb seines seelischen Entfaltungsweges. Wenn sich nun eine Menschenseele im Laufe ihrer vielen Inkarnationen in einer ihrer Verkörperungen (zum Beispiel aufgewachsen als strenggläubiger Hindu) bereitfindet, auf tierische Nahrung zu verzichten und sich rein pflanzlich zu ernähren, so wird dies nur eine Entscheidung unter vielen sein. In einem anderen Leben wird sie sich vielleicht eher selten pflanzliche Nahrung zuführen oder zum Beispiel als Inuit im ewigen Eis vornehmlich auf tierische Nahrung angewiesen sein.

Was meint ihr mit psychischer Beziehung zu einem Tier? Psyche habt ihr als Angstverarbeitungsapparat beschrieben.[44] *Hat diese Beziehungsbrücke zu tun mit den jeweiligen Urängsten?*

Ein Mensch wird nur zu bestimmten Tierarten eine psychische Brücke bilden können. Lediglich jene Tiere, die in der Lage sind, Angst und Zuneigung ähnlich zu empfinden wie er selbst – und dies auch zum Ausdruck bringen können –, bewirken, dass eine psychische Beziehung zwischen beiden entsteht. Hat ein Mensch große Angst vor einem bestimmten Tier, wird er kaum Nähe zu ihm empfinden können. Eher hat er das Bedürfnis, es zu töten und auszurotten. Aber ein

Hund kann die Angst seines Besitzers oft deutlicher spüren als dieser selbst. Ein Mensch kann sich in die Ängstlichkeit eines Hundes einfühlen. Auch die Möglichkeiten, Freude zu bezeugen, sind ähnlich. Niedere Tiere wie Würmer oder Mücken werden nur in den seltensten Fällen und nur über idealisierende Projektion zu einer psychischen Pseudobrücke zwischen Mensch und Tier veranlassen. Andere, höhere Tiere aber – und dies gilt besonders für Säugetiere, die eine Stimme haben und sich ausdrucksvoll mitteilen können – sind geeignet, eine Brücke von Psyche zu Psyche zu bilden.

Ein ähnliches Erleben von Angst stiftet also eine Nähe zwischen Mensch und Tier?

Da alle Hunde ähnliche Angstformen besitzen wie der Mensch, stiftet dies eine Möglichkeit, von Psyche zu Psyche eine Brücke zu schlagen. Die psychische Individualität deines Hundes kommt als bereicherndes Element hinzu.

Haben Hunde zum Beispiel ebenfalls die sieben Hauptmerkmale der Angst?

Das Seelenleben eines Hundes ist nicht auf den sieben mal sieben Archetypen der Seele aufgebaut. Ein Hund oder ein Pferd haben keine Seelenmatrix und daher auch kein Hauptmerkmal der Angst, das sie als bereichernde Erfahrung erforschen wollen. Die Ähnlichkeit mit dem Menschen ist im Wesentlichen auf der biologischen Angstreaktion begründet; darüber verfügt der Mensch aufgrund seines Säugetierkörpers genauso wie der Hund. Es gibt gewiss einige Hunde, die geduldiger sind oder ungeduldiger, widerspenstiger, gieriger oder hingebungsvoller als andere. Jedoch ist dies nur eine scheinbare Entsprechung zu den sieben Merkmalen der Angst beim Menschen, denn ein Hund wächst nicht an der Auseinandersetzung mit seinen Ängsten; er erleidet sie, sie können beruhigt werden. Aber nur der Mensch betrachtet seine Ängste, reflektiert über sie, kann sie leugnen, überwinden, bekämpfen und so seine Psyche im Laufe seines Lebens entwickeln und schulen. Beim Menschen vermischen sich die biologischen Ängste mit den Bedürfnissen eines Angstmerkmals, um sich im Rahmen der Seelenmatrix wachstumsfördernd zu manifestieren. Wenn ein Pferd oft geschlagen wird, dann wird es beim Anblick seines Peinigers Angst vor Verletzung und Schmerz empfinden, aber dies ist kein Anzeichen für ein Angstmerkmal Hochmut.

Wir hoffen, mit diesen Erläuterungen zur Seele der Tiere euch einen Einblick in die Komplexität seelischen Seins und in die entsprechenden Manifestationen auf eurem Planeten ermöglicht zu haben. Ihr werdet unseren Worten entnehmen können, dass wir damit nur einen kleinen Bruchteil des Ganzen angesprochen haben und dass es noch unendlich viel zu berichten gäbe, jedoch nicht von uns. Wir erinnern euch aber an das, was wir euch zu unserem eigenen Wachstumsanliegen mitgeteilt haben, und bitten euch: Versucht, das Gesagte zu verstehen, bevor ihr tiefer und gegebenenfalls mit anderen Methoden in diese Zusammenhänge eindringt.

Die Seelenlehre der »Quelle«

»Wir wollen euch vermitteln, dass euer Menschsein von einer umfassenden Sinnhaftigkeit getragen wird. Du bist Mensch. Das bedeutet: Allein durch dein Sein erfüllst du einen göttlichen Auftrag. Du bist Mensch. Das bedeutet: Mit allem, was du tust oder nicht, leistest du einen unverzichtbaren Beitrag zum Ganzen.«

Die medial übermittelte Lehre besteht bislang aus folgenden Aspekten:

Die sieben universellen Grundenergien – Die drei Welten der Seele – Die Archetypen der Seele – Die Seelenalter – Die Seelenfamilie – Die Seelen-Elixiere – Die sieben Archetypen der Angst.

- Menschsein bedeutet weder Strafe noch sinnleeres Geworfensein, sondern ist eine Suche der Seele nach mehr *Liebe* und *Erkenntnis*. Die menschliche Seele folgt einem vorgegebenen Entwicklungsplan, den sie individuell erfüllt.
- Sieben definierbare universelle *Grundenergien* prägen alle Erscheinungen der materiellen und nichtmateriellen Welten. Als Seelenwesen existiert der Mensch in beiden Dimensionen zugleich.
- Es gibt seelische und außerseelische Welten. Die drei *Welten der Seele* des Menschen sind: 1. die astrale Welt, Heimat aller Seelen, 2. die physische Welt, das Leben auf der Erde, 3. die kausale Welt nach Beendigung des Inkarnationszyklus. Es handelt sich um Bewusstseinswelten. Über sein in-

dividuelles Bewusstsein hat der Mensch teil an der universellen Bewusstheit.

- Körperliche materielle Existenz unterliegt den Gesetzen von Pulsation, Polarität und Dualität. Die inkarnierte Menschenseele ist ein Wesen mit vier untrennbaren Aspekten: Körper, Geist, einer an den Körper gebundenen Psyche (alle drei vergänglich) und einer »ewigen«, unvergänglichen Seele. Menschenseelen durchlaufen auf der Erde einen beschreibbaren Lernweg mit *fünf Seelenalter-Zyklen* (Säugling-Seele, Kind-Seele, Junge Seele, Reife Seele und Alte Seele) und fünfunddreißig definierbaren Entfaltungsstufen. Das *Inkarnationsgeschehen* kann nicht vorzeitig beendet werden. Jede Einzelseele gelangt ans Ende ihres Weges und vereinigt sich mit ihrer Seelenfamilie.
- Das Seelenvolk *Homo sapiens sapiens* besteht aus Primaten mit *Individualseelen* (im Unterschied zu den Kollektivseelen der Tiere). Es vertritt die Grundenergie 2 mit dem Prinzip des Gestaltens. Menschen können daher nicht nicht gestalten.
- Jeder Mensch kommt mit einem *Seelenmuster* (Matrix) zur Welt, das in jeder Inkarnation eine neue Kombination aus neunundvierzig fixen und variablen Elementen aufweist. Seine *Seelenrolle* (Heiler, Künstler, Krieger, Gelehrter, Weiser, Priester oder König) bleibt durch alle irdischen Leben und auch in der astralen Welt dieselbe. Die einzigartige seelische Matrix kann präzise erkannt und beschrieben werden. Sie steuert die seelischen Lernimpulse, prägt den Lebenssinn und die individuelle Ausstrahlung. Sie wird vor der Zeugung festgelegt als Energiemuster und kann mit freien Impulsen oder Entscheidungen angereichert werden.
- Jede Menschenseele ist Fragment eines größeren Ganzen, ihrer *Seelenfamilie*. Alle Seelengeschwister einer Seelenfamilie widmen sich in allen ihren irdischen Leben einer

gemeinsamen Forschungsaufgabe, die sie energetisch verbindet. Die Aufgaben entsprechen den sieben universellen Grundenergien und suchen Antworten auf die Frage: Was ist der Mensch? Was ist er als Wesen in Bezug auf sein irdisches Erleben mit Empfindung, Erkenntnis, Materie, Raum/Zeit, Gemeinschaft, Transzendenz und planetarer Bedingtheit?

Die Bücher von Varda Hasselmann und Frank Schmolke enthalten die neue Seelenlehre in medial empfangenen Botschaften: *Welten der Seele*, *Archetypen der Seele*, *Weisheit der Seele*, *Die Seelenfamilie*, *Wege der Seele*, *Sieben Archetypen der Angst*, *Seelen-Elixiere*.

Die Seele der Papaya beschreibt die Seelenlehre in romanhafter Form. *Aus lauter Liebe* erzählt Geschichten von Urängsten und falschen Tugenden. Der Roman *Die Seelenwaage* hat Schuld und Unschuld zum Thema.

Alle Bücher sind im Goldmann Verlag erschienen, auch als E-Book.

Die sieben universellen Grundenergien

Energie 1
Weich, behütend, zärtlich, harmonisch, einend, emotional, stumm, umfassend, unterstützend, langsam, einfach, innig, rührend, bescheiden, zurückhaltend, gelassen, heilend, nährend, aufnehmend.

Seelenrolle *Heiler*.

Energie 2
Freudvoll, witzig, lebendig, verspielt, sprunghaft, fantasiereich, bildhaft, abgrenzend, kindlich, kunstvoll, gegenüberstellend, mental, nachdenklich, gestaltend, ästhetisch, anregend, originell.

Seelenrolle *Künstler*.

Energie 3
Kraftvoll, belebend, bewirkend, verteidigend, schützend, überzeugend, einordnend, mutig, ausdauernd, beharrlich, kämpferisch, schöpferisch, hingebungsvoll, lustbetont, handelnd, zielgerichtet.

Seelenrolle *Krieger*.

Energie 4
Lehrreich, gründlich, achtsam, instinktsicher, wissend, entschlossen, klar, gerecht, neutral, distanziert, funktional, beobachtend, formgebend, praktisch, bewahrend, ordnend, ausgleichend, innehaltend.

Seelenrolle *Gelehrter*.

Energie 5
Verbindend, ausdrucksvoll, kommunikativ, zufrieden, gütig, idealistisch, orientierend, gesellig, mitteilend, kollektiv, autoritativ, machtvoll, weise, gemütlich, üppig, großzügig.
Seelenrolle *Weiser*.

Energie 6
Inspiriert, entgrenzend, begeisternd, vertrauensvoll, still, ernst, einfühlsam, barmherzig, empfindlich, verletzlich, charismatisch, sensitiv, leidenschaftlich, tröstlich, ergreifend, erhebend.
Seelenrolle *Priester*.

Energie 7
Würdevoll, mutig, souverän, herrscherlich, geduldig, wahrnehmend, unermüdlich, dynamisch, raumfüllend, strukturierend, integrierend, verantwortlich, bewegend, strahlend, eindrucksvoll, beschützend.
Seelenrolle *König*.

Die Archetypen der Seele

Seelenalter **VII**	**Säugling-Seele**	**Kind-Seele**	**Junge Seele**
Zentrum **VI**	**emotional** – sentimental + sensibel	**intellektuell** – vernünftelnd + nachdenklich	**sexuell** – verführerisch + schöpferisch
Mentalität **V**	**Stoiker** – resigniert + gelassen	**Skeptiker** – misstrauisch + nachforschend	**Zyniker** – herabsetzend + kritikfähig
Modus **IV**	**Zurückhaltung** – Hemmung + Zügelung	**Vorsicht** – Überängstlichkeit + Bedächtigkeit	**Ausdauer** – Unverrückbarkeit + Beharrlichkeit
Ziel **III**	**Verzögern** – Rückzug + Rückschau	**Ablehnen** – Vorurteil + Urteilskraft	**Unterordnen** – Unterwerfung + Hingabe
Angstmerkmale **II**	**Selbstverleug.** Angst vor Unzu- länglichkeit – unterwürfig + bescheiden	**Selbstsabotage** Angst vor Leben- digkeit – selbstzerstörend + aufopfernd	**Märtyrertum** Angst vor Wert- losigkeit – selbstbestrafend + selbstlos
Seelenrolle **I**	**Heiler** Prinzip: Unterstützung – servil + dienend	**Künstler** Prinzip: Gestalten – gekünstelt + einfallsreich	**Krieger** Prinzip: Kämpfen – überwältigend + überzeugend
ENERGIE	**1** himmelblau	**2** schmetterlingsgelb	**3** blutrot

Reife Seele	**Alte Seele**	**Transpersonale Beseelung** Nicht Teil des Inkarnationszyklus	**Transliminale Beseelung** Nicht Teil des Inkarnationszyklus
instinktiv – unbedacht + spontan	**spirituell** – telepathisch + inspiriert	**ekstatisch** – sensitiv + mystisch	**motorisch** – hektisch + unermüdlich
Pragmatiker – stur + praktisch	**Idealist** – abgehoben + verschmelzend	**Spiritualist** – leichtgläubig + überprüfend	**Realist** – mutmaßend + wahrnehmend
Beobachtung – Überwachung + Klarsicht	**Macht** – Bevormundung + Autorität	**Leidenschaft** – Fanatismus + Charisma	**Aggressivität** – Streitsucht + Dynamik
Stillstehen – Erstarrung + Innehalten	**Akzeptieren** – Liebenswürdig-keit + Güte	**Beschleunigen** – Verwirrtheit + Einsicht	**Herrschen** – Diktatur + Führung
Starrsinn Angst vor Unbe-rechenbarkeit – verbissen + entschlossen	**Gier** Angst vor Mangel – unersättlich + selbstzufrieden	**Hochmut** Angst vor Verlet-zung – selbstgefällig + stolz	**Ungeduld** Angst vor Ver-säumnis – unduldsam + waghalsig
Gelehrter Prinzip: Lernen Lehren – theoretisierend + wissend	**Weiser** Prinzip: Mitteilen – redselig + ausdrucksvoll	**Priester** Prinzip: Trösten – übereifrig + barmherzig	**König** Prinzip: Führen – selbstherrlich + hoheitsvoll
4 grasgrün	**5** sonnengelb	**6** ozeanblau	**7** purpurrot

Persönlichkeiten und Seelenalter

(Siehe auch die Tabelle zur Seelenmatrix bekannter Persönlichkeiten in unserem Buch *Archetypen der Seele*)

Jung 1
Paris Hilton
Roald Amundsen

Jung 2
Saddam Hussein
Imelda Marcos
Margot Honecker
Idi Amin
Donald Trump
Pharao Ramses II.

Jung 3
Joseph Smith (Begründer der Mormonen-Gemeinschaft)
Kaiser Nero
Viktor Orbán
Heinrich Himmler
Prinz Eugen
Josef Stalin
Königin Zenobia von Palmyra
Papst Alexander VI.
Johannes Calvin
Benazir Bhutto
Billy Graham

Jung 4
Ajatollah Chomeini
Captain James Cook
Oliver Cromwell
Kaiserin Maria Theresia von Österreich
Königin Victoria von England

Jung 5
Therese von Konnersreuth
Gerhard Schröder
Dodi Al-Fayed
Aristoteles Onassis
Antony Armstrong-Jones (Ehemann von Prinzessin Margaret von England)
Philippus Arabs (römischer Kaiser)
Linus Pauling
Fritz Thyssen
Kardinal John Henry Newman

Jung 6
Mahmud Ahmadinedschad
Claudia Roth
Mao Tse-tung
Florence Nightingale
Johannes Bosco
Evita Perón
Ulrich Zwingli
Dan Brown (Bestsellerautor)
Alexander von Humboldt

Jung 7
Frank Sinatra
Richard Burton
Elvis Presley

Dieter Bohlen
Madonna (Madonna Louise Ciccone)
George W. Bush
Königin Kleopatra
Karl-Theodor zu Guttenberg
Wladimir Putin
Cat Stevens (Yusuf Islam)
Thomas Gottschalk

Reif 1
Eva Braun
Königin Marie Antoinette
König Ludwig II. von Bayern
August Goethe (Sohn des Dichters)

Reif 2
Edmund Stoiber
Rolf Hochhuth
Marilyn Monroe
Giovanni Antonio Canal (Canaletto)

Reif 3
Wilhelm Franz Canaris
Otto Fürst von Bismarck
Königin Maria Stuart
Sonia Gandhi
Robert Kennedy
Papst Benedikt XVI. (Joseph Ratzinger)
Hillary Clinton

Reif 4
Angela Merkel
Papst Franziskus (Jorge Mario Bergoglio)

Vincent van Gogh
Papst Johannes Paul II. (Karol Wojtyla)

Reif 5
Günter Jauch
Helmut Schmidt
Steve Jobs
Theodor Heuss
Charles Darwin

Reif 6
Barack Obama
Königin Elisabeth II. von England
Martin Luther King
Herbert von Karajan

Reif 7
Michail Gorbatschow
Peter Ustinov
Federico Fellini
Bill Gates
Michael Jackson
Napoléon Bonaparte
André Rieu

Alt 1
Rainer Langhans
Claude Monet
Joachim Kaiser

Alt 2
Elisabeth Kübler-Ross
Anne Frank

Wolfgang Amadeus Mozart
Carl Gustav Jung

Alt 3
Alice Miller
Ken Wilber
Papst Johannes XXIII. (Angelo Roncalli)
William Shakespeare
Eugen Drewermann
Rudolf Steiner
Hildegard von Bingen
Rudolf Nurejew

Alt 4
Glenn Gould
Edward Bach
Albert Schweitzer
Niklaus von Flüe

Alt 5
Prophet Mohammed (Begründer des Islam)
Tendzin Gyatsho (XIV. Dalai Lama)
Mohandas (Mahatma) Gandhi
Johann Sebastian Bach
Apostel Paulus

Alt 6
Meister Eckhart
Buddha Siddharta Gautama
Dschalal ad-Din Muhammad Rumi
Aleister Crowley
Jacqueline du Pré
Padre Pio
Thorwald Dethlefsen

Prem Rawat (Maharaji, spiritueller Lehrer)
Franziskus von Assisi
Khalil Gibran
Nelson Mandela
Jiddu Krishnamurti
Amma (Mata Amritanandamayi, spirituelle Lehrerin)

Alt 7
Rabindranath Tagore
Rainer Maria Rilke
Michelangelo Merisi da Caravaggio
Isaac Newton
Alkuin (Lehrer von Karl dem Großen)
Ibn Arabi (islamischer Philosoph)
Moses Maimonides (jüdischer Philosoph)
Schams-e Tabrizi (Sufi-Meister)
Chandra Mohan Jain (Bhagwan Shree Rajneesh, Osho)
Jesus von Nazareth
Sokrates

Anmerkungen

Von Varda Hasselmann und Frank Schmolke sind folgende Bücher zur Seelenlehre erschienen: *Welten der Seele*, *Archetypen der Seele* (vollständig überarbeitete Neuausgabe 2010), *Weisheit der Seele*, *Die Seelenfamilie*, *Wege der Seele*, *Sieben Archetypen der Angst*, *Seelen-Elixiere*. *Die Seele der Papaya* beschreibt die Seelenlehre in romanhafter Form. *Aus lauter Liebe* erzählt Geschichten von Urängsten und falschen Tugenden. Der Roman *Die Seelenwaage* hat Schuld und Unschuld zum Thema. Alle Bücher sind im Goldmann Verlag erschienen, auch als E-Book.

1 Vgl. die Tabelle »Die sieben universellen Grundenergien« im Anhang dieses Buches sowie die Informationen in unseren Büchern *Archetypen der Seele*, S. 490–495, *Die Seelenfamilie*, S. 36 und S. 40–50 sowie dort Anhang 2, S. 376.

2 Eine ausführliche Beschreibung dieser transpersonalen Wesenheit, einer Seelenfamilie bestehend aus den Seelenrollen von Gelehrten und Weisen, die ihren gesamten Inkarnationszyklus abgeschlossen haben und zuvor Menschen waren, in: *Welten der Seele*, S. 200–226.

3 Als Grundangst bezeichnen wir das dynamische Zusammenspiel zweier Urängste, siehe dazu *Die sieben Archetypen der Angst*, passim, und *Welten der Seele*, Kap. »Die Funktion von Angst«, S. 57 ff. Zur Milderung von Grundängsten vgl. *Seelen-Elixiere*.

4 Zu den sieben Seelenrollen vgl. *Welten der Seele*, S. 45 ff., und *Archetypen der Seele*, S. 43–97, sowie *Weisheit der Seele*, Glossar, S. 453 ff.

5 Vgl. dazu das ausführliche Vorwort zu *Weisheit der Seele*, S. 14 ff.

6 Zur astralen, physischen und kausalen Dimension vgl. *Welten der Seele*, passim.
7 Vgl. *Welten der Seele*, S. 203 ff., und *Die Seelenfamilie*, S. 292–303.
8 Vgl. *Wege der Seele*, passim.
9 Zu den Seelenrollen siehe *Archetypen der Seele*, S. 43 ff.
10 Dazu und zu den Kulminationserlebnissen siehe *Wege der Seele*, passim.
11 Die »Quelle« unterscheidet ausdrücklich zwischen irdischer Wirklichkeit (dem Kausalitätsprinzip entsprechend) und geistiger, energetischer Realität, die das Wirkliche und Wirksame mit einschließt.
12 Siehe »Fragen und Antworten« in: *Die sieben Archetypen der Angst.*
13 Die sieben Urängste sind die Angst vor Unzulänglichkeit, vor Lebendigkeit, vor Wertlosigkeit, vor Unberechenbarkeit, vor Mangel, vor Verletztwerden, vor Versäumnis.
14 Vgl. dazu *Welten der Seele*, S. 135–150.
15 Vgl. dazu *Die Seelenfamilie*, Kap. 6.
16 Vgl. dazu *Welten der Seele*, S. 135 ff.
17 Gemeint ist die astrale Dimension der Seelenwelten.
18 Nach Auskunft der »Quelle« sind ca. 70 % aller Entscheidungen seelisch (vor-)bedingt und nicht frei zu wählen. Vgl. dazu *Die Seelenfamilie*, Abschnitt »Willen und Wollen«, S. 70 f.
19 Eine umfangreiche Botschaft der »Quelle« zum Geist in: *Die sieben Archetypen der Angst*, S. 373–380, und in: *Welten der Seele*, S. 233.
20 Siehe die Tabelle im Anhang dieses Buches und *Archetypen der Seele*, passim.
21 Vgl. dazu *Weisheit der Seele*, S. 57 ff.
22 Zu den Organisationseinheiten der seelischen Welten siehe *Die Seelenfamilie*, Kap. 7 sowie S. 50–56.
23 Die »Quelle« reserviert den Begriff Bewusstsein mit seinen verschiedenen Schichten für den lebenden Menschen, der mit einem Hirn ausgestattet ist, und unterscheidet davon eine umfassende nichtmenschliche bzw. universelle Bewusstheit; siehe auch *Welten der Seele*, S. 211–215.
24 Vgl. dazu *Die Seelenfamilie*, S. 283 ff.
25 Vgl. dazu *Die Seelenfamilie*, Abschnitt »Die sieben Wege der Seele«, S. 258 ff.

26 Vgl. dazu *Welten der Seele*, S. 233 ff., und *Archetypen der Seele*, S. 450 ff.
27 Dazu eine Botschaft der »Quelle« im Anhang zu *Wege der Seele.*
28 Zu Karma im Verständnis der »Quelle« siehe *Welten der Seele*, S. 151–164, und *Weisheit der Seele*, S. 235–241.
29 Vgl. dazu *Weisheit der Seele*, S. 57 ff.
30 In: *Archetypen der Seele*, Kap. »Die Reife Seele«, S. 414 ff.
31 In: *Archetypen der Seele*, Seelenrolle Krieger, S. 61 ff.
32 Siehe dazu eine umfangreiche Botschaft der »Quelle« im Anhang von Varda Hasselmanns Roman *Die Seelenwaage.*
33 Zu Karma im Verständnis der »Quelle« siehe *Welten der Seele*, S. 151–164, und *Weisheit der Seele*, S. 235–241.
34 Dazu eine ausführliche Botschaft der »Quelle« in: *Weisheit der Seele*, S. 227–235.
35 Siehe zu den Seelen von Tieren die lange Botschaft der »Quelle« im Anhang dieses Buches.
36 Dazu umfassend in: *Wege der Seele.*
37 Dies ist die erste Botschaft zum Thema Seelenalter und zum vorliegenden Buch. Sie wurde am 20.9.2000 im Beisein von etwa zwanzig Menschen mit demselben Seelenalter Alt 3 übermittelt.
38 Vgl. Anm. 13.
39 Dazu *Welten der Seele*, S. 165 ff. und S. 211 ff.
40 Vgl. Anm. 39.
41 Dazu *Archetypen der Seele*, S. 282–286.
42 Die »Quelle« hat bislang außer Homo sapiens weitere Seelenvölker unserer Art mit Entfaltungsstufen identifiziert: fleischfressende Großsaurier (Energie 3), Meeresdelfine (Energie 1) und Neandertaler (Energie 5).
43 Die sieben Wege der Seele strukturieren jede Seelenfamilie in regelmäßigen Sequenzen. Man kann ein Krieger auf Weg 4 oder ein Krieger auf Weg 6 sein, ein Heiler auf Weg 7 oder ein Heiler auf Weg 2. Diese Sequenzen sind ein Ordnungsprinzip, während die jeweils in einer Seelenfamilie vertretenen Seelenrollen randomisiert verteilt sind.
44 In: *Welten der Seele*, S. 31 ff.

Danksagung

Unser tief empfundener Dank gilt den Teilnehmern an unserer Forschungsgruppe, die das Entstehen dieses Buches fünfzehn Jahre lang freundschaftlich unterstützt und begleitet haben:

Birgit Linnebach, Notburga Geier, Pit Haan, Hanspeter Benndorf, Ursula Proske, Hilde Weckmann, Ingrid Amann, Birgit Große-Harmann, Christine Knappert, Barbara Probst, Viola Rößler, Tomke Osse, Friedegunde Bölt, Monika Kribben und Elke Amann.

Ihr großer Wunsch, mehr über die Seelenalter zu erfahren, um dieses neue Wissen in ihre jeweiligen Arbeitsgebiete zu übernehmen, und ihre Wertschätzung der medial übermittelten Botschaften waren es, die uns stets aufs Neue Motivation und Kraft schenkten.